Kullanışlı
İngilizce Dilbilgisi
Rehberi

Baskı
ANKA BASIM
Matbaacılar Sitesi, No. 38
Bağcılar-İstanbul

ISBN
975-10-0836-0
01-34-Y-0051-0086

01 02 03 04 05 06 20 19 18 17 16 15

İNKILÂP
Ankara Caddesi, No. 95
Sirkeci 34410 İSTANBUL
Tel: (0212) 514 06 10 - (Pbx)
Fax: (0212) 514 06 12
Web sayfası: http://www.inkilap.com
e-posta: posta@inkilap.com

Bu çalışmadaki emek payımı

M. HULÛSİ SOYTEKİN ve
E. NAFİA SOYTEKİN'in
(Annem ve Babam)
Anılarına Adıyorum.

Bu çeviri
A. J. THOMSON
ve
A. V. MARTINET'in
A PRACTICAL ENGLISH GRAMMAR
adlı yapıtlarının

Yayınevince 1986 yılında Londra'da yapılan
edisyonu temel alınarak ve gene Oxford University
Press Yayınevi'nden
TÜRKİYE'de yayım hakkını satın alan
İNKILÂP KİTABEVİ
Yayın Sanayi ve Tic. A.Ş.
Ankara Cad. 95 - İSTANBUL
tarafından alınan bu izinle İstanbul Üniversitesi
İngilizce Okutmanı BAYDAR SOYTEKİN'e Türkçeye uygulatılarak
yayımlanmıştır.

A. J. THOMSON ve A. V. MARTINET

Kullanışlı İngilizce Dilbilgisi Rehberi

Türkçeye Uyarlayan:
BAYDAR SOYTEKİN
Okutman
İ.Ü. Yab. Diller Ok.

İNKILÂP

ÖNSÖZ

Kullanışlı İngilizce Dilbilgisi Rehberi, orta ve orta-üstü düzeyindeki öğrencilere yönelik hazırlanmıştır. Daha ileri düzeydeki öğrencilerin de onu yararlı bulacaklarını ümit ediyoruz.

Kitap, yapı ve biçimlerin, anlaşılır bir modern İngilizce ile yazılmış ve çok sayıda örnekle desteklenmiş, geniş kapsamlı bir araştırmasıdır. Belirli zorluklar gösteren alanlara özel önem verilmiştir. Konuşma dilindeki kullanımlar ile kesinlikle dilbilgisine uygun biçimler arasındaki ayrımlar gösterilmiş, konuşma dili daha fazla vurgulanmıştır.

Dördüncü edisyondaki temel değişiklikler şunlardır:

1. Açıklama ve örnekler güncelleşmiştir.
2. Sayılabilen ve sayılamayan isimler, isim öncesi ve yüklem sıfatları, yer zarfları, cümle zarfları, ayrık cümleler (cleft sentences), edatlar, bağlaçlar, özel anlamlı yardımcı fiiller (modals), -miş'li fiil yapıları, mastarlı kuruluşlar, edilgen, amaç cümlecikleri ve isim cümlecikleri ile ilgili olarak artık daha çok bilgi bulunmaktadır.
3. Karşılaştırmaları kolaylaştırabilmek için bazı malzemeler yeniden düzenlenmiştir. Örneğin, *can, may, must,* vb. ilgili bölümün bazı kısımları, şimdi işlevine göre sınıflandırılmış, beğenme ve yeğleme gösteren fiillere başlı başına bir bölüm ayrılmış, öneri ve çağrılar, emir, rica ve öğütle ilgili bölümle birleştirilmiştir.
4. İçindekiler listesi artık her alt-bölüm başlığını özetlemekte ve çok daha fazla sayıda kayıt ve gönderme içeren bir dizin (fihrist) bulunmaktadır.

Bu edisyonda '~' işareti, bir diyalogdan oluşan örneklerde konuşmacının değiştiğini göstermek için sık sık kullanılmıştır. Ayrıca, her ne kadar '=' işareti yer yer, aynı anlamı taşıyan sözcük ya da ifadeleri bağlamaktaysa da, çoğu durumda daha serbest biçimde, örneğin, etkiden edilgene ya da düö aktarımdan dolayı aktarıma geçişi göstermede kullanılmıştır.

Oxford University Press'ten dördüncü edisyonun hazırlanmasında yardımcı olan herkese teşekkür etmek istiyoruz. Ayrıca, Japonya'daki Nihon Üniversitesi'nden Profesör Egawa, Batı Almanya'daki Duisburg Üniversitesi'nden Profesör Rene Dirven'e ve öteki meslektaşlarımıza, bize çok yardımı dokuznan önerileri nedeniyle teşekkür etmek istiyoruz.

Londra, Kasım 1985 A.J.T., A.V.M.

İÇİNDEKİLER

Başka türlü bir kayıt bulunmadıkça göndermeler, alt-başlıklara yapılmaktadır.

23. Mastar *sayfa 339*

24. İsim-fiil *sayfa 366*

25. Mastar ve isim-fiil yapıları *sayfa 375*

26. Ortaçlar *sayfa 384*

27. Emirler, ricalar, çağrılar, öğüt, öneriler *sayfa 394*

1 Tanıtıcılar (Articles) ve **one, a little/a few, this, that**

ÇEVİRİCİNİN NOTU: **Tanıtıcılar**, birçok Hint-Avrupa ve doğu dilinde, ismi belirtmek için isimden önce kullanılan sözcüklerdir. Türkçede **belgisiz tanıtıcının (a/an)** karşılığı gibi görünen **bir** sözcüğü varsa da bu, tam olarak belgisiz tanıtıcının görevlerini yapmamaktadır. **Belirli tanıtıcı (the)** ise dilimizde hiç yoktur. Bu nedenle özellikle İngilizce cümle kurarken İngiliz dilinin duyarlık gösterdiği bu konuda çok dikkatli olmak gerekmektedir.
Tanıtıcı sözcüğünün kendisine ilişkin olarak da bir açıklama gerekiyor sanırız. **Article** sözcüğü karşılığında Arapçadan aldığımız **harf-i târif** sözcüğünü, **tanıtıcı** ile karşılamayı uygun gördük.

1 **a/an** (the indefinite article: belgisiz tanıtıcı)

a biçimi, bir ünsüz, ya da ünsüz gibi okunan ünlü bir sesle başlayan sözcüklerden önce kullanılır:

a man : bir adam
a hat : bir şapka
a university : bir üniversite
a European : bir Avrupalı
a one-way street : tek yönlü bir cadde

an biçimi, bir ünlü **(a, e, i, o, u)** ya da okunmayan bir **h** ile başlayan sözcüklerden önce kullanılır:

an apple : bir elma
an island : bir ada
an uncle : bir amca
an egg : bir yumurta
an onion : bir soğan
an hour : bir saat (60 dakika / Ç.N.)

an, bir ünlü ile birlikte okunan tek harflerden önce de kullanılır:

an L-plate : bir L plakası
an MP : bir parlamento üyesi
an SOS : bir SOS (es-o-es) [yardım çağrısı]
an x : bir iks [harfi)]

a/an, cinslere göre değişmez:

a man : bir adam	*a woman* : bir kadın
an actor : bir aktör	*an actress* : bir aktris
a table : bir masa	

2 **a/an**'in kullanımı

a/an, şu durumlarda kullanılır:

A İlk kez sözü edilmesi ve belirli bir kişi ya da nesneyi göstermemesi koşuluyla sayılabilen (yani aynısından birden çoğu bulunabilen) tekil bir isimden önce:

I need a visa. : Bana bir vize gerek.
They live in a flat. : Bir dairede oturuyorlar.
He bought an ice-cream. : Bir dondurma satın aldı.

B Bir nesne türünün tümüne örnek oluşturmak üzere kullanılan tekil bir bir sayılabilen isimden önce:

A car must be insured. : Bir otomobil sigorta ettirilmelidir.
= *All cars / Any car must be insured.* : Bütün otomobiller / Her tür otomobil sigorta ettirilmelidir.
A child needs love. : Bir çocuğun sevgiye gereksinimi vardır.
= *All children need / Any child needs love.* : Bütün çocukların / Her çocuğun sevgiye gereksinimi vardır.

C Bir isim tamlayıcısı ile. (Bu, meslek adlarını da kapsar.):

ÇEVİRİCİNİN NOTU: **İsim tamamlayıcısı** (noun complement), bir isim ya da zamiri, yüklem bölgesindeyken tamlayan bir sıfat ya da başka bir isimdir. İsim tamlayıcısı, her zaman isimden **sonra** gelir. İsimden **önce** gelerek ismi tamlayan sözcükler **sıfat** adını aldıkları için tamlayıcı ile sıfatı ayırd etmek kolaydır:

Sıcak çayı severim (I like hot tea)

cümlesinde sıcak sözcüğü isimden önce geldiği için sıfattır. Oysa:

Çayımı sıcak isterim (I want my tea hot)

cümlesinde aynı **sıcak** sözcüğü isimden sonra gelmiştir; aynı zamanda da yüklem takımında bulunmaktadır — yani özne dışındaki sözcükler arasındadır. Bu nedenle ikinci cümledeki **sıcak** sözcüğü, genel sözcük sınıflandırmasında SIFAT sayılsa da, cümle içindeki işlevi açısından bir TAMLAYICI durumundadır.

It was an earthquake. : Deprem oldu.
She'll be a doctor. : O, doktor olacak.
He is an actor. : O bir aktör.

D Sayısal bazı ifadelerden önce:

a lot of : birçok — *a couple* : birkaç; bir çift
a great many : birçok — *a great deal of* : çok miktarda
a dozen : bir düzine [Ancak *one dozen* da denebilir.]

E Belirli sayılarda:

a hundred : yüz
a thousand : bir (Bak: 349)

Tam bir sayıdan sonra gelen **half** (yarım) sözcüğünden önce.
1½ kilos = one and a half kilos ya da *a kilo and a half:* birbuçuk kilo.
Ancak *½ kg = half a kilo*dur (*half*'dan önce **a** yoktur).

Fakat *a + half*'a da bazen rastlanabilir:
a half-holiday : bir yarım tatil
a half-portion : bir yarım porsiyon
a half-share : bir yarı pay

1/3, 1/4, 1/5 vb. ile **a**'nin kullanılması normal olduğu gibi (*a third, a quarter* vb), **one** da kullanılabilir. (Bak: 350)

F Fiat, hız, orantı vb. ile ilgili ifadelerde:
5p a kilo : kilosu 5 peni
10p a dozen : düzinesi 10 peni
£1 a metre : metresi 1 sterlin
four times a day : günde dört kez
sixty kilometres an hour : saatte altmış kilometre (Burada *a/an = per*)

G Tekil, sayılabilen isimlerden önce ünlemlerde:
Such a long queue! : Ne kadar uzun bir kuyruk!
What a pretty girl! : Ne güzel bir kız! *Ancak:*
Such long queues! : Ne kadar uzun kuyruklar!
What pretty girls! : Ne güzel kızlar!
(Çoğul olduğu için tanıtıcı bulunmuyor. Bak: 3)

H **a,** *Mr/Mrs/Miss* + soyadı'ndan önce konabilir.
a Mr Smith : Mr Smith diye biri
a Mrs Smith : Mrs Smith diye biri
a Miss Smith : Miss Smith diye biri

a Mr Smith, a man called Smith (Smith adında biri) anlamına gelir ve bu kişiyi konuşucunun tanımadığını ima eder. *A*'siz *Mr Smith,* konuşmacının Mr Smith'i tanıdığını ya da onun varlığından haberli olduğunu ima eder.
(**a/an** ve **one** arasındaki ayrım için 4'e, **a few** ve **a little** için de 5'e bakınız.)

3 a/an'in atılması

a/an, şu durumlarda atılır:

A Çoğul isimlerden önce.
a/an'in çoğul biçimi yoktur. Dolayısıyla, *a dog*'un çoğulu *dogs*; *an egg*'in çoğulu ise *eggs*'dir.

B Sayılamayan isimlerden önce (Bak: 13)

C Başında bir sıfat bulunmazsa yemek (öğün) adlarından önce:

We have breakfast at eight. : Kahvaltıyı saat sekizde yaparız.
He gave us a good breakfast. : Bize iyi bir kahvaltı çıkardı.

Birşeyi kutlamak için ya da birisinin onuruna verilen özel bir yemek olduğu zaman da tanıtıcı kullanılır:

I was invited to dinner. : (onların evindeki, normal bir) akşam yemeğine çağrıldım. *Fakat*
I was invited to a dinner given to welcome the new ambassador. : Yeni büyükelçi için verilen hoşgeldin yemeğine çağrıldım.

4 a/an ve one

Aa/an ve **one** (sıfat)

1 Zamanı, uzaklığı, ağırlığı, vb. sayarken ya da ölçerken tekilde hem **a/an**, hem de **one** kullanabiliriz:

£1 = a/one pound : bir sterlin
£1,000,000 = ve a/one million pounds : bir milyon sterlin
(Bölüm 36'ya bakınız.)

Fakat *The rent is £100 a week* (Kira, ayda 100 sterlin) cümlesindeki **a**'nin yerine **one** kullanılamayacağına dikkat ediniz. (2F'ye bakınız.)

Diğer ifade tiplerinde **a/an** ve **one** normal olarak birbirlerinin yerine kullanılamazlar, çünkü **'one** + isim' normal olarak 'yalnız bir/birden fazla değil' anlamına gelir ve **a/an**, bu anlama gelmez:

A shotgun is no good. (It is the wrong sort of thing.) : Av tüfeği bir işe yaramaz. (Yanlış silah kullanılıyor.)
One shotgun is no good. (I need two or three.) : Bir tane av tüfeği bir işe yaramaz. (İki ya da üç taneye gereksinimim var.)

2 **one**'ın özel kullanımları

(a) **one**(sıfat/zamir), **another/others** ile birlikte kullanılır:

One (boy) wanted to read, another/others wanted to watch TV. : Biri (bir çocuk) okumak istiyordu, bir başkası/ötekiler TV izlemek istiyordu. (53'e bakınız.)

One day he wanted his lunch early, another day he wanted it late. : Bir gün kahvaltısını erken istiyordu, bir başka gün geç.

(b) **one**, *day/week/month/year/summer/winter* (gün/hafta/ay/yıl/yaz/kış) vb sözcüklerden ya da günün veya ayın adından önce, birşeyin olduğu belirli bir zamana işaret etmek için kullanılır.

One night there was a terrible storm. : Bir gece korkunç bir fırtına vardı.
One winter the snow fell early. : Bir kış kar erken yağdı.
One day a telegram arrived. : Bir gün bir telgraf geldi.

(c) **one day**, 'gelecekteki bir tarihte' anlamında kullanılabilir:
One day you'll be sorry you treated him so badly. : Bir gün ona bu denli kötü davrandığına pişman olacaksın.
(*Some day* [anlam aynı / Ç.N.] de denebilir.)
(**one** ve **you** için 68'e bakınız.)

B **a/an** ve **one** (zamir)
one, a/an'in zamir karşılığıdır:

Did you get a ticket?~ Yes, I managed to get one. : Bilet aldın mı? ~ Evet, bir tane alabildim.

Böyle kullanılan **one**'ın çoğulu, **some**'dır:

Did you get tickets? ~ Yes, I managed to get some. : Bilet aldın mı? ~ Evet, birkaç tane alabildim.

5 a little/a few ve little/few

A **a little/little** (sıfat), sayılamayan isimlerden önce kullanılırlar:
a little salt/little salt : biraz tuz/az tuz
a few/few (sıfat), çoğul isimlerden önce kullanılır.
a few people/few people : birkaç kişi/az sayıda kişi

Bu dört yapının hepsi tek başlarına veya **of**'la birlikte zamir olarak da kullanılabilirler:

Sugar? ~ A little, please. : Şeker? ~ Biraz rica edeyim.
Only a few of these are any good. : Bunlardan pek azı herhangi bir işe yarar.

B **a little/a few** (sıfat ve zamir)
a little, az miktarda ya da konuşucunun az kabul ettiği miktarda; **a few** ise az sayıda ya da konuşucunun az kabul ettiği sayıda demektir.
a little/a few'dan önce gelen **only**, konuşucunun gözünde sayı ya da miktarın gerçekten küçük olduğunu vurgular:

Only a few of our customers have accounts. : Müşterilerimizin pek azının hesabı vardır. (pek azı hesap açtırmıştır / Ç.N.)

Fakat **a few**'un başına konan **quite**, sayıyı önemli ölçüde artırır:
I have quite a few books on art. (quite a lot of books) : Sanat üzerine bir hayli kitabım var. (epey kitap)

C **little** ve **few** (sıfat ve zamir)
little ve **few**, az bulunurluğu ya da yokluğu belirtir ve hemen hemen olumsuzun gücüne sahiptir:

There was little time for consultation. : Danışma için çok az zamanımız vardı.
Little is known about the side effects of this drug. : Bu ilacın yan etkileri konusunda pek az (şey / Ç.N.) bilinmektedir.
Few towns have such splendid trees. : Pek az kentin böyle harika ağaçları vardır.

Little ve **few**'un bu kullanımı, daha çok yazı diliyle sınırlıdır. (Bunun nedeni de herhalde konuşma sırasında **little** ve **few**'un rahatlıkla **a few** ve **a little** ile karıştırılabilmesi olmalıdır.) Dolayısıyla konuşmada **little** ve **few**'un yerini normal olarak **hardly any** alır. Olumsuz fiil + **much/many** kullanmak olanağı da vardır:

We saw little = We saw hardly anything / We didn't see much. : Pek az şey gördük = Hemen hemen hiçbir şey görmedik / Pek bir şey görmedik.

Tourists come here but few stay overnight. = Tourists come here, but hardly any stay overnight. : Turistler buraya gelir, ama pek azı burada geceler = Turistler buraya gelir, ama hemen hemen hiçbiri burada gecelemez.

Ancak *so, very, too, extremely, comparatively, relatively* (sırasıyla: o kadar, çok, [gereğinden] çok, son derece, nisbeten, nisbeten / Ç.N.) ve benzeri sözcüklerle nitelendikleri zaman **little** ve **few** daha serbest olarak kullanılabilirler. **fewer** (üstünlük derecesi) de daha serbestçe kullanılabilir.

I'm unwilling to try a drug I know so little about. : Hakkında bu kadar az şey bildiğim bir ilacı kullanmak istemiyorum.
They have too many technicians, we have too few. : Onların gereğinden çok, bizim de gereğinden az teknisyenimiz var.
There are fewer butterflies every year. : Her yıl (giderek / Ç.N.) daha az kelebek oluyor.

D **a little/little** (zarf)

1 **a little**, şu durumlarda kullanılabilir:

(a) fiillerle birlikte:
It rained a little during the night. : Gece biraz yağdı.
They grumbled a little about having to wait. : Beklemek zorunda kaldılar diye biraz homurdandılar.

(b) 'hoşa gitmeyen' bazı sıfat ve zarflarla:
a little anxious : biraz endişeli
a little unwillingly : biraz isteksizce
a little annoyed : biraz canı sıkılmış(casına)
a little impatiently : biraz sabırsızca

(c) sıfat ve zarfların üstünlük dereceleri ile:
The paper should be a little thicker. : Kâğıdın biraz daha kalın olması gerekir.
Can't you walk a little faster? : Biraz daha hızlı yürüyemez misin?

rather, (b)'de **a little**'ın yerini alıp üstünlük derecesinden önce de kullanılabilir (42'ye bakınız); ancak **a little** daha yaygındır.
Halk dilinde, yukarıdaki örneklerden tümünde **a little** yerine **a bit** kullanılabilir.

2 Biraz resmi konuşma biçiminde **little**, özellikle **better** ve **more** ile birlikte kullanılır:
His second suggestion was little (= not much) *better than his first.* : İkinci önerisi birinciden pek iyi değildi.
He was little (= not much) *more than a child when his father died.* : Babası öldüğünde çocuktan pek fazla değildi. (Çocuk sayılacak yaştaydı.)

Biçimsel İngilizcede, **little**, ayrıca, *expect, know, suspect, think* gibi bazı fiillerden önce de kullanılabilir:

He little expected to find himself in prison. : Kendini hapisanede bulmayı pek ummuyordu.
He little thought that one day... : Pek düşünmüyordu ki bir gün... (Bir gün ...ceği pek aklından geçmiyordu.)

Aynı zamanda *little-known* (fazla bilinmeyen) ve *little-used* (fazla kullanılmamış) gibi bazı sıfatlar da vardır:

a little-known painter : pek tanınmayan bir ressam
a little-used footpath : fazla kullanılmayan/kullanılmamış bir patika

6 **the** (the definite article: belirtili tanıtıcı)

ÇEVİRİCİNİN NOTU: **Belirtili tanıtıcılar** ile ilgili ayrıntılı açıklama, aşağıda verilmiştir. Biz burada, Türkçe ile İngilizce arasındaki ilişkiler açısından konuya ayrıca değineceğiz.
Belirli kurallar içinde yalnızca **belirlenmiş**, kesinlikle tanımlanmış veya tanımlanmasına gerek kalmadan hem konuşucu, hem de dinleyici tarafından kuşkuya yer kalmayacak biçimde bilinen isimlerden önce kullanılan **the**'nın Türkçede karşılığı yoktur. Ya-

vaş yavaş **bu** sıfatının belirtili tanıtıcı rolü almaya başladığı gözlenmekte ise de, bu her zaman için geçerli olamamaktadır.
Tümleç (özellikle düz tümleç) durumundaki isimlerde belirtili tanıtıcı ile belgisiz tanıtıcı arasındaki ayrımı dilimize yatsıtmanın, bir ölçüye kadar olanağı bulunmaktadır. İngilizcede belgisiz tanıtıcı (a/an) alan belirtilmemiş isimler, dilimize **yalın halde** çevrilirler. Buna karşılık İngilizcede belirtili tanıtıcı (the) alan isimler Türkçeye **-i halinde** çevrilir:

They saw an aeroplane near their camp. : Kamplarının yakınında bir uçak gördüler. (Burada **her hangi bir** uçak söz konusudur ve İngilizcede **an** almış, Türkçeye yalın halde çevrilmiştir.)

They saw the aeroplane near their camp. : Uçağı kamplarının yakınında gördüler. (Burada, hem söyleyenin, hem de dinleyenin bildiği, daha önce aralarında sözünü ettikleri belli bir uçağa gönderme yapılmaktadır. Türkçede bunu, **-i hali** ile (uçağı) gösteriyoruz.)

Özne durumundaki isimlerde ise **a/an** normal olarak **bir** sözcüğü ile çevrilebilir; **the** karşılığında ise hiçbir sözcük kullanılmaz:

A doctor is going to help him. : Bir doktor (herhangi bir doktor) ona yardım edecek.
The doctor is going to help him. : Doktor (bildiğimiz o doktor) ona yardım edecek.

A Biçim

the, bütün cinsler için tekil ve çoğulda aynıdır:

the boy : erkek çocuk	*the girl* : kız çocuk	*the day* : gün
the boys : erkek çocuklar	*the girls* : kız çocuklar	*the days* : günler

B Kullanımı

Belirtili tanıtıcı şu durumlarda kullanılır:

1 Bir ya da bir grup nesne tekse ya da tek kabul edildiği zaman:

the earth : dünya	*the sea* : deniz	*the sky* : gök
the equator : ekvator	*the stars* : yıldızlar	

2 Kendisinden ikinci kez söz edilmesi sonucu belirlenmiş olan bir isimden önce:
His car struck a tree; you can still see the mark on the tree. : Arabası bir ağaca çarptı; işareti hâlâ ağaçta görebilirsin.

3 Bir takım ya da cümlecik eklenerek belirli duruma getirilmiş bir isimden önce:
the girl in blue : maviler giymiş kız
the man with the banner : sancağı taşıyan adam
the boy that I met : tanıştığım çocuk
the place where I met him : ona rastladığım yer

4 Konumu nedeniyle yalnızca belirli bir nesneyi temsil eden bir isimden önce:

Ann is in the garden. : Ann bahçede. (bu evin bahçesi)
Please pass the wine. : Lütfen şarabı uzat. (masadaki şarap)

Aynı şekilde: *the postman* : postacı (bize gelen); *the car* : otomobil (bizim otomobilimiz); *the newspaper* : gazete (okuduğumuz gazete).

5 Enüstünlük derecesi ile sıfat ya da zamir olarak kullanılan *first, second,* vb. ve *only*'den önce:

the first (week) : iki (hafta)
the best day : en iyi gün
the only way : tek yol

C **the** + tekil isim, bir hayvan ya da nesne türünü gösterir:

The whale is in danger of becoming extinct. : Balina, yok olma tehlikesiyle karşı karşıyadır.
The deep-freeze has made life easier for housewives. : Dondurucu, evhanımlarına hayatı kolaylaştırmıştır.

Fakat 'insanoğlu' anlamında kullanılan *man*'da tanıtıcı yoktur:
If oil supplies run out, man may have to fall back on the horse. : Petrol kaynakları tükenirse, insanoğlu yeniden ata dönmek zorunda kalabilir.

the, belirli bir insan grubunun üyesi için kullanılır:
The small shopkeeper is finding life increasingly difficult. : Küçük bakkal (lar / Ç.N.), yaşamı giderek daha zor bulmaktalar.

Yukarıdaki gibi kullanılan **the** + isim, tekil bir fiil alır. Zamir, **he, she** veya **it**'dir:

The first-class traveller pays more so he expects some comfort. : Birinci sınıf yolcusu daha çok para öder, onun için de konfor arar.

D **the** + sıfat, bir insan grubunu temsil eder:
the old = old people in general : yaşlılar (genelde yaşlı insanlar) (23'e bakınız.)

E **the**, denizlerin, ırmakların, ada topluluklarının, sıra dağların, çoğul ülke adlarının, çöllerin, bölgelerin adını oluşturan özel isimlerden önce kullanılır:

the Atlantic
the Thames : Temz (Nehri)
the Azores
the Alps
the Netherlands : Hollanda
the Sahara
the Crimea : Kırım (Bölgesi)
the Riviera

Ayrıca başka birkaç isimden önce:

the City : Londra'nın, şu anda ticaret ve mali merkez olan en eski bölümü

the Mall : Londra Gezisi
the Sudan : Sudan
the Hague : Hague kenti
the Strand : (Londra'da) kıyı
the Yemen

the, isim + **of** + isim'den oluşan adlardan önce de kullanılır:

the Bay of Biscay : Biskay Körfezi
the Gulf of Mexico : Meksika Körfezi
the Cape of Good Hope : Ümit Burnu
the United States of America : Amerika Birleşik Devletleri

the, sıfat + isim'den oluşan adlardan önce kullanılır (sıfat *east, west* (doğu, batı), vb. olmamak kaydıyla).

the Persian Gulf : Basra Körfezi
the New Forest : New Forest (Yeni Orman)
the High Street : High Caddesi

the, belirli adlarda, *east/west* vb. sıfatlar + isim'den önce kullanılır:

the East/West End : Doğu/Batı Ucu (İngiltere'nin)
the East/West Indies : Doğu/Batı Hint Adaları
the North/South Pole : Kuzey/Güney Kutbu

ancak **the**, normalde atılır:

South Africa : Güney Afrika
North America : Kuzey Amerika
West Germany : Batı Almanya

Ne var ki, *east/west* vb. isim olduklarından **the** kullanılır:

the north of Spain : İspanya'nın kuzeyi
the West : Batı (Coğrafi Batı) [Batı Amerika / Ç.N.]
the Middle East : Orta Doğu
the West : Batı (Politik açıdan) [Batı Bloku / Ç.N.]

Şu ikisini karşılaştırınız:

Go north. : Kuzeye git. (zarf: kuzey yönünde)
He lives in the north. : Kuzeyde oturur. (isim: kuzeyde bir bölge)

F **the**, sıfat + isim ya da isim + **of** + isim'den oluşan öteki özel isimlerden önce kullanılır:

the National Gallery : Ulusal Galeri
the Tower of London : Londra Kulesi

Koro, orkestra, pop gruplarının adlarından önce:

the Bach Choir : Bach Korosu
the Philadelphia Orchestra : Filadelfiya Orkestrası
the Beatles : Beatle'lar

ve gazete *(the Times)* ile gemi *(the Great Britain)* adlarından önce de kullanılır.

G İnsan adlarıyla birlikte **the**'nın çok sınırlı bir kullanımı vardır. **the** + çoğul soyadı', 'the . . . family (. . . ailesi)' anlamında kullanılabilir:

the Smiths : Smith'ler = Mr ve Mrs Smith (ile çocukları)

the + tekil isim + cümlecik/sıfat takımı' bir kişiyi, aynı addaki bir başkasından ayırt etmek için kullanılabilir:

We have two Mr Smiths. Which do you want? ~ I want the Mr Smith who signed this letter. : Bizde iki tane Mrs. Smith var. Siz hangisini istiyorsunuz? ~ Bu mektubu imzalayan Mr. Smith'i.

the, içinde **of** bulunan ünvanlardan önce kullanılabilir (*the Duke of York* : York Dükü), fakat öteki ünvan ya da rütbelerden önce kullanılmaz (*Lord Olivier, Captain Cook* : Lord Olivier, Kaptan Cook). Ancak bir kişiden yalnızca ünvanı/rütbesiyle söz ediliyorsa, **the** kullanılır:

The earl expected . . . : Bey umuyordu ki . . .
The captain ordered . . . : Kaptan emretti . . .

İki ya da daha fazla sayıdaki evlenmemiş kız kardeşe hitap edilirken '*The Misses* + soyadı' kullanılır: *The Misses Smith.*

7 **the**'nın atılması

A Belirtili tanıtıcı şu durumlarda kullanılmaz:

1 Yukarıda belirtilen durumlar dışında yer adlarından ve insan adlarından önce.

2 Belirli bir anlamda kullanılmaları dışında soyut isimlerden önce;

Men fear death. : Erkekler ölümden korkar.

fakat

The death of the Prime Minister left his party without a leader. : Başbakanın ölümü, partisini öndersiz bıraktı.

3 İyelik durumundaki bir isimden ya da bir iyelik sıfatından sonra:

the boy's uncle = the uncle of the boy : oğlanın amcası
It is my (blue) book = The blue book is mine. : O benim mavi kitabım = Mavi kitap benim.

4 Öğün adlarından önce (Ancak 3C'ye bakınız):

The Scots have porridge for breakfast. : İskoçlar kahvaltıda poriç yerler.
Fakat:
The wedding breakfast was held in her father's house. : Düğün yemeği kızın evinde verildi.

5 Oyun adlarından önce : *He plays golf* : Gol oynar.

6 Normal olarak iyelik sıfatını yeğ tuttuklarından, vücudun parçalarından ve giyim eşyalarından önce:

Raise your right hand. : Sağ elini kaldır.
He took off his coat. : Ceketini çıkardı.

Ancak şu tür cümlelerin
She seized the child's collar. : Çocuğun yakasını kavradı.
I patted his shoulder. : Omuzuna (dostça / Ç.N.) vurdum.
The brick hit John's face. : Tuğla, John'un yüzüne vurdu.

şöyle de ifade edilebileceğine dikkat ediniz:
She seized the child by the collar. : Çocuğu yakasından kavradı.
I patted him on the shoulder. : Omuzuna (dostça / Ç.N.) vurdum.
The brick hit John in the face. : Tuğla, John'un yüzüne vurdu.

Aynı biçimde, edilgen yapıda:
He was hit on the head. : Kafasına vuruldu.
He was cut in the hand. : Eli kesildi.

B Bazı Avrupa dillerinde belirtili tanıtıcının belgisiz çoğul isimlerden önce kullanılabilmesine karşın İngilizcede **the**'nın böyle kullanılmadığına dikkat ediniz:

Women are expected to like babies. : Kadınların bebekleri sevmeleri beklenir. (Bütün kadınlar)
Big hotels all over the world are very much the same. : Bütün dünyada büyük oteller birbirlerine bir hayli benzerler.

Birinci örnekte *women*'ın önüne **the** koyarsak, belli bir grup kadından söz ettiğimizi belirtmek isteriz.

C Bitkiler ve hayvanlar vb. dünyasını yaratıp harekete geçiren ruh (doğa / Ç.N.) anlamına gelen *nature*, **the**'sız kullanılır:
If you interfere with nature you will suffer for it. : Doğanın işine karışırsan bunun cezasını ödersin.

8 the'nın home'dan ve church, hospital, prison, school, vb'den önce atılması

A home

home yalnız başına kullanıldığı, yani başına ya da arkasına betimleyici bir sözcük gelmediği zaman, **the** atılır:
He is at home. : O evde.

Yalnız başına kullanılan **home** bir hareket fiilinden ya da hareket fiili + tümleçten hemen sonra konabilir, yani zarf işlemi görebilir:

He went home. : O eve gitti.
I arrived home after dark. : Eve, karanlıktan sonra vardım.
I sent him home. : Onu eve gönderdim.

Ancak, *home*'dan önce ya da sonra betimleyici bir sözcük ya da takım bulunursa, herhangi başka bir isim gibi işlem görür:

They went to their new home. : Yeni evlerine gittiler.
We arrived at the bride's home. : Gelinin evine gittik.
For some years this was the home of your queen. : Birkaç yıl burası, kraliçenizin eviydi.
A mud house was the only home he had ever known. : Çamurdan bir ev, bildiği tek yuvaydı.

ÇEVİRİCİNİN NOTU: İngilizcedeki iki sözcük Türkçeye **ev** olarak çevrilir: **home** ve **house.** Bunlardan **house,** binanın adıdır. **Home** ise 'yuva' çağrışımı vermektedir:
I bought a house in Erenköy : Erenköy'de bir ev aldım.
He is at home : O evde (ailesiyle birlikte).

B **bed, church, court, hospital, prison, school/college/university** Ana amaçları için ziyaret edildikleri ya da kullanıldıkları zaman yukarıdaki isimlerden önce **the** kullanılmaz.

We go:

to bed to sleep or as invalids
to church to pray
to court as litigants
to hospital as patients
to prison as prisoners
to school/college/university to study

(Yatağa yatmak için ya da hasta olarak, hastaneye hasta olarak, kiliseye tapınmak için, hapishaneye mahkum olarak, mahkemeye davacı olarak, okula/koleje/üniversiteye okumak için gideriz.)

Aynı biçimde:
in bed, sleeping or resting
at church as worshippers
in court as witnesses etc.
in hospital as patients
at school etc. as students

We can be/get back (or be/get home) *from school/college/university.*
We can *leave school, leave hospital,* be released *from prison.*

(Yatakta uyur ya da dinleniriz, hastanede hasta, kilisede tapılan kişiler, okulda vb. öğrenci, mahkemede tanık vb. olarak bulunabiliriz. Okulda/kolejde/üni-

versitede [ya da evde] bulunabilir, buralardan geri dönebiliriz. Okul ya da hastaneden çıkabilir, hapishaneden tahliye olabiliriz.)
Bu yerler, başka nedenlerle ziyaret edilir ya da kullanılırsa **the** gerekli olur:

I went to the church to see the stained glass. : Vitrayı görmek için kiliseye gittim.
He goes to the prison sometimes to give lectures. : Hapisaneye bazen, konferanslar vermek için gider.

C **sea**

We go *to sea* as saliors. To be *at sea* = to be on a voyage (as passengers or crew). (Denize, denizci olarak açılırız. *To be at sea* = ([yolcu ya da mürettebat olarak] deniz yolculuğunda bulunmak.)

Fakat:
to go *to* or be *at* the *sea* = to go *to* or be *at* the seaside (deniz kenarında bulunmak ya da oraya gitmek.)
We can also live *by/near* the sea. (Ayrıca deniz kenarında bulunabiliriz.)

D **work** and **office**

work = place of work (iş = işyeri) sözcüğü, **the**'sız kullanılır:
He is on his way to work. : İşe gidiyor.
He is at work. : İşinde/İşinin başında/Çalışıyor.
He isn't back from work yet. : Henüz işten dönmedi.
At work'ün *'working'* (çalışıyor) anlamına gelebildiğine dikkat ediniz. *Hard at work, working hard* (sıkı çalışan, sıkı çalışıyor) demektir:

He is hard at work on a new picture. : Harıl harıl bir resim üzerinde çalışıyor.
office = place of work (büro = işyeri) sözcüğü, **the** ister: *He is at/in the office* : O büroda.

To be in office **the**'sız, resmi (genellikle politik) bir mevkide bulunmak anlamına gelir. *To be out of office = to be no longer in power* (iktidardan ayrılmak, artık iktidarda olmamak.)

E **town**

Öznenin ya da konuşanın kendi kentinden söz edilirken **the** atılabilir:

We go to town sometimes to buy clothes. : Bazen elbise almak için şehre ineriz.
We were in town last Monday. : Geçen Pazartesi şehirdeydik.

9 this/these, that/those (Demonstrative adjectives and pronouns) işaret sıfat ve zamirleri

ÇEVİRİCİNİN NOTU: İşart sıfat ve zamirleri Türk öğrencileri için bazen sorun yaratmaktadır. Özellikle belirli bazı durumlarda İngilizcede kullanılan zamirler ile Türkçedekiler birbirlerinin tam tersi olabilmektedir.

1. **This** ve **these,** temelde, KONUŞUCUYA YAKIN; **that** ve **those** ise KONUŞUCUYA UZAK olan nesne veya kişiler için kullanılır. Bu nedenle **this** 'bu', **these** 'bunlar', **that** 'şu', **those** 'şunlar' olarak çevrilebilir.
2. Ancak, Türkçeden bazen yakınlık-uzaklık ilişkileri bir yana bırakılarak **bu** ve **şu** sözcükleri değişik olarak kullanılabilmektedir. Örneğin kendinizin az sonra söyleyeceği bir söz için **şu/şunları** kullanabiliyoruz:

   Şunu iyi bil ki, ben senin oyuncağın değilim. Şunu dinle.

   Buna karşılık, karşımızdakinin bir sözü için, karşımızdaki 'uzak' sayılsa da, **bu/bunlar** zamirini kullanabiliyoruz:

   Bunu ben de biliyorum.

   Bu tür cümleleri İngilizceye çevirirken, İngilizcede yakınlık-uzaklık etkeninin değişmediğini göz önünde tutmak gerekir. Örneğin, yukarıdaki ilk cümleyi BEN söylüyorum ve ben, bana yakınım. Burada **this** kullanırım:

   Şunu dinle. : Listen to **this.**

   Buna karşılık karşımdaki kişi bana oranla benden daha uzaktadır. Dolayısıyla burada **that** kullanmam gerekir:

   Bunu ben de biliyorum. : I know **that** too.
3. **That** için kullanılan **o** ile **it** için kullanılan **o** arasındaki ayrıma dikkat ediniz. Aynı sorun, çoğulda da **those** ile **they** arasındaki ayrımda vardır:

   That ve **those,** adı üstünde, İŞARET sıfatı/zamiridir. Dolayısıyla bir nesne/kişiye ve nesne/kişi topluluğuna işaret ederken ya da onlara değinirken kullanılır. Buna karşın **it** ve **they,** yalnız zamir olarak kullanılırlar; bir ismin önünde bulunmazlar (yani sıfat olarak kullanılmazlar). Bunlar, **I, you, he...**'nin bulunduğu kümenin elemanıdırlar:

   I don't like THAT. : Onu (O gösterdiğin şeyi) beğenmiyorum.

   I don't like IT. : Onu (daha önce adı geçen nesneyi) beğenmiyorum.

A Sıfat olarak kullanıldıklarında bu sözcükler, sayı bakımından ilişkili oldukları isimlerle uyuşurlar. Bunu yapan tek sıfat bunlardır:

This beach was quite empty last year. : Bu plaj geçen yıl oldukça boştu.
This exhibition will be open until the end of May. : Bu sergi, Mayıs'ın sonuna dek açık kalacak.
These people come from that hotel over there. : Bu insanlar, şuradaki otelden geliyorlar.
What does that notice say? : Şu ilanda ne yazılı?
That exhibition closed a month ago. : O sergi bir ay önce kapandı.
He was dismissed on the 13th. That night the factory went on fire. : Ayın 13'ünde işten kovuldu. O gece fabrika bir yangında gitti.
Do you see those birds at the top of the tree? : Ağaçtaki şu kuşları görüyor musun?

this/these/that/those + isim + *of* + *yours/hers* vb. ya da *Ann's* vb bazen, vurgulama amacıyla *your/her* vb. + isim yerine kullanılabilir:

This diet of mine/My diet isn't having much effect. : Benim bu diyet/Benim diyetim pek etkili olmuyor.
That car of Ann's/Ann's car is always breaking down. : Ann'in şu arabası/Ann'in arabası hep bozuluyor.

Bu tür tamlamalar her zaman değilse bile genelde olumsuz durumlar için kullanılır.

B **this/these, that/those**'un zamir olarak kullanılması

This is my umbrella. That's yours. : Bu benim şemsiyem. Şu, seninki.
These are the old classrooms. Those are the new ones. : Bunlar eski derslikler. Şunlar, yenileri.
Who's that (man over there)? ~ That's Tom Jones. : (Şuradaki) şu (adam) kim? ~ Tom Jones.

Bir radyo programından sonra:
That was the concerto in C minor by Vivaldi. : Vivaldi'nin Do minör konçertosunu dinlediniz.

Tanıştırmalarda **this is** kullanılabilir:
ANN (Tom'a). : *This is my brother Hugh* : Bu, kardeşim Hugh.
ANN (Hugh'ya) : *Hugh, this is Tom Jones.* : Hugh, bu Tom Jones.
TELEFONU AÇAN KİŞİ : *Good morning. This is/I am Tom Jones.* : Günaydın. Ben Tom Jones.
(Son cümledeki *This is Tom Jones*, bu durumda *Bu Tom Jones* demek dilimizde yaygın olmadığı için çevrilmemiştir. / Ç.N.)

I am, this is'den daha biçimsel olup, telefonu açan kişinin öteki kişiyi tanımadığı zaman daha çok kullanılma olanağına sahiptir. Telefonu açanın adı + *here* (Tom here : Ben Tom), *this is*'den daha teklifsizcedir:

those'un arkasından, betimleyici bir ilgi cümleciği gelebilir:

Those who couldn't walk were carried on stretchers. : Yürüyemeyenler sedyelerle taşındı.

this/that, daha önce değinilen bir isim, sözcük takımı ya da cümleciği temsil edebilir:

They're digging up my road. They do this every summer. : Yolumu kazıyorlar. Bunu her yaz yaparlar.
He said I wasn't a good wife. Wasn't that a horrible thing to say? : İyi bir eş olmadığımı söyledi. Bu söylediği korkunç bir laf değil miydi?

C **this/these, that/those**'un **one/ones** ile birlikte kullanılması

Bir karşılaştırma ya da seçme söz konusuysa, bu işaret sıfatlarından sonra genellikle **one/ones** zamiri konulur, fakat bu, **this** vb'den sonra bir sıfat gelmesi durumu dışında zorunlu değildir:

This chair is too low. I'll sit on that (one). : Bu sandalye çok alçak. Ben şuna oturacağım.
I like this (one) best. : Ben en çok bunu beğeniyorum.
I like this blue one/these blue ones. : Ben şu mavi (olanını/olanlarını) beğeniyorum.

2 İsimler (Nouns)

10 Türleri ve işlevi

A İngilizcede dört tür isim vardır:

Common nouns (Cins isimler) : *dog, man, table* (köpek, adam, masa)
Proper nouns (Özel isimler) : *France, Madrid, Mrs Smith, Tom*
Abstract nouns (Soyut isimleı) : *beauty, charity, courage, fear, joy* (güzellik, hayır, cesaret, korku, neşe)
Collective nouns (Topluluk isimleri) : *crowd, flock, group, swarm, team* (kalabalık, hayvan sürüsü, grup, arı oğulu, takım)

B Bir isim şu işlevleri görebilir:

Bir fiilin öznesi : *Tom arrived* (Tom geldi).
Be, become, seem fiillerinin tamlayıcısı : *Tom is an actor.* Tom bir aktör).
Bir fiilin tümleci : *I saw Tom* (Tom'u gördüm).
Bir edatın tümleci : *I spoke to Tom* (Tom'la konuştum).
Bir isim, ayrıca, iyelik biçiminde de olabilir : *Tom's books* (Tom'un kitapları).

11 Cins

A Eril: adamlar, oğlanlar ve eril hayvanlar (zamir **he/they**)
Dişil: Kadınlar, kızlar ve dişil hayvanlar (zamir she/they)
Cinssiz: cansız nesneler, cinslerini bilmediğimiz hayvanlar, bazen cinsini bilmediğimiz bebekler (zamir **it/they**)
İstisnalar: Sevgi ya da saygıyla söz edildiklerinde gemiler ile arabalar ve bazı araçlar dişil olarak geçer. Adlarıyla söz edildiklerinde ülkeler de dişil olarak geçer:

> *The ship struck an iceberg, which tore a huge hole in her side.* : Gemi bir buzdağına çarptı; buzdağı, onun (geminin / Ç.N.) yan tarafında çok büyük bir delik açtı.
> *Scotland lost many of her bravest men in two great rebellions.* : İskoçya, en cesur adamlarından birçoğunu büyük başkaldırılarda yitirdi.

B İnsanlar için kullanılan eril/dişil isimler

1 Farklı biçimleri olanlar:

(a) *boy, girl* (oğlan, kız)
bachelor, spinster (bekâr erkek/kadın)
bridegroom, bride (güvey, gelin)
father, mother (baba, anne)
gentleman, lady (bay, bayan)
husband, wife (koca, karı)
man, woman (adam, kadın)
nephew, niece (yeğen)
son, daughter (oğul, kız)
uncle, aunt (amca/dayı, hala/teyze)
widower, widow (dul erkek/kadın)

Bellibaşlı istisnalar:

baby (bebek)
child (çocuk)
cousin (kuzen)
infant (küçük çocuk)
parent (anne ya da baba)
relation (akraba)
relative (akraba)
spouse (eş)
teenager (delikanlı/genç kız)

(b) *duke, duchess* (dük, düşes)
earl, countess (örl, kontes)
king, queen (kral, kraliçe)
lord, lady (lord, leydi)
prince, princess (prens, prenses)

2 Meslek gösteren isimlerin çoğunluğu aynı biçime sahiptir:

artist (sanatçı)
assistant (tezgâhtar)
cook (ahçı)
dancer (dansöz/dansöz)
driver (sürücü)
doctor, vb. (doktor)
guide (rehber)

Bellibaşlı istisnalar:

actor, actress (aktör, aktris)
conductor, conductress (biletçi)
heir, heiress (mirasçı)
hero, heroine (kahraman)
host, hostess (ev sahibi/sahibesi)
manager, manageress (yönetici)
steward, stewardess (kamarot, hostes)
waiter, waitress (garson)

Ayrıca *salesman, saleswoman* vb. (satıcı) vardır, ancak bazen *-man, -woman* yerine *-person* kullanılmaktadır: *salesperson, spokesperson* (satıcı, sözcü)

C Evcil hayvanlar ile daha büyük vahşi hayvanların pekçoğunun ayrı biçimleri vardır:

bull, cow	*duck, drake*	*ram, ewe*	*stallion, mare*
(boğa, inek)	(ördek)	(koç, dişi koyun)	(aygır, kısrak)
cock, hen	*gander, goose*	*stag, doe*	*tiger, tigress*
(horoz, tavuk)	(kaz)	(geyik)	(kaplan)
dog, bitch	*lion, lioness*		
(köpek, kancık)	(arslan)		

Ötekilerin biçimleri aynıdır.

12 Çoğul biçimleri

A Bir ismin çoğul biçimi genellikle, tekile **s** eklenerek oluşturulur:

day, days	*dog, dogs*	*house, houses*
(gün/ler)	(köpek/ler)	(ev/ler)

s eki, **p, k** ya da **f** sesinden sonra /s/ okunur. Bunun dışında /z/ okunur. s eki **ce, ge, se** ya da **ze**'den sonra gelirse, okunan sözcüğe ayrı bir hece (/ız/) eklenir. Öteki çoğul biçimleri şöyledir:

B **o** ya da **ch, sh, ss** veya **x** ile biten isimler çoğullarını, **es** ekleyerek oluştururlar.

tomato, tomatoes	*brush, brushes*	*box, boxes*
(domates/ler)	(fırça/lar)	(kutu/lar)
church, churches	*kiss, kisses*	
(kilise/ler)	(öpücük/ler)	

Fakat yabancı kökenli ya da kısaltılmış sözcükler yalnızca **s** eklerler:

dynamo, dynamos	*kimono, kimonos*	*piano, pianos*
(dinamo/lar)	(kimono/lar)	(piyano/lar)
kilo, kilos	*photo, photos*	*soprano, sopranos*
kilo/lar	fotoğraf/lar	soprano/lar

ch, sh, ss ya da **x**'ten sonra **es** eklendiğinde okunan sözcüğe ayrı bir hece (/iz/) eklenir.

C Bir sessizden sonraki **y** ile biten isimler çoğul biçimlerini, **y**'yi atıp **ies** ekleyerek oluştururlar:

baby, babies	*country, countries*	*fly, flies*	*lady, ladies*
(bebek/ler)	(ülke/ler)	(sinek/ler)	(leydi/ler)

Bir sesliden sonraki **y ile biten isimler çoğul biçimlerini, s** ekleyerek oluştururlar:

boy, boys	*day, days*	*donkey, donkeys*	*guy guys*
(oğlan/lar)	(gün/ler)	(eşek/ler)	(adam/lar)

D **f** ya da **fe** ile biten oniki isim, **f** ya da **fe**'yi atarak **ves** eklerler. Bu isimler, şunlardır: *calf, half, knife, leaf, life, loaf, self, sheaf, shelf, thief, wife, wolf* (buzağı, yarım, bıçak, yaprak, yaşam, somun, kendi, demet, raf, hırsız, eş (hanım), kurt):

loaf, loaves *wife, wives* *wolf, wolves,* vb.

hoof (at tırnağı), *scarf* (eşarp) ve *wharf* (rıhtım) sözcükleri hem s, hem de **ves** alabilirler:
hoofs ya da *hooves, scarfs* ya da *scarves, wharfs* ya da *wharves* **f** ya da **fe** ile biten öteki isimler normal biçimiyle **s** alırlar:

cliff, cliffs	*handkerchief, handkerchiefs*	*safe, safes*
(uçurum/lar)	(mendil/ler)	(kasa/lar)

E Birkaç isim çoğul biçimlerini bir sesli değişimiyle oluşturur:

foot, feet	*louse, lice*	*mouse, mice*	*woman, women*
(ayak/lar)	(bit/ler)	(fare/ler)	(kadın/lar)
goose, geese	*man, men*	*tooth, teeth*	
(kaz/lar)	(adam/lar)	(diş/ler)	

child ve *ox*'un (çocuk, öküz) çoğulları *children* ve *oxen*'dır.

F Bazı yaratıkların adları çoğulda değişmez. *fish* (balık), normal olarak değişmez. *fishes* vardır, fakat yaygın değildir. Bazı balık tipleri normal olarak çoğulda değişmezler:

carp	*pike*	*salmon*	*trout*
(sazan)	(turna)	(som)	(alabalık)
cod	*plaice*	*squid*	*turbot*
(morina)	(pisibalığı)	(supya)	(kalkan)
	mackerel		
	(uskumru)		

Ancak bunlar çoğul anlamda kullanıldığında çoğul fiil alırlar. Bunların dışındakiler **s** eklerler:

crabs	*herrings*	*sardines*	*eels*
(yengeçler)	(ringalar)	(sardalyalar)	(yılan balıkları)
lobsters	*sharks*		
(istakoz)	(köpek balığı)		

Deer ve *sheep* (geyik ve koyun) değişmez: *one sheep, two sheep* (bir koyun, iki koyun). Ördek *(duck),* keklik *(partridge),* sülün *(pheasant)* vb. avlayanlar tekil ve çoğul için aynı biçimi kullanırlar, fakat diğer kişiler normal olarak çoğul için **s** eklerler:

ducks *partridges* *pheasants*

Sporcuların 'av hayvan(lar)ı' anlamında kullandıkları *game,* her zaman tekildir ve tekil fiil alır.

G Öteki birkaç sözcük değişmez:

aircraft (uçaklar, hava taşıtı), *craft* (gemiler)
quid (argoda bir sterlin) *counsel* (mahkemedeki dava vekilleri)

Bazı ölçüler ile sayılar değişmez (35. bölüme bakınız). Sayılmazlar için 13'e bakınız.

H *crew, family, team* vb. (mürettebat, aile takım) gibi topluluk isimleri tekil ya da çoğul fiil alabilirler: eğer sözcüğü tek bir grup ya da birim olarak kabul ediyorsak fiil tekildir:

Our team is the best. : Bizim takım en iyisi.

bunları birkaç birey anlamında kullanıyorsak fiil çoğuldur:

Our team are wearing their new jerseys. : Bizim takım (oyuncuları) yeni jarse (üniformalarını / Ç.N.) giymiş(ler).

Bir iyelik sıfatı gerektiğinde **their** ile birlikte kullanılan çoğul fiil, **its** ile birlikte kullanılan tekil fiilden daha yaygındır. Fakat bazen her ikisini de kullanmak olanağı vardır:

The jury is considering its verdict. : Jüri, kararını konuşuyor.
The jury are considering their verdict. : Jüri üyeleri, kararlarını konuşuyorlar.

I Bazı sözcükler her zaman çoğuldur ve çoğul bir fiil alırlar:

clothes (giysi), *police* (polisler, polis örgütü)

iki parçadan oluşan giysiler:

breeches (kilot pantolon), *pants* (pantolon), *pyjamas* (pijama), *trousers* (pantolon), vb.

ve iki parçadan oluşan araç ve gereçler:

binoculars	*pliers*	*scissors*	*spectacles*
(dürbün)	(kerpeten)	(makas)	(gözlük)
glasses	*scales*	*shears*	vb
(gözlük)	(terazi)	(makas)	

Ayrıca, aralarında şunların da bulunduğu başka sözcükler:

arms	*particulars*	*damages*	*premises/quarters*
(silahlar)	(ayrıntılar)	(tazminat)	(bölge)
earnings	*riches*	*goods/wares*	*savings*
(kazanç)	(servet)	(mal)	(tasarruf)
greens	*spirits*	*grounds*	*stairs*
(yeşil sebzeler)	(alkollü içkiler)	(bölge)	(merdiven)
outskirts	*surroundings*	*pains*	*valuables*
(varoş)	(çevre)	(zahmet)	(değerli eşyalar)

J **ics**'le biten ve biçimce çoğul olan birkaç sözcük normal olarak çoğul bir fiil alır: Bunlar, *acoustics* (akustik), *athletics* (spor), *ethics* (ahlak bilimi), *hysterics* (isteri), *mathematics* (matematik), *physics* (fizik), *politics* (politika), vb'dir:

His mathematics are weak. : Matematiği zayıf.

Ancak bilim adları bazen tekil sayılabilir:
Mathematics is an exact science. : Matematik kesinlik içeren bir bilimdir.

K Çoğul biçiminde fakat tekil anlamdaki isimler arasında *news:*
The news is good. : Haber(ler) iyi.

bazı hastalıklar:
mumps (kabakulak), *rickets* (raşitizm), *shingles* (zona),

ve bazı oyunlar bulunur:

billiards	*darts*	*draughts*
(bilardo)	(elle atılan ok)	(bir tür dama)
bowls	*dominoes*	
(bir top oyunu)	(domino)	

L Yunanca ve Latincedeki özgün biçimlerini koruyan bazı sözcükler, çoğul biçimlerini de Yunanca ve Latince kurallarına göre kurarlar:

crises, crises /ˈkraisis/, /ˈkraisi:z/	phenomenon, phenomena
(kriz/ler)	(doğa olayı, fenomen)
erratum, errata	*radius, radii*
(baskı hatası/hataları)	(yarıçap/lar)
memorandum, memoranda	*terminus, termini*
(muhtıra/lar)	(son durak/lar)

oasis, oases /uˈeisıs/, /uˈeisi:z/ (vaha/lar)

Ancak bazıları İngilizce kurallara uyarlar :

dogma, dogmas (doğma/lar) — *gymnasium, gymnasiums* (spor salonu/salonları)

formula, formulas (ancak *formulae*, bilginlerce kullanılır) (formül/ler)

Bazen, farklı anlamlarda iki çoğul biçimi bulunur:

appendix, appendixes (tıbbi terimler)
appendix, appendices (kitaba yapılar ek/ler)
index, indexes (dizin/ler, fihrist/ler); *indices* (endeksler)

Müzisyenler genellikle, İtalyanca müzik terimıerinin İtalyanca çoğul biçimlerini yeğ tutarlar:

libretto, libretti — *tempo, tempi*

Ancak s de kullanılabilir: *librettos, tempos.*

M Birleşik isimler

1 Normal olarak son sözcük çoğul yapılır:

travel agents	*boy-friends*	*break-ins*
(seyahat acentaları)	(erkek arkadaşlar)	(hırsızlık olayları)

Ancak, *man* ve *woman* bır örnek durumundaysa her iki bölüm de çoğul olur:
men drivers (erkek sürücüler), *women drivers* (kadın sürücüler).

2 Fiil + **er**'den oluşan birleşik isimlerde ilk sözcük çoğul yapılır:

hangers-on	*lookers-on*	*runners-up*
(askıntı şirketler)	(izleyiciler)	(yarış ikincileri)

İsim + edat + isim'den oluşan bileşimlerde de durum böyledir:

ladies-in-waiting	*sisters-in-law*	*wards of court*
(kraliçeye hizmet veren leydiler)	(baldız/görümceler)	(saray muhafızları)

3 Baş harflerden oluşan kısaltmalar çoğul yapılabilir:

MPs (Members of Parliament) : Parlamento üyeleri
VIPs (very important persons) : çok önemli kişiler
OAPs (old age pensioners) : yaşlılık aylığı alanlar
UFOs (unidentified flying objects) : kimliği bilinmeyen uçan nesneler (uçan daireler, vb. / Ç.N.)

13 Sayılamayan isimler (Uncountable nouns ya da non-count nouns/mass nouns)

A 1 Genel anlamıyla sözü edilen madde isimleri:

bread	*cream*	*gold*	*paper*
(ekmek)	(krema)	(altın)	(kâğıt)
tea	*beer*	*dust*	*ice*
(çay)	(bira)	(toz)	(buz)
sand	*water*	*cloth*	*gin*
(kum)	(su)	(kumaş)	(cin)
jam	*soap*	*wine*	*coffee*
(reçel)	(sabun)	(şarap)	(kahve)
glass	*oil*	*stone*	*wood*
(cam)	(sıvı yağ)	(taş)	(tahta, odun)

2 Soyut isimler:

advice	*experience*	*horror*	*pity*
(öğüt)	(deneyim)	(dehşet)	(acıma)
beauty	*fear*	*information*	*relief*
(güzellik)	(korku)	(bilgi)	(rahatlama)
courage	*help*	*knowledge*	*suspicion*
(cesaret)	(yardım)	(bilgi)	(kuşku)
death	*hope*	*mercy*	*work*
(ölüm)	(umut)	(insaf)	(iş)

3 Ayrıca şunlar da İngilizcede sayılmaz kabul edilir:

baggage	*luggage*	*damage*	*shopping*
(bagaj [eşyası])		(hasar)	(alışveriş)
camping	*furniture*	*parking*	*weather*
(kamp yapma)	(möble)	(park yapma)	(hava)

Bu sözcükler ve *hair, information, knowledge, news, rubbish* (saç, danışma sonucu elde edilen bilgi, bilgi, haber, çerçöp), başka dillerde bazen sayılabilir kabul edilir.

B Sayılamayan isimler her zaman tekildir ve **a/an** ile birlikte kullanılamazlar:

I don't want (any) advice or help. I want some information. : Öğüt ya da yardım istemiyorum. Biraz bilgi istiyorum.
He has had no experience in this sort of work. : Bu tür işte hiç deneyimi olmamış.

Bu isimlerden önce genellikle, **some, any, no, a little** (biraz, hiç, hiç, bir parça) vb. ya da *bit, piece, slice* (parçacık, parça, dilim) vb. türünden sözcükler + **of** gelir:

a bit of news (bir parçacık bilgi, bir bilgi parçacığı)	*a grain of sand* (bir tane toz, bir toz tanesi)	*a pot of jam* (bir küp reçel, bir reçel küpü)
a cake of soap (bir kalıp sabun, bir sabun kalıbı)	*a pane of glass* (bir tabaka cam, bir cam tabakası)	*a sheet of paper* (bir yaprak kâğıt, bir kâğıt yaprağı)
a drop of oil (bir damla yağ, bir yağ damlası)	*a piece of advice* (bir parça öğüt)	

C Yukarıdaki gruplarda bulunan isimlerden birçoğu belirli anlamlarda kullanılabilirler; o zaman da sayılabilir olurlar. Tekilde **a/an** alabilirler ve çoğul biçiminde kullanılabilirler. Bazı örnekler aşağıda verilmiştir.
hair (insanın başındaki saçların tümü), sayılmaz kabul edilir, fakat her saç telini ayrı ayrı düşünürsek *one hair, two hairs,* vb. diyebiliriz:
He hair is black. Whenever she finds a grey hair she pulls it out. Saçları siyahtır. Ne zaman ak bir saç teli bulsa yolar.

ÇEVİRİCİNİN NOTU: **Hair** sözcüğünün İngilizcede sayılmaz kabul edildiği zaman bile dilimizde sayılabilir olduğuna ve sayılır kabul edilen **hair**'i **saç teli** olarak çevirdiğimize dikkat ediniz.

'Bira' *(beer),* 'kahve' *(coffee)* ya da 'cin' *(gin)* içeriz, fakat 'bir (fincan) kahve' *(a [cup of] coffee)* 'bir cin' *(a gin),* 'iyi şarap' *(a good wine)* de hoşumuza gider. Bunu 'bir bardak'tan *(a glass)* ya da 'bardaklar'dan *(glasses)* içeriz. 'Bir koru'da *(in a wood/woods)* dolaşırız.

'insanın başına gelen bir olay' anlamındaki *experience* sayılır isimdir:
He had an exciting experience/some exciting experiences (= adventures) last week. : Geçen hafta onun başından heyecan verici bir olay/olaylar (maceralar) geçti.

occupation/employment/a job/jobs (meslek/çalıştırılma/bir iş/işler) anlamına gelen *work* sayılmazdır:
He is looking for work/for a job. : Bir iş arıyor.

works (yalnızca çoğul), *factory* (fabrika) ya da *moving parts of a machine* (bir makinenin hareket eden bölümleri) anlamına gelir.
Edebiyat ve müzik alanlarındaki yapıtlar için *works* (genellikle çoğul) kullanılabilir:
Shakespeare's complete works. : Shakespeare'in bütün yapıtları.

D Bazı soyut isimler, belirli bir anlamda **a/an** ile birlikte kullanılabilir:

a help:
My children are a great help to me. : Çocuklarım benim çok işime yarıyor.
A good map would be a help. : İyi bir harita işe yarar.

a relief:
It was a relief to sit down. : Oturmak iyi geldi.

a knowledge + of:
He had a good knowledge of mathematics. : İyi bir matematik bilgisine sahipti.

a dislike/dread/hatred/horror/love + of (...i sevmeme/ ...korkusu/...e duyulan nefret/...e duyulan korku/...sevgisi) de denebilir:

a love of music : bir müzik aşkı
a hatred of violence : şiddete duyulan nefret

a mercy/pity/shame/wonder (ne yazık/ne yazık/ne ayıptır ki/ne tuhaftır ki) kalıpları, **it** ile başlayan isim cümlecikleriyle kullanılabilir:

It's a pity you weren't here. : Ne yazık ki burada bulunmamışsın.
It's shame he wasn't paid. : Ona ödeme yapılmamış olması ne ayıp!

it + be + a pity/shame + mastar' da kullanılabilir:
It would be a pity to cut down these trees. : Bu ağaçları kesmek yazık olur.

korku umut kuşku

E **a fear/fears, a hope/hopes, a suspicion/suspicions**

Bunlar, **there** ile başlayan isim cümlecikleriyle kullanılabilirler:

There is a fear/There are fears that he has been murdered. : Onun öldürülmüş olduğuna ilişkin korku/korkular var.

Ayrıca şöyle de diyebiliriz:

We have a suspicion that... : (Şu konuda kuşkuluyuz ki...)

Bu olay, bir korku/korkular *(a fear/fears),* bir umut/umutlar *(a hope/hopes);* bir kuşku/kuşkular *(a suspicion/suspicions)* uyandırabilir.

14 İyelik (possesive/genitive) biçimleri

A ’s, tekil isimler ve s ile bitmeyen çoğul isimlerle birlikte kullanılır:

a man’s job
(erkek işi)
men’s work
(erkeklerin işi)
a woman’s intuition
(kadın sezgisi)
a butcher’s (shop)
(kasap dükkânı)
a child’s voice
(bir çocuğun sesi)
the children’s room
(çocukların odası)
the people’s choice
(halkın seçimi)
the crew’s quarters
(mürettebatın karargâahı)
the horse’s mouth
(yetkilinin sözleri)
the bull’s horns
(boğanın boynuzları)
women’s clothes
(kadın elbisesi)
Russia’s exports
(Rusya’nın ihracat [malları / Ç.N.])

B s ile biten isimlerin çoğullarında yalnızca bir üstten virgül (’) kullanılır:

a girls’ school
(bir kız okulu)
the eagles’ nest
(kartal[ların] yuvası)
the students’ hostel
(öğrenci yurdu)
the Smiths’ car
(Smithler’in otomobili)

C s ile biten klasik adlar yalnızca üstten virgül eklerler:

Pythagoras’ Theorem
(Pisakor[’un] Teoremi)
Sophocles’ plays
(Sofokles’in oyunları)
Archimedes’ Law
(Arşimed[’in] kanunu)

D s ile biten öteki isimler ’s ya da yalnızca üstten virgül alabilir:

Mr Jones’s ya da *Mr Jones’ house*
(Mr Jones’un evi)
Yeats’s ya da *Yeats’ poems*
(Yeats’in şiirleri)

E Bileşik isimlerde son sözcük ’s alır:

my brother-in-law’s guitar : kayınbiraderimin gitarı

Birkaç sözcükten oluşan isimler de aynı işlemi görürler:
Henry the Eighth’s wives : Sekizinci Henri’nin karıları
The Prince of Wales’s helicopter : Gal Prensi’nin helikopteri

Sözcüklerin baş harflerinden oluşan kısaltmalarda da 's kullanılabilir:

the PM's secretary : Başbakan'ın sekreteri
the MP's briefcase : Parlamento üyesinin çantası
the VIP's escort : Çok önemli kişi'nin refakatçisi

İyelik hali kullanıldığında 'sahip olunan' kişi ya da nesneden önce gelen tanıtıcının kaybolduğuna dikkat ediniz:

the daughter of the politician = the politician's daughter : politikacının kızı.
the intervention of America = America's intervention : Amerikan müdahelesi
the plays of Shakespeare = Shakespeare's plays : Shakespeare'in oyunları

15 İyelik biçimi ve **of** + isim'in kullanılması

A İyelik biçimi en çok, insanlar, ülkeler ya da hayvanlar için, yukarıda gösterildiği gibi kullanılır. Ayrıca, şu durumlarda da kullanılır:

1 Gemiler ve kayıklar için: *the ship's bell* (geminin kampanası); *the yacht's mast* (yatın orta direği).

2 Uçaklar, trenler, otomobiller ve öteki ulaşım araçları için. (Ancak burada **of** yapısı daha güvencelidir):

a glider's wings/the wings of a glider : bir planörün kanatları
the train's heating system/the heating system of the train : trenin ısıtma sistemi

3 Zaman ifadelerinde:

a week's holiday (bir haftalık tatil)	*today's paper* (bugünkü gazete)
tomorrow's weather (yarınki hava)	*in two years' time* (iki yıllık bir zaman içinde)
ten minutes' break (on dakikalık ara)	*two hours' delay* (iki saatlik gecikme)

a ten-minute break (on dakikalık bir ara), *a two-hour delay* (iki saatlik bir gecikme) de denebilir:

We have ten minutes' break/a ten-minute break. : 10 dakikalık (bir) aramız vardır.

4 Para + **worth** ifadelerinde:
£1's worth of stamps : 1 sterlin değerinde pul
ten dollars' worth of ice-cream : on dolar değerinde dondurma

5 **for** + noun + **sake** ile: *for heaven's sake; for goodness' sake:* (Tanrı adına).

6 Şu tür bazı ifadelerle:

a stone's throw	*journey's end*	*the water's edge*
(bir taş atımı [uzaklıkta])	(yolun sonu)	(suyun kenarı)

7 *a winter's day* ya da *a winter day* (bir kış günü); *a summer's day* ya da *a summer day* diyebiliriz. Ancak *spring* (ilkbahar) ya da *autumn* (sonbahar)'ı iyelik biçimine sokamayız. Bu sözcükler kişileştirildiklerinde iyelik biçimini alabilirler: *Autumn's return* (Güz'ün dönüşü).

8 Bazen belirli isimler ikinci isim olmadan iyelik halinde bulunabilir. *A/the baker's/butcher's/chemist's/florist's, 'a/the baker's/butcher's* vb. *shop'* (fırıncı/kasap/eczacı/çiçekçi dükkânı) anlamına gelir. Aynı biçimde, *a/the house agent's/travel agent's* vb. (emlak komusyoncusu/seyahat acentası vb.) büroyu, *the dentist's/doctor's/vet's* (dişçi/doktor/veteriner) muayenehaneyi belirtir:

You can buy it at the chemist's. : Onu eczaneden alabilirsin.
He is going to the dentist's. : Dişçiye gidiyor.

Bazı iş sahiplerinin adları da aynı biçimde kullanılabilir:
Sotheby's, Claridge's

Bazı çok bilinen dükkanları, vb. kendilerine iyelik biçiminde adlar verir, bazıları da üstten virgülü atarlar: *Foyles, Harrods.*
İnsan isimleri de, *'. . .'s house'* (' . . .'in evi') anlamında, aynı biçimde kullanılabilir:

We had lunch at Bill's. : Bill'in evinde öğle yemeği yedik.
We met at Ann's. : Ann'in evinde buluştuk.

B **of** + isim, iyelik için kullanılabilir:

1 Sahip olunan ismi bir takım ya da cümlecik izliyorsa:
The boys ran about, obeying the directions of a man with a whistle. : Çocuklar, elinde düdük olan bir adamın talimatına uyarak oraya-buraya koşuyordu.
I took the advice of a couple I met on the train and hired a cab. : Trende karşılaştığım bir çiftin önerisine uyup araba kiraladım.

2 Yukarıda, A'da belirtilenler dışında kalan cansız 'sahipler' ile:

the walls of the town (kentin duvarları)
the roof of the church (kilisenin çatısı)
the keys of the car (arabanın anahtarları)

Ancak, isim X + **of** + isim Y'yi, isim Y + isim X olarak değiştirmek olanağı bulunmaktadır:

the town walls; the church roof; the car keys (anlam aynı)

Birinci isim bir tür sıfat olur ve çoğul yapılamaz:

the roofs of the churches = *the church roofs* (16'ya bakınız)

Ne yazık ki, isim + **of** + isim bileşimleri her zaman bu şekilde değiştirilemezler. Öğrencilere, kuşkuya düştüklerinde **of**'u kullanmaları öğütlenir.

16 Bileşik isimler

A Bunlara örnekler:

1 İsim + isim:

'London 'Transport (Londra Ulaşımı)
'Fleet Street (Flat Caddesi)
'Tower 'Bridge (Kule Köprüsü)
'hall 'door (hol kapısı)
'traffic warden (trafik memuru)
'petrol tank (petrol tankı)
'hitch-hiker (otostopçu)
'sky-jacker (hava korsanı)
'river bank (nehir kıyısı)
'kitchen 'table (mutfak masası)
'winter 'clothes (kışlık giysiler)

2 isim + isim-fiil:

'fruit picking (meyva toplayacılığı)
'lorry driving (kamyon sürücülüğü)
'coal-mining (kömür madenciliği)
'weight-lifting (haltercilik)
'bird-watching (kuş seyretme)
'surf-riding (sörf kullanma)

3 isim-fiil + isim:

'waiting list (bekleme listesi)
'diving-board (atlama tahtası)
'driving licence (sürücü ehliyeti)
'landing card (iniş kartı)
'dining-room (yemekhane)
'swimming pool (yüzme havuzu)

B Bu bileşimlerin birkaç kullanım yolu:

1 İkinci isim birinciye aitse ya da onun bir parçasıysa:

'shop 'window	*'picture frame*	*'college library*
(dükkan vitrini)	(resim çerçevesi)	(kolej kütüphanesi)
'church bell	*'garden 'gate*	*'gear lever*
(kilise çanı)	(bahçe kapısı)	(vites kolu)

Fakat miktar gösteren sözcükler (*lump, part, piece, slice* vb. [topak, bölüm, parça, dilim vb.]) bu şekilde kullanılamazlar:

a piece of cake : bir parça kek, bir kek parçası
a slice of bread : bir dilim ekmek

2 Birinci isim, ikincinin yerini belirtebilir:

'city 'street	*'corner 'shop*	*'country 'lane*	*'street market*
(şehir caddesi)	(köşedeki dükkân)	(kır yolu)	(sokak pazarı)

3 Birinci isim, ikincinin zamanını gösterebilir:

'summer 'holiday	*'Sunday 'paper*	*'November fogs*
(yaz tatili)	(Pazar gazetesi)	(Kasım sisleri)
'spring 'flowers	*'dawn 'chorus*	
(ilkbahar çiçekleri)	(şafak korosu)	

4 İlk isim, ikincinin yapıldığı malzemeyi gösterebilir:

'steel 'door	*'rope 'ladder*	*'gold 'medal*
(çelik kapı)	(ip merdiven)	(altın madalya)
'stone 'wall	*'silk ' shirt*	
(taş duvar)	(ipek gömlek)	

wool (yün) ve *wood* (ağaç) burada kullanılamazlar, çünkü bunların sıfat biçimleri vardır: *woollen* ve *wooden. Gold*'un sıfat biçimi olarak *golden* vardır, fakat bu, yalnızca, mecazi anlamda kullanılır:

a golden handshake	*a golden opportunity*	*golden hair*
(altın [değerinde] bir tokalaşma)	(altın [değerinde] bir fırsat)	(altın saçlar)

Birinci isim, ikinciyi çalıştıran güç/yakıtı da belirtebilir:

'gas 'fire	*'petrol 'engine*	*'oil 'stove*
(gazlı şömine)	(benzinli motor)	(gaz sobası)

5 Birinci sözcük, ikincinin amacını belirtebilir:

ˈcoffee cup (kahve fincanı)	*ˈescape hatch* (kaçış kapağı)	*ˈchess board* (satranç tahtası)
ˈreading lamp (okuma lambası)	*ˈskating rink* (paten salonu)	*ˈtin opener* (kutu açacağı)
ˈgolf club (golf klübü)	*ˈnotice board* (duyuru tahtası)	*ˈfootball ground* (futbol alanı)

6 *factory, farm, mine* (Fabrika, çiftlik, maden ocağı) vb. iş yerlerinden önce, üretilen malın adı:

ˈfish-farm (balık çiftliği)	*ˈgold-mine* (altın madeni)	*ˈoil-rig* (petrol çıkarma alanı)

ya da yapılan işin türü gelebilir:

ˈinspection pit (teftiş kabini)	*ˈassembly plant* (montaj fabrikası)	*ˈdecompression chamber* (basınç düşürme odası)

7 Şu bileşimler genellikle meslekler, sporlar, hobiler ve bunları yapanlar için kullanılır:

ˈsheep farming (koyun çiftçiliği)	*ˈsheep farmer* (koyun çiftçisi)	*ˈpop singer* (pop şarkıcısı)
ˈwind surfing (rüzgar sörfü yapma)	*ˈwater skier* (su kayakçısı)	*ˈdisc jockey* (disk jokey)

ve yarışmalar için kullanılır:

ˈfootball match (futbol maçı)	*ˈtennis tournament* (tenis turnuvası)	*ˈbeauty contest* (güzellik yarışması)
ˈcar rally (otomobil ralisi)		

8 İlk isim, ikincinin ne hakkında olduğunu ya da neyle ilişkili bulunduğunu gösterebilir. Bir kurgu yapıtı, şunlardan biri olabilir: *ˈdetective/murder/mystery/ghost/horror/spy story* (dedektif/cinayet/esrar/hayalet/dehşet/casus öyküsü). Şunları satın alabiliriz: *ˈbus/train/plane tickets* (otobüs/tren/uçak bileti). Şunları öderiz: *ˈfuel/laundry/milk/telephone bills, ˈentry fees, ˈincome tax, ˈcar insurance, ˈwater rates, ˈparking fines* (yakıt/çamaşırhane/süt/telefon faturaları, giriş ücretleri, gelir vergileri, otomobil sigortası, su bedelleri, park etme cezaları).
Aynı biçimde komiteler, departmanlar (bölümler / Ç.N.), konuşmalar, konferanslar, vb.:

ˈhousing committee (mesken komitesi)	*ˈeducation department* (eğitim şubesi)	*ˈpeace talks* (barış görüşmeleri)

9 Bu kategoriler, bir ölçüye kadar birbirlerini kapsarlar. Bunların birbirlerini dışlamaları düşünülmemiştir, fakat öğrenciye bu bileşimlerin kullanımlarına ilişkin genel bir fikir vermek ve vurgulamada ona yardımcı olmaktır.

C Yukarıdaki vurgu işaretlerinden anlaşılacağı üzere:

1 İsim + isim-fiil ve isim-fiil + isim bileşimlerinde; yukarıda B5'te olduğu gibi, bir amaç kavramı bulunduğu durumlarda ve yukarıdaki B7 ve B8 tipi bileşimlerde birinci sözcük vurgulanır.

2 Yukarıdaki A1 ve B1-3 tipi bileşimlerde her iki sözcük de vurgulanır. Ancak, istisnaların olması kaçınılmazdır.

3 Yer ismi gösteren bileşimlerde genellikle her iki sözcük eşit vurgu alır:

'Kings's 'Road	*'Waterloo 'Bridge*	*'Leicester 'Square*
(cadde adı)	(Waterloo Köprüsü)	(Leicester Alanı)

Ancak önemli bir istisna vardır: Son sözcüğün *Street* olduğu bileşimlerde *Street* sözcüğü vurgu almaz:

'Bond Street	*'Oxford Street*
(Bond Cad.)	(Oxford Cad.)

3 Sıfatlar (Adjectives)

17 Sıfat türleri

A Belli başlı türler şunlardır:

(a) İşaret: *this, that, these, those* (Bak: 9) (bu, şu, bunlar, şunlar)
(b) Üleştirme: *each, every* (46) (her bir, her); *either, neither* (ya, ne) (49)
(c) Nicelik: *some, any, no* (50) (bazı, hiç, hiç); *little/few (5) (az [miktarda], az [sayıda]); many, much* (25) (çok [sayıda], çok [miktarda]); *one, twenty* (349) (bir, yirmi)
(d) Soru: *which, what, whose* (54) (hangi, ne, kimin)
(e) İyelik: *my, your, his, her, its, our, your, their* (62) (benim, senin, onun, onun onun, bizim, sizin, onların)
(f) Nitelik: *clever, dry, fat, golden, good, heavy, square* (19) (akıllı, kuru, şişman, altın [renkli], iyi, ağır, kare biçiminde)

B Ortaçların sıfat olarak kullanılması

Hem şimdiki zaman ortaçları **(ing)**, hem de geçmiş zaman ortaçları **(ed)**, sıfat olarak kullanılabilirler. Şimdiki zaman ortaçları, *amusing, boring, tiring,* (eğlendirici, sıkıcı, yorucu) vb, etken olup, 'bu etkiyi gösteren' anlamına gelir. Geçmiş zaman ortaçları, *amused, horrifed, tired* (eğlenmiş, dehşete, düşmüş, yorgun) vb, ise edilgendir ve 'bu biçimde etkilenmiş' anlamındadır.

The play was boring (The audience was bored). : Oyun sıkıcıydı (Seyirciler sıkıldı).
The work was tiring (The workers were soon tired). : İş yorucuydu (İşçiler az sonra yoruldular).
The scene was horrifying (The spectators were horrified). : Görünüm dehşet vericiydi (İzleyenler dehşete düştüler).
an infuriating woman (She made us furious). : insanı deli eden bir kadın (Bizi deli etti).
an infuriated woman (Something made her furious). : deliye dönmüş bir kadın (Bir şey onu deliye döndürmüş).

C Uyum

İngilizcedeki sıfatlar tekil ve çoğul, eril ve dişil isimler için aynı biçime sahiptirler:

a good boy, good boys (iyi bir oğlan, iyi oğlanlar)
a good girl, good girls (iyi bir kız, iyi kızlar)

Tek istisna, işaret sıfatları **this** ve **that**'tir; bunlar, çoğul isimlerden önce **these** ve **those** olurlar:

this cat, these cats (bu kedi, bu kediler)
that man, those man (şu adam, şu adamlar)

D Birçok sıfat/siim-fiilden sonra edat gelebilir: *good at, tired of* (. . .de iyi, . .den bıkmış/yorgun) (Bak: 96)

18 Sıfatların konumu: İsim öncesi ve yüklem sıfatları

A Yukarıda (a) - (e) gruplarında bulunan sıfatlar isimden önce gelirler:

this book (bu kitap)
which boy (hangi çocuk)
my dog (benim köpeğim)

Bu konumdaki sıfatlara isim öncesi (attributive) sıfatları denir.

B Ancak nitelik sıfatları, ait oldukları isimden önce:

a rich man (zengin bir adam), *a happy girl* (mutlu bir kız) veya (a) *be, become, seem* (-imek, olmak görünmek) gibi:

Tom became rich. (Tom zengin oldu.)
Ann seems happy. (Ann mutlu görünüyor.)

ya da (b) *appear* (görünmek), *feel* (ele. . .gelmek)/. . .hissetmek), *get/grow [=become)* (. . .leşmek/giderek. . .olmak), *keep* (. . .olmayı sürdürmek), *look (=appear* (görünmek), *make* (yapmak), *smell* (gibi kokmak), *sound* (kulağa. . .gelmek/anlaşılan. . . olmak), *taste* (tadı. . .olmak), *turn* (. . .e dönüşmek) gibi bir fiilden sonra gelebilir:

Tom felt cold. : Tom üşüyordu.
He got/grew impatient. : Giderek sabırsızlaştı.
He made her happy. : Onu mutlu etti.
The idea sounds interesting. : Fikir, (kulağa) ilginç geliyor.

Bu konumdaki sıfatlara yüklem (predicate) sıfatları denir. Böyle kullanılan fiillere bağ-fiil (link verbs/couplas) denir.

C Bağ-fiillere ilişkin bir not (Ayrıca bknz.: 169)

Yukarıda, B(b)'deki fiillerin yarattığı bir sorun, bunların bağ-fiil olarak kullanılmaması durumunda, normalde olduğu gibi zarflarla nitelenmemeleridir. Bu, öğrencinin aklını karıştırır; öğrenci çoğu kez bağ fiilden sonra zarf kullanmaya çalışır. Sıfat ve zarflarla verilecek birkaç örnek, farkı göstermekte yararlı olacaktır:

He looked calm. (sıfat) = *He had a calm expression.* : Sakin görünüyordu = Sakin bir ifadesi vardı.
He looked calmly (zarf) *at the angry crowd.* : Sakin sakin, öfkeli kalabalığa baktı. (Burada *look,* istençli bir eylemdir.)
She turned pale. (sıfat) = *She became pale.* : Yüzü sarardı.
She turned angrily (zarf) *to the man behind him.* : Arkasındaki adam öfkeyle baktı. (Burada *turn,* istençli bir eylemdir.)
The soup tasted horrible. : Çorbanın berbat bir tadı vardı.
He tasted the soup suspiciously. : Kuşkuyla çorbanın tadına baktı. (Burada *taste,* istençli bir eylemdir.)

D Bazı sıfatlar yalnızca isimden önce ya da yalnız yüklem takımında kullanılabilir. Bazıları da, bir konumdan bir başka konuma geçirildiğinde anlam değiştirirler.

Bad sailor (kötü denızci), *good swimmer* (iyi yüzücü), *big eater* (çok yiyen, obur), *small farmer* (küçük çiftçi: küçük çiftlik sahibi), *heavy drinker* (çok içen), *light sleeper* (uykusu hafif olan), *old boy/friend/soldier* ([hey gidi] koca çocuk/eski dost/koca asker) vb. ifadelerindeki *bad/good* (kötü/iyi), *big/small* (büyük/küçük), *heavy/light* (ağır/hafif) ve *old* (yaşlı) sözcükleri, yüklem takımına geçince anlamları değişir. *A small farmer,* 'küçük bir çiftliği olan adam' demektir. Fakat *The farmer is small,* çiftçinin vücutça küçük olduğunu gösterir.

Başka türlü kullanıldıklarında yukarıdaki sıfatlar her iki konumda da kullanılabilir. (**little, old, young** için ayrıca 19 B'ye bakınız.)

chief, main, principal (üçü de: ana, temel, belli başlı, başlıca) **sheer** (sırf), **utter** (had safhada), ait oldukları isimlerden önce gelirler.

frightened (korkmuş), her iki konumda da olabilir. Fakat **afraid** (korkmuş), **upset** (bozuk [kafası bozulmuş]) ile **adrift** (sürüklenen), **afloat** (su yüzünde kalan), **alike** (benzer) (aşağıda 21 G'ye bknz.), **alive** (canlı), **alone** (yalnız), **ashamed** (utanmış), **asleep** (uykuda) sözcükleri fiilden sonra gelmelidir.

early ve **late**'in anlamları, konumlarına bağlı olabilir: *an early/a late train,* trenin, günün erken ya da geç saatte kalktığını gösterir. *The train is early/late* ise trenin, tarifeye göre erken ya geç kaldığı anlamına gelir.

'Yoksul' anlamındaki **poor,** isminden önce de, yüklem takınında da bulunabilir. 'Zavallı' anlamındaki **poor,** isimden önce gelmelidir. 'Zayıf, yetersiz' anlamındaki **poor,** *student, worker* (öğrenci, işçi) gibi isimlerden önce gelir, fakat cansız isimlerden önce kullanıldığında bu sözcük, her iki konumda da bulunabilir:

He has poor sight. : Zayıf gözleri var.
His sight is poor. : Görmesi zayıf.

E **and**'in kullanılması

İsimden önce gelen isimlerle birlikteyken **and** daha çok iki ya da daha çok sayıda renk gösteren sıfat bulunduğunda kullanılır; bu tür sıfatların sonuncusundan önce gelir:

a green and brown carpet : yeşil-kahverengi bir halı
a red, white and blue flag : kırmızı, beyaz ve mavi bir bayrak

Yüklem takımlarındaki sıfatlarda **and**, son ikisi arasında bulunur:
The day was could, wet and windy. : Gün soğuk, yağışlı ve rüzgârlıydı.

19 Nitelik sıfatlarının sıralanışı

ÇEVİRİCİNİN NOTU: İngilizce isim nitelemelerinde pek kullanılmayan virgüllerin Türkçedeki önemine dikkat ediniz.

A Birkaç çeşitleme vardır, fakat oldukça yaygın olan sıralama, şöyledir:

(a) büyüklük (**little** dışında [fakat aşağıda B'ye bakınız])
(b) genel betimleme (kişilik gösteren sıfatlar dışında)
(c) yaş ve **little** sıfatı (Bak.: B)
(d) biçim
(e) renk
(f) ana malzeme
(g) köken
(h) amaç (Bunlar aslında bileşik isimler oluşturan isim-fiillerdir): *walking-stick* (baston), *riding boots* (binici çizmesi)

a long sharp knife
(uzun, keskin bir bıçak
new hexagonal coins
(yeni, altıgen paralar)
an old plastic bucket
(eski bir plastik kova)

a small round bath
(küçük, yuvarlak bir küvet)
blue velvet curtains
(mavi, kadife perdeler)
an elegant French clock
(zarif bir Fransız saati)

Kişilik/duygu gösteren sıfatlar; aralarında **dark, fair, pale** (koyu, açık, solgun) sözcüklerinin de bulunduğu betimleme (description) sıfatlarından sonra, fakat renklerden önce gelir:

a small suspicious official : kısa boylu, şüpheli/şüphe verici bir görevli
a long patient queue : uzun, sabırla bekleyen bir kuyruk
a pale anxious girl : solgun [yüzlü], endişeli bir kız
a kindly black doctor : babacan bir kara [zenci] doktor
an inquisitive brown dog : meraklı bir kahverengi köpek

B **little, old** ve **young** (küçük, yaşlı, genç) sözcükleri, çoğu kez bilgi vermek için değil de sıfat-isim bileşimlerinin bir parçası olarak kullanılırlar. Bu durumda ait oldukları isimden önce gelirler:

Your nephew is a nice little boy. : Yeğenin şirin küçücük bir oğlan.
That young man drives too fast. : O delikanlı çok hızlı sürüyor.

little + **old** + isim bileşimi de kurulabilir: *a little old lady* (küçücük bir yaşlı kadın). Ancak **little** + **young** kurulamaz.

Bilgi vermek için kullanıldığı zaman **old** ve **young**, yukarıda, (c)'deki konuma girer:

a young black man : genç bir zenci adam
an old Welsh harp : eski bir Gal arpi

Kişilik/duygu fiilleri **young/old**'dan önce de, sonra da gelebilir:
a young ambitious man : genç, hırslı bir adam
an ambitious young man : hırslı, genç bir adam/delikanlı

Birinci örnekteki **young**, ikinci örnekteki **young**'dan daha büyük bir vurguya sahiptir; dolayısıyla yaşı vurgulamak istiyorsak birinci sıralama daha iyidir.

Aynı biçimde **little** de (c) konumunda kullanılabilir:
a handy little calculator : kullanışlı, küçücük bir kalkülatör
an expensive little hotel : pahalı, küçük bir otel
a little sandy beach : küçük, kumlu bir plaj
a little grey foal : küçük, bir kır tay

Fakat boyutları vurgulamak istiyorsak **small** (küçük), **little**'dan daha iyidir. (**'Small amount'** (küçük miktar/az) anlamındaki **little** için bknz: 5)

C **'fine, lovely, nice** (çok iyi, sevimli, güzel) ve bazen **beautiful** + büyüklük (**little** dışında), biçim ve sıcaklık gösteren sıfatlar', genellikle büyüklük, vb'den duyulan hoşnutluğu gösterir. *a beautiful big room, a lovely warm house, nice/fine thick steaks* (güzel büyük bir oda; şirin sıcak bir ev; güzel, kalın biftekler) dediğimizde büyük odalar, sıcak evler, kalın bifteklerden hoşlandığımızı ima ederiz.

fine, lovely ve **nice** sözcükleri ayrıca, başka birkaç sıfatlarla birlikte, aynı biçimde kullanılabilir:

fine strong coffee : güzel bir sert kahve
a lovely quiet beach : güzel, sakin bir plaj
a nice dry day : güzel, nemsiz bir gün

Yüklem takımında kullanıldığında, bu tür sıfat çiftleri **and** (ve) ile ayrılır:

The coffee was fine and strong. : Kahve güzel ve sertti.
The day was nice and dry. : Gün, güzel ve nemsizdi.

beautiful (güzel) bu anlamda yüklem sıfat olarak pek kullanılmaz.

D **pretty**'den sonra arada virgül olmadan bir başka sıfat gelirse bu sözcük, **very/quiet** (epey/oldukça) anlamında bir derece zarfı olur: *She's a pretty tall girl* cümlesi, *She is quite/very tall* (o, epey/oldukça uzun boylu) demektir. Fakat *a pretty, tall girl,* ya da daha yaygın biçimiyle *a tall, pretty girl,* kızın hem uzun boylu, hem de güzel olduğunu belirtir.

20 Karşılaştırma (Comparison)

A Üç karşılaştırma aşaması vardır:

Yalın	Üstünlük	Enüstünlük
dark	*darker*	*darkest*
(koyu)	(daha koyu)	(en koyu)
tall	*taller*	*tallest*
(uzun boylu)	(daha uzun boylu)	(en uzun boylu)
useful	*more useful*	*most useful*
(yararlı)	(daha yararla)	(en yararlı)

ÇEVİRİCİNİN NOTU: Bundan böyle sıfatların yalnızca, ilk başta verilen yalın aşamalarının çevirisini vereceğiz. İngilizcedeki ikinci biçimin üstünlük (daha. . .), üçüncünün ise enüstünlük (en. . .) aşaması olduğunu anımsatalım.

B Tek heceli sıfatlar, üstünlük ve enüstünlük biçimlerini, yalın biçimlerine **er, est** ekleyerek oluştururlar:

bright	*brighter*	*brightest*	(parlak)

e ile biten sıfatlar r ve st alırlar:

brave	*braver*	*bravest*	(cesur)

C Üç ya da daha fazla heceye sahip sıfatlar, üstünlük ve enüstünlük biçimlerini, yalın biçimlerine **more, most** ekleyerek oluştururlar:

interested	*more interested*	*most interested*	*(ilgili)*
frightening	*more frightening*	*most frightening*	(ürkütücü)

D İki heceli sıfatlar, yukarıdaki kurallardan birine uyar. **ful** ve **re** ile bitenler, genellikle **more, most** alır.

doubtful	*more doubtful*	*most doubtful*	(kuşkulu)
obscure	*more obscure*	*most obscure*	(belirsiz)

er, y ve **ly** ile bitenler genellikle **er, est** alırlar:

clever	*cleverer*	*cleverest*	(akılı)
pretty	*prettier* (y'nin **i** olduğuna dikkat ediniz.)	*prettiest*	(güzel)
silly	*sillier*	*silliest*	(ahmak)

E Kuralsız karşılaştırmalar:

bad	*worse*	*worst*	(kötü)
far	*farther* (yalnızca uzaklık için)	*farthest*	(uzak)
	further (daha geniş kullanımı vardır. Bknz: F, G)	*furthest*	(ileri)
good	*better*	*best*	(iyi)
little	*less*	*least*	(az)
many/much	*more*	*most*	(çok)
old	*elder* (yalnızca insanlar için)	*eldest*	([yaşça] büyük)
	older insanlar ve nesneler için)	*oldest*	(yaşlı/eski)

F **farther/fartherst** ve **further/furthest.**

Uzaklık için her iki biçim de kullanılabilir:

York is farther/further than Lincoln or Selby. : York, Lincoln ya da Selby'den daha uzaktır/daha ötededir.

York is the farthest/furthest town. : York, en uzak/en ötedeki kenttir. Ya da
York is the farthest/furthest of the three. : York, üçünün içinde en uzaktaki/en ötedekidir.

(Son cümlede **farthest/furthest**, zamirdir. 24 B'ye bknz.)
Ayrıca **further**, özellikle soyut isimlerle 'ek/fazladan' anlamında kullanılabilir:

Further supplies will soon be available. : Daha fazla ikmal, kısa bir süre sonra bulunabilecek (gelecek).
Further discussion/debate would be pointless. : Daha fazla tartışmanın bir anlamı olmaz.

Aynı biçimde, *further inquiries/delays/demands/information/instructions* vb. (daha fazla/ek soruşturma/gecikme/talep/bilgi/talimat), da denebilir.
furthest da aynı biçimde, soyut isimlerle kullanılabilir:

This was the furthest point they reached in their discussion. : Bu, tartışmalarında varabildikleri en ileri (son) noktaydı.
This was the furthest concession he would make. : Bu, vereceği son ödündü.
(Zarf olarak kullanımı için bknz: 32.)

G **far** (uzaklık için kullanılan) ve **near**

Üstünlük ve enüstünlük aşamalarında her ikisi de serbestçe kullanılabilir:

the farthest/furthest mountain : en uzak/en ötedeki dağ
the nearest river : en yakın ırmak

Fakat yalın biçimlerinin oldukça sınırlı bir kullanımı vardır. **far** ve **near**, özellikle *bank, end, side, wall,* (nehir kıyısı, uç, yaka/taraf, duvar) vb. ile kullanılır:

the far bank : (nehrin) karşı kıyı(sı)
the near bank : (nehrin) bu kıyı(sı)

Ayrıca **near** sözcüğü *east* (doğu), **far** is *north, south, east, west* (kuzey, güney, doğu, batı) ile kullanılabilir.

Öteki isimlerle kullanıldığında **far**'ın yerini genellikle *distant/remote* (uzak), **near**'ın yerini de *nearby/neighbouring* (yakın/komşu) alır.

far (zarf) için bknz: 32; **near** (zarf ve edat) için bknz: 30 C)

H **elder, eldest** ([yaşça] daha/en büyük); **older, oldest** (daha yaşlı)
elder, eldest; yaşlılıktan çok yaşça büyüklük anlamı içerir. Bunlar en çok aile içindeki karşılaştırmalarda kullanılır: *my elder brother, her eldest boy/girl* (ağabeyim, en büyük oğlu/kızı). Fakat **elder, than**'la kullanılmaz, dolayısıyla bu durumda **older** gerekir:

He is older than I am. : O, benden yaşça büyük. (Burada **elder** kullanılmaz.)

Halk İngilizcesinde **eldest, oldest** ve **youngest**, çoğu kez, iki oğlan/kız çocuktan söz edilirken kullanılır:

His eldest boy's at school; the other is still at home. : Büyük oğlu okuyor; öteki hala evde. (okula gitmiyor / Ç.N.)

Özellikle **eldest, oldest** zamir olarak kullanıldığında bu çok yaygındır:
Tom is the eldest (of the two). : Tom, büyüğü (ikisinden). (Bak: 24 B.)

21 Karşılaştırmalarla ilgili kalıplar (Ayrıca bknz: 341)

A Sıfatın yalın biçimiyle, olumluda **as . . . as**; olumsuzda **not as/not so . . . as** kullanırız:

ÇEVİRİCİNİN NOTU: **not as . . . as**'i '. . . kadar . . . değil'; **no so . . . as**'i ise '. . . kadar da . . . değil' olarak çevirebiliriz:
The situation isn't as bad as that. : Durum o kadar kötü değil.
The situation isn't so bad as that. : Durum o kadar da kötü değil.

A boy of sixteen is often as tall as his father. : Onaltısında bir oğlan, genellikle babası kadar uzun boyludur (babası boyundadır).
He was as white as a sheet. : (Yüzü) çarşaf kadar beyazdı.
Manslaughter is not as/so bad as murder. : Adam öldürmek (istemeyerek / Ç.N.), cinayet kadar (da) kötü değil.
Your coffee is not as/so good as the coffee my mother makes. : Senin kahven, annemin yaptığı kahve kadar (da) iyi değil.

B Üstünlük biçimiyle, **than** kullanırız:
The new tower blocks are much higher than the old buildings. : Yeni kule bloklar, eski binalardan çok daha yüksek.
He makes fewer mistakes than you (do). : O, senden (senin yaptığından) daha az hata yapıyor.
He is stronger than I expected = *I didn't expect him to be so strong.* : Sandığımdan daha güçlüymüş = Onun bu denli güçlü olmasını ummuyordum.

It was more expensive than I thought = I didn't think it would be so expensive. : Sandığımdan daha pahalıymış = Onun bu denli pahalı olacağını sanmıyordum.

than . . . kullanılmadığı zaman halk İngilizcesinde üstünlük yerine enüstünlük kullanmak çok yaygın bir uygulamadır: *This is the best way* (Bu, en iyi yol), yalnızca iki yol olduğu zaman da kullanılabilir.
(Üstünlük ve enüstünlük biçimlerinin zamir olarak kullanımı için bknz: 24 B.)

C İki ya da daha çok kişinin/nesnenin arasındaki karşılaştırma, enüstünlük biçimi ve **the . . . in/of** ile ifade edilir:

ÇEVİRİCİNİN NOTU: Normal olarak **the . . . in** de **the . . . of** da dilimize, '. . . in en . . . si' olarak çevrilir. Ancak, birincisini, '. . . deki en . . .' olarak çevirmek olanağı da vardır. İngilizcede bunlar arasında kesin bir ayrım vardır. **the . . . in** 'den sonra yalnızca bir **yer zarfı** gelebilir. Buna karşılık **the . . . of**'dan sonra yalnızca, karşılaştırılan kişi/nesnelerin ait olduğu küme söylenir:

He is the tallest boy in our class. : O, sınıfımızın/sınıfımızdaki en uzun boylu oğlandır.

He is the tallest of our players. : O, oyuncularımızın en uzun boylu olanıdır.

This is the oldest theatre in London. : Bu, Londra'nın/Londra'daki en eski tiyatrodur.
The youngest of the family was the most successful. : Ailenin en genci (küçüğü), en başarılısıydı.

Özellikle bir -miş'li fiil yapısıyla (perfect tense) birlikte bir bağ cümleciği, çok yararlı olur:

It/This is the best beer (that) I have ever drunk. : O/Bu, şimdiye dek içtiğim en iyi bira.
It/This was the worst film (that) he had ever seen. : O/Bu, o zamana dek izlediği en kötü filmdi.
He is the kindest man (that) I have ever met. : O, şimdiye dek tanıdığım en iyi yürekli adam.
It was the most worrying day (that) he had ever spent. : O, o güne dek geçirdiği en endişe verici gündü.

Burada **never** değil, **ever** kullanıldığına dikkat ediniz. Ancak, aynı durumu, **never** ve üstünlük biçimi ile ifade edebiliriz:

I have never drunk better beer. : Hiç bundan iyi bira içmedim.
I have never met a kinder man. : Hiç, daha iyi yürekli bir adam tanımadım.
He had never spent a more worrying day. : Hiç (bundan) daha endişe verici bir gün geçirmemişti.

the'sız **most** + sıfat'ın, **very** (çok) anlamına geldiğine dikkat ediniz:
You are most kind (Son derece/çok iyi yüreklisiniz), *You are very kind* demektir.

Very anlamındaki **most**, daha çok iki ya da daha çok heceli sıfatlarla kullanılır: *annoying, apologetic, disobedient, encouraging, exciting, helpful, important, misleading* (can sıkıcı, özür diler gibi, emre uymaz, heyecan verici, yardımcı, önemli, yanıltıcı) vb.

D Paralel artış, **the** + üstünlük + **the** + üstünlük ile ifade edilir:

KOMİSYONCU: *Do you want a big house?* : Büyük bir ev mi istiyorsunuz?
ANN: *Yes, the bigger, the better.* : Evet, ne kadar büyük olursa o kadar iyi.
TOM: *But the smaller it is, the less it will cost us to heat.* : Ama ne kadar küçük olursa ısıtmak da o kadar ucuza gelir.

E Dereceli artış ya da azalma, **and**'le birleştirilen iki üstünlük biçimiyle ifade edilir:
The weather is getting colder and colder. : Hava giderek soğuyor.
He became less and less interested. : İlgisi giderek azaldı.

F Eylemlerin, üstünlük ve enüstünlükle karşılaştırılması:
Riding a horse is not as easy as riding a motor cycle. : Ata binmek, motorsiklete binmek kadar kolay değildir.
It is nicer/more fun to go with someone than to go alone. : Birisiyle gitmek, yalnız gitmekten daha hoş/daha eğlenceli.
(Bknz.: 341)

G **like** (edat) ve **alike** ile karşılaştırmalar:
Tom is very like Bill. : Tom, Bill'e çok benziyor.
Bill and Tom are very alike. : Bill ve Tom çok benzer.
He keeps the central heating full on. It's like living in the tropics. : Merkezi ısıtmayı sonuna kadar açar. Bu, tropik bölgede olmak gibi (bir şey).

H **like** ve **as**'le yapılan karşılaştırmalar. (Burada hem sıfat, hem zarf ifadeler gösterilmektedir.)
Kuramda **like** (edat), bir isim, zamir ya da isim-fiille birlikte kullanılır:
He swims like a fish. : Balık gibi yüzer.
You look like a ghost. : Hayalete benziyorsun.
Be like Peter/him: go jogging. : Peter/onun gibi ol (davran): Jogging yap.
The windows were all barred. It was like being in prison. : Pencereler hep parmaklıklıydı. Hapishanede olmak gibiydi (İnsan kendini hapishanede sanıyordu.)

as (bağlaç) ise çekimli bir fiil varken kullanılır:

Do as Peter does: go jogging. : Peter'in yaptığı gibi yap: jogging yap.

Fakat halk dilinde çoğu kez burada **like, as** gibi kullanılır;

Why dont't you cycle to work as we do? = Cycle to work like we do. : Neden bizim yaptığımız gibi işe bisikletle gitmiyorsun? = Bizim yaptığımız gibi işe bisikletle git.

I **like** + isim ve **as** + isim :

He worked like a slave. : Bir tutsak gibi çalıştı. (Bir hayli sıkı)
He worked as a slave. : Bir tutsak olarak çalıştı. (Tutsaktı)
She used her umbrella as a weapon. : Şemsiyesini silah olarak kullandı. (Ona şemsiyeyle vurdu).

22 **than/as** + zamir + yardımcı fiil

A **than/as**'den sonra aynı fiilin kullanılması gerekiyorsa, ikinci fiilden sonra bir yardımcı kullanırız:

I earn less than he does (less than he earns). : Ondan/Onun kazandığından daha az kazanıyorum.

Her iki cümlecikte aynı fiil yapısı olması gerekmez:

He knows more than I did at his age. : O (şimdi) ben onun yaşındayken bildiğimden daha çok şey biliyor.

B İkinci cümlecikte yalnızca **than/as + I/we/you** + fiil varsa ve fiil yapısında bir değişme yoksa, genellikle fiili atmak olanağı vardır:

I am not as old as you (are). : Senin kadar yaşlı değilim.
He has more time than I/we (have). : Onun benden/bizden daha çok zamanı var.

Biçimsel İngilizcede **I/we**'yi tutarız, çünkü fiil atılsa bile zamir hala fiilin öznesi sayılır. Ancak halk İngilizcesinde **me/us** daha yaygındır:

He has more time than me. : Onun benden daha çok zamanı var.
They are richer than us. : Onlar bizden daha zengin.

C **than/as**'i **he/she/it** + fiil izlerse normal olarak fiili tutarız:

You are stronger than he is. : Onun olduğundan daha güçlüsün.

Fakat fiili atıp, çok biçimsel İngilizcede **he/she/they**, halk İngilizcesinde **him/her/them** kullanırız.

Bu kurallar, zarflarla yapılan karşılaştırmalarda da geçerlidir:

I swim better than he does/better than him. : Onun yüzdüğünden/Ondan daha yüzerim.

They work harder than we do/harder than us. : Onlar bizden/bizim çalıştığımızdan daha çok çalışırlar.

You can't type as fast as I can/as fast as me. : Sen daktiloyu benim kullandığım/benim kadar hızlı kullanamazsın.

23 '**the** + sıfat'ın çoğul anlamı fiil'

A **blind, deaf, disabled, healthy/sick, living/dead, rich/poor, unemployed** (kör, sağır, sakat, sağlıklı/hasta, sağ/ölü, zengin/yoksul, işsiz) ve insan karakter ya da durumunu gösteren başka birkaç sıfat başlarına **the** alarak bir insan grubunu temsil edebilir. Bu ifadelerin anlamları çoğul olup bir fiil alırlar ve zamirleri **they**'dir:

The poor get poorer; the rich get richer. : Yoksullar daha yoksullaşıyor; zenginler daha zengin oluyor.

the, ulus belirtip **ch** ya da **sh** ile biten sıfatlar:

the Dutch	*the Spanish*	*the Welsh*
(Hollandalılar)	İspanyollar)	(Galliler)

ve ulus belirtip **se** ya da **ss** ile biten sıfatlarla da aynı biçimde kullanırlar:

the Burmese	*the Chinese*	*the Japanese*	*the Swiss*
(Burmalılar)	(Çinliler)	(Japonlar)	(İsviçreliler)

Ancak, bunların tekil anlamları da olabilir.

B Burada **the** + sıfat'ın yalnızca genel anlamda ele alınan bir insan grubuna gönderme yaptığına dikkat ediniz. Belli bir topluluktan söz ediyorsak bir isim eklemek zorundayız:

These seats are for the disabled. : Bu koltuklar, sakatlar içindir

The disabled members of our party were let in free. : Partimizin sakat üyeleri içeri parasız alındılar.

The French like to eat well. : Fransızlar iyi yemek yemeyi severler.

The French tourists complained about the food. : Fransız turistler yemekten yakındılar.

Bazı renkler, insanları temsil etmeleri için kullanılırlar, fakat bunlar, öteki isimler gibi s alırlar: *the blacks, the whites* (karaderililer, beyaz derili79).

C **the** + sıfat, seyrek olarak tekil bir anlama da sahip olabilir:

the accused (person)	*the unexpected (thing)*
suçlanan (kişi)	umulmayan (şey)

24 Sıfatlar + **one/ones** ve sıfatların zamir olarak kullanılmaları

A **one/ones** zamirleri daha önce sözü edilen bir ismi temsil ediyorsa, çoğu sıfat bu sözcüklerden önce kullanılabilir:

Don't buy the expensive apples; get the cheaper ones. : Pahalı elmaları alma; ucuzlarını al.
Hard beds are healthier than soft ones. : Sert yataklar, yumuşaklarından daha sağlıklıdır.
I lost my camera; this is a new one. : Fotoğraf makinemi yitirdim; bu yenisi.

Aynı biçimde sayı + sıfatla:
If you haven't got a big plate, two small ones will do. : Eğer büyük bir tabağınız yoksa, küçük iki tane de olabilir.

B Sıfatların zamir olarak kullanılmaları:

first, second (birinci, ikinci) vb, **one/ones** bulunsun, bulunmasın, hem sıfat hem zamir olarak kullanılabilir:
Which train did you catch? ~ I caught the first (one). : Hangi trene yetiştin? ~ Birincisine.

the + enüstünlük'te:
Tom is the best (runner). : Tom en iyisi/en iyi koşucu.
The eldest was only ten. : En büyükleri daha onundaydı.

ve bazen **the** + üstünlükte de böyle kullanılabilir:
Which (of these two) is the stronger? : Bunlardan hangisi daha sağlam/güçlü?

Fakat üstünlük derecesinin kullanılması biraz edebi sayılmakta olup teklifsiz İngilizcede çoğu kez bu durumda onun yerine enüstünlük kullanılır:
Which (of these two) is the strongest? : (Bu ikisinden) hangisi en güçlüsü?

Renk belirten sıfatlar da bazen zamir olarak kullanabilirler:
I like the blue (one) best. : Mavisini/Mavi olanını beğeniyorum.

At renkleri, özellikle **bay, chesnut, grey** (doru, doru, kır), genellikle zamir olarak kullanılırlar ve çoğulda s alırlar:

Everyone expected the chestnut to win. : Herkes dorunun kazanmasını bekliyordu.
The coach was drawn by four greys. : Arabayı dört kır (at) çekiyordu.

25 **many** ve **much** (sıfat ve zamir)

A **many** ve **much**

many (sıfat), sayılabilen isimlerden önce kullanılır.
much (sıfat), sayılamayan isimlerden önce kullanılır.

He didn't make many mistakes. : Fazla hata yapmadı.
We haven't much coffee. : Fazla kahvemiz yok.

Üstünlük ve enüstünlük biçimleri aynıdır: **more** ve **most:**

more mistakes/coffee	*most men/damage*
(daha çok hata/kahve)	(en çok adam/hasar)

many, much, more, most, zamir olarak da kullanılabilirler:

He gets a lot of letters but she doesn't get many. : Oğlan çok mektup alıyor ama kız pek fazla almıyor.
You have a lot of free time but I haven't much. : Senin çok zamanın var ama benim fazla yok.

more ve **most** oldukça serbest kullanılabilir. **Many** ve **much** da olumsuz fiillerle serbestçe kullanılabilir (Yukarıdaki örneklere bakınız). Fakat **many** ve **much**'ın olumlu ve soru fiilleriyle kullanılmaları sınırlıdır.

B Olumlu fiillerle **many** ve **much**

a good/a great'ten sonra gelirse (ve bunlarca nitelenirse), **many** kullanılabilir.

Başa **so/as/too** gelirse her ikisi de kullanılabilir:

I made a good many friends here. : Burada birçok arkadaş edindim.
He has had so many jobs that . . . : O denli çok işi oldu ki . . .
She read as much as she could. : Okuyabileceği kadar okudu.
They drink too much (gin). : Çok fazla (cin) içiyor.

Tümleç ya da tümlecin bir parçası durumundayken nitelendirilmediği zaman **many**'nin yerini **a lot/lots of** (+ isim) ya da **a lot** veya **lots** alır. Tümleç ya da tümlecin bir parçası durumundayken **much**'ın yerini genellikle **a great/good deal of** (+ isim) ya da **a great/good deal** (zamir)'e bırakır:

I saw a lot/lots of seabirds. I expect you saw a lot too. : Ben birçok deniz kuşu gördüm. Sanırım sen de birçoğunu gördün.
He spends a lot/lots of/a great deal of money on his house. : O, evine (tümü / Ç.N.) çok/bir hayli para harcıyor.

Özne ya da öznenin bir parçası durumundayken **many** ya da **a lot (of)** vb. kullanılabilir, fakat burada **many** başka yapılarla değiştirilemez. Ancak biçimsel İngilizcede **much** kullanılabilir:

Much will depend on what the minister says. : Çok şey, bakanın ne dediğine bağlı olacak.

Şu olumsuz ve olumlu cümleleri karşılaştırınız:
He hasn't won many races. : Pek yarış kazanmadı.
You've won a lot/lots of races ya da *You've won a lot* ya da *You've won a great many (races).* : Birçok yarış kazandın; Pek çok/çoğunu kazandın; Bir sürü (yarış) kazandın.
He didn't eat much fruit. : Fazla meyve yemedi.
She ate a lot/lots of fruit/a great deal of fruit ya da *She ate a lot/a great deal.* : Epey/Epey meyve yedi; Epey/bir hayli yedi.

C Soru biçimindeki fiillere **many** ve **much**

Her ikisi de **how** ile kullanılabilir. *How many times? How much?* (Kaç kez? Kaça?)
how'ın kullanılmadığı sorularda **many** kullanılabilir, fakat olumlu bir yanıt beklendiğinde **a lot (of)** vb. daha iyidir.
Did you take a lot of photos? I expect you did. : Çok fazla resim çektin mi? Sanırım çektin.

how olmadan **much** mümkündür, fakat öteki biçimler daha yaygındır:
Did you have a lot of snow/much snow last year? : Geçen yıl çok kar gördünüz mü?
(Zarf olarak kullanımı için 33'e bakınız.)

26 Sıfatlar + mastar

A Bu sıfatların en yararlıları aşağıda verilmiş olup anlam ya da türlerine göre kabaca gruplanmıştır. Birkaç anlamı bulunan bazı sıfatlar, birden çok grupta görülebilir. (Sıfat + edat için 96'ya bakınız).

Başlarına yıldız konmuş olan sıfatlar, **that**'li cümleciklerle de kullanılabilirler. Bazen **that . . . should** daha yaygınır. (Bknz: 236.)

B2 dışında B - E bölümlerinde yapıların başında **it** bulunmaktadır. (Baştaki **it** için 67'ye bakınız.) Eğer **it + be . . .**'nin başında **find/think/believe** vb + **that** varsa bazen **that** ve **be** atılabilir:

He found that it was impossible to study at home. : Evde çalışmayı olanaksız buldu.
He found it impossible to study at home. : (Anlam aynı / Ç.N.)

B1 **it + be** + sıfat (+ **of** + tümleç) + mastar, özellikle, şu konularla ilgili sıfatlarla kullanılır:

(a) karakter: **brave, careless, cowardly, cruel, generous, good/nice (= kind), mean, rude, selfish, wicked, wrong** (cesur, dikkatsiz, korkak, gaddar, eliaçık, iyi/iyi (= nazik/sevecen), alçak, kaba, bencil, günahkar, (ahlâk açısından) yanlış) vb. ve olumsuz ya da soru biçimindeki fiillerle birlikte **fair*/just*/right***.

(b) duyu: **clever, foolish, idiotic*, intelligent, sensible, silly, stupid** (akıllı, aptal, geri zekalı, zeki, akla yatkın, budala, aptal).
absurd*, ludicrous*, ridiculous* ve **unreasonable*** da bazen olasıdır.

ÇEVİRİCİNİN NOTU: Aşağıdaki cümleler olduğu gibi çevrildiklerinde Türkçe açısından sorunlar çıkmaktadır. Tam karşılıklarını vermek de bu bölümün işlevini görmesini engelleyecekti. Bu nedenle tam fakat Türkçe açısından bozuk olan çevirileri (. . .) işaretleri arasında verip daha sonra düzgün çevirilerini göstereceğiz.

It was kind of you to help him. (You helped him. This was kind.) : (Ona yardım etmen iyi kalpliceydi) Ona yardımcı olman nazik/sevecen bir davranıştı. (Ona yardım ettin. Bu, nazikti/sevecenceydi.)
It was stupid (of them) to leave their bicycles outside. : (Bisikletlerini dışarıda bırakmaları (onların açısından) aptaldı.) Bisikleti dışarıda bırakması onun açısından aptalca bir davranıştı.

of + tümleç, **good** ve **nice** dışında (b) grubu ve bazen de (a) grubu sıfatlardan sonra atılabilir. (**Of** + tümleç'in atılması, **good** ve **nice**'ın anlamını değiştirir. Bknz: E)

2 Zamir +**be** + isim + mastar da yukarıdakiler ve aralarında aşağıdakilerde de olmak üzere başka bazı sıfatlarla kullanılabilir:

astonishing*, curious*, extraordinary*, funny*, (= strange*), odd*, queer*, surprising*, vb. (şaşırtıcı, tuhaf (**curious**, burada 'meraklı' anlamını yitirir / Ç.N.), olağanüstü, tuhaf (**funny**, burada 'gülünç' anlamını yitirir / Ç.N.), (=

tuhaf), tuhaf, tuhaf, şaşırtıcı) ve **pointless, useful, useless** (yararsız, yararlı, yararsız):

It was a sensible precaution to take. : (Alınacak makul bir önlem) Bu önlemi almak makul bir davranıştı.
That was a wicked thing to say. : (Bu, söylenmesi günah/çok kötü bir şeydi) Böyle şey söylemek günahtır/çok kötüdür/Böyle günah dolu/çok kötü şeyler de söylenir mi?

Bazen bu tür yorumlar, bir ünlemle ifade edilebilirler:

What a funny way to park a car! : Ne gülünç park etme biçimi!/Araba böyle de park edilmez ki...
What an odd time to choose! : (Seçilecek ne tuhaf zaman!) Böyle tuhaf zaman da seçilmez ki!

Sıfat bazen, hoşnutsuzluk gösteren ifadelerde atılır:

What a (silly) way to bring up a child! : (Çocuk yetiştirmenin ne (aptalca bir) yolu) Böyle aptalca yöntemlerle çocuk mu yetiştirilirmiş!
What a time to choose! : (Seçmek için ne zaman!) Tam zamanını seçmiş(sin)! (vb. / Ç.N.)

that cümleciğiyle bir örnek:

It is strange/odd/surprising that he hasn't answered. : Yanıt vermemesi tuhaf/tuhaf/şaşırtıcı.

ÇEVİRİCİNİN NOTU: Özellikle fen/tıp, vb. dallarında olup da İngilizce çalışanlarımızın '. . . in . . . mesi' yapısı konusundaki zorluğunu çözümleyen kalıplardan birinin bu olduğuna dikkat çekmek isteriz.

C **advisable*, inadvisable*, better*, best, desirable*, essential*, good (= advisable)*, important*, necessary*, unnecessary*, vital*** ve **only + fair/just/right*** ile birlikte **it + be** + sıfat + mastar da kullanılabilir. (Sözcüklerin çevirilerini, kullanımlarıyla birlikte aşağıda, ÇEVİRİCİNİN NOTU'nda bulacaksınız.):

Wouldn't it be better to wait? ~ No, it's essential to book in advance. : Beklemek daha iyi olmaz mı? ~ Hayır, önceden yer ayırtmak gerekli.

ÇEVİRİCİNİN NOTU: Yukarıda, Türkçede her zaman tam karşılığı bulunmayan bir kalıp görüyorsunuz. Bu kalıbı verilen sıfatlardan her biri ile göstermeyi gerekli görüyoruz:

It is advisable to see a doctor. : (Bir doktora görünmek öğütlenirdir) Doktora görünmek öğütlerim/öğütleriz.
It is inadvisable to wait. : (Beklemek öğütlenir değildir) Beklemeyi öğütlemem/öğütlemeyiz.
It is better to say nothing. : Hiçbir şey söylememek daha iyi/dir.
It is best to keep silent. : En iyisi, sessiz kalmak/tır.

It is desirable to be punctual. : (Dakik olmak istenirdir) istenen, dakik olunmasıdır.

It is essential . . . : (Yukarıdaki gibi)

It is good to see a doctor. : Doktora görünmek iyidir (öğütlenir).

It was important to keep silent. : Sessiz olmak önemliydi.

It is necessary . . . : (Yukarıdaki **essential** gibi)

It will be unnecessary to visit him. : Onu aramak gereksiz olacak/gerekli olmayacak.

It was vital to talk to him. : Onunla konuşmak yaşamsal önem taşıyordu.

It is only fair/just to pay him the whole amount. : (Ona tüm parayı ödemek yalnızca hakça olur) Hakçası, ona o parayı ödemektir; başka seçenek bulunmuyor.

It is only sensible to be patient. : (Sabırlı olmak yalnızca doğru olur) En doğrusu, sabırlı olmak.

good (anlamı değiştireceği için) ve **just** dışında bu sıfatlardan sonra **for** + tümleç de eklenebilir:

It wont't be necessary for him to report to the police. : Polise rapor etmesi gerekli olmayacak/gerekmeyecek.

It is only fair for him to have a chance. : (Bir fırsatı olması yalnızca hakça olur) Hakçası, ona bir fırsat verilmesidir.

inessential ve **unimportant** normal olarak kullanılmazlar, fakat **not essential**'ı kullanmak olanağı vardır.

D **it** + **be** sıfat (+ **for** + tümleç) + mastar , **convenient*, dangerous, difficult, easy, hard*, possible*, impossible, safe, unsafe** (uygun, olanaksız, güvenceli, güvencesiz) ile birlikte kullanılabilir:

Would it be convenient (for you) to see Mr X now? : Mr X'le şimdi görüşmek (sizin için) uygun olur mu?

It was dangerous (for women) to go out alone after dark. : Karanlıktan / karanlık bastıktan sonra tek başına çıkmak (kadınlar için) tehlikeliydi.

We found it almost impossible to buy petrol. : Petrol almayı neredeyse olanaksız bulduk (Gördük ki petrol almak neredeyse olanaksız.) (Yukarıda A'ya bakınız.)

possible dışında yukarıdaki sıfatlar, isim + **be** + sıfat + mastar ile de kullanılabilirler:

This cake is easy to make. : (Bu pasta, yapılması kolay) Bu pastayı yapmak kolay.

The instructions were hard to follow. : (Talimat, okunması zordu) Talimatı okumak zordu.

This car isn't safe to drive. : (Bu araba, kullanılması güvenli değil) Bu arabayı kullanmak güvenli değil.

E **it + be** sıfat/ortaç + mastar da ilgili kişinin duygu ya da tepkilerini gösteren sıfat ve ortaçlarla:

agreeable	*dreadful**	*lovely**	*terrible**
(kabul edilebilir)	(korkunç)	(güzel)	(korkunç)
*awful**	*good*/nice**	*marvellous**	*wonderful**
(berbat)	(iyi)	(harika)	(harika)
*delightful**	*(= pleasant)*	*splendid**	vb.
(hoş)	(hoş)	(harika)	
disagreeable	*horrible**	*strange**	
(kabul edilmez)	(korkunç)	(garip)	

ve şu fiillerin şimdiki zaman ortaçları (-ing'li biçimleri / Ç.N.) kullanılabilir:

*alarm**	*depress**	*excite**
(tehlikeyi haber ver.)	(içini karartmak)	(heyecanlandırmak)
*amaze**	*disappoint**	*frighten*
(şaşırtmak)	(düş kırıklğına	(korkutmak
*amuse**	uğratmak) vb.	*horrify**
(eğlendirmek)	*discourage**	(dehşete düşürmek)
*annoy**	(cesaretini kırmak)	*interest**
(kızdırmak)	*disgust**	(ilgilendirmek)
*astonish**	(tiksindirmek)	*surprise**
(şaşırtmak)	*embarrass*	(şaşırtmak)
bewilder	(utandırmak)	*terrify*
(çok şaşırtmak)	*encourage**	(dehşete düşürmek)
bore	(yüreklendirmek)	*upset*
(sıkmak)		(alt-üst etmek)

fun (= heyecan verici bir deneyim) ve **a relief** (rahatlama) sözcükleri aynı biçimde kullanılabilir:

It's awful to be alone in such a place. : Öyle bir yerde yalnız olmak berbat (bir şey).
It's boring to do the same thing every day. : Her gün aynı şeyi yapmak sıkıcı.
It was depressing to find the house empty. : Evi boş bulmak insanın içini karartıyordu.
It would be fun/exciting/interesting to canoe down the river. : Irmaktan aşağı kanoyla gitmek eğlenceli/heyecanlı/ilginç olur.
It was a relief to take off our wet boots. : (Islak botlarımızı çıkarmak bir rahatlamaydı). Islak botlarımızı çıkarınca rahatladık.

for + tümleç'; **lovely, interesting, marvellous, nice, wonderful** (güzel, ilginç, harika, iyi/güzel, harika) ile oldukça yaygındır; diğer sıfatlardan sonra kullanmak da olasıdır:

It's interesting (for children) to see a house being built. : Bir evin inşa edilişini görmek ilginç (oluyor).
It was marvellous (for the boys) to have a garden to play in. : (İçinde) oynayacakları bir bahçe olması çocuklar için harikaydı.

good'dan sonra kullanılacak **for** + tümleç'in, **good**'un anlamını sağlıklı/yararlı **(healthy/beneficial)** ile sınırlandırdığına dikkat ediniz:

It's good for you to take exercise. : Spor yapmak sana iyi gelir.

(**good** + mastar da bu anlama gelebilir, fakat **pleasant/kind/advisable** [hoş/nazik/öğütlenir] anlamı da taşıyabilir. Yukarıda, B, C'ye bakınız.)
it + **be** + sıfat + isim + mastar da yukarıdaki sıfat/ortaçlarla kullanılabilir:

It was an exciting ceremony to watch. : (İzlemesi heyecan verici bir törendi) İzlerken insana heyecan veren bir törendi.
It was a horrible place to live in. : (Yaşanması korkunç bir yerdi.) Korkunç bir yerdi; yaşanacak gibi değildi.

F **angry*, delighted*, dismayed*, glad*, happy*, pleased*, relieved*, sad*, sorry*** ve yukarıda, E'de verilen fiillerin geçmiş zaman ortaçları ile özne + sıfat + mastar kullanılarak benzer anlamlar ifade edilebilir:

I'm delighted to see you. : Seni gördüğüme memnun oldum.

Bu durumda en yararlı mastarlar **to find/learn/hear/see** ise de **glad/happy/sad/sorry**'in ardından da çoğu kez **to say/tell/inform** ve bazen başka mastarlar gelir:

He was glad to leave school. : Okuldan ayrıldığına memnundu.
She was dismayed to find the door locked. : Kapıyı kilitli bulmak onu ümitsizliğe kapıldı.

G **able/unable; apt, inclined, liable, prone, prepared, not prepared (= ready/willing/unwilling), reluctant; prompt, quick, slow** (. . . ebilir/ . . . emez); mutlaka . . . er, eğilimli, yatkın, yatkın, hazır, hazır değil [= hazır/istekli/isteksiz], isteksiz; vakit geçirmeyen, çabuk, yavaş) ile kullanılan özne + **be** + sıfat/ortaç + mastar:

We are all apt to make mistakes when we try to hurry. : (Acele etmeye kalkınca hepimiz hata yapmaya yatkınız/hata yaparız.)

I'm inclined to believe him. : Ona inanmak eğilimindeyim.
I'm prepared/ready to help him. : Ona yardım etmeye hazırım.

He was most reluctant to lend us the money. : Parayı bize ödünç vermekte son derece isteksizdi.
He was slow to realize that times had changed. : (Zamanın değiştiğini anlamakta yavaştı.) = *He realized only slowly that times had changed.* : Zamanın değiştiğini ancak yavaş yavaş anladı.

27 Sıfatlar + mastar/**that**'li cümlecik/edat yapısı

A **due, due to, owing to, certain, sure, bound, confident**

Zaman için kullanıldığı zaman **due**'yu mastar izler:
The race is due to start in ten minutes. : Yarış on dakika sonra başlayacak.
Fakat bu sözcük tek başına da kullanılabilir:
The train is due (in) at six. It is an hour overdue. : Trenin saat altıda burada olması gerekiyor(du). Bir saat gecikti.

due to (edat), 'as a result of' (. . . in sonucu) anlamındadır:
The accident was due to carelessness. : Kaza, dikkatsizlik sonucuydu.

owing to, 'because of' (. . . den dolayı/ . . . in sayesinde) demektir:
Owing to his carelessness we had an accident. : Dikkatsizliği nedeniyle bir kaza geçirdik.

due to'dan önce özne + fiil gelmesi gerekir, fakat İngilizler bu konuda dikkatsizdirler ve çoğu kez cümleye **owing to** yerine **due to** ile başlarlar.

certain ve **sure** (. . . mesi kesin), konuşanın düşüncesini belirtmek için mastar alırlar. Burada *bound* (aynı anlamda / Ç.N.) da kullanılabilir:
Tom is certain/sure/bound to win. : Tom'un kazanması kesin. (Konuşan bundan emindir.)

Fakat özne + **certain/sure** + **that** cümleciği, öznenin düşüncesini gösterir:
Tom is sure that he will win. : Tom, kazanacağından emin. (Tom zaferine inanıyor.)

Yukarıda, **certain/sure that** yerine **confident that** kullanılabilir, fakat **confident** arkasından mastar almaz.
sure, certain, confident'ten sonra **of** + isim/zamir ya da isim-fiil gelebilir:

Unless you're early you can't be sure of getting a seat. : Erken gitmedikçe yer bulmaktan (bulacağından) emin olamazsın.

bound, yukarıdaki gibi mastar alabilir, fakat bir **that** cümleciği alamaz. bound + mastar aynı zamanda **under an obligation** (bir zorunluğu var) anlamındadır:

According to the contract we are bound to supply the materials. : Anlaşmaya göre gereçleri biz göndermek zorundayız.

B **afraid (of), ashamed (of), sorry (for** ya da **about)**

afraid of, ashamed of, sorry for/about + isim/zamir ya da asim-fiil:

She is afraid of heights/of falling. : Yüksekliklerden/düşmekten korkar.
He was ashamed of himself (for behaving so badly) / ashamed of behaving so badly. : (Bu kadar kötü davrandığından dolayı) kendinden utanıyordu / Bu kadar kötü davranmaktan utanç duyuyordu.
I'm sorry for breaking your window. : Camınızı kırdığım için özür dilerim.
I'm sorry about your window. : Camınızdan dolayı özür dilerim / Camınıza üzüldüm.
I'm sorry for Peter. : Peter'a acıyorum.

afraid, ashamed, sorry'yi bir mastar:
She was afraid to speak. : Konuşmaktan korkuyordu. (Konuşmadı.)
I'd be ashamed to take his money. : Parasını almaya utanırım. (Almam.)
I'm sorry to say that we have no news. : (Verecek / Ç.N.) hiç haberimiz olmadığını söylemek beni üzüyor.

ya da bir **that**'li cümlecik izleyebilir:

I'm ashamed that I've nothing better to offer you. : Sana ikram edeceğim daha iyi bir şeyim olmadığı için utanıyorum.
She's afraid (that) he won't believe her. : (Kız, oğlanın) kendisine inanmayacağından korkuyor.
I'm afraid (that) we have no news. : Korkarım (ki) (verecek / Ç.N.) haberimiz yok.
I'm sorry (that) you can't come. : Gelememene üzüldü.

(**I'm sorry**'nin İngilizcede şimdiki, Türkçede geçmiş zaman olduğuna dikkat ediniz. İngilizce cümlede 'üzülüyorum' anlamı yoktur. / Ç.N.)
(Bu üç yapı arasındaki ayrım için 271'e bakınız. **I'm afraid not/so,** için de 347'ye bakınız.)

C **anxious (about), anxious** + mastar, **anxious that**

anxious (+ about + isim/zamir, **worried** (endişeli) anlamındadır:
I'm anxious (about Tom). His plane is overdue. : (Tom için) endişeliyim. Uçağı gecikti.

be anxious (+ **for** + isim/zamir) + mastar = **'to desire/to wish'** (istemek/dilemek):

I'm very anxious (for him) to see the Carnival. : Karnavalı görmeyi (görmesini) istiyorum.

anxious + that . . . should, çok biçimsel İngilizcede kullanılabilir:
The committee is anxious that this matter should be kept secret. : Komisyon, bu konunun gizli tutulmasına önem veriyor.

D **fortunate** ve **lucky** (şanslı), ya da bir **that** cümleciği ya da bir mastar alır, fakat genellikle aralarında bir ayrım vardır.

It is fortunate/lucky that. . ., it is a good thing that (iyi ki . . .) anlamındadır:

It's lucky that Tom has a car. : İyi ki Tom'un arabası var.
It is lucky that he passed his test. : İyi ki sınavını verdi.
(Artık arabasıyla kendi başına istasyona gidebilir / çocuklarını deniz kenarına götürebilir, vb.)
It's lucky for us that he has a car. : Onun arabasının olması bizim için iyi oldu. (Bizi gideceğimiz yere götürür, vb.)

Ancak özne + **be** + **fortunate/lucky** + mastar, özneni şanslı olduğunu vurgular:
He is lucky to have a car. : Şanslı; arabası var. (Bir çok kişinin yok).
He was lucky to pass his test. : Sınavı vermesi bir şans oldu onun için. (Standarda uymuyordu aslında.)

is/are + fortunate/lucky + şimdiki zaman ortacı, daha çok durağan fiillerle kullanılır. **was/were** ya da sürekli veya -miş'li mastarda (continuous/perfect infinitive) daha geniş bir seçim alanı vardır:
You were fortunate to escape unharmed. : (Zarar görmeden atlatman şanslıymış) Neyse ki zarar görmeden (kazayı, vb. / Ç.N.) atlatmışsın.
You are lucky to be going by air. : Neyse ki hava yoluyla gideceksin.
He is lucky to have sold his house before they decided to build the new airport. : Neyse ki evini, yeni havaalanını inşa etmeye karar vermelerinden önce satmış.

Ancak, **it is lucky/unlucky**'yi her hangi bir fiilin mastarı izleyebilir:
It is unlucky to break a mirror. : Ayna kırmak uğursuzluktur.

fortunate ve **unfortunate** burada kullanılamaz, fakat öteki yapılarda kullanılabilir. Bunlar daha çok biçimsel İngilizcede görülürler.
Bu sıfatlar, yalnız başlarına ya da bir isimle birlikte de kullanılırlar.
I wasn't lucky : Şanslı değildim.
He's fortunate. : Talihli.

Thirteen's my luckly number. : Onüçtür benim şanslı sayım.
He's a fortunate man. : Şanslı adam.

E **possible, probable** ve **likely** (olanaklı, olası, olası), **it**'le başlayan cümlelerde **that** cümleciği alabilir. **Likely,** özne + mastar'la da kullanılabilir:

(a) *It's possible that he'll come today.* : Bugün gelmesi olası.
(b) *Perhaps he'll come / He may come today.* : Belki bugün gelir / Bugün gelebilir.
(a) *It's probable that he'll come today.* : Bugün gelme olasılığı var.
(b) *He'll probably come today.* : Herhalde bugün gelecek.

Her iki durumda da (b) biçimi (a) dan daha yaygındır; ancak sıfatları nitelemek istediğimiz zaman **that** cümleceği daha rahattır:
It's just/quite possible that . . . : Bir hayli olanaklı ki . . .
It's not very probable that . . . : Pek olası değil ki . . .

likely ile her iki biçim de eşit ölçüde yararlıdır:
It's quite likely that he'll come today. : Bir hayli olası ki o bugün gelecek.
He's quite likely to come today. : Bugün gelme olasılığı bir hayli fazla.

may (= be possible)'ın (. . . e bilir) soru biçimine olanak tanıdığı için **'is/are** + özne + **likely** biçimi çok yararlıdır:
Is he likely to ring today? : Bugün telefon etme olasılığı var mı?

that cümleciği, bu cümleciğin ne olduğu oldukça açık olduğu zaman **possible, probable, likely**'den sonra kullanılmayabilir:
Do you think he'll sell his house? ~ It's quite possible/probable/likely (that he'll sell it). : Sence evini satar mı? ~ (Satması) oldukça olanaklı/olası.

F **aware** ve **conscious,** bir **that** cümleciği ya da **of** + isim/zamir veya isim-fiil alır:
It'll be dangerous I *I'm aware that it'll be dangerous / I'm aware of that.* : Tehlikeli olacak I Tehlikeli olacağının ayrımındayım / Bunun ayrımındayım.
I was conscious of being watched. : İzlenmekte olduğumun bilincindeydim.
= *I felt that someone was watching me.* : Birinin beni izlemekte olduğunu hissediyordum.

Tek başına kullanılan **conscious,** fiziksel bir anlam taşır:
I had only a local anaesthetic. I was conscious the whole time. : Bana yalnızca lokal anastezi yapılmıştı. Hep bilinçliydim.

4 Zarflar (Adverbs)

28 Zarfların türleri

Hal: *bravely* (cesurca), *fast* (hızlı, hızla), *happily* (mutlu biçimde), *hard* (sıkı), *quickly* (çabucak), *well* (iyi [biçimde]) (Bknz: 35)
Yer: *by* (yanında), *down* (aşağı), *near* (yakında), *here* (burada/buraya), *there* (orada/oraya), *up* (yukarı), (36)
Zaman *now* (şimdi), *soon* (yakın zamanda), *still* (hala), *then* (o zaman/ondan sonra), *today* (bugün), *yet* (henüz) (37)
Sıklık: *always* (daima), *never* (hiç), *occasionally* (arada bir), *often* (sık sık), *twice* (iki kez) (38)
Cümle: *certainly, definitely* (kesinlikle), *luckily* (şans eseri), *surely* (kesinlikle/herhalde) (40)
Derece: *fairly* (epey/oldukça), *hardly* (zar zor), *rather* (oldukça), *quite* (oldukça), *too* (çok), *very* (çok) (Aynı biçimde çevrilen sözcükler arasındaki ayrımları aşağıda bulacaksınız. / Ç.N.) (41)
Soru: *when?* (ne zaman?), *where?* (nerede?), *why?* (niçin?) (60)
İlgi: *when* (ki o zaman), *where* (ki orada), *why* (ki bu nedenle)

Biçim ve kullanım

29 Zarfların ly ile oluşumu

A Birçok hal zarfı ve bazı derece zarfları, karşılıkları olan sıfatlara **ly** eklenerek oluşturulur:

final, finally	*immediate, immediately*	*slow, slowly*
(son, sonunda)	(acil, acilen)	(yavaş, yavaşça)

Yazılış kuralları:

(a) Sondaki **y** **i**'ye dönüşür: *happy, happily.*
(b) Sondaki **e** **ly**'den önce tutulur: *extreme, extremely.*
Kural dışı sözcükler: *true, due, whole, truly, duly, wholly,* olur.
(c) Sessiz + **le** ile biten sıfatlar **e**'yi atıp **y** alırlar:
gentle, gently *simple, simply*
good'un zarf biçiminin **well** olduğuna dikkat ediniz.
(d) ünlü + **l** ile biten sıfatlar olağan kurala uyarlar:
beautiful, beautifully *final, finally*

B Kural dışı durumlar:
good'un zarfı **well**'dir.
kindly (sevecen/sevenlikle) sıfat ya da zarf olabilir, fakat **ly** ile biten öteki sıfatlar (örn. **friendly, likely, lonely** [cana yakın, olası, yalnız]) zarf olarak kullanılmazlar ve bunların zarf biçimleri yoktur. Bu eksikliği gidermek için benzer bir zarf ya da zarf takımı kullanılır:

likely (olası: sıfat)	*friendly* (cana yakın: sıfat)
probably (olasılıkla: zarf)	*in a friendly way* (dostça: zarf)

C Bazı zarflar sıfat karşılıklarından ya daha dar bir anlama sahiptirler, ya da onlardan ayrılırlar:
coldly, coolly, hotly, warmly de daha çok duygular için kullanılır.

We received them coldly. : Onları soğuk karşıladık.
They denied the accusation hotly. : Suçlamayı hararetli bir biçimde reddettiler.
She welcomed us warmly. : Bizi sıcak karşıladı.

Fakat **warmly dressed** = wearing warm clothes (sıcak tutan giysiler giymiş [Tam çevirisi: Sıcakça giyinmiş].)
coolly = **calmly/courageously** ya da **calmly/impudently** (soğukkanlılıkla = sakin sakin/cesaretle veya sakin sakin/küstahça)
presently = **soon** (hemen/az sonra): *He'll be here presently.* : Hemen/Az sonra burada olur.
(**barely, scarcely** için 44'e, **surely** için 40 A'ya bakınız.)

30 Aynı biçime sahip sıfat ve zarflar

A

back (arka/geri[ye])	*ill* (hasta/kötü biçimde)	*near** (yakın/yakın(d)a)
*deep** (derin/derinde)	*just** (adil/az önce)	*pretty** (güzel/oldukça)
*direct** (doğru/doğruca)	*kindly* (sevecen/sevecenlikle)	*right** (doğru/sağa)
early (erken/erkenden)	*late** (geç/geç)	*short** (kısa/kısa süre)
enough (yeterli/yeterince)	*left* (sol/sola)	*still* (hareketsiz/hareket etmeden)
far (uzak/uzağa)	*little* (az/az)	*straight* (düz/doğruca)
fast (hızlı/hızla)	*long* (uzun/uzun süre)	*well* (iyi/iyi)
*hard** (zor/sıkıca)	*low* (alçak/alçağa)	*wrong** (yanlış/yanlış olarak)
*high** (yüksek/yüksekte)	*much/more/most** (çok/daha/çok/en çok)	

Zarf olarak kullanılışları:	Sıfat olarak kullanılışları:
Come back soon.	*the back door*
Az sonra geri dön.	arka kapı
You can dial Rome direct.	*the most direct route*
Roma'yı doğrudan çevirebilirsiniz.	en kestirme yol
The train went fast.	*a fast train*
Tren hızlı gitti.	hızlı bir tren
They worked hard. (energetically)	*The work is hard.*
Sıkı (enerjik olarak çalıştılar.	İş zor.
an ill-made road	*You look ill/well.*
kötü yapılmış bir yol	Hasta/iyi görünüyorsun.
Turn right here.	*the right answer*
Buradan sağa dön.	doğru yanıt
She went straight home.	*a straight line*
Doğruca eve gitti.	bir doğru çizgi
He led us wrong.	*This is the wrong way.*
Bizi yanlış yönlendirdi.	Bu yanlış yol.

*Aşağıda B'ye bakınız.

B Yıldızlı sözcüklerin **ly**'li biçimleri de vardır. Anlamlarına dikkat ediniz.

deeply, daha çok duygular için kullanılır:

He was deeply offended. : (Derin biçimde) Ağır bir hakarete uğradı.

directly, zaman ve bağlantı için kullanılabilir:

He'll be here directly (very soon). : Hemen burada olur.

The new regulations will affect us directly/indirectly. : Yeni yönetmelik bizi doğrudan/dolaylı olarak etkileyecek.

(**hardly** için 44'e bakınız.)

highly, yalnız soyut anlamda kullanılabilir:

He was a highly paid official. : Yüksek (maaş) ödenen bir resmi görevliydi.

They spoke very highly of him. : (Ondan yüksek söz ettiler) Ondan övgüyle söz ettiler.

justly, sıfat olan **just** *(fair, right, lawful)* (hakça [hakça, doğru, yasal]) anlamındaki sıfatın karşılığıdır. Fakat **just** (yalnızca, tam), bir derece zarfı da olabilir. (Bknz: 41)

lately = **recently** (son zamanlarda):

Have you seen him lately? : Onu son zamanlarda gördün mü?

mostly = **chiefly** (en çok)

nearly = **almost** (neredeyse)

I'm nearly ready. : Neredeyse hazırım.

prettily (güzel [biçimde]), **pretty** (güzel) sıfatının karşılığıdır.
Her little girls are prettily dressed. : Küçük kızları güzel giydirilir.

Fakat **pretty, very** (çok) anlamında bir derece zarfı da olabilir:
The exam was pretty difficult. : Sınav çok zordu.

rightly (haklı olarak), **justly** (haklı olarak) ya da **correctly** anlamında bir geçmiş zaman ortacıyla birlikte kullanılabilir:
He was rightly/justly punished. : Haklı olarak cezalandırıldı.
I was rightly/correctly informed. : (Doğru olarak bilgilendirildim) Bana doğru bilgi verildi.
Fakat bu durumlardan her birinde ikinci zarf daha yaygındır.

shortly = **soon/briefly/** ya da **curtly** (az sonra/kısaca ya da lafı fazla uzatmadan).

wrongly (haksız/yanlış olarak), bir geçmiş zaman ortacıyla birlikte kullanılabilir:
You were wrongly/incorrectly informed. : Size yanlış bilgi verilmiş.
Fakat *He acted wrongly* (Yanlış davrandı), onun (teknik olarak / Ç.N.) yanlış ya da ahlak açısından yanlış davrandığı anlamındadır.

C **long** ve **near**'ın (zarf) sınırlı bir kullanımı vardır.

1 **long**

longer, longest, sınırlama olmadan kullanılabilir:

It took longer than I expected. : Umduğumdan daha uzun sürdü.

Fakat **long** daha çok olumsuz ya da soruda kullanılır:

How long will it take to get there? : Oraya varmak ne kadar zaman alır?

Olumluda, **too/so + long** ya da **long + enough** ('gereğinden/bu kadar uzun süre' ya da 'yeterince uzun [süre]') kullanılabilir.
Bir seçenek olarak **a long time** (uzun bir süre) denebilir:

It would take too long. : [Gereğinden] uzun sürer.
It would take a long time. : Uzun sürer.

Konuşmada **(for) a long time**'ın (uzun süre) yerine **(for) ages** ([Tam çevirisi: çağlar boyu] çok uzun süre) kullanılabilir:

I waited for ages. : (Çağlarca) Çok bekledim.
It took us ages to get there. : Oraya varmak çok uzun sürdü.

2 **near**

nearer, nearest, sınırlama yapılmadan kullanılabilir:
Don't come any nearer. : (Daha yakın gelme) Daha fazla yaklaşma.

Fakat olumluda **near** genellikle **very/quite/so/too** ya da **enough**'la nitelenir:
They live quite near. : Bir hayli yakında oturuyorlar.
Don't come too near. : Fazla yakına gelme.
You're near enough. : Yeterince yakındasın.

near edatı, bir isim, sıfat ya da zarfla genellikle yararı olur:
Don't go near the edge. : Kenara yaklaşma.
The ship sank near here. : Gemi buraya yakın (bir yerde battı.)

D **far** ve **much**'ın da sınırlı bir kullanımı vardır. Bakınız: 32 ve 33.

31 Zarfların üstünlük ve enüstünlük aşamaları

A İki ve daha fazla hecesi olan zarflarda üstünlük ve enüstünlük aşamalarını, yalın biçiminden önce **more** ve **most** ekleyerek yaparız:

Yalın	Üstünlük	Enüstünlük
quickly	*more quickly*	*most quickly*
(çabuk)	(daha çabuk)	(en çabuk)
fortunately	*more fortunately*	*most fortunately*
(şans eseri)	(daha büyük, şans)	(en büyük şans eseri)

Ancak tek heceli zarflar ve **early, er** ve **est** eklerler:

hard	*harder*	*hardest*	
(sıkı)	(daha sıkı)	(en sıkı)	
early	*earlier*	*earliest*	(y'nin i olduğuna
(erken)	(daha erken)	(en erken)	dikkat ediniz.)

B Kuralsız karşılaştırmalar:

well	*better*	*best*
(iyi)	(daha iyi)	(en iyi)
badly	*worse*	*worst*
(kötü)	(daha kötü)	(en kötü)

little	*less*	*least*
(az)	(daha az)	(en az)
much	*more*	*most*
(çok)	(daha çok)	(en çok)
far	*farther*	*farthest*
(uzağa)	(daha uzağa)	(en uzağa)
	furtherfurthest	
(ileriye)	(daha ileriye)	(en ileriye)

Farther/farthest: yalnız uzaklık için; **further/furthest** daha geniş bir anlamı vardır. 32 A'ya bakınız.

32 far, farther/farthest ve further/furthest

A **further, furthest**

Bunlar da, **farther, farthest** gibi yer/uzaklık zarfları olarak kullanılabilirler:

It isn't safe to go any further/farther in this fog. : Bu siste daha ileri gitmek güvenceli değil.

Fakat bunlar, soyut anlamda da kullanılabilirler:

Mr A said that these toy pistols should not be on sale.
Mr B went further and said that no toy pistols should be sold.
Mr C went furthest of all and said that no guns of any kind should be sold.
Mr A, bu oyuncak tabancaların satılmaması gerektiğini söyledi.
Mr B daha ileri gidip hiçbir tabancanın satılmaması gerektiğini söyledi.
Mr C, hepsinden ileri gidip hiçbir türden hiçbir silahın satılmaması gerektiğini söyledi.

B **far:** kullanımdaki sınırlamalar

Üstünlük ve enüstünlük biçimleri oldukça serbest olarak kullanılabilir:

He travelled further than we expected. : Umduğumuzdan daha öteye gitti.

Yalın biçimi daha çok olumsuz ve soruda kullanılır:

How far can you see? ~ I can't see far. : Ne kadar öteyi görebiliyorsun? ~ Uzağı göremiyorum.

Olumluda **a long way, far**'dan (uzakta); **a long way away** de **far away**'den daha yaygındır:

They sailed a long way. : Gemiyle uzağa gittiler.
He lives a long way away. : Uzaklarda oturuyor.

Fakat **very far away** (çok uzakta) ve **so/quite/too + far** (o kadar/bir hayli/[gereğinden] çok + uzak) ile **far + enough** (yeterince + uzak) da kullanılabilir:

They walked so far that . . . : O kadar uzağa yürüdüler ki . . .
They walked too far. : Çok uzağa (yürüdüler) gittiler.
We've gone far enough. : Yeterince uzağa gittik.

far, soyut anlamda kullanılabilir:

The new law doesn't go far enough. : Yeni yasa yeterince öteye gitmiyor.
You've gone too far! : Çok ileri gittin! (hakaretinde/başkalarını baskı altına tutmakta/küstahlıkta, vb.)

Bir derece zarfı olarak **far,** üstünlük biçimi ve **too/so** + yalın biçiminde kullanılır:

She swims far better than I do. : Benden çok daha iyi yüzer.
He drinks far too much. : Gereğinden çok çok fazla içiyor.

33 much, more, most

A **more** ve **most,** oldukça serbest bir biçimde kullanılabilir:

You should ride more. : Daha çok (ata, vb.) binmelisin.
I use this room most. : En çok bu odayı kullanıyorum.

Fakat yalın biçiminde **much** sınırlı bir kullanıma sahiptir.

B **a lot** (çok) anlamındaki **much,** olumsuz fiileri niteleyebilir:

He doesn't ride much nowadays. : Bu günlerde (ata, vb.) pek binmiyor.

Soruda **much** en çok, **how** ile birlikte kullanılır. **how**'sız soru **much** kullanılabilirse de, **a lot** daha yaygındır:

How much has he ridden? : Ne kadar (ata, vb.) binmişliği var?
Has he ridden a lot/much? : Çok binmişliği var mı?

Olumluda **as/so/too** + **much** kullanılabilir. Bunun dışında **a lot/a good deal/a great deal** yeğ tutulur:

He shouts so much that. . . : O kadar çok bağırıyor ki . . .
I talk too much. : Çok konuşurum.

Fakat *He rides a lot/a great deal* (Çok ata biner).

C **greatly** (pek çok) anlamında **very much** olumluda geniş bir kullanıma sahiptir. Bunu *blame, praise, thank* (suçlamak, övmek, teşekkür etmek) ve duygularla ilgili fiillerle (*admire* [hayran olmak], *amuse* [eğlendirmek], *approve* [onaylamak], *dislike* [hoşlanmamak], *distress* [içini karartmak], *enjoy* [hoşlanmak], *impress* [etkilemek], *like* [hoşlanmak], *object* [itiraz etmek], *shock* [şoke etmek], *surprise* [şaşırtmak], vb.) kullanılabilir:

Thank you very much. : Çok teşekkürler.
They admired him very much. : Onu çok takdir ettiler.
She objects very much to the noise they make. : Yaptıkları gürülütye çok itirazı var.

much = **(greatly), very** olsun, olmasın; *admired* (takdir edilir), *amused* (eğlenmiş), *disliked* (sevilmez), *distressed* (içi kararmış), *impressed* (etkilenmiş), *liked* (beğenilen), *shocked* (şoke olmuş), *struck* (çarpılmış/şoke olmuş), *upset* (sinirlenmiş) geçmiş zaman ortaçlarıyla kullanılabilir:

He was (very) much admired. : Çok takdir edilirdi.
She was (very) much impressed by their good manners. : Onların görgülerinden etkileniyordu.

D **a lot** (çok) anlamındaki **much**, üstünlük ve enüstünlük derecelerindeki sıfat ve zarfları niteleyebilir:

much better	*much the best*	*much more quickly*
(çok daha iyi)	(en iyisi)	(çok daha hızlı)

much too, yalın biçimlerle kullanılabilir:
He spoke much too fast. : Çok çok hızlı konuşuyordu.

E Bir sıfat ya da zarftan önce kullanılan **much, very** (çok) anlamında kullanılabilir:

He was most apologetic. : Çok pişman olmuşa benziyordu.
She behaved most generously. : Çok eliaçık davrandı.

34 Karşılaştırma biçimleriyle yapılar (Ayrıca bknz: 341)

A Olumlu bir fiille **as . . . as**, olumsuz bir fiille **as/so . . . as** kullanırız:

He worked as slowly as he dared. : Cesaret edebildiğince yavaş çalıştı.
He doesn't snore as/so loudly as you do. : Senin kadar/Senin kadar da yüksek sesle horlamıyor.

It didn't take as/so long as I expected. : Umduğum kadar/Umduğum kadar da uzun sürmedi.

B Üstünlük derecesi ile **than** kullanırız:
He eats more quickly than I do/than me. : Benim yediğimden/benden daha hızlı yer.

He played better than he had ever played. : O zamana dek oynadığından daha iyi oynadı.
They arrived earlier than I expected. : Umduğumdan daha iyi oynadı.

The + üstünlük . . . **the** + üstünlük de olabilir:

The earlier you start the sooner you'll be back. : Ne kadar erken yola çıksan o kadar erken geri dönersin.

C Enüstünlük biçimiyle **of** + isim kullanılabilir:
He went (the) furthest of the explorers. : Araştırmacılar içinde en uzağa o gitti.

Fakat bu yapı pek yaygın olmayıp böyle bir cümle, yukarıda gösterildiği gibi üstünlük biçimiyle ifade edilir.
(**the**'sız) bir enüstünlük biçimi + **of all** oldukça yaygındır, fakat burada **all**, aynı özneni başka eylemlerine gönderme yapar:

He likes swimming best of all. : Yüzmeyi hepsinden çok sever. (Başka herhangi bir şeyi sevdiğinden fazla)

of all atılabilir.

D **like** ve **as** ile yapılan karşılaştırmalar için 21 H, 1'ya bakınız.

Konum

35 Hal zarfları

A Hal zarfları fiilden sonra:
She danced beautifully. : Güzel dans etti.

ya da varsa tümleçten sonra gelirler:
He gave her the money reluctantly. : Parayı ona isteksizce verdi.
They speak English well. : İngilizceyi iyi konuşurlar.
Bir zarfı fiille tümleç arasına koymayınız.

B Cümlede fiil + edat + tümleç varsa bu, zarf ya edattan önce ya da tümleçten sonra gelir:
He looked at me suspiciously ya da *He looked suspiciously at me.* : Bana kuşkuyla baktı.

Fakat tümleç birkaç sözcükten oluşuyorsa, zarfı edattan önceye koyarız:
He looked suspiciously at everyone who got off the plane. : Uçaktan inen herkese kuşkuyla baktı.

C Aynı biçimde fiil + tümleç'li cümlelerde tümlecin uzunlu zarfın yerini etkiler. Tümleç kısaysa yukarıda gösterildiği gibi fiil + tümleç + zarf olur; fakat tümleç uzunsa genellikle zarfı fiilden önceye koyarız:

She carefully picked up all the bits of broken glass. : Kırık cam parçalarının hepsini dikkatle topladı.
He angrily denied that he had stolen the documents. : Belgeleri çaldığını öfkeyle itiraf etti.
They secretly decided to leave the town. : Gizlice, kentten ayrılmaya karar verdiler.

D Bir zarf bir cümlecik ya da sözcük takımından sonra geldiği zaman normal olarak zarfın o cümlecik/sözcük takımındaki fiili nitelediğinin kabul edildiğine dikkat ediniz:

They secretly decided . . . : Gizlice, . . . karar verdiler. (Karar gizliydi.)
They decided to leave the town secretly. : Gizlice kaçmaya karar verdiler. (Çıkış gizliydi).

ÇEVİRİCİNİN NOTU: İngilizcedeki bu anlam ayrımının Türkçede bir virgülle verilebildiğine dikkat ediniz:
Gizlice, kentten ayrılmaya karar verdiler. (Karar gizliydi.)
Gizlice kentten ayrılmaya karar verdiler. (Ayrılma gizliydi.)
Kuşkusuz, bu ayrım cümle yapısıyla (sentaks) da verilebilir:
Kentten ayrılmaya gizlice karar verdiler.
Kentten gizlice ayrılmaya karar verdiler.

E Karakter ve zekâ ile ilgili zarflar (**foolishly** [ahmakça], **generously** [cömertlik edip], **kindly** [lütfedip], **stupidly** [aptalca] vb.) gibi fiilden önce geldiklerinde eylemin ahmakça/nazik/cömertçe olduğunu gösterir: .

I foolishly forgot my passport. : Ahmakça pasaportumu unuttum.
He generously paid for us all. : (Cömertçe, hepimizin yerine ödedi) Cömertçe davranıp hepimizin parasını kendisi ödedi.
He kindly waited for me. : (İyi kalplilikle beni bekledi) Lütfedip beni bekledi.
Would you kindly wait? : Lütfen bekler misiniz?

Bu kavramları şu cümlelerle de ifade edebileceğimize dikkat ediniz:

It was foolish of me to forget. : Unutmam ahmakça (bir şey)di.
It was kind of him to wait. : (Beklemesi nazikçeydi) Nezaket gösterip bekledi.
Would you be kind enough to wait? : (Bekleyecek kadar nazik olur musunuz?) Beklemek nezaketini gösterir misiniz?

Zarf fiilden ya da fiil + tümleç'ten sonra gelebilir, fakat o zaman anlam değişir:

He spoke kindly. : Sevecenlikle konuştu. = *His voice and words were kind.* : Sesi ve sözleri sevecendi.

cümlesi, *It was kind of him to speak to us* (Lütfedip bizimle konuştu) ile aynı değildir.

He paid us generously. : Bize cömertçe ödemede bulundu.

cümlesi, *It was generous of him to pay us* (Cömertlik edip bize ödemede bulundu) ile aynı değildir.

Şunların arasındaki ayrıma dikkat ediniz:

He answered the questions foolishly. : Soruları ahmakça yanıtladı (Yanıtları ahmakçaydı.)
He foolishly answered the questions. : (Ahmakça, soruları yanıtladı. (Answering was foolish/It was foolish of him to answer at all : Yanıtlamak ahmakçaydı / Bir kere, yanıtlaması ahmaklıktı.)

F **baldy** (kötü biçimde/fena halde) ve **well** (iyi/iyice/iyi biçimde) hem hal, hem de derece zarfı olarak kullanılabilir. Hal zarfları olarak bunlar, etken bir fiilden sonra, bir tümleçten sonra ya da edilgen bir fiilin geçmiş zaman ortacından önce gelebilirler:

He behaved badly. : Kötü davrandı.
He read well. : İyi okudu.
He paid her badly. : (Ona kötü ödedi.) Ona az para verdi.
She speaks French well. : Fransızcayı iyi konuşur.
She was badly paid. : (Ona kötü ödendi.) Ona az para verildi.
The trip was well organized. : Yolculuk iyi organize edilmişti.

Derece zarfı olarak kullanılan **badly** genellikle, tümleçten sonra, fiilden ya da geçmiş zaman ortacından önce gelir:

The door needs a coat of paint badly. : Kapının bir kat boyaya fena halde gereksinimi var.
The door badly needs a coat of paint. : Kapının fena halde bir kat boyaya gereksinimi var.
He was badly injured in the last match. : Son maçta fena sakatlandı.

well (derece) ve **well** (hal), aynı konum kurallarına sahiptir:

I'd like the steak well done. : Bifteği iyi pişmiş isterim.
He knows the town well. : Kenti iyi bilir.
Shake the bottle well. : Şişeyi iyice salla.
The children were well wrapped up. : Çocuklar iyice sarılıp sarmalanmışlardı.

well'in anlamı konumuna bağlı olabilir. Şunların arasındaki ayrıma dikkat ediniz:

You know well that I can't drive. : İyi biliyorsun ki araba kullanamam. (Bu konuda kuşkun yok.)
You know that I can't drive well. : Biliyorsun ki iyi araba kullanamam. (İyi bir sürücü değilim.)

well, may/might ve **could**'dan sonra gelerek bir eylemin olasılık derecesini vurgular:

He may well refuse. : Pekâla reddedebilir *(It is quite likely that he will refuse* : Reddetme olasılığı bir hayli fazla).

(**may/might as well** için 288'e bakınız.)

G **somehow, anyhow**

somehow (= in some way or other) (herhangi bir biçimde/bir yolunu bulup/her nasılsa) cümle başında, tümleçsiz bir fiilden sonra ya da tümleçten sonra konabilir:

Somehow they managed./They managed somehow. : Her nasılsa başardılar.
They raised the money somehow. : Her nasılsa parayı bulup buluşturdular.

Bir hal zarfı olarak **anyhow**'ın kullanılması pek yaygın değildir. Ancak **in any case/anyway** (gene de/ne olursa olsun/ [deyim çağdışı görünse de yaygın / Ç.N.:] her hal-ü-kârda) anlamında sıkça kullanılır. (327'ye bakınız.)

36 Yer zarfları

away, everywhere, here, nowhere, somewhere, there, vb. (Uzakta, her yerde, burada, hiçbir yerde, bir yerde, orada, vb.)

A Bir tümleç yoksa bu zarflar genellikle fiilden sonra gelirler:

She went away. : (Uzağa gitti) Gitti/Çekti gitti/Burada değil.
He lives abroad. : Yurt dışında oturur.
Bill is upstairs. : Bill yukarıda.

Fakat bunlar, fiil + tümleç ya da fiil + edat + tümleç'ten sonra gelirler:

She sent him away. : (Onu uzağa gönderdi) Onu kovdu/sepetledi.
I looked for it everywhere. : Onu her yerde aradım.

(Fakat *pick up, put down,* vb.) gibi fiil + zarf bileşimleri için 38. bölüme bakınız.)
Edat + isim/zamir/zarf'tan oluşan zarf takımları, yukarıdaki konum kurallarına uyarlar:

The parrot sat on a perch. : Papağan bir tüneğe oturdu.
He stood in the doorway. : Kapı aralığında ayakta durdu.
He lives near me. : Bana yakın oturur.

Fakat yukarıda E'ye de bakınız.

B **somewhere, anywhere** (bir yerde/bir yere; her hangi bir yerde/her hangi bir yere), **some** ve **any**'nin kurallarına uyarlar:

I've seen that man somewhere. : O adamı bir yerde gördüm.
Can you see my key anywhere? ~ No, I can't see it anywhere. : Anahtarımı bir yerde görebiliyor musun? ~ Hayır, onu hiçbir yerde göremiyorum.
Are you going anywhere? : Bir yere gidiyor musun? (Sıradan bir soru; fakat:)

Are you going somewhere? : Bir yere mi gidiyorsun? (Öyle görünüyor.)

Ancak **nowhere** (hiçbir yere/yerde), normal olarak, **to get nowhere** (hiçbir yere varamamak) (= to achieve nothing/to make no progress [bir şey başaramamak/bir ilerleme kaydedememek]) dışında bu durumda kullanılmaz:

Threatening people will get you nowhere (You'll gain no advantage by threatening people). : İnsanları tehdit etmek seni hiçbir yere götürmez (İnsanları tehdit ederek bir avantaj sağlayamazsın).

Fakat kısa yanıtlarda kullanılabilir:

Where are you going? ~ Nowhere (I'm not going anywhere). : Nereye gidiyorsun? ~ H-i-iç/Hiçbir yere (Bir yere gitmiyorum).

Ayrıca, biçimsel İngilizcede, cümlenin başına getirilip bundan sonra da bir devrik cümle kullanılabilir:

Nowhere will you find better roses than these. : Hiçbir yerde bulamazsın bundan güzel gülleri.

C **here, there**'i **be/come/go** + isimden oluşan özne izleyebilir:

Here's Tom. : İşte Tom.
There's Ann. : İşte Ann orada.
Here comes the train. : İşte geliyor tren.
There goes our bus. : İşte gidiyor otobüsümüz.

Yukarıdaki biçimde kullanılan **here/there**'den daha fazla vurguya sahiptir. Genellikle aralarında bir anlam ayrımı vardır. *Tom is here* (Tom burada), onun bu odada/binada/kentte olduğu anlamına gelir. Fakat *Here's Tom* (İşte Tom), onun az önce ortaya çıktığı ya da onu az önce bulduğumuz anlamına gelir. *Tom comes here* (Tom buraya gelir), onun buraya gelme alışkanlığında olduğunu gösterir, fakat *Here comes Tom* (İşte geliyor Tom), onun şimdi gelmekte olduğunu/geldiğini belirtir.

Özne bir şahıs zamiriyse normal biçimiyle fiilden önce gelir:

There he is. : İşte (geldi)!
Here I am. : İşte geldim.
Here it comes. : İşte geliyor.

Fakat **someone** ve **something** (birisi ve bir şer) fiili izler:
'*There's someone who can help you.* : İşte sana yardım edebilecek bir.
there'e vurgu vermeden söylenen aynı cümlenin, yardım edebilecek birinin zaten bulunduğunu belirttiğine dikkat ediniz. (Bknz: 117)

D Bir arkadaşına telefon eden birisi, kendini isim + **here** ile tanıtabilir:

ANN (telefonda): *Is that you, Tom? Ann here.* ya da *This is Ann.* : Sen misin, Tom? Ben Ann.

Ann is here (Ann burada) ya da *Here is Ann* (Ann geldi) dememelidir.

E **away** (= off), **down, in, off, out, over, round, up** vb. zarflarını, bir hareketli fiili + isimden oluşan bir özne izleyebilir:

Away went the runners. : Uzaklaştı koşucular.
Out sprang the cuckoo. : Sıçradı havaya bir guguk kuşu.
Down fell a dozen apples. : Düştü bir düzine elma.
Round and round flew the plane. : Döndü durdu uçak.

Fakat eğer özne bir zamirse, bu özne fiilden önce gelir:

Away they went. : Uzaklaştılar.
Round and round it flew. : Döndü durdu.

Bu diziliş, özne + fiil + zarf'tan daha dramatiktir, fakat anlam bir ayrım yoktur.

F Yazı İngilizcesinde edatla başlayan (*down, from, in, on, over, out of, round, up,* vb.) zarf takımlarını pozisyon belirten fiiler, (*crouch, hang, lie, sit, stand* vb: çömelmek, asılı durmak, oturmak, ayakta durmak), hareket fiileri, *be born, die, live* (doğmak, ölmek, yaşamak) ve benzer öteki fiiller izleyebilir:

From the rafters hung strings of onions. : Saçaklardan soğan demetleri sarkıyordu.
In the doorway stood a man with a gun. : Kapı aralığında, silahlı bir adam duruyordu.
On a perch beside him sat a blue parrot. : Yanındaki bir tünekte bir papağan duruyordu.
Over the wall came a shower of stones. : Duvarın üstünden yağmur gibi taş yağıyordu.

Bu örneklerden ilk üçü bir ortaç ve **be** fiiliyle de söylenebilir:

Hanging from the rafters were strings of onions. : Saçaklardan sarkıyordu soğan demetleri.
Standing in the doorway was a man with a gun. : Kapı aralığında duruyordu silahlı bir adam.
Sitting on a perch beside him was a blue parrot. : Yanındaki bir tünekte duruyordu bir mavi papağan.

Fakat taş yağmuru bir süre devam etmemişse son örnekte ortaç kullanılamaz.

37 Zaman zarfları

A **afterwards, eventually, lately, now, recently, soon, then, today, tomorrow,** vb. (daha sonra, sonunda, son zamanlarda, şimdi, son zamanlarda, yakında, sonra, bugün, yarın) ile zarf takımları **at once, since then, till (6.00, etc.)** (hemen, o zamandan bu yana, [6.00'ya, vb.] kadar).
Bunlar genellikle cümleciğin en başına, ya da en sonuna konur; yani, ön ya da son konumdadır. Emirlerde ve **till**'de sondaki konum daha yaygındır:

Eventually he came/He came eventually. : Sonunda geldi.
Then we went home/We went home then. : Sonra eve gittik.
Write today. : Bugün yaz.
I'll wait till tomorrow. : Yarına dek beklerim.

(**lately** ve **recently** için ayrıca 185'e de bakınız.)
Birleşik fiil yapılarında **afterwards, eventually, lately, now, recently, soon,** yardımcı fiilden sonra gelebilir:

We'll soon be there. : Az sonra orada oluruz.

B **before, early, immediately** ve **late** (daha önce, erken, hemen ve geç), cümleciğin sonuna gelir:

He came late. : Geç geldi.
I'll go immediately. : Hemen gideyim.

Fakat bağlaç olarak kullanılan **before** ve **immediately** (. . . meden önce ve . . . ir . . . mez), cümleciğin başındadırlar:

Immediately the rain stops we'll set out. : Yağmur kesilir kesilmez, yola çıkarız.

C **since** (. . . den beri) ve **ever since** (ta . . . den beri), -miş'li fiil yapılarıyla (perfect tenses) birlikte kullanılır. (Bknz: 187 D.)

since, yardımcıdan sonra ya da, bir olumsuz veya soru fiilinden sonra, son konuma gelir. Zarf olan **ever since**, sondadır.
since ve **ever since**'le oluşturulan takım ve cümlecikler genellikle sonda kullanılırlarsa da, başta da bulunabilirler:

He's been in bed since his accident/since he broke his leg. : Kazadan/Bacağını kırdıktan bu yana yatıyor.

D **yet** ve **still** (henüz, hala) (Zaman zarfları)

yet, normal olarak fiilden ya da 'fiil + tümelç'ten sonra gelir:
He hasn't finished (his breakfast) yet. : Henüz (kahvaltısını) bitirmedi.

Fakat tümleç çok sayıda sözcükten oluşuyorsa **yet**, fiilden önce kullanılabilir:
He hasn't yet applied for the job we told him about. : Ona sözünü ettiğimiz işe başvurmadı henüz.

still, be fiilden önce, fakat öteki fiillerden sonra gelir:
She is still in bed. : Hala yatakta.

yet, 'up to the time of speaking' (konuşma anına kadar) anlamındadır. Temel olarak olumsuz ve soruda kullanılır. **still,** eylemin sürdüğünü gösterir, fakat olumsuzda, olumsuz eylemin sürdüğünü vurgulamak için de kullanılabilir.

He still doesn't understand. : Hala anlamıyor. (Olumsuz anlamama sürüyor.)

He doesn't understand yet. : Henüz anlamıyor. (Olumlu anlama eylemi henüz başlamamış.)

Vurgulandığında **still** ve **yet** şaşırma, rahatsızlık ya da sabırsızlık gösterir. Her iki sözcük de bağlaç olarak kullanılabilir. (Bknz: 327)

E Bir zaman zarfı olan **just** (az önce, birleşik fiil yapılarından sonra kullanılır:

I'm just coming. : Şimdi geliyorum. (Ayrıca 183'e bakınız.)

(Bir derece zarfı olarak kullanılan **just** için 41'e bakınız.)

38 Sıklık zarfları

(a) **always, continually, frequently, occasionally, often, once, twice, periodically, repeatedly, sometimes, usually,** vb. (her zaman, sürekli olarak, sık sık, arada bir, çoğu kez, bir kez, iki kez, belli aralıklarla / periyodik olarak, defalarca, bazen, genellikle, vb.)
(b) **ever, hardly ever, never, rarely, scarcely ever, seldom** (hiç [soruda], hemen hiç, hiç [olumsuzda], nadiren, hemen hiç, nadiren)

A Yukarıda her iki grupta bulunan zarfların konumları da şöyledir:

1 **to be**'in basit zaman yapılarından sonra:
He is always in time for meals. : Yemeklere hep zamanında gelir.

2 Öteki bütün fiilerin basit zaman yapılarından önce:
They sometimes stay up all night. : Bazen bütün gece otururlar.

3 Birleşik fiil yapılarında bunlar ilk yardımcıdan sonra ya da, soru fiillerinde 'yardımcı + özne'den sonra gelirler:
He can never understand. : Hiç anlayamaz.
You have often been told not to do that. : Bunu yapmaman sana sık sık söylenmiştir.
Have you ever ridden a camel? : Hiç deveye bindin mi?

Kural dışı durumlar:
(a) **Used to** ve **have to**, zarfı önlerine ister:

You hardly ever have to remind him; he always remembers. : Ona hemen hiç anımsatmam gerekmez; o her zaman anımsar.

(b) Sıklık zarfları, şu durumlarda normal olarak yardımcıdan önce gelirler: Görüşlere eklemeler yaparken ya da kısa yanıtlarda yalnız başına kullanıldıkları zaman:

Can you park your car near the shops? ~ Yes, I usually can. : Arabanı dükkânların yakınına park edebiliyor musun? ~ Evet, genellikle edebiliyorum.
I know I should take exercise, but I never do. : Spor yapmam gerektiğini biliyorum ama hiç yapmıyorum.

ya da bileşik bir fiilde yardımcı fiil vurgulandığı zaman:

I never 'can remember. : Hatırlayamıyorum bir türlü.
She hardly ever has met him. : Onunla hemen hiç karşılaşmadı ki.

Aynı biçimde, vurgulama için **do** eklendiği zaman:

I always 'do arrive in time! : Ben hep zamanında gelirim, canım!

Fakat vurgulama ayrıca, sıklık zarfını vurgulayıp yardımcıdan sonraki normal yerinde tutularak da verilebilir:

You should 'always check your oil before starting. : Yola çıkmadan yağını 'hep kontrol etmelisin!

B Yukarıda, (a)'daki zarflar bir cümle ya da cümleciğin başına ya da sonuna da konabilirler:

Kural dışı durumlar:
always, emirler dışında cümle/cümleciğin başında pek bulunmaz:
often sonra geldiğinde normal olarak **very**'ya da **quite** (çok/oldukça) ister:

Often he walked. : Çoğu kez yürürdü.
He walked quite often. : Oldukça sık yürürdü.

C Yukarıda, (b)'deki zarflar **(hardly ever, never, rarely,** vb.) (yalnız başına kullanılan **ever** dışında) bir cümlenin başına da konabilirler, fakat o zaman onları izleyen ana fiillerde devrik yapı gerekli olur:

Hardly/Scarcely ever did they manage to meet unobserved. : Nadiren birisinin gözetimi olmadan bir araya gelebiliyorlardı.

(*hardly, barely* ve **scarcely** için 44'e bakınız.)
hardly/scarcely ever, never, rarely ve **seldom**, olumsuz fiillerle hiç kullanılamazlar.

D **never, ever**

never, temel olarak olumlu bir fiille kullanılır; olumsuzda hiç kullanılmaz. Normal olarak **at no time** (hiç) anlamındadır:

He never saw her again. : Onu bir daha hiç görmedi.
I've never eaten snails. : Hiç salyangoz yemedim.
They never eat meat. : Hiç et yemezler. (alışkanlık)
I've never had a better flight. : Bundan daha iyi uçuşum hiç olmadı
(**never** + üstünlük için 21C'ye bakınız).

never + olumlu bazen normal olumsuzun yerini alabilir:
I waited but he never turned up. (He didn't turn up.) : Bekledim ama gelmedi. (Görünmedi.)

never + soru , bir eylemin yapılmayışına konuşanın şaşırdığını gösterir.
Has he never been to Japan? I'm surprised, because his wife is Japanese.: Hiç Japonya'da bulunmamış mı? Şaşırdım, çünkü karısı Japon.

ever, 'at any time' (hiç...?) demektir ve temelde, soruda kullanılır:
Has he ever marched in a demonstration? ~ No, he never has. : O hiç, bir gösteride yürümüş mü? ~ Hayır, hiç (yürümemiş).

ever, bir olumsuz fiille, özellikle birleşik bir fiille kullanılabilir ve çoğu kez '**never** + olumlu'nun yerini alabilir:

I don't suppose he ever writes to his mother. : Annesine yazdığını hiç sanmıyorum. (İngilizce cümlede 'hiç', Türkçedeki gibi 'sanmıyorum'a değil, yazdığına'ya aittir. Aslında cümlenin tam çevirisi, 'Sanmıyorum ki annesine hiç yazsın'dır. / Ç.N.)

(**'hardly/scarcely + ever'** için yukarıda A-C'ye; **how**, vb'den sonra kullanılan **ever** için de 61, 85'e bakınız.)

39 Aynı cümlede bulundukları zaman hal, yer ve zaman zarf ve zarf takımlarının sıralanışı

Hal gösteren ifadeler genellikle yer gösteren ifadelerden önce gelirler:

He climbed awkwardly out of the window. : Pencereden beceriksizce çıktı.
He'd study happily anywhere. : Her yerde hiç yakınmadan çalışır.

Fakat **away, back, down, forward, home, in, off, on, out, round** ve **up**, (uzağa, geriye, aşağıya, ileriye, eve, içeriye, öteye, üstüne, dışarıya, çevresine [uzakta, . . .]); genellikle hal zarfının önüne gelir:

He walked away sadly. : Üzgün bir halde uzaklaştı.
She looked back anxiously. : Endişeyle arkasına baktı.
They went home quietly. : Eve sessizce gittiler.
They rode on confidently. : Yollarına güvenle devam ettiler.
(Ayrıca 36 E'ye bakınız.)

hard, well, badly (sıkı, iyi/kötü biçimde) zarflarıyla birlikte oldukları durumlar dışında **here** ve **there** (buraya, oraya/burada, orada) da aynı şeyi yaparlar:

He stood there silently. : Orada sessizce durdu. Fakat:
They work harder here. : Burada daha sıkı çalışırlar.

Zaman ifadeleri hal ve yer ifadelerini izleyebilirler:

They worked hard in the garden today. : Bugün bahçede sıkı çalıştılar.
He lived there happily for a year. : Bir yıl orada mutlu biçimde yaşadı.

Fakat başta da bulunabilir:

Every day he queued patiently at the bus stop. : Her gün sabırla otobüs durağındaki kuyrukta bekledi.

40 Cümle zarfları

Bunlar bütün cümle/cümleciği niteler; normal olarak konuşanın/anlatanın görüşünü ifade eder.

A Kesinlik derecelerini ifade eden zarflar

(a) **actually (= in fact/really), apparently, certainly, clearly, evidently, obviously, presumably, probably, undoubtedly** (aslında, anlaşılan, kesinlikle, açıkça anlaşılıyor ki (= clearcly/evidently/obviously), herhalde, belki de, kuşkusuz)
(b) **definitely** (kesinlikle)
(c) **perhaps, possibly, surely** (belki, bir olasılıkla, elbet)

Yukarıda, (a)'daki zarflar **be**'den sonra:
He is obviously intelligent. : Zeki olduğu ortada.

Öteki fiillerin basit biçimlerinin önüne:
They certainly work hard. : Kesinlikle sıkı çalışırlar.
He actually lives next door. : Aslında yanda oturuyor.

Bileşik bir fiilde ilk yardımcının arkasına:
They have presumably sold their house. : Herhalde evlerini satmışlardır.

bir cümle ya da cümleciğin başına ya da sonuna konurlar:

Apparently he knew the town well./He knew the town well apparently.· Anlaşılan o kenti iyi biliyordu.

definitely, yukarıdaki konumlarda bulunabilir, fakat sona gelmesi pek yaygın değildir.
perhaps ve **possibly** daha çok ön konumda bulunursa da sona gelme olanağı da vardır.
surely normal olarak en başta ya da en sona konursa da, fiilin yanında da bulunabilir. Daha çok sorularda kullanılır.

Surely you could pay £1?/You could pay £1, surely? : Her halde bir sterlin ödeyebilirsin değil mi?

sure ve **certain** sıfatlarının birbirlerine yakın anlamları olmalarına karşın zarflarının anlamca ayrım gösterdiklerine dikkat ediniz. **certainly = definitely.**

He was certainly there; there is no doubt about it. : Kesinlikle oradaydı; bu konuda kuşku yok.

Fakat **surely**, konuşanın, arkadan gelecek ifadenin doğru olduğundan pek emin olmadığını gösterir. Doğru sanmaktadır, fakat doğrulama istemektedir.

Surely he was there? (I feel almost sure that he was). : Herhalde oradaydı, değil mi? (Orada olduğundan hemen hemen eminim).

B Öteki cümle zarfları

admittedly, (un)fortunately, frankly, honestly*, (un)luckily, naturally*, officially*, vb. (kabul etmek gerekir ki, ne yazık/iyi ki, açıkça, dürüst olmak gerekirse, ne yazık ki/iyi ki, doğal olarak, resmi olarak, vb.), genellikle önde bulunurlarsa da, sonda da bulunabilirler. Normal olarak cümleden bir virgülle ayrılırlar. Yıldızlı zarflar, ayrıca hal zarfı da olabilirler.

Honestly, Tom didn't get the money. : Doğrusunu söylemek gerekirse, parayı Tom almadı. (Cümle zarfı. Burada *honestly, truthfully* [aynı anlamda / Ç.N.] demektir. Konuşan, Tom'un parayı almadığını doğrulamaktadır.)

Tom didn't get the money honestly. : Tom parayı dürüstçe almadı.
= *Tom got the money dishonestly.* : Tom parayı dürüst olmayan yollarla elde etti.

41 Derece zarfı

absolutely, almost, barely, completely, enough, entirely, extremely, fairly, far, hardly, just, much, nearly, only, pretty, quite, rather, really, scarcely, so, too, very, vb. (Mutlak olarak, neredeyse, ancak, tümüyle, yeterince, bütünüyle, son derece, oldukça, zar-zor, tam olarak, pek, neredeyse, yalnızca, oldukça, biraz, vb.)

a little için 51'ya, **fairly** ve **rather** için 42'ye, **hardly, scarcely, barely** için 44'e, **quite** için 43'e bakınız.)

A Bir derece zarfı, bir sıfat ya da bir başka zarfı niteler. Sıfat ya da zarftan önceye konur:

You are absolutely right. : Kesinlikle haklısın.
I'm almost ready. : Neredeyse hazırım.

Fakat **enough**, ait olduğu sıfat ya da zarftan sonra gelir:
The box isn't big enough. : Kutu yeterince büyük değil.
He didn't work quickly enough. : Yeterince hızlı çalışmıyordu.
(Ayrıca 252 B'ye bakınız.)

B **far**, bir üstünlük biçimi ya da **too** + yalın biçimi ister:

It is far better to say nothing. : Birşey dememek çok daha iyi.
He drives far too fast. : Çok çok hızlı sürüyor.

much, burada **far**'ın yerine kullanılabilir. Bu sözcük, enüstünlük biçimiyle de kullanılabilir:
This solution is much the best. : Bu çözüm, en iyisi. *(much*'ın İngilizce cümleye kattığı renk Türkçeye doğal bir çeviriyle yansıtmak olanağı yoktur. / Ç.N.)

C Şu derece zarfları fiileri de niteleyebilirler:

almost, barely, enough, hardly, just, (a) little, much, nearly, quite, rather, really ve **scarcely. much** dışında hepsi bu durumda sıklık zarfları gibi ana fiilden önceye konur (Bkz: 38).

He almost/nearly fell. : Neredeyse düşecekti.
I'm just going. : Şimdi gidiyorum.
Tom didn't like it much but I really enjoyed it. : Tom ondan pek hoşlanmadı ama ben gerçekten hoşlandım.
(**much** için 33'e, **(a) little** için 5 D'ye bakınız.)

D **only** de fiilleri niteleyebilirler. Kuramsal olarak ilgili olduğu sözcüğün yanında, fiillerden, sıfatlardan, zarflardan önce, isim ve zamirlerden önce ya da sonra bulunur:

(a) *He had only six apples.* (not more than six) : Yalnız altı elması vardı (altıdan fazla değil).
(b) *He only lent the car.* (He didn't give it.) : Arabayı yalnız ödünç verdi. (Onu [tümüyle] vermedi.)
(c) *He lent the car to me only.* (not to anyone else) : Arabayı yalnız bana ödünç verdi (başka kimseye değil).
(d) *I believe only half of what he said.* : Söylediklerinin yalnız yarısına inanıyorum.

Fakat konuşma dilinde bu sözcük genellikle fiilden önce konur ve gerekli anlam, **only**'yi ilgilendiren sözcük vurgulanarak elde edilir:

He only had 'six aples, yukarıdaki (a) ile;
He only lent the car to 'me, yukarıdaki (c) ile;
I only believe 'half . . ., yukarıdaki (d) ile aynıdır.

E **only** gibi **just** da nitelediği isimden gelmelidir:

I'll buy just one. : Yalnız bir tane alacağım.
I had just enough money. : Tam bana yetecek kadar param vardı.

Fiilden hemen önce de gelebilir:
I'll just buy one. *I just had enough money.*

Fakat bazen bu sıralama değişikliği anlam değiştirebilir:

Just sign here. : Şurayı imzalayın, o kadar.
cümlesi, bütün yapacağınız iş bu kadar, anlamındadır.

Sign just here. : Tam burayı imzalayın.
cümlesi, bu belirli noktayı imzalayın demektir.

fairly, rather, quite, hardly, vb.

42 fairly ve rather

A Her ikisi de **'moderately'** (ılımlı biçimde) anlamına gelebilir, fakat **fairly** temelde 'istenir' sıfat ve zarflarla (**bravely, good, nice, well,** vb.), **rather** ise bu anlamda 'istenmeyen' sıfat ve zarflarla (*bad, stupidly, ugly,* vb) kullanılır:

ÇEVİRİCİNİN NOTU: Bu ayrımı Türkçeye zorlamak yapmacık olur. Bunların ikisi, net bir ayrım yapılmadan, **oldukça, epey, (bir) hayli** sözcükleriyle karşılanmaktadır:
He was fairly successful. : **Oldukça/Epey/(Bir) hayli başarılıydı.**
He was rather desparate. : **Oldukça/Epey/(Bir) hayli güç durumdaydı.**
Kuşkusuz, bu, İngilizcedeki ayrımı gözardı etmeyi haklı kılmaz. İngilizce bu konuda duyarlıdır!

Tom is fairly clever, but Peter is rather stupid. : Tom oldukça akıllı ama Peter bir hayli aptal.
I walk fairly fast but Ann walks rather slowly. : Ben bir hayli hızlı yürürüm ama Ann epey yavaş yürür.
He was fairly relaxed; she was rather tense. : Adam oldukça rahattı; kadın [ise] bir hayli gergindi.
a fairly interesting film; a rather boring book : epey ilginç bir film; bir hayli sıkıcı bir kitap.

Gerektiğinde belgisiz tanıtıcı **fairly**'den önce gelir, fakat **rather**'dan önce ya da sonra gelebilir.

a fairly light box : oldukça hafif bir kutu
a rather heavy box/rather a heavy box : bir hayli ağır bir kutu

fast, slow, thin, thick, hot, cold vb. (hızlı, yavaş, kalın, ince, sıcak, soğuk, vb.) gibi, başlı başına 'istenir' ya da 'istenmeyen' olmadıkları için konuşmacı hoşnutluğunu **fairly**, hoşnutsuzluğunu da **rather**'la ifade edebilir: *This soup is fairly hot* (Bu çorba bir hayli sıcak), konuşanın sıcak çorba sevdiğini, *This soup is rather hot* (Bu çorba hayli sıcak) ise çorbanın, onun için çok sıcak olduğunu gösterir.

B **rather,** *alike, like, similar, different* (benzer, gibi, benzer) ile üstünlük biçimlerinden önce kullanılabilir. O zaman, **'a little'** (biraz) ya da **'slightly'** (hafif) anlamına gelir:

Siamese cats are rather like dogs in some ways. : Siyam kedileri bazı yönlerden biraz köpeklere benzerler.

The weather was rather worse than I had expected. : Hava, benim umduğumdan biraz daha kötüydü.

rather bazı isimlerle kullanılabilir: *disappointment, disadvantage, nuisance, pity, shame* ve bazen de *joke:*

It's rather a nuisance : (= a little inconvenient) *that we can't park here.* : Burada park edemeyişimiz biraz can sıkıcı bir durum (biraz rahatsız edici).

It's rather a shame [= a little unfair) *that he has to work on Sundays.* : Pazarları bir işi olmaması biraz ayıp (haksız).

fairly bu durumlarda kullanılamaz.

C **rather,** bazı 'istenir' sıfatlardan/zarflardan önce, (**amusing, clever, good, pretty, well)** [eğlenceli, akıllı, iyi, güzel, iyi biçimde] kullanılabilir, fakat o zaman anlam değiştirerek neredeyse **very** (çok)'a denk olur ve hoşnutsuzluk anlamını yitirir: *She is rather clever* (E, o bir hayli akıllı), *She is very clever* (O çok akıllı)'ye yakındır. Kuşkusuz bu anlamda kullanılan **rather**'da, **fairly**'den daha büyük bir iltifat vardır. Örneğin, *It is a fairly good play* (Oldukça iyi bir oyun) cümlesi bir etki yapacaksa, ötekilerinin filmi izlemeye gitmemelerini telkin eder. Fakat *It is rather a good play* (Bir 'hayli iyi bir oyun), kesinlikle filmin görülmesi yönünde bir öneridir. Pek sık olmamakla birlikte **rather**'ın bu kullanımı bir şaşırma fikri verebilir:

I suppose the house was filthy. ~ No, as a matter of fact it was rather clean. : Sanırım ev pislik içindeydi. ~ Yoo, aslında bir hayli temizdi.

D **rather**; *enjoy, like* ve bazen *dislike, object* ve benzeri fiillerle birlikte de kullanılabilir:

I rather like the smell of petrol. : Petrolün kokusunu severim ben
He rather enjoys queueing. : Kuyruğa girmekten hoşlanıyor, biliyor musun?

ratner, yukarıdaki fiillerle birlikte sorulara verilen kısa yanıtlarda kullanılır.
Do you like him? ~ Yes, I do, rather. : Onu sever misin? ~ Evet, hem de çok.

rather + like/enjoy, genellikle ötekiler kadar konuşanın kendisi için de şaşırtıcı olan bir beğeniyi anlatmak için kullanılır. Fakat fiili güçlendirmek için de kullanılabilir: *I rather like Tom* (Tom'u bayağı severim), *I like Tom*'dan (Tom'u severim) daha çok ilgi gösterir.
(**would rather** için 297, 298'e bakınız.)

43 quite

Bu, iki anlamı olduğu için akıl karıştıran bir sözcüktür.

A Tamlık durumu gösterebilen bir sözcük veya takımla (**all right, certain, determined, empty, finished, full, ready, right, sure, wrong,** vb. [iyi, kesin, kararlı, boş, bitmiş, dolu, hazır, doğru, emin, yanlış, vb]) ve **amazing, extraordinary, horrible, perfect** (şaşırtıcı, olağanüstü, korkunç, eksiksiz) gibi güçlü bir sıfat/zarfla birlikte kullanıldığı zaman **completely** (bütünüyle) anlamına gelir.

The bottle was quite empty. : Şişe bomboştu.
You're quite wrong. : Bütünüyle yanılıyorsun.
It's quite extraordinary. I can't understand it at all. : Tümüyle olağanüstü. Kesinlikle inanamıyorum.

B Öteki sıfatlar/zarflarla kullanıldığında **quite**'ın zayıflatıcı bir etkisi vardır. Bu nedenle **quite good** (oldukça iyi), **good**'dan (iyi) daha az övgü taşır. Bu biçimde kullanıldığı zaman **quite, fairly** anlamı taşır ve gücü, vurgulanış biçimine göre çok değişir:

quite 'good : *(quite* zayıf, *good* vurgulu) *good*'un az altında
'quite good : (eşit vurgu) 'iyice' anlamında
'quite good : *(quite* vurgulu, *good* zayıf) *good*'un çok altında

quite ne kadar az vurgulanırsa onu izleyen sıfat/zarf da o denli güç kazanır.
Quite ne kadar vurgulanırsa onu izleyen sıfat/zarf da o denli güç yitirir.
a/an'in konumuna dikkat ediniz:

quite a long walk : oldukça uzun bir yürüyüş
quite an old castle : oldukça eski bir şato

44 hardly, scarcely, barely

hardly, scarcely, barely'nin hemen hemen olumsuz bir anlamı vardır. **hardly** temelde **any, ever, at all** ya da **can** fiili ile birlikte kullanılır:

He has hardly any money. : Parası yok denecek kadar az.
I hardly ever got out. : Hemen hemen hiç sokağa çıkmıyordum.
It hardly rained at all last summer. : Geçen yaz yağmur neredeyse hiç yağmadı.
Her case is so heavy that she can hardly lift it. : Valizi öyle ağır ki neredeyse taşıyamayacak.

Ancak öteki fiillerle de kullanılabilir:

I hardly know him. : Onu çok az tanıyorum.

hard ve **hardly** zarflarını karıştırmamaya dikkat ediniz:
He looked hard at it. : Ona dikkatle baktı.
He hardly looked at it. : Ona pek bakmadı.

scarcely, *almost not* (hemen hiç) anlamında kullanılabilir ve yukarıdaki biçimde **hardly**'nin yerini alabilir: **scarcely any/scarcely ever,** vb.
Fakat **scarcely** daha çok, **not quite** (pek . . . değil) anlamında kullanılır:

There were scarcely twenty people there. : Orada yirmi kişi ya vardı ya yoktu (belki de daha az).

(**hardly/scarcely**'nin devrik cümleyle kullanımı için 45 ve 342 E'ye bakınız.) **barely** ayrıca, **not more than/only just** (en çok . . . / . . . den fazla) değil demektir:

There were barely twenty people there. : Orada yirmi kişi ancak vardı.
I can barely see it. : Şöylece görebiliyorum (pek göremiyorum).

Fiilin devrik yapısı

45 Fiilin belli zamanlardan sonra devrik yapıya girmesi

Daha çok sınırlayıcı ya da olumsuz anlam taşıyan bazı zarf ve zarf takıları, vurgulama amacıyla cümlenin başına konur ve bunları devrik yapıda (yani soru yapısında) fiil izler. Bunların en önemlileri aşağıda gösterilmiştir. Numaralar, hangi paragrafta bir örnek bulunacağını göstermektedir. (Bunların Türkçeleri, cümle içinde daha iyi anlaşılacaktır. / Ç.N.)

hardly ever (Bknz: 38 A, C)
hardly . . . when (342 E)
in no circumstances
neither/nor (112 D)
never
no sooner . . . than (342 E)
not only
not till
nowhere (36 B)
on no account
only by
only in this way
only then/when
rarely
scarcely ever
scarcely . . . when
seldom
so (112 A)

I haven't got a ticket ~ Neither/Nor have I. : Biletim yok. ~ Benim de.
I had never before been asked to accept a bribe. : Daha önce hiç benden rüşvet kabul etmem istenmemişti.
Never before had I been asked to accept a bribe. : Hiç istenmemişti daha önce benden rüşvet kabul etmem.
They not only rob you, they smash everything too. : Adamı yalnız soymuyorlar, her şeyi de yerle bir ediyorlar.
Not only do they rob you, they smash everything too. : Yalnız soymuyorlar adamı, her şeyi de yerle bir ediyorlar.
He didn't realize that he had lost it till he got home. : Eve gidinceye kadar onu yitirdiğini farkedemedi.
Not till he got home did he realize that he had lost it. : Eve gidinceye kadar farkedemedi onu yitirdiğini.
This switch must not be touched on any account. : Bu düğmeye kesinlikle dokunulmamalı.
On no account must this switch be touched. : Kesinlikle dokunulmamalı bu düğmeye.

He was able make himself heard only by shouting. : Ancak bağırarak sesini duyurabildi.
Only by shouting was he able to make himself heard. : Ancak bağırarak duyurabildi sesini.

This remedy rarely failed . . . : Bu tedavi biçimi pek seyrek sonuçsuz kalmıştır.
Rarely did this remedy fail ... : Pek seyrek sonuçsuz kalmıştır bu tedavi biçimi.

He became so suspicious that . . . : Öylesine kuşkulandı ki . . .
So suspicious did he become that . . . : Öylesine kuşkulandı ki . . .

Ayrıca, bir cümlede bulunan ikinci bir olumsuzluğun, bazen devrik yapıyla birlikte kullanılan **nor** ile ifade edilebileceğine dikkat ediniz:

He had no money and didn't know anyone he could borrow from. : Parası yoktu ve ödünç alacağı birini (da) tanımıyordu.
He had no money, nor did he know anyone he could borrow from. : (Devrik cümlenin anlam ayrımını doğal bir cümleyle aktarmak olanağını bulamıyoruz. Türkçeyi zorlayarak 'Parası yoktu, ne de tanıyordu ödünç alacağı birini' diyeceğiz. / Ç.N.)

Burada **neither** daha az kullanılan biçimdir.
(Arkalarından fiilin devrik biçimi ile isimden oluşan bir özneyi alan zarf ve zarf takımları (Ör.: *Up went the rocket; By the door stood an armed guard* [Çıktı yukarı roket; kapıda duruyordu silahlı bir muhafız] için 36 C, E, F'ye bakınız.)

5 all, each, every, both, neither, either, some, any, no, none

46 all, each, every, everyone, everybody, everything (all ve each için 48'e de bakınız)

A **all** ile **every**'nin karşılaştırması
Teknik açıdan **all**, bir topluluk olarak kabul edilen birkaç kişi ya da nesne demektir; **every** ise bireysel olarak düşünülen birkaç kişi ya da nesne demektir. Fakat uygulamada **every** ve bileşikleri genellikle bir topluluğu düşünürken kullanırız.

B **each** (sıfat ve zamir) ve **every** (sıfat)
each, bireysel olarak düşünülen birkaç kişi ya da nesne demektir.
every de bu anlamdadır, ancak **every**'de birey üzerinde daha az vurgu vardır. *every man had a weapon* (Her adamın bir silahı vardı), *All the men had weapons* (Bütün adamların silahları vardı) demektir; bunda, konuşmacının adamları ve silahları sayıp her biri için eşit bir sayı çıkardığı anlamı gizlidir. *Each man had a weapon* (Her bir adamın bir silahı vardı)'de ise konuşmacının sırayla her adamı dolaşıp silah olduğunu anladığı anlamı gizlidir.

each bir zamir ve sıfattır: *Each (man) knows what to do* (Her biri/Her bir adam ne yapacağını biliyor.)

every yalnız sıfattır: *Every man knows . . .* (Her adam . . . bilir)

each, iki ya da daha çok kişi ya da nesne için kullanılır ve normal olarak küçük sayılarla kullanılır. **every** normal olarak çok küçük sayılar için kullanılmaz.

Her ikisi de tekil fiil alır. İyelik sıfatı **his/her/its**'dir.
(Dönüşümlü zamir olan **each other** için 53 C, 70 B'ye bakınız.)

C **everyone/everybody** ve **everything** (zamirler)

everyone/everybody + teklif fiil normal olarak **all (the) people** + çoğul fiil'e yeğ tutulur; yani *All (the) people are ready* (Bütün insanlar hazır) yerine *Everyone is ready* (Herkes hazır) deriz. **everyone** ile **everybody** arasından bir ayrım yoktur.

everything de aynı biçimde '**all (the) things**'e yeğ tutulur; yani *All the things have been wasted* (Bütün şeyler ziyan oldu.) yerine *Everything has been wasted* deriz.

all (the) people ve **all (the) things** ifadeleri, arkalarından bir sözcük takımı ya da cümlecik gelirse kullanılabilir:

All the people in the room clapped. : Odadaki herkes alkışlandı.
I got all the things you asked for. : İstediğin herşeyi aldım.

Bunun dışında pek kullanılmazlar.
(**everyone/everybody** ile yapılan zamir ve iyelik sıfatları için 51 C, 69'a bakınız.)

47 both

A **both,** 'one and the other' (her ikisi de) demektir. Çoğul bir fiil alır.

both, yalnız başına da kullanılabilir, arkasından bir isim:
Both (doors) were open. : Her ikisi de/Her iki kapı da açıktı.

(of) + **the/these/those** ya da iyelik zamirleri :
both (of) the wheels : her iki tekerlek de / tekerleklerden ikisi de (İkinci çeviri, **of** varken / Ç.N.)
both (of) your wheels : her iki tekerleğin de / tekerleklerinden ikisi de (İkinci çeviri, **of** varken / Ç.N.)

veya **(of)** + **us/you/them** de gelebilir:
Both of us knew him. : İkimiz de onu tanıyorduk.

Bir şahıs zamiri + **both** da kullanılabilir:
We both knew him. : İkimiz de onu tanıyorduk.

both . . . and . . ., iki sıfat, isim, fiil, vb'nin bileşimini vurgular:

It was both cold and wet. : Hava hem soğuk, hem yağışlıydı.
He is both an actor and a director. : O hem bir aktör, hem de bir yönetmen.
He both acts and directs. : Hem rol yapar, hem de yönetir.

48 all/both/each + of ve başka yapı seçenekleri

A **all**'u (zamir) '**of** + **the/this/these/that/those**/iyelik biçimleri/özel isimler izleyebilir.

both + **of** da aynı biçimde, fakat yalnız çoğul biçimleriyle kullanılabilir. Buradaki **of**, çoğu kez, özellikle de **all** + tekil bir isim/zamir'de atılır:

all the town
(bütün kasaba)

all his life
(bütün yaşamı boyunca)

all (of) these
(bunların tümü)

all (of) Tom's boys
(Tom'un bütün oğulları/Tom'un oğullarının hepsi

both (of) the towns
(iki kasabada/kasabalardan ikisi de)

both (of) his parents
([anne babasının ikisi de]/hem annesi, hem babası)

B **all/both** + **of** + şahıs zamiri'nde **of** atılamaz:

all of it
([onun] hepsi)

both of them
([onların] ikisi de)

Fakat başka bir yapı seçeneği daha bulunmaktadır: şahıs zamiri + **all/both** :

all of it'in yerine *it all* ([onun] tümü/nü);
all of us'ın yerine *we all* (öz.), *us all* (tüm.) (tümümüz/ü);
all of you'in yerine *you all* (tümünüz/ü);
all of them'ın yerine *they all* (öz.), *them all* (tüm.) (onların tümü/nü)
kullanılabilir.

Aynı biçimde:

both of us = *we both* ya da *us both* (ikimiz/i de)
both of you = *you both* (ikiniz/i de)
both of them = *they both* ya da *them both* (onların ikisi/ni de)
All of them were broken = *They were all broken.* : Tümü kırılmıştı.
All/Both of us went = *We all/both went.* : İkimiz de gittik.
We ate all/both the cakes. : Tüm pastaları/Her iki pastayı da yedik.
We ate all/both of them; We ate them all/both. : Onları tümünü/her ikisini de yedik.

C Bu şahıs zamiri + **all/both** bileşimlerinden biri bir bileşik fiil yapısının öznesiyse yardımcı fiil genellikle **all/both**'tan önce gelir:

We are all waiting. : Hepimiz bekliyoruz.
You must both help me. : İkiniz de bana yardım etmelisiniz.

Kısa yanıtlarda, vb. kullanılması dışında **be** de *all/both*'dan önce kullanılır:
We are all/both ready. : Hepimiz/İkimiz de hazırız. Fakat
Who is ready? ~ We all are/We both are. : Kim hazır? ~ Hepimiz / İkimiz de.

Yalnız başına kullanılan öteki yardımcılar ile sıradan fiillerin basit yapıları **all/both**'tan sonra gelirler:

You all have maps. : Hepimizin haritası var.
They both knew where to go. : İkisi de nereye gideceklerini biliyor.

D **each** de **both** gibi arkasından **'of + these/those**, vb.' alabilir. Buradaki **of** atılamaz:

each of the boys : çocuklardan her biri
each of these : bunlardan her biri

Ancak **each of us/you/them**'in yerine zamir + **each** kullanılabilir:

each of you = *you each* : her biriniz/birinizi/birinize
each of us = *we each* (öz.), *us each* (tüm): her birimiz (öz.), birimizi/birimize (tüm.)
each of them = *they each* (öz.), *them each* (tüm.): onların her biri (öz.), birini/birine (tüm.)
We each sent in a report. : Her birimiz bir rapor gönderdik.
They gave us each a form to fill in. : Her birimize, doldurulacak bir form gönderdiler.

each of us/you/them'in tekil olmasına karşılık:
Each of us has a map. : Her birimizin bir haritası var.

we/you/they all'un çoğul olduğuna dikkat ediniz:
We each have a map. : (Çeviri aynı / Ç.N.)

we/you/they each ile birlikte kullanılan fiiller, yukarıda, C'de, **all** ve **both** için verilen kalıplara uyarlar:

They have each been questioned. : Onlardan herbiri sorgulandı.

49 neither/either

A 1 **neither,** 'not one and not the other' (ne biri, ne de ötekisi; ikisi de değil, ne) anlamındadır. Olumlu bir tekil fiil alır. Yalnız başına kullanılabildiği gibi arkasından bir isim ya da **of + the/these/those**/iyelik biçimleri ya da zamir alabilir:

(a) *I tried both keys but neither (of them) worked.* : İki anahtarı da denedim ama (onların) ikisi de bir işe yaramadı.
(b) *Neither of them knew the way/Neither boy knew . . .* : Onların/Çocukların ikisi de yolu bilmiyordu . . .
(c) *I've read neither of these (books).* : Bunlardan (Bu kitapların) ikisini de okumadım.

2 **either,** 'any one of the two' (ikisinden her hangi biri) demektir. Tekil fiil alır. **neither** gibi yalnız başına kullanılabilmesi yanında arkasından bir isim/zamir ya da **of + the/these/those**, vb. alabilirler:

3 **neither**'ın bir fiilin olması durumu dışında **'either** + olumsuz', **'neither** + olumlu'nun yerini alabilir. Dolayısıyla **either**, yukarıdaki (a) ve (b)'de kullanılamaz, fakat (c)'de kullanılabilir:

I haven't read either of these (books). : Bunların/Bu kitapların ikisini de okumadım.

either'ın olumsuz bir fiilin öznesi olamamasına karşın olumlu ya da sorudaki bir fiilin özne ya da tümleci olabilir:
Either (of these) would do. : (Bunların) ikisi de işe yarar.
Would you like either of these? : Bunlardan birini ister miydin?

4 İnsanlar için kullanılan **neither/either**'la birlikte bulunan zamir ve iyelik sıfatlarının teknik olarak **he/him, she/her** ve **his/her** olması gerekir, fakat halk İngilizcesinde genellikle çoğul biçimleri kullanılır:

Neither of them knows the way, do they? : İkisi de yolu bilmiyor, değil mi?
Neither of them had brought their passports. : İkisi de raporunu getirmemişti.

B **neither . . . nor, either . . . or**

neither . . . nor + olumlu fiil , iki olumsuzu birleştirmenin vurgulamalı bir yoludur:

(a) *Neither threats nor arguments had any effect on him.* : Ne tehditlerin ne de tartışmaların onun üzerinde etkisi oldu.

(b) *They said the room was large and bright but it was neither large nor bright.* : Odanın büyük ve aydınlık olduğunu söylediler ama oda ne büyüktü ne de parlak.

(c) *He neither wrote nor phoned.* : Ne mektup yazdı, ne de telefon etti.

neither . . . nor'un, yukarıda, (a)'da olduğu gibi bir fiilin öznesi olması durumu dışında **'neither . . . nor** + olumlu fiil'in yerini **either . . . or** + olumsuz fiil alabilir. Dolayısıyla:

(b) *. . . but it wasn't either large or bright* ve
(c) *He didn't either write or phone.* (Çeviriler aynı / Ç.N.)

either . . . or'un olumsuz bir fiilin öznesi olmamasına karşın olumlu ya da sorudaki fiillerin özne ya da tümleci olabilir ve böylece seçenekleri vurgulu bir biçimde ifade edebilir:

You can have either soup or fruit juice. : Ya çorba ya da meyve suyu alabilirsin (ikisi birden olmaz).
You must either go at once or wait till tomorrow. : Ya hemen gitmelisin ya da yarına kadar beklemelisin.
It's urgent, so could you either phone or telex? : Acil. Onun için ya telefon ya da teleksle bildirir misiniz?

(**either**'ın söylenenlere eklemede yapmakta kullanılışı için 112'ye, **neither/either**'dan sonra devrik fiil yapısının kullanılışı için de 45, 112'ye bakınız.)

50 **some, any, no** ve **none** (sıfat ve zamirler)

A 1 some ve **any,** 'a certain number or amount' (belli bir sayı/miktarda, biraz, bir parça, birkaç) anlamındadır. Çoğul ya da sayılamayan isimlerle birlikte veya onların yerine kullanılır. (**some** ve **any**'nin tekil isimlerle kullanılışı için aşağıda, C'ye bakınız.)

some, a/an ve **one**'ın olası bir çoğul biçimidir:

Have a biscuit/some biscuits. : Bir/Birkaç bisküvi al.
I ate a date/some dates. : Bir/Birkaç hurma yedim.

some, any, none, of + **the/this/these/those**/iyelik biçimleri/şahıs zamirleri ile kullanılabilir:

Some of the staff can speak Japanese. : Üyelerden bir bölümü Japonca konuşabiliyor.
Did any of your photos come out well? : Fotoğraflarından hiç biri iyi çıktı mı?

2 **some,** şu durumlarda kullanılır:

Olumlu fiillerle:
They bought some honey. : Biraz/Bir miktar bal aldılar.

'Evet' yanıtının beklendiği sorularda:
Did some of you sleep on the floor? : Bazılarınız yerde mi yattı? (Galiba öyle oldu.)

Öneri ve ricalarda:
Would you like some wine? : Biraz şarap ister miydiniz?
Could you do some typing for me? : Bana birkaç şey daktilo eder misin?
(Ayrıca C'ye bakınız.)

3 **any**, şu durumlarda kullanılır:

Olumsuz fiillerle:
I haven't any matches. : (Hiç) kibritim yok.
(**any** (hiç) sözcüğünün Türkçede her zaman gerekli olmadığına dikkat ediniz / Ç.N.)

Hemen hemen olumsuz olan **hardly, barely, scarcely** ile:
I have hardly any spare time. : Zamanım yok denecek kadar az.

without any . . . = with no . . . olduğu zaman **without** ile:
He crossed the frontier without any difficulty/with no difficulty. : Sınırı, bir güçlükle karşılaşmadan geçti.

Yukarıda belirtilenler dışındaki sorularda:
Have you got any money? : Paran var mı?
Did he catch any fish? : Hiç balık tuttu mu?

if/whether ve kuşku belirten ifadelerden sonra:
If you need any more money, please let me know. : Daha fazla paraya gereksinimin olursa lütfen bana haber ver.
I don't think there is any petrol in the tank. : Tankta petrol olduğunu sanmıyorum.
(Ayrıca C'ye bakınız.)

B **no** (sıfat) ve **none** (zamir)

no ve **none**, olumsuzluk belirtmek için olumlu fiillerle birlikte kullanılır:
I have no apples. I had some last year but I have none this year. : (Hiç) elmam yok. Geçen yıl biraz vardı ama bu yıl hiç yok.

no + isim, bir cümlenin öznesi olabilir:
No work was done. : Hiçbir iç yapılmadı.
No letter(s) arrived. : Hiç mektup gelmedi.

none cümlenin öznesi olabilir fakat bu pek yaygın değildir:
We expected letters, but none came. : Mektup bekliyorduk ama hiç gelmedi.

Ancak **none + of** özne olarak bir hayli yaygındır:
None of the tourists wanted to climb the mountain. : Turistlerden hiçbiri dağa tırmanmak istemedi.

C **some** ya da **any**, tekil, sayılabilir isimlerle birlikte kullanılabilirler.
Burada **some** genellikle **an unspecified or unknown** (belirsiz ve bilinmeyen, [. . . diye] bir . . .) anlamındadır:

Some idiot parked his car outside my garage. : Geri zekalının teki arabasını benim garajın dışarısına park etmiş.

Konuşmacının pek ilgilenmediğini vurgulamak için **or other** eklenebilir:

He doesn't believe in conventional medicine; he has some remedy or other of his own. : Klasik tıbba inanmaz; kendine göre bir devası var.

any; 'practically every', 'no particular(one)' (Hemen her, belirli bir . . . değil, her hangi bir, her) anlamına gelebilir:

Any book about riding will tell you how to saddle a horse. : Binicilik hakkındaki her (hangi bir) kitap, ata nasıl eğer vurulacağını sana anlatır.
Any dictionary will give you the meaning of these words. : Her (hangi bir) sözlük, bu sözcüklerin anlamını sana verir.

51 someone, somebody, something, anyone, anybody, anything, no one, nobody, nothing

A **some, any** ve **no**, yukarıdaki kurallara uyarlar:

Someone wants to speak to you on the phone. : Birisi seninle telefonda konuşmak istiyor.
Someone/Somebody gave me a ticket for the pop concert. : Birisi bana pop konseri için bir bilet verdi.
No one/Nobody has ever given me a free ticket for anything. : Kimse bana herhangi bir şey için bedava bir bilet vermedi.
Do you want anything from the chemist? : Eczaneden bir şey istiyor musun?
Would anyone/anybody like a drink? : (Kimse bir içki ister mi?) İçki isteyen var mı?

Ayrıca şu cümlelere dikkat ediniz:

I drink anything = I don't mind want I drink. : Her şey içerim = Ne içtiğim önemli değil.

(Ayrıca 50 C'ye bakınız.)

B **someone, somebody, anyone, anybody, no one, nobody,** iyelik biçiminde bulunabilir:

Someone's passport has been stolen. : Birinin pasaportu çalınmış.
Is this somebody's/anybody's seat? : Bu birinin yeri mi?

ÇEVİRİCİNİN NOTU: Yukarıdaki cümlede **Is this somebody's seat?** ile **Is this anybody's seat?** arasında anlam ayrımı bulunduğuna dikkat ediniz. **Somebody**, olumlu bir yanıt beklediği için, 'Bu birinin yeri mi?' derken 'Herhalde öyle' anlamı verilmektedir. Oysa **anybody**, yansız bir sorudur. Bu sözcükle sorulan soruda 'Bu birinin yeri olabilir de, olmayabilir de' anlamı vardır.

I don't want to waste anyone's time. : Kimsenin zamanını boşa geçirtmek istemem.

C **someone, somebody, anyone, anybody, no one, nobody, everyone, everybody** ile kullanılan zamir ve iyelik sıfatları.

Bu ifadelerin anlamı tekil olup tekil bir fiil alırlar. Dolayısıyla şahıs zamirleri ve iyelik sıfatlarının mantıksal olarak **he/she, him/her, his/her** olması gerekir. Ancak halk İngilizcesinde çoğul biçimleri daha yaygındır:

Has anyone left their luggage on the train? : Kimse çantasını trende unuttu mu?
No one saw Tom go out, did they? : Kimse Tom'un dışarı çıktığını görmedi, değil mi?

Fakat **something, anything, nothing** ile birlikte gene **it** kullanırız:
Something went wrong, didn't it? : Birşey ters gitti, değil mi?

52 someone/anybody/nothing'den sonra gelen else

A **someone/somebody/something, anyone/anybody/anything, no one/nobody/nothing, everyone/everybody/everything** ile **somewhere, anywhere, nowhere, everywhere** zarflarını **else** izleyebilir:

someone elsee/somebody else = some other person : Başka biri
anyone else/anybody else = any other person : Başka biri . . . ?
no one else/nobody else = no other person : Hiç kimse
everyone else/everybody else = every other person : başka herkes
something else = some other thing : başka bir şey
I'm afraid I can't help you. You'll have to ask someone else. ~ There isn't anyone else/There's no one else to ask. : Korkarım size yardımcı olamam. Bir başkasına sormanız gerekecek. ~ Soracak başka kimse yok.

else'in zarflarla kullanılması:

somewhere else = in/at/to some other place. : bir başka yerde/bir başka yere
anywhere else = in/at/to any other place. : bir başka yerde/bir başka yere . . . mi?
nowhere else = in/at/to no other place. : başka hiçbir yerde/başka hiçbir yere
Are you going anywhere else? : Başka bir yere gidiyor musun?

B **someone/somebody, anyone/anybody, no one/nobody + else,** iyelik biçiminde bulunabilir:

I took someone else's coat. : Bir başkasının ceketini almışım.
Was anyone else's luggage opened? : Başka kimsenin bagajı açıldı mı?
No one else's luggage was opened. : Başka kimsenin bagajı açılmadı.

53 **another, other, others**'ın **one some** ile kullanılması

A **another, other, others**

	Sıfat	Zamir
Tekil	*another* (bir başka)	*another* (başkası)
Çoğul (başka [. . . ler]	*other* (başkaları)	*others*

Have you met Bill's sisters? ~ I've met one. I didn't know he had another (sister). ~ Oh, he has two others/two other sisters. : Bill'in kızkardeşiyle tanıştın mı? ~ Bir tanesiyle karşılaştım. Başkasının (başka kardeşlerinin) olduğunu bilmiyordum. ~ Aa, onun iki tane daha / onun iki kızkardeşi daha var.

B **one . . . another/other(s), some . . . other(s):** Biri . . . bir başkası/öteki(ler), birkaçı . . . öteki(ler)

One student suggested a play, another (student)/others wanted a concert. : Bir öğrenci oyun önerdi, bir başkası (bir başka öğrenci)/öteki öğrenciler/ötekiler bir konser istedi.
Some tourists/Some of the tourists went on the beach; others explored the town. : Bazı turistler/turistlerden bir kısmı plaja gitti, ötekiler kenti araştırdı.

C **one another** ve each other: Birbirlerini / Birbirlerine

Tom and Ann looked at each other = Tom looked at Ann and Ann looked at Tom. : Tom ve Ann birbirlerine baktı = Tom Ann'a baktı, Ann de Tom'a baktı.

one another de **each other** da iki ya da daha fazla kişi/nesne için kullanılabilir, fakat ikiden fazlası varsa **each other** yeğ tutulur.

6 Sorular (Interrogatives): **wh-? soruları ve how?**

54 Soru sıfat ve zamirler

A Kişiler için: özne — *who* (kim) [zamir]
tümleç — *whom, who* (kim/kime) [zamir]
iyelik — *whose* (kimin) [zamir ve sıfat]

Nesneler için özne/tümleç **what** (ne) [zamir ve sıfat]

Seçenek kısıtlı olduğu zaman kişi ve nesneler için:
özne/tümleç *which* (hangi [zamir ve sıfat]
Tekil ve çoğul için aynı biçimde kullanılır.
what, ayrıca insanlar için de kullanılabilir. (58 D'ye bakınız.)

55 Özne olarak kullanılan **who, whose,** vb'den sonra olumlu fiil

who, whose, which, what özne olarak kullanıldıklarında arkalarından normal olarak soru değil, olumlu bir fiil alırlar:

Who pays the bills? : Faturaları kim öder? (Olumlu fiil)
Whose/Which horse won? : Kimin atı/Hangi at kazandı?
What happened?/What went wrong? : Ne oldu? / Ne ters gitti? (olumlu fiil; olsa yanıtları: *We missed the train/had an accident.* : Treni kaçırdık / Kaza geçirdik.

Fakat **who, whose** vb + **be** + isim ya da şahıs ületişim zamiri ile bir soru fiili kullanılır:

Who are you? : Siz kimsiniz? *Whose is this?* : Bu kimin ki?
What is that noise? : O gürültü de ne?

Bir fiilin ya da edatın tümleci olarak kullanılan **who, whose** vb. ile kuşkusuz, bir soru fiili gerekli olur.

56 **who, whom, whose, which** ve **what**'ın kullanımlarına örnekler

A **who, whom, whose**: kim/kimi/kime, kimi/kime, kimin
Özne olarak **who** : kim

Who keeps the keys? : Anahtarları kim tutar? (Olumlu fiil)
Who took my gun? : Silahımı kim aldı? (Olumlu fiil)
Who are these boys? : Bu oğlanlar kim? (soru fiili)

Bir fiilin tümleci olarak **who, whom:**
Normal İngilizce: *Who did you see?* : Kimi/Kimleri gördün?
Çok biçimsel İngilizce: *Whom did the committee appoint?* : Komite kimi/kimleri görevlendirdi?

ÇEVİRİCİNİN NOTU: İngilizcede özneyle ilgili sorular tekil sayılırlar. Bu çerçeve içinde **who** kim/kimler, **what** ise ne/neler'in karşılığıdır.

Özne durumunda **whose:**
Whose car broke down? : Kimin arabası bozuldu?
Whose (books) are these? : Bunlar kimin (kitapları)?

Bir fiilin tümleci olarak **whose:**
Whose umbrella did you borrow? : Kimin şemsiyesini ödünç aldın?

B **which**: hangi

Özne olarak **which:**

Which pigeon arrived first? : Önce hangi güvercin ulaştı? (Olumlu fiil)
Which of them is the eldest? : Onlardan hangisi daha büyük?

Fiilin tümleci olarak **which:**

Which hand did you use? : Hangi eli(ni) kullandın?
Which of these dates would you prefer? : Bu tarihlerden hangisini yeğlerdin?

C **what**: ne

Özne olarak **what:**

What caused the explosion? : Patlamaya ne neden oldu?
What kind of tree is that? : O ne tür bir ağaç?

Bir fiilin tümleci olarak **what:**

What paper do you read? : Hangi gazeteyi okursun?
What did they eat? : Ne yediler?

57 **who, whom, which** ve **what**'ın adları edat tümleci olarak kullanım

A **who, whom**

Biçimsel İngilizcede edat + **whom**'u kullanırız:

With whom did you go? : Kiminle gittin?
To whom were you speaking? : Kiminle konuşuyordun?

Fakat günlük İngilizcede genellikle edatı cümlenin sonuna götürürüz. **whom** da normal olarak **who**'ya dönüşür:

Who did you go with? : Kiminle gittin?
Who were you speaking to? : Kiminle konuşuyordun?

B *which, what*

Biçimsel İngilizcede edat + **which/what** kullanırız:

Tom which address did you send it? : Onu hangi adrese gönderdin?
On what do you base your theory? : Kuramını neye dayandırıyorsun?

Teklifsiz İngilizcede cümlenin sonuna götürürüz:

Which address did you send it to? : Onu hangi adrese gönderdin?
What do you base your theory on? : Kuramını neye dayandırıyorsun?

58 **what**'ın kullanımları

A **what**, nesneler için kullanılan genel soru biçimidir:

What bird is that? : (Bu ne kuşudur?) Bu hangi kuştur?
What makes that noise? : (Bu gürültüyü ne çıkarıyor?) Bu gürültü nereden geliyor?
What country do you come from? : Hangi ülkedensin?
What did he say? : O ne dedi?

B **what . . . for?** (Ne demeye . . . ?), **why** (niçin?) demektir:

What did you do that for? : Onu ne demeye/neden yaptın?
= *Why did you do that?* : Neden öyle yaptın?

C **what + be . . . like?** (. . . nasıl biri/bir şey?) bir betimleme (tasvir) isteği olup nesneler ve kişiler için kullanılabilir:

What was the exam like? ~ It was very difficult. : Sınav nasıldı? ~ Zordu.
What was the weather like? ~ It was very windy. : Hava nasıldı? ~ Çok rüzgârlıydı.

What's the food like in your hostel? ~ It's quite good. : Sizin yurttaki yemekler nasıl? ~ Oldukça iyi.

İnsanlarla ilgili olarak kullanıldığında bu kalıp görünüm ya da karakterle ilgilidir.

What's he like? ~ He's short and fat and wears glasses. : Nasıl biri? ~ Kısa boylu ve şişman; gözlük takıyor.
He's a very talkative, friendly man. : Konuşkan, cana yakın bir adam.

What does he/she/it look like?, yalnızca görünümle ilgilidir; ayrıca **What does he/she/it resemble?** (Neye benziyor?) anlamına da gelebilir:

What does she look like? ~ She's tall and glamorous. She looks like a film star. : Nasıl bir şey / Neye benziyor? Uzun boylu ve göz alıcı. Film yıldızına benziyor.
What does it look like? ~ It's black and shiny. It looks like coal. : Nasıl bir şey? / Neye benziyor? ~ Siyah ve parlak. Kömüre benziyor.

ÇEVİRİCİNİN NOTU: Türkçede betimleme için kullanılan **nasıl**'ın karşılığı **how?** değildir. **How,** hatır sormak için kullanılır. Betimleme sormanın yolu, yukarıda, 58'de gösterilen kalıplardır:

Yeni müdür nasıl (biri)? : What's the new manager like?
Yeni müdür nasıl (Sağlığı nasıl)? : How's the new manager?

D **what is he?** (O ne[ci]dir?), **What is his profession?** (Onun mesleği nedir?) anlamına gelir.

What is his father? ~ He is a tailor. : Babası necidir? ~ Terzidir.

Kişiler için kullanılan **what** (sıfat), pek yaygın değildir: *What students are you talking about?* (Hangi öğrencilerden söz ediyorsun?) denebilir, fakat, *Which students . . .?* çok daha olağan olur.

E Ölçümlere ilişkin sorularda **what** ve **how**

what + age/depth/height/length/width (ne yaşta/derinlikte/yükseklikte/uzunlukta/genişlikte) denebilir, fakat konuşmada **how old/deep/high/tall /long/wide?** (kaç yaşında/ne kadar derin/yüksek/uzun boylu/uzun/geniş) demek daha olağan olur.
Kesin bir yanıt gerektiğinde **what size/weight?** (ne boyda/ağırlıkta) çok kullanılırsa da **how big/heavy?** (ne kadar büyük/ağır) da kullanılabilir.

What age are you?/What is your age?/How old are you? : Ne yaştasın? / Yaşın ne? / Kaç yaşındasın?

What height is he?/What is his height?/How tall is he? : Ne boyda? / Boyu ne kadar? / Boyu ne kadar?
What is the weight of the parcel?/How heavy is it? : Paketin ağırlığı ne kadar? / Onun ağırlığı ne kadar?
What size do you take in shoes? : Kaç numara ayakkabı giyersin?

59 **which**'in **who** ve **what**'la karşılaştırılması

A **which** ve **what**'ın nesneler için kullanımına örnekler:

What will you have to drink? : İçecek ne alırsın?
There's gin, whisky and sherry; which will you have? : Cin, viski ve şeri var; hangisini alırsın?
What does it cost to get to Scotland? ~ It depends on how you go ~ Which (way) is the cheapest ya da *Which is the cheapest (way)?* : İskoçya'ya gitmek ne kadara mal olur? Bu, nasıl gittiğine bağlıdır. ~ Hangisi (Hangi yol) en ucuzudur? En ucuzu (En ucuz yol) hangisidir?
I've seen the play and the film. ~ What did you think of them? Which (of them) did you like the best? : Oyununu ve filmini gördüm. ~ Onları nasıl buldun? ~ (Onlardan) hangisini beğendin?

B **which** ve **who**'nun insanlar için kullanımına örnekler:

Who do you want to speak to? ~ I want to speak to Mr Smith. : Kiminle görüşmek istiyorsunuz? ~ Mr Smith'le görüşmek istiyorum.
We have two Smiths here. Which (of them) do you want? : Burada iki Mr Smith var. (Bunlardan) hangisini istiyorsunuz?

İnsanlar için kullanılan **which** (zamir), bir fiilin öznesi olarak tek başına kullanılamaz:

Which of you knows the formula? : Hanginiz formülü biliyor? (Burada 'of you' şarttır.)
Who knows the formula? : (Formülü kim biliyor?) da denebilir.

C **which** (sıfat), yalnızca az bir kısıtlama durumu varsa insanlar için kullanılabilir:

Which poet (of all the poets) *do you like best?* : (Bütün şairler arasında) en çok hangi şairi beğeniyorsun?

Burada **what** kullanılabilir ve daha mantıklı olur, fakat insanlar için **what** (sıfat) kullanılmamaya çalışılır.

60 Soru zarfları: **why, when, where, how** (niçin, ne zaman, nerede, nasıl)

A **why?** (niçin?), 'for what reason? (hangi nedenle?)' anlamındadır:
Why was he late? ~ He missed the bus. : Neden geç kalmıştı? ~ Otobüsü kaçırdı.

B **when?** (ne zaman?), 'at what time? (hangi zamanda?)' anlamındadır:
When do you get up? ~ 7 a.m. : Ne zaman kalkarsın? ~ Sabah yedide.

C **where?** (nerede), 'at what place? (hangi yerde?)' anlamındadır:
Where do you live? ~ In London. : Nerede oturuyorsun? ~ Londra'da.

D **how?** (nasıl?), 'in what way (ne biçimde?)' anlamındadır:
How did you come? ~ I came by plane. : Nasıl geldin? Uçakla geldim.
How do you start the engine? ~ You press this button. : Makineyi nasıl çalıştırırsın? ~ Bu düğmeye basarsın.

how, şöyle de kullanılabilir:

1 Sıfatlarla (Bknz: 25 C)
How strong are you? : Ne kadar güçlüsün?
How important is this letter? : Bu mektup ne kadar önemli?
(**how + old/high** (kaç yaşında/ne kadar yüksek), vb. için 58 E'ye bakınız.)

2 **much** ve **many** ile:
How much (money) do you want? : Ne kadar (paran) var?
How many (pictures) did you buy? : Kaç tane (resim) satın aldın?

3 Zarflarla:
How fast does he drive? : Ne kadar hızlı sürer?
How often do you go abroad? : Ne kadar zamanda bir yurt dışına çıkarsın?
How badly was he hurt? : Ne kadar kötü yaralandı?
How soon can you come? : Ne kadar çabuk gelebilirsin?

How is she? (Nasıl?)'ın, kadının sağlığını sormasına karşın *What is she like?* (Nasıl biri?)'nin betimleme (tasvir) istediğine dikkat ediniz. (58 C'ye bakınız.) *How are you?* (Nasılsınız?)'ı *How do you do?* (Memnun oldum) ile karıştırmayınız. İki kişi tanıştırıldığında her ikisi de *How do you do?* der. Bu, bir sorudan çok bir selamlamadır.

61 **who, what, where, why, when, how**'dan sonra gelen **ever**

Where ever have you been? I've been looking for you everywhere! : Neredeydin, kuzum? Her yerde seni arıyorum!
Who ever told you I'd lend you the money? I've no money at all! : Sana borç vereceğimi de kim söyledi sana? Hiç param yok ki!

Burada **ever**, cümlede gerekli değildir, fakat konuşanın şaşırmasını/şaşkınlığını/öfkesini/rahatsızlığını/bezginliğini vurgulamak için cümleye eklenir. *on earth/in the world* (Ne demeye) ile aynı anlamdadır.
Bu tür cümleler her zaman vurgulu olarak söylenir ve vurgulama, konuşanın duygulanışını belirtir:

Why ever did you wash it in boiling water? : Ama neden onu kaynar suda yıkadın? (bezginlik)
Who ever are you? : Sen de kimsin? (Karşıdaki kimse herhalde istenmeyen biridir.)
Who ever left the door open? : Kapıyı kim açık bıraktı be! (hangi aptal kapıyı açık bıraktı?)
Where ever have you put my briefcase? : Valizimi nereye koydun be! (Hiçbir yerde bulamıyorum onu.)
What ever are you doing in my car? : Arabamda ne halt ediyorsun? (şaşırma/kızgınlık)
When ever did you leave home? : Evden ne zaman çıktın ki? (Çok erken çıkmış olmalısın.)
How ever did he escape unhurt? : Nasıl oldu da yaralanmadan atlattın? (Araba hurdahaş olmuş.)

Ayrıca **why ever not?** ve **what ever for?**'a da dikkat ediniz:

You mustn't wear anything green. ~ Why ever not? : Yeşil bir şey giymemelisin. ~ Neden ki? (Niye giymeyecekmişim ki?) (Bu kısıtlamanın nedenini anlayamıyorum.)
Bring a knife to class tomorrow. ~ What ever for? : Yarın sınıfa bıçakla gel. ~ O niye? (Bıçağa neden gerekesinim duyacağımı anlamıyorum.)

(Tek sözcük olarak yazılan **whoever, whatever** vb. için 85'e bakınız.)

7 İyelik; şahıs ve dönüşüm zamirleri (Prossessives, personal and reflexive pronouns): **my, mine, I, myself**, etc.

62 İyelik sıfat ve zamirleri

İyelik sıfatları	İyelik zamirleri
my (benim)	*mine* (benim/benimki)
your (senin)	*yours* (senin/seninki)
his/her/its (onun)	*his/hers* (onun/onunki)
our (bizim)	*ours* (bizim/bizimki)
your (sizin)	*yours* (sizin/sizinki)
their (onların)	*theirs* (onların/onlarınki)

Bu durumda apostrofun (üstten virgül / Ç.N.) kullanılmadığına dikkat ediniz. Öğrencilerin, genellikle yaptıkları, iyelik gösteren **it**'i apostrofla yazma hatasına karşı dikkatli olunuz. **It's** (apostroflu), **it is** demektir.
İkinci tekil şahsın eski biçimine, bazı İncil'lerde ve yirminci yüzyıl öncesi şiirinde rastlanabilir:

thy (senin) *thine* (seninki)

one's, one zamirinin iyelik sıfat biçimidir.

63 İyelik sıfatlarının uyumu ve kullanımı

A İngilizcede iyelik sıfatları sahip olunan şeye değil, sahip olana gönderme yapar. Bir adam veya erkek çocuğun sahip olduğu her şey, **his** (onun) nesnesidir; bir kadın veya kız çocuğunun sahip olduğu her şey, **her** (onun) nesnesidir:

Tom's father is his father. Fakat:

Mary's father is her father.

Bir hayvanın sahip olduğu her şey **its** (onun) şeyidir:

A tree drops its leaves in autumn. : Bir ağaç, güzün yapraklarını döker.
A happy dog wags its tail. : Mutlu bir köpek kuyruğunu sallar.

Ancak hayvanın cinsiyeti biliniyorsa, çoğu kez **his/her** kullanılır. Birden çok sahip varsa **their** kullanılır:

The girls are with their brother. : Kızlar erkek kardeşiyle birlikteydi.
Trees drop their leaves in autumn. : Ağaçlar güzün yapraklarını döker.

Sahip olunan tekil de olsa çoğul da olsa iyelik sıfatının değişmediğine dikkat ediniz:

my glove, my gloves : eldivenim, eldivenlerim
his foot, his feet : ayağı, ayakları

B İyelik sıfatları, giysiler ve vücudun parçaları için kullanılır:

She changed her shoes. : Ayakkabılarını değiştirdi.
He injured his back. : Sırtını incitti.
(Ancak, 7 A6'ya da bakınız.)

C Vurgu katabilmek için **my, your, his** vb. **one's**'tan sonra **own** (kendi) konabilir:

my own room	*her own idea*
(benim kendi odam)	(onun kendi fikri)

own, yukarıda olduğu gibi, bir sıfat ya da bir zamir olabilir:
a room of one's own : insanın kendi odası

Ayrıca şu ifadeye dikkat ediniz:
I'm on my own = I'm alone. : Bir başınayım. = Yalnızım.

64 İyelik sıfatı + isim yerine iyelik zamirinin kullanılması

A *This is our room* ya da *This (room) is ours.* : Bu, bizim odamız / Bu (oda) bizim).
This is their car. That car is theirs too. : Bu, onların arabası. Bu araba da onların.
You've got my pen. : Benim kalemim sende.
You're using mine. Where's yours? : Sen benimkini kullanıyorsun. Seninki nerede?

ÇEVİRİCİNİN NOTU: Bilindiği gibi sıfat, bir ismi niteler, bir zamir ise isim yerine geçer. Dolayısıyla:

Why is your apple bigger than mine? : Senin elman neden benimkinden büyük?

cümlesinde **your**'dan sonra bir isim (apple) gelmekte ve **your,** sıfat işlevi görmektedir.

Oysa **mine**'dan sonra bir isim gelmemektedir. Çünkü **mine**, bir isim nitelememekte, onun (**my apple**'ın) yerini tutmaktadır. Dolayısıyla **mine**, zamirdir. Zaten burada, Türk öğrencisi için fazla bir sorun bulunmamaktadır, çünkü sıfat ile zamir, İngilizcede olduğu gibi Türkçede de farklı biçimdedir: **my/mine** (benim/benimki).
Ne var ki, Türkçede çoğu kez sıfat biçimi zamir olarak da kullanılmaktadır:

O **benim** milletimin yıldızıdır, parlayacak;
O **benimdir**, o benim milletimindir ancak.

Burada birinci **benim**, bir isim olan 'milletimin' sözcüğünü nitelemekte olduğu için sıfattır. İngilizceye **my** olarak çevrilmesi gerekir. Oysa ikinci **benim**, 'benim sancağım' sözcüklerinin yerine kullanılmaktadır ve zamirdir; dolayısıyla **mine** olarak çevrilmesi gerekir.
Özetlemek gerekirse, **benim, senin . . .** sözcüklerinden sonra isim geliyorsa bunlar sıfat olup **my, your . . .** dizisinin karşılığıdır; isim gelmiyorsa bunlar zamirdir ve **mine, yours . . .** dizisinin karşılığıdır.
Buna karşılık İngilizcede de 'benimki' vb. ile 'benimkiler' vb. aynıdır:

If you can't find your pen, use mine. : Dolmakalemini bulamıyorsan benimkini kullan.
If you don't like those, you can have mine. : Onları beğenmiyorsan benimkini/benimkileri alabilirsin.

B **of mine** vb. ifadesi, 'one of mine' (benimkilerden biri) anlamındadır:

a friend of mine = *one of my friends* : benim bir arkadaş = benim arkadaşlardan biri
a sister of hers = *one of her sisters* : onun bir kızkardeşi = onun kız kardeşlerinden biri

65 Şahıs ve zamirleri

A

		Özne	Tümleç
Tekil:	1. şahıs	*I* (ben)	*me* (beni/bana)
	2. şahıs	*you* (sen)	*you* (seni/sana)
	3. şahıs	*he/she/it* (o)	*him/her/it* (onu/ona)
Çoğul:	1. şahıs	*we* (biz)	*us* (bizi/bize)
	2. şahıs	*you* (siz)	*you* (sizi/size)
	3. şahıs	*they* (onlar)	*them* (onları/onlara)

İkinci tekil şahsın eski biçimi:

thou : sen (özne) *thee* : seni/sana (tümleç)

B Özne ve tümleç biçimlerinin kullanımları:

1 **you** ve **it** bir sorun yaratmazlar, çünkü bunların özne ve tümleç biçimleri aynıdır:

Did you see the snake? ~ Yes, I saw it and it saw me. ~ Did it frighten you?. : Yılanı gördün mü? ~ Evet, ben onu gördüm, o da beni gördü. ~ Seni korkuttu mu?

2 (**it** dışında) birinci ve ikinci şahıs biçimleri

(a) **I, he, she, we, they,** bir fiilin öznesi:

I see it. : Onu görüyorum. *He knows you.* : Seni tanıyor.
They live here. : Burada oturuyorlar.

ya da **to be** fiilinin tamlayıcısı olabilir:

It is I. : Benim. ('Kim o?' sorusunun yanıtı / Ç.N.)

Ancak normal olarak burada tümleç biçimini kullanırız:
Who is it? ~ It's me. : Kim o? ~ Benim.
Where's Tom? ~ That's him over there. : Tom nerede? Şuradaki o.

Fakat eğer zamiri bir cümlecik izliyorsa özne biçimlerini kullanırız:
Blame Bill! It was he who chose this colour. : Bill'i suçla. Bu rengi seçen o.

(b) **me, him, her, us, them,** bir fiilin düz tümleci:
I saw her. : Onu gördüm. *Tom likes them.* : Tom onları sever.

dolaylı tümleci:

Bill found me a job. : Bill bana bir iş buldu.
Ann gave him a book. : Ann ona bir kitap verdi.
(66'ya bakınız.)

ya da bir edatın tümleci olabilir:

with him : onunla *for her* : onun için, ona
without them : onlar olmadan *to us* : bize

66 Zamirden oluşan tümleçlerin konumu

A Bir dolaylı tümleç bir düz tümleçten önce gelir:

I made Ann / her a cake. : Ann'e / Ona bir kek yaptım.
I sent Bill the photos. : Bill'e fotoğrafları gönderdim.

Ancak düz tümleç bir şahıs zamiri ise bunu fiilin hemen arkasına koyup **to** ya da **for** kullanmak daha yaygındır:

I made it for her. : Onu ona yaptım.
I sent them to him. : Onları ona gönderdim.

Bu konum kuralı **one, some, any, none,** vb'ne uygulanmaz:

He bought one for Ann ya da *He bought Ann one.* : Ann'e bir tane aldı.
He gave something to Jack ya da *He gave Jack something.* : Jack'e birşey verdi.

B Edatlı fiillerin zamirden oluşan tümleçleri:

Birçok edatlı fiil ortada ya da sonda bulunabilir:

Hand your papers in/Hand in your papers. : Kâğıtlarınızı verin.
Hang your coat up/Hang up your coat. : Ceketini as.
Take your shoes off/Take off your shoes. : Ayakkabılarınızı çıkarın.

Ancak zamirden oluşan tümleç ortaya konmalıdır:

hand them in : onları verin *hang it up* : onu as
take them off : onları çıkar
(38. Bölüme bakınız.)

67 it'in kullanımları

A **it**, normal olarak bir nesne, cinsiyetini bilmediğimiz bir hayvan, bazen de bir bebek ya da küçük bir çocuk için kullanılır:

Where's my map? I left it on the table. : Haritam nerede? Onu masaya bırakmıştım.
Look at that bird. It always comes to my window. : Şu kuşa bak. Hep pencereme gelir.
Her new baby is tiny. It only weighs 2 kilos. : Yeni bebeği minicik. Yalnız iki kilo.

B **it**, şu tür cümlelerde insan için kullanılabilir:

ANN (telefonda): *Who is that?/Who is it?* (Kim o?)
BILL: *It's me.* (Ben.)
Is that Tom over there? ~ No, it's Peter. : Şuradaki Tom mu? ~ Hayır, (o) Peter.

C **it**, zaman, uzaklık, hava, sıcaklık, gel-git ile ilgili ifadelerde kullanılır:

What time is it? ~ It is six. : Saat kaç? ~ Altı.
What's the date? ~ It's the third of March. : Ayın kaçı? ~ Martın üçü.
How far is it to York? ~ It is 400 kilometres. : York ne kadar uzaklıkta? ~ 400 kilometre.

How long does it take to get there? ~ It depends on how you go. : Oraya gitmek ne kadar zaman alır? ~ Nasıl gittiğine bağlı.
It is raining/snowing/freezing. : Yağmur yağıyor / Kar yağıyor / Dondurucu bir hava.
It's frosty. It's a fine night. : Don var. / Güzel bir gece.
It's a full moon tonight. : Bu gece dolunay.
In winter it's/it is dark at six o'clock. : Kışın saat altıda hava kararır.
It is hot/cold/quite/noisy in this room. : Bu oda sıcak/soğuk/sessiz/gürültülü.
It's high tide/low tide. : Sular yükselmiş/alçalmış.

Ayrıca şu ifadeye de dikkat ediniz:
It's/It is three years since I saw him =
I haven't seen him for three years. : Onu görmeyeli üç yıl oluyor.
(**it is time** + özne + geçmiş zaman için ayrıca 293'e bakınız.)

D Sunuşta **it**

1 **it**, aşağıdaki türden cümleleri sunabilir (cleft sentences/öncülü cümleler):

It was 'Peter who lent us the money. (not tomorrow) : Peter'dı bize parayı ödünç veren. (Paul değil)
It's 'today that he's going. (not tomorrow) : Gideceği gün bugün. (yarın değil)

it, çoğul isimlerle bile kullanılır:
It's pilots that we need, not ground staff. : Gereksinim duyduğumuz pilotlar, yer görevlileri değil.
(Ayrıca 76'ya bakınız.)

2 Cümlenin öznesi bir mastarsa, genellikle cümleye **it**'le başlar, mastarı daha sonra söyleriz. Dolayısıyla:

To criticize is easy yerine *It is esay to criticize.* : Eleştirmek kolay.
To be early is better yerine *It is better to be early.* : Erken davranmak iyidir.
To give up now seems a pity yerine *It seems a pity to give up now.* : Şimdi vazgeçmek yazık olur gibi görünüyor.
deriz.

Eğer **it** + **be**'den önce **find/think (that)** gelirse, **be** ve **that** genellikle atılabilir:

He thought (that) it (would be) better to say nothing. : Hiçbir şey söylememenin daha iyi olacağını düşünüyordu.

We found it impossible to get visas. : (Vize almayı olanaksız bulduk.) Vize almanın olanaksız olduğunu gördük.

3 Cümlenin öznesi bir cümlecik olduğu zaman da **it** aynı biçimde kullanılabilir.
That he hasn't phoned is odd. : Telefon etmemesi tuhaf.
That prices will go up is certain. : Fiyatların yükseleceği kesin.

diyebiliriz, fakat şöyle söylemek çok daha yaygındır:
It's odd that he hasn't phoned.
It's certain that prices will go up.

Öteki örnekler:
It never occurred to me that perhaps he was lying. : (Belki de yalan söylemekte olduğu) Yalan söyleyebileceği hiç aklıma gelmedi.
It struck me that everyone was unusually silent. : (Birden) herkesin olağanüstü sessiz olduğunu farkettim.

E **it/this**, daha önce sözü edilen bir takım, cümlecik ya da fiili temsil edebilir:

He smokes in bed, though I don't like it. (it = his smoking in bed) : Yatakta sigara içiyor ama ben bundan hoşlanmıyorum. (*it* = yatakta sigara içmesi)
He suggested flying, but I thought it would cost too much. (it = fliyng) : Uçakla gitmeyi önerdi ama ben bunun çok pahalı olacağı kanısındayım. (*it* = uçakla gitmek)

F **it** ayrıca, belirli kişilere ait olmayan (impersonal) fiillerin öznesi olarak da işlev görür:

It seems, it appears, it looks : öyle görünüyor (ki)
it happens : tesadüfe bakın (ki)

68 Belgisiz zamir olarak **you, one** ve **they**

A **you** ve **one**

Özne olarak her ikisi de kullanılabilir:
Can you/one camp in the forest? : İnsan bir ormanda kamp yapabilir mi? / Ormanda kamp yapabilir misin? / Ormanda kamp yapabilir mi?

Tümleç olarak normal zamir **you**'dur:
They fine you for parking offences. : Park yapma hatalarından dolayı sana (insana) para cezası veriyorlar.

Normal konuşmada **you** daha yaygındır. Bu, daha 'cana yakın' bir zamirdir ve konuşanın kendini o konuma getirdiği anlamını verir.

one daha kişisellikten uzak olup daha seyrek kullanılır. Ancak iyelik biçimi olan **one's**, oldukça yaygındır:

It's easy to lose one's/your way in Venice. : Venedikte insanın yolunu kaybetmesi/yolunu kaybetmen kolaydır.

Doğru iyelik biçimi kullanılmalıdır:

One has to show one's pass at the door. : İnsanın kapıda pasosunu göstermesi gerekiyor / Pasonun kapıda gösterilmesi gerekiyor.
You have to show your pass at the door. : Pasonu kapıda göstermen/Pasonun kapıda gösterilmesi gerekiyor.

one ya da **you** yerine bir tekil isim kullanırsak iyelik sıfatı doğal olarak **his** ya da **her** olur:

One must do one's best. : İnsan elinden geleni yapmalı / Elden gelen yapılmalı.
A traveller has to guard his possessions. : Bir yolcu eşyalarını korumalıdır.

B **they**

they yalnızca özne olarak kullanılabilir. **they,** 'people' (insanlar) anlamında kullanılabilir:

they say = people say, it is said : diyorlar ki = millet diyor ki, deniyor ki
They say it is going to be a cold winter. : Soğuk bir kış olacağını söylüyorlar/söyleniyor. (Soğuk bir kış olacakmış.)

ÇEVİRİCİNİN NOTU: Türkçedeki 'söylenti/rivayet' kipinin karşılığı da bu yapıdır. Yukarıdaki son çeviri bunun bir örneğidir.

They say/It is said/People say she was once a dancer.

cümlesini:

Onun bir zamanlar dansöz olduğunu söylüyorlar/olduğu söyleniyor, olarak sözcük sözcük çevirebileceğimiz gibi söylenti kipiyle de çevirebiliriz:

Bir zamanlar dansözmüş!

they ayrıca, 'the authority concerned' (ilgili merci, yani hükümet/yerel kural/üstler/polis, vb. anlamına da gelebilir:

They want to make this a one-way street. : Burayı tek yönlü bir yol durumuna getirmek istiyorlar.

69 **they/them/their**'in **neither/either, someone/everyone/no one** vb. ile kullanılması

Bu ifadeler tekil olup tekil bir fiil alırlar. Dolayısıyla şahıs zamirleri **he/she**, iyelik sıfatı **his/her** olmalıdır. (**he/his** erkekler ve her iki cinsten olabilecekler, **she/her** is kadınlar için). Fakat anadili İngilizce olan pek çok kişi bunu karmaşık bulur ve yalnızca bir cinsiyet bulunsa bile **they/their** kullanır:

Neither of them remembered their instructions. : İkisi de kendi(lerine verilen) talimatı anımsamadı.
Would someone lend me their binoculars? : Biri bana dürbününü verir mi?
Everyone has read the notice, haven't they? : Herkes bu duyuruyu okudu, değil mi?
No one objected, did they? : Kimse itiraz etmedi, değil mi?

70 Dönüşümlü zamirler

A Bunlar **myself, yourself, himself, herself, itself, ourselves, yourselves, themselves**'dir. İkinci tekil şahıs **yourself** ile ikinci çoğul şahıs **yourselves** arasındaki ayrıma dikkat ediniz. Belgisiz dönüşlü/vurgulamalı zamir, **oneself**'tir.

B **myself, yourself** vb, fiilin eylemi eylem sahibine döndüğü zaman yani özne ve tümleç aynı olduğu zaman tümleç olarak kullanılır:

I cut myself. : (Kendimi kestim) Elimi (vb.) kestim.
He can't shave himself. : (Kendine sakal traşı yapamaz) Traş olamaz.
It is not always easy to amuse oneself on holiday. : Tatilde insanın (kendini eğlendirmesi) eğlenmesi her zaman kolay değildir.
Tom and Ann blamed themselves for the accident. : Tom ve Ann, kazadan dolayı kendilerini suçladılar.
This refrigerator defrosts itself. : Bu buzdolabı kendi kendinin buzunu çözer.

Dönüşlü zamiri yerine işteşlik zamiri **each other** (birbirleri/birbirlerini/birbirlerine) koyduğumuzda ortaya çıkan anlam ayrımına dikkat ediniz:

Tom and Ann blamed each other. : Tom ve Ann birbirlerini suçladı. (Tom blamed Ann and Ann blamed Tom. : Tom Ann'i suçladı, Ann de Tom'u.)
(53 C'ye bakınız.)

C **myself, yourself** vb. aynı biçimde fiil + edat'tan sonra da kullanılır:

He spoke to himself. : Kendi kendine konuştu.

Did she pay for herself? : (Kendisi için ödedi mi?) Kendi parasını ödedi mi?
Look after yourself. : Kendine (iyi) bak.
Take care of yourselves. : Kendinize (iyi) bakın.
I'm annoyed with myself. : Kendime kızdım.
He sat by himself. : Yalnız başına oturdu.
She addressed the envelope to herself. : Zarfı kendine (adresledi) gönderdi.

Fakat edat yer gösteriyorsa dönüşlü zamirleri değil, sıradan zamirleri kullanırız:

Did you take your dog with you? : Köpeğini yanına aldın mı?
They put the child between them. : Çocuğu aralarına koydular.
Had he/Did he have any money on him? : Üzerinde hiç parası var mıydı?

71 **myself, himself, herself** vb'nin vurgulayıcı zamirler olarak kullanılması

myself, vb. bir isim ya da zamiri vurgulamak için de kullanılabilir:

The King himself gave her the medal. : Bizzat Kral ona madalyayı verdi.
Bu durumda konuşmada **self** vurgulanır.

Böyle kullanıldığı zaman zamir hiç gerekli değildir; anlam değişikliğine neden olmadan kaldırılabilir. Bu zamir genellikle cümlenin öznesini vurgular ve ondan sonra gelir:

Ann herself opened the door. : Bizzat Ann kapıyı açtı.
Tom himself went. : Tom kendisi gitti.

Bir seçenek olarak, varsa tümleçten sonra:
Ann opened the door herself. : Kapıyı Ann kendisi açtı. / Bizzat Ann kapıyı açtı.

ya da geçişsiz bir fiilden sonra da gelebilir:

Tom went himself. : Tom kendisi gitti. / Bizzat Tom gitti.

Geçişsiz fiili edat + isim izliyorsa vurgulayıcı zamir bu isimden sonraya konabilir:

Tom went to London himself ya da *Tom himself went to London.* : Tom'un kendisi/Bizzat Tom Londra'ya gitti.

Bu zamir bir başka ismi vurguluyorsa bu isimden hemen sonra gelir:

I saw Tom himself. : Bizzat Tom'u gördüm.

I spoke to the President himself. : Başkanın kendisiyle/Bizzat Başkan'la konuştum.
She liked the diamond itself but not the setting. : Elmasın kendisini beğendi ama işlemeciliğini beğenmedi.

Şu iki cümle arasındaki ayrıma dikkat ediniz:

I did it myself. : Bunu kendim yaptım. (Benim tarafımdan yapıldı; başkası tarafından değil.)
I did it by myself. : Bunu kendim yaptım. (Yardım almadan yaptım.)

8 İlgi zamir ve cümlecikleri (Relative pronouns and clauses)

72 Tanımlayan ilgi cümlecikleri

Bunlar kendilerinden önce gelen ismi, onu aynı sınıftaki öteki isimlerden ayırd edecek biçimde tanımlarlar. Bu tür bir cümlecik, ismin anlaşılması açısından gereklidir.

The man who told me this refused to give me his name. : Bana bunu söyleyen adam adını vermek istemedi.

cümlesinde 'who told me this' (bunu bana söyleyen adam), ilgi cümleciğidir. Bunu söylemezsek hangi adamdan söz ettiğimiz açıkça anlaşılmaz. Bir isimle tanımlayan bir ilgi cümleciği arasında virgül bulunmadığına dikkat ediniz. Tanımlayan ilgi cümlecikleri genellikle **the** + isim'i izler, fakat **a/an** + isim, **the**'sız çoğul isimler ve **all, none, anybody, somebody,** vb. ve **those**'la da kullanılabilir.

a/an + isim, **the**'sız çoğul isimler ve **somebody/someone/something**'den sonra gelen cümlecikler bazen isim ya da zamirlerini yalnızca dolaylı olarak betimlerler. Bu durumlarda isim ve zamirler genellikle bir fiil ya da edatın tümlecidirler:

I met someone who said he knew you. : Seni tanıdığını söyleyen bir adamla tanıştım.
The book is about a girl who falls in love with . . . : Bu kitap, . . . a aşık olan bir kız hakkında.

Bazen bu cümlecikler isim ve zamirlerden bir sözcük ya da takımla ayrılırlar:

There's a man here who wants . . . : Burada . . . isteyen bir adam var.

I saw something in the paper which would interest you. : Gazetede, seni ilgilendirecek birşey var.

Fakat normal olarak ilgi cümleciği isim ve zamirlerinin hemen arkasına getirilmelidir:

The noise that he made woke everybody up. : Yaptığı gürültü herkesi uyandırdı.

She was annoyed by something that I had said. : Benim söylediğim bir şey onu kızdırdı.

73 Tanımlayan ilgi cümleciklerinde kullanılan ilgi zamirleri

ÇEVİRİCİNİN NOTU: İlgi cümleciklerinin yapısını yansıtabilmek için bazı örneklerde önce bunların tam çevirisini, daha sonra düzgün karşılığını vereceğiz. Örnek:
The noise that he made woke everybody up. : Gürültü ki o yaptı herkesi uyandırdı. / Yaptığı gürültü . . .

Biçimi şöyledir:

	Özne	Tümleç	İyelik
Kişiler için	*who*	*whom/who*	*whose*
	that	*that*	
	ki o	ki onu/ki ona	ki onun
Nesneler için	*which*	*which*	*whose/of which*
	that	*that*	
	ki o	ki onu/ki ona	ki onun

74 Tanımlayan ilgi cümlecikleri: kişiler

A Özne: **who** ya da **that** (ki o)

Normal olarak **who** kullanılır:

The man who robbed you has been arrested. : Adam ki o seni soydu tutuklandı / Seni soyan adam . . .
The girls who serve in the shop are the owner's daughters. : Dükkanda hizmet veren kızlar, dükkan sahibinin kızlarıdır.
Only those who had booked in advance were allowed in. : Yalnız önceden yer ayırtmış olanlar içeri alındılar.
Would anyone who saw the accident please get in touch with the police? : Kazayı gören kişilerin polisi aramalarını rica ederim (ederiz).

Fakat **that** de **all, everyone, everybody, no one, nobody** ve **those**'dan sonra kullanılabilir.

Everyone who/that knew him liked him. : Onu tanıyan herkes onu severdi.
Nobody who/that watched the match will ever forget it. : Maçı seyreden kimse onu unutmayacak.

B Bir fiilin tümleci: **whom, who** ya da **that**

Tümleç biçimi **whom**'dur fakat bu, çok biçimsel kabul edilir. Konuşma İngilizcesinde normal olarak **who** ya da **that** kullanırız (**that, who**'dan daha yaygındır). Tümleç durumundaki zamiri tümüyle atmaksa en çok görülen durumdur:

The man whom I saw told me to come back today ya da *The man who I saw . . .* ya da *The man that I saw . . .* ya da *The man I saw . . .* : Adam ki onunla görüştüm / Görüştüğüm adam bana bugün gelmemi söyledi. (Son cümlede ilgi zamiri atılmaktadır.)

The girls whom he employs are always complaining about their pay ya da *The girls who he employs . . .* ya da *The girls that he employs . . .* ya da *The girls he employs . . .* : Onun çalıştırdığı kızlar aldıkları paradan yakınıyorlar.

C Bir edatla birlikte: **whom** ve **that**

Biçimsel İngilizcede edat ilgi zamirinden önce konur. O zaman ilgi zamiri **whom** biçimine dönüştürülmelidir:

the man to whom I spoke : konuştuğum adam

Biçimsel olmayan İngilizcede edatlı cümleciğin sonuna koymak daha yaygın bir uygulamadır. Bu durumda çoğu kez **whom**'un yerini **that** alır, fakat ilgi zamiri tümüyle kaldırmak daha da yaygındır.

the man who/whom I spoke to veya *the man that I spoke to* veya *the man I spoke to.* : adam ki onunla konuştum/konuştuğum adam

Aynı biçimde:
The man from whom I bought it told me to oil it ya da
The man whom/that I bought it from . . . ya da
The man I bought it from . . . : Onu aldığım adam, bana onu yağlamamı söyledi.

The friend with whom I was travelling spoke French ya da
The friend who/that I was travelling with . . . ya da
The friend I was travelling with . . . : Birlikte yolculuk ettiğimiz arkadaş Fransızca biliyordu.

D İyelik

whose, kullanılabilecek tek biçimdir:

People whose rents have been raised can appeal. : İnsanlar ki onların kiraları yükseltilmiştir başvuruda bulunabilir / Kiraları yükseltilenler . . .
The film is about a spy whose wife betrays him. : Film, karısının ele verdiği bir adam hakkındadır.

75 Tanımlayan ilgi cümlecikleri: nesneler

A Özne

which ya da **that. which** daha biçimseldir:

This is the picture which/that caused such a sensation. : Bu kadar sansasyon yaratan film bu.
The stairs which/that lead to the cellar are rather slippery. : Merdivenler ki kilere iniyor bir hayli kaygan / Kilere inen merdivenler bir hayli kaygan.
(Ayrıca, aşağıda B'ye bakınız.)

B Bir fiilin tümleci

which, that ya da hiç ilgi zamiri bulunmaması:
The car which/that I hired broke down veya *The car I hired . . .* : Araba ki onu kiraladım, bozuldu / Kiraladığım araba . . .

which, all, everything, little, much, none, no ve **no**'nun bileşimleri ya da öteki enüstünlük biçimleriyle birlikte hemen hiç kullanılmaz. Bunun yerine ya **that** kullanırız, ya da, bir fiilin tümleci ise, tümüyle atarız:

All the apples that fall are eaten by the pigs. : Bütün elmalar ki düşer domuzlar tarafından yenir / Düşen bütün elmaları domuzlar yer.
This is the best hotel (that) I know. : Bu, bildiğim en iyi otel.

C Bir edatın tümleci

Biçimsel yapı, edat + **which**'tir, fakat edatı cümleciğin sonuna atıp **which** ya da **that** kullanmak ya da ilgi zamirini tümüyle atmak daha yaygındır:

The ladder on which I was standing began to slip ya da
The ladder which/that I was standing on began to slip ya da
The ladder I was standing on began to slip. : Merdiven ki ben onun üstünde duruyordum kaymaya başladı / Üzerinde durduğum merdiven kaymaya başladı.

D İyelik

whose + bir cümlecik kullanılabilir, fakat **with** + bir takım daha yaygındır:

a house whose walls were made of glass
a house with glass walls : bir ev ki cam duvarlara sahip/camdan duvarları olan bir ev.

E İlgi zarfları: **when, where, why**

when'in (zaman için de kullanılan) **in/on which**'in yerine kullanılabileceğine dikkat ediniz:

the year when (= in which) *he was born* : doğduğu yıl
the day when (= on which) *they arrived* : geldikleri gün

where, (yer için kullanılan **in/at which**'in yerine kullanılabilir:

the hotel where (= in/at which) *they were staying* : kalmakta oldukları otel

why, for which'in yerini alabilir. *The reason why he refused is . . .* : Reddediş nedeni . . .

Böyle kullanılan **when, where** ve **why**'a ilgi zarfı denir.

76 Öncülü cümleler (cleft sentences **it** + **be** + isim/zamir + tanımlayan ilgi cümleciği

It was '*Tom who helped us.* (not Bill or Jack) : Bize yardım eden, Tom'du. (Bill ya da Jack değil)
It was '*Ann that I saw* (not Mary). : Gördüğüm, Ann'di. (Mary değil)

Özne, yukarıda olduğu gibi bir özel isim olduğu zaman **that, who**'dan daha yaygındır. Öteki tüm öznelerle **that**, doğru biçimdir:

It's the manager that we want to see. : Görmek istediğimiz, müdür.
It was wine that we ordered. (not beer) : Ismarladığımız, şaraptı. (Bira değil)

Kişiden oluşmayan özneler için genellikle **that** kullanılır:

It's speed that causes accidents, not bad roads. : Kazalara neden olan, kötü yollar değil, hızdır.

77 Mastar ya da ortacın bir ilgi cümleciğinin yerine kullanılması

A Mastar, şu durumlarda kullanılabilir:

1 **the first/second**, vb'den (ilk/ikinci . . .), **the last/only**'den ve bazen enüstünlük biçiminden sonra:

the last man to leave the ship = *the last man who left/leaves the ship* : gemiyi en son terkeden insan *the only one to understand = the only one who understood/understands.* : anlayan ilk kişi

Burada mastarın, özne durumundaki zamir + fiil'in yerini aldığına dikkat ediniz. Tümleç durumundaki bir zamir + fiilin yerini alamaz. Örneğin, *the first man that we saw* (gördüğümüz ilk adam)'daki cümleciğin yerine mastar konamaz. Zira *the first man to see* (görülecek ilk adam), bütünüyle ayrı bir anlam taşır. Ancak **that** bir edilgen fiilin öznesi ise (örneğin *the first man that was seen* (görülen ilk adam), cümleciğin yerine edilgen bir mastar koyabiliriz: *the first man to be seen* (görülen ilk adam).

2 Bir amaç ya da izin kavramı varsa:

He has a lot of books to read. (books that he can/must read) : Okuyacak/Okuyacağı/Okuyabileceği/Okuması gereken çok kitabı var.
She had something to do. (something that she could do/had to do) : Yapacak/Yapacağı/Yapabileceği/Yapması gereken bir şeyi/bir işi vardı.
They need a garden to play in. (a garden they can pay in) : (İçinde) oynayacak/oynayacakları/oynayabilecekleri bir bahçe gerek onlara.

Burada mastarın fiil + tümleç olarak kullanılan zamirin yerini aldığına dikkat ediniz.
Mastarın bu iki kullanımının karışıklığa yol açacağı sanılabilir, fakat uygulamada bu çok nadir olur zira mastarın anlamını cümlenin geri kalan bölümü saydamlaştırır.

Tek başına *the first man to see* hem *the first man we must see* (görmemiz gereken/göreceğimiz ilk adam) [*man* tümleçtir], hem de *the first man who saw* (gören ilk adam) [*man* öznedir] anlamına gelebilir. Fakat bu bir cümlenin bir bölümü durumundayken hangi anlamın kastedildiğini hemen anlarız:

The first man to see is Tom =
The first man that we must see is Tom : Görülecek/Görmemiz gereken ilk kişi Tom *fakat*
The first man to see me was Tom =
The first man who saw me was Tom. : Beni gören ilk kişi Tom'du.

B Şimdiki zaman ortaçları şu durumlarda kullanılabilir:

1 Cümlecikteki fiil süreklilik (continuous) yapısında ise:

People who are/were waiting for the bus often shelter/sheltered in my doorway =
People waiting for the bus often shelter/sheltered in my doorway. : (Her iki cümle de) Otobüs bekleyen insanlar benim kapı aralığına sığınırlar/dı.

2 Cümlecikteki fiil alışkanlıkla ilgili ya da sürekli bir eylemi ifade ettiği zaman:

Passengers who travel/travelled on this bus buy/bought their tickets in books = Passengers travelling . . . : Bu otobüsle giden yolcular biletlerini koçanla alırlar/dı.

Boys who attend/attended this school have/had to wear uniform = Boys attending . . . : Bu okula giden öğrenciler üniforma giymek zorundalar/zorundaydılar.

a law which forbids/forbade the import = a law forbidding the import : dışalımı yasaklayan bir yasa

a notice which warns/warned people = a notice warning people : insanları uyaran bir ilan

an advertisement which urges/urged = an advertisement urging : teşvik eden bir reklam

Aynı biçimde:

a petition asking : isteyen bir dilekçe
a letter ordering/demanding/telling : sipariş veren/talep eden/söyleyen bir mekup
a placard protesting : protesto eden bir döviz
placards protesting : protesto eden dövizler

3 Cümlecikteki bir fiil bir dilek belirtirse, yani cümlecikteki fiil **wish, desire, want, hope** ise (dilemek, arzu etmek, istemek, ümidetmek) (**like** değil):

people who wish/wished to go on the tour = people wishing to go on the tour : tura katılmak isteyen insanlar
fans who hope/hoped for a glimpse of the star = fans hoping for a glimpse of the star : yıldızı bir kerecik görmek isteyen hayranlar

4 Yukarıdaki fiillerden birini ya da her hangi bir bilme, düşünme fiilini, örneğin **know, think, believe, expect** (bilmek, kanısında olmak, inanmak, ummak) içeren bir tanımlamayan cümleciğin (aşağıda 78'e bakınız) yerine de şimdiki zaman ortacı kullanılabilir:

Peter, who thought the journey would take two days, said . . . =
Peter, thinking the journey would take two days, said . . . :
Yolculuğun iki gün süreceğini düşünen Peter dedi ki . . .

Tom, who expected to be paid the following week, offered . . . =
Tom, expecting to be paid the following week, offered . . .
Ertesi hafta kendisine ödeme yapılmasını bekleyen Tom . . .

Bill, who wanted to make an impression on Ann, took her to . . . =
Bill, wanting to make an impression on Ann, took her to . . . :
Ann üzerinde etki bırakmak isteyen Bill, onu . . .e götürdü.

78 Tanımlamayan ilgi cümlecikleri

A Tanımlamayan ilgi cümlecikleri, zaten belirli olan isimlerden sonra kullanılırlar. Bu nedenle isim betimlemeyip yalnızca onunla ilgili daha fazla bilgi vererek ona bir katkıda bulunurlar. Tanımlayan ilgi cümleciklerinden farklı olarak bunlar cümlecikte gerekli değildir; cümleden çıkarılmaları bir anlam karışıklığına yol açmaz. Gene tanımlayan ilgi cümleciklerinden farklı olarak ilgili oldukları isimden virgüllerle ayrılırlar. Bir tanımlamayan cümlecikte zamir kesinlikle atılmaz. Bu yapı oldukça biçimsel olup yazı dilinde, konuşma dilinde olduğundan daha yaygındır.

B Tanımlamayan ilgi cümleciklerinde kullanılan zamirler:

	Özne	Tümleç	İyelik
Kişiler için	*who*	*whom/who*	*whose*
	ki o	ki onu/ki ona	ki onun
Nesneler için	*which*	*which*	*whose/of which*
	ki o	ki onu/ki ona	ki onun

79 Tanımlamayan ilgi cümlecikleri: kişiler

A Özne: **who**

Başka bir zamir kullanma olanağı yoktur. Virgüllere dikkat ediniz:

My neighbour, who is very pessimistic, says there will be no apples this year. : Çok karamsar olan komşum, bu yıl hiç elma olmayacak diyor.

Peter, who had been driving all day, suggested stopping at the next town. : Bütün gün araba kullanmakta olan Peter, bir sonraki kasabada durmayı önerdi.

Ana fiilin öznesinden hemen sonra gelen bu tür cümlecikler daha çok yazılı İngilizcede bulunurlar. Konuşma dilinde daha çok şöyle deriz:

My neighbour is very pessimistic and says . . . : Komşum çok karamsardır; der ki . . .

Peter had been driving all day, so/and he suggested . . . : Peter bütün gün araba kullanıyordu, onun için/ve . . . önerdi.

Fakat cümlenin daha ileri bölümlerine konan, yani ana fiilin tümlecinden sonra gelen cümlecikler konuşma dilinde oldukça yaygındır:

I've invited Ann, who lives in the next flat. : Yan dairede oturan Ann'i davet ettim.

Bir edat + isim'den sonra gelen cümlecikler de yaygındır:

I passed the letter to Peter, who was sitting beside me. : Mektubu, yanımda oturmakta olan Peter'a uzattım.

B Tümleç: **whom, who**

Zamir atılmaz. Doğru biçim **whom**'dur, fakat konuşmada bazen **who** da görülebilir:

Peter, whom everyone suspected, turned out to be innocent. : Herkesin kuşkulandığı Peter suçsuz çıktı.

Yukarıda belirtildiği gibi, bu durumdaki bir tanımlamayan ilgi cümleceğine konuşma dilinde pek rastlanmaz. Daha çok şöyle deriz:

Everyone suspected Peter, but he turned out to be innocent. : Herkes Peter'den kuşkulanıyordu ama o suçsuz çıktı.

Fakat cümlenin daha ileri bölümlerine konan, yani ana fiilin tümlecinden sonra gelen cümlecikler konuşma dilinde oldukça yaygındır:

She wanted Tom, whom she liked, as a partner; but she got Jack, whom she didn't like. : Eş olarak beğendiği Tom'u istiyordu, fakat (beğenmediği Jack'i aldı) ona beğenmediği Jack verildi.

She introduced me to her husband, whom I hadn't met before. : Beni, daha önce tanışmamış olduğum kocasıyla tanıştırdı / Beni kocasıyla tanıştırdı; daha önce onunla tanışmamıştım.

C Edat tümleci: **whom**

Zamir atılmaz. Edat normal olarak **whom**'dan önce gelir:

Mr Jones, for whom I was working, was very generous about overtime payments. : Hesabına çalıştığım Mr Jones, fazla mesai ödemelerinde çok eliaçıktı/Mr Jones'a çalışmıştım; o, . . .

Ancak edatı cümleciğin sonuna almak olanağı vardır. Konuşma dilinde bu çok uygulanır; o zaman da **who**'nun yerini **whom** alır:

Mr Jones, who I was working for, . . . (Anlamı aynı / Ç.N.)

Cümlecikte zaman ya da yer gösteren bir ifade varsa bu, sonda kalır:

Peter, with whom I played tennis on Sundays, was fitter than me cümleciği,

Peter, who/whom I played tennis with on Sundays, was fitter than me. : Pazarları tenis oynadığımız Peter'ın kondisyonu benden iyiydi.

D İyelik: **whose**

Ann, whose children are at school all day, is trying to get a job. : Çocukları bütün gün okulda olan Ann, bir iş bulmaya çalışıyor.

This is George, whose class you will be taking. : Bu sınıfını alacağın George.

Konuşma dilinde herhalde şöyle derdik:

Ann's children are at school all day, so she . . . : Ann'in çocukları bütün gün okulda; onun için . . .

This is George. You'll be taking his class. : Bu, George. Onun sınıfını alacaksın.

80 all, both, few, most, several, some vb. + of + whom/which

Bu biçim, hem insanlar hem de nesneler için kullanılabilir. Aşağıdaki örneklere bakınız. Her biri için daha az biçimsel olan ve anlamca denk olan cümleler parantez içinde verilmektedir:

Her sons, both of whom work abroad, ring her up every week (Both her sons work abroad, but they ring her up every week). : Her ikisi de yurtdışında olan oğulları ona her hafta telefon ederler (Her iki oğlu da yurtdışında ama, her . . .)

He went with a group of people, few of whom were correctly equipped for such a climb. (He went with a group of people; few of them . . .) :

Pek azı böyle bir tırmanış için gerekli olan donanıma sahip bir grupla gitti. (Bir grupla gitti; pek azı böyle bir tırmanış için gerekli olan donanıma sahipti.)

The buses, most of which were already full, were surrounded by an angry crowd. (Most of the buses were already full, and/but they were surrounded by an angry crowd.) : Çoğu dolu olan otobüslerin çevresini öfkeli bir kalabalık almıştı. (Otobüslerin çoğu doluydu ve/ama çevrelerini . . . .)

I met the fruit-pickers, several of whom were university students.
(I met the fruit-pickers; several of them were . . .) : Birkaçı üniversite öğrencisi olan meyva toplayıcılarıyla tanıştım. (Meyva toplayacılarıyla tanıştım; birkaçı üniversite öğrencisiydi.)

I picked up the apples, some of which were badly bruised.
(I picked up the apples; some of them . . .) : Birkaç tanesi fena halde örselenmiş olan elmaları topladım. (Elmaları topladım; birkaç tanesi . . . örselenmişti.)

The house was full of boys, ten of whom were his own grandchildren.
(The house was full of boys; ten of them . . .) : Oda, on tanesi adamın kendi torunu olan çocuklara doluydu. (Oda çocuklarla doluydu; on tanesi . . . torunlarıydı.)

81 Tanımlamayan ilgi cümlecikleri: nesneler

A Özne: **which**

Burada **that** kullanılmaz:

That block, which cost £5 million to build, has been empty for years. : İnşası 5 milyon sterline mal olan şu blok, yıllardan beri boş duruyor.

The 8.15 train, which is usually punctual, was late today. : Genellikle zamanında gelen 8.15 treni bugün gecikti.

Konuşmada bunları daha çok şöyle söyleriz:

That block cost £5 million to build and has been empty for years. : Şu bloğun inşası 5 milyon sterline mal oldu ve . . .

The 8.15 train is usually punctual; but it was late today. : 8.15 treni genellikle zamanında gelir ama bugün gecikti.

B Tümleç: **which**

Burada **that** kullanılmaz, **which** de hiç atılamaz:

She gave me this jumper, which she had knitted herself ya da
She gave me this jumper; she had knitted it herself. : Bana, kendi ördüğü bu kolsuz giysiyi verdi *ya da* Bu kolsuz kazağı bana verdi; onu kendisi örmüştü.

These books, which you can get at any bookshop, will give you all the information you need ya da *These books will give you all the information you need. You can get them at any bookshop.* : Herhangi bir kitabevinden alabileceğin bu kitap sana, gereksinim duyduğun bütün bilgileri verir.

C Bir edatın tümleci

Edat **which**'ten önce ya da (daha, teklifsiz durumlarda) cümleciğin sonuna gelir:

Ashdown Forest, through which we'll be driving, isn't a forest any longer ya da *Ashdown Forest, which we'll be driving through, isn't a forest any longer.* : İçinden geçeceğimiz Ashdown Forest (Ashdown Ormanı) artık orman değil.

His house, for which he paid £10,000 for, is now worth £50,000 ya da *His house, which he paid £10,000 for, is now . . .* : 10,000 sterlin ödediği ev şimdi 50,000 sterlin değerinde.

D Fiil takımlarında **which**

look after, look forward to, put up with gibi bileşimler (Bknz: 38. Bölüm) bir birim olarak ele alınmalıdır; dolayısıyla edat/zarf, fiilden ayrılmamalıdır:

This machine, which I have looked after for twenty years, is still working perfectly. : Yirmi yıldan beri bakımını yaptığım bu makine hâlâ mükemmel çalışıyor.

Your inefficiency, which we have put up with far too long, is beginning to annoy our customers. : Gereğinden çok fazla katlandığımız bu verimsizliğin, artık müşterileri kızdırmaya başlıyor.

E İyelik: **whose** ya da **of which**

whose, genellikle hem hayvanlar, hem de cansızlar için kullanılır. **of which**'i nesnelerle kullanmak olanağı varsa da, çok biçimsel İngilizce dışında buna rastlanmaz.

His house, whose windows were all broken, was a depressing sight. : Onun, bütün camları kırık olan evi insana hüzün veriyor.

The car, whose handbrake wasn't very reliable, began to slide backwards. : El freni pek güvenilir olmayan araba geriye doğru kaymaya başladı.

82 Bağlayan ilgi cümlecikleri

Zamirler **who, whom, whose, which**'tir. Virgüller, tanımlamayan cümleciklerde olduğu gibi kullanılır. Bağlayan ilgi cümlecikleri, ait oldukları ismi nitelemezler; olayın gerisini getirirler. Genellikle ana fiilin tümlecinden:

I told Peter, who said it wasn't his business. : Peter'a anlattım, o da bunun onu ilgilendirmediğini söyledi.

ya da edat + isim'den sonra kullanılırlar:

I threw the ball to Tom, who threw it to Ann. : Topu Tom'a attım, o da Ann'e attı.

Bunların yerine **and/but + he/she** vb. kullanılabilir:

I threw the ball to Tom, and he threw it . . . : Topu Tom'a attım, o da onu . . .

I told Peter, but he said . . . : Peter'a söyledim, ama o da . . .

Bazen bu durumda olan bir cümleciğin tanımlamayan cümlecik mi, bağlayan cümlecik mi olduğunu ayırd etmek zor olabilir, fakat öğrencilerin bu ayrımı yapmaları zorunlu değildir, çünkü bunlar aynıdır.

Bağlayan cümleciklere birkaç örnek daha:

He drank beer, which made him fat = He drank beer and it made him fat. : Bira içiyordu, bu da onu şişmanlaştırdı.

We went with Peter, whose car broke down before we were halfway there = We went with Peter but his car broke down before we were halfway there. : Peter'la gittik, onun da arabası daha yolun ortasına gelmeden bozuldu.

80'de gösterildiği gibi, **one, two** vb, **few/several/some** vb. + **of** + **whom/which**'i kullanabiliriz:

I bought a dozen eggs, six of which broke when I dropped the box. : Bir düzine yumurta aldım; altısı, ben kutuyu düşürünce kırıldı.

He introduced me to his boys, one of whom offered to go with me. : Beni oğullarından tanıştırdı; (onlardan) biri benimle gitmeyi önerdi.

The lorry crashed into a queue of people, several of whom had to have hospital treatment. : Kamyon, kuyrukta bekleyen bir kalabalığın içine daldı; birkaçının hastane tedavisi (hastanede tedavi) görmesi gerekti.

which, ayrıca bütün cümleciğin de yerini alabilir:

The clock struck thirteen, which made everyone laugh. : Saat onüçü vurdu; bu da herkesi güldürdü.

He refused to do his share of the chores, which annoyed the others. : Günlük işlerden üstüne düşen payı yapmak istemedi; bu da herkesi sinirlendirdi. (Reddetmesi onları sinirlendirdi.)

The rain rattled on the roof all night, which kept us awake. : Yağmur bütün gece çatıda şıpırdadı; bu da hepimizin uykusunu kaçırdı.

She was much kinder to her youngest child than she was to the others, which made the others jealous. : En küçük çocuğuna ötekilere olduğundan çok daha iyi davranıyordu; bu da ötekilerini kıskandırıyordu.

83 **what** (ilgi cümleciği) ve **which** (bağlayan cümlecik)

what = the thing that/the things that : . . . diğim (vb) şey/şeyler

What we saw astonished us = The things that we saw astonished us. : Gördüğümüz şeyler bizi şaşırttı.
When she sees what you have done she will be furious = When she sees the damage that you have done she will be furious. : Yaptıklarını görünce çılgına dönecek = Verdiğin hasarı görünce çılgına dönecek.

İlgi zamiri olan **what** ile bağlayan ilgi zamiri **which**'i karıştırmamaya dikkat ediniz. **Which**'in, bir önceki cümlede bulunan bir isme gönderme yapmasına karşılık **what**'ın gerideki herhangi bir şeye gönderme yapmadığını anımsayınız. Ayrıca **what** ilgi zamiri bir fiilin tümleci olmasına karşın **which** bağlayan ilgi zamiri genellikle öznedir:

He said he had no money, which was not true. : Hiç parası olmadığını söyledi, ki bu doğru değil.

Some of the roads were flooded, which made our journey more difficult. : Yollardan bazılarını sel basmıştı; bu da yolculuğumuzu zorlaştırdı.

(Ayrıca 82'ye bakınız.)

84 İlgi cümleciklerinde virgülün önemi

Bir tanımlayan ilgi cümleciğinin virgülsüz yazıldığını anımsayın. Virgül konduğu zaman anlamın nasıl değiştiğine dikkat ediniz:

(a) *The travellers who knew about the floods took another road.*
(b) *The travellers, who knew about the floods, took another road.*
(a) Selden haberi o'lan gezginler bir başka yoldan gittiler.
(b) Selden haberi olan gezgin'ler, bir başka yoldan gittiler.

(a)'da bir tanımlayan ilgi cümleciği bulunmaktadır; bu, bir isim olan *travellers*'ı nitelemekte ya da kısıtlamaktadır. Dolayısıyla bu cümle bize, yalnızca selden haberi olan gezginlerin başka bir yoldan gittiklerini belirtir ve bundan haberi olmayan ve dolayısıyla sel baskınına uğramış olan yoldan giden başka gezginlerin de bulunduğunu ima eder. (b)'de bir tanımlamayan cümlecik vardır; önündeki ismi niteleyip kısıtlamaz. Dolayısıyla bu cümlede bütün gezginlerin selden haberli olduklarını, dolayısıyla başka bir yoldan gittikleri anlamı gizlidir.

ÇEVİRİCİNİN NOTU: (b) cümlesinin çevirisindeki virgül, Türkçede de bu ayrımı göstermektedir. Ayrıca vurgulamada da ayrım vardır. Bunu çeviride verdik.

(c) *The boys who wanted to play football were disappointed when it rained.*
(d) *The boys, who wanted to play football, were disappointed . . .*
(c) Futbol oynamak iste'yen çocuklar yağmur yağınca düş kırıklığına uğradılar.
(d) Futbol oynamak isteyen çocuk'lar, yağmur yağınca düş kırıklığına uğradılar.

(c) cümlesi çocuklardan bir bölümünün futbol oynamak istediği anlamını taşımaktadır. Yağmur yağıp yağmamasına aldırmayan başka çocuklar da vardı herhalde. (b) cümleciğinde, bütün çocukların futbol oynamak istediği ve hepsinin düş kırıklığına uğradığı anlamı gizlidir.

(e) *The wine which was in the cellar was ruined.*
(f) *The wine, which was in the cellar, was ruined.*
(e) Kilerde'ki şarap bozuldu.
(f) Kilerdeki şa'rap, bozuldu.

(e) cümlesinde şarabın bir bölümünün bozulduğu anlamı gizlidir. Anlaşılan başka bir yerde tutulup bozulmaktan kurtulan şarap da vardı. (f) cümlesi bütün şarabın kilerde olduğunu ve bozulduğunu gösterir.

85 whoever, whichever, whatever, whenever, wherever, however

Bunların değişik anlamları olup ilgi cümlecikleri ile öteki cümlecikleri sunarlar. Öteki cümlecikler teknik olarak bu bölüme ait değilse de bu **ever**'li yapıları bir arada toplamak daha uygun görünmektedir.

A **whoever** (zamir) ve **whichever** (zamir ve sıfat), 'the one who', 'he who', 'she who' (. . . en) anlamlarına gelebilir:

Whoever gains the most points wins the competition. : Her kim en çok puanı alırsa o kazanır. / En çok puan alan kazanır.

Whichever of them gains the most points wins. : Onlardan hangisi en çok puanı alırsa o kazanır.

Whichever team gains the most points wins. : Hangi takım en çok puan alırsa o kazanır.

Whoever gets home first starts cooking the supper. : Eve her kim ilk önce varırsa akşam yemeğini pişirmeye başlar. / Eve ilk giden akşam yemeğini pişirmeye başlar.

Whichever of us gets home first starts cooking. : Hangimiz eve ilk önce gelirse (o) yemeği pişirmeye başlar.

Whoever cleans your windows doesn't make a good job of it. : Camlarını (her) kim temizliyorsa bu işi iyi yapmıyor.

B **whatever** (zamir ve sıfat), **whenever, wherever** (her ne, her nerede/nereye, her ne zaman)

You can eat what/whatever you like. (anything you like) : Ne istersen yiyebilirsin. (istediğini . . .)
When you are older you can watch whatever programme you like. : Büyüyünce hangi programı istersen izleyebilirsin.
My roof leaks when/whenever it rains. (every time it rains) : (Her) ne zaman yağmur yağsa çatım akar. (her yağışında)
You will see this product advertised everywhere/wherever you go. : Her gittiğin yerde/Nereye gitsen bu ürünün reklamının yapıldığını görürsün.
Go anywhere/wherever you like. : Nereye istersen git / İstediğin yere git.

C **whoever, whichever, whatever, whenever, wherever, however,** aynı zamanda 'no matter who' vb. ('kim olursa olsun' vb.) anlamına da gelebilir:

If I say 'heads, I win; tails you lose', I will win whatever happens ya da *whichever way the coin falls.* : 'Tura dersem ben kazanırım; yazı dersem sen kaybedersin.' Ne olursa olsun *ya da* para nasıl düşerse düşsün, ben kazanırım.

Whatever happens don't forget to write. : Ne olursa olsun (mektup) yaz.
I'll find him, wherever he has gone. (no matter where he has gone) : Nereye gitmiş olursa olsun onu bulacağım.

whatever you do (ne yaparsan yap) çoğu kez, bir emir ya da ricanın önemini vurgulamak için bunlardan önce ya da sonra kullanılır:

Whatever you do, don't mention my name. : Ne yaparsan yap, benim adımdan söz etme. (Burada 'whatever you do' : 'ne yaparsan yap', 'durumun ne olursa olsun' anlamındadır. / Ç.N.)

however, derece gösteren bir zarftır; bir sıfat ya da bir başka zarftan önce kullanılır:

I'd rather have a room of my own, however small (it is), than share a room. : Bir odayı paylaşmaktansa, ne kadar küçük olursa olsun kendi odamın olmasını tercih ederim.

However hard I worked, she was never satisfied. : Ne kadar çok çalışırsam çalışayım, hiç tatmin olmuyordu.

D **whatever, wherever,** konuşanın bilmezliğini ya da ilgisizliğini belirtebilir:

He lives in Wick, wherever that is. (I don't know where it is, and I'm not very interested.) : Wick'te oturuyormuş, her neresiyse. (Neresi olduğunu bilmiyorum ve bu pek de ilgimi çekmiyor.)

He says he's a phrenologist, whatever that is. (I don't know what it is and I'm not very interested.) : Frenologist olduğunu söylüyor - her neyse. (Ne olduğunu bilmiyorum ve bu pek de ilgimi çekmiyor.)

who ever? when ever? what ever? vb. ayrı sözcükler olarak söylenebilir, fakat o zaman anlam değişir (Bknz: 61.)

I lost seven kilos in a month. ~ How ever did you lose so much in such a short time? : Bir ayda yedi kilo verdim. ~ Bu kadar kısa zamanda bu kadar çok nasıl verebildin, kuzum?

BILL (kuşkuyla) : *I know all about you.*
(Seninle ilgili her şeyi biliyorum.)

TOM (öfkeyle) : *What ever do you mean?*
(Sen ne demek istiyorsun, be?)
Where ever did you buy your wonderful carpets? : Harika halılarını nereden aldın, kuzum?

9. Edatlar (Prepositions)

86 Sunuş

Edatlar, normal olarak isim ya da zamirlerden önce (fakat değişik konumlar için 87'ye bakınız) konan sözcüklerdir. Edatlar, fiillerden sonra de gelebilir fakat **but** ve **expect** dışında fiilin isimfiil biçiminde olması gerekmektedir:

He is talking of emigrating. : Göçmekten söz ediyor.
They succeeded in escaping. : Kaçmayı başardılar.

Öğrencilerin edatlarla iki sorunu olmaktadır: (a) bir yapıda edatın gerekli olup olmadığını, (b) gerekliyse hangi edatın kullanılacağını bilmek.
Birinci sorun özellikle Avrupalı bir öğrenci için sıkıntı yaratabilir çünkü kendi dilinde belli bir yapının edat gerektirmesine karşın bunun İngilizcedeki benzerinin edat gerektirmediğini görür, ya da bunun tersi olur. Örneğin birçok Avrupa dilinde amaç, edat + mastar ile, İngilizcede ise yalnızca mastarla ifade edilir:

I came here to study. : Buraya çalışmaya geldim.

(Bu cümleyi, 'Buraya çalışmak için geldim' olarak çevirirsek aynı sorunun Türkçe için de geçerli olduğunu görürüz. / Ç.N.)
Öğrencinin ayrıca, daha çok edat olarak kullanılan birçok sözcüğün bağlaç veya zarf olarak da kullanılabileceğine de dikkat etmesi gerekir. İlerideki paragraflarda böyle durumlar ortaya çıktığında buna dikkat çekilecektir.

87 Edatların değişik konumları

A Edatlar normal olarak isim ya da zamirlerden önce gelir. Ancak iki yapıda teklifsiz İngilizcede edatı cümlenin sonuna atmak olanağı bulunmaktadır:

1 Edat + **whom/which/what/whose/where** ile başlayan sorularda:

To whom were you talking? (biçimsel)
Who were you talking to? (teklifsiz) : Kiminle konuşuyordun?
In which drawer does he keep it? (biçimsel)
Which drawer does he keep it in? (teklifsiz) : Onu hani çekmecede saklıyor?

Eskiden cümleyi bir edatla bitirmek dilbilgisine aykırı kabul ediliyordu, fakat artık bu, halk dilinde normal sayılmaktadır.

2 Aynı biçimde, ilgi cümleciklerinden **whom/which**'ten önce kullanılan bir edat cümleciğin sonuna alınabilir. O zaman ilgi zamiri atılabilir:

the people with whom I was travelling (biçimsel)
the people I was travelling with (teklifsiz) : Birlikte seyahat ettiğim kişiler
the company from which I hire my TV set (biçimsel)
the company I hire my TV set from (teklifsiz) : TV setimi ödünç aldığım firma

B Fakat edatlı fiillerde edat/zarf, ait olduğu fiilden sonraki yerinde kalır ve biçimsel yapısını oluşturmak olanağı bulunmaz. *the children I was looking after* (baktığım çocuklar), *after* + *whom* ile yeniden yazılamadığı için *Which bridge did they blow up?* da *up* + *which*'le yeniden yazılamaz.

88 Dolaylı tümleçlerden önce **to** ve **for**'un atılması

A 1 *I gave the book to Tom* (Kitabı Tom'a verdim) gibi bir cümle *I gave Tom the book* (Tom'a kitabı verdim) biçiminde de ifade edilebilir. Böylece dolaylı tümleç öne alınıp **to** kaldırılabilir.

Bu yapıyı şu fiillerle kullanabiliriz:

bring	*give*	*leave*
getirmek	vermek	(miras) bırakmak
lend	*offer*	*pass*
ödünç vermek	teklif etmek	uzatmak (vermek)
pay	*play*	*promise*
ödemek	(müzik) çalmak	vaad etmek
sell	*send*	*show*
satmak	göndermek	göstermek
sing	*take*	*tell*
(şarkı) söylemek	götürmek	anlatmak

I showed the map to Bill = *I showed Bill the map.* : Haritayı Bill'e gösterdim = Bill'e haritayı gösterdim.
They sent £5 to Mr Smith = *They sent Mr Smith £5.* : 5 sterlin Mr Smith'e gönderdiler = Mr Smith'e 5 sterlin gönderdiler.

2 Aynı biçimde *I'll find a job for Ann* (Ann'e bir iş bulurum), *I'll find Ann a job* (Anlam aynı / Ç.N.) olarak (dolaylı tümleci başa alıp **for**'u atarak) ifade edilebilir. Bu yapıyı **book, build, buy, cook, (bake, boil, fry,** vb), **fetch, find,**

get, keep, knit, leave, make, order, reserve (ayırtmak, inşa etmek/kurmak, satın almak, pişirmek, [fırında pişirmek, kaynatmak, kızartmak vb.], gidip getirmek, bulmak, getirmek/almak, tutmak/korumak, örmek, bırakmak/terketmek, ısmarlamak, [yer] ayırtmak/tutmak) fiillerinden sonra kullanılabilir:

I'll get a drink for you = I'll get you a drink. : Sana bir içki alayım
I bought a book for James = I bought James a book. : James'e bir kitap aldım.

B Normal olarak iki yapı da kullanılabilir, fakat:

1 Düz tümleç bir takım ya da cümlecik olduğu zaman edatsız yapı yeğ tutulur:

Tell her the whole story. : Ona bütün olup bitenleri anlat.
Show me what you've got in your hand. : Elinde olanı bana göster.

2 Edatlı yapı şu durumlarda yeğ tutulur:

(a) Dolaylı tümleç bir takım ya da cümlecik olduğu zaman:
We kept seats for everyone on our list/for everyone who had paid. : Listemizdeki herkes/para ödeyen herkes için yer ayırdık.
I had to show my pass to the man at the door. : Pasomu kapıdaki adama göstermek zorunda kaldım.

(b) Dolaylı tümleç **it** ya da **them** olduğu zaman. *They kept it for Mary. She made them for Bill. We sent it to George* (Onu Mary'ye ayırdılar. Onları Bill'e yaptı. Onları George'a gönderdik) gibi cümlecikler fiil + isim + zamir yapısı ile ifade edilemezler.

Dolaylı tümleç de bir zamirse (*I sent it to him.* : Onu ona gönderdim.) bazen zamirleri ters çevirip **to**'yu atmak olanağı vardır. (*I sent him it.*) fakat bu **for**'lu yapılarda kullanılamaz ve bundan kaçınmak daha iyidir.

Bu kısıtlama öteki zamirlerden oluşan tümleçlerde geçerli değildir:
He gave Bill some. : Bill'e biraz/birkaç tane verdi.
He didn't give me any. : Bana hiç vermedi.
He bought Mary one. : Mary'ye bir tane (satın) aldı.
I'll show you something. : Sana birşey göstereceğim.

C **promise, show, tell,** yalnızca dolaylı tümleçle **to** almadan kullanılabilir:

promise us	*show him*	*tell him*
bize söz ver	ona göster	ona söyle

read, write da aynı biçimde kullanılabilir, fakat **to**'yu gerektirirler:

read to me	*write to them*
bana oku	onlara yaz

play, sing (almak, şarkı söylemek), **to** ve **for**'la kullanılabilir:

play to us	*play for us*	*sing to us*	*sing for us*
bize çal		bize şarkı söyle	

89 to'nun iletişim fiillerinden sonra atılması

A Emir, rica, çağrı (davet) ve öğüt gösteren fiilleri (örneğin *advise* [öğütlemek], *ask* [rica etmek], *beg* [yalvarmak], *command* [emretmek], *encourage* [yüreklendirmek], *implore* [yalvarmak, istirham etmek], *invite* [çağırmak, davet etmek], *order* [emretmek], *recommend* [önermek], *remind* [anımsatmak], *request* [rica etmek], *tell* [söylemek], *urge* [kışkırtmak, . . .meye itmek, teşvik etmek], *warn* [uyarmak]) doğrudan doğruya hitap edilen kişi (**to**'suz) + mastar izleyebilir:

They advised him to wait. : Ona beklemesini öğütlediler.
I urged her to try again. : Onu yeniden denemeye teşvik ettim. (Bak: 244)

Hitap edilen kişi (**to**'suz) başka yapılarla da *advise, remind, tell, warn*'dan sonra kullanılabilir:

He reminded them that there were no trains after midnight. : Onlara, gece yarısından sonra tren olmadığını anımsattı.
They warned him that the ice was thin/warned him about the thin ice. : Onu buzun ince olduğu konusunda uyardılar / Onu ince buz hakkında uyardılar.

Ancak *recommend* = advise (önermek) fiilinin, başka yapılarla kullanıldığı zaman hitap edilen kişiden önce **to** istediğine dikkat ediniz:

He recommended me to buy it. : Bana onu satın almamı önerdi. **Fakat:**
He recommended it to me. : Onu bana önerdi.

He recommended me (for the post) ([Bu makam için] beni önerdi), 'He said I was suitable' (Benim uygun olduğumu söyledi) anlamına gelir.
ask öteki yapılarla kullanıldığı zaman hitap edilen kişinin belirtilmesi isteğe bağlıdır. Burada **to** edatı hiçbir zaman kullanılmaz:

He asked (me) a question. : (Bana) bir soru sordu.
He asked (me) if I wanted to apply. : (Bana) başvurup vurmayacağımı sordu.
She asked (her employer) for a day off. : (Patronundan) bir boş gün istedi.

B *call (= shout)* (çağırmak), *complain* (yakınmak), *describe* (tanımlamak), *explain* (anlatmak), *grumble* (homurdanmak), *murmur* (mırıldanmak), *mutter* (söylenmek), *say* (söylemek), *shout* (bağırmak), *speak* (konuşmak), *suggest* (salık vermek), *talk* (konuşmak), *whisper* (fısıldamak), hitap edilen kişiden önce **to** isterlerse de bu kişiyi belirtmek zorunlu değildir:

Peter complained (to her) about the food. : Peter (ona) yemek konusunda yakındı.

She said nothing (to her parents). : (Anne-babasına) bir şey demedi.
He spoke English (to them). : (Onlarla) İngilizce konuştu.

Özne öteki kişiye kızgınsa *shout at* (. . .e bağırmak) kullanılır:

He shouted at me to get out of his way. : Bana, yolumdan çekil, diye bağırdı.

Bunu, uzakta olduğum için sesini yükseltti, anlamına gelen *shout to* ile karşılaştırınız.

90 Zaman ve tarih: **at, on, by, before, in**

A *at, on*

at a time: belirli bir zamanda

at dawn	*at six*	*at midnight*	*at 4.30*
şafakla	altıda	gece yarısı	4.30'da

at an age: belli bir yaşta
at sixteen/at the age of sixteen : onaltısında/onaltı yaşında
She got married at seventeen. : Onyedisinde evlendi.

on a day/date: belli bir gün:

on Monday	*on 4 June*	*On Christmas Day*
Pazartesi	4 Haziranda	Noel Günü

Kural dışı durumlar:
at night (geceleyin)
at Christmas (Noel'de), *at Easter* (Paskalya'da)
(Yalnızca gün değil, süre.)

on the morning/afternon/evening/night of a certain date : Belli bir günün sabahında/öğleden sonrasında/akşamında/gecesinde:

We arrived on the morning of the sixth. : Altıncı günün akşamı vardık/geldik.

Kuşkusuz,

this/next Monday : bu/gelecek Pazartesi
any Monday : herhangi bir Pazartesi
one Monday : bir Pazartesi

demek olanağı da vardır.

B **by, before**

by a time/date/period = at that time or before/not later than that date (Belli bir zamana/tarihe/süreye kadar = o zamanda ya da o zamandan önce/daha sonra değil). Genellikle 'before that time/date' (o zamandan/tarihten önce) anlamını içerir:

The train starts at 6.10, so you had better be at the station by 6.00. : Tren saat 6.10'da kalkıyor; onun için saat 6.00'ya kadar istasyonda olsanız iyi olur.

by + bir zaman ifadesi çoğu kez bir -miş'li zamanla (perfect tense), özellikle gelecek öncesi (future perfect) ile kullanılır. (Bknz: 216):

By the end of July I'll have read all those books. : Temmuz sonuna dek bütün o kitapları okumuş olacağım.

before, edat, bağlaç, zarf olabilir:

Before signing this . . . : Bunu imzalamadan önce . . . (edat)
Before you sign this . . . : Siz onu imzalamadan önce (bağlaç)
I've seen him somewhere before. : Onu daha önceden bir yerde gördüm. (zarf)

(Bak: 195 B, 342)

C **on time, in time, in good time**

on time = on the time arranged, not before, not after (zamanında = belirlenen zamanda, daha önce ya da sonra değil):

The 8.15 train started on time (It started at 8.15). : 8.15 treni zamanında kalktı (Saat 8.15'te kalktı).

in time/in time for + isim = not late (zamanında = geç değil); **in good time (for)** = with a comfortable margin (zamanında, sıkışmadan):

Passengers should be in time for their train. : Yolcular trene zamanında gelmelidir / Trene yetişmelidir.
I arrived at the concert hall in good time (for the concert). : Konser salonuna (konser için) zamanında geldim / İyi geldim. (Konser belki 7.30'da başladı; ben saat 7.15'te oradaydım.)

D **on arrival, on arriving, on reaching, on getting to**
on arrival/on arriving, he . . . : when he arrives/arrived, he . . . : Geldiğinde? Gelişinde/Gelince, . . .

on, bazı (daha çok bilgi ileten) fiillerin isim-fiilleri ile de aynı biçimde kullanılabilir:

On checking, she found that some of the party didn't know the way. : Soruşturunca, kafiledekilerden bir bölümünün yolu bilmediğini öğrendim.
On hearing/Hearing that the plane had been diverted, they left the airport. : Uçağın yön değiştirdiğini öğrenince havaalanını terkettiler.

Son cümledeki **on** cümleden atılabilir. (Bknz: 227)

E **at the beginning/end, in the beginning/end, at first/at last**
at the beginning (of)/at the end (of) : başında-başta/sonunda-sonda:

At the beginning of a book there is often a table of contents. : Kitabın başında, genellikle bir 'içindekiler' listesi vardır.
At the end there may be an index. : Sonda bir dizin bulunabilir.

in the beginning/at first: başlarda (ilk aşamalarda). Bu ifade, daha sonra bir değişiklik olduğunu belirtir:

In the beginning/At first we used hand tools. Later we had machines. : Başlarda el aletleri kullanıyorduk ama sonradan makinelerimiz oldu.

in the end/at last: sonunda, bir süre sonra:
At first he opposed to the marriage, but in the end he gave his consent. : Başlarda evliliğe karşı çıktı, ama sonunda razı oldu.

91 Zaman: **from, since, for, during**

A **from, since** ve **for**

1 **from,** normal olarak **to** ya da **till/until** ile birlikte kullanılır:
Most people work from nine to five. : Birçok kişi dokuzdan beşe kadar çalışır.

from, yer için de kullanılabilinir:
Where do you come from? : Nerelisin?

2 **since,** zaman için kullanılır; yer için hiç kullanılmaz. 'O zamandan gönderme yapılan zamana kadar' anlamındadır. Çoğu kez şimdi öncesi (present perfect) ya da geçmiş öncesi (past perfect) fiil yapısı ile kullanılır (Bak: 185-8, 194).

He has been here since Monday. (from Monday till now.): Pazartesinden beri (Pazartesinden şimdiye kadar) burada.

He wondered where Ann was. He had not seen her since their quarrel. : Ann'in nerede olduğunu merak ediyordu. Onu tartışmalarından beri görmemişti.

since, zarf olarak da kullanılabilir. (Bknz: 37, 185-8):

He left school in 1983. I haven't seen him since. : Okuldan 1983'te ayrıldı. O zamandan beri onu görmedim.

since, zaman bağlacı olarak da kullanılabilir:

He has worked for us ever since he left school. : Ta okuldan ayrıldığından bu yana bizimle çalıştı.
It is two years since I last saw Tom =
I last saw Tom two years ago/I haven't seen Tom for two years. : Tom'u son gördüğümden bu yana iki yıl geçti = Tom'u en son iki yıl önce gördüm/Tom'u iki yıldan beri görmüyorum.

(**since**'in öteki cümlecik türleriyle kullanılışı için bak: 338)

3 **for**, bir zaman süresi içinde kulanılır: **for six years, for two months, for ever** (altı yıldan beri/altı yıldır/iki yıl süreyle, iki aydan beri/iki aydır/iki ay süreyle, sonsuzdan beri):

Bake it for two hours. : Onu iki saat fırında pişir.
He travelled in the desert for six months. : Altı ay süreyle çölde dolaştı.

for + zaman süresi, konuşma anına kadar uzanan bir eylem için şimdi ya da geçmiş öncesi (present/past perfect) fiil yapısı ile birlikte kullanılabilir:

He has worked here for a year. : Burada bir yıldır çalışıyor. (Bir yıl önce burada çalışmaya başladı ve hâlâ burada çalışıyor.)

Böyle kullanılan **for**'un yerine **since** ve eylemin başladığı belirli zaman kullanılabilir:

He has worked here since this time last year. : Geçen yıl bu zamandan beri burada çalışıyor.

B **during** ve **for**

during genellikle, bilinen (Christmas [Noel], Easter [Paskalya] gibi tanınan) ya da daha önce tanımlanmış zaman süreçleriyle birlikte kullanılabilir:

during the Middle Ages : Orta Çağ sırasında
during 1941 : 1941 boyunca
during the summer (of that year) : (o yılın) yazında
during his childhood : çocukluğu sırasında
during my holidays : tatilim sırasında

Eylem bütün süre boyunca da devam edebilir, bu süre içinde bir anda da olabilir:

It rained all Monday but stopped raining during the night. : Bütün Pazartesi yağmur yağdı, fakat gece (sırasında) yağmur kesildi. (Belli bir zaman)
He was ill for a week, and during that week he ate nothing. : Bütün hafta hastaydı ve bu hafta boyunca hiç bir şey yemedi.

(Amaç gösteren) **for**, bilinen sürelerden önce kullanılabilir:

I went there/ hired a car/I rented a house for my holidays/for the summer. : Tatilim için (süresince)/Yaz için (süresince) oraya gittim/bir araba kiraladım/ev tuttum.

for'un başka birkaç kullanışı daha vardır:

He asked for £5. : 5 sterlin istedi.
I paid £1 for it. : Ona 1 sterlin ödedim.
I bought one for Tom. : Bir tane Tom'a aldım. (Bak: 88)

for bir bağlaç olabilir ya da bir cümleçiği sunabilir. (Bak: 330)

92 Zaman: **to, till/until, after, afterwards** (zarf)

A **to** ve **till/until**

to, zaman ve yer için, **till** ve **until** yalnızca zaman için kullanılabilir. **from . . . to** veya **from . . . till/until**'i kullanabiliriz:

They worked from five to ten/from five till ten. : Beşten ona kadar çalıştılar. *(at five to ten,* 9.55'te anlamına gelir.)

Fakat **from** yoksa **to** değil, **till/until** kullanırız:

Let's start now and work till dark. : Şimdi başlayıp karanlığa kadar çalışalım.

Geç kalışı vurgulamak için **till/until** çoğu kez olumsuz bir fiille birlikte kullanılır.

We didn't get home till 2 a.m. : (Eve sabahın ikisinden önce varmadık) Eve ancak sahabın ikisinde vardık.
He usually pays me on Friday but last week he didn't pay me till the following Monday. : Bana (parayı) normal olarak Cuma günü öder ama geçen hafta, bir sonraki Pazartesi'nden önce ödemedi/ancak ertesi Pazartesi ödedi.

to/till çoğu kez bir zaman bağlacı olarak kullanılır:

We'll stay here till it stops raining. : Yağmur durana kadar burada kalacağız.

Go on till you come to the level crossing. : Hemzemin geçide gelinceye kadar devam edin.

Fakat **you come to** söylenmezse **till**'in yerine **to** kullanılması gerektiğine dikkat ediniz:

Go on to the level crossing. : Hemzemine kadar devam edin.

B **after** ve **afterwards** (zarf)

after'dan (edat) sonra bir isim/zamir ya da isim-fiil gelmelidir:
Don't bathe immediately after a meal/after eating. : Yemekten/Yemek yedikten hemen sonra denize girme.
Don't have a meal and bathe immediately after it. : Yemek yiyip onun hemen ardından denize girme.

Bir isim/zamir ya da isim-fiil kullanmak istemiyorsak **after** (sonra) kullanamayız; **afterwards** (= **after that**) ya da **then** (sonradan = bundan sonra ya da daha sonra) kullanmalıyız:

Don't have a meal and bathe immediately afterwards. : Yemek yiyip hemen ardından denize girme.
They bathed and afterwards played games/played games afterwards ya da *They bathed and the played games.* : Denize girdiler, sonra da oyunlar oynadılar *ya da* denize girdiler, daha sonra oyunlar oynadılar.

afterwards, cümleciğin her iki ucunda da kullanılabilir ve **soon, immediately, not long** vb. ile nitelenebilir:

Soon afterwards we got a letter. : Hemen ardından bir mektup aldık.
We got a letter not long afterwards. : Az sonra bir mektup aldık.

after, bir bağlaç olarak da kullanılabilir:
After he had tuned the piano it sounded quite different. : O piyanoyu akord edince piyanonun sesi değişti.

93 Gezi ve hareket: **from, to, at, in, by, on, into, onto, off, out, out of**

A Yolculukta çıkış yerimizden önce **from**, varacağımız yer için **to** kullanırız:

They flew/drove/cycled/walked from Paris to Rome. : Paris'ten Roma'ya uçakla/arabayla/bisikletle/yürüyerek gittiler.
When are you coming back to England? : İngiltere'ye ne zaman dönüyorsun?

Ayrıca mektupları göndereceğimiz kişi ya da yerler için **to** kullanırız. (Fakat aşağıda **home** için düşülen nota bakınız.)

B **arrive at/in, get to, reach** (edatsız)

Bir kent ya da ülkeye varış anlamında **arrive in**; bir köye varış için **arrive at** ya da **in**, başka bir yöne varış ise **at** ile ifade ederiz:

They arrived in Spain/in Madrid. : İspanya'ya/Madrid'e vardılar.
I arrived at the hotel/at the airport/at the bridge/at the crossroads. : Otele/Havaalanına/Köprüye/Kavşağa vardım.

Gerek **get to,** gerekse **reach,** herhangi bir erek (hedef) için kullanılabilir:

He got to the station just in time for his train. : İstasyona, tam trenine yetişecek biçimde vardı.
I want to get to Berlin before dark. : Karanlık basmadan Berlin'e varmak istiyorum.
They reached the top of the mountain before sunrise. : Dağın tepesine gün doğuşundan önce vardılar.

get in (in = zarf), 'bir ereğe varmak' anlamına gelir. En çok trenler için kullanılır:

What time does the train get in? : Tren kaçta geliyor?

get there/back'e (oraya varmak/geri gelmek) de dikkat ediniz. (**there** ve **back** zarftır).

C home

Hareket vb. fiili + **home**'u edatsız olarak kullanabiliriz:

It took us an hour to get home. : Eve varmamız yarım saatimizi aldı.
They went home by bus. : Eve otobüsle gittiler.

Fakat **home**'un hemen arkasından bir sözcük ya da sözcük takımı geliyorsa bir adet gereklidir:

She returned to her parents' home. : Anne-babasının evine döndü.

be/live/stay/work at home (evde bulunmak/oturmak/kalmak/çalışmak), **at** + . . . + **home** ya da **in** + . . . + **home** (. . . evinde) diyebiliriz:

You can do this sort of work at home veya *at/in your own home* : Bu tür işi evde/kendi evinde yapabilirsin.

D Ulaşım: **by, on, get in/into/on/onto/off/out of**

Ulaşım için şu ifadeleri kullanırız.

by *car* : otomobille (fakat **in** *the/my/Tom's car* : otomobille/otomobilimle/Tom'un otomobiliyle)
by *bus/train/plane/helicopter/hovercraft* : otobüsle/trenle/uçakla/helikopterle/hoverkraftla
by *sea/air* : deniz/hava yoluyla
by *a certain route* : belirli bir rotayı izleyerek
by *a certain place* : belli bir yer üzerinden (Ancak **via** [üzerinden] daha yaygındır):

We went by the M4. : M4 (otobanı) yoluyla gittik.
We went via Reading. : Reading üzerinden gittik.

walk ya da *go* **on** *foot* : Yürümek/yayan gitmek
cycle, go **on** *a bicycle* ya da **by** *bicycle* : pedal çevirmek (bisiklete binmek), bisikletle gitmek
ride ya da *go* **on** *horseback* : (ata) binmek ya da at sırtında gitmek
get **into** + bir kamu aracı ya da *get* **in** (zarf) : bir kamu aracına binmek ya da (yalnızca binmek)
go **on board** *a boat (= embark)* : gemiye binmek
get **on/onto** *a horse/camel/bicycle* : ata/deveye/bisiklete binmek
get **out of** *a public vehicle* ya da *get* **out** (zarf): bir kamu aracından inmek ya da (yalnızca) inmek
get **off** *a pubic vehicle, a horse, bicycle* vb. ya da *get* **off** : bir kamu aracından, attan bisikletten vb. inmek ya da (yalnızca) inmek

E **get in/into/out/out of** (girmek/çıkmak), giriş ve çıkışta bir zorluk bulunduğu zaman binalar, kurumlar ve ülkeler için **go/come/return** (gitmek/gelmek/dönmek) vb. yerine kullanılabilir. Buradaki **in** ve **out** zarf olarak kullanılırlar.

I've lost my keys! How are we going to get into the flat/to get in? : Anahtarlarımı yitirmişim! Daireye/İçeriye nasıl gireceğiz?
The house is on fire! We had better get out! (zarf) : Ev yanıyor! Çıksak iyi olur!
It's difficult to get into a university nowadays. : Bu günlerde bir üniversiteye girmek zor.

F Yön bildirme: **at, into, to,** vb. (edatlar), **along, on** (edat ve zarflar) ve **till** (bağlaç):

Go along the Strand till you see the Savoy on your right. : Sağında Savoy'u görünceye kadar kıyı boyunca yürü.

The bus stop is just round the corner. : (Otobüs durağı hemen köşeyi dönünce.) Köşeyi dönünce otobüs durağını görürsünüz.

Go on (zarf) *past the post office.* : Postaneyi geçtikten sonra devam et.
Turn right/left into Fleet Street. : Sağa/Sola, Fleet Street'e dön.
Take the first/second vb. *turning on/to the right* ya da *on/to your right.* : Sağdaki/Sağındaki ilk/ikinci (vb) girişe dön.
Go on (zarf) *to the end of the road.* : Yolun sonuna kadar devam et.
You will find the bank on your left halfway down the street. : Aşağı doğru giderken yolun yarısında bankayı bulursunuz.
When you come out of the station you will find the bank opposite you. : İstasyondan çıkınca bankayı karşınızda bulursunuz.
Get out (of the bus) at the tube station and walk on (zarf) *till you come to a pub.* : Metro istasyonunda otobüsten inip paba gelinceye kadar yürüyün.
Get off (the bus) and walk back (zarf) *till you come to some traffic lights.* : (Otobüsten) inip trafik lambalarına gelinceye kadar geriye doğru yürüyün.

to ve **till**'i karıştırmayınız. (Bak: 92 A).

94 at, in; in, into; on, onto

A **at** ve **in**

(**arrive in/at** için 84 B'ye bakınız.)

at

at home (evde), **at work** (işte), **at the office** (büroda/dairede), **at school** (okulda), **at the university** (üniversitede), **at an address** (bir adreste), **at a certain point** (belli bir noktada), örneğin **at the bridge** (köprüde), **at the crossroads** (kavşakta), **at the bus stop** (otobüs durağında) olabiliriz.

in

in + **a country** (bir ülkede), **a town** (bir kentte), **a village** (köyde), **a square** (meydanda), **a street** (caddede), **a room** (odada), **a forest** (ormanda), **a wood** (koruda), **a field** (tarlada), **a desert** (çölde) (ya da sınırları olan/çevrili başka bir yerde) olabiliriz.

Ancak, **a square** (bir alan), **a street** (bir cadde), **a room** (bir oda), **a field** (bir tarla) gibi küçük alanlar söz konusu olduğu zaman eğer **'inside** (içeride)' değil de **'at this point** (bu noktada)' demek istiyorsak **at** kullanabiliriz.

Bina için **in the building** ya da **at the building** diyebiliriz. Ancak **in** yalnızca içeride demektir; **at** ise o binaya ait sınırlar içinde herhangi bir yerde, ya da hemen dışarısında anlamına gelir. Eğer, '*X is at the station* : X istasyonda' dersek, onun 'istasyonunda hemen önündeki caddede/gişede/bekleme odasında/lokantada/peronda' olduğunu söylemiş olabiliriz. **'in the sea/a river/lake/swimming pool,** vb. (denizde/ırmakta/gölde/yüzme havuzunda, vb.)' ya da **'at the sea,** vb. (anlam aynı)' diyebiliriz. Burada **in,** resmen 'suyun içinde' anlamındadır:

The children are swimming in the river. : Çocuklar ırmakta yüzüyor.

'at the sea/river/lake', vb. ise 'deniz/nehir/göl kenarında' demektir. Ancak **at sea** (tanıtıcısız), 'gemide' anlamına gelir. (6 B'ye bakınız.)

B **in** ve **into**

Yukarıda belirtildiği gibi **in,** normal olarak konum gösterir. **into** ise hareket, giriş belirtir:

They climbed into the lorry. : Kamyona çıktılar. (Tam anlamı: Tırmanıp kamyona girdiler.)
I poured the beer into a tankard. : Birayı bir maşrapaya döktüm.
Thieves broke into my house/My house was broken into. : Hırsızlar evime girdi / Evime hırsız girdi.

Ancak **put** fiiliyle **in** de **into** da kullanılabilir:

He put his hands in/into his pockets. : Ellerini ceplerine soktu.

in; zarf olarak da kullanılabilir:
Come in = Enter. : İçeri gel = gir.
Get in (into the car). : [Arabaya] gir/bin.

C **on** ve **onto**

on, hem konum, hem hareket gösterebilir:

He was sitting on his case. : Valizinin üstüne oturuyordu.
Snow fell on the hills. : Tepelere kar düştü.
His name is on the door. : Adı kapıda.
He went on board the ship. : Gemiye bindi.

onto (özellikle hayvanlar ve insanlar için), bir düzey değişikliğinin söz konusu olduğu bir hareket için kullanılabilir:

People climbed onto their roofs. : Halk, evlerinin çatısına tırmandı.
We lifted them onto table. : Onları masanın üstüne kaldırdık = Kaldırıp masanın üstüne koyduk.
The cat jumped onto the mantelpiece. : Kedi, şöminenin rafına atladı.

on, zarf da olabilir: **Go on.** (Devam et.) **Come on.** (Haydi!)

95 above, over, under, below, beneath, vb.

A above ve over

above (edat ve zarf) ile **over** (edat), her ikisi de, '**higher than = . . . in** yukarısında' anlamına gelir. Bazen ikisi de aynı durum için kullanılabilir:

The helicopter hovered above/over us. : Helikopter tepemizde döndü durdu.
Flags waved above/over our heads. : Bayraklar, başlarımızın üstünde [yukarısında] dalgalanıyordu.

Fakat **over**, 'covering' (üstünü örten), 'on the other side of' (öte tarafında, 'across' (karşı tarafında) ve 'from one side to the other' (bir ucundan öteki ucuna) anlamına da gelebilir:

We put a rug over him. : Uzerine bir halı örttük.
He lives over the mountains. : Dağların öte yanında oturur.
There is a bridge over the river. : Irmağın üzerinde bir köprü var.

all over + isim/zamir, 'in every part of' (her yanında) anlamına gelebilir:
He has friends all over the world. : Dünyanın her yanında dostları var.
above, bu anlamlardan hiç birine sahip değildir.

over, 'more than' ya da 'higher than' (. . . den fazla/ . . . in üzerinde) anlamına gelebilir.
above, yalnızca 'more than' (. . . den fazla) anlamına gelebilir. Her ikisi de 'higher in rank' (rütbece yukarıda) anlamına gelebilir. Fakat *He is over me,* normal olarak 'He is my immediate superior' (Benim ilk amirim) demek olur. **above** her zaman bu anlama gelmeyebilir.

Bir ırmağın üzerinde bir köprü varsa, *above the bridge*, 'upstream' (nehrin yukarısında) demek olabilir.

over, öğünler/yiyecek/içeceklerle de kullanılabilir.

They had a chat over a cup of tea. (while driking tea) : Bir fincay çay icerken cene çaldık.

take + bir zaman ifadesi + **over** + isim/zamir bileşiminde **over**, 'to do/finish' (yapmak/bitirmek), vb. anlamına gelebilir:

He doesn't take long over lunch/to eat his lunch. : Yemekle çok zaman harcamaz.
He took ages over the job. (He took ages to finish it). : İşi bitirmesi çağlar sürdü.

above, 'earlier (in a book, article, etc.)' ([bir kitabın, makalenin, vb.] daha önceki bölümünde) anlamında bir sıfat ya da zarf da olabilir.

the above address (the previously mentioned address) : Yukarıdaki/daha önce sözü edilmiş olan adres

see B above (the previously mentioned section B) : yukarıda, (daha önce sözü edilmiş bölüm olan) B'ye bakınız.

B **below** ve **under**

below (edat ve zarf) ile **under** (edat), her ikisi de, **'lower than** = . . . in aşağısında' anlamına gelir. Bazen ikisi de aynı durum için kullanılabilir. Fakat **under**'da bir dokunma durumu söz konusu olabilir.

She put the letter under her pillow. : Mektubu yastığın altına koydu.
The ice crackled under his feet. : Buz, ayağının altında çatırdadı.

below'da, iki yüzey arasında daima bir boşluk vardır:
They live below us. : Aşağımızda otururlar.

Aynı biçimde:
We live above them. : Yukarılarında otururuz. (Yukarıda, A'ya bakınız.)

below ve **under**, 'mevkice/rütbece aşağıda' anlamına gelebilir. Fakat '*He is under me, I am his immediate superior* = Onun bir üstüyüm' demektir. **Below**'un böyle bir anlamı yoktur.
(Hem **over** hem de **under** zarf olarak kullanılabilir, ancak anlamları farklı olur.)

C **beneath** bazen, **under** yerine kullanılabilir, fakat onu daha soyut anlamlara ayırmak daha güvencelidir:

He would think it beneath him to tell a lie. : Yalan söylemeyi kendisinin altında görür = Yalan söylemeyi kendisine yakıştıramaz.
She married beneath her. : Kendinden düşük düzeyde bulunan birisiyle evlendi.

D **beside, between, behind, in front of, opposite**

A, B, C . . . sıralarına sahip bir tiyatro düşünün. A sırası, sahneye en yakını olsun. A sırasına Tom, Ann ve Bill (sırayla / Ç.N.); B sırasında ise Mary, Bob ve Jane oturmaktadır.

Sahne

A sırası	Tom	Ann	Bill
B sırası	Mary	Bob	Jane

Bu durumda:

Tom is beside Ann; Mary is beside Bob, vb. : Tom Ann'in yanında; Mary Bob'un yanında, vb.
Ann is between Tom and Bill; Bob is between Mary and Jane. : Ann Tom'la Bill'in arasında; Bob Mary'yle Jane'in arasında.
Mary is behind Tom; Tom is in front of Mary. : Mary Tom'un arkasında; Tom Mary'nin önünde.

Fakat eğer Tom ve Mary yemek yiyorlar ve Tom masanın bir ucunda, Mary öteki ucundaysa, **in front of**'u kullanmaz.

Tom is sitting opposite Mary/Tom is facing Mary. : Tom Mary'nin karşısında deriz.

Fakat *He stood in front of me* dersek ya *He stood with his back to me* : Sırtı bana dönük durdu, ya da *He faced me* : Karşımda durdu demiş oluruz. (Her iki halde de Türkçede: 'Önümde durdu' / Ç.N.)

Caddenin bir yanında oturan insanlar, karşı yandaki evlerden, '*the houses in front of us* önümüzdeki evler' değil '*the houses opposite* (us) [bizim] karşımızdaki evler)' diye söz edeceklerdir.

Ancak öteki nesneler için bu sınırlama geçerli değildir:

She put the plate on the table in front of him. : Tabağı onun önündeki masanın üstüne koydu. (Burada **before** da kullanılabilir.)
She sat with a book in front of her. : Önünde bir kitapla oturdu. (**Before** da kullanılabilir.)
Where's the bank? ~ There it is just in front of you! : Banka nerede? ~ İşte orada, önünde/karşında!)
There is a car-park in front of/at the back of the hotel. : Otelin önünde/arka tarafında bir [araba] park yeri var.

E **beside** ile **besides**'ı karıştırmayınız.

beside = at the side of (yanında)
We camped beside a lake. : Bir gölün kenarında kamp yaptık.

besides (edat) = *in addition to/as well as:* (. . . in yanında/ . . . ek olarak.)
I do all the cooking and cleaning and besides that I help Tom. : Bütün yemek pişirme ve temizlik işlerini yaparım; bunun yanında Tom'a yardımcı olurum.

besides (zarf), (a)'in addition to that/as well as that' (buna ek olarak) anlamına gelir:

I do the cooking and cleaning, and help Tom besides. : Yemek pişirme ve temizlik işini yaparım, bir de Tom'a yardım ederim.

(b) 'in any case/anyway' (zaten/üstelik de) anlamına gelir:

We can't afford oysters. Besides, Tom doesn't like them. : İstiridyeye gücümüz yetmez. Üstelik, Tom da onda hoşlanmıyor.

F **between** ve **among**

between, normal olarak, bir kişi/nesnenin, başka iki kişi/nesneye göre konumunu belirtir, fakat aklımızda belirli bir sayı varsa da bunu kullanabiliriz:

Luxemburg lies between Belgium, Germany and France. : Lüksemburg; Belçika, Almanya ve Fransa'nın ortasındadır.

among, bir kişi/nesnenin ikiden fazlasına göre konumunu belirtir. Normal olarak aklımızda belirli bir sayı yoktur:

He was happy to be among his friends again. : Yeniden arkadaşlarının arasında olmaktan mutluydu.
a village among hills : tepelerin arasında bir köy

G Yukarıda son cümledeki **among** yerine **with** de kullanılabilir. Kuşkusuz, **with**, tekil bir tümleçle de kullanılabilir:

He was with a friend. : Bir arkadaşıyla birlikteydi.

Öteki kullanımlara örnekler:

He cut it with a knife. : Onu bir bıçakla kesti.
Don't touch it with bare hands. : Ona çıplak elle dokunmayınız.
The mountains were covered with snow. : Dağlar karla örtülüydü.
I have no money with me/on me. : Üzerimde/yanımda para yok.
He fought/quarrelled with everyone. : Herkesle kavga ediyordu/tartışıyordu.

Betimlemelerde :

the girl with red hair : Kızıl saçlı kız.
the boy with his hands in his pockets : Elleri cebinde (bulunan) çocuk.
the man with his back o the camera/with his feet on his desk : Sırtı kameraya dönük/Ayakları masada (ayaklarını masasına dayamış) adam.

H **but** ve **except** (edat)

Bunlar aynı anlama gelirler ve birbirlerinin yerine kullanılabilirler.

Edat + tümleç *nobody/none/nothing/nowhere* vb'den hemen sonra geldiği zaman **but** daha yaygındır:

Nobody but Tom knew the way. : Tom hariç kimse yolu bilmiyordu.
Nothing but the best is sold in our shops. : Dükkânımızda yalnız en iyi mallar satılır.

Edat takımı cümlenin daha sonraki bölümüne geldiği zaman:

Nobody knew the way except Tom. : Tom hariç kimse yolu bilmiyordu.
ve *all/everybody/everyone/everything/everywhere* vb'den sonra **except** daha yaygındır.

anybody/anything/anywhere vb'den sonra **but, except**'ten daha vurguludur:
You can park anywhere but/except here. : Burası dışında her yerde park edebilirsiniz. (Burada park edemezsiniz.)

but ve **except,** çıplak mastar alırlar (Bknz: 98).
(Şart cümlelerinde kullanılan **but** ve **except** için 226'ya bakınız. **But**'ın bağlaç olarak kullanılışı için 326'ya bakınız.)

96 Sıfatlar ve ortaçlarla birlikte kullanılan edatlar

Bazı sıfatlar ve sıfat olarak kullanılan geçmiş zaman ortaçlarından sonra edat + isim/isimfiil gelebilir. (Fiil + edatlar için 97'ye bakınız.)
Genellikle belirli sıfat ve ortaçlar belirli edatları gerektirir. Bunlardan bir bölümü aşağıda verilmiştir. Ötekileri, bir sıfattan sonra onun hangi edatla birlikte kullanıldığını gösteren iyi bir sözlüğe danışarak bulunabilir.

about, at for, in, of, on, to, with'in bazı sıfat ve ortaçlarla kullanılması:

absorbed in
(. . .e gömülmüş)
according to
(. . .e göre)
accustomed to (Bknz: 163)
(. . . e alışkın)
afraid of (27B, 271)
(. . .den korkar)
anxious for/about (27 C)
(. . .konusunda endişeli)
ashamed of
(. . .den utanmış durumda)
aware of (27 F)
(. . .in ayrımında/farkında)
bad at/for
(. . .konusunda kötü)

involved in
(. . .e bulaşmış/. . .le meşgul)
keen on
(. . .konusuyla ilgili)
liable for/to
(. . .e yatkın/. . . meye mahkum)
nervous of
(. . .den dolayı gergin)
owing to
(. . .sayesinde)
pleased with
(. . .den hoşnut)
prepared for
(. . .meye hazırlıklı)
proud of
(. . .den gurur duyuyor)

capable of
(. . .meye yeteneği var)
confident of
(. . .den emin)
due to/for
(. . .den dolayı)
exposed to
(. . .e açık)

fit for
(. . .e uygun)
fond of
(. . .den hoşlanır)
frightened of/at
(. . .den korkar)
good at/for
(. . .de başarılı)
interested in
(. . .e ilgisi var)

ready for
(. . .e hazır)
responsible for/to
(. . .den/. . .e karşı sorumlu)
scared of
(. . .den korkar)
sorry for/about (27 B)
(. . .den dolayı üzülmek/özür dilemek)
successful in
(. . .de başarılı)
suspicious of
(. . .den kuşkulanıyor)
terrified of
(. . .den dehşete düşmüş)
tired of
(. . .den yorgun/bıkkın)
used to (163)
(. . .e alışkın)

He was absorbed in his book. : Kitabına gömülmüştü.
She is afraid/frightened/scared of the dark. : Karanlıktan korkar.
According to Tom it's 2.30. (Tom says it's 2.30) : Tom'a göre saat 2.30 (Tom, saat 2.30 diyor).
He's bad/good at chess. (a bad/good player). : Satrançta kötü/iyi (kötü/iyi bir oyuncu).
Running is bad/good for you. (unhealthy/healthy) : Koşmak sana iyi gelmez/gelir (sağlığına aykırı/yardımcı).
They are very keen on golf. : Golfü pek severler.
Drivers exceeding the speed limit are liable to a fine. : Hız sınırını aşan sürücülerin para cezası alma olasılıkları büyük.
The management is not responsible for articles left in customers' cars. : Müdüriyet, müşterilerin arabalarında unutulan eşyalardan sorumlu değildir.
I'm sorry for your husband. : Kocanın durumuna üzüldüm.
I'm sorry for forgetting the tickets. : Biletleri unuttuğum için özür dilerim.
I'm sorry about the tickets. : Biletlerden dolayı üzüntü duyuyorum/özür diliyorum.
(*good/kind* vb. + **of,** *It was kind of you to wait* için 26 B'ye bakınız.)

97 Fiiller ve edatlar

accuse somebody of
(birini . . .le suçlamak)

insist on
(. . .mekte ısrar etmek)

apologize (to somebody) for
(birisinden) . . .den dolayı özür dilemek)
apply to somebody for something
(birisine . . .konusunda başvurmak)
ask for/about
(. . .i sormak)
attend to
(. . .i izlemek) (toplantı, vb.)
beg for
(. . .için yalvarmak)
believe in
(. . .e inanmak)

beware of
(. . .e dikkat etmek)
blame somebody for
(. . .i . . .den dolayı suçlamak)

charge somebody with (an offense)
(birine . . .suçu yüklemek)
compare something with
(. . .i . . .ile karşılaştırmak)
(. . .i . . .e benzetmek)

comply with
(. . .e uymak; . . .gereğince hareket etmek)
conform to
(. . .e uygun biçimde olmak)
consist of
(. . .den oluşmak; . . .den ibaret olmak)
deal in
(. . .işine girmek)
depend on
(. . .e güvenmek)

dream of
(. . .i düşlemek)

fight with somebody for
(. . .ile . . .konusunda dövüşmek; . . .ile . . .in mücadelesini yapmak)

live on (food/money)
(yaşamını (yiyecek/para) ile sürdürmek)
long for
(canı . . .i çok çekmek)

object to
(. . .e itiraz etmek)
occur to
(aklına gelmek)
persist in
(. . .de kararlı olmak)
prefer somebody/something to somebody/something
(. . .i . . .e yeğ tutmak)
prepare for
(. . .e hazırlanmak)
punish somebody for
(. . .i . . .den dolayı cezalandırmak)
quarrel with somebody about
(. . .ile . . .konusunda tartışmak)
refer to
(. . .e gönderme yapmak/atıfta bulunmak/ . . .e [bir kaynağa] danışmak)
rely on
(. . .e güvenmek)

remind somebody of
(. . .e . . .i anımsatmak)
resort to
([bir yol]a başvurmak)

succeed in
(. . .meyi başarmak)
suspect somebody of
(. . .in . . .mesinden kuşkulanmak)
think of/about
(. . .konusunda . . .düşünmmek/ . . .i düşünmek)
wait for
(. . .i beklemek)

fine somebody for
(. . .i . . .den dolayı para cezasına çarptırmak)
hope for
(. . .i ummak)

warn somebody of/about
(. . .i, . . .konusunda uyarmak)

wish for
(. . .konusunda dilekte bulunmak, . . .i arzulamak)

Do you believe in ghosts? : Hayaletlere inanır mısın?
They were charged with receiving stolen goods. : Çalınmış mallar almakla suçlanıyorlarlardı.
You haven't complied with the regulations. : Yönetmeliklere uymadın.
For a week she lived on bananas and milk. : Bir hafta muz ve sütle yaşadı.
It never occurred to me to insure the house. : Evi sigorta ettirmek aklımın ucundan bile geçmedi.
They persisted in defying the law. : Yasayı hiçe saymakta ayak direttiler.
When arguments failed he resorted to threats. : Tartışmalar sonuçsuz kalınca tehdide başvurdu.

Ayrıca **feel like** + isim/zamir = feel inclined to have something (canı istemek/. . .cek durumda bulunmak) ifadesine de dikkat ediniz:

Do you feel like a drink/a meal/a rest? : Canın bir içki/yemek/dinlenmek istiyor musun? (Bunları yapacak halde misin?)

feel like + isim fiil = feel inclined to do something (içinden gelmek):
I don't feel like walking there. : Orada gezmek gelmiyor içimden.

(**like**'ın karşılaştırmalarda kullanımı için 21 G-L'ye bakınız.) Kuşkusuz edilgen fiilleri **by** + yapıcı öğe izler, fakat bunlardan sonra başka edatlar da gelebilir:

The referee was booed by the crowd. : Hakem, kalabalık tarafından yuhalandı.
The referee was booed for his decision/for awarding a penalty. : Hakem, kararından dolayı/havadan bir penaltı verdiği için yuhalandı.

98 Edatlardan sonra isimfiilin gelmesi

A Edatları izleyen fiillerin isimfiil biçiminde kullanılması gerektiği daha önce belirtilmişti:

He left without paying the bill. : Faturayı ödemeden gitti.
I apologize for not writing before. : Daha önce mektup yazmadığım için özür dilerim.
She insisted on paying for herself. : Kendi parasını kendi ödemek konusunda diretti.

Before signing the contract, read the small print. : Anlaşmayı imzalamadan önce küçük harflerle basılmış yazıyı oku.

Daha başka örnekler, bundan önceki bölümlerde bulunmaktadır. 259'a bakınız. Aşağıda, birkac isim + edat + isimfiil bileşimleri verilmiştir:

There is no point in taking your car if you can't park it there. : Orada park edemezsen, arabanı almanın bir anlamı yok.
What is the point of taking your car if you can't park? : Park edemiyorsan arabanı almanın anlamı ne?
Is there any chance/likelihood of his changing his mind? : Onun fikrini değiştirmesi konusunda herhangi bir olasılık (...değiştirmesi olasılığı hiç) var mı?
Have you any objection to changing your working hours? : Çalışma saatlerinin değiştirilmesine bir itirazın var mı?
I am in favour of giving everyone a day off. : Herkese bir gün izin vermeden yanayım.

B İsimfiil kuralının dışında kalan tek durum, **to**'suz mastar alan, **except** ve edat olarak kullanılan **but**'dır:

I could do nothing except agree. : Kabul etmekten başka bir şey yapamadım.
He did nothing but complain. : Yakınmaktan başka bir şey yapmadı.

Fakat **but** (fakat) bağlaç olarak kullanıldığı, yani bir cümleciğini sunduğu zaman, bundan sonra ya (tam [**to**'lu / Ç.N.] mastar, ya da isimfiil gelebilir:

Being idle sometimes is agreeable, but being idle all the time might become monotonous. : Boş dolaşmak bazen iyidir, ama her zaman boş dolaşmak monoton olabilir.
To be idle sometimes is agreeable, but to be idle all the time . . . : Başıboş dolaşmak bazen iyidir, fakat her zaman . . .

99 Edatlar/zarflar

Birçok sözcük hem edat, hem de zarf olabilir:

He got off the bus at the corner. : Köşede otobüsten indi. (Edat)
He got off at the corner. : Köşede indi. (Zarf)

Bunlardan en önemlileri, **above** (. . .in yukarısında/yukarıda), **about** (. . .ya kınlarında/yakında [yer]), **across** (. . .in karşı yanına/karşıda), **along** (. . .boyunca/peşinden, arkadan), **before** (. . .den önce/önceden), **behind** (. . .in arkasında/arkada), **below** (. . .in aşağısında/aşağıda), **by** (. . .ile/yanıbaşında), **down** (. . .in aşağı yanında/aşağıda), **in** (. . .in içinde/içeride - içine/içeriye), **near** (. . .in yakınında, yakınına/yakınlarda, yakına), **off** (. . .den öte, dışarı/ötede, dışarıya), **on** (. . .in üstünde, üstüne/[radyo, vb] açık), **over** (. . .in üzerinde/yukarıda), **past** (. . .den geçerek), **round** (. . .çevresinde/etrafında), **since** (. . .den beri), **through** (. . .içinden/öte yana), **under** (. . .in altında/altta), **up** (. . .in yukarısına doğru/yukarıda).

ÇEVİRİCİNİN NOTU: Türkçe karşılıklar, tek seçenekler değildir. Edatların Türkçelerini kullanımdan, daha iyi çıkarabilirsiniz.

10 Fiillere giriş (Introduction to verbs)

100 Fillerin Sınıflandırılması

A İngilizcede iki grup fiil vardır:

1 Yardımcı fiiller (auxiliaries): *to be, to have, to do, can, could, may, might, ought, shall, should, will, would; to need, to dare, to be able (can), may, must, will, shall, ought* ve *used.* (Yardımcıların işlevi için 102 - 108'e bakınız.)

2 Tüm öteki fiiller: *to work* (çalışmak), *to sing* (şarkı söylemek), *to pray* (dua etmek)

B *be, have do, need* ve *dare*'in sıradan fiillere benzeyen mastar ve ortaç biçimleri vardır, fakat, *can, could, may, might, must ought, shall, should, will* ve *would*'un ne mastar ne de ortaçları vardır; dolayısıyla birkaç biçimle sınırlıdır. (**used** için bak: 162 A.)
Yardımcıları incelemeden önce sıradan fiillere bakmak yararlı olacaktır. Sıradan fiillerin çoğunun çekimleri yardımcı fiillerle yapılır.

Sıradan Fiiller

101 Etken (active) fiilin ana yapıları

	Olumlu	Olumsuz
Şimdiki zaman mastar	*to work*	*not to work*
Şimdiki zaman süreklilik mastarı	*to be working*	*not to be working*
-miş'li mastar	*to have worked*	*not to have worked*
-miş'li sürekli mastar	*to have been working*	*not have been working*
şimdiki zaman ortacı ve isimfiil	*working*	*not working*
-mişli mastar ve isimfiil	*having worked*	*not having worked*
geçmiş zaman ortacı	*worked*	—

Kurallı fiillerde hem geçmiş, hem de geçmiş zaman ortacı mastarda **d** ya da **ed** ekleyerek oluşturulur. Bazen sondaki sessizi çift yazmak gerekebilir. Örneğin, *slip/slipped.* (Yazım kuralları için 355'e bakınız.) Kuralsız fiiller için 364'e bakınız.

Şimdiki zaman ortacı ve isimfiil her zaman kurallı olup mastara **ing** ekleyerek oluşturulur. **ed** eklemeden önce mastarın sonundaki sessizi iki kez yazmakla ilgili kural burada da geçerlidir. (Yazım kurallarına bakınız: 355)

102 Etken fiil yapıları tablosu (ve ilk akla gelen Türkçe karşılıkları / Ç.N.)

A Biçim

Geniş zaman *(Present simple)*	*he works* (çalışır) (172)
Şimdiki zamanda süreklilik *(Present continuous*	*he is working* (çalışıyor) (164)
Şimdi öncesi *(Present perfect)*	*he has worked* (çalışmış bulunuyor) (182)
Şimdi öncesinden süreklilik *(Present perfect continuous)*	*he has been working* (çalışmakta) (190)
Basit geçmiş *(Past simple)*	*he worked* (çalıştı) (175)
Geçmişte süreklilik *(Past continuous)*	*he was working* (çalışıyordu) (178)
Geçmiş öncesi *(Past perfect)*	*he had worked* (çalışmıştı) (194)
Geçmiş öncesinden süreklilik *(Past perfect continuous)*	*he had been working* (çalışıyordu) (197)
Basit gelecek *(Future simple)*	*he will work* (çalışacak) (207)
Gelecekte süreklilik *(Future continuous)*	*he will be working* (çalışıyor olacak) (211)
Gelecek öncesi *(Future perfect)*	*he will have worked* (çalışmış olacak) (216)
Gelecek öncesinden süreklilik *(Future perfect continuous)*	*he will have been working* (çalışıvor olacak) (216)
Şimdiki zaman şart *(Present conditional)*	*he would work* (çalışır[dı] (219) [herhalde]

Şimdiki zamanda sürekli şart *(Present continuous conditional)*	*he would be working* (çalışıyor olur[du] (219) [herhalde])
-miş'li şart *(Perfect conditional)*	*he would have worked* (çalışırdı) (220)
-miş'li/sürekli şart *(Perfect continuous conditional)*	*he would have been working* (çalışıyor olurdu)

B Olumludaki kaynaşmalar

be, have, will, would yardımcı fiilleri şöyle kaynaştırılırlar:

am	*'m*	*have*	*'ve*
will	*'ll*	*is*	*'s*
has	*'s*	*would*	*'d*
are	*'re*	*had*	*'d*

's'in **is** ya da **has**, **'d**'in de **had** ya da **would** olabileceğine dikkat ediniz:

He's going = He is going.
He's gone = He has gone.
He'd paid = He had paid.
He'd like a drink = He would like a drink.

Bu kaynaşmalar zamirlerden, **here, there**'den, bazı soru sözcüklerinden (bak: 104) ve kısa isimlerden sonra kullanılırlar:

Here's your pen. : İşte kalemin.
The twins've arrived. : İkizler geldi.
The car'd broken down. : Araba bozulmuştu.

Olumludaki kaynaşmalar cümlelerin sonunda kullanılmazlar:

You aren't in a hurry but I am. : Senin acelen yok ama benim var.
(Burada **I'm** kullanılamaz.)

shall/should, was ve **were** kaynaşmış biçimleriyle yazılmazlar fakat konuşmada /ʃl, ʃəd, wəz/ ve (wə(r)/ olarak kaynaşırlar.

C Vurgu
Fiil yapılarını kuran yardımcılar genellikle vurgusuzdurlar. Vurgu, ana fiile gelir.

103 Fiil yapılarının olumsuzları

A Geniş zaman: üçüncü tekil şahıs *does not/doesn't* + mastar; öteki şahıslar *do not/don't* + mastar.

Basit geçmiş zaman olumsuz, bütün şahıslar için *did not/didn't* + mastar'dır. Konuşmada genellikle kaynaştırma görülür:

He does not/doesn't answer letters. : Mektup yanıtlamaz.
They do not/don't live here. : Burada oturmuyorlar.
I did not/didn't phone her. : Ona telefon etmedim.
She did not/didn't wait for me. : Beni beklemedi.

Öteki tüm fiil yapıları yardımcıdan sonra **not** konarak oluşturulur.

Konuşmada genellikle kaynaştırma görülür:

He has not/hasn't finished. : İşini bitirmedi.
He would not/wouldn't come. : Bir türlü gelmedi.

B Olumsuzda kaynaşmalar

be, have, will, would, shall, should, do, şöyle kaynaşır:

am not	*'m not*
is not	*isn't* ya da *'s not*
are not	*aren't* ya da *'re not*

I'm not going and Tom isn't going?/Tom's not going. : Ben gitmiyorum, Tom da gitmiyor.
We aren't going/We're not going. : Gitmiyoruz.

have not ve **has not, haven't** ve **hasn't** olarak kaynaştırılır fakat -miş'li (perfect) fiil yapılarında **'ve not** ve **'s not** da kullanılabilir:

We haven't seen him/We've not seen him. : Onu görmedik.
He hasn't/He's not come yet. : Henüz gelmedi.

will not, won't olarak kaynaşır. Ancak **'ll not** da kullanılabilir. **Shall not, shan't** olarak kaynaşır:

I won't go/I'll not go till I hear and I shan't hear till tomorrow. : Haber almadan gitmeyeceğim ve yarından önce haber almayacağım.

Öteki fiil yapıları normal olarak **n't** ekleyerek kaynaşır.

Olumsuz kaynaşmalar cümlenin sonuna gelebilir:

I saw it but he didn't. : Onu ben gördüm ama o görmedi.

C İngilizce olumsuz cümlede yalnızca bir tane olumsuz ifadesi bulunabilir. İki olumsuz ifade cümleye olumlu anlam verir:

Nobody did nothing (Kimse bir şey yapmadı değil), 'Everybody did something' (herkes bir şeyler yaptı) anlamındadır.

Dolayısıyla *never, no* (sıfat), *none, nobody, no one, nothing, hardly, hardly ever,* vb. olumlu bir fiille kullanılırlar. Şöyle diyebiliriz.

He didn't eat anything ya da *He ate nothing.* : Bir şey yemedi.
He doesn't ever complain ya da *He never complains.* : Hiç yakınmaz.
We haven't seen anyone ya da *We have seen no one.* : Kimseyi görmedik.
They didn't speak much ya da *They hardly spoke at all/They hardly ever spoke.* : Hemen hemen hiç konuşmadılar.

104 Soru ve ricalarda soru yapısı

A Geniş zamanda soru, *does he/she/it* + mastar; *do I/you/we/they* + mastar ile oluşturulur.
Basit geçmiş soru yapısı; *did* + özne + mastar'dır.

Does Peter enjoy parties? : Peter partileri sever mi?
Did he enjoy Ann's party? : Ann'in partisi hoşuna gitti mi?

Öteki tüm fiil yapılarında soru, özneyi yardımcının arkasına koyarak oluşturulur:

Have you finished? : İşin bitti mi?
Are you coming? : Geliyor musun?

B Soruda kullanılan yardımcı fiil kaynaşmaları

1 **am, is, are, have, had, will** ve **would**

how, what, who, where, why'dan sonra bunlar, 102 B'de gösterildiği gibi kaynaşırlar:

How will/How'll he get there? : Oraya nasıl varacak?
What has/What's happened? : Ne oldu?

is ve **will** de **when**'den sonra kaynaşabilir:
When ise/When's he coming? : Ne zaman geliyor?

will de *which*'den sonra kaynaşabilir:
Which will/Which'll you have? : Hangisini alırsın?

Yukarıda, A'da olduğu gibi fiil önce geliyorsa, olumsuz soru biçimleri yazıda kaynaşmaz.

2 **shall, should, do** ve **did**, kaynaşmış biçimleriyle yazılmazlar. Ancak **do you**, bazen **d'you** olarak yazılır. Konuşmada **shall, should** ve **do you**, genellikle /ʃl, ʃəd, dju:/ olarak kaynaşır.

B **during** ve **for**

C Soru biçimi sorular için kullanılır, fakat şu durumlarda kullanılmaz:

1 Soru, öznenin kimliğine ilişkinse:

Who told you? : Sana kim söyledi?
What happened? : Ne oldu?

2 Dolaylı aktarımda:

He said, 'Where does she live?' : 'O nerede oturur?' dedi.
= *He asked where she lived.* : Onun nerede oturduğunu sordu.

3 Sorudan önce, şu türden bir giriş ifadesi koyarsak: *Do you know* (. . .biliyor musunuz), *Can you tell me* (bana. . . söyleyebilir misiniz), *I want to know* (. . .bilmek/öğrenmek istiyorum), *I'd like to know* (. . .bilmek/öğrenmek isterim). *I wonder/was wondering* (. . .merak ediyor(d)um), *Have you an idea* (. . .bir fikriniz var mı?), *Do you think* (Acaba . . .):

What time does it start? : Kaçta kalkıyor? Fakat
Have you any idea what time it starts? : Kaçta kalktığı konusunda bir fikriniz var mı?
Where does Peter live? : Peter nerede oturur? Fakat:
I wonder where Peter lives. : Acaba Peter nerede oturuyor/Peter'ın nerede oturduğunu merak ediyorum.
Will I have to pay duty on this? : Bunun için gümrük vergisi ödemek zorunda kalacak mıyım? Fakat:
Do you think I'll have to pay duty/Do you know if I'll have to pay duty? : Sizce . . . ödemek zorunda kalacak mıyım/. . . ödemek zorunda kalıp kalmayacağımı biliyor musunuz?

D Ricalar genellikle soruyla ifade edilir:

Can/Could you help me? : Bana yardım edebilir misiniz/miydiniz?
Will/Would you pay at the desk? : Masada öder misiniz/miydiniz?
Would you like to come this way? : Bu yandan gelmek ister miydiniz?
Would you mind moving your car? : Arabanızı alır mıydınız?

Kuşkusuz, burada da ricadan önce *I wonder/was wondering* ya da *Do you think* gibi bir ifade koyarsak ricadaki fiil soru yapısından olumluya dönüşür.

Could you give me a hand with this? : Şunda bana yardım eder misiniz?

Fakat

I wonder/was wondering/wondered if you could give me a hand with this. : Acaba şunda bana yardım eder miydiniz diyorum/diyordum/dedim.

Do you think you could give me a hand? : Bana yardım edebilir misiniz (sizce)?

Dolaylı aktarımda bu sorun ortaya çikmaz, çünkü dolaylı ricalar, **ask** gibi bir fiil ve tümleç + mastar ile ifade edilir:

He asked me to give him a hand. : Ona yardım etmemi benden rica etti.

E Soru yapısı, olumsuz bir fiilden sonra, pekiştirme sorularında kullanılır:
You didn't see him, did you? : Onu görmedin, değil mi? (110'a bakınız.)

F Vurgulama için *never, rarely, seldom, only, when, only by, not only, not till* gibi sözcükler/takımlar cümlenin baş tarafına konursa, bunları izleyen fiil devrik (soru) biçimine sokulur:

Only when we landed did we see how badly the plane had been damaged. : Ancak yere inincedir ki uçağın nasıl fena hasar görmüş olduğunu anladık. (45'e bakınız.)

105 Olumsuz soru (Negative interrogative)

A Bu, normal soru yapısından sonra **not** koyarak oluşturulur:
Did you not see her? : Onu görmedin mi?
Is he not coming? : Gelmiyor mu?

Fakat bu biçim hemen her zaman kaynaştırılır:
Didn't you see her? Isn't he coming? (Anlam aynı.)

Artık **not**'ın özneden önce bulunduğuna dikkat ediniz.

am I not?'ın kuralsız bir kaynaşma biçimi vardır: *aren't I?*

B Olumsuz soru, konuşan olumlu bir yanıt beklediği zaman kullanılır:

Haven't you finished yet. : Henüz bitirmedin mi?
Don't you like my new dress? : Yeni giysimi beğenmiyor musun?
CHILD: *Can't I stay up till the end of the programme?*
ÇOCUK: Programın sonuna kadar yatmasam olmaz mı?
I could wait ten minutes. ~ Couldn't you wait a little longer? : On dakika bekleyebilirim ~ Biraz daha bekleyemez miydiniz?

C Olumsuz soru, ayrıca pekiştirme sorularında olumlu bir cümleden sonra gelir:

You paid him, didn't you? : Ona ödedin, değil mi?
She would like to come, wouldn't she? : Gelmek ister, değil mi? (110'a bakınız.)

Yardımcı fiiller

106 Temel (principal) ve anlamlı (modal) yardımcılar

Temel yardımcılar	Anlamlı yardımcılar		Yarı anlamlılar
to be	*can*	*could*	*to need*
to have	*may*	*might*	*to dare*
to do	*must*	*had to*	*used*
	ought		
	shall	*should*	
	will	*would*	

Yardımcılar, bir fiil yapısı ya da bir ifadenin oluşumuna yardımcı olduklarından dolayı bunlara bu ad verilmiştir.
Şimdiki ya da geçmiş zaman ortaçları ya da mastarlarla birleşerek sıradan fiillerin yapıtlarını oluştururlar:

I am coming. : Geliyorum.
He has finished. : Bitirdi/bitirmiş durumda.
I didn't see them. : Onları görmedim.

Mastarlarla birleşerek, bundan sonraki bölümlerde görüleceği gibi izin, olasılık, zorunluk, sonuç çıkarma, vb. gösterirler:

He can speak French. : Fransızca konuşabilir.
You may go. : Gidebilirsin.
We must hurry. : Acele etmeliyiz.

107 Yardımcılar: Biçim ve kalıpları

A **be**, ve **do** (temel yardımcılar)

Mastar	Şimdiki zaman	Geçmiş zaman	Geniş zaman ortacı
to be	*am, is, are*	*was*	*been*
to have	*have, has*	*had*	*had*
to do	*do, does*	*did*	*done*

1 Olumsuz ve soruda **be** ve **do,** yardımcı fiil kalıbına uyarlar:

Olumsuz (negative), fiil + **not:**
He isn't coming. : Gelmiyor.
It did not matter. : Sorun olmadı.

Soru (interrogative), özne + fiil:
Was he waiting? : Bekliyor muydu?
Does she see us? : Bizi görüyor mu?

2 **have** normal olarak yardımcı kalıbına uyar:
Has he (got) to go? : Gitmek zorunda mı?

Fakat bazen **do/did** biçimlerini kullanır:
Does he have to go? : Gitmek zorunda mı?

3 **be,** tam mastar alır:
They are to wait for us at the station. : Bizi istasyonda bekleyecekler (Öyle planlandı / Ç.N.).

İki kuruluş dışında **have,** tam mastar alır. (Bak: 119 A, 120.)

do, çıplak mastarı alır: *Did he write?* : Yazdı mı?

4 **be, have** ve **do,** yardımcı olarak kullanıldıklarında bir ortaç ya da mastar alır.

Ancak, yanıtlarda, yorumlarda, vb. bu genellikle belirtilmeden anlaşılır:
Have you seen it? ~ Yes, I have (seen it). : Onu gördün mü? ~ Evet (gördüm).

5 **be** (Bak: 115), **have** ve **do,** bağımsız anlamlarda sıradan fiil olarak da kullanılabilirler. Dolayısıyla **have** (Bak: 122), 'possess' (sahip olmak); **do** da 'perform/occupy oneself' (yapmak/meslek olarak yapmak), vb. (Bak: 126) anlamlarına gelebilir.

be, have ya da **do,** bir cümlenin tek fiili durumunda olabilir:
He is lazy. : O, tembel.
He has no job. : İşi, gücü yok.
He does nothing. : Hiçbir iş yapmaz.

Bu durumda **do, do/did** ile çekilir:
What do you do in the evenings? : Akşamları ne yaparsın?

have is her iki biçimde de çekilebilir:
Have you (got) time?/Do you have time? : Zamanın var mı?

B **can, could, may, might, must, ought, will, would, shall** ve **should** (Anlamlı yardımcılar: the modal auxiliaries)

Anlamlı yardımcı fiiller üçüncü tekil şahısta s almazlar:

I must, he must *I can, he can*

Olumsuz ve sorularını her zaman yardımcı fiil kalıbına uygun olarak kurarlar:

will not *ought not. . .*
will he. . .? *ought he. . .?*

Düzenli geçmiş zaman biçimleri yoktur; dört tane geçiş zaman biçimi vardır **(could, might, should, would)** fakat bunların yalnızca sınırlı kullanımları vardır.

Anlamlı yardımcı fiillerin mastar ya da ortaç biçimleri yoktur, dolayısıyla süreklilik yapılarında kullanılamazlar.
ought dışında bütün anlamlı yardımcıların arkasından çıplak mastar gelir:

You should pay ancak *You ought to pay.* : Ödemen gerekir.

Anlamlı bir yardımcı, her zaman bir mastar ister, ancak bu bazen yazılmadan anlaşılır:

Can you understand? ~ Yes, I can (understand). : Anlayabiliyor musun? ~ Evet (anlayabiliyorum).

C **need, dare** ve **used** (Yarı-anlamlı yardımcılar: Semi-modals).

1 Yardımcı olarak kullanıldıklarında **need** ve **dare** anlamlı yardımcı (modal) modeline uyarlar. O zaman çıplak mastar alırlar:

He need not wait. : Beklemek zorunda değil.

Fakat bunlar **do/did** biçimlerini de kullanabilirler; o zaman da **to**'lu tam mastarı alırlar:

He doesn't dare to interrupt. : Söze girmeye cesareti yok.
They didn't need to wait. : Beklemek zorunda değildirler. (Bak: 149)

need ve **dare**, sıradan fiil olarak da kullanılabilirler; o zaman çekime girerler ve normal ortaçları alırlar:

He needs help. : Yardımcıya gereksinimi var.
They dared me to jump. : (Beni atlamaya teşvik ettiler.) Bana, haydi atlasana dediler.

2 Bazen adı **used to** olarak geçen **used,** yalnızca geçmiş zamanda kullanılır. Olumsuzu ve sorusu için normal yardımcı fiil kalıbına uyarlar:

I used not/usedn't to go. : (Eskiden) gitmezdim.

Fakat, teknik açıdan **used**'un mastarı yoksa da **didn't use to** ve **did he/she** (vb.) **use to**'ya sıkça rastlanır.

Yardımcıların yanıt, görüşe katılmada, vb kullanılması

Yardımcılar, konuşmalarda son derece önemlidirler çünkü kısa yanıtlarda, düşünceye katılma/katılmama durumlarında, görüş bildirmelerde, bildirilen görüşlere eklemede bulunmalarda, vb. durumlarda fiilin kendisini yenilemekten çok yardımcıları kullanırız.

108 Kısa yanıtlarda yardımcılar

yes ya da **no** (evet/hayır) yanıtını gerektiren sorular, yani *Do you smoke?* ya da *Can you ride a bicycle?* (Sigara içer misin?/Bisiklete biner misin?) gibi sorular yalnızca **yes** ya da **no** ve yardımcı fiille yanıtlanmalıdırlar. Orijinal özne isimse yerini bir zamire bırakır. Zamirden oluşan özne şu biçimde değişebilir:

Do you smoke? ~ Yes, I do (Yes, I smoke değil). : Sigara içer misiniz? ~ Evet (içerim).
Is that Ann? ~ Yes, it is/No, it isn't. : Şu Ann mı? ~ Evet/Hayır.
Did the twins go? ~ Yes, they did/no, they didn't. : İkizler gittiler mi? ~ Evet (gittiler) / Hayır (gitmediler).
Will there be an exam? ~ Yes, there will/No, there won't. : Sınav olacak mı? ~ Evet (olacak) / Hayır (olmayacak).

Soruda birden çok yardımcı varsa bunlardan birincisi yanıtta kullanılmalıdır:

Should he have gone? ~ Yes, he should. : Gitmiş olması gerekiyor muydu? ~ Evet (gerekiyordu.)

must I/he vb. ya da **need I/he** ile yapılan sorular, *Yes, you/he* vb. *must* ya da *No, you/he* vb. *needn't* ile yanıtlanır:

Must I/Need I take all these pills? ~ Yes, you must/No, you needn't. : Bütün bu hapları almak zorunda mıyım? ~ Evet, (almak zorundasın) / Hayır (almak zorunda değilsin.

109 Görüşlere katılma/katılmama

ÇEVİRİCİNİN NOTU: Evet/Hayır'ın bu durumda kullanımı yönünden iki dil arasındaki ayrıma dikkat ediniz. Bu ayrım, Türk öğrencilerin en çok hata yaptıkları bir alandır.

Türkçede, karşımızdakinin tersi bir görüş belirtiyorsak 'hayır' deriz. 'Hayır'ı izleyen fiilin olumlu olup olmaması önemli değildir.

İngilizcede, arkadan gelen fiil olumlu ise, karşımızdakinin görüşüne katılmasak da YES (evet), fiil olumsuzsa, karşımızdakinin görüşüne katılsak da NO (hayır) kullanılır:

He won't come. ~ **Yes,** he will. : Gelmeyecek. ~ **Hayır,** gelecek.
He won't wait. ~**No,** he won't. : Beklemeyecek. ~ **Evet,** beklemeyecek.

A Olumlu cümleyle ifade edilen görüşlere katılma, **yes/so/of course** + olumlu yardımcı ile ifade edilir. İlk fiilde yardımcı fiil varsa bu yinelenir. Yardımcı yoksa, **do, does** ya da **did** kullanılır:

He works too hard. ~ Yes, he does. : Gereğinden çok çalışıyor ~ Evet, öyle.
There may be a strike. ~ Yes, there may. : Bir grev olabilir. ~ Evet, olabilir.
Living in London will be expensive. ~ (Yes,) of course it will. : Londra'da oturmak pahalı olur. ~ (Evet), tabii öyle olur.
That's Ann! ~ Oh, so it is. : Bu Ann! ~ Sahi, o.

B Olumsuz cümleyle ifade edilen görüşlere katılmama **yes/oh yes** + olumlu yardımcı fiille yapılır. Burada yardımcı fiil vurgulanır:

I won't have to pay. ~ Oh yes, you 'will! : Para ödemek zorunda olmayacağım. ~ Yo, olacaksın!
My alarm didn't ring. ~ Oh yes, it 'did! : Saatim çalmadı ~ Yo, çaldı!
There isn't any salt in this. ~ Yes, there 'is. : Bunda tuz yok. ~ Hayır, var.
Bread won't make me fat. ~ Oh yes, it will. : Ekmek beni şişmanlatmaz. ~ Yo, şişmanlatır.

C Olumsuz cümleyle ifade edilen görüşlere katılma, **no** + olumsuz yardımcı ile yapılır:

It wouldn't take long to get there. ~ No, it wouldn't. : Oraya varmak uzun sürmez. ~ Evet, sürmez.
I haven't paid you yet. ~ No, you haven't. : Henüz sana ödemedim. ~ Evet, ödemedin.
The boys must'nt be late. ~ No, they mustn't. : Oğlanlar gecikmemeli. ~ Evet, gecikmemeli.
The door can't have been locked. ~ No, it can't. : Kapı kilitli olmuş olamaz. ~ Evet, olamaz. (Kapı kesinlikle kilitli değildi. ~ Evet, değildi.)

D Olumlu cümleyle ifade edilen görüşlere katılmama, **no/oh no** + olumsuz yardımcıyla yapılır.

Ann'll lend it to you. ~ Oh no, she won't. : Ann sana ödünç verir. ~ Yok, vermez.
Peter gets up too late. ~ No, he doesn't. : Peter çok geç kalkar. ~ Hayır, kalkmaz.
There is plenty of time. ~ No, there isn't. : Epey zaman var. ~ Hayır, yok.
Prices are coming down. ~ Oh no, they aren't. : Fiyatlar iniyor. ~ Yo hayır, inmiyor.

but, bir varsayıma katılmamada kullanılır. Varsayım soruyla ifade edilebilir:
Why did you travel first class? ~ But I didn't! : Neden birinci mevkide yolculuk yaptın? ~ Ama (ben birinci mevkide yolculuk) yapmadım ki!

110 Pekiştirme soruları

Bunlar, cümlelere eklenen ve onay ya da pekiştirme isteyen kısa eklemelerdir.

A Olumsuz ifadelerden sonra normal soru biçimi gelir:
You didn't see him, did you? : Onu görmedin, değil mi?
Ann can't swim, can she? : Ann yüzemez, değil mi?
That isn't Tom, is it? : Şu Tom değil, değil mi?

Olumlu cümlelerden sonra olumsuz soruyu kullanırız:
Peter helped you, didn't he? : Peter sana yardım etti, değil mi?
Mary was there, wasn't she? : Mary oradaydı, değil mi?

Kısa sorulardaki olumsuz fiiller genellikle kaynaştırılır.
Kuralsızlık: *I'm late, aren't I?* : Geç kaldım, değil mi?

let's'in pekiştirme sonunda **shall** bulunduğuna dikkat ediniz:
Let's go, shall we? : Gidelim, değil mi?

Pekiştirme sorusunun öznesi daima zamirdir.

B Olumsuz ifadelerden sonraki pekiştirme sorularına örnekler:

Peter doesn't smoke, does he? : Peter sigara içmez, değil mi?
Ann isn't studying music, is she? : Ann müzik çalışmıyor, değil mi?
Bill didn't want to go, did he? : Bill gitmek istemedi, değil mi?
James wasn't driving the car, was he? : James arabayı kullanmıyordu, değil mi?
You haven't ridden a horse for a long time, have you? : Uzun süredir ata binmiyorsun, değil mi?
The twins hadn't seen a hovercraft before, had they? : İkizler daha önce hiç, bir hoverkraft görmemişlerdi, değil mi?
They couldn't understand him, could they? : Onu anlayamadılar, değil mi?
There wasn't enough time, was there? : Yeterince zaman yoktu, değil mi?
People shouldn't drop litter on pavements, should they? : İnsanlar kaldırımlara çöp atmamalıdır, değil mi?
Ann hasn't got colour TV, has she? : Ann'in renkli TV'si yok, değil mı?

neither, no (sıfat), *none, no one, nobody, nothing, scarcely, barely, hardly, hardly ever, seldom* gibi sözcükler içeren ifadeleri olumsuz cümle gibi ele almak ve arkalarından normal soru koymak gerektiğine dikkat ediniz:

No salt is allowed, is it? : Tuza hiç izin yok, değil mi?
Nothing was said, was it? : Hiçbir şey söylenmedi, değil mi?
Peter hardly ever goes to parties, does he? : Peter partilere pek gitmez, değil mi?

Cümlenin öznesi *no one, nobody, anyone, anybody, none, neither use,* pekiştirme sorusunun öznesi **they**'dir.

I don't suppose anyone will volunteer, will they? : Kimse gönüllü olmaz, değil mi?
No one would object, would they? : Kimse itiraz etmez, değil mi?
Neither of them complained, did they? : İkisi de yakınmadı, değil mi?

C Olumlu ifadelerden sonra pekiştirme soruları, geniş zamanda (present simple tense) pekiştirme sorusunda **don't/doesn't;** basit geçmiş zamanda (past simple tense) ise **didn't** kullanırız:

Edward lives here, doesn't he? : Edward burada oturuyor, değil mi?
You found your passport, didn't you? : Pasaportumu buldun, değil mi?

Öteki tüm fiil yapılarında yapacağımız tek şey, yardımcı fiili olumsuz soruya çevirmektedir:

Mary's coming tomorow, isn't she? : Mary yarın geliyor, değil mi?
Peter's heard the news, hasn't he? : Peter haberi duydu, değil mi?

Hem **is**, hem **has** anlamına gelen **'s** ile hem de **had**, hem **would** anlamına gelen **'d**'e dikkat ediniz:

Peter'd written before you phoned, hadn't he? : Peter, son telefon etmeden [mektup] yazmıştı, değil mi?

Mary'd come if you asked her, wouldn't she? : Rica etsen Mary gelir, değil mi?
You'd better change your wet shoes, hadn't you? : Islak ayakkabılarını değiştirsen iyi olur, değil mi?
The boys'd rather go by air, wouldn't they? : Çocukları uçakla gitmeyi tercih ediyorlar, değil mi?

everybody, everyone, somebody, someone için *they* kullanırız:

Everyone warned you, didn't they? : Herkes seni uyardı, değil mi?
Someone had recognised him, hadn't they? : Biri onu tanımıştı, değil mi?

Kaynaşmamış olumsuz pekiştirme soruları kurmak olanağı da vardır, fakat söz dizimi farklıdır:

You saw him, did you not? : Onu gördün, öyle değil mi?

Bu, çok daha seyrek kullanılan bir yapıdır.

D Tonlama

Pekiştirme soruları kullanıldığı zaman konuşanın bilgiye gereksinimi yoktur, yalnızca onay bekler. Bu nedenle bu sorular normal olarak, düz ifadelerde olduğu gibi inici tonlamaya sahiptir.
Ancak bazen konuşanın bilgiye gereksinim duyduğu olur. İfadenin doğru olup olmadığından emin değildir ve bunun pekiştirimesini ister. Bu durumda soru parçacığı çıkıcı tonlamaya sahip olur ve ilk cümledeki önemli sözcük, normal olarak ses perdesindeki yükselme aracılığıyla vurgulanır. (Thomson ve Martinet, *Structure Drills 1,* no: 11-13'e bakınız.)

111 Yorum yapan ek sorular

A Bunlar, tıpkı pekiştirme sorularında olduğu gibi, yardımcı fiillerle yapılır, fakat olumlu bir fiilden sonra olumlu, olumsuz bir fiilden sonra olumsuz bir soru kullanırız.
Yorum yapan ek sorular bir olumlu düz cümleye eklenebilir. Bu durumda konuşanın bir gerçeği vurguladığını gösterir.

You saw him, did you? = *Oh, so you saw him.* : Demek onu gördün! = Gördün, canım!

Yorum yapan ekler olumlu veya olumsuz bir düz cümleye yanıt olarak kullanılır:

I'm living in London now.~ Are you? : Şimdi Lonra'da oturuyorum. ~ Yaa, öyle mi?

I didn't pay Paul. ~ Didn't you? : Paul'e [parayı] ödemedim. ~ Yaa, ödemedin mi?

Bir cümleye yanıt olarak söylendiğinde ek soru, *Really!/Indeed!* (Sahi mi?/Öyle mi?) ye yaklaşık denk bir anlam kazanır.

B Bu eklerin ana yararı, konuşanın bir ifadeye tepkisini göstermesidir. Sesinin tonuyla, ilgilendiğini, ilgilenmediğini, şaşırdığını, hoşnut olduğunu, sevindiğini, öfkelendiğini, kuşkulandığını, inanmadığını belirtebilir.
Aşağıda gösterildiği gibi bir yardımcı ekleyerek konuşan, duygusunu daha güçlü biçimde ifade edebilir:

I borrowed your car. ~ Oh, you did, did you? : Arabanı ödünç almıştım. ~ Hıı, almıştın, değil mi. (Hıı, almıştın ya..)

I didn't think you'd need it. ~ Oh, you didn't, didn't you? : Onun sana lazım olduğunu sanmıyordum ~ Yaa, sanmıyordun, değil mi?

Yani normal sorudan önce olumlu bir yardımcı fiil, olumsuz sorudan önce olumsuz bir fiil kullanırız.
Burada da anlam, kullanılan ses tonuna bağlıdır. Konuşanın çok sinirli, hatta deliye dönmüş olabilir, fakat bu yapı, hayranlık ya da sevinç de gösterebilir.

112 Görüşlere eklemeler

A Olumlu cümleyle ifade edilen görüşlere yapılan olumlu eklemeler, özne + yardımcı fiil + **too/also** ya da **so** + yardımcı + özne ile (bu sırayla) belirtilir. İlk görüş bildirmede bir yardımcı varsa bu, eklemede yinelenir.

Bill would enjoy a game and Tom would too/so would Tom. : Bill bir oyun ister; Tom da.

Yardımcı yoksa genellikle eklemede **do/does/did** kullanılır. Dolayısıyla, *Bill likes golf and Tom likes golf (too)* (Bill golf sever, Tom [da] golf sever) yerine *Bill likes golf and Tom does too/so does Tom* (Bill golf sever; Tom da) diyebiliriz.

Eklemeler kuşkusuz bir başka kişi tarafından da söylenebilir:
The boys cheated! ~ The girls did too!/So did the girls! : Oğlanlar hile yaptı! ~ Kızlar da!
I'm having a tooth out tomorrow. ~ So'm I! : Yarın bir dişimi çektiriyorum. ~ Ben de!

Her iki görüş de aynı kişi tarafından belirtilirse her iki özne de genellikle vurgulanır. Görüş bildirenler farklı kişilerse ikinci özne genellikle birinciden daha çok vurgulanır.

B Olumsuz cümleyle bildirilen görüşlere yapılan olumlu eklemeler, **but** + özne + yardımcı ile söylenir:

Bill hasn't got a licence. ~ But Donald has. : Bill'in ehliyeti yok. ~ Ama Donald'ın var.
She doesn't eat meat but her husband does. : O et yemez ama kocası yer
The horse wasn't hurt but the rider was. : At yaralanmadı ama sürücü yaralandı.

C Olumlu cümleyle ifade edilen görüşe yapılan olumlu eklemeler, **but** + özne + olumlu yardımcı ile söylenir:

He likes pop music but I don't. : O pop müzik sever ama ben sevmem.
You can go but I can't. : Sen gidebilirsin ama ben gidemem.
Peter passed the test but Bill didn't. : Peter sınavı geçti ama Bil geçmedi.

D Olumsuz cümleyle ifade edilen görüşlere yapılan olumsuz eklemeler, **neither/nor** + yardımcı + özne ile söylenir:

Tom never goes to concerts, neither does his wife. : O konserlere hiç gitmez; karısı da.
Ann hasn't any spare time. ~ Neither/Nor have I. : Ann'in boş zamanı yok. ~ Benim de.
I didn't get much sleep last night. ~ Neither/Nor did I. : Dün gece pek uyuyamadım. ~ Ben de.

Bu eklemeler, özne + olumsuz yardımcı + **either** ile de yapılabilir:

He didn't like the book; I didn't either. : O kitabı beğenmedi; ben de.
They don't mind the noise; we don't either. : Onlar gürültüye aldırmıyorlar; biz de.

Bir başka söyleyiş seçeneği de, tam fiil + varsa tümleç + **either**'dır:

I didn't like it either. : Ben de beğenmedim.
We don't mind it either. : Biz de aldırmayız.

11 be, have, do

Yardımcı fiil olarak **be**

113 Biçim ve fiil yapısının oluşumunda kullanılması

A Biçim
Temel biçimleri: *be, was, been*
İsimfiil/şimdiki zaman ortacı: *being*
Şimdiki zaman:

Olumlu	Olumsuz	Soru
I am/I'm	*I am not/I'm not*	*am I?*
you are/you're	*you are not/you're not*	*are you?*
he is/he's	*he is not/he's not*	*is he?*
she is/she's	*she is not/she's not*	*is she?*
it is/it's	*it is not/it's not*	*is it?*
we are/we're	*we are not/we're not*	*are we?*
you are/you're	*you are not/you're not*	*are you?*
they are/they're	*they are not/they're not*	*are they?*

Öteki kısaltma biçimleri: *you aren't/he isn't,* vb.
Olumsuz soru: *am I not/aren't I? are you not/aren't you? is he not/isn't he?* vb.

Geçmiş zaman:

Olumlu	Olumsuz	Soru
I was (Ben) . . .dim	*I was not/wasn't*	*was I?*
you were	*you were not/weren't*	*were you?*
he/she/it was	*he/she/it was not/wasn't*	*was he/she/it?*
we were	*we were not/weren't*	*were we?*
you were	*you were not/weren't*	*were you?*
they were	*they were not/weren't*	*were they?*

Olumsuz soru biçimi, şöyledir: *was I not?/wasn't I? were you not?/weren't you?,* vd. (değil miydim?/değil miydin?, vd.)

be'nin diğer zamanları, sıradan fiillerin bağlı bulunduğu kurallara uyarlar. Fakat: (1) edilgen çatı (passive voice) (2) 115 B'de gösterilen durum dışında **be**, süreklilik zamanlarında (continuous tenses) kullanılmaz.

B Fiil zamanlarının kuruluşunda
be, etken süreklilik kalıbında kullanılır:
He is working/will be working, etc. : Çalışıyor/çalışmakta olacak, vb.

Edilgen çatıda da kullanılır:
He was followed/is being followed. : İzlendi/izleniyor.

Edilgen çatıda **be**'nin süreklilik biçiminde kullanılabildiğine dikkat ediniz:
Etken: *They are carrying him.* : Onu taşıyorlar.
Edilgen: *He is being carried.* : Taşınıyor.

(**be**'nin sıfatlarla süreklilik yapısında kullanılışı için bak: 115 B.)

114 be + mastar

A **be** + mastar kalıbı (örneğin, *I am to go*) son derece önemli olup şu biçimlerde kullanılabilir:

1 Emirleri veya talimatı aktarmak için:

No one is to leave the building without the permission of the police. : Kimse polisin izni olmaksızın binadan ayrılmayacaktır.

(No one must leave. : Kimse ayrılmamalıdır.)
He is to stay here till we return. : Biz dönene kadar burada kalacaktır.
(He must stay. : Kalmamalıdır.)

Bu, buyruk vermenin biraz resmi bir yolu olup en çok üçüncü şahısla kullanılır. **You** ile kullanıldığı zaman, bu cümleyi söyleyen kişinin, bir başkası tarafından verilen buyrukları aktarmakta olduğunu gösterir. (a) *'Stay here, Tom.'* (Burada kal, Tom.) ile (b) *'You are to stay here, Tom.'* (Burada kalacaksın, Tom.) arasındaki fark şudur: (d)'de, cümleyi söyleyen kişi Tom'un kalmasını istemektedir. Oysa (b)'de cümleyi söyleyen kişi, bir başkasının isteğini Tom'a aktarmaktadır yalnızca.

Şüphesiz bu fark dolaylı aktarımda ortadan kalkmaktadır. **Be** + mastar kalıbı dolaylı emirlerin ifadesinde, özellikle giriş fiili şimdiki zamandaya, son derece yararlı bir yöntemdir:

He says, 'Wait till I come.' : 'Ben gelinceye kadar bekle', diyor.
= *He says that we are to wait till he comes.* : O gelinceye kadar beklememiz gerektiğini söylüyor.

Emir cümlesinden önce bir cümlecik bulunduğu zaman da bu yöntem çok yararlıdır:

He said, 'If I fall asleep at the wheel wake me up.' : 'Eğer direksiyon başında uyuyakalırsam beni uyandır.' dedi.
= *He said that if he fell asleep at the wheel she was to wake him up.* : Direksiyonda uyuyakalırsa, onu uyandırması gerektiğini söyledi.

Bu kalıp ayrıca, talimat sormak için soruların aktarılmasında kullanılır:

'Where shall I put it, sir?' he asked. : 'Bunu nereye koyayım, Efendim?' diye sordu.
= *He asked where he was to put it.* : Onu nereye koyması gerektiğini sordu.
(Ayrıca 318 B'ye bakınız.)

2 Bir planı anlatmak için:

She is to be married next month. : Gelecek ay evleniyor.
The expedition is to start in a week. : Gezi bir hafta içinde başlıyor.

Bu kalıp, gazetelerde çok kullanılır:
The Prime Minister is to make a statement tomorrow. : Başbakan yarın bir açıklama yapacaktır.

Haber başlıklarında **be**, yerden tasarruf için çoğu kez kaldırılır:
Prime Minister to make a statement tomorrow. : Başbakan yarın bir açıklama yapıyor.

Geçmiş zaman biçimleri:
He was to go. : Şimdiki zaman mastar.
He was to have gone. : -miş'li mastar.

Bunlardan birincisi planın uygulanıp uygulanmadığını bildirmez. (Gitmesi gerekiyordu/gidecekti / Ç.N.) İkincisi, uygulanmamış bir planı anlatır. (Gitmiş olması gerekiyordu/Gidecekti -ama gitmedi.)

The Lord Mayor was to have laid the foundation stone but he was taken ill last night so the Lady Mayoress is doing it instead. : Temel taşını Belediye Başkanı koyacaktı, fakat dün gece hastalandı. Bu nedenle onun yerine bu işi Başkan'ın eşi yapacaklar.

B **was/were** + mastar, alınyazısı izlenimi verir.

He received a blow on the head. It didn't worry him at the time, but it was to be very troublesome later. (= turned out to be/proved to be very troublesome.) : Başından bir darbe yedi. Bu, o anda onu pek düşündür-

medi ama meğer daha sonra başına iş açacakmış. = sonradan başına iş açtı/ciddi bir sorun halini aldı.
They said goodbye, little knowing that they were never to meet again (= never destined to meet again.) : Vedalaştılar, bir daha hiç karşılaşmayacaklarını bilmeden. = Meğer bir daha karşılaşmak hiç nasip olmayacakmış!

C **be about** + mastar, son derece yakın bir geleceği belirtir. (-mek üzere):

They are about to start. : Başlamak üzereler.
= *They are just going to start.* : Hemen şimdi başlıyorlar.
They are on the point of starting. : Başlama noktasındalar.

Geleceğin çok daha yakın olduğunu göstermek için **just** (hemen şimdi) eklenebilir:
They are just about to leave. : Hemen şimdi gitmek üzereler.

Aynı biçimde geçmişte:
He was just about to dive when he saw the shark. : Dalması an meselesiydi, ki köpek balığını gördü.

be on the point of + isim fiil **be about** + mastar ile aynı anlamdadır, fakat ilkindeki olay daha yakındır.

Sıradan fiil olarak kullanılan **be**

Biçim: Yardımcı olarak kullanılan **be** gibi (Bak: 113 A).

115 Varoluş göstermek için, **be** + sıfat

A **be**, bir kişi veya nesnenin varlığını bildirmek veya onun hakkında bir bilgi vermek için normal olarak kullanılan fiildir:

Tom is a carpenter. : Tom, bir marangoz/dur.
The dog is in the garden. : Köpek bahçede/dir.
Malta is an island. : Malta bir ada/dır.
The roads were rough and narrow. : Yollar bozuk ve dardı.
Gold is a metal. : Altın bir metaldir.
Peter was tall and fair. : Peter uzun boylu ve sarışındı.

B Fiziksel ya da zihni durum:

I am hot/cold. : Çok sıcak/Üşüdüm.

He was excited/calm. : Heyecanlıydı/Sakindi.
They will be happy/unhappy. : Mutlu/Mutsuz olacaklar.

quiet/noisy, (sessiz/gürültülü), *good/bad* (iyi/kötü), *wise/foolish* (akıllıca/aptalca), gibi bazı sıfatlarda **be**'nin süreklilik (continuous) biçimi kullanılabilir. Ör.: *'Tom is being foolish'* (Tom aptallık ediyor), Tom'un şu anda bu özelliği sergilemekte olduğunu göstermektedir. Tom'un şu anda aptalca konuştuğunu ya da davrandığını belirten bu, *'Tom is being foolish'* ile Tom'un her zaman aptalca konuştuğunu ya da davrandığını gösteren *'Tom is foolish* (Tom aptaldır)'ı karşılaştırınız. Aynı biçimde:

The children are being quiet. = They are playing quietly now. : Çocuklar sessiz duruyorlar. = Şu anda sessizce oynuyorlar. Fakat:
The children are quiet. = They usually play quietly. : Çocuklar sessizdir. = Çocuklar genellikle sessizce oynar.

Başka sıfatlar:

annoying
(insanı kızdıran)
cautious/rash
(tedbirli/pervasız)
clever/stupid
(akıllı/aptal)
difficult
(zor)
economical/extravagant
(ekonomik/savruk)
formal
(biçimsel, resmi)
funny
(komik)
generous/mean
(eliaçık/pinti)
helpful/unhelpful
(yardım eder/etmez)
irritating
(rahatsız edici)
myterious
(gizemli, esrarlı)
optimistic/pessimistic
(iyimser/kötümser)
polite
(terbiyeli, nazik)
selfish/unselfish
(bencil/başkalarını düşünür)

Bunlardan bir bölümü, örneğin *stupid, difficult, funny, polite, be*'nin sürekli lik biçimiyle kullanılır ve öznenin özellikle öyle davrandığını gösterir:

You are being stupid. : Aptal rolü oynuyorsun.

cümlesi, '*You are not trying to understand.* : Anlamaya çalışmıyorsun.' anlamına gelebilir.

He is being difficult. : Zorluk çıkarıyor.

ise genellikle *'He is raising unnecessary objections.* : Gereksiz itirazlarda bulunuyor.' demektir.

He is being funny. : Numara yapıyor.
= *He is only joking. Don't believe him.* : Yalnızca şaka yapıyor. Ona inanma.
She is just being polite. : Nezaketinden öyle söylüyor.

herhalde '*She is only pretending to admire your car/clothes/house.* vb. (Arabana/giysilerine/evine hayran görünüyor, yoksa değil)' demektir.

C Yaş belirtirken

How old are you? ~ I am ten/I am ten years old. : Kaç yaşındasın? ~ Onundayım/On yaşındayım. [Fakat '*I am ten years.* (On yılım)' denmez.]

How old is the tower? ~ It is 400 years old. : Kule kaç yıllık? ~ 400 yıllık. (Nesnelerin yaşını verirken *years old* kullanılmalıdır.)

D Ölçü (Ebad) ve ağırlık belirtirken

How tall are you?/What is your height? ~ I am 1.65 metres. : Boyun ne kadar? ~ 1.65 m.
How high are we now? ~ We're about 20,000 feet. : Ne kadar yüksekteyiz? ~ Yaklaşık 20.000 fit [ayak]'teyiz.)
What is your weight?/What do you weigh/How much do you weigh ~ I am 65 kilos/I weigh 65 kilos. : Kilon ne kadar?/Kaç kilosun/Ne kadar çekiyorsun? ~ 65 kiloyum/65 kilo çekiyorum. (Kuşkusuz 'çekmek' fiili insanlar için kullanılmaz. Yalnızca *weigh* fiilinin İngilizcedeki kullanılışını göstermek için verdik. İngilizcede **weigh**: çekmek / Ç.N.)

E Fiyat

How much is this melon?/What does the melon cost? ~ It's £1. : Kavun (kapruz) kaça? Bir sterlin.
The best seats are (= cost) £5. : En iyi koltuklar 5 sterlin.

ÇEVİRİCİNİN NOTU: **'cost'**, ayrıca 'mal olmak' olarak da çevrilebilir. Ancak buradaki çeviriye uymamaktadır.
How much did the repair cost? : Onarım kaça mal oldu?

116 there is/are, there was/were, vb.

Belirsiz bir kişi ya da nesneyi gösteren bir isim **be** fiilinin öznesi olduğu zaman, normal olarak **there** + **be** + isim yapısını kullanırız. *A policeman is at the door* (Bir polis kapıda) diyebiliriz, ancak *There is a policeman at the door* (Kapıda bir polis var) daha doğal olur.

There'in özne gibi görünmesine karşın gerçek öznenin fiili izleyen isim olduğuna ve bu çoğulsa fiilin de çoğul olacağına dikkat ediniz:

There are two policemen at the door. : Kapıda iki polis var.

Yukarıdaki cümlelerde her iki yapı da (isim + **be** ve **there** + **be** + isim) kullanılabilir. Fakat **be,** *exist/happen/take place* anlamında (var olmak/olmak/olmak [= vuku bulmak]) kullanıldığı zaman **there** yapısı gereklidir:

There is a mistake/There are mistakes in this translation. : Bu çeviride bir hata/birkaç hata var.

Bu cümleler **A mistake is/Mistakes are** vb. biçiminde yazılamazlar. Aşağıdaki örneklerde **there** yapısının isim/zamir + **be** ile değiştirilebileceği durumlarda (D) harfi kullanılmıştır:

There have been several break-ins this year. : Bu yıl birkaç hırsızlık olayı görülmüştür.
There will be plenty of room for everyone. : Herkes için bol bol yer bulunacak.
There are hundreds of people on the beach. : Plajda yüzlerce insan var. (D)

B **there** aynı biçimde, *someone/anyone/no one/something* vb. ile de kullanılabilir:
There's someone on the phone for you. : Telefonda seni arayan biri var.

C **there + be + something/nothing/anything** + sıfat da kullanılabilir:
Is there anything wrong with your car? ~ No, there's nothing wrong with it. : Arabanın bir arısazı mı var? (D) ~ Hayır, onda bir sorun yok. (D)
There's something odd/strange about this letter. : Bu mektupta bir tuhaflık var.

D İsim + *someone/something* vb'den sonra bir ilgi cümleceği:
There is a film I want to see. : Görmek istediğim bir film var.
There is something I must say. : Söylemek zorunda olduğum bir şey var.

ya da bir mastar bulunabilir:

There's nothing to do. : Yapacak bir şey yok.
(nothing that we can do/must do; bak: 250)

E **there** yapısı bir başka yardımcı + **be:**
There must be no doubt about this. : Bu konuda hiçbir kuşku bulunmamalıdır.
There may be a letter for me. : Bana bir mektup olabilir.

ya da **seem + be, appear + be** ile kullanılabilir:

There seems to be something wrong here. : Burada bir yanlışlık/terslik var görünüyor.

F Yukarıdaki biçimiyle kullanıldığında **there** her zaman vurgusuzdur. Bu biçimde kullanılan **there** ile vurgu alan ve zarf olarak kullanılan **there**'i birbiriyle karıştırmayınız:

> ˈ*There's a man I want to see.* : İşte görmek istediğim bir adam. (Kapıda duruyor.)

Şu, yukarıdakinden ayrıdır:

> *There's a man I want to see.* : Görmek istediğim bir adam var. (Böyle bir adam yaşıyor.)

117 **it is** ve **there is**'in karşılaştırılması

it is'in kullanılışları için 67'ye bakınız.

İki yapı arasında karışıklığı önlemek için örnek vermek iyi olur:

1 **it is** + sıfat; **there is** + isim:

> *İt is foggy/There is a fog.* : Hava sisli/Sis var.
> *It was very wet/There was a lot of rain.* : Hava yağmurluydu/Çok yağmur vardı.
> *It won't be very sunny/There won't be much sun.* : Güneşli olmayacak/Çok güneş olmayacak.

2 **it is, there is**'in zaman ve mesafe için kullanılışı:

> *It is a long way to York.* : York uzakta.
> *There is a long way still to go.* (We have many miles still to go.) : Daha gidilecek çok yol var. (Gidilecek birçok milimiz var.)
> *It is time to go home.* (We planned to start home at six and it is six now.) : Eve gitme zamanı. (Eve gitmek üzere altıda kalkmayı planlamıştık ve şimdi saat altı.)
> *There is time for us to go home and come back here again before the film starts.* (That amount of time exists). : (Eve gitmek için zamanımız var; film başlamadan önce tekrar buraya gel [zaman miktarı yeterli].)

3 **it is** kimlik için kullanılır; **there is** ise **there is** + isim/zamir kalıbında (var / Ç.N.) görülür.

> *There is someone at the door. I think it's the man to read the meters.* : Kapıda biri var. Sanırım bu, sayacı okuyacak adam.
> *There is a key here. Is it the key of the safe?* : Burada bir anahtar var. Kasanın anahtarı mı?

4 **it is** ve **there is** girişik cümlelerde kullanılır. (Bak: 67 D).

It was pollution that killed these fish. : Bu balıkları öldüren, kirlenmeydi/Kirlenmeydi bu balıkları öldüren. (kirlenme; başka bir neden değil).
. . . and there's the grandmother, who lives in the granny-flat. : Bir de huzurevinde kalan büyükkanne var.

have: yardımcı fiil

118 Biçim ve fiil yapılarını oluşturmadaki kullanımı

A Biçim
Temel gövdeleri: *have, had, had*
İsimfiil ve şimdiki zaman ortacı: *having.*

Şimdiki zaman:

Olumlu	Olumsuz	Soru
I have/I've	*I have not/haven't*	*have I?*
(Benim var)	(Bende yok)	(Bende var mı?)
you have/you've	*you have not/haven't*	*have you?*
he has/he's	*he has not/hasn't*	*has he?*
she has/she's	*she has not/hasn't*	*has she?*
it has/it's	*it has not/hasn't*	*has it?*
we have/we've	*we have not/haven't*	*have we?*
you have/you've	*you have not/ you haven't*	*have you?*
they have/they've	*they have not/haven't*	*have they?*

(Özellikle -miş'li fiil yapılarında [perfect tenses] kullanılan) öteki kısaltma biçimleri: *I've not, you've not, he's not,* vb.
Olumsuz soru: *have I not/haven't I? have you not/haven't you? has he not/hasn't he?* vb.

Geçmiş zaman:
Olumlu: bütün kişilerle *had/'d*
Olumsuz: bütün kişilerle *had not/hadn't*
Soru: *had I?* vb.
Olumsuz soru: *had I not/hadnt I?* vb.

Öteki fiil yapıları sıradan fiillerin kurallarına uyarlar.

B Fiil yapılarını oluşturmada kullanılışları

have, geçmiş zaman ortacı (past participle) ile birleşerek şu fiil yapılarını oluştururlar:
Şimdi öncesi (present perfect): *I have worked.* : Çalışmış bulunuyorum.
Geçmiş öncesi (past perfect): *I had worked.* : Çalışmıştım.
Gelecek öncesi: *I will/shall have worked.* : Çalışmış olacağım.
-miş'li şart (perfect conditional): *I would/should have worked.* : Çalışmış olurdum.

119 have + tümleç + geçmiş zaman ortacı Kalıbı

A Bu kalıp, 'Birisini bir iş yapmakla görevlendirdim' gibi bir cümleyi ifade etmenin daha dolambaçsız bir yoludur. Örneğin, '*I employed someone to clean my car* : Arabamı temizlemekle birini görevlendirdim' yerine '*I had my car cleaned* : arabamı temizlettirdim', diyebiliriz. Veya '*I got a man to sweep my chimneys* : Bir adama bacamı temizleme işini yaptırdım/bacamı temizlettirdim' yerine, '*I had my chimneys swept* : Bacalarımı temizlettirdim' diyebiliriz. (NOT: Burada **got**, '. . .mek üzere para verdim/. . .meye razı ettim' anlamındadır. / Ç.N.)

Bu, **have** + özne + geçmiş zaman ortacı dizilişinin korunması gerektiğini unutmayınız, yoksa anlam değişecektir:

'He had his hair cut', 'Saçını kestirdi' anlamındadır.

Oysa:
*'He had cut his hair'*in anlamı, 'Saçını -kendi- kesmişti (geçmişten önce)' olacaktır.

have'in bu kullanışı sırasında olumsuz ve soru biçimleri **do** ile yapılır:

Do you have your windows cleaned every month? : Her ay pencerelerinizi temizletir misiniz? *I don't have them cleaned; I clean them myself.* : Onları temizletmem; kendim temizlerim.

He was talking about having central heating put in. Did he have it put in in the end? : (Eve) merkezi ısıtma sistemi yerleştirmekten sözediyordu. Sonunda koydurdu mu?

ÇEVİRİCİNİN NOTU: En son cümlede birbirini izleyen iki **in**'in baskı yanlışlığı olmadığını hatırlatmak isteriz. Bunlardan birincisi **put in : yerleştirmek** fiiline, ikincisi ise **in the end : sonunda** sözcük takımına aittir.

Aynı kalıp süreklilik gösteren fiil zamanlarında da kullanılabilir:

I can't ask you to dinner as I am having my house painted at the moment. : Sizi yemeğe çağıramıyorum, çünkü şu sıralarda evimi boyatıyorum.
While I was having my hair done the police towed away my car. : Saçımı yaptırırken polis arabamı -yedekte- alıp götürdü.
The house is too small and he is having a room built on. : Evi çok küçük; bir de oda ekletiyor.

get fiili de aynen yukarıdaki **have** gibi kullanılır, fakat **get** daha çok konuşma diline özgüdür. İşi yapan kişiyi söylediğimizde de **get** kullanılır:

She got him to dig away the snow. : Ona karı temizletti.

(**to**'suz mastarla birlikte kullanılan **have** de bu durumda kullanılabilir, fakat **get**'li kalıp İngiliz İngilizcesinde daha yaygındır:)

She had him dig away the snow. : Ona karı temizletti.

B Bu, **have** + tümleç + geçmiş zaman ortacı kalıbı, genellikle bir kaza veya şanssızlıkla ilgili edilgen bir fiilin yerine de kullanılabilir:

His fruit was stolen before he had a chance to pick it.
cümlesinin yerine,
He had his fruit stolen befor he had a chance to pick it.
de denilebilir. (Daha toplamaya fırsat bulamadan meyvalarını çaldırdı/meyvaları çalındı.)

Aynı biçimde:

Two of his teeth were knocked out in the fight. : Kavgada iki dişi kırıldı.

yerine,

He had two of his teeth knocked out in the fight. : İki dişi kırıldı.

denilebilir.

Görüldüğü gibi yukarıda, **A**'da, özne, işin yapılmasını söyleyen kişi olduğu halde burada özne, yapılan işten zarar gören taraftır.

Cümlelerde özne bir eşya da olabilir:
The houses had their roofs ripped off by the gale. : Tam çevirisi: Ev, çatısını şiddetli rüzgâra uçurttu. (Şiddetli rüzgâr çatıyı uçurdu.)

Burada da **have**'in yerini **get** alabilir:

The cat got her tail singed through sitting too near the fire (The cat's tail was singed.) : Kedi ateşe çok yakın oturduğu için kuyruğunu hafifçe yaktı. (Kedinin kuyruğu hafifçe yandı.)

120 **had better** + çıplak (**to**'suz) mastar

Buradaki **had**, gerçekleşemiş geçmiştir; anlamı şimdiki ya da gelecektir.
I had/I'd better start at once/tomorrow. : Ona hemen/yarın yola çıksan iyi olur.

Olumsuzu, **better**'dan sonra gelen **not**'la oluştururlar:
You had better not miss the last bus. : Son otobüsü kaçırmasan iyi olur.

had normal olarak zamirlerden sonra kaynaştırılır, konuşma dilinde duyulmayacak kadar vurgusuzdur.

had better, normal olarak olumlu soru yapısıyla kullanılmaz, fakat öğüt anlamında olumsuz soruda bulunur:
Hadn't you better ask him first? : Önce ona sorsan iyi olmaz mı?
Wouldn't it be a good thing to ask him first? : Önce ona sormam iyi olmaz mı?

you had better, çok yararlı bir öğüt ifadesidir:
You had better fly. : Uçakla gitsin iyi olur. (En iyisi uçakla gitmen, uçakla gitmeni öğütlerim.)

Dolaylı aktarımda **had better**, birinci ve üçüncü şahıslarda değişmeden kalır; ikinci şahısta ise **had better**, ya değişmeden kalır, ya da **advise** + tümleç + mastar ile aktarılır:

He said, 'Ann had better hurry.' : 'Ann acele etse iyi olur' dedi.
= *He said (that) Ann had better hurry.* : Ann acele ederse iyi olur, dedi.
He said, 'I had better hurry.' : 'Acele edersem iyi olur', dedi.
= *He said (that) he had better hurry.* : Acele ederse iyi olacağını söyledi.
He said, 'You had better hurry.' : 'Acele etsen iyi olur', dedi.
= *He said (that) I had better hurry.* : Acele edersem iyi olacağını söyledi.
ya da: *He advised me to hurry.* : Acele etmemi öğütledi.

121 **have** + tümleç + şimdiki zaman ortacı

A Bu ifade, gelecekteki bir zaman süreci ile kullanılabilir:

I'll have you driving in three days (As a result of my efforts, you will be driving in three days.) : Sana üç gün içinde araba kullandırtacağım. (Çabalarım sonucu üç gün içinde araba kullanacaksın).

Fakat geçmiş ya da şimdiki zamanda da kullanılabilir:

He had them all dancing (He taught/persuaded them all to dance.) : Hepsine dans ettirdi (Hepsine dans etmesini öğretti/etmeye razı etti.)
I have them all talking to each other (I encourage/persuade them all to talk to each other.) : Hepsini birbiriyle konuştururum (Hepsini birbiriyle konuşturmaya teşvik ederim/ikna ederim.)

Bu kalıp soruda da kullanılabilir:
Will you really have her driving in three days? : Gerçekten ona üç günde araba kullandıracak mısın?

Fakat normal olarak olumsuz da kullanılmaz.

B *If you give all-night parties you'll have the neighbours complaining.* (The neighbours will complain/will be complaining.) : Tüm gece süren partiler verirsen, bir de bakarsın komşular senden yakınıyor.

If film-stars put their numbers in telephone books they'd have everyone ringing them up. (Everyone would ring/would be ringing them up.) : Film yıldızları numaralarını telefon rehberlerine koysalar bir de bakarlar ki herkes onlara telefon ediyor.

Birinci örnekteki *you'll have,* 'this will happen to you (bu, senin başına gelir)'; aynı biçimde ikinci örnekteki *they'd have,* 'this would happen to them (bu onların başına gelir)' anlamını taşır.

If you don't put a fence round your garden you'll have people wolking in and stealing your fruit. (People will walk in and steal/wil be walking in and stealing it/this will happen to you.): Bahçenin çevresine çit çekmezsen bir bakarsın millet elini kolunu sallayarak içeri girip meyvalarını çalıyor.

Bu yapı soru ve olumsuzda kullanılır:

When they move that bus stop you won't have people sitting on your steps waiting for the bus any more. : O otobüs durağını kaldırdıkları zaman millet artık senin merdivenlerine oturup beklemeyecek.

Bu yapı özellikle, yukarıdaki gibi, **have** fiilinin öznesi için hoş olmayan olaylar için kullanılır. Fakat hoş olmayan bir yanı bulunmayan durumlar için de kullanılabilir:

When he became famous he had people stopping him in the street and asking for his autograph = When he became famous, people stopped him in the street and asked for his autograph. : Ün kazanınca herkes onu yolda durdurup el yazısını/imzasını istemeye başladı.

ÇEVİRİCİNİN NOTU: '**have** + mastar + şimdiki zaman ortacı'nın bu ikinci kullanımının özünü tam olarak ve her karşılığını aktararak verecek bir ifade bulamadık. Bu yapıda daha çok, 'başına bu iş belir/bir bakarsın . . .yor' anlamı vardır.

Fakat **I won't have** + tümleç + şimdiki zaman ortacı normal olarak 'I won't/don't allow this (buna izin vermem/vermiyorum)' anlamına gelir:

I won't have him sitting down to dinner in his overalls. I make him change them (I won't/don't allow him to sit down. . .) : Onun işçi tulumuyla yemeğe oturmasına izin vermem.

Bu kullanım, yalnız birinci şahısla kullanılır.
(**have**'in zorunluk göstermesi konusunda bak. bölüm 14.)

Sıradan fiil olarak '**have**'

122 Sahip olmak anlamında **have**

A Bu, **have**'in temel anlamıdır:

He has a black beard. : Siyah sakalı var.
I have had this car for ten years. : On yıldır bu arabaya sahibim.
She will have £14,000 a year when she retires. : Emekliye ayrıldığında 14,000 sterlin alacak.

B Biçim

Olumlu	Olumsuz	Soru
Şimdiki zaman: *have (got)* veya *have*	*haven't (got)* veya *don't have*	*have I (got)?,* vd. veya *do you have,* vd.
Geçmiş zaman: *had*	*hadn't (got)* veya *didn't have*	*had you (got)?* veya *did you have?* vd.

Olumsuz ve sorunun iki biçimde yapılabildiğine dikkat ediniz.

C **have,** sürekli olarak geçerli olan durumlar için **do** ile çekilir:

Do you have earthquakes in your country? ~ Yes, but we don't have them very often. : Ülkenizde deprem olur mu? ~ Evet ama pek sık olmaz.

Bu alışkanlık durumu bulunmuyorsa, İngiltere'de **have not (got)/have you (got)** biçimlerinin daha alışılmış biçim olmasına karşılık ana dili İngilizce olan diğer ülkeler (özellikle Amerika) burada **do**'lu biçimi de kullanırlar.

Bir Amerikalı, *'Can you help me now? Do you have time?'* ('Şimdi bana yardım edebilir misin? Zamanın var mı?') derken bir İngiliz *'Can you help me now? Have you got time?'* (Anlam aynı) diyecektir.

Bu nedenle **do**'lu biçim her yerde güvenle kullanılabilir, ancak İngiltere'de oturan öğrencilerin diğer biçimi de kullanmaya alışmaları gerekir.

D Yukarıda gösterildiği gibi **have/have not/have you**, vb'ne **got** eklenebilir. Anlamda herhangi bir değişiklik yaratmaz; bu nedenle kullanmak isteğe bağlıdır, fakat oldukça yaygın bir eklemedir. Ancak **got**, kısa yanıtlarda ya da pekiştirme sorularında eklenmez.

Have you got an ice-axe? ~ Yes, I have. : Buz baltan var mı? ~ Evet, var.
She's got a nice voice, hasn't she? : Güzel bir sesi var, değil mi?

Arkasında **got** bulunan **have**, genellikle kaynaştırılır:

I've got my ticket. : Benim biletim var.
He's got a flat in Pimlico. : Pimlico'da bir dairesi var.

Vurgu, **got**'a kayar. **'ve** ve **'s** hemen hemen duyulmaz.
Arkasından **got** gelmeyen **have** çoğu kez kaynaştırılmaz. O zaman **have** ya da **has** duyulmalıdır.

123 Almak/yemek/içmek (take), vermek (bir parti) (give), vb. anlamında **have**

A **have** şu anlamları da verebilir:

'take' (a meal/food veya drink, bath/a lesson): öğün/yemek veya içki/banyo/ders almak (yemek/içmek/yapmak).
'give' (a party), 'entertain' (guests): parti vermek; konuk ağırlamak.
'encounter' (difficulties/trouble): zorluklarla/dertle karşılaşmak.
Genellikle *good*: iyi sıfatı ile birlikte, 'experience, enjoy' (geçirmek, yaşamak) anlamında.

We have lunch at one. : Saat birde öğle yemeği yeriz/Öğle yemeğini saat birde yeriz.
They are having a party tomorrow. : Yarın bir parti veriyorlar.

Did you have trouble with the Customs? : Gümrükte sorunla karşılaştın mı?
I hope you'll have a good holiday. : Umarım iyi bir tatil geçirirsin.

B Yukarıdaki gibi kullanılan **have**, sıradan fiillerin bağlı olduğu kurallara bağlıdır:

Ardından hiçbir zaman **got** gelmez.
Sorusu ve olumsuzu **do/did** ile yapılır.
Süreklilik gösteren fiil zamanları (continuous tenses) ile kullanılabilir.

We are having breakfast early tomorrow. : Yarın erkenden kahvaltı ediyoruz/edeceğiz. (Yakın gelecek).

She is having twenty people for dinner next Monday. : Önümüzdeki Pazartesi, akşam yemeğine yirmi kişi ağırlayacak. (Yakın gelecek).

I can't answer the telephone; I'm having a bath. : Telefona yanıt veremem. Şimdi banyo yapıyorum. (Şimdiki zaman)

How many English lessons do you have a week? ~ I have six. : Hafta'da kaç İngilizce dersi yapıyorsunuz. ~ Altı saat yapıyoruz.

You have coffee at eleven, don't you? : Saat onbirde kahve içersiniz, değil mi? (Alışkanlık)

Ann has breakfast in bed, but Mary doesn't. : Ann yatakta kahvaltı eder ama Mary etmez. (Alışkanlık)

Will you have some tea/coffee (etc)? : Biraz çay/kahve (vb.) alır mısınız? (Bu bir çağrıdır. *Will you*'yu kaldırıp *Have some tea* vb. diyebiliriz.)

Did you have a good time at the theatre? : Tiyatroda iyi vakit geçirdiniz mi? (Did you enjoy yourself? : Eğlendiniz mi?)

Have a good time! (Enjoy yourself!). : İyi vakit geçirin/geçirirsiniz inşallah. Eğlenin/Eğlenirsiniz inşallah!

I am having a wonderful holiday. : Harikulâde bir tatil geçiriyorum.

I didn't have a very good journey. : Çok iyi bir yolculuk yapmadım.

do

124 Biçim

Temel gövdeleri: *do, did, done*

Şimdiki zaman: *doing*
Geniş zaman:

Olumlu	*Olumsuz*	*Soru*
I do	*I do not/don't*	*do I?*
you do	*you do not/don't*	*do you?*
he does	*he does not/doesn't*	*does he?*
she does	*she does not/doesn't*	*does she?*
it does	*it does not/doesn't*	*does it?*
we do	*we do not/don't*	*do we?*
you do	*you do not/don't*	*do you?*
they do	*they do not/don't*	*do they?*

Sıradan fiil olarak **do**'nun olumlu biçimi, yukarıda gösterildiği gibidir. Fakat olumsuz ve soruda yukarıdaki biçimlere **do** mastarını ekleriz: *What does/did she do?* (Bak: 126.)

Geçmiş zaman:
Olumlu: Bütün kişiler için *did*
Olumsuz: Bütün kişiler için *did not/didn't*
Soru: *did he?* vb.
Olumsuz soru: *did he not/didn't he?* vb.

do'yu çıplak mastar izler.
I don't know. : Bilmiyorum.
Did you see it? : Onu gördün mü?
He doesn't like me. : Beni sevmiyor/sevmez.

125 Yardımcı olarak kullanılan **do**

A **do**, sıradan fiillerin basit şimdiki zaman ve basit geçmiş zamanlarının olumsuz ve sorularının kuruluşunda kullanılır: (Bak: 103-5.)

He doesn't work.	*He didn't work.*
(Çalışmaz.)	(Çalışmadı.)
Does he work?	*Did he work?*
(Çalışır mı?)	(Çalıştı mı?)

B Özel bir vurgulama yapmak istediğimiz zaman **do/did** + mastarı olumluda da kullanmak olanağı vardır. Bu, özellikle, sözü edilen iş konusunda bir şüphe belirttiği zaman kullanılır:

You didn't see him. ~ I 'did see him. : Onu görmedin ~ Onu gör'düm (/'/ işareti, vurgulu heceyi göstermektedir. / Ç.N.)

(Konuşma dilinde *'did'* kuvvetle vurgulanır. Bu, normal *'I saw him'* den daha güçlüdür.)

I know that you didn't expect me to go, but I 'did go. : Benim gitmemi ummadığını biliyorum, ama git'tim.

C **do**, kendinden önceki sıradan bir fiilin yinelenmesini önlemek için kullanılabilir:

1 Kısa onaylama ve yalanlamalarda (Bak: 109):
Tom talks too much. ~ Yes, he does/No, he doesn't. : Tom çok konuşuyor. ~ Evet, öyle/Hayır, konuşmuyor.

He didn't go. ~ No, he didn't/Oh yes, he did. : Gitmedi. ~ Evet, gitmedi/Yo, gitti.

2 Eklemelerde (Bak: 112):
He likes concerts and so do we. : O konserleri sever; biz de . . .
He lives here but I don't. : O burada oturur ama ben oturmam.
He doesn't drive but I do. : O araba sürmez, ama ben sürerim.

3 Pekiştirme sorularında (Bak: 110):
He lives here, doesn't he? : Burada oturur, değil mi?
He didn't see you, did he? : Seni görmedi, değil mi?

D **do**, ana fiilin yinelenmesini önlemek için kısa yanıtlarda kullanılır:

Do you smoke? Yes, I do. ('Yes, I smoke' değil!)/*No, I don't.* : Sigara içer misin? Evet, (içerim)/Hayır, içmem.
Did you see him? ~ Yes, I did/No, I didn't. : Onu gördün mü? ~ Evet, gördüm/Hayır görmedim. (Bak: 108).

E Aynı biçimde, karşılaştırmalarda (Bak: Ders 22)
He drives faster than I do. : Ben(im sürdüğüm)den daha hızlı sürüyor.

F **do**, bir rica veya çağrıyı daha etkinleştirebilmek için emirin başına konur: *Do come with us.* : (Bizimle birlikte 'gelin.) cümlesi, *Come with us.* : (Bizimle birlik'te gelin.) cümlesinden daha etkindir. (Türkçedeki vurgulama farkına dikkat ediniz. / Ç.N.)

Do work a little harder. : Biraz daha fazla çalış, (sen de).
Do help me. : Bana yardım edin.

G Bir işi yapabilmek için izin veya yapacağı bir iş için onay bekleyen bir kişiye söylenen onaylayıcı ya da cesaretlendirici olumlu bir cümlede de yardımcı kullanılabilir:

Shall I write to him? ~ Yes, do veya tek başına *Do.* : Ona mektup yazayım mı? ~ Evet yaz./Yaz ya!

126 Sıradan bir fiil olarak **do**'nun kullanılışı

have gibi **do** da sıradan bir fiil olarak kullanılabilir. O zaman, basit şimdiki zaman ve basit geçmiş zaman olumlu ve soru biçimlerini **do** ve **did** ile kurar:

I do not do (yapmam)	*do you do?* (yapar mısın?)	*don't you do?* (yapmaz mısın?)
he does not do (yapmaz)	*does he do?* (yapar mı?)	*doesn't he do?* (yapmaz mı?)
I did not do. (yapmadım)	*did he do?* (yaptı mı?)	*didn't he do?* (yapmadı mı?)

Süreklilik gösteren veya basit fiil zamanlarında kullanılabilir:

What are you doing (now)? ~ I'm doing my homework. : (Şimdi) ne yapıyorsun? ~ Ödevimi yapıyorum.
What's he doing tomorrow? : Yarın ne yapıyor? (Yakın gelecek)
What does he do in the evenings? : Akşamları ne yapar?/yapıyor? (Alışkanlık)
Why did you do it? ~ I did it because I was angry. : Bunu neden yaptın? ~ Kızdığım için yaptım.

How do yo do? bir tanıştırmadan sonra her iki tarafça da söylenir:
HOSTESS: *Mr Day, may I introduce Mr Davis? Mr Davis, Mr Day.* : Mr Day, sizi Mr Davis'le tanıştırabilir miyim?
EV SAHİBESİ: Mr Day, sizi Mr Davis'le tanıştırabilir miyim?

Her iki adam da *How do you do?* (Memnun oldum), der.
Kökeninde bu ifade, karşıdakinin sağlığını sormak için sorulan bir soruydu. Bugün ise yalnız tanıştırma sırasında kullanılan biçimsel bir tanışma yoludur. (Dolayısıyla bu cümleyi 'Nasılsınız?' olarak çevirmekten kesinlikle kaçınınız. Sanırız bu cümlenin en iyi çeviri biçimi, 'Memnun oldum' ~ 'Ben de'dir. / Ç.N.)

do'nun öteki kullanımlarına bazı örnekler:

He doesn't do what he's told. (doesn't obey orders) : Kendisine söylenenleri yapmıyor/yapmaz (emirlere uymaz)

What do you do for a living? ~ I'm an artist. : Yaşamınızı nasıl kazanırsınız? ~ Ressamım.
How's the new baby doing? (getting on) : Yeni bebek nasıl gidiyor?
I haven't got a torch. Will a candle do? (= be suitable/adequate) : Fenerim yok. Mum (uygun) olur mu? ~ *A candle won't do. I'm looking for a gas leak.* : Mum olmaz. Gaz kaçağı arıyorum. (Mum uygun değil.)
Would £10 do? ~ No, it wouldn't. I need £20. : 10 sterlin yeter mi? ~Hayır, yetmez. 20 sterlin gerekiyor bana.

to do with (yalnızca mastar biçiminde), 'ilgilendirmek' anlamına gelebilir. Bu daha çok, **it is/it was something/nothing to do with** + isim/zamir/isimfiil'de kulanılır:

It's nothing to do with you = It doesn't concern you. : Bunun seninle bir ilgisi yok = Seni ilgilendirmiyor.

12 **may**, ve **can**: izin ve olasılık

İzin

127 **may**'in izin için kullanılışı: biçim

Şimdi ve gelecekte bütün kişiler için *may*.
Şartta ve geçmiş zamandaki fiillerden sonra *might*.
Olumsuz: *may not/mayn't, might not/mightn't.*
Soru: *may I? might I?* vb.
Olumsuz soru: *may I not/mayn't I? might I not/mightn't I?*
Öteki biçimleri *allow, be allowed* ile oluşturulur.
may'i yalın mastar izler.

128 **can**'in izin için kullanılışı: biçim

Şimdi ve gelecekte bütün kişiler için *can.*
Geçmişte ve şartta: *could.*
Olumsuz: *cannot/can't, could not/couldn't.*
Soru: *can I? could I?* vb.
Olumsuz soru: *can I not/can't I? could I not/couldn't I?* vb.
Öteki biçimleri *allow, be allowed* ile oluşturur.
can'i yalın mastar izler.

129 **may** ve **can**'in şimdiki ve gelecekte izin için kullanılışı

A Birinci şahıs

I/we can, en olağan biçimdir:

> *I can take a day off whenever I want.* : İstediğim zaman bir gün işe gelmeyebilirim.

'I/We have permission to . . .' (. . .meye iznimiz var) anlamında **I/we may** de denebilir:

> *I may leave the office as soon as I have finished.* : İşim biter bitmez bürodan çıkabilirim/çıkma iznim var.

Ancak bu, sık kullanılan bir yapı değildir; şu yapı daha doğal olmaktadır:
I can leave/I'm allowed to leave . . . : . . .ayrılabilirim/ayrılma iznim var.

I/we may/might, dolaylı aktarımda daha olağandır:
'You may leave when you've finished,' he says/said =
He says we may leave/He said we might leave . . . : 'İşiniz bitince gidebilirsiniz', diyor/dedi = İşimiz bitince gidebileceğimizi söylüyor/söyledi.

Fakat halk dilinde **can/could** diyebiliriz:
He says we can leave/He said we could leave. : Gidebieceğimizi söyledi/söylüyor.

B İkinci şahıs

Burada **may**, özellikle konuşan kişi izin verdiği zaman kullanılır. *You may park here* (Burada park edebilirsiniz), 'I give you permission to park' (Size parketme izni veriyorum) demektir. Normal olarak 'The police etc. allow you to park' (Polis vb. park etmenize izin veriyor) ya da 'You have a right to park' (Park etmek hakkına sahipsiniz) anlamına gelmez.

Burada **can, may**'e biçimsel olmayan bir seçenek oluşturabilir. Fakat **can** aynı zamanda, izne sahip olma kavramını iletmekte de kullanılabilir. *You can park here* (Burada park edebilirsiniz), 'I allow it/The police allow it/You have a right to park here' (Park etmenize izin veriyorum/Polis izin vermiyor/etmeye hakkınız var) anlamına gelebilir.

Aynı biçimde *You can take two books home with you* (Eve yanınızda iki kitap götürebilirsiniz), 'I allow it/The library allows it' (Buna ben/kütüphane izin veriyorum/veriyor) anlamına gelebilir. *You can't eat sandwiches in the library* de, 'I don't allow it/The librarian doesn't allow it' (Buna ben izin vermiyorum/kütüphane izin vermiyor) ya da 'It isn't a proper thing do' (Bunu yapmak doğru değil) anlamına gelebilir.

Bir koşul havası **could** kullanılabilir:
Why don't you ring him? You can/could use my phone. : Neden onu aramıyorsun? Benim telefonumu kullanabilirsin.

could ayrıca girişinde geçmiş zaman bir fiil bulunduğu zaman dolaylı aktarımda da kullanılabilir:
He said I could use his phone. : Telefonunu kullanabileceğimi söyledi.

C Konuşan kişi izin verdiği zaman yukarıda B'de olduğu gibi **may** kullanılabilir:
He may take my car. (I give him permission to take it.) : Benim arabamı alabilir. (Almasına izin veriyorum.)

They may phone the office and reverse the charges. (I give them permission.) : Büroya telefon edip faturaları başka isme yazdırabilirler. (Onlara izin veriyorum.)

Ancak **may** daha çok kişisel olmayan ifadelerde yetki ya da izni belirtmek için kullanılır:

In certain circumstances a police officer may (= has the right to) *ask a driver to take a breath test.* : Bazı durumlarda polis sürücüden soluk testini yapmasını isteyebilir (bu hakka sahiptir).

If convicted, an accused person may (= has the right to) *appeal.* : Hüküm giydiği zaman sanık [yargıtaya] başvurabilir (bu hakka sahip).

SCRABBLE RULES: *No letter may be moved after it his been played.* DİLMECE KURALLARI: Oynandıktan sonra hiçbir harf yerinden oynatılamaz.

Teklifsiz İngilizcede **can/can't** kullanılabilir:

He can take the car. : Arabayı alabilir.
They can phone the office. : Büroya telefon edebilirler.
A police officer can ask a driver . . . : Bir polis memuru sürücüden . . . isteyebilir.
An accused person can appeal. : Sanık başvurabilir.
No letter can be moved . . . : Hiçbir harf . . . oynatılmaz.

130 **could** ya da **was/were allowed to**'nun geçmişte izin için kullanılışı

could, geçmişte genel bir izni de ifade edebilir:
On Sundays we could (= were allowed to) *stay up late.* : Pazarları, geç vakte kadar oturmamıza izin verilirdi.

Belirli bir eyleme izin verilip bu eylem yerine getirildiği zaman **could** yerine **was/were allowed to** kullanırız:
I had a visa so I was allowed to cross the frontier. : Vizem vardı; dolayısıyla sınırı geçmeme izin verildi.

Ancak **couldn't**'un **could**'dan daha geniş bir kullanım alanı vardır:
We couldn't bring our dog into the restaurant. : Köpeğimizi lokantaya getiremedik/getiremiyorduk/getiremezdik.

Bunun tersi:
We were allowed to bring . . . : . . .getirmemize izin verildi/veriliyordu/verilirdi,

olur.

-miş'li fiil yapılarında (perfect tenses) ve edilgenlerde (passive) **allowed** kullanılmalıdır :

Since his accident he hasn't been allowed to drive. : Geçirdiği kazadan bu yana araba kullanmasına izin verilmiyor.
As a child he had been allowed to do exactly what he liked. : Çocukluğunda her istediğini yapmasına izin veriliyordu.

(**might/could**'un dolaylı aktarımda kullanılışı için bak: 129 A.)

131 İzin isteği (Ayrıca bak: 283)

A **can I?, could I?, may I?, might I?**'ın hepsi olabilir ve şimdi ya da gelecek için kullanılabilir. **can I?** en teklifsizidir.
Bu dördü arasında en yararlı olanı **could I**'dır, çünkü hem biçimsel hem de teklifsiz isteği ifade edebilir.

may I? could I?'dan biraz daha biçimselse de her iki tip rica için de kullanılabilir.
might I? may I?'dan daha ayrıdır ve yanıt konusunda daha büyük bir belirsizliği ifade eder.

B **can't I?** ve **couldn't I?** olumsuz biçimleri konuşanın olumlu bir yanıt umduğunu göstermekte kullanılır:

Can't I stay up till the end of the programme? : Programın sonuna kadar oturamaz mıyım?
Couldn't I pay by cheque? : Çekle ödeyemez miyim?

C **can I?** ve **could I?**'lı ricalara verilecek yanıtlar normal olarak şöyledir:
Yes, you can. *Yes, of course (you can).*
No, you can't.

may I? ve **might I?**'lı ricalara verilecek yanıtlar normal olarak şöyledir:
Yes, you may. *Yes, of course (you may).*

Olumsuz bir yanıt için *No you may not* kullanılabilir fakat normal olarak bunun yerine daha ılımlı bir ifade kullanılır:

I'd rather you didn't. : (Öyle yapmamanı) yeğlerim.
I'm afraid not. : Korkarım olmaz (onu yapamazsın).

D **İ**zinle ilgili sorular şimdiki zaman **can** ya da **am/is/are allowed to,** geçmişte de **could** ya da **was/were allowed to** ile ifade edilir:

Can Tom use the car whenever he likes? : Tom arabayı ne zaman isterse kullanabiliyor mu?
Is Tom allowed to use the car? : Tom'un arabayı kullanmasına izin veriliyor mu?
Could students choose what they wanted to study? : Öğrencilere istedikleri (konuları) okumalarına izin veriliyor muydu?
Were students allowed to choose . . . ? : (Anlam aynı / Ç.N.)

Olasılık

132 Olasılık için **may/might**

A Biçim
Şimdi ve gelecekte *may/might.*
Şartta ve geçmiş zamandaki fiillerden sonra *might.*
Olumsuz: *may not/mayn't, might not/mightn't.*

Soru: Aşağıda E'ye bakınız.
Mastar: *to be + likely*

B **may/might** + şimdiki zaman mastarı, şimdi ya da gelecekteki olasılığı ifade edebilir:

He may/might tell his wife. (Perhaps he tells/will tell his wife.) : Karısına söyleyebilir. (Belki karısına söylüyordur/söyler.)
He may/might emigrate. (Perhaps he will emigrate.) : Göç edebilir. (Belki göç eder.)
Ann may/might know Tom's address. (Perhaps Ann knows . . .) : Ann, Tom'un adresini bilebilir. (Belki . . . biliyordur.)

Aynı biçimde, süreklilik mastarı (continuous infinitive):

He may/might be waiting at the station. (Perhaps he is waiting at the station.) : İstasyonda bekliyor olabilir. (Belki de istasyonda bekliyordur.)
He may/might be waiting at the station when we arrive. (Perhaps he will be waiting . . .) : Vardığımızda istasyonda bekliyor olabilir. (Belki de . . . bekliyor olacak.)

C **may** ya da **might**'ın şimdi ve gelecekteki olasılığı göstermesi.
Normal olarak her ikisi de kullanılabilir. **might**, kuşkuyu biraz daha artırır. Konuşmada bu kuşku ağırlığını, **may/might**'ı vurgulayarak da belirtebileceğimize dikkat ediniz. *Tom 'may lend you the money (may* üzerinde güçlü vurgu) ([Eh], Tom bu parayı sana ödünç verebi'lir), bu olasılığın pek büyük olmadığı anlamını taşır. *Tom 'might lend you the money (might* üzerinde güçlü vurgu) (Tom bu parayı sana verebilir - belki), 'I don't think this is at all likely/I think it is unlikely' (Bunun olası olduğuna inanmıyorum/Bence bu olası değil) anlamını taşır.

D Şartta ve ifadenin geçmiş zamandaki bir fiile sunulduğu durumlarda **might** kullanılmalıdır:

If 'you invited him he might come. : Onu sen çağırdıysan gelebilir.
I knew we might have to wait at the frontier. : Sınırda beklemek zorunda kalabileceğimizi biliyordum.
He said he might hire a car. : Bir araba kiralayabileceğini söyledi. (Dolaylı aktarım)

E Olumsuz ve soruda **may/might**

Olumsuzda bir sorun ortaya çıkmaz:
He may/might not believe your story. (Perhaps he won't/doesn't believe your story.) : Anlattıklarına inanmayabilir. (Belki de anlattıklarına inanmaz/inanmıyordur.)

Soru normal olarak **do you think?** ya da **be + likely** yapısı ile ifade edilir:
Do you think he's alone? : Sence yalnız mıdır?
Do you think he believes your story? : Anlattıklarına inanır/inanıyor mu dersin?
Is it likely that the plane will be late? : Uçağın gecikme olasılığı var mı?
Is the plane likely to be late? : Uçağın gecikmesi olası mı?

Olasılık için **may?** cümlenin başında hemen hiç görülmez. Daha sonra kullanılabilir:
When may we expect you? : (Sizi ne zaman bekleyebiliriz?) Ne zaman gelebilirsiniz?
What may be the result of the new tax? : (Yeni verginin sonucu ne olabilir?) Yeni vergi ne gibi sonuçlar doğurabilir?

Ancak daha çok **be + likely** ya da **think**'li bir kalıp kullanılır:
When are you likely to arrive? : Ne zaman gelebilirsiniz?
What do you think the result will be? : Sonuç ne olur dersin?

might'ı kullanmak olasılığı zor da olsa vardır:
Might they be waiting outside the station? : İstasyonun dışında bekliyor olabilirler mi?

Fakat *Could they be waiting?* (Bekliyor olabilirler mi?) veya *Do you think they are waiting?* (Bekliyorlar mı dersin?) daha yaygındır (Bak: 134).

Ancak olumludaki (soru olmayan / Ç.N.) **may/might**, bir sorunun bir bölümünü oluşturabilir:

Do you think he may/might be able to pay? : Ödeyebilirler mi sence? (Bu tür soru için 104'e bakınız.)

133 may/might + -miş'li mastar

A Bu, geçmişteki eylemlerle ilgili spekülasyonlarda kullanılır:

He may/might have gone. : Gitmiş olabilir
= *It is possible that he went/has gone.* : Gitmiş olması olanağı var.

ya da

Perhaps he went/has gone. : Belki (de) gitmiştir.

132 D'de gösterildiği gibi, ana fiil bir geçmiş zaman yapısındaysa **might** kullanılmalıdır:

He said/thought that she might have missed the plane. : (Kızın) uçağı kaçırmış olabileceğini söyledi/olabileceğini düşünüyordu.

Belirsizlik artık sürmüyorsa **may** değil, **might** kullanılmalıdır:

He came home alone. You shouldn't have let him do that; he might have got lost. : Tek başına geldi. Buna izin vermemeliydin; yolunu kaybedebilirdi. (Ama kaybetmedi.)

Böylece:

You shouldn't have drunk the wine: it may/might have been drugged. : Şarabı içmemeliydin; içine ilaç konmuş olabilir/olabilirdi.

cümlesinde *it may have been drugged* (ilaç konmuş olabilir) sözcükleri şarabın ilaçlı olup olmadığına ilişkin kuşkumuzun sürdüğünü gösterir; *it might have been drugged* aynı anlama gelebileceği gibi (ilaç konmuş olabilir) ilaç konmamış olduğunu bildiğimizi de (konmuş olabilirdi) gösterebilir.
Konu hiç sınamaya sokulmadığı zaman,

Perhaps we should have taken the other road. It might have been quicker. : Belki de öteki yoldan gitmeliydik; daha kısa olabilirdi.

It's a good thing you didn't lend him the money. You might never have got it back. : Ona parayı ödünç vermediğin iyi oldu/olmuş. Sana onu hiç ödeyemezdi.

örneklerinde olduğu gibi **may** değil **might** kullanırız.

Bu türden cümleler üçüncü tip şart cümlelerine çok benzemektedir:
If we had taken the other road we might have arrived earlier. : Öteki yoldan gitseydik daha erken varabilirdik.

B Şart cümlelerinde kesin yerine olası bir sonucu belirtmek için **will/would** yerine **may/might** kullanırız:

If he sees you he will stop. : Seni görürse durur. (kesin)
If he sees you he may stop. : Seni görürse durabilir. (olası)

Aynı biçimde:

If you poured hot water into it, it might crack ve
If you had left it there, someone might have stolen it. : İçine sıcak su dökseydin çatlardı.
Onu orada bıraksaydın biri onu çalabilirdi.
(Bak: 232 B.)

134 may/might'a karşı bir seçenek olarak could

A **could, may/might** yerine kullanılabilir:
I wonder where Tom is. ~ He may/might/could be in the library. : Tom nerede? ~ Kütüphanede olabilir.

Aynı biçimde **be** sürekli mastarın bir parçası olduğu zaman:
I wonder why Bill isn't here. ~ He may/might/could still be waiting for a bus. (Perhaps he is still waiting for a bus.) : Acaba Bill neden hala gelmedi? ~ Otobüs bekliyor olabilir. (Belki de otobüs bekliyordur.)

ve **be** edilgen bir mastarın bir bölümü olduğu zaman:

Do you think the plane will be on time? ~ I don't know. It may/might/could be delayed by fog. : Sence uçak zamanında gelir mi? ~ Bilmiyorum. Sisten dolayı gecikebilir.

Soruda **could** da **might** da kullanabiliriz:

Might/Could he be waiting for us at the station? (Do you think he is waiting . . .?) : İstasyonda bizi bekliyor olabilir mi? (. . . bekliyor mudur dersin?)

Ancak olumsuzda **could** ile **may/might** arasında bir ayrım vardır:
He may/might not be driving the car himself. (Perhaps he isn't driving the car himself.) : Arabayı kendi sürmüyor olabilir. (Belki de sürmüyordur.)

Fakat *He couldn't be driving the car himself* (Arabayı kendi sürüyor olamaz), olumsuz bir sonuç çıkarma ifadesidir. 'This is impossible. He can't drive' (Bu olanaksız. O araba süremez) anlamındadır.

B **could** + herhangi bir fiilin -miş'li mastarı (perfect infinitive), **may/might** + -miş'li mastarın (olasılık) yerine kullanılabilir.

I wonder how Tom knew about Ann's engagement. ~ He may/might/ could have heard it from Jack. (Perhaps he heard it from Jack.) : Acaba Tom, Ann'in nişanlandığını nasıl öğrendi? ~ Jack'ten duymuş olabiir. (Belki de Jack'ten öğrenmiştir.)

Yukarıda A'da olduğu gibi soru **might** ya da **could** kullanabiliriz:

Could/Might the bank have made a mistake? (Do you think it is possible that the bank [has] made a mistake?) : Banka bir hata yapmış olabilir mi? (Bankanın bir hata yapmış olma olasılığı var mı?

Ancak olumsuzda anlamlar değişir:

Ann might not have seen Tom yesterday. (Perhaps she didn't see him.) : Ann Tom'u dün görmemiş olabilir. (Belki onu görmedi.)

Buna karşılık:

Ann couldn't have seen Tom yesterday. (Olumsuz sonuç çıkarma: Perhaps Ann and Tom were in different towns.) : Ann Tom'u görmüş olamazdı. (Belki Ann ve Tom ayrı kentlerdeydiler.)

135 **can**'in olasılık göstermesi

A Genel anlamda olasılık:

Özne + **can**, 'it is possible' (olasıdır), dolayısıyla koşullar elvermektedir anlamına gelebilir. (Bu, **may**'le ifade edilen olasılıktan oldukça ayrıdır:

You can ski on the hills. (There is enough snow.) : Tepelerde kayak yapabilirsiniz. (Yeterince kar var.)
We can't bathe here on account of the sharks. (It isn't safe.) : Köpekbalıkları yüzünden burada denize giremyoruz. (Güvenceli değil.)
Can you get to the top of the mountain in one day? (Is it possible?) : Bir günde dağın tepesine varabilir misin? (Bu olanaklı mı?)

B **can** ayrıca, belirli durumlarda ortaya çıkan olasılık için de kullanılabilir:

Measles can be quite dangerous. (Sometimes it is possible for them to be quite dangerous/Sometimes they are quite dangerous.) : Kızamık oldukça tehlikeli olabilir. (Bazen oldukça tehlikeli olma olasılığı vardır / Bazen oldukça tehlikeli olur.)
The Straits of Dover can be very rough. (It is possible for the Straits to be rough; this sometimes happens.) : Dover kıyıları çok dalgalı olabilir. Straits [Kıyı Bölgesi'nin] dalgalı olma olasılığı var; bu bazen olur.)

Geçmişte **could** kullanılır:

He could be very unreasonable. (Sometimes he was unreasonable; this was a possibility.) : Bazen hiç de makul olmayabiliyordu. (Bazen makul değildi; bu olasıydı.)

can bu biçimiyle yalnız şimdi ya da geçmiş zaman yapısında ve özellikle olumluda kullanılır.

13 **can** ve **be able**: yetenek

136 **can** ve **able**: biçimler

A Burada **can, be + able** sıfatı ile bağlantılı olarak ele alınır. Bu kalıp, **can**'in eksik bölümlerini tamamlar, şimdi ve gelecekte de **can**'e bir seçenek oluşturur. Dolayısıyla elimizde şu biçimler bulunmaktadır:
Mastar: *to be able*
Geçmiş zaman ortacı: *been able*

	Olumlu	*Olumsuz*	*Soru*
Gelecek	*will/shall be able*	*will/shall not be able*	*shall/will I be able? will he be able?* vb.
Şimdi	*can* ya da *am able*	*cannot* ya da *am not able*	*can I?* ya da *am I able?* vb.
Geçmiş	*could* ya da *was able*	*could not* ya da *was not able*	*could I?* ya da *was I able?*

Bir tek gelecek zaman biçimi vardır, çünkü **can**, izin ifadesi dışında gelecek için kullanılmaz. Ancak şartta iki biçim vardır: *could* ve *would be able.*

Öteki bütün fiil yapıları, sıradan fiillerin kurallarına uygun biçimde **be able** ile oluşturulur:

Şimdi öncesi (present perfect): *have been able*
Geçmiş öncesi (past perfect): *had been able*
Olumsuz soru: *could you not/couldn't you? were you not/weren't you able? will you not/won't you be able?* vb.

can/be/will/shall not ve **have** normal yollarla kaynaştırılabilir:
I wasn't able, he won't be able, I've been able.
can'i yalın mastar izler.
be able'ı tam mastar izler.

137 can/am able, could/was able

A **can** ve **be able**

1 **shall/will be able**, tek gelecek zaman biçimidir:
Our baby will be able to walk in a few weeks. : Bebeğimiz, birkaç hafta içinde yürüyebilecek.

2 Şimdiki zaman için **can** de, **am able** de kullanılabilir. **Can,** daha yaygın olan biçimdir:

Can you/Are you able to type? : Daktilo kullanabilir misin?
I can't pay you today. Can you wait till tomorrow? : Bugün sana ödeme yapamam. Yarına kadar bekleyebilir misin?
Could you wait? : Bekleyebilir misin? (Rica; B2'ye bakınız.)

ÇEVİRİCİNİN NOTU: **Can** ve **able**'ın çevirisi, İngilizce ile Türkçe arasında bir ayrımı ortaya çıkarmaktadır: Türkçede yeteneği hem geniş zaman hem de şimdiki zamanda ifade edebiliyoruz. İngilizcede yalnız geniş zaman ifadesi vardır; şimdiki zamanı da bu ifade eder. Dolayısıyla İngilizcede 'yazabilirim'den ayrı olarak 'yazabiliyorum' demek olanağı yoktur.
Can ve **able**'ın çevirilerinde biz yalnız geniş zaman karşılığını vermekteyiz. Bunun yanında şimdiki zaman çevirisinin bulunduğunu da unutmayınız.

Can you type? : Daktilo kullanabilir misin/kullanabiliyor musun?
Is he able to swim? : Yüzebilir mi/yüzebiliyor mu?

Aynı durum, geçmiş zaman ile geçmişte süreklilik yapılarında da vardır:

Could he find his way in the dark before he became blind? : Kör olmadan önce karanlıkta yolunu bulabilir miydi/bulabiliyor muydu?

Ancak şimdiki ya da geçmiş zamanda tek bir olaydan söz ediliyorsa, Türkçede de '-yor' kullanma olanağı kalmaz; İngilizce ile Türkçe aynı olur:

Can you lift this desk on your own? : Tek başına şu sırayı kaldırabilir misin?
Were you able to lift the desk on your own? : O sırayı tek başına kaldırabildin mi?

3 Ancak şimdi öncesi (present perfect) için **be able** biçimini kullanmalıyız:
Since his accident he hasn't been able to leave the house. : Geçirdiği kazadan bu yana evden çıkmıyor.

B **could**

1 **could,** koşul kavramı bulunduğu zaman şimdiki zaman anlamında kullanılabilir:

Could you run the business by yourself? (if this was necessary) : İşi tek başına yürütebilir misin? (bu gerekli olsa)
Could he get another job? (if he left this one) : Bir başka iş bulabilir mi? (bu işten ayrılsa)
I could get you a copy. (if you want one) : Sana bir kopya(sını) bulabilirim. (Eğer istiyorsan)

İlk iki örnekte **could**'un yerine **would be able** konabilir.

2 **could you?,** bir ricayı sunmanın iyi bir yoludur. **would you?**'ya karşı bir seçenek oluşturur ve ondan daha naziktir:

Could you show me the way/lend me £5/wait half an hour? : Bana yolu gösterebilir/5 sterlin ödünç verebilir/beş dakika bekleyebilir miydiniz? *Could you please send me an application from?* : Bana bir başvuru formu gönderebilir miydiniz?

couldn't you? da yararlıdır.

HOUSEHOLDER: *Could you come and mend a leak in a pipe?*
PLUMBER: *Would sometime next month suit you?*
HOUSEHOLDER: *Couldn't you come a little earlier?:*
EVSAHİBİ: Gelip borudaki bir deliği onarabilir miydiniz?
MUSLUKÇU: Gelecek ay bir gün sizce uygun mu?
EVSAHİBİ: Biraz daha önce gelemez miydiniz?

C **could** ve **was able**'ın geçmişteki yeteneği göstermesi

1 Yalnızca yeteneği belirtmek için her ikisi de kullanılabilir:

When I was young I could/was able to climb any tree in the forest. : Gençken ormandaki her tür ağaca tırmanabilirdim/tırmanabiliyordum.

2 Yetenek + belirli bir eylem için **was able** kullanınız:

Although the pilot was badly hurt he was able to explain what had happened. (He could and did explain.) : Pilot ciddi biçimde yaralı olduğu halde olup bitenleri anlatabilirdi. (Anlatacak durumdaydı ve anlattı.)

The boat capsized quite near the bank so the children were able to swim to safety. (They could and did swim.) : Kayık kıyıya oldukça yakın bir yerde alabora oldu, dolayısıyla çocuklar yüzüp kurtulabildiler. (Yüzebiliyorlardı ve yüzdüler.)

Ancak bu kural, eylemin gerçekleşmediği olumsuzda ve duyu fiillerinde gevşer:

He read the message but he couldn't/wasn't able to understand it. : Mesajı okudu ama anlayamadı.
I couldn't/wasn't able to see him through the window. : Onu pencereden göremedim.

D Geçmiş öncesi (past perfect) biçimi **had been able**'dır:

He said he had lost his passport and hadn't been able to leave the country. : (Pasaportunu yitirmiş olduğunu ve yurtdışına çıkamamış olduğunu söyledi.) Pasaportunu yitirdiği ve yurtdışına çıkamadığını söyledi.

(Dolaylı aktarımda **could**'un kullanımı için bak: 312.)

138 **could** + -miş'li mastar

A Bu biçim, eylemin gerçekleşmediği geçmiş zamandaki yetenek için:

I could have lent you the money. Why didn't you ask me? : Ben sana o parayı ödünç verebilirdim. Neden bana sormadın?

(Ayrıca bak: 154.)

ya da eylemin gerçekleşip gerçekleşmediğini bilmediğimiz zaman kullanılır:

The money has disappeared! Who could have taken it? : Para yok oldu! Kim almış olabilir ki?
Tom could have (taken it); he was here alone yesterday. : Tom (almış olabilir); dün burada yalnız başınaydı.

Şu cümleleri karşılaştırınız:

He was able to send a message. : Bir mesaj gönderebildi. (Gönderdi.)
He could have sent a message. : Bir mesaj gönderebilirdi/göndermiş olabilir. (Ya göndermedi ya da gönderip göndermediğini bilmiyoruz. Ayrıca bak: 135.)

B **could** + -miş'li mastar ayrıca bir eylemin gerçekleşmemiş olmasından doğan rahatsızlık ya da öfkeyi de ifade eder:

You could have told me =
I am annoyed/disappointed that you didn't tell me. You should have told me. : Bana söyleyebilirdin = Bana söylemediğin için sinirlendim/düş kırıklığına uğradım. Bana söylemeliydin.

Konuşanın vurgulamak istediği sözcük üzerinde güçlü bir vurgu bulunur. (Aynı biçimde kullanılan **might** için bak: 285.)

14 **ought, should, must, have to, need'**in zorunlukta kullanılması

139 **ought:** biçimler

ought, anlam yüklü bir yardımcı fiildir (modal) (Bk: 107 B).
Aynı biçim şimdi ve gelecek için kullanılır; kendinden önce geçmiş zaman yapısında bir fiil varsa ya da arkasından bir mastar geliyorsa geçmiş için de kullanılabilir:

I ought to write to him today/tomorrow. : Ona bugün/yarın (mektup) yazmam gerekir.
I knew I ought to write to him. : Ona yazmam gerektiğini biliyordum.
She said I ought to write. : Yazmam gerektiğini söyledi.
I know/knew that I ought to have written. : Yazmam gerekirdi, biliyorum/biliyordum.

Olumsuz: *ought not/oughn't*
Soru: *ought I?*, vb.
Olumsuz soru: *ought I not/oughtn't I?* vb.

ought tam mastarı alır; bunu öğrencilere anımsatmak için bazen bu sözcükten **ought to** olarak söz edilir.

ought'lu sorular ya da görüş bildirmeler **should**'la yanıtlanabildiği gibi, bunun tersi de olabilir:
You ought to put in central heating. ~ Yes, I suppose I should. : Merkezi ısıtma sistemi koymanız gerekir. ~ Evet, öyle.

140 **should:** biçim

should da anlam yüklü bir yardımcı fiildir (modal).
ought'ta olduğu gibi aynı biçim şimdi ve gelecek için kullanılır; kendisinden önce geçmiş zaman yapısında bir fiil olduğu zaman geçmişte de kullanılabilir.

Yukarıdaki örneklerde **ought**'un yerine **should** kullanılabilir.
Olumsuz: *should not/shouldn't*

Soru: *should I?* vb.
Olumsuz soru: *should I not/shouldn't I?* vb.

should'dan sonra çıplak mastar gelir.
Zorunluk için kullanılan **should** ve **ought** normal olarak aynı anlama sahiptir, fakat **should**, daha yaygın olan biçimdir.

Konuşmada **should/ought to** yalnız başlarına kullanılabilir; burada mastar söylenmez, anlaşılır:

> *You should paint/ought to paint your door.* ~ *Yes, I know I should/I know I ought to.* : Kapını boyamalısın. ~ Evet, biliyorum.

141 **ought/should**'un **must** ve **have to** ile karşılaştırılması

A Kullanımdaki ayrımlar

1 **ought/should**, öznenin zorunluk ya da görevini:

> *You should send in accurate income tax returns.* : Doğru vergi iadelerini göndermen gerekir.

ya da doğru, sağduyulu bir eylemi belirtmek için kullanılır :

> *They shouldn't allow parking here; the street is too narrow.* : Burada park yapılmasına izin vermemeliler; cadde çok dar.
>
> *The word is spelt wrongly. There should be another 's'.* : Sözcük yanlış yazılmış; bir 's' daha olması gerekir.

Burada ne **must**'ta olduğu gibi konuşanın yetkinliği, ne de **have to**'da olduğu gibi dışarıdaki birinin yetkinliği (Bak: 145) söz konusudur. Daha çok, vicdan ya da sağduyu sorunudur:

> PIANIST TO PUPIL: *You must practise at least an hour a day.*
> PUPIL TO MUSICAL FRIEND: *I have to practise an hour a day!*
> MUSICAL FRIEND: *You ought to/should practise for more than an hour.* :
> PİYANİST ÖĞRENCİSİNE: En az günde bir saat çalışmalısın.
> ÖĞRENCİ MÜZİKLE İLGİLENEN ARKADAŞINA: Günde bir saat çalışmak zorundaymışım!
> MÜZİKLE İLGİLENEN ARKADAŞ: Bir saatten fazla çalışman gerekir.

2 **ought/should** ile **must** ve **have to** arasındaki bir başka ayrım da **must** ve **have to**'nun normal olarak bize zorunluğun yerine getirilmekte olduğu ya da getirileceği izlenimini vermesidir. Bu durum özellikle birinci şahıs için geçerliyse de çoğu kez öteki kişiler için de söz konusu olmaktadır. **Ought/should**'da zo-

runluğun ille de yerine getirilmekte olduğu ya da getirileceği yolunda bir izlenimimiz yoktur.

Bir sürücü, *I ought to/should go slowly here; it's a built-up area* ([Aslında] Burada yavaş gitmem gerekir; burası, oturma bölgesi) derse genellikle, yavaş gitmeyeceğini belirtmek istemektedir. Gerçekten yavaş gitmek niyetindeyse, *I must go/I have to go/I will have to go slowly here* (Burada yavaş gitmeliyim/gitmek zorundayım/zorunda kalacağım) der.

Aynı biçimde birisi *We must have a party to celebrate your engagement* (Nişanını kutlamak için bir parti vermeliyiz) diyorsa, arkadaşları haklı olarak bir partinin verileceğinden emindir. Fakat *We should have a party . . .* (. . . bir parti vermeliyiz) derse partinin verileceği o kadar kesin değildir. Ses tonu ya da yüz ifadesi, partinin verilemeyeceğini de gösterebilir.

B Kullanımdaki benzerlikler

1 **should (ought** olmaz), resmi duyurularda ve bilgi içeren kâğıtlarda vb. kullanılabilir:

Candidates should be prepared to answer questions on . . . : Adaylar, . . .konusunda soruları yanıtlamaya hazır olmalıdırlar.
Intending travellers should be in possession of the following documents . . . : İsteyen gezginlerin yanlarında şu belgeleri bulundurmaları gerekir . . .
On hearing the alarm bell, hotel guests should leave their rooms . . . : Alarm zilini duyduklarında oteldeki konuklar odalarından çıkıp . . .gerekir.

Burada herhangi bir anlam değişikliği olmadan **must** kullanılabilir, fakat **should** zorunluğu daha yumuşak biçimde ifade eder.

2 **ought** ve **should**, öğüt ifade edebilir:

You ought to/should read this. It's very good. : Bunu okuman gerekir. Çok iyi.

Fakat daha vurgulu öğüt için **must** daha iyidir:
You must read this. It's marvellous! : Bunu okumalısın. Harika!

142 **ought/should**'un süreklilik mastarıyla kullanılması

ought/should süreklilik mastarıyla birlikte öznenin ya zorunluklarını yerine getirmediğini ya, saçma-sapan, pervasızca, vb. davrandığını ya da akla yatkın, basiretli vb. davranmadığını belirtir:

He ought to be studying for his exam. He shouldn't be spending all his time on the beach. : (Sınavlarına çalışıyor olması gerekir; Bütün zamanını kumsalda geçiriyor olmaması gerek.) Sınavlarına çalışması gerek. Bütün zamanını kumsalda geçirmemeli.

We should be wearing seat belts. : Emniyet kemerlerimizin takılı olması gerekir. (Ama takmıyoruz.)

I shouldn't be telling you this. It's supposed to be a secret. : (Bunu sana anlatıyor olmamam gerekir.) Aslında bunu sana anlatmamam gerekir. Bunun sır olması gerekiyordu.

143 **ought/should**'un -miş'li mastarla kullanılması

Bu yapı, yerine getirilmemiş bir zorunluk ya da ihmal edilmiş akla yatkın bir davranışı ifade etmekte kullanılır. Olumsuzda, geçmişteki yanlış ya da akılsızca bir davranışı ifade eder.

You ought to have told him that the paint on that seat was wet. : Oturduğu yerdeki boyanın taze olduğunu ona söylemeliydin.
You should have turned his omelette; he likes it turned. : (Omletini ters yüz etmeliydin; omletini ters-yüz edilmiş olarak sever.) Omletinin her iki yüzünü de kızartmalıydın. Omleti böyle sever.
They ought to have stopped at the traffic lights. : Trafik ışıklarında durmalıydılar.
She shouldn't have opened the letter; it wasn't addressed to her. : Mektubu açmamalıydı; ona gönderilmemişti.
The Emergency Exit doors shouldn't have been blocked. : Acil çıkış kapılarının önü kapatılmamalıydı.

144 **must** ve **have to:** biçimler

A **must**
must anlam yüklü bir yardımcı fiildir (modal) (Bak: 107 B). Şimdi ya da gelecekte kullanılır:

Olumsuz: *must not/mustn't*
Soru: *must I?* vb.
Olumsuz soru: *must I not/mustn't I?*

Geçmiş zamanı *had to* ile karşılanır.
must yalın mastar alır.

Zorunluk ya da vurgulu öneri ifade eder:
FATHER: You must get up earlier in the morning. : BABA: Sabahleyin erken kalkmalısın. (zorunluk)

You must take more exercise. Join a squash club. : Daha çok spor yapmalısın. Bir skuaş klübüne katıl. (squash: Duvardan dönen topa vurularak oynanan iki kişilik bir tür tenis. / Ç.N.) (öğüt)

B **have to**

	Zorunluk		Zorunluğun bulunmayışı
	Konuşanın yetkinliği	Dışarıdaki yetkinlik	
Gelecek	*must*	*shall/will have to*	*shan't/won't have to*
Şimdi	*must*	*have to**	*don't/doesn't have to**
		*have (got) to**	*haven't (got) to**
Geçmiş	*had to*	*had to*	*didn't have to*
			hadn't got to

*Aşağıda C'ye bakınız.

C Yıldızlı **have to** biçimleri arasındaki ayrım

have to (got'sız) ve olumsuz biçimi **don't/doesn't have to,** alışkanlık türü eylemlerin doğru biçimleridir, ancak bireysel eylemler için de kullanılabilir. Amerikan İngilizcesinde yaygındır.

have (got) to ve **haven't (got) to,** yalnızca bireysel eylemler içindir:

TOM: I have to go to work every day except Sunday. But I don't have to work a full day on Saturday. : TOM: Pazar dışında her gün işe gitmek zorundayım. Fakat Cumartesileri tam gün çalışmak zorunda değilim.

Fakat Pazar günü şöyle der:

I'm glad I haven't (got) to go to work today ya da
I'm glad I don't have to go to work today. : İyi ki bugün işe gitmek zorunda değilim.

Geçmişte **didn't have to,** geçmişteki alışkanlık türü eylemler için de bireysel eylemler için de kullanılabilir.

hadn't (go) to daha çok bireysel eylemler için kullanılır.
didn't have to genelde daha çok kullanılan biçimdir.

Olumludaki **have to** zorunluk ifade eder.
Olumsuzdaki **have to,** zorunluğun bulunmayışını ifade eder. Bu, **need not, don't need** vb. ile de ifade edilebilir. (Bak: 149)

145 Olumluda **must** ve **have to** arasındaki ayrım

A **must,** konuşanın ortaya koyduğu zorunluğu ifade eder:

MOTHER: *You must wipe your feet when you come in.* : ANNE: İçeri girerken ayaklarını silmelisin.

have to, dışarıdan gelen zorunluğu ifade eder:

SMALL BOY: *I have to wipe my feet every time I come in.* : Her içeri girişimde ayaklarımı silmem gerekiyor(muş).

B İkinci şahıstan örnekler:

1 Konuşanın yetkinliği:

MOTHER: *You must wear a dress tonight. You can't go to the opera in those dreadful jeans.* : ANNE: Bu gece bir elbise giymelisin. Operaya o korkunç kot pantolonla gidemezsin.

EMPLOYER: *You must use a dictionary. I'm tired of correcting your spelling mistakes.* : İŞVEREN: Bir sözlük kullanmalısın. (yaptığın) yazım hatalarından bıktım.

DOCTOR: *You must cut down on your smoking.* : DOKTOR: Sigarayı azaltmalısın.

2 Dışarıdan gelen zorunluk

You have to wear a uniform on duty, don't you? : Nöbetteyken üniforma giymek zorundasın, değil mi?
You have to train very hard for these big matches, I suppose. : Bu büyük maçlar için sıkı antrenman yapmak zorundasınızdır herhalde.
You'll have to get up earlier when you start work, won't you? : İşe başlayınca daha erken kalkmak zorunda kalacaksın, değil mi?
You'll have to cross the line by the footbridge. : Hattı üst geçitten geçmek zorunda kalacaksın.

C Üçüncü şahıs örnekleri

Burada **must** daha çok yazılı emir ve talimat için kullanılır:

RAILWAY COMPANY: *Passengers must cross the line by the footbridge.* : DEMİRYOLU ŞİRKETİ: Yolcular hattı üst geçitten geçmelidirler.

OFFICE MANAGER: *Staff must be at their desks by 9.00.* : BÜRO MÜDÜRÜ: Memurlar saat 9.00'da masalarında olmalıdırlar.

REGULATION: *A trailer must have two rear lamps.* : YÖNETMELİK: Bir traylerde iki arka lambası bulunmalıdır.

Bir başka kişinin zorunluklarını bildirir ya da bunlara ilişkin yorum yaparsak **have to** kullanırız:

In this office even the senior staff have to be at their desks by 9.00. : Bu büroda kıdemli memurlar bile saat 9.00'da masalarında olmak zorundadır.

She has to make her childern's clothes. She can't afford to buy them. : Çocuklarının giysilerini kendisi dikmek zorunda. Bunları satın almaya gücü yetmiyor.

They'll have to send a diver down to examine the hull. : Gövdeyi gözden geçirmek için aşağıya bir dalgıç göndermek zorundalar.

Yukarıda **have to** yerine **must** kullansak, konuşanın bu eylemleri emretme yetkisine sahip olduğunu belirtmiş oluruz.

Ancak konuşan bir zorunluğa katılmaktaysa:

A driver who has knocked someone down must stop. : Birine çarpan bir sürücü durmalı. (Konuşan, durmanın sürücü için bir zorunluk olduğuna inanmaktadır.)

ya da bir konuya çok inanıyorsa **must** kullanılabilir:

Something must be done to stop these accidents. : Şu kazaları durdurmak için birşeyler yapılmalı.

D Birinci şahsa örnekler:

Birinci şahısta **must**'la **have to** arasındaki ayrım daha az önemlidir; çoğu durumda her ikisi de kullanılabilir:

TYPIST: *I must/I will have to buy a dictionary.* : DAKTİLO KIZ: Bir sözlük almalıyım/almam gerekecek.

PATIENT: *I must/have to/will have to cut down on my smoking.* : HASTA: Sigarayı azaltmalıyım/azaltmam gerekiyor/gerekecek.

Ancak alışkanlık türünden eylemler için **have to** daha iyidir:

I have to take two of these pills every day. : Her gün bu haplardan iki tane almam gerekiyor.

Zorunluk acilse ya da konuşana önemli görünüyorsa, o zaman da **must** daha iyidir:

I must tell you about a dream I had last night. : Sana dün gece gördüğüm bir düşü anlatmalıyım.

Before we do anything I must find my cheque book. : (Herhangi bir şey yapmamızdan önce) Herhangi bir şey yapmamız için önce çek defterimi bulmalıyım.

E Başka örnekler (bütün şahıslar)

You must come and see us some time. : (Bir gün gelip bizi ziyaret etmelisiniz.) Bir gün bizi ziyarete gelmelisiniz. (Bu, söz arasında yapılacak çağrıyı ifade etmenin oldukça yaygın bir yoludur.)

The children have to play in the street till their parents come home. : Anneleri babaları eve gelinceye dek çocuklar caddede oynamak zorundalar.
This sort of thing must stop! : Bu tür şeylere (saçmalıklara) bir son verilmeli. (Konuşan ya yetkindir ya da buna çok inanmaktadır.)

You must write to your uncle and thank him for his nice present. : Amcana/Dayına telefon edip (bu) nazik hediyesinden dolayı ona teşekkür etmelisin.
If there are no taxis we'll have to walk. : Taksi yoksa yürümek zorundayız/zorunda kalacağız.
If your father was a poor man you'd have to work. : Baban yoksul bir adam olsa çalışmak zorunda kalırsın.
We have to walk our dog twice a day. : Köpeğimizi günde iki kez yürüyüşe çıkarmak zorundavız.

NOTICE IN SHOP WINDOW: *Closing down sale! Everything must go!* : VİTRİN DUYURUSU: (Kapanış nedeniyle indirimli satış! Her şey gitmeli!) Kapanma dolayısıyla indirimli satışlar! Her şey tükenmeli!

F Geçmişteki zorunlukla ilgili olumlu cümleler: **had to**
Burada konuşanın yetkinliği ile dışarıdan gelen yetkinlik arasındaki ayrım ifade edilemez. Tek bir biçim vardır: **had to:**

I ran out of money and had to borrow from Tom. : Parasız kalıp Tom'dan ödünç almak zorundaydım/zorunda kaldım.
You had to pay duty on that, I suppose? : Ona (gümrük) vergi(si) ödemek zorunda kaldın/zorundaydın herhalde.
There were no buses so he had to walk. : Taksi yoktu, dolayısıyla yürümek zorundaydı/zorunda kaldı.

146 Şimdi ve gelecekte **need not** ve **must not**

need not şimdi ve gelecek için kullanılabilir. Bütün kişiler için aynı biçime sahiptir. (Bak: 148)

need not, zorunluğun bulunmayışını ifade eder. Konuşan, bir eylemin yerine getirilmemesine izin vermekte ya da bazen yalnızca eylemin gerekli olmadığını belirtmektedir:

EMPLOYER: *You needn't make two copies. One will do.* : İŞVEREN: İki nüsha çıkarmak zorunda değilsin/İki nüsha çıkarman gerekmez. Bir nüsha da işimizi görür.

Give them this cheque. They needn't send me a receipt. : Onlara bu çeki ver. Bana makbuz göndermek zorunda değiller.
You needn't change (your clothes). Just come as you are. : Elbiselerini değiştirmen gerekmez. Olduğun gibi gel.

must not, konuşanın ortaya koyduğu olumsuz bir zorunluğu (yasağı / Ç.N.) ya da çok vurgulu bir öğüdü ifade eder:

You mustn't repeat this to anyone. : Bunu kimsenin yanında yineleme.
NOTICE IN SHOP: *Staff must not smoke when serving customers.* : DÜKKÂNDA DUYURU: Çalışanlar, müşteriye hizmet sırasında sigara içmemelidir.
You mustn't leave your car unlocked. This place is full of thieves. : Arabanı kilitlemeden bırakmamalısın. Bu yöre hırsızlarla dolu.

147 Şimdi ve gelecekte **need not, must not** ve **must**

DOCTOR: *You needn't go on a diet; but you must eat sensibly and you mustn't overeat.* : Rejim yapman gerekmez, ama doğru dürüst şeyler yemelisin; aşırı da yememelisin.

ZOO NOTICE: *Visitors must not feed the animals.* : HAYVANAT BAHÇESİNDE DUYURU: Ziyaretçiler hayvanlara yiyecek vermemelidir.

RAILWAY NOTICE: *Passengers must not walk on the line.* : DEMİRYOLLARI DUYURUSU: Yolcular raylar üzerinde yürümemelidirler.
You mustn't drive fast. There is a speed limit here. : Hızlı sürmemelisin. Burada hız sınırlaması var.

You needn't drive fast. We've plenty of time. : Hızlı sürmek zorunda değilsin. Bol bol zamanımız var.

You needn't strike a match. I can see well enough. : Kibrit çakmak zorunda değilsin. Yeterince iyi görüyorum.

You mustn't strike a match. This room is full of gas. : Kibrit çakmamalısın. Oda gaz dolu.

SCHOOL NOTICE: *The lifts must not be used during Fire Drill.* : OKULDA DUYURU: Yangın denemesi sırasında asansörler kullanılmamalıdır. *You mustn't wear that dress again. You look terrible in yellow.* : O elbiseyi bir daha giymemelisin. Sarı giysilerle berbat görünüyorsun.

TEACHER: *You needn't read the whole book but you must read the first four chapters.* : ÖĞRETMEN: Bütün kitabı okumak zorunda değilsiniz ama ilk dört bölümü okumalısınız.

You must cut down that dead tree or it will fall on your house. : Şu kurumuş ağacı kesmelisiniz, yoksa evin üstüne devrilir.

DOCTOR: *You mustn't take more than two of these pills at once. Three might be fatal.* : DOKTOR: Bu haplardan bir kerede iki taneden fazla almamalısın. Üç tanesi öldürücü olabilir.

DOCTOR (to patient's wife): *If the pain has gone he needn't take any more of these.* : DOKTOR: Ağrı geçerse artık bunlardan alması gerekmez.

148 need: biçimler

A **need** hem yardımcı, hem de sıradan bir fiil olabilir. Yardımcı fiil olarak anlam yükü olan yardımcılara yarı-yarıya benzer (semi-modal). Hem onların, hem de 'sıradan fiiller'in yapısına sahiptir. Anlam yüklü yardımcı (modal) olarak biçimleri, bütün şahıslar için şimdiki zamanda, gelecekte ve dolaylı aktarımda **need** veya **need not/needn't**dır. (Aşağıda C'ye bakınız.)

Soru: *need I?* vb.
Olumsuz soru: *need I not/needn't I?* vb.
Yukarıdaki gibi çekilen **need**, yalın mastarı alır.

B Yardımcı fiil olarak **need**, olumsuz bir cümle ya da bir soru cümlesinden önce olumsuz ya da soruyu olumlu cümleye dönüştüren bir ifade bulunmadıkça olumluda pek kullanılmaz:

I needn't wear a coat veya *I don't suppose I need wear a coat.* : Ceket giymek zorunda değilim *ya da* ceket giymek zorunda olduğumu sanmıyorum.

Need I tell Tom? ya da *Do you think I need tell Tom?* : Tom'a söylemek zorunda mıyım? *ya da* Tom'a söylemem gerekir mi dersin?

Ne var ki, oldukça resmi İngilizcede bazen **hardly/scarcely** ya da **only** ile bazen kullanılır:

I need hardly say how pleased we are to welcome Mr X. : Mr X'i ağırlamaktan ne denli mutlu olduğumu söylemeye bilmem gerek var mı? (I needn't say. : Söylemek zorunda değilim.)

You need only touch one of the pictures for all the alarm bells to start ringing. : Bütün alarm zilerinin çalması için (yalnızca bir resme dokunman gerekir) bir zile dokunman yeter.

C Dolaylı aktarımda **needn't,** değişmeden kalabilir:

'You needn't pay till the 31st' he says/said. : '31'ine kadar ödemek zorunda değilsin', diyor/dedi. =
He says/said I needn't pay till the 31st. : 31'ine kadar ödemek zorunda olmadığımı söyledi.
(Ayrıca bak: 325 C.)

D **need,** aşağıda 149'da gösterildiği gibi, sıradan bir fiil olarak da çekilebilir. Bunun karşılığı olan **have to** biçimleri de gösterilmiştir. Soru biçimleri için bak: 151.

will/shall, do/does vb. ile çekilen **need,** tam mastarı alır ve bazen bu yapıdan **need to** olarak söz edilir.

149 Zorunluğun bulunmayışı: Biçimler

	Konuşanın yetkinliği		Dıştaki yetkinlik
Gelecek	*need not*		*shan't/won't need to* *shan't/won't have to*
Şimdi	*need not*		*don't/doesn't need to* *don't/doesn't have to* *haven't/hasn't got to*
Geçmiş (Bak: 150 B)		*didn't need to* *didn't have to* *hadn't got to*	

Ancak, dolaylı aktarımda *needn't* için yukarıda 148 C'ye bakınız.
shan't/won't need to = shan't/won't have to
don't/doesn't need to = don't/doesn't have to

didn't need to = didn't have to (Ancak *didn't have to,* daha yaygın olan biçimdir.)
Tablodan görüleceği gibi *haven't/hasn't got to* ve *hadn't got to*'nun *need* karşılıkları yoktur.

150 **need not** ile öteki biçimler arasındaki ayrım

A 1 Daha önce belirtildiği gibi **need not**, konuşanın yetkinliğini ya da öğüdünü bildirir:

You needn't write me another cheque. Just change the date and initial it. : Bana yeni bir çek yazmak zorunda değilsin. Yalnızca tarihi değiştirip parafını at.

I'm in no hurry. He needn't send it by air. He can send it by sea. : Acelem yok. Uçakla göndermek zorunda değil. Gemiyle yollayabilir.

You needn't do it by hand. I'll lend you my machine. : Elle yapmak zorunda değilsin. Sana makinemi ödünç veririm.

You needn't call me Mr Jones. We all use first names here. : Bana Mr Jones demek zorunda değilsin. Burada hep küçük isimleri kullanırız.

COLLEGE LECTURER: *You needn't type your essays but you must write legibly.* : OKUTMAN: Denemelerinizi daktilo etmek zorunda değilsiniz ama okunaklı yazmalısınız.

2 Öteki biçimler dıştaki yetkinliği ifade eder:

Tom doesn't have to wear uniform at school. : Tom'un okulda üniforma giymesi gerekmiyor.

We don't have to type our essays but we have to write legibly. : Denemelerimizi daktilo etmek zorunda değiliz ama okunaklı yazmak zorundayız.

When I'm an old age pensioner I won't have to pay any more bus fares. : Yaşlılık sigortasını almaya başladığımda artık otobüse para vermek zorunda olmayacağım.

Ann hasn't got to go/doesn't have to go to this lecture. Attendance is optional. : Ann bu konferansa gitmek zorunda değil. Katılmak isteğe bağlı.

When I have a telephone of my own I won't have to waste time waiting outside these wretched telephone boxes. : Kendi telefonum olduğu zaman bu körolası telefon kulübelerinin önünde bekleyerek zaman yitirmek zorunda kalmayacağım.

Ann doesn't have to cook for herself. She works at a hotel and gets all her meals there. : Ann kendi yemeklerini yapmak zorunda değil. Bir otelde çalışıyor ve her öğün yemeklerini otelden alıyor/otele veriyor.

3 Ancak bazen **need not, won't/don't need to** ya da **won't/don't have to**'ya bir seçenek oluşturmak üzere dıştaki yetkinliği ifade etmekte de kullanılabilir. Bu, özellikle birinci şahısta yaygındır:

I needn't type/I won't/don't have to type this report today. Mr Jones said that there was no hurry about it. : Raporumu bugün yazmak zorunda değilim/zorunda kalmayacağım. Mr Jones, bunun acele olmadığını söyledi.

Fakat **need not**'ı gelecekteki, alışkanlık türünden bir eylem için kullanmak olasılığı varsa da:

I'm retiring. After Friday I need never go to the office again. : Emekliye ayrılıyorum. Cumadan sonra hiç büroya gitmek zorunda değilim.

bunu şimdiki zamandaki alışkanlık türünden eylemler için kullanamayacağımıza dikkat ediniz:

I don't have to queue for my bus. I get on at the terminus. : Otobüsüme binmek için kuyruğa girmem gerekmiyor. İlk duraktan biniyorum.

(Burada **need not** kullanılamaz.)

B Geçmiş

Burada konuşanın yetkinliği ilk dıştaki yetkinlik arasındaki ayrım ortadan kalkar ve elimizde üç seçenek bulunur: **didn't have to, didn't need to** ve **hadn't go to.** Bunlar arasında bir anlam ayrımı yoktur, fakat **hadn't got to** normal olarak alışkanlık türünden eylemler için kullanılmaz:

I didn't have to wait long. He was only a few minutes late. : Fazla beklemek zorunda kalmadım. Yalnızca birkaç dakika geç kaldı.

When he was at university, he didn't have to/need to pay anything for his keep, for he stayed with his uncle. : Üniversitedeyken geçimi için para harcamak zorunda değildi, zira amcasının yanında kalıyordu.

151 Soruda **must, have to** ve **need**

	Yetkinlik sorma	Dıştaki yetkinlik	
Gelecek	*must I?* vb. *need I?* vb.	*shall I/we have to?* *will he have to?* vb.	*shall I/we need to?* *will he need to?* vb.
Şimdi	*must I?* vb. *need I?* vb.	*do I/we have to?* *does he have to?* vb. *have I/we (got) to?* *has he (got) to?* vb.	*do I/we need to?* *does he need to?* vb.
Geçmiş		*did he have to?* vb. *did he need to?* vb. *had he got to?* vb.	

Hem **need?** hem de **must**, konuşulan kişinin sözkonusu yetkin kişi olduğunu belirtir. **Need?**'de ayrıca, konuşanın olumsuz yanıt beklentisi gizlidir: *Must I go, mother?* (Gitmem şart mı, anne?) ve *Need I go, mother?* (Gitmem gerekiyor mu, anne?) aynı anlamdadır, fakat ikincisinde konuşan, annesinin *No* (Hayır) demesini beklemektedir. **Need**'in öteki soru biçimi olan **do I need?** vb. de aynı biçimde kullanılabilir. Şu olası yanıtlara dikkat ediniz:

Shall I have to go? ~ Yes, you will/No, you won't. : Gitmem gerekecek mi? ~ Evet, gerekecek/Hayır, gerekmeyecek.
Have I got to go? ~ Yes, you have/No, You haven't. : Gitmek zorunda mıyım? ~ Evet (gitmek zorundasın)/Hayır (gitmek zorunda değilsin).
Does he have to go? ~ Yes, he does/No, he doesn't. : Gitmek zorunda mı? ~ Evet (gitmek zonuda) / Hayır (gitmek zorunda değil.)
Need I go? ~ Yes, you must/No, you needn't. : Gitmek zorunda mıyım? ~ Evet, gitmelisin/Hayır, (gitmen gerekmez).
Must I go? ~ Yes, you must/No, you needn't. : Gitmem şart mı? ~ Evet, şart/Hayır, gerekmez.

152 **needn't** + -miş'li mastar

Bu yapı, gereksiz olduğu halde gerçekleştirilen bir eylem için kullanılır. Dolayısıyla zaman, boşuna harcanmıştır:

I needn't have written to him because he phoned me shortly afterwards. : Ona yazmam gerekmiyormuş, çünkü hemen sonra bana telefon etti. (Ama yazmış bulundum; böylece zamanım boşa gitti.)

You needn't have brought your umbrella for we are going by car. : Şemsiyeni alman gerekmezdi zira arabayla gidiyoruz. (Şemsiyeni gereksiz yere getirdin.)

He needn't have left home at 6.00; the train doesn't start till 7.30. : Evden saat 6.00'da çıkmam gerekmezdi; tren 7.30'dan önce kalkmıyor. (Dolayısıyla bir saat bekleyecek.)

153 needn't have (done)'ın didn't have/needn't (to do) ile karşılaştırılması

A **needn't have done:** zorunluk yoktu, ama eylem gerçekleştirildi (gereksiz olarak); dolayısıyla zaman boşuna harcandı:

You needn't have watered the flowers, for it is going to rain. : Çiçekleri sulaman gerekmezdi, zira [az sonra] yağmur yağacak. (Zamanını boşuna harcamışsın.)
You needn't have written such a long essay. The teacher only asked for 300 words, and you have written 600. : O denli uzun bir deneme yazmak zorunda değildin. Öğretmen 300 sözcük istedi, sen ise 600 sözcük yazmışsın.
He needn't have bought such a large house. His wife would have been quite happy in a cottage. : O denli büyük bir ev satın almak zorunda değildi. Karısı kulübede de mutlu olabilirdi. (Para yitirimi.)
You needn't have carried all those parcels yourself. The shop would have delivered them if you had asked them. : Bütün o paketleri kendin taşıman gerekmezdi. İsteseydin mağaza bunları evine gönderirdi.

B **didn't have/need to do:** zorluk bulunmamaktadır, dolayısıyla eylem de toktur:

I didn't have to translate it for him for he understands Dutch. : Ona çevirmem gerekmedi zira Hollanda dilini anlıyor.
I didn't have to cut the grass myself. My brother did it. : Çimi ben kesmek zorunda kalmadım. Kardeşim bu işi yaptı. (zorunluk yoktu; eylem de)

Bazı kişiler **didn't have to/didn't need to**'yu gerçekleştirilen eylemler için de kullanır. O zaman **have** ya da **need** genellikle vurgulanır: *You didn't 'have to give him my name* (Ona benim adımı vermek zorunda değildin), 'Ona benim adımı vermen gerekmiyordu ama adımı ona verdin' anlamına gelir. Fakat gereksiz bir eylem gerçekleştirildiği zaman **needn't have** + geçmiş zaman ortacı kullanılması önerilir:

You needn't have given him my name. : Ona adımı vermek zorunda değildin.

154 **needn't, could** ve **should** + -miş'li mastar

A **needn't** + -miş'li mastar, çoğu kez **could** + -miş'li mastarla birleştirilir. Bu birleşimin kullanılışı, en iyi, örneklerle gösterilebilir:

I wanted a copy of the letter, so I typed it twice ~ You needn't have typed it twice. You could have used a carbon. : Mektubun bir kopyasını istiyordum, onun için mektubu iki kez daktilo ettim. ~ İki kez daktilo etmen gerekmezdi. Karbon kâğıdı kullanabilirdin.

I walked up six flights of stairs. ~ You needn't have walked up; you could have taken the lift. : Altı kat merdiven çıktım. ~ Yürümen gerekmezdi; asansöre binebilirdin.

She stood in a queue to get an Underground ticket. ~ But she needn't have stood in a queue. She could have got a ticket from the machine. : Bir Metro bileti almak için kuyrukta bekledi. ~ Kuyrukta beklemesine gerek yoktu. Makineden bir bilet alabilirdi.

B **needn't have** ile **should have**'in karşılaştırılması

Should ya da **ought to,** yukarıda A'daki örneklerin tümünde **need** ya da **could**'un yerine kullanılabilir:

She shouldn't have stood in a queue. She should have got tickets from the machine. : Kuyrukta beklememeliydi. Makineden bir bilet almalıydı.

Fakat anlamda bir ayrım vardır:

She shouldn't have stood in a queue. (It was wrong or foolish of her to stand in a queue.) : Kuyrukta beklememeliydi. (Kuyrukta beklemek yanlış ya da akılsızca bir işti.)
She needn't have stood in a queue. (It was not necessary to do this, but she did it.) : Kuyrukta beklemesi gerekmezdi. (Bu gerekli değildi ama bekledi.)

shouldn't have'de bir eleştiri gizlidir.
needn't have, eleştiri anlamını içermez.

155 'Require' (gereksinim duymak) anlamında sıradan fiil olarak **need**

149'da gösterildiği gibi **need**, sıradan bir fiil olarak çekilebilir. O zaman normal, kurallı biçimleri vardır, fakat şimdiki zaman biçimi yoktur.

to need, bir mastar ya da isim/zamirden oluşan bir tümleçle kullanılabilir:
I need to know the exact size. : Tam ebadı bilmem gerekiyor.
How much money do you need? ~ I need £5. : Ne kadar para gerekiyor sana? ~ 5 sterlin gerekiyor.

to need, ayrıca şu tür cümlelerde edilgen mastar ya da isim-fiille birlikte kullanılabilir:

Your hair needs to be cut/needs cutting. : (Saçlarının kesilmeye gereksinimi var.) Saçlarının kesilmesi gerek.

The windows need to be washed/need washing. : Pencerelerin yıkanması gerek/yıkanmak istiyor.

Burada **need** yerine **want** + isimfiil de kullanılabilir:
Your hair wants cutting. : Saçların traş istiyor.

15 **must, have, will** ve **should**'un sonuç çıkarma ve varsayımda kullanılması

156 Biçimler

Şimdiki zaman
must + şimdiki zaman mastarı: *He must live here.* : Burada oturmalı/oturur herhalde. *ya da*
must + süreklilik mastarı: *He must be living here.* : Burada oturuyor olmalı/oturuyordur herhalde.

Geçmiş
must + -miş'li mastar: *He must have lived here.* : Burada oturmuş olmalı/oturmuştur herhalde, ya da
must + -miş'li süreklilik mastarı: *He must have been living here.* : (Bir süredir) burada oturuyor olmalı/oturmakta herhalde.

must'ın sonuç çıkarmada kullanılan geçmiş biçimiyle zorunluk göstermede kullanılan **must**'ın geçmiş zamandaki karşılığı olan **had to** arasındaki ayrıma dikkat ediniz.

must, olumsuz sonuç çıkarmada kullanılmaz (Bak: 159) ve **must**'la ifade edilen sonucu irdelemek dışında normal olarak soruda da kullanılmaz:

> *There's a lot of noise from upstairs. It must be Tom. ~ Why must it be Tom? Other people use that flat.* : Yukarıdan çok gürültü geliyor. Tom olmalı. ~ Neden (ille) Tom olsun? O daireyi başka kişiler de kullanıyor.

B Örnekler

> *He has a house in London and another in Paris, so he must be rich.* : Londra'da bir evi var, bir tane de Paris'te var; öyleyse zengin olmalı.
>
> *I've had no sleep for 48 hours. ~ You must be exhausted.* : 48 saattir uyku yüzü görmedim. ~ Bitkin olmalısın.
>
> *He develops his own films. That must save him a lot of money.* : Kendi filmlerini kendi banyo ediyor. Epey para tasarruf eder herhalde.

I keep meeting him on the bus. He must live/must be living near by. : Durmadan onunla otobüste karşılaşıyorum. Yakınlarda (bir yerde) oturuyor her halde/oturuyor olmalı.

The police are stopping all cars. They must be looking for the escaped prisoner. : Polis bütün arabaları durduruyor. Kaçan mahkumu arıyor olmalılar/arıyorlar herhalde.

What explosion? I didn't hear any. ~ You must have heard it! The whole town heard it. : Ne patlaması? Ben (öyle bir şey) duymadım. ~ Duymuş olmalısın! Bütün kent duydu.

He must have taken sleeping pills last night. He didn't wake up till lunch time. : Dün gece durmadan uyku hapı aldılar herhalde Öğlen yemeğine dek uyanmadı.

I waited under the clock! ~ So did I, but I didn't see you! We must have been waiting under different clocks. : Saatin altında bekledim. ~ Ben de, ama seni göremedim. Ayrı ayrı saatlerin altında bekliyorduk herhalde.

It was a head-on collision, but the drivers weren't hurt. ~ They must have been wearing their seat belts. : Kafaya kafaya çarpıştılar ama sürücüler yaralanmadı. ~ Emniyet kemerlerini takmış olmalılar.

157 **must** (sonuç çıkarma) ile **may/might**'in karşılaştırılması

Aradaki ayrımı en iyi gösterecek, örneklerdir:

(a) Diyelim ki bir halkada üç anahtarımız var ve bunlardan birinin bodrumun kapısını açtığını biliyoruz. Bunlardan birini seçerek işe başlayıp şöyle deriz:

This may/might be the key. (Perhaps this is the key.) : (İstediğim) anahtar bu olabilir. (Belki de bu, o anahtardır.)

Ancak iki anahtarı deneyip sonuç alamayınca üçüncü anahtarı alıp, *This must be the key.* (İstediğim anahtar bu olmalı) deriz. Başka seçenek bulunmamaktadır.

(b) *I wonder why Tom hasn't answered my letter. ~ He may/might be ill.* : Acaba Bill benim mektubumu neden yanıtlamadı? ~ Hasta olabilir. (Belki hasta. Fakat başka olasılıklar da var: Başka bir yerde olabilir ya da yanıt veremeyecek kadar meşgul olabilir.)

Fakat tutun ki Bill'in hiç konuğu olmamış. Kapısında bir ambulans durursa komşular *Bill must be ill.* : Bill hasta olmalı, der. Ambulansın gelişinin tek olası açıklaması budur.

(c) Aynı biçimde geçmişteki bir eylemi düşünürken:

He may have come by train. : Trenle gelmiş olabilir.

deriz. Belki trenle gelmiştir. Fakat başka olasılıklar da vardır: taksi ya da otobüsle gelmiş olabilir.
Ancak *He must have come by taxi* (Taksiyle gelmiş olmalı) cümlesi, onun başka bir seçeneği bulunmadığı anlamını taşır. Bu yolculuğu yapmanın başka bir yolu yoktu.

158 **have/had**'in sonuç çıkarmada kullanılması

Bu, Britanya'da da bazen duyulan bir Amerikan kullanımıdır. Buradaki **have/had** daha çok **be** ile birlikte kullanılır:

There's a tall grey bird fishing in the river. ~ It has to be/must be a heron. : Irmakta avlanan gri bir kuş var. Balıkçıl olsa gerek/olmalı.

had + to be konuşanın, geçmişle ilgili kesin görüşünü ifade edebilir:
There was a knock at the door. It had to be Tom. : Kapı vuruldu. Bu mutlaka Tom'du. (Kız, bunun Tom olduğundan emin.)

had + to be ayrıca, **must** + -miş'li mastar'a karşı bir seçenek de oluşturabilir:
I wonder who took the money. ~ It had to be Tom/It must have been Tom. He's they only one who was there. : Acaba parayı kim aldı. ~ Mutlaka Tom'dur/Tom almış olmalı. Orada bulunan tek kişi o.

Ancak anlam karışıklığına neden olmamak için öğrencinin **must**'lı kalıpları yeğ tutmasını salık veririz.

159 **can't** ve **couldn't**'un olumsuz sonuç çıkarmada kullanılması

A Şimdiyle ilgili çıkarılan olumsuz sonuç, **can't** ve **couldn't** ile **be**'nin şimdiki zaman mastarı ya da herhangi bir fiilin şimdiki zamanda süreklilik mastarı ile ifade edilebilir:

CHILD: *Can I have some sweets? I'm hungry.*
MOTHER: *You can't/couldn't be hungry. You've just had dinner.* :
ÇOCUK: Birkaç tatlı alabilir miyim? Karnım aç.
ANNE: Karnın aç olamaz. Az önce akşam yemeğini yedin.

ANN (looking through binoculars): *An aeroplane is pulling up people from the boat!*
TOM: *It can't/couldn't be an aeroplane. It must be a helicopter.* :
ANN (dürbünle bakarken): Bir uçak bir sandaldan yukarı insan çekiyor.
TOM: Uçak olamaz (herhalde). Helikopter olmalı.
He says he's still reading 'The Turn of the Screw'. ~ He can't/couldn't still be reading it. I lent it to him ages ago and it's quite a short book. : Hâlâ 'The Turn of the Screw'i okumakta olduğunu söylüyor. ~ Hâlâ onu okuyor olamaz (herhalde). Ona kitabı vereli yıllar oldu ve kitap oldukça kısa.

B Geçmişle ilgili olarak çıkarılan olumsuz sonuçlar **can't/couldn't** + herhangi bir fiilin -miş'li ya da süreklilik mastarıyla ifade edilir:

A man answered the phone. I suppose it was her husband. ~ It can't/couldn't have been her husband. He's been dead for ages. : Bir adam telefonu yanıtladı. Sanırım kocasıydı. ~ Kocası (olmuş) olamaz. Adam öleli yıllar oluyor.

I took a Circle Line train to St Paul's. ~ You can't/couldn't have taken the Circle Line. It doesn't go through St Paul's. You must have been on the Central Line. : St Paul's'a gitmek için Circle Hattı'ndan geçen bir trenle gittim. ~ Circle Hattına binmiş olamazsın. St. Paul's'den geçmez. Central Hatta binmiş olmalısın.

Sonuç çıkarma işi geçmişteyse ya da geçmiş zamandaki bir fiilden sonra anlatılıyorsa **couldn't** kullanılmalıdır:

She said I couldn't have come on the Circle Line. : Circle Hattı'yla gelmiş olamayacağımı söyledi.
He said it couldn't be an aeroplane. : Bir uçak olamayacağını söyledi.

Bunun dışında **can't** de **couldn't** da kullanılabilir.

160 **will** ve **should**'un varsayımda kullanılması

A **will**'in şimdi ya da geçmiş zamandaki eylemlerle ilgili varsayımlarda kullanılması

Burada **will** şimdiki zamanda bir mastarla (yalnız istem dışı eylemler için) ya da süreklilik mastarı veya -miş'li mastarla birlikte kullanılabilir:
Ring his home number. He'll be at home. : Ev telefonunu ara. Evdedir.
(I'm sure he's at home. : Eminim evdedir.)

He'll be expecting a call from you. : Senden bir telefon bekliyordur. (I'm sure he's expecting a call. : Eminim telefon bekliyor.)

He'll have finished his supper. : Akşam yemeğini bitirmiştir. (I'm sure he has finished his supper. : Eminim akşam yemeğini bitirmiştir.)

It's no use asking Tom; he won't know. : Tom'a sormanın bir yararı yok. O bilmez/bilmiyordur. (I'm sure he doesn't. : Eminim bilmiyor.)

Will Bill be at the club now, do you think? : Sence Bill kulüpte midir? (Do you think he is? : Sence orada mıdır?)

B **should**'un şimdi ya da geçmiş zamandaki eylemlerle ilgili varsayımlarda kullanılması

Burada **should**, daha çok olumlu ve olumsuz biçimdeki şimdiki zaman mastarı ile (yalnız istem dışı eylemler için) kullanılır. Bazen süreklilik mastarı ve -miş'li mastarla da kullanılır:

The plane should be landing now. : Uçağın şimdi iniyor olması gerek. (I expect it is landing. : İniyor olmasını bekliyorum.)
The letter should have arrived by now. : Mektubun şu ana dek varmış olması gerekir. (I expect it has arrived. : Varmış olmasını bekliyorum.)

should'lu varsayımlar, **will**'li varsayımlar kadar kesin değildir:

Tom should know the address. : Tom'un adresi bilmesi gerekir. (I expect Tom knows it. : Tom'un bildiğini umuyorum.) Fakat:
Tom'll know the address. : Tom adresi bilir/biliyordur. (I'm sure Tom knows it. : Eminim Tom biliyordur.)
He should have finished by now. : Şu ana dek bitirmiş olsa gerek. (I expect he has finished. : Bitirmiş olmasını umuyorum.) Fakat:
He'll have finished by now. : Şimdiye dek bitirmiştir. (Eminim bitirmiştir.)

should, konuşanın hoşuna gitmeyecek varsayımlar için kullanılmaz:

Let's not go shopping now. The shops will be very crowded. : Alışverişe şimdi gitmeyelim. Dükkânlar çok kalabalık olur. (**should** kullanılmaz.)

Fakat tersi (olumlu) bir varsayım için her iki sözcük de kullanılabilir:

Let's go shopping now. The shops will/should be fairly empty. : Alış verişe şimdi gidelim. Dükkânlar epey boştur/boş olması gerek. Ya da

The shops won't be/shouldn't be too crowded. : Dükkânlar fazla kalabalık olmaz/olmaması gerekir.

C **will** ve **should**, gelecekle ilgili varsayım için de kullanılabilir:

He should/will have plenty of time to get to the station. : İstasyona gitmek için epey zamanı olur herhalde/olacak.
They shouldn't/won't have any difficulty in finding the house. : Evi bulmakta zorluk çekmemeleri gerekir/çekmezler.

Gelecekle ilgili varsayımlar için kullanılan **will** + şimdiki zaman mastarı, yalnız istem-dışı eylemlerle sınırlı değildir. (Ayrıca bak: 209.)

D **ought to**, yukarıda B ve C'de gösterildiği biçimiyle **should**'un kullanıldığı gibi kullanılabilir:

The plane ought to be/should be taking off in a minute. : Uçak bir dakika içinde kalkar herhalde.

Ancak **should**, daha çok kullanılan biçimdir.

ÇEVİRİCİNİN NOTU: "Must", "Have to" ve "Need"in değişik durumlardaki Türkçe çevirilerini de sunuyoruz:

a. Zorunluluk:

1. Şimdiki Zaman:

- **MUST**, konuşucunun açısından konan bir zorunluluk olduğundan, bunu . . .**meli** olarak çevirebiliriz:

Must, Have to, Need/NOTLAR

He **must** study harder. (Daha çok çalış**malıdır.)** (Ben öyle istiyorum.)
Soruda **must** ile **have to** yaklaşık aynı anlamda, "**. . .mek gerekiyor mu?/. . .mek zorunda mı?**" olarak çevrilebilir:
Must I finish it now? (Onu şimdi bitir**mek zorunda mıyım**/bitir**mem gerekiyor mu?)**
Do I have to finish it now? (Çeviri aynı.)

- **HAVE TO**, konuşucunun ve dinleyicinin dışındaki bir zorunluğu belirttiği için bunu "**. . .mek zorunda olmak**" olarak çevirebiliriz:
You **have to** finish it now. (Onu şimdi bitir**mek zorundasın.)**
Soruda, yukarıdaki gibi çevrilir.

2. Gelecek Zaman:

- **MUST**'ı yukarıdaki gibi çevirmek olanağı vardır: "**. . .meli/malı**"
He **must** see me tomorrow. (Yarın beni görmeli) (Öyle istiyorum.)
You **must** see him tomorrow. (Yarın onu gör**meliymişsin.)** (O öyle istiyor.) (Burada **must**'ı, görülmesi gereken kişinin ağzından aktarmaktayız.)
You **must** walk fast if you want to catch the train. (Trene yetişmek istiyorsan hızlı yürümelisin.) Vurgulamalı öğüt. Ben öyle istediğimden değil, senin için böylesi daha iyi olacağından.)

- **WILL/SHALL HAVE TO**'yu da, "...**mek gerekecek/... mek zorunda kalacak**" olarak çevirebiliriz:

    You **will have to** take an early plane. (Erken kalkan bir uçağa bin**men gerekecek**/bin**mek zorunda kalacaksın.)**

    Soruda gene **must** ile **have to** arasında pek fazla bir fark bulunmadığı için ikisini de, "...**mek zorunda olacak mıyım/kalacak mıyım/kalır mıyım?**" olarak çevirebiliriz:

    Must we do it again tomorrow? (Onu yarın yeniden yap**mak zorunda mıyız?**/yap**mamız gerekiyor mu?)**

3. **Geçmiş Zaman:**

    HAD TO, geçmiş zaman için tek seçenektir: "...**mek gerekti/...mek zorunda idi.**"

    They **had to** finish it in two hours. (Onu iki saat içinde bitir**meleri gerekiyordu**/bitir**mek zorunda idiler**/bitir**mek zorunda kaldılar.)**

    Soruda ise **had I got to** veya -daha yaygın biçimiyle- **did I have to**, "...**mek zorunda kaldım mı/...mek zorunda mıydım/...mem gerekiyor muydu?**" olarak çevrilmektedir:

    Did he have to do it again? (Onu yeniden yap**mak zorunda mıydı**/yap**mak zorunda kaldı mı**/yap**ması gerekiyor muydu?)**

b. **Yasak:**

İngilizcede de, Türkçede de bunu ifade etmenin tek biçimi, "**must not:...mamalı**" dır:

They **must not** talk in class. (Sınıfta konuş**mamalılar.)**

Yasak göstermek için kullanılan diğer İngilizce kalıplar her zaman **must**'ın verdiği anlamı verememektedirler:

You **are not to** go. (Gitmemen gerekiyormuş/Gitmemeliymişsin/Gitmemelisin.)

You **shouldn't** go. **(gitmemen gerekir./Ama gene de sen bilirsin/)**

c. **Zorunluğun bulunmayışı:**

1. **NEEDN'T, DON'T NEED TO, HAVENT (GOT) TO, DON'T HAVE TO**

    Bunların tümünü, "...**mek zorunda değil/...mesi gerekmiyor**" olarak çevirebiliriz:

    He **doesn't have to** read it now. (Şimdi okuması gerekmiyor.)

    He **needn't/doesn't need to/hasn't got to** read it now. (Şimdi okuması gerekmiyor.)

2. **NEEDN'T/WON'T HAVE TO, WON'T NEED TO**

- **NEEDN'T**'ı "...**mesi gerekmiyor/şart değil**"; diğerlerini "...**mesi gerekmeyecek**" olarak çevirmek uygun olacaktır kanısındayız:

    She **needn't** worry about me. (Benden yana endişelenmesi **gerekmiyor.)**

    She **won't have to** worry about me. (Benden yana endişe et**mesi gerekmeyecek.)**

    (Buradaki **needn't**'ın gelecekle ilgili olduğunu unutmayınız.)

3. **DIDN'T HAVE TO, DIDN'T NEED TO, HADN'T (GOT) TO**

    Bunların üçünü de, "...**mek zorunda kalmadı/değildi**" olarak çevirebiliriz:

    He **didn't have to** count them all. (Hepsini say**mak zorunda değildi/kalmadı.**"

4. **Soruda MUST, HAVE TO ve NEED**

- **MUST'ı, "...mek şart mı?"; NEED'i, "...mek gerekiyor mu?"** olarak çevirirsek bunlar arasında İngilizcede bulunan farkı yansıtmış oluruz:
  Must Ann come tomorrow? (Ann'in yarın gelmesi şart mı?)
  Need Ann come tomorrow? (Ann'in yarın gelmesi gerekiyor mu?) (Bence pek değil, ama sen ne diyorsun?)

- **HAVE TO**'yu bunların her ikisiyle de -duruma göre- çevirebiliriz:
  Do we **have to repeat everthing he said?** (Söylediği her şeyi tekrarla**mamız şart mı**/yani/?)
  Shall we **have to** play this again? (Bunu yeniden çal**mak zorunda kalacak mıyız?)**

5. **NEED'T HAVE ile DIDN'T HAVE TO arasındaki fark**
DIDN'T HAVE TO, "...mek zorunda değildi ve yapmadı" anlamındadır; **NEEDN'T HAVE** ise "...mek zorunda değildi, ama yaptı" demektir. Bu ayrımı dilimize yansıtabilmek için **DIDN'T HAVE TO**'yu **"...mek zorunda değildi/kalmadı/...mesi gerekmedi"; NEEDN'T HAVE**'i ise **"...mesi gerekmezdi"** olarak çevirebiliriz:
He **didn't have to** say that. (Bunu söyle**mek zorunda kalmadı**/söyle**mesi gerekmedi.)**
He **needn't** have said that. (Bunu söylemesi gerekmiyordu.) (... ama söyledi.)

d. Sıradan fiil olarak NEED
Bu fiili "gereksinmesi olmak, gereksinme duymak, lâzım olmak" olarak çevirebiliriz:

I need a book. (Bir kitaba **gereksinmem/gereksinimim var,** bir kitap **lâzım.)**

e. Sonuç çıkarmada kullanılan yardımcılar

1. **MUST,** ya "...malı" olarak, ya da "...sa gerek" olarak çevrilebilmektedir:
He **must** be a very clever boy. He has entered the university very easily. (Çok akıllı bir çocuk ol**malı.** Üniversiteye kolayca girdi.)

2. **MUST + -MİŞLİ MASTAR** kalıbını ise gene ya "... malı" olarak, ya da "herhalde ...miştir" olarak çevirmek gerekir kanısındayız:
He **must have worked** very hard. He looked so tired. (Çok çalışmış olmalı/Herhalde çok çalışmıştır. Ne kadar yorgun görünüyordu.)

3 **CAN'T/COULDN'T + -MİŞ'Lİ MASTAR** kalıbı da "...herhalde ...memiştir/...memiş olmalı" olarak çevrilebilir.

He **can't have said** that. He was my best friend. (Bunu söyle**memiştir herhalde**/söyle**miş olamaz**/söyle**memiş** olmalı. Benim en iyi arkadaşımdı.)

16 **dare** ve **used** yardımcı fiilleri

161 dare

A Olumluda **dare**, sıradan bir fiil gibi, yani şimdiki zamanda **dare/dares**, geçmişte **dared** olarak çekilir. Ancak olumsuz ve soruda sıradan bir fiil gibi de yardımcı bir fiil gibi de çekilir; dolayısıyla yarı-yarıya anlamlı bir yardımcı durumundadır.

Olumsuz :	şimdi	*do/does not dare*	*dare/dares not*
	geçmiş	*did not dare*	*dared not*
Soru :	şimdi	*do you/does he dare?*	*dare you/he?*
	geçmiş	*did you/did he dare?*	*dared you/he?*

Sıradan fiil yapısı, daha yaygın biçimde kullanılır.

B **dare**'den sonra mastarlar

do/did'li olumsuz ve soru biçimlerin ardından kuramda, **to**'lu mastar gelir, fakat uygulamada **to** genellikle atılır:

He doesn't dare (to) say anything. : Birşey söylemeye cesareti yok.
Did he dare (to) criticize my arrangements? : Benim yaptığım düzenlemeleri eleştirmek cesaretinde mi bulundu?

dare I/he/you? vb. ve **dare not** biçimleri **to**'suz mastar alırlar:

Dare we interrupt? : Araya girmeye cüret edebilir miyiz?
They dared not move. : Hareket etmeye cesaretleri yoktu.

dare'den önce *nobody, anybody*, vb. gelirse, **to**'yu kullanmak genellikle isteğe bağlı olur:

Nobody dared (to) speak. : Kimse konuşmaya cesaret edemedi.

C **dare, I daresay** dışında olumluda pek kullanılmaz. **I daresay** (ya da **I dare say**), deyimsel iki anlama sahiptir:

1 'I suppose' : 'Sanırım'

I daresay there'll be a restaurant car on the train. : Sanırım trende bir yemekli vagon vardır.

2 'I accept what you say (but it doesn't make any difference.)' : 'Söylediğini kabul ediyorum (ama gene de bir şey değişmez.)'

ENGLISH TOURIST: *But I drive on the left in England!*
SWISS POLICEMAN: *I daresay you do, but we drive on the right here.*:
İNGİLİZ TURİST: Ama biz İngiltere'de soldan gideriz!
İSVİÇRELİ POLİS: Mutlaka öyledir ama biz burada sağdan gideriz.

TRAVELLER: *But the watch was given to me; I didn't buy it.*
CUSTOMS OFFICER: *I daresay you didn't, but you'll. have to pay duty on it all the same.* :
YOLCU: Ama saat bana verildi; onu satın almadım.
GÜMRÜK MEMURU: Mutlaka öyledir ama gene de buna gümrük ödeyeceksiniz.

daresay bu biçimde yalnız birinci tekil şahısla kullanılır.

D **how dare(d) you? how dare(d) he/they?** öfke belirtebilir:
How dare you open my letters? (I'm angry with you for opening them.) : Ne cüretle mektuplarımı açarsın? (Onları açtığın için sinirlendim.)
How dared he complain? (I am indignant because he complained.) : Ne cüretle/cesaretle yakınmada bulundu? (Yakındığı için öfkelendim.)

E **dare**, 'challenge' ('meydan okumak, ''yap da görelim'' demek') anlamında (yalnızca cesaret isteyen eylemler için) sıradan geçişli bir fiil olarak da kullanılabilir. O zaman bu fiili tümleç + tam mastar izler:

MOTHER: *Why did you throw that stone through the window?*
SON: *Another boy dared me (to throw it).* :
ANNE: Neden taşı pencereden içeri attın?
OĞUL: Bir başka çocuk bana meydan okudu/'At da görelim' dedi.

162 used

A Biçim

used, şimdiki zaman biçimi olmayan bir kusurlu fiilin geçmiş zaman biçimidir.
Olumlu: Bütün kişiler için *used*
Olumsuz: Bütün kişiler için *used not/usedn't*
Soru: *used you/he/they?* vb.
Olumsuz soru: *used you not/usedn't you?* vb.
Olmsuz ve soru *did*'le de kurulabilir:
didn't use to *did you use to?* *didn't you use to?*
Bu, daha teklifsiz bir biçimde olup konuşmada yaygındır.

used'u tam mastar izler ve bunu öğrencilere anımsatmak için bu yapıdan **used to** olarak söz edilir (tıpkı zorunluk için kullanılan **have**'den **have to** olarak söz edildiği gibi).

B Kullanımı

used, şu durumlarda kullanılır:

1 Şimdiki zamanla zıtlık oluşturan ve artık sürdürülmeyen bir alışkanlık ya da geçmişteki bir eylemi ifade etmek için:

I used to smoke cigarettes; now I smoke a pipe. : Eskiden sigara içerdim; şimdi pipo içiyorum.
He used to drink beer; now he drinks wine. : Eskiden bira içerdi; şimdi şarap içiyor.
She usedn't to like Tom but she quite likes him now. ya da
She used to dislike Tom but she quite likes him now. : Tom'u eskiden beğenmezdi ama şimdi onu epey beğeniyor.

used'da normal olarak vurgu yoktur, fakat konuşan geçmiş ile şimdi arasındaki zıtlığı vurgulamak isterse vurgulanabilir.

2 Geçmişteki bir rutini ya da düzenli olarak yinelenen bir eylemi ifade etmek için. Burada geçmişle şimdi arasında bir zıtlık oluşturmuyoruz: yalnızca birisinin belirli bir süre boyunca içinde bulunduğu rutini betimliyoruz. Çoğu kez olaylar birbirini izler. Burada **used to**'nun yerine **would** kullanılabilir. Fakat yukarıda 1'de gösterilen, artık sürmeyen alışkanlıkların ifadesinde **used to** yerine **would** kullanılmaz). Bu durumda **used** vurgusuzdur.

Tom and Ann were a young married couple. Every morning Tom used to kiss Ann and set off for work. Ann used to stand at the window and wave goodbye. In the evening she used to welcome him home and ask him to tell her about his day. : Tom ve Ann, evli bir çiftti. Her sabah Tom, Ann'i öpüp işe giderdi. Ann pencerede durup el sallayarak onu uğurlardı. Akşamları kadın ona eve hoşgeldin, der ve ona gününün nasıl geçtiğini sorardı.

would'u kullanırsak şöyle deriz:

Every morning Tom would kiss Ann and set off for work. Ann would stand at the window and wave goodbye. vb.: Anlam aynı.

Unutmayınız ki, **used**'un şimdiki zaman biçimi yoktur. Dolayısıyla şimdiki zamandaki alışkanlıklar ya da rutinler için geniş zamanı kullanmalıyız.

163 Sıfat olarak **used: to be/become/get used to**

used, 'accustomed' (alışkın) anlamında bir sıfat da olabilir. O zaman bu sözcükten önce herhangi bir fiil yapısında **be, become** ya da **get**, sözcükten sonra da **to** edatı + isim/zamir ya da isimfiil gelebilir:

I am used to noise. : Gürültüye alışkınım.
I am used to working in a noisy room. : Gürültülü bir odada çalışmaya alışkınım.
You will soon get used to the electric typewriters. : Yakında elektrikli daktilolara alışırsın.
You will soon get used to typing on electric typewriters. : Yakında elektrikli daktilolarla yazmaya alışırsın.
They soon got used to the traffic regulations. : Kısa zamanda trafik yönetmeliklerine alışmaya başladılar.
They soon got used to driving on the left. : Kısa sürede, soldan gitmeye alıştı.

I am used to . . . vb. psikolojik bir ifadedir. *I'm used to working in a noisy room.* (Gürültülü bir odada çalışmaya alışkınım.) cümlesi, gürültülü bir odada çalışmış olduğumu, dolayısıyla gürültünün beni rahatsız etmediğini, buna aldırmadığımı belirtir. *You'll soon get used to typing on electric typewriters.* (Yakında elektrikli daktilolarda yazmaya alışırsın.) cümlesi, bunları bir süre kullandıktan sonra onları kullanmayı kolay bulacağın anlamına gelir.
Çoğu kez *I'm used to it.* (Ona alışkınım.) cümlesi, yukarıdaki cümlelerde 'I don't mind it/It doesn't give me any trouble.' (Buna aldırmıyorum.) anlamına sahiptir. Fakat bu cümle başka bir yöne de gidebilir. Tutun ki kantinimiz, yemeklerle birlikte yalnız çay vermektedir. Fransa'dan yeni gelmiş olan bir Fransız şöyle diyebilir :

I'm used to wine with my meals, so I find these lunches rather unsatisfying. : Yemekte şaraba alıştım. Onun için bu yemekleri tatmin edici bulmuyorum.

Özne + **be/become/get** + **used to** ile özne + **used to**'yu (bak: 162) karıştırmayınız.

Birincide **used** sıfattır; **to** ise edattır.
İkincide **used** fiil olup **to**, arkadan gelen mastarın bir bölümüdür.
Bu yapıları, 'employ' (kullanmak) anlamındaki kurallı fiil olan **to use** (/ju:z/), ile karıştırmayınız.

17 Şimdiki zaman yapıları (The present tenses)

İngilizcede iki tane şimdiki zaman fiil yapısı bulunmaktadır:
Şimdiki zamanda süreklilik (the present continuous): *I am working.*
Geniş zaman (the simple present): *I work.*

Şimdiki zamanda süreklilik (the present continuous)

164 Biçim

Şimdiki zamanda süreklilik yapısı **be** yardımcı fiilinin şimdiki zaman yapısı + şimdiki zaman ortacından oluşur:

A

Olumlu	Olumsuz	Soru
I am working	*I am not working*	*am I working?*
you are working	*you are not working*	*are you working?*
he/she/it is working	*he/she/it is not working*	*is he/she/it working?*
we are working	*we are not working*	*are we working?*
you are working	*you are not working*	*are you working?*
they are working	*they are not working*	*are they working?*

Olumsuz soru: am I not working? are you not working? is he not working? vb.

B Kaynaşmalar: **be** fiili, 102 B'de gösterildiği gibi kaynaştırılabilir, dolayısıyla herhangi bir fiilin şimdiki zamanda süreklilik biçimi kaynaştırılabilir:

Olumlu	Olumsuz	Soru
I'm working	*I'm not working*	*aren't I working?*
you're working	*you aren't working*	*aren't you working?*
he's working vb.	*he isn't working* vb.	*isn't working?* vb.

am I not? yerine kullanılan kuralsız *aren't I?* kaynaşmasına dikkat ediniz.

Soruda kaynaşmalar: **am, is, are** 104 B'de gösterildiği gibi kaynaşabilir:
Why's he working? : Neden çalışıyor?
Where're you working? : Nerede çalışıyorsun?

165 Şimdiki zaman ortacının yazılışı

A Fiil tek bir **e** ile bitiyorsa, bu **e**, **ing**'den önce atılır:

argue, arguing: tartışmak — *hate, hating:* nefret etmek
love, loving: sevmek

Şu durumlarda **e** atılmaz:

age, dye ve **singe**'den sonra:

ageing: yaşlanan — *dyeing:* (saçını) boyayan
singeing: hafifçe yakan

ee ile biten fiillerden sonra:

agree, agreeing: anlaşmak — *see, seeing:* görmek

B Tek heceli bir fiilin tek bir ünlüsü varsa ve tek bir ünsüzle bitiyorsa bu ünsüz, **ing**'den önce çift yazılır:

hit, hitting: vurmak — *run, running:* koşmak
stop, stopping: durmak

Son hecesinde yalnızca bir ünlü bulunup bu hecesi tek ünsüzle biten iki ya da daha fazla heceli fiillerde vurgu son heceye geliyorsa bu son ünsüz çift yazılır:

ad'mit, admitting: itiraf etmek — *be'gin, beginning:* başlamak
prefer, preferring: yeğ tutmak
'budget, budgeting: bütçe yapmak — *enter, entering:* girmek (vurgu son hecede değil).

Ancak tek ünsüzden sonraki son l her zaman çift yazılır:
signal, signalling : işaret vermek
travel, travelling : yolculuk yapmak

Amerikan İngilizcesinde bu l çift yazılmaz.

C **ing** eki, **y** ile biten bir fiile eklendiğinde yazım değişmez:

carry, carrying: taşımak — *enjoy, enjoying:* eğlenmek
hurry, hurrying: acele etmek

166 Şimdiki zamanda süreklilik yapısının kullanılışı

A Şu anda yapılmakta olan bir eylem için :

It is raining. : Yağmur yağıyor.
I am not wearing a coat as it isn't cold. : Hava soğuk olmadığından pardesü giymiyorum.
Why are you sitting at my desk? : Neden benim sıramda oturuyorsun?
What's the baby doing? ~ He's tearing up a £5 note. : Bebek ne yapıyor? ~ 5 sterlinlik bir banknotu yırtıyor.

B Şu sıralara rastlayan ama ille de konuşmanın geçtiği anda gerçekleşmeyen bir eylem için:

I am reading a play by Shaw. : Shaw'un bir oyununu okuyorum. (Bu, 'konuşma anında' anlamına gelebilir, fakat 'şimdi'nin daha geniş bir anlamı [şu günlerde / Ç.N.] da olabilir.)
He is teaching French and learning Greek. : Fransızca öğretiyor ve Yunanca öğreniyor. (Bu işleri konuşma anında yapmıyor olabilir.)

Aynı özneye sahip iki sürekli fiil yapısı **and**'le birleştirildiğinde yukarıdaki son örnekte olduğu gibi yardımcı fiil ikinci fiilden önce atılabilir. Bu, her tür ikili bileşik fiil yapısı için geçerlidir:

She was knitting and listening to the radio. : Örgü örüp radyoyu dinliyordu.

C Yakın gelecekteki kesin bir düzenleme için (kişinin yakın gelecekle ilgili planlarını ifade etmenin en yaygın biçimi):

I'm meeting Peter tonight. He's taking me to the theatre. : Bu gece Peter'la buluşuyorum. Beni tiyatroya götürüyor.

Are you doing anything tomorrow afternoon? ~ Yes, I'm playing tennis with Ann. : Yarın öğleden sonra bir şey yapıyor musun? ~ Evet, Ann'le tenis oynuyorum.

Eylemin zamanının her zaman belirtilmesi gerektiğine dikkat ediniz. Çünkü bu yapılazsa şimdiki zamanla gelecek arasında anlam karışıklığı olur. Ancak **come** ve **go**, bir zaman ifadesi olmadan da bu biçimde kullanılabilir. (Bak: 202 B.)

167 Şimdiki zamanda süreklilik yapısının öteki olası kullanılışları

A Belirli bir zaman noktasıyla birlikte bu noktadan önce başlayıp bir olasılıkla bundan sonra da süren bir eylemi belirtmek için:

At six I am bathing the baby. (I start bathing him before six.) : Saat altıda bebeği banyo ettiriyorumdur. (Saat altıdan önce banyo ettirmeye başlarım.)

Aynı biçimde geniş zamanda bir fiille birlikte:

They are flying over the desert when one of the engines fails. : Bir çölün üzerinde uçmaktadırlar, ki o sırada motorlardan biri arızalanır.

Günlük rutinin anlatılması ve dramatik anlatım dışında şimdiki zamanda süreklilik yapısı bu biçimde pek kullanılmaz. Fakat geçmişte süreklilik yapısının geçmişteki bir zaman noktası ya da bir fiille birleştirilmesi yaygındır. (Bak: 179 C, E.)

B **always**'le birlikte:

He is always losing his keys. : Hep anahtarlarını yitiriyor.

Bu yapı, genellikle olumluda kullanılır:

1 Sık sık yinelenen bir eylem için, genellikle, sıklık konuşanı rahatsız ettiği ya da ona anlamsız geldiği zaman kullanılır: *Tom is always going away for weekends* (Şimdiki zamanda süreklilik) (Tom hep hafta sonlarında kent dışına çıkıyor) cümlesi, onun bunu sıkça, herhalde konuşanın görüşüne göre fazla sık yaptığını belirtir. Fakat onun her hafta sonu başka kente gittiğini söylemeyebilir. Gerçek durumu yansıtmayan bir ifadedir. Bunu **always** + geniş zaman'la karşılaştırınız:

Tom always goes away on weekends. : Tom hafta sonlarında hep kent dışına çıkar. =
Tom goes away every weekend. : Tom, her hafta sonu kent dışına çıkar. (Gerçek durumu yansıtan bir ifade)

Burada **I/We** + **always** + süreklilik yapısı kullanmak olanağı da vardır. Yinelenen eylem genellikle kaza sonucu gerçekleşir:

I'm always making that mistake. : Hep o hatayı yapıyorum.

2 Sürekli gibi görünen bir eylem için:
He's always working = *He works the whole time.* : Hep çalışıyor = Durmadan çalışır.

Çoğu kez bu yapı konuşanı rahatsız eden bir eylemi anlatırsa da konuşanın bu rahatsızlığı duymadığı durumlarda da kullanılabilir. *He is always reading* (Hep okuyor) cümlesi, onun okumaya gereğinden çok zaman ayırdığını ifade edebileceği gibi onaylama tonuyla da söylenebilir. Burada da birinci şahıs kullanılabilir. O zaman eylem, bu 2 numaralı bölümdeki öteki eylemler gibi genellikle istemlidir.

168 Normal olarak şimdiki zamanda süreklilik yapısında bulunmayan fiiller

Süreklilik fiilleri daha çok istemli eylemler için kullanılır. Dolayısıyla bazı fiiller normal olarak süreklilik yapısında bulunmazlar, yalnız tek bir şimdiki zaman biçimleri vardır: geniş zaman (simple present). Bu fiiller şöyle kümelenebilir:

A Duyu fiilleri (istem dışı eylemler): **feel, hear, see, smell** (hissetmek, duymak, görmek); ayrıca **notice** ve **observe** (= notice) (ayrımına varmak, gözlemlemek (ayrımına varmak) ve bağ-fiil olarak **feel, look, taste** (ele . . . gelmek, görünmek, tadı . . . olmak) (Bak: 18 B, C).

feel, look, smell, taste için ayrıca 169'a, **hear** ve **see** için 170'e bakınız. **gaze, listen, look (at), observe** (= watch), stare ve **watch** (dalgın bakmak, dinlemek, bakmak, gözlemek (= izlemek), dikkatle bakmak ve izlemek) gibi fiiller süreklilik yapısında kullanılabilirler:

Watch! ~ I'm watching but I don't see anything unusual. : İzlesene! ~ İzliyorum ama olağanüstü bir şey göremiyorum.
He is listening to a tape, but he's wearing earphones so nobody else hears it. : Bir bant dinliyor ama kulaklık takmış, onun için başka kimse duymuyor.

B Duygu ve coşkuları ifade eden fiiller, örneğin:

admire (= respect) (hayranlık duymak)	**adore** (hayranlık duymak)	**appreciate** (= value) (değerini bilmek)
care for (= like) (beğenmek)	**desire** (arzulamak)	**detest** (kınamak)
dislike (hoşlanmamak)	**fear** (korkmak)	**hate** (nefret etmek)
like (beğenmek)	**loathe** (tiksinmek)	**love** (sevmek)
mind (= care) (umursamak)	**respect** (saygı duymak)	**value** (değer vermek)
want (istemek)	**wish** (dilemek)	

Fakat 'hayranlıkla izlemek' anlamında **admire;** 'değeri artmak' anlamında **appreciate;** 'bakımını sağlamak' anlamında **care for; long for;** 'özen göstermek' anlamında **mind;** 'maddi değerini tahmin etmek' anlamında **value; enjoy;** 'eğlenmek, güzel bulmak' anlamında **like/love** ile tam ters anlamdaki **hate,** süreklilik yapısı kullanılabilir. Ancak **like, love** ve **hate** fiillerini geniş zamanda kullanmak daha güvencelidir:

He's enjoying his holiday in the Arctic. He hates touristy places and he doesn't mind the could. : Arktik'teki tatilinden zevk alıyor. Turistlerle dolu yerleri sevmiyor; soğuğa da aldırmıyor.
I'm minding my own business. : Kendi işime bakıyorum.
How are you liking/Do you like your new job? : Yeni işini nasıl buluyorsun/beğeniyor musun?
I'm hating it/I hate it. I just don't like work, you see. : Hiç sevmiyorum. Çalışmayı sevmiyorum işte, anlatabiliyor muyum?

C Zihinsel etkinlikleri gösteren fiiller, örneğin:

agree (düşünceye katılmak)
appreciate (= understand) (anlayışla karşılamak)
assume (varsaymak)
believe (inanmak)
expect (= think) (kanısında olmak)
feel (= think) (kanısında olmak)
feel sure/certain (emin olmak)
forget (unutmak)
know (bilmek)
mean (anlamına gelmek)
perceive (algılamak)
realize (ayrımına varmak)
recall (anımsamak)
recognize (tanımak)
recollect (anımsamak)
remember (anımsamak)
see (= understand) (anlamak)
see through someone (= penetrate his attempt to deceive) (ciğerini okumak)
suppose (varsaymak)
think (= have an opinion) (kanısında olmak)
trust (güvenmek)
understand (anlamak)

Ancak 'değeri artmak' anlamında **appreciate** ile süreklilik biçiminde kullanılabilir. Ayrıca, **think, assume, expect** için 171'e bakınız.

D İyelik gösteren fiiller: **belong** (ait olmak), **owe** (borçlu olmak), **own, possess** (sahip olmak):

How much do I owe you? : Sana ne kadar borcum var?

E Belirli kullanımlarıyla **be** ve **have** dışında yardımcılar. (Bak: 113 B, 115 B, 123)

F Şu fiiller:

appear (= seem) (görünmek)	**concern** (ilgilendirmek)	**consist** (oluşmak)
contain (içermek)	**hold** (= contain) (içermek)	**keep** (= continue) (durmadan . . .mek)
matter (sakıncası olmak)	**seem** (görünmek)	**signify** (. . . anlamını vermek)
sound (= seem/appear) (kulağa . . .gibi gelmek, söylentiye göre . . .olmak)		

It concerns us all. : Hepimizi ilgilendiriyor.
This box contains explosives. : Bu kutu patlayıcı maddeler içermektedir.

Fakat 'kamuoyuna açılmak' anlamında **appear** süreklilik biçiminde olabilir.

169 Süreklilik biçiminde kullanılan **feel, look, smell, taste**

A **feel**

Arkasından öznenin coşkularını, fiziksel ya da zihni durumunu gösteren bir sıfat (Ör.: *angry/pleased, happy/sad, hot/cold, tense/relaxed, nervous/confident:* kızgın/hoşnut, mutlu/üzgün, sıcak/soğuk, gergin/rahat, asabi/kendine güvenir) gelirse **feel**, normal olarak basit biçimi kullanılır, fakat süreklilik biçimine de girebilir:

How do you feel/are you feeling? ~ I feel/am feeling better. : Kendini nasıl hissediyorsun? ~ Daha iyi hissediyorum.
(Genellikle bir şey öğrenmek için) 'dokunmak' anlamına gelen **feel**, süreklilik biçiminde kullanılabilir:

The doctor was feeling her pulse. : Doktor (eliyle), kadının nabzını ölçüyordu.

Aynı biçimde 'dokunuşla anlamaya çalışmak' anlamındaki **feel** de süreklilik biçiminde kullanılabilir:

He was feeling for the keyhole in the dark. : Karanlıkta anahtar deliğini (eliyle) arıyordu.

Fakat **feel**, 'sense' (hissetmek) anlamındaysa:

Don't you feel the house shaking? : Evin sallandığını hissetmiyor musun?

'think' (kanısında olmak):

I feel you are wrong. : Bence sen yanılıyorsun.

ya da bir bağ-fiil olarak kullanılırsa:

The water feels cold. : Su soğuk geliyor.

süreklilik biçimini almaz.

B **look**

Bağ fiil olarak kullanılan **look** (Ör.: *That cake looks good.* : O kek güzel görünüyor.) veya **look on** (= consider: olarak kabul etmek), **look up to** (= respect: saygı duymak), **look down on** (= despise: küçük görmek) ile süreklilik yapısı kullanılmaz (Bak: 38. Ders). Ancak **look (at)** (bakmak), **look for/in/into/out** (aramak/içine bakmak/içine bakmak/dikkat etmek) ve **look on** (= watch: izlemek) fiilleri bilerek yapılan işleri gösterdikleri için süreklilik yapılarında kullanılabilirler:

He is looking for his glasses. : Gözlüklerini arıyor.
I'm looking out for a better job. : Daha iyi iş olanaklarını izliyorum.

C **smell**

'Koku almak' anlamında **smell** (Ör.: *I smell gas.* : Burnuma gaz kokusu geliyor) ya da bağ fiil olarak kullanılan **smell** (kokmak) ile süreklilik yapısıyla kullanılmaz. Fakat 'koklamak' anlamındaki **smell** ile bu fiil yapısı kullanılabilir:

Why are you smelling the milk? Does it smell sour? : Sütü neden kokluyorsun? Ekşi mi kokuyor?

D **taste**

Bağ fiil olarak kullanılan **taste** (tadı . . . olmak) süreklilik yapısıyla kullanılmaz:

This coffee tastes bitter. : Kahvenin acı bir tadı var.

Ancak 'tatmak' anlamındaki **taste** süreklilik yapısında kullanılabilir:

She was tasting the pudding to see if it was sweet enough. : Yeterince tatlı olup olmadığını anlamak için pudingi tadıyordu.

170 Süreklilik biçiminde kullanılan **see** ve **hear**

A 'Görüşmek' anlamında kullanıldığı zaman **see**, süreklilik yapısında kullanılabilir:

The director is seeing the applicants this morning. : Müdür, başvuru sahipleriyle bugün görüşecek.
I am seeing my solicitor tomorrow. : Avukatımla yarın görüşeceğim.

Ayrıca (genellikle turist olarak) 'gezmek, ziyaret etmek' anlamındayken de süreklilik yapısı kullanılabilir:

Tom is seeing the town/the sights. : Tom kenti/görülecek yerleri geziyor.

Şu bileşimlerde de süreklilik yapısında kullanılabilir:

see about = make arrangements or enquiries (ilgilenmek)
We are seeing about a work permit for you. : Sana çalışma izni alma konusuyla ilgileniyoruz/almanın yollarını arıyoruz/ayarlamaya çalışıyoruz.

see to = arrange, put right, deal with (uğraşmak)
The plumber is here. He is seeing to the leak in our tank. : Muslukçu burada. Depomuzdaki sızıntıyla uğraşıyor.

see somebody **out** = escort him/her to the door. (kapıya kadar geçirmek.)
see somebody **home** = escort him/her home. (eve kadar eşlik etmek.)
see somebody **to** + place = escort him/her to + place. (bir yere kadar eşlik etmek.)
see somebody **off** = say goodbye to a departing traveller at the starting point of his journey (usually the station, airport, etc.) (uğurlamak):

We're leaving tomorrow. Bill is seeing us off at the airport. : Yarın yola çıkıyoruz. Bill bizi havaalanından uğurlayacak.

B 'Resmi bir oturumda (yakınmaları/kanıtları, vb.) dinlemek' anlamındaki **hear** süreklilik yapısıyla kullanılabilir:

The court is hearing evidence this afternoon. : Mahkeme kanıtları bugün dinleyecek.

'Haber almak' anlamındaki **hear** de yalnız şimdi öncesinden gelen süreklilik (present perfect continuous) ve gelecekte süreklilik (future continuous) olmak kaydıyla süreklilik yapısında kullanılabilir:

I've been hearing all about your accident. : Geçirdiğin kazayla ilgili haberleri sürekli alıyorum.

You'll be hearing about the new scheme at our next meeting. : Yeni planla ilgili bilgileri bundan sonraki toplantıda alacaksınız.

171 Süreklilik yapısında **think, assume** ve **expect**

A Görüş bildirilmediği ya da sorulmadığı zaman **think**, süreklilik yapısında kullanılabilir:

What are you thinking about? ~ *I'm thinking about the play we saw last night.* : Ne düşünüyorsun? ~ Dün gece gördüğümüz oyunu düşünüyorum. Fakat:

What do you think of it? (görüş soruluyor) ~ *I don't think much of it.* (görüş bildiriliyor) : Oyun hakkında ne düşünüyorsun? ~ Pek tutmadım.

Tom is thinking of emigrating. What do you think of the idea? ~ *I think it is a stupid idea. He should stay where he is.* : Tom göç etmeyi düşünüyor. Bu konuda ne dersin? ~ Bence saçma bir fikir. Otursun oturduğu yerde.

B 'Bir noktadan yola çıkmak/varsaymak' anlamındayken **assume** süreklilik biçiminde kullanılabilir:

I'm assuming that you have time to do a lot of research. : Birçok araştırma yapmaya zamanının olduğunu var sayıyorum/Tut ki . . .var.

'Denetimi/gücü ele geçirmek' anlamındayken de **assume** süreklilik biçiminde kullanılabilir:

The new government is assuming power at once. : Yeni hükümet gücü anında ele geçiriyor.

C 'Beklemek' anlamında **expect** süreklilik yapısında kullanılabilir:

I'm expecting a letter. : Bir mektup bekliyorum.
She's expecting a baby in May. : Mayısta bir bebek bekliyor.

Geniş zaman (the simple present tense)

172 Biçim

Olumluda geniş zaman mastarla aynı yapıya sahiptir, fakat üçüncü tekil şahısta s eki alır.

Olumlu	Olumsuz	Soru	Olumsuz soru
I work	*I do not work*	*do I work?*	*do I not work?*
you work	*you do not work*	*do you work ?*	*do you not work?*
he/she/it works	*he/she/it does not work*	*does he/she/it work?*	*does he/she/it not work?*
we work	*we do not work*	*do we work?*	*do we not work?*
you work	*you do not work*	*do you work?*	*do you not work?*
they work	*they do not work*	*do they work?*	*do they not work?*

Kuralsız fiiller de bu fiil yapısını aynı biçimde oluştururlar.

B Kaynaşmalar: **do** fiili normal olarak olumsuz ve olumsuz soruda kaynaşır (Bak: 103 A): *I don't work, he doesn't work, don't I work, doesn't he work?*

C *Yazım kuralları*
ss, sh, ch, x ve **o** ile biten fiiller üçüncü tekil biçimlerini oluşturmak için yalnızca s yerine **es** alırlar:

I kiss, he kisses   *I box, he boxes*
I rush, he rushes   *I do, he does*
I watch, he watches   *I go, he goes*

y bir ünsüzü izliyorsa **y, i**'ye dönüşür ve **es** eki gelir:
I carry, he carries   *I copy, he copies*   *I try, he tries*

Fakat bir ünlüyü izleyen **y** normal kurallara bağlıdır:
I obey, he obeys   *I say, he says*

173 Geniş zamanın alışkanlık türü eylemi anlatmakta kullanılması

A Geniş zamanın temel kullanımı, alışkanlık türü eylemleri anlatmaktır:

He smokes. (Sigara [vb] içer.)   *Dogs bark.* (Köpekler havlar.)   *Cats drink milk.* (Kediler su içer.)

Bir fiil yapısı, bu eylemlerin konuşma anında yapılmakta olup olmadığını belirtmez; bunu açıklığa kavuşturmak istiyorsak şimdiki zamanda süreklilik yapısında bir fiil eklemek zorundayız:

He's working. He always works at night.: Çalışıyor. Geceleri hep çalışır.
My dog barks a lot, but he isn't barking at the moment. : Köpeğim çok havlar da, şu anda havlamıyor.

B Geniş zaman; *always, never, occasionally, often, sometimes, usually, every week, on Mondays, twice a year* vb. (her zaman, hiç, arada sırada, çoğu kez/sık sık, bazen, genellikle, her hafta, Pazartesileri, yılda iki kez, vb.) zarf ya da zarf takımlarıyla:

How often do you wash your hair? : Saçını ne kadar zamanda bir yıkarsın?
I go to church on Sundays. : Kiliseye Pazarları giderim.
It rains in winter. : Kışın kar yağar.

ya da rutin veya alışkanlık türü eylemleri gösteren zaman cümlecikleriyle birlikte sıkça kullanılır.

whenever ve **when** (= whenever) özellikle yararlıdır:

Whenever it rains the roof leaks. : Ne zaman yağmur yağsa dam akar.
When you open the door a light goes on. : Bir kapı açıldığında ışık yanar. (Hırsız alarmlı kapıda olduğu gibi. / Ç.N.)

174 Geniş zamanın öteki kullanımları

A Özellikle **say** fiiliyle kitaplardan, duyurulardan ya da kısa bir süre önce postadan çıkan bir mektupla ilgili olarak soru sorarken ya da bunlardan alıntı yaparken kullanılır:

What does that notice say? ~ It says, 'No parking.' : Duyuru ne diyor/Duyuruda ne yazıyor? ~ 'Park edilmez diyor/yazıyor.'
What does the book say? ~ It says 'Cook very slowly.' : Kitap ne diyor/kitapta ne yazıyor. ~ 'Yavaş yavaş pişirin diyor/yazılı.'
I see you've got a letter from Ann. What does she say? ~ She says, she is coming to London next week. : Bakıyorum Ann'den mektup almışsın. Ne diyor? ~ Gelecek hafta Londra'ya geleceğini söylüyor.
Shakespeare says, 'Neither a borrower nor a lender be. : Shakespeare, 'Ne ödünç alan ol, ne de ödünç veren,' diyor.

Öteki iletişim fiilleri de kullanılabilir:

Shakespeare advises us not to borrow or lend. : Shakespeare bize, ödünç almamamızı ya da vermememizi öğütlüyor.

A notice at the end of the road warns people not to go any further. : Yolun sonundaki duyuru halka, daha öteye gitmemelerini uyarıyor.

B Genis zaman, gazete başlıklarında kullanılabilir:

MASS MURDERER ESCAPES. : Toplu katil suçlusu kaçtı.
PEACE TALKS FAIL. : Barış görüşmeleri başarısızlıkla sonuçlandı.

ÇEVİRİCİNİN NOTU: Bu durumda İngilizcede geniş zaman kullanılmasına karşın Türkçede geçmiş zaman kullanıldığına dikkat ediniz.

C Dramatik anlatımda kullanılabilir. Bu, bir oyun, opera, vb'nin aksiyonun anlatımında özellikle yararlıdır. Sportif olaylarda ya da toplulukları ilgilendiren olaylarda apikerler tarafından da sıkça kullanılır:

When the curtain rises, Juliet is writing at her desk. Suddenly the window opens and a masked man enters. : Juliet çalışma masasında mektup yazmaktadır. Birden pencere açılır ve maskeli bir adam içeri girer.

D Özellikle bir yolculuğa gönderme yapıldığında gelecekteki planlı bir eylem ya da bir eylem dizisi için kullanılır. Gezi acentaları bunu sıkça kullanır.

We leave London at 10.00 next Tuesday and arrive in Paris at 13.00. We spend two hours in Paris and leave again at 15.00. We arrive in Rome at 19.30, spend four hours in Rome etc. : Gelecek Salı günü saat 10.00'da Londra'dan hareket edip saat 13.00'te Paris'e varacağız. Paris'te iki saat geçirip saat 15.00'de yeniden yola çıkacağız. Roma'ya saat 19.30'da varacak, Roma'da dört saat geçireceğiz vb.

E Süreklilik biçiminde kullanılamayan fiillerin (Ör.: **love, see, believe** vb.) şimdiki zamanda süreklilik yapısı yerine geniş zaman kullanılmalıdır. Böylece *I am loving you* değil, *I love you,* (Seni seviyorum,) deriz.

F Koşul cümlelerinin 1. türünde kullanılır. (Bak: 211).

If I see Ann I'll ask her. : Ann'i görürsem ona sorarım/soracağım.
Unless you take the brake off the car won't move. : Freni boşa almazsan araba gitmez.

G Zaman cümleciklerinde kullanılır:

(a) Bir rutin durumu varsa:

As soon as he earns any money he spends it. : Para kazanır kazanmaz harcar.

She takes the boy to school before she goes to work. : Çocuğu, işe gitmeden önce okula bırakır.

(b) Ana fiil gelecek yapısındaysa (Bak: 342):
It will stop raining soon. Then we'll go out. =
When it stops raining we'll go out. : Birazdan yağmur dinecek. O zaman dışarı çıkarız/çıkacağız. Yağmur dinince dışarı çıkarız/çıkacağız.

18 Geçmiş zaman ve -miş'li fiil yapıları (The past and perfect tenses)

Basit geçmiş zaman (The past simple tense)

175 Biçim

A Kurallı fiillerde basit geçmiş zaman, mastara **-ed** ekleyerek oluşturulur:

mastar: *to work* (çalışmak) basit geçmiş: *worked* (çalıştı)
-e ile biten fiillere yalnız **-d** eklenir:
mastar: *to love* (sevmek) basit geçmiş: *loved* (sevdi)

Çekimler yoktur; yani bütün şahıslarla aynı biçim kullanılır:
I worked (çalışmadım) *you worked* (çalıştın)
he worked (çalıştı), vb.

Kurallı ve kuralsız fiillerin olumsuzu **did not** ve (**to**'suz) mastardan oluşturulur:
I did not work (çalışmadım) *you did not work* (çalışmadın)
he did not work (çalışmadı), vb.

Kurallı ve kuralsız fiillerin soruları, **did** + özne + (**to**'suz) mastar'dan oluşturulur:
Did I work? (çalıştım mı?) **did you work?** (çalıştın mı?), vb.

Olumsuz soru: *did you not/didn't you work?* vb.

B Yazım kuralları

ing eklendiği zaman sondaki ünsüzün iki kez yazılmasıyla ilgili kural (Bak: 165) **ed** eklendiği zaman da geçerlidir:
admit, admitted *stop, stopped* *travel, travelled*

Bir ünsüzü izleyen **y** ile biten fiillere **ed** eklenmeden önce **y, i**'ye dönüşür:
carry, carried *try, tried*

Ancak bir ünlüyü izleyen **y** değişmez: *obey, obeyed*

176 Kuralsız fiiller: biçim

Bunlar, basit geçmiş biçimlerinde önemli ölçüde değişmektedir:

mastar: *to eat, to leave, to see, to speak*
basit geçmiş: *ate, left, saw, spoke*

Bu nedenle her bir kuralsız fiilin geçmiş zaman biçimi öğrenilmelidir; fakat bir kez bu öğrenilince başka bir sorun bulunmamaktadır, çünkü kuralsız fiiller (kurallı fiillerde de olduğu gibi) geçmiş zamanda değişik çekimlere sahip değildir.

177 Basit geçmiş zaman, normal olarak geçmişteki olayların anlatımında kullanılır.

A Geçmişte, belirli bir zamanda tamamlanan eylemler için kullanılır. Bu nedenle, şu durumlarda kullanılır:

1 Zaman verildiğinde, geçmişteki bir eylem için:
I met him yesterday. : Ona dün rastladım.
Pasteur died in 1895. : Pastör 1895'te öldü.

2 veya zaman sorulduğu zaman:
When did you meet him? : Ona ne zaman rastladın?

3 veya eylem, geçmişte yapıldığı kesinse, zaman cümlede belirtilmemiş olsa bile basit geçmiş zaman kullanılır:
The train was ten minutes late. : Tren on dakika geç geldi.
How did you get your present job? : Şimdiki işini nasıl buldun?
I bought this car in Montreal. : Bu arabayı Montreal'den aldım.

4 Bazen zaman, şimdi-öncesi fiil yapısında (pres. perf.) sorulan bir sorunun ve bu soruya verilen yanıtın sonucu olarak belirginleşebilir:
Where have you been? ~ I've been to the opera. ~ Did you enjoy it? : Neredeydin? ~ Operadaydım. ~ Hoşuna gitti mi?
(Daha başka örnekler için 184. bölüme bakınız.)

B Basit geçmiş fiil yapısı, zamanı verilmemiş, fakat:

1 artık bitmiş olan bir zamanı kapsamış veya
2 artık bitmiş olan zaman aralığı içinde yapılmış bir eylem için kullanılır. Bunlar, bir şekille şöyle gösterilebilir. (KZ, konuşma zamanıdır.)

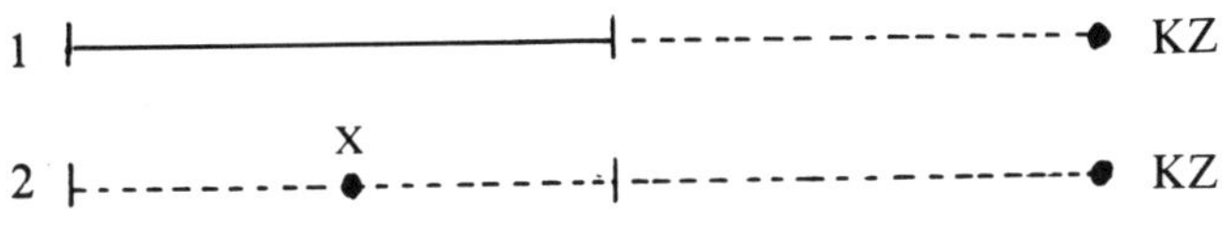

Birinci tipe örnekler:

He worked in that bank for four years. : O bandaka dört yıl çalıştı. (Fakat artık çalışmıyor.)
She lived in Rome for a long time. : Uzun süre Roma'da oturdu. (Şimdi artık orada oturmuyor.)

Ikinci tipe örnekler:

My grandmother once saw Queen Victoria. : Büyükannem bir zamanlar Kraliçe Victoria'yı gördü/müş.
Did you ever hear Maria Callas sing? : Hiç M. Callas'ın şarkı söyleyişini dinledin mi?

Bunlar şimdi-öncesi fiil yapısı (the present perfect tense) ile karşılaştırıldıkları zaman daha iyi anlaşılacaktır. (183-4'e bakınız.)

C Basit geçmiş, aynı zamanda, geçmişteki bir alışkanlık için de kullanılabilir:
He always carried an umbrella. : Hep bir şemsiye taşırdı.
They never drank wine. : Hiç şarap içmezlerdi.
(Geçmiş zamandaki alışkanlıklar için **used to**'nun kullanılışı ile ilgili olarak 162'inci bölüme bakınız.)

D Basit geçmiş, ikinci tip şart cümlelerinde de kullanılır. (222'ye bakınız.) *(as if, as though, it is time, if only, wish, would sooner/rather*'dan sonra kullanılışları için 28, 29'uncu derslere bakınız.)

Geçmiş zamanda süreklilik (The past continuous tense)

178 Biçim

Geçmiş zamanda süreklilik fiil yapısı, '**to be** fiilinin geçmiş zaman biçimi + şimdiki zaman ortacı'ndan oluşur:

Olumlu	Olumsuz	Soru
I was working	*I was not working*	*was I working?*
you were working	*you were not working*	*were you working?*
he/she/it was working	*he/she/it was not working*	*was he/she/it working?*
we were working	*we were not working*	*were we working?*
you were working	*you were not working*	*were you working?*
they were working	*they were not working*	*were they working?*

Olumsuz soru: *I wasn't working* (çalışmıyordum), *you weren't working* (çalışmıyordun), *was he not/wasn't he working?* (çalışmıyor muydu?) vb.

Şimdiki zaman ortacının yazılışı için 165'e bakınız. Bazı fiillerin süreklilik yapılarıyla kullanılamadığını unutmayınız. (168)

179 Geçmiş zamandaki süreklilik yapısının ana kullanımları

A Geçmiş zamandaki süreklilik fiil yapısı, bir süre devam eden, fakat kesin süre sınırları belli ve önemli olmayan geçmiş zaman eylemleri için kullanılır. Bir şekille, şöyle gösterilebilir. '............' belirsizliği gösterir):

B Zamanı gösteren bir ifade bulunmadan kullanıldığı zaman aşamalı bir gelişmeyi gösterir:

It was getting darker. : Hava **giderek** kararıyordu.
The wind was rising. : Rüzgâr **giderek** şiddetini artırıyordu.

C Belirli bir zaman belirtildiğinde, bu zamandan önce başlayan ve büyük bir olasılıkla bu zamandan sonra da sürüp giden bir eylemi anlatır:

At 8.00 he was having breakfast. : Saat 8.00'de kahvaltı ediyordu.

Saat 8.00'de onun, kahvaltının ortasında olduğunu, yani kahvaltıya bu saatten önce başlamış olduğunu gösterir.

He had breakfast at 8.00. : Saat 8.00'de kahvaltı etti.

onun saat 8.00'de kahvaltıya başladığı anlamını taşır.

D Zaman gösteren ifadenin yerine basit geçmiş zamandaki bir fiil koyarsak:

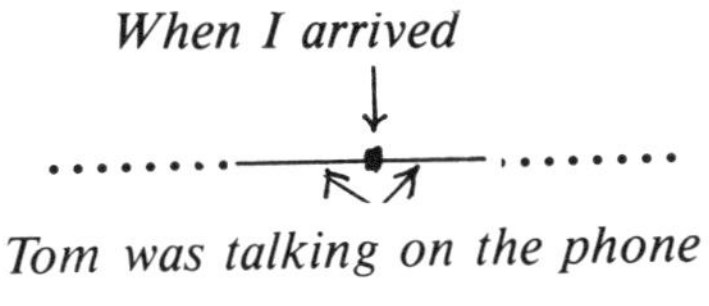

(Ben geldiğim zaman Tom telefonda konuşuyordu.)

Geçmiş zamandaki süreklilik gösteren fiilin, basit geçmış zamandaki fiile gösterilen eylemden daha önce başlamış olduğunu ve büyük bir olasılıkla ondan sonra da sürüp gittiğini gösterir. Şekil, bu ilişkinin gösterilmesinde yardımcı olabilir. Basit geçmiş zamandaki eylem, X ile gösterilmiştir. Bu bileşimi, normal olarak birbirini izleyen eylemleri ifade eden, basit geçmiş zamandaki iki eylemin bileşimi ile karşılaştırınız:

When he saw me, he put the receiver down. : Beni görünce, ahizeyi bıraktı.

E Süreklilik yapısını, betimlemelerde (tasvirlerde) kullanırız. Betimlemelerle (geçmiş sürekli) olay anlatımı (basit geçmiş) bileşimine dikkat ediniz:

A wood fire was burning on the hearth, and a cat a was sleeping in front of it. A girl was playing the piano and (was) singing softly to herself. Suddenly there was a knock at the door. The girl stopped playing. The cat woke up. : Şöminede bir odun ateşi yanmaktaydı, bir kedi de onun önünde uyumaktaydı. Bir kız piyano çalıyor, alçak sesle kendi kendine bir şarkı söylüyordu. Birden kapı vuruldu. Kız piyano çalmayı bıraktı. Kedi uyandı.

180 Geçmişte süreklilik yapısının öteki kullanılışları

Bu fiil yapısı şimdiki zamanda süreklilik yapısının geçmiş zaman karşılığıdır.

A Dolaysız aktarım: *He said, 'I am living in London.'* : 'Londra'da kalıyorum', dedi.

Dolaylı aktarım: *He said he was living in London.* : Londra'da kalmakta olduğunu söyledi.

B Şimdiki zamandaki süreklilik fiil yapısı nasıl, gelecekteki belli bir planlamayı gösteriyorsa:

I'm leaving tonight. I've got my plane ticket. : Bu gece yola çıkıyorum. Uçak biletim yanımda.

aynı biçimde geçmiş zamandaki süreklilik fiil yapısı da, bu türden, geçmişteki geleceği ifade eder:

He was busy packing, for he was leaving that night. : Valizlerini yerleştirmekle meşguldü; zira o gece yola çıkacaktı. (Yola çıkma kararı daha önceden alınmıştı.)

C **always** ile birlikte kullanılan geçmiş zamandaki süreklilik yapısı:

He was always ringing me up. : Hep bana telefon ediyordu.
He was always working. : Hep çalışırdı.

(**always** ile birlikte şimdiki zamanda süreklilik yapısı için 167 B'ye bakınız.)

181 Basit geçmiş'e karşı bir seçenek olarak geçmiş zamanda süreklilik

Geçmiş zamanda süreklilik yapısı (past continuous), daha rastgele, daha düşünülmeden yapılan eylemleri ifade etmek için basit geçmiş zamana karşı bir seçenek olarak kullanılabilir:

I was talking to Tom the other day. : Geçen gün Tom'la konuşuyordum.

Buradaki geçmiş zaman süreklilik yapısı, eylemin hiç olağanüstü veya kayda değer olmadığı izlenimini uyandırmaktadır. Aynı zamanda sorumluluğu özneden kaldırmaya eğilimlidir. Yukarıdaki örnekte konuşmayı kimin başlattığı belirli değildir; bu önemli de değildir. Bunun:

I talked to Tom. : Tom'la konuştum.

cümlesindeki basit geçmiş zamanla karşıtlığına dikkat ediniz. Son cümlede insiyatifi benim aldığım anlamı bulunmaktadır. Aynı biçimde:

From four to six Tom was washing the car. : Saat dörtten altıya kadar Tom arabayı yıkıyordu.

Bu, bunun önceden planlanmadan yapılan, belki de rutin olarak bir eylemi gösterir. Bunu, aşağıdaki cümle ile karşılaştırınız:

From four to six Tom washed the car. : Dörtten altıya kadar Tom arabasını yıkadı. (Bu cümle, Tom'un bilerek yaptığı eylemi gösterir.)

Süreklilik yapılarının, sürekli, kesintisiz görünen eylemler için kullanıldığına dikkat ediniz. Eğer eylemi parçalara böler veya onun kaç kez yapıldığını söylersek basit geçmiş zamanı kullanmalıyız:

I talked to Tom several times. : Tom'la birkaç kez konuştum.
Tom washed both cars. : Tom her iki arabayı da yıkadı.

Ancak, paralel olduğu su götürmeyen eylemler için, doğaldır ki, süreklilik yapısını kullanabiliriz:

Between one and two I was doing the shopping and walking the dog. : Saat bir ile iki arasında alışverişi yapıyor ve köpeği gezdiriyordum.

Bu fiil yapısı, *today* (bugün), *last night* (dün gece), *in the afternoon* (öğleden sonra), gibi zaman gösteren ifadelerle birlikte, bu biçimde normal olarak kullanılabilir. Bu zaman ifadeleri, hem belirli bir zaman noktası, hem de zaman süresi olarak kabul edilebilir. Zaman aralıkları, yukarıda gösterildiği gibi, tam zamanı gösteren zaman zarfları ile de gösterilebilmektedir. Zaman aralığının nasıl geçirildiğini göstermek istenirse, süreklilik yapısı, basit geçmiş zamandan da naziktir:

What were you doing before you came here? : Buraya gelmeden önce ne yapıyordunuz?

cümlesi,

What did you do before you came here? : Buraya gelmeden önce ne yaptınız?

cümlesinden daha nazik görünmektedir.

Ote yandan:

What were you doing in my room? : Benim odamda ne yapıyordun?

cümlesi, senin orada bulunmaya hakkın olmadığı kanısında olduğumu belirtebilir; fakat:

What did you do in my room? : Benim odamda ne yaptınız?

cümlesi kesinlikle böyle bir izlenim vermez.

Şimdi-öncesi (The present perfect tense)

182 Biçim ve kullanım

A Biçim

Şimdi-öncesi fiil yapısı, '**to have**'in şimdiki zaman biçimi + geçmiş zaman ortacı'ndan oluşur:

I have worked (çalıştım/çalışmış bulunuyorum/çalışıyorum) vb.

Kurallı fiillerde geçmiş zaman ortaç biçimi, basit geçmiş zaman biçiminin aynıdır: *loved, worked,* vb. (37'inci dersteki yazılış kurallarına bakınız.) Kuralsız fiillerde geçmiş zaman ortaçları fiilden fiile değişir. (364'e bakınız.) (Ayrıca 173'ün sonundaki ÇEVİRİCİNİN NOTU'na bakınız. / Ç.N.) Olumsuzu, yardımcıya **not** eklenerek yapılır. Soru biçimi, yardımcı ile öznenin yer değiştirmesiyle oluşturulur.

Olumlu	Olumsuz	Soru
I have worked	*I have not worked*	*have I worked?*
you have worked	*you have not worked*	*have you worked?*
he/she/it has worked	*he/she/it has not worked*	*has he/she/it worked?*
we have worked	*we have not worked*	*have we worked?*
you have worked	*you have not worked*	*have you worked?*
they have worked	*they have not worked*	*have they worked?*

Olumsuz soru: *has he not worked?* vb.

Kaynaşmalar: *have/has* ve *have not/has not* şu biçimde kaynaşabilir (Bak: 118): *I've worked, you haven't worked, hasn't he worked?* vb. Kaynaşmış biçimler konuşma dilinde genellikle hemen hemen duyulmaz. *Have* ve *has,* 104 B'de gösterildiği gibi de kaynaşabilirler:

Where've you been? : Nerelerdesin?
What's he done? : Ne yapmış?

B Kullanılışı

Bu fiil yapısının şimdiki zamanla geçmiş zamanın bir karışımı olduğu söylenebilir. Daima, şimdiki zamanla güçlü bir bağlantıyı gösterir; özellikle konuşmalarda, mektuplarda, gazetelerde ve radyodaki raporlarda kullanılır.

183 Şimdi-öncesi fiil yapısı, **just** ile birlikte, az önce tamamlanmış bir eylemin ifadesinde kullanılır

He has just gone out. = *He went out a few minutes ago.* : Az önce çıktı. = Birkaç dakika önce çıktı.

Bu, bir fiil yapısının özel, günlük konuşmada kullanılışıdır. **Just**, yardımcı ile temel fiil arasına konmalıdır. Bu bileşim, soru biçiminde de kullanılırsa da, esas olarak olumluda kullanılır:

Has he just gone out? : Az önce mi çıktı?

Normal olarak olumsuzda kullanılmaz.

184 Şimdi-öncesi fiil yapısı, zamanı verilmemiş ve belirli olmayan geçmiş zamandaki eylemlerin ifadesinde kullanılır.

A Zaman belirtilmediği zaman, az önce yapılmış eylemler için:

I have read the instructions, but I don't understand them. : Talimatı okudum, ama anlamadım.
Have you had breakfast? ~ No, I haven't had it yet. : Kahvaltı ettin mi? ~ Hayır, henüz etmedim.

Bunu, aşağıdaki cümlelerle karşılaştırınız:

I read the instructions last night. : Talimatı dün gece okudum. (Zaman verilmiştir; onun için basit geçmiş zamandadır.)

Did you have breakfast at the hotel? : Kahvaltını otelde mi yaptın? (Yani, otelden ayrılmadan önce-basit geçmiş zaman)

Şimdi-öncesi fiil yapısıyla sorulan sorulara verilebilecek yanıtlara dikkat ediniz:

Have you seen my stamps?	*Yes, I have/No, I haven't.* *Yes, I saw them on your desk a minute ago.*
Pullarımı gördün mü?	Evet, gördüm/Hayır, görmedim. Evet, bir dakika önce yazı masanda gördüm.
Have you had breakfast?	*Yes, I have/No, I haven't had it yet.* *Yes, I had it at seven o'clock.* *Yes, I had it with Mary.*
Kahvaltı ettin mi?	Evet, ettim/Hayır, henüz etmedim. Evet, saat yedide yedim. Evet, Mary ile ettim. (Zaman dolaylı olarak belirtilmektedir.)

B Şimdi öncesiyle ifade edilen yakın zamanlardaki eylemlerin genellikle şimdiki zamana yansıyan sonuçları bulunmaktadır:

Tom has had a bad car crash. : Tom kötü bir araba kazası geçirdi. (Herhalde hâlâ hastanede.)
The lift has broken down. : Asansör bozuldu. (Merdivenleri kullanmak zorundayız.)
I've washed the car. : Arabayı yıkadım. (Güzel görünüyor.)

Fakat bir zaman ifadesi olmadan geçmiş zamanla ifade edilen eylemlerin normal olarak şimdiki zamana yansıyan sonuçları yoktur:

Tom had a bad crash. : Tom kötü bir kaza geçirdi. (ama herhalde artık hastanede değil)
The lift broke down. : Asansör bozuldu. (ama herhalde artık çalışıyor)
I washed the car. : Arabayı temizledim. (ama yeniden kirlenmiş olabilir)

Şimdi önce yapısı + **yet** ile ifade edilen eylemlerin genellikle şimdiye yansıyan sonuçları bulunmaktadır:

He hasn't come yet. : Henüz gelmedi.

C Bu fiil yapısı, geçmişin daha gerilerinde yapılmış eylemler için de kullanılabilir, ancak bunun, şimdi ile bağlantısını koruması şarttır; yani eylemin şimdi de yinelenebilmesi gerekmektedir. *'I have seen wolves in that forest'* ('O ormanda kurtlar gördüm') cümlesi bunları hâlâ görmenin olanaklı olduğunu belirtir. *'John Smith has written a number of short stories'* ('John Smith birkaç kısa öykü yazdı') da John Smith'in hâlâ sağ olduğunu ve daha çok öyküler yazabileceğini gösterir.

Oysa, kurtlar öldürülmüş ve John Smith ölmüşse, *'I saw wolves in that forest once/several times'* veya *'I used to see wolves here'* ve *'John Smith wrote a number of short stories'* ('Bir zamanlar/birkaç kez o ormanda kurtlar gördüm' veya 'Eskiden burada kurtlar görürdüm' ve 'John Smith birkaç kısa öykü yazmıştı') deriz.

Şimdi-öncesi fiil yapısını bu biçimde kullandığımız, zaman belirli bir geçmiş zaman eyleminin (Eylem birkaç kez yinelenmiş olabilir) veya eylemin yapıldığı kesin zamanı düşünmüyoruz. Eğer belirli bir zaman yapılmış belirli bir eylemi düşünürsek, daha büyük olasılıkla basit geçmiş zaman yapısını kullanırız.

185 Bitmemiş bir süre içinde ortaya çıkan eylemler için kullanılan şimdi öncesi yapısı

A Bu, aşağıdaki şemayla açıklanabilir:

Her X bir eylemi temsil etmektedir.
KZ, şimdiki zamandaki 'konuşma zamanı'nı göstermektedir.

B Bitmemiş bir süre *today* ya da *this morning/afternon/evening/week/month/year/century* vb. (bugün *ya da* bu sabah/bugün öğleden sonra/bu akşam/hafta/ay/yıl/yüz yıl vb.)

Şimdi öncesinin (present perfect), yalnızca yaklaşık saat bire kadar kullanılabileceğine dikkat ediniz, çünkü bu saatten sonra *this morning*, bitmiş bir süre durumuna gelir ve bu zamanda oluşan eylemler basit geçmiş yapısıyla (past simple) ifade edilmelidir.

(sabah 11'de) *Tom has rung three times this morning already.* : Bu sabah, daha şimdiden Tom üç kez telefon etti.
(öğleden sonra 2'de) *Tom rang three times this morning.* : Bu sabah Tom üç kez telefon etti.

Aynı biçimde *this afternoon* (bugün öğleden sonra), yaklaşık beşte biter:

(öğleden sonra 4'de) *I haven't seen Tom this afternoon.* : Bugün öğleden sonra Tom'u görmedim.
(öğleden sonra 6'da) *I didn't see Tom this afternoon.* : Bugün öğleden sonra Tom'u görmedim.

Bitmiş bir zaman süreci ile kullanılan şimdi öncesi yapısı, bu süreç içerisindeki belirsiz bir zamanda yapılan ya da yapılmayan bir işi anlatır.

Have you seen him today? (at any time today). : Onu bugün [herhangi bir zaman] gördün mü? ~ *Yes, I have/Yes, I have seen him today* (at some time during the day). : Evet./Evet, onu bugün [gün içinde belirli bir zamanda] gördüm.

Fakat işin, her zaman, bitmemiş zaman süremizin belli bir noktasında ya da bölümünde yapıldığını biliyorsak basit geçmiş zaman yapısını (past simple) kullanırız: Çalar saatim normal olarak saat altıda çalıyorsa, kahvaltıda şöyle söyleyebilirim:

My alarm clock didn't go off this morning. : Bu sabah çalar saatim çalmadı.

Bir postacının normal olarak saat dokuz ile on arasında geldiğini düşünün. Dokuzdan ona kadar şöyle deriz:

Has the postman come yet/this morning? : Postacı henüz/bu sabah geldi mi?

Fakat saat dokuz ile on arasındaki bu süreden sonra şöyle deriz:

Did the postman come this morning? : Postacı bu sabah geldi mi?

Burada basit geçmiş yapısı kullanmamızın nedeni, söz etmesek de belli bir zaman süresini düşünüyor olmamızdır.

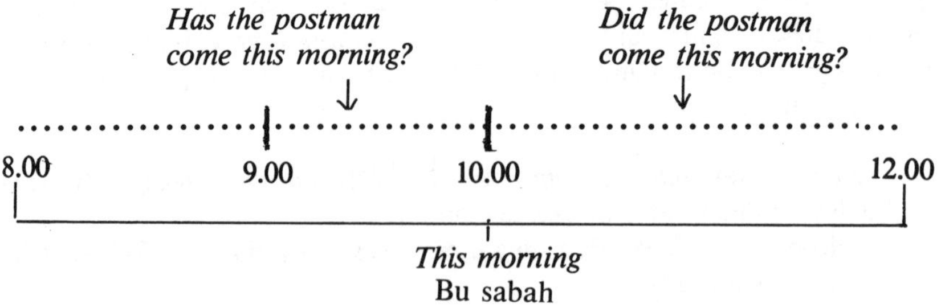

C *Şimdi öncesi yapısıyla kullanılan* **lately** ve **recently** de bitmemiş bir zaman süresini gösterir:

Has he been here lately/recently? (Son zamanlarda buralarda bulundu mu?) ile *He hasn't been here lately/recently* (Son zamanlarda buralarda bulunmadı) cümlelerinde **lately/recently**, 'any time during the last week/month etc.' (son hafta ay vb. boyunca herhangi bir zamanda) anlamındadır. *He has been here recently* (Son sıralarda buralarda bulundu) cümlesinde de **recently**, 'at some undefined time during the last week/month etc.' (son hafta/ay süresince belirsiz herhangi bir zamanda) anlamındadır.
lately, zaman sürelerini kapsaması durumu dışında olumluda daha seyrek kullanılır:

There have been some changes recently. : Son zamanlarda bazı değişiklikler oldu.
He's had a lot of bad luck recently. : Son zamanlarda bir sürü şanssızlıklarla karşılaştı.

Basit geçmiş zamanla kullanılan **recently**, 'a short time ago' (kısa bir zaman önce) anlamındadır:

He left recently = He left a short time ago. : Yakınlarda gitti = Kısa bir zaman önce gitti

D Şimdi öncesi yapısı aynı biçimde *ever, never, always, occasionally, often, several times* vb. ve *since* + bir zaman noktası, *since* + cümlecik ya da zarf olarak *since* ile de kullanılabilir:

ANN: *Have you ever fallen off a horse?*
TOM: *Yes, I've fallen off quite often/occasionally.* :
ANN: Hiç attan düştüğün oldu mu?
TOM: Evet, oldukça sık/arada bir düşmüşümdür.

Fakat Tom'un ata bindiği günler geride kalmışsa durum şöyle olacaktır:

ANN: *Did you ever fall off a horse?*
TOM: *Yes, I did occasionally/frequently.*
ANN: Hiç attan düştün mü?
TOM: Evet, arada bir/sık sık oldu.

2 *I haven't seen him since November.* : Onu Kasımdan bu yana görmedim.
Has he written since he left home? : Evden ayrıldıktan sonra mektup yazdı mı?

We had a letter last week. We haven't heard since. : Geçen hafta bir mektup aldık. O zamandan bu yana haber almadık.

I've since changed my mind = I've changed my mind since then. : O zamandan bu yana kararımı değiştirdim.

3 Şimdi öncesi fiil yapısı burada alışkanlık türünden eylemler için kullanılabilir:

They've always answered my letters. : Mektuplarımı hep yanıtlamışlardır.
I've never been late for work. : İşime hiç geç kalmamışımdır.

Bazen bunlar yinelen eylemlerden çok sürekli eylemlerdir:

Since my accident I have written with my left hand. : Geçirdiğim kazadan bu yana sol elimle yazarım/yazıyorum.
I've worn glasses since my childhood. : Çocukluğumdan bu yana gözlük takmışımdır.

since + zaman noktasına karşı bir seçenek olarak **for** + zaman süresi kullanabiliriz:

I've used my left hand for a month now. : Sol elimi bir aydan beri kullanmaktayım.
I've worn glasses for ten years. : On yıldır gözlük takıyorum.

4 Ayrıca şu tür cümlelere dikkat ediniz:

This is the best wine I have ever drunk. : Bu, şimdiye dek içtiğim en iyi şarap.
This is the worst book I have ever read. : Bu, şimdiye dek okuduğum en kötü kitap.
This is the easiest job I have ever had. : Bu şimdiye kadar yaptığım en kolay iş.

Bu yapıyı *ever*'sız da, *the first, the second* . . . ve *the only* ilk, ikinci . . . tek) ile kullanabiliriz:

It/This is the first time I have seen a mounted band. : İlk kez bir süvari takımı görüyorum.
It is only the second time he has been in a canoe. : Bu, bir kano'ya daha ikinci binişi.
This is the only book he has written. : Bu, yazdığı tek kitap.

186 Bitmemiş bir süre boyunca süren bir eylem için kullanılan şimdi öncesi yapısı

Zaman zarfları arasında *for, since* (Bak: 187), *all day/night/week, all my* vb. *life, all the time, always, lately, never, recently* (. . . dir, . . . den beri, bütün gün/gece/hafta/yaşantım [vb.] boyunca, durmadan hep, son zamanlarda, hiç, son zamanlarda) bulunmaktadır.

A Eylem genellikle geçmişte başlar ve şimdiki zamandaki konuşma anını da geçer:

He has been in the army for two years. : İki yıldır orduda. (Halen orduda.)
I have smoked since I left school. : Okulu bitirdiğimden bu yana sigara içiyorum. (Hâlâ içiyorum.)
We have waited all day. : Bütün gün bekledik. (Hâlâ bekliyoruz.)
He has lived here all his life. : (Bütün yaşamı boyunca burada oturuyor.) Doğduğu günden beri burada oturuyor. (Hâlâ da burada oturmakta.)
He has always worked for us. : Hep bizimle çalışmıştır. (Hâlâ da bizimle çalışıyor.)

Bu tür eylem, şöyle bir şemayla gösterilebilir:

Yukarıdaki cümleleri şunlarla karşılaştırınız:

He was in the army for two years. : İki yıl orduda bulundu. (Şimdi orduda değil.)
I smoked for six years. : Altı yıl sigara içtim. (Sonra bıraktım.)
He lived here all his life. : Bütün yaşamı boyunca burada oturdu. (Herhalde şimdi ölmüş bulunuyor.)

Son üç örneğin herbirinde, artık bitmiş olan zaman kesiminden

söz ediyoruz; bu nedenle basit geçmiş zaman kullanılmaktadır. (177 B'ye bakınız.)

B Ancak, şimdi-öncesi fiil zamanı, geçmişte başlayan ve konuşma anında son bulan bir eylem için de kullanılabilir. Bu durumda, en çok, **be** fiili ile ve olumsuz fiilerle birlikte kullanılır:

ANN (birisiyle karşılaştığında): *I haven't seen you for a long time.* : Sizi uzun zamandan beri görmüyorum. (Fakat şimdi görüyorum.)
This room hasn't been cleaned for months. : Bu oda yıllardır temizleniyor. (Ama şimdi temizliyoruz.)
It has been very cold lately but it's beginning to get a bit warmer. : Son zamanlarda hava çok soğuk oldu, ama biraz ısınıyor.

Bu tür bir eylem, şu şemayla gösterilebilir:

C Bilme (knowing), inanma (believing), anlama (understanding) vb. ile ilgili fiiller, yukarıda, A'da gösterilen durum dışında şimdi-öncesi fiil yapısı ile kullanılamazlar:

I have known him for a long time. : Onu uzun zamandır biliyorum/tanıyorum.
I have never believed their theories. : Onların teorilerine hiç inanmamışımdır.

Dolayısıyla, son zamanlarda yapılan işler, zaman belirtilmemiş olsa bile basit geçmişle (past simple) ifade edilmelidir:

Did you know that he was going to be married? (Have you known kullanma olanağı yoktur burada). : Onun evleneceğini biliyor muydun? *ve*
Hello! I didn't know you were in London. How long have you been here? : Merhaba! Senin Londra'da olduğunu bilmiyordum. Ne kadar zamandan beri buradasın?

D *How long have you been here?.* : Ne kadar zamandan beri buradasın? ~
I've been here six months. : Altı aydır buradayım.

Bu türden soru/yanıtları, sözü edilen süre içinde yapılan eylemler hakkında şimdi-öncesi fiil yapısında genel sorular izler. Sözü edilen süre; kalma, olma vb. eylemleri henüz bitmediği için,

tamamlanmamış bir süre olarak kabul edilir:

Have you been to the zoo/the theatre/the museums/the casino? : Hayvanat Bahçesinde/tiyatroda/gazinoda bulundun mu/hiç gittin mi?
Have you enrolled in a school/found a job/met many people? : Bir okula yazıldın/bir iş buldun/birçok insanla tanıştın mı?

Yanıtlar, eğer zaman verilmezse aynı fiil yapısında, yoksa basit geçmiş yapısında olacaktır:

Yes, I have (been to the zoo, etc. : Evet [Hayvanat Bahçesine, vb.'e] gittim veya *Yes, I went there last week.* : Evet, oraya geçen hafta gittim.
No, I haven't enrolled yet. : Hayır, henüz yazılmadım veya *Yes, I enrolled on Monday/this morning.* : Evet, Pazartesi günü/geçen hafta yazıldım.

187 Şimdi-öncesi ile birlikte kullanılan **for** ve **since**

A **for**, bir zaman aralığı için kullanılır:

for six days (altı haftadan beri) - *for a long time* (uzun bir zamandan beri)

Basit geçmiş zamanla birlikte kullanılan **for**, tamamlanmış zaman kesimini gösterir.

We lived there for ten years. : Biz orada on yıl oturduk. (Bu, artık oturmadığımızı göstermektedir.)

Şimdi-öncesi fiil yapısı ile kullanılan **for**, içinde bulunulan zamana kadar uzanan bir zaman kesimini gösterir:

We have lived in London for ten years. : On yıldır Londra'da oturmaktayız. (ve hâlâ orada oturmaktayız.)

for bazen, özellikle de *be, live* ve *wait*'ten sonra kaldırılabilir:
We've been here an hour/two days. : Bir saattir/iki gündür buradayız.

for (zaman), *all* ile başlayan ifadelerden önce kullanılmaz:
They've worked all night. : Bütün gece çalıştılar.

B **since**, belirli bir zaman noktası ile birlikte kullanılır ve 'o zaman noktasından konuşma zamanına kadar' anlamına gelmektedir. Daima şimdi-öncesi fiil yapısıyla birlikte kullanılır. (Aşağıda 188'deki durum dışında):

She has been here since six o'clock. : Saat altıdan beri burada (Şu anda da burada.)
We have been friends since our schooldays. : Okul günlerimizden beri arkadaşız.

C **last** ile **the last** (geçen ile son) arasında, bir fark olduğuna dikkat ediniz. *'I have been here since last week (month, year, etc.)'* (Geçen haftadan [aydan/yıldan, vb.] beri buradayız), fakat *'I have been here for the last week'* (Son hafta boyunca buradayım) deriz. Birinci cümlede*'last week'* (geçen hafta), yaklaşık yedi gün öncesindeki bir zaman noktası anlamına gelmektedir. İkinci cümledeki *'the last week'* (son hafta), henüz tamamlanmamış bulunan yedi günlük bir zaman aralığı demektir.

D **since** + cümlecik:

I've worked here since I left school. : Okuldan mezun olduğumdan bu yana burada çalışıyorum.

ve **ever since** (zarf) da kullanılabilir:

He had a bad fall last year and has been off work ever since. : Geçen yıl kötü düştü; o zamandan bu yana da işbaşı yapamıyor.

188 **it is** + süre + **since** + geçmiş öncesi

Şöyle diyebiliriz:

It is three years since I (last) saw Bill. ya da
It is three tears since I have seen Bill. : Bill'i (son) gördüğümden bu yana üç yıl oldu.
I last saw Bill three years ago. : Bill'i son olarak üç yıl önce gördüm *ya da*
I haven't seen Bill for three years. : Bill'i üç yıldır görmedim.
It is two months since Tom (last) smoked a cigarette. ya da
It is two months since Tom has smoked a cigarette. : Tom'un son sigara içişinden bu yana iki ay oldu.
He last smoked a cigarette two months ago. : En son iki ay önce sigara içti. *ya da*
He hasn't smoked a cigarette for two months. : İki aydır sigara içmiyor.

it is . . . since yapısını **last** zarfı olmadan da kullanabiliriz:

It is two years since he left the country. : Ülkeden ayrılalı iki yıl oldu.

Ancak bunun yerine yalnızca şu yapı kullanılabilir:

He left the country two years ago. : Ülkeden iki ay önce ayrıldı.

Burada, Bill'le ilgili yukarıdaki cümlede olduğu gibi olumsuz bir şimdi öncesi yapısı kullanamayız. *He hasn't been (living) in this country for the last two years* (Son iki yıldır bu ülkede bulunmuyor [oturmuyor]) diyebiliriz fakat bu, *He left two years ago*'nun tam karşılığı değildir. Bu yapı, geçmişte kullanılabilir:

He invited me to go riding with him. But it was two years since I had ridden a horse. : Bana, birlikte at gezisine çıkalım, dedi ama ata binmeyeli iki yıl olmuştu. *(I hadn't ridden a horse for two years previous to the invitation so I wasn't sure that I would enjoy it.* : Çağrıdan iki yıl öncesinden o zamana dek ata binmemiştim, onun için bundan zevk alacağımdan emin değildim.)

189 Şimdi öncesi ve basit geçmiş ile ilgili başka örnekler

A TOM (visiting Philip for the first time): *I didn't know you lived in a houseboat.*
PHILIP: *I've always lived in a houseboat. I was born in one.* :
TOM (Philip'i ilk kez ziyaret etmektedir): Bir yüzerevde oturduğunu bilmiyordum.

PHILIP: Hep bir yüzerevde oturdum. Bir yüzerevde doğdum.
I thought you were still on holiday. When did you get back? ~ I came back last week. : Seni hâlâ tatilde sanıyordum. Ne zaman döndün? ~ Geçen hafta döndüm.
Has your term started yet? ~ Yes, it started on Monday. : Döneminiz (yarıyıl/sömestre) başladı mı? ~ Evet, Pazartesi günü başladı.

B Geçmişteki bir eylem hakkındaki bir konuşmanın şimdi-öncesindeki bir soru ve yanıtla başlayıp normal olarak, belirli bir zaman verilmese bile, basit geçmiş yapısıyla devam ettiğine dikkat ediniz. Bunun nedeni, ilk sözü edilen eylemin, konuşucuların zihinlerinde artık belirlenmesidir:

Where have you been? ~ I have been to the cinema. ~ What did you see?/What was the film? ~ (I saw) 'Amadeus' ~ Did you like it? : Neredeydin? ~ Sinemadaydım. ~ Ne gördün / Film neydi? ~ 'Amadeus'(u gördüm). ~ Beğendin mi?

HUSBAND: *Where have you been?*
WIFE: *I've been at the sales.*
HUSBAND: *What have you bought/What did you buy?*
WIFE: *I have bought/I bought you some yellow pyjamas.*
HUSBAND: *Why did you buy yellow? I hate yellow.*

KOCA: Neredeydin?
EŞİ: İndirimli satışlardaydım.
KOCA: Ne aldın? (İkisi de kullanılabilir).
EŞİ: Sana sarı pijama aldım.
KOCA: Neden sarı aldın? Sarıdan nefret ederim.

C Şimdi-öncesi fiil yapısı, daha sonradan basit geçmiş zamanla anlatılacak olan bir eylemi sunmak üzere gazetelerde ve radyo haberlerinde çok kullanılır. Eylemin zamanı çoklukla ikinci cümlede verilir:

Thirty thousand pounds' worth of jewellery has been stolen from Jonathan Wild and Company, the jewellers. The thieves broke into the flat above some time during Sunday night and entered the shop by cutting a hole in the ceiling. : Kuyumculuk yapmakta olan Jonathan ve şirketinden otuz bin sterlin değerinde mücevherat çalınmıştır. Hırsızlar, bir üst kattaki daireye Pazar gecesi bir ara gizlice girmişler ve tavanda bir delik açarak dükkâna girmişlerdir.

Ancak, eylemin zamanı verilmese bile, normal olarak ikinci cümlede basit geçmiş zaman kullanılır:

Two prisoners have escaped from Dartmoor. They used a ladder which had been left behind my some workmen, climbed a twenty-foot wall and got away in a stolen car. : İki hükümlü, Dartmoor'dan kaçmışlardır. Birtakım işçilerin bıraktıkları bir merdiven kullandılar, yirmi-ayak yüksekliğindeki bir duvara tırmandılar ve çalıntı bir arabayla kaçtılar.

D Şimdi-öncesi, mektuplarda çok kullanılır:

I am sorry I haven't written for a long time, but I've been very busy lately as Tom has been away. : Uzun zamandır yazmadığım için özür dilerim, fakat, Tom tatile çıktığı *(has been away)* için, son zamanlarda çok meşguldüm.

We have carefully considered the report which you sent us on 26 April and have decided to take the following action. : 26 Nisan'da bana göndermiş olduğunuz raporu dikkatle incelemiş ve şu noktada eyleme geçmeye karar vermiş bulunuyoruz/bulunmaktayız.)

Şimdi-öncesinden (gelen) süreklilik (The present perfect continuos tense)

190 Biçim

Bu fiil yapısı, **to be** fiilinin şimdi-öncesi yapısı + şimdiki zaman ortacı'ndan oluşur:

Olumlu: *I have been working, he has been working,* vb.
Olumsuz: *I have not (haven't) been working,* vb.
Soru: *have I been working?* vb.
Olumsuz-soru: *have I not/haven't I been working?* vb.

191 Kullanılışı
Bu fiil yapısı, geçmişte başlayıp hâlâ süregelen

veya az önce tamamlanan

bir eylem için kullanılır:

I've been waiting for an hour and he still hasn't turned up. : Bir saattir bekliyorum; hâlâ gelmedi.
I'm sorry I'm late. Have you been waiting long? : Geciktiğim için özür dilerim. Uzun zamandır bekliyor muydunuz? / Çok beklediniz mi?

Bazı fiillerin, süreklilik biçiminde kullanılmadıklarını (168'e bakınız), fakat bunların bir bölümünün bazı durumlarda kullanılabildiğini (169-171 unutmayınız. Dolayısıyla, şöyle diyebiliriz:

Tom has been seeing about a work permit for you. : Tom senin için bir çalışma izni almaya çalışıyor.
She has been having a tooth out. : (Bir süredir) bir dişi eksik.
I've been thinking it over. : Onu yeniden düşünmekteyim.
I've been hearing all about this operation. : Onun ameliyatı hakkında sürekli haber alıyorum.

Buna ek olarak *want* (istemek) fiili bu fiil yapısıyla kullanılabildiği gibi, *wish* (dilemek) de kullanılabilmektedir:

Thank you so much for the binoculars. I've been wanting a pair for ages. : Dürbün için çok teşekkürler. Ne zamandır bir tane istiyordum.

Şimdi öncesinden süreklilik yapısı edilgen çatıda bulunmaz. '*They have been repairing the road* : Yolu onarmaktalar' gibi bir cümlenin en yakın edilgen karşılığı, '*The road has been reparied lately* : Yol son zamanlarda onarılmıştır', (ki bu tam olarak aynı şey değildir.)

192 Şimdi öncesi fiil yapısı (present perfect) ile Şimdi öncesinden gelen süreklilik (present perfect continuous) fiil yapısının karşılaştırılması

A Geçmişte başlayıp hâlâ süren ya da daha az önce bitmiş olan bir eylem, bazı fiillerle birlikte, şimdi öncesi (present perfect) ya da şimdi öncesinden gelen süreklilik (pres. perf. cont.) yapısı ile ifade edilebilir. Bu biçimde kullanılabilen fiiller arasında, şunlar bulunmaktadır: *expect* (ummak, beklemek), *hope* (ümidetmek). *learn* (öğrenmek), *lie* (uzanmak), *live* (oturmak), *look* (bakmak), *rain* (yağmur yağmak), *sleep* (uyumak), *sit* (oturmak), *snow* (kar yağmak), *stand* ([ayakta] durmak), *stay* (kalmak), *study* (ders çalışmak, incelemek, etüd etmek), *teach* (öğretmek), *wait* (beklemek), *want* (istemek), *work* (çalışmak).

How long have you learnt English?
How long have you been learning English? : Ne zamandır İngilizce öğreniyorsun?
He has slept for ten hours.
He has been slepping for ten hours. : On saattir uyuyor.
It has snowed for a long time.
It has been snowing for a long time. : Uzun süreden beri kar yağıyor.

Kuşkusuz, süreklilik biçimlerinde kullanılmayan fiillerde buna olanak yoktur. (168'e bakınız). Dolayısıyla şimdi öncesinden gelen süreklilik biçimi, şu örneklerde, şimdi öncesi yapısının yerini alamaz:

They've always had a big garden. : Hep büyük bir bahçeleri olmuştur.
How long have you known that? : Bunu ne kadar zamandır biliyorsun?
He's been in hospital since his accident. : Geçirdiği kazadan bu yana hastanede bulunmakta/hastanede.

Şimdi öncesinden gelen süreklilik (present perfect continuous) fiil yapısının bir zaman ifadesi ile veya bu ifade bulunmadan kullanılabildiğine de dikkat ediniz. Bu özelliğiyle; yalnız '*for six days* : altı günden beri', '*since June* : Haziran'dan beri', '*never* : hiçbir zaman' gibi bir zaman ifadesi aracılığı ile bu türden bir eylemi gösterebilen şimdi öncesi fiil yapısından (present perfect-ten) ayrılmaktadır. Böyle bir zaman ifadesi olmadan kullanıldığı zaman, tek bir bitmiş eylem gösterir.

B Şimdi öncesi yapısındaki (present perfect) yinelenmiş bir eylem, sürekli bir eylem olarak şimdi öncesinden gelen süreklilik yapısıyla (present perfect continuous) da ifade edilebilir:

I've written six letters since breakfast. : Kahvaltıdan beri altı mektup yazdım. ~ *I've been writing letters since breakfast.* : Kahvaltıdan beri mektup yazmakla meşgulüm.
I've knocked five times. I don't think anyone's in. : Beş kez kapıyı çaldım. Kimsenin içerde olduğunu sanmıyorum. ~ *I've been knocking. I don't think anybody's in.* : Kapıyı çalıp duruyorum. Kimsenin içerde olduğunu sanmıyorum.

Şimdi öncesinden gelen süreklilik yapısının, kesintisizliği kuşku götürmeyen bir eylemi gösterdiğine dikkat ediniz. Bir işin kaç kez yapıldığını veya yapılan birkaç şeyi belirtirsek bu yapıyı kullanmayız.

C Ancak, şimdi öncesi yapısıyla (present perfect) gösterilen tek bir eylemle şimdi öncesinden gelen süreklilik yapısıyla (present perfect continuous) gösterilen bir eylem arasında büyük bir fark vardır:

(a) *I've polished the car* (Arabayı cilaladım) cümlesi, işin tamamlandığını göstermektedir.
(b) *I've been polishing the car* (Arabayı cilalamakla meşgulüm) cümlesi ise 'son saati böyle geçirdim' anlamına gelmektedir. İlle de işin tamamlandığını göstermez.

Şimdi öncesinden gelen süreklilik yapısındaki tek bir eylemin konuşma zamanına ya da hemen hemen o zamana kadar sürdüğüne dikkat ediniz:

He has been taking photos. : Fotoğraf çekmekte (herhalde makine hâlâ yanında).
He has taken photos. : Fotoğraflar çekti. (Eylem yakın zamanlarda yapılmış olabilir de olmayabilir de.)

193 Şimdi öncesi (present perfect) ile şimdi öncesinden gelen süreklilik (present perfect continuous) üzerine birkaç örnek daha

A: *I haven't seen your brother lately. Has he gone away?* : Son zamanlarda kardeşini görmedim. Bir yere mi gitti?
B: *Yes, he's/he has been sent to America.* : Evet, Amerika'ya gönderildi.
A: *When did he go?* : Ne zaman gitti?
B: *He went last month.* : Geçen ay gitti.
A: *Have you had any letters from him?* : Ondan hiç mektup aldın mı?
B: *I haven't, but his wife has been hearing from him regularly.* : Hayır, fakat hanımı ondan düzenli olarak mektup alıyor.
A: *Does she intend to go out and join him?* : Yurt dışına çıkıp onunla birlikte olmayı düşünüyor mu/niyetli mi?
B: *They've been thinking about it but haven't quite decided yet. Unfortunately they've had a lot of expense lately and perhaps haven't got the money for her fare.* : Bu konu üzerinde düşünüyorlar, fakat henüz karar vermiş değiller. Ne yazık ki son sıralarda çok masrafları oldu; belki de yol ücreti için paraları yoktur.

TOM: *What have you done with my knife?* (Where have you put it?) : Bıçağımı ne yaptın? (Onu nereye koydun?)
ANN: *I put it back in your drawer.* : Çekmecene koydum.
TOM (taking it out): *But what have you been doing with it? The blade's all twisted! Have you been using it to open tins?* : (Bıçağı çıkararak) Peki ama, onunla ne yapıyordun? Ağzı bükülmüş. Onu teneke açmakta mı kullanıyordun?

A: *Do you see those people on that little sandy island? They've been waving handkerchiefs for the last half hour. I wonder why?* : Şu küçük, kumlu adadaki insanları görüyor musun? Yarım saattir mendil sallıyorlar. Neden acaba?
B: *They need help. The tide's coming in and very soon that little island will be under water. Have you been sitting here calmly and doing nothing to help them?* : Yardım istiyorlar. Deniz yükseliyor ve çok yakında o küçük ada sular altında kalacak. Siz burada soğukkanlılıkla oturup onlara yardım etmek için hiçbir şey yapmıyor musunuz?
A: *I've never been here before. I didn't know about the tides.* : Daha önce burada hiç bulunmadım. Gel-gitten haberim yoktu.

Geçmiş öncesi fiil yapısı
The past perfect tense

194 Biçim ve Kullanım

A Biçim
Olumlu: *I had/I'd worked,* vb.
Olumsuz: *I had not/hadn't worked,* vb.
Soru: *had I worked,* vb.
Olumsuz soru: *hadn't I worked?* vb.

B Kullanılışı

1 Geçmiş öncesi, şimdi öncesi yapısının geçmiş zamandaki karşılığıdır:
Şimdi: *Ann has just left. If you hurry you'll catch her.* : Ann az önce gitti. Acele edersen ona yetişebilirsin. (bak: 183)
Geçmiş: *When I arrived Ann had just left.* : Ben gittiğimde Ann yeni gelmişti.
Şimdi: *I've lost my case.* : Valizimi yitirdim. (bak: 181)
Geçmiş: *He had lost his case and had to borrow Tom's pyjamas.* : Valizini yitirmişti ve Tom'un pijamasını giymek zorunda kaldı.
Ancak, geçmiş öncesi, yalnız zamanı belirtilmemiş eylemlerle sınırlı olan şimdi öncesi fiil yapısına benzemez. Bu nedenle şöyle diyebiliriz:

He had left his case on the 4.40 train. : Valizini 4.40 treninde bırakmıştı.

2 Şimdi öncesi fiil yapısı, geçmişte başlamış olan ve hâlâ süren veya az önce biten bir eylem için *since/for/always/never* ile birlikte kullanılabilmektedir. (186'ya bakınız). Geçmiş öncesi, aynı biçimde, geçmişteki konuşma anından önce başlayıp:

a. konuşma anında hâlâ sürmekte olan ya da:
b. tam o sırada ya da o anda az önce bitmiş olan bir eylemi anlatır.

Fakat geçmiş öncesi yapısı şu durumda da kullanılabilir:

c. konuşma anından bir süre önce durmuş bir eylem için.

a, b, c'ye ilişkin örnekler aşağıdadır:

a. *Bill was in uniform when I met him. He had been a soldier for ten years/since he was seventeen, and planned to stay in the army till he was thirty.* : Tanıştığımda Bill üniforma giyiyordu. On yıldan beri/on yedi yaşından beri askerdi ve otuzuna kadar orduda kalmayı tasarlıyordu.

Ann had lived in a cottage for sixty years/ever since she was born, and had no wish to move to a tower block. : Ann, altmış yıldır/doğduğu zamandan beri bir kulübede yaşıyordu ve bir gökdelene taşınmaya hiç niyeti yoktu.

b. *The old oak tree, which had stood in the churchyard for 300 years/since before the church was built, suddenly crashed to the ground.* : 300 yıldan beri/kilisenin yapılmasından önceki yıllardan bu yana ayakta duran eski meşe ağacı birden bire yere devrildi. (geçmiş öncesinden gelen süreklilik yapısı (past. perf. cont.) da burada kullanılabilir.

Peter, who had waited for an hour/since ten o'clock, was very angry with his sister when she eventually turned up. : Bir saattir/saat ondan beri beklemekte olan Peter, sonunda kız kardeşi geldiğinde ona son derece kızdı. *(had been waiting* de denebilir.)

c. *He had served in the army for ten years; then he retired and married. His children were now at school.* : On yıl orduya hizmet etmiş, daha sonra ordudan ayrılıp evlenmişti. Şimdi çocukları okuyordu/okuldaydı.

(Burada **since** ya da geçmiş öncesinden gelen süreklilik [past perf. cont.] kullanılamaz. Ayrıca buradaki geçmiş öncesi [past perf.] yapısının, şimdi öncesi [pres. perf.] yapısında karşılığı bulunmadığına dikkat ediniz. Bu cümledeki son fiili geniş zaman yapısına (present simple) dönüştürürsek öteki fiiller basit geçmiş zamanda [past simple] olmalıdır:

He served in the army for ten years; then retired and married. His children are now at school. : On yıl orduya hizmet etti; daha sonra ordudan ayrılıp evlendi. Şimdi çocukları okuyor/okulda.

Bu yapılar, aşağıda bir şema biçiminde gösterilmiştir. AB, geçmiş öncesi yapısındaki (past perf.) eylemi; KZ ise geçmişteki konuşma anını göstermektedir:

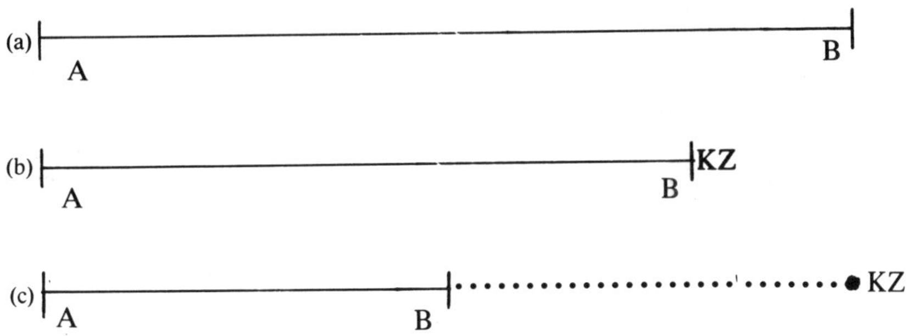

(Ayrıca geçmiş öncesinin dolaylı aktarımda kullanımı için 196'ya bakınız.)

3 Geçmiş öncesi, aynı zamanda, basit geçmiş zamanın geçmişteki karşılığı olup geçmişteki belli bir noktadan, olayı anlatan kişi ya da cümlenin öznesi daha önceki bir eyleme baktığı zaman da kullanılır:

Tom was 23 when our story begins. His father had died five years before and since then Tom had lived alone. His father had advised him not to get married till he was 35, and Tom intended to follow this advice. : Öykümüz başladığında Tom 23'ündeydi. Babası beş yıl önce ölmüş ve o zamandan sonra yalnız yaşamıştı. Babası ona otuzbeş yaşına basana kadar evlenmemesini öğütlemişti ve Tom bu öğüdü tutmaya niyetliydi.

I had just poured myself a glass of beer when the phone rang. When I came back from answering it the glass was empty. Somebody had drunk the beer or thrown it away. : Tam kendime bir bardak bira doldurmuştum ki telefon çaldı. Telefonu yanıtlayıp geri geldiğimde bardak boştu: Birisi ya birayı içmişti ya da dökmüştü.

He met her in Paris in 1977. He had last seen her ten years before. Her hair had been grey then; now it was white. : Ona 1977'de Paris'te rastladı. Onu son olarak on yıl önce görmüştü. Saçları o zamanlar griydi; şimdi beyazdı.

Veya:

He met her in 1967 and again ten years later. Her hair, which had been grey at their first meeting, was now white. : Onunla 1967'de, sonra da on yıl sonra karşılaştı. İlk rastlaşmalarında gri olan saçları şimdi beyaz/laşmış/tı.

Fakat yalnızca olayları oluştuğu sırayla anlatırsak geçmiş öncesi fiil yapısına gerek yoktur:

Tom's father died when Tom was eighteen. Before he died he advised Tom not to marry till he was 35, and Tom at 23 still intended to follow this advice. : Tom'un babası, Tom onsekizindeyken öldü. Ölmeden önce Tom'a, 35'inden önce evlenmemesini öğütledi. Tom da 23 yaşında hâlâ bu öğüdü tutmaya niyetliydi.

Ve:

*He met her first in 1967 when her hair was grey. He met her again in 1977 (*veya *didn't meet her again till 1977). Her hair was now white.* : Ona 1950'de saçları griyken ilk rastladı/tanıştı. Onunla yeniden 1977'de karşılaştı (*veya* onunla 1977'ye kadar karşılaşmadı.) Saçları şimdi/artık beyazdı.

Yukarıda iki örnekte geriye bakış bulunmamakta, bunun için de geçmiş öncesine gerek bulunmamaktadır.

Aşağıdaki örneklerde bulunan anlam farklarına dikkat ediniz:

She heard voices and realized that there were three people in the next room. : Sesler duydu ve yan odada üç kişi *bulunduğunu* farketti.
She saw empty glasses and cups and realized that three people had been in the room. : Boş bardaklar gördü ve odada üç kişinin *bulunmuş olduğunu* anladı. (Bunlar artık odada değillerdi.)

He arrived at 2.30 and was told to wait in the VIP lounge. : Saat 2.30'da geldi ve kendisine VIP/Çok Önemli Kişi/bekleme odasında beklemesi *söylendi.*
He arrived at 2.30. He had been told to wait in the VIP lounge. : Saat 2.30'da geldi. Kendisine VIP bekleme odasında beklemesi söylenmişti.

Üçüncü örnekte varışından **sonra** talimatını aldı. Dördüncü örnekte talimatını varışından **önce,** bir olasılıkla yolculuğun başlamasından önce almıştı.

195 Zaman cümleciklerinde basit geçmiş ve geçmiş öncesi

A **when** ile yapılan cümlecikler
Geçmişteki bir eylem diğerini izlerse:

He called her a liar. She smacked his face. : Ona yalancı dedi. O onun yüzüne bir şamar attı.

bunları **when** ve iki tane basit geçmiş kullanarak birleştirebiliriz:

When he called her a liar she smacked his face. : Ona yalancı deyince o (da) ona bir tokat attı.

Ancak genel anlamdan, ikinci eylemin birinciyi izlediği ve bunların aynı zamanda olmadığı belirgin olmalıdır. Geçmiş zamandaki iki fiil bu biçimde kullanıldığı zaman birincinin ikinciye yol açtığı ve ikincinin, birincinin hemen ardından geldiği anlamı vardır genellikle:

When he opened the window the bird flew out. : Pencereyi açınca kuş uçup gitti.
The boys were throwing snowballs through the open window. When I shut the window they stopped throwing them. : Çocuklar açık pencereden kar topu atıyorlardı. Ben pencereyi kapayınca onlar da (kartopu) atmayı bıraktılar.
When the play ended the audience went home. : Oyun (piyes) bitince izleyiciler evlerine gittiler.
When he died he was given a state funeral. : O ölünce ona devlet (cenaze) töreni yapıldı.

Geçmiş öncesi yapısı, basit geçmiş zamandaki iki fiilin, bu iki eylemin aynı zamanda oluştuğu izlenimi vermesi durumunda **when**'den sonra kullanılabilir. Geçmiş öncesi yapısını ayrıca, birinci eylemin, ikincisi başladığı zaman kesinlikle tamamlandığını vurgulamak istediğimiz zaman kullanırız:

When he had shut the window we opened the door of the cage. : O pencereyi kapattığı zaman (= kapattıktan sonra) biz kafesin kapısını açtık. (Demek ki kafesin kapısını açmadan önce pencerenin iyice kapanmasını beklemiş.)

When she had sung her song she sat down. (Şarkısını söyleyince = söyledikten sonra oturdu.) ('*When she sang her song she sat down.* (Şarkısını söylerken oturdu)', onun otururken şarkı söylediği izlenimini verir.):
When he had seen all the pictures he said he was ready to leave. : Bütün resimleri gördükten sonra (= görünce) kalkmaya hazır olduğunu (= artık kalkacağını) söyledi. (Bütün resimlere bakmayı bitirdikten sonra . . .)

Bunu, şununla karşılaştırınız:

When he saw all the pictures he expressed amazement that one man should have painted so many. : Bütün resimleri görünce bir kişinin bu kadar çok (resim) yapabilmesine şaşırdığını belirtti. (Resimleri görür görmez bunu söyledi.)

Geçmiş öncesi aynı biçimde **as soon as, the moment, immediately** ile de kullanılabilir. (**as**'in zaman bağlacı olarak kullanılışı için 332'ye bakınız.)

B Geçmiş öncesi **till/until** ve **before** ile birlikte, bir eylemin tamamlandığını ya da tamamlanmış olmasının beklendiğini belirtmek için kullanılabilir. Fakat **till/until** + geçmiş öncesi + basit geçmiş bileşimlerinde geçmiş zamandaki eylemin geçmiş öncesi eylemden önce gelebildiğine ve **before** + geçmiş öncesi + geçmiş zaman bileşimlerinde de geçmiş zamandaki eylemin her zaman geçmiş öncesi eyleminden önce geldiğine dikkat ediniz:

He refused to go till he had seen all the pictures. : Bütün resimleri görmeden gitmeye yanaşmadı.
He didn't wait till we had finished our meal. : Yemeği bitirmemizi beklemedi.
Before we had finished our meal her ordered us back to work. : Yemeğimizi bitirmeden yeniden işe başlamamızı emretti.
Before we had walked ten miles he complained of sore feet. : Daha on mil yürümemiştik ki ayaklarının ağırdığından yakındı.

Hem zaman cümleciğinde hem de ana cümlecikte geçmiş öncesi fiil yapısı kullanılabilir:

It was a very expensive town. Before we had been here a week we had spent all our money. : Çok pahalı bir kentti. Geleli daha bir hafta olmuştu ki bütün paramızı harcamıştık.

C Ancak **after**'ı normal olarak geçmiş öncesinde bir fiil izler:

After the will had been read there were angry exclamations. : Vasiyetnamenin okunmasından sonra ortada öfkeli bağrışmalar vardı.

D Geçmişteki bir noktadan geriye doru bakılan eylemlerin geçmiş öncesiyle ifade edildiğini daha önce söylemiştik (194).

Şu türden eylemler varsa:

He had been to school but he had learnt nothing there, so he was now illiterate. : Okula gitmişti, ama orada hiçbir şey öğrenmemişti, onun için şimdi bilgisizdi.

ve bunları bir zaman bağlacı ile birleştirmek istiyorsak, geçmiş öncesinde iki fiil ile birlikte **when**, vb. kullanabiliriz:

When he had been at school he had learnt nothing, so he was now illiterate. : Okuldayken hiçbir şey öğrenmemişti, onun için şimdi bilgisizdi.

Fakat zaman cümleciğindeki fiili basit geçmiş zamana koymak daha yaygındır:

When he was at school he had learnt nothing . . . : Okuldayken . . .

Aynı biçimde:

He had stayed in his father's firm till his father died. Then he had started his own business and was now a very successful man. : Babası ölünceye kadar babasının firmasında kalmıştı. Daha sonra kendi işine başlamıştı ve artık başarılı bir adamdı.

E Bir zaman ifadesi ile nitelenmedikçe bilme, anlama, vb. gösteren fiiller, zaman cümleciklerinde geçmiş öncesi yapısıyla kullanılmazlar.

When she had known me for a year she invited me to tea. : Beni bir yıldır tanıdıktan sonra beni çaya çağırdı.

When I knew the work of one department thoroughly I was moved to the next department. : Bir reyondaki işleri iyice öğrendikten sonra diğer bir reyona aktarıldım.

Ya da:

As soon as I knew . . . : . . . öğrenir öğrenmez . . .

Bunu, şununla karşılaştırınız:

When I had learned the work of one department I was moved. : Bir reyonun/bölümün/kısımın işini öğren(meyi bitir)dikten sonra (başka bir yere) aktarıldım.

F Geçmiş öncesi yapısını içeren zaman cümlecikleri şart fiil yapısındaki bir ana fiile birleştirilebilir, fakat bu, özellikle dolaylı aktarımda görülür ve örnekleri bundan sonraki bölümde verilecektir.

196 Geçmiş öncesi yapısının dolaylı aktarımda kullanılışı

A Giriş fiilinin geçmiş zamanda olması koşuluyla dolaysız aktarımdaki şimdi öncesi fiil yapıları, geçmiş öncesi olur:

He said, 'I've been in England for ten years.' : 'On yıl İngiltere'de bulundum', dedi. =
He said that he had been in England for ten years. : On yıl İngiltere'de bulunduğunu söyledi.

He said, 'When you have worked for me for six months you'll get a rise.' : 'Benimle altı ay çalıştıktan sonra zam alacaksın', dedi. =
He said that when I had worked for him for six months I would get a rise. : Onunla altı ay çalışınca zam alacağımı söyledi.

She said, 'I'll lend you the book as soon as I have read it myself.' : 'Kendim okur okumaz kitabı sana ödünç vereceğim', dedi. =
She said that she would lend me the book as soon as she had read it herself. : Kendisi okur okumaz kitabı bana ödünç vereceğini söyledi.

B Dolaysız aktarımdaki basit geçmiş yapıları da genellikle aynı biçimde değişir:

He said, 'I knew her well'. : 'Onu iyi tanırdım', dedi. =
He said that he had known her well. : Onu iyi tanıdığını söyledi.

Ancak geçmiş zaman biçiminin değişmeden kalması için birkaç neden bulunmaktadır (309-10'a bakınız).

(**if** [şart]'dan sonra geçmiş öncesi yapısının kullanımı için 223, **wish** ve **if only**'den sonra kullanımı için 300 ve **as if/as though**'dan sonra kullanımı için ise 292'ye bakınız.)

Geçmiş öncesinden (gelen) süreklilik (The past perfect continuous tense)

197 Biçim ve kullanım

A Biçim

Bu fiil yapısı, **had been** + şimdiki zaman ortacı'ndan oluşur. Bu nedenle tüm yapılarda aynıdır.

I had/I'd been working
they had not/hadn't been working
had you been working?
had you not/hadn't you been working?

want ve bazen **wish** dışında bulunan ve süreklilik biçimiyle kullanılamayan fiillerle bu yapı kullanılmaz:

The boy was delighted with his new knife. He had been wanting one for a long time. : Çocuk yeni bıçağından -yeni bir bıçak sahibi olmaktan- çok hoşnut oldu. Uzun zamandır bir tane istiyordu.

Bu fiil yapısının edilgen (passive) biçimi yoktur. '*They had been picking apples.* (Elma toplamaktaydı.)' gibi bir cümlenin en yakın edilgen seçenek, '*Apples had been picked.* (Elmalar toplanmıştı.)'dır, ki bu da aynı şey değildir. (Aşağıda, B 3'e bakınız.)

B Kullanımı

Geçmiş öncesinden gelen süreklilik-geçmiş öncesi (past perf. cont.-past perf.) ilişkisi; şimdi öncesinden gelen süreklilik-şimdi öncesi (present perf. cont.-pres. perf.) ilişkisinin aynıdır. (192'ye bakınız.)

1 Eylem, geçmişteki konuşma anından önce başlamış ve bu zamana kadar sürmüş veya bundan az önce bitmişse, her iki biçimi de kullanabiliriz (192 A'ya bakınız):

It was now six and he was tired because he had worked since dawn. : Saat altıydı ve o yorgundu, çünkü şafaktan beri çalışmıştı. =
It was now six and he was tired because he had been working since dawn. : Saat altıydı ve o yorgundu. Çünkü şafaktan beri çalışmaktaydı.

2 Geçmiş öncesi yapısındaki yinelenen bir eylem geçmiş öncesinden gelen süreklilik (past perfect continuous) yapısı kullanılarak sürekli bir eylem olarak ifade edilebilir (192'ye bakınız):

He had tried five times to get her on the phone. : Onu telefonda çıkarabilmek için beş kez uğraşmıştı.
He had been trying to get her on the phone. : Onu telefonda çıkarmak için uğraşmaktaydı.

3 Ancak geçmiş öncesi yapısındaki (past perfect) tek bir eylemle geçmiş öncesinden gelen süreklilik yapısındaki (past perfect continuous'daki) bir eylem arasında büyük fark vardır (192 C'ye bakınız):

By six o'clock he had repaired the engine. : Saat altıya kadar motoru onarmıştı. (Yani, bu iş bitirilmişti.)

Buna karşılık:

He had been repairing the engine. : (Motoru onarmaktaydı) cümlesi, bize onun son yarım saati/saati, dakikayı nasıl geçirdiğini bildirmektedir.

Bir başka ayrım da geçmiş öncesinden gelen süreklilik yapısındaki eylemin, geçmişteki konuşma zamanına kadar ya da bundan daha sonra sürmesidir. Geçmiş öncesindeki bir eylem konuşma anından kısa bir süre önce yapılmış olabilir fakat bu ikisi arasında uzunca bir süre de bulunabilir:

He had been painting the room. : Odayı boyamaktaydı. (Boya herhalde hala yaştı.)
He had painted the door. : Kapıyı boyamıştı. (Belki kısa bir zaman önce, belki de bir süre önce).

ÇEVİRİCİNİN NOTU: İngilizcedeki fiil yapılarının Türkçeye, Türkçedeki fiil yapılarının da İngilizce karşılıklarını bulmaya çalışmak öğrencinin doğal eğilimidir. Ancak İngilizce-Türkçe açısından, birkaç durum dışında karşılıklar güvenilir olmaktan çok uzaktır. Bunun nedeni, öğrencilerin tahmin edebileceği gibi, dillerin temelini oluşturan mantığın, başka bir deyişle olaylara bakış açılarının farklı oluşudur.

Tüm zorluklara karşın, kaba hatlarıyla da olsa - sizlere bir takım yönlendirici bilgiler vermeye çalışılacaktır. Ancak bunların sağlıksızlığını bir kez daha vurgulamak isteriz. Yapılacak en doğru iş, hangi durumlarda İngilizcedeki hangi fiil yapılarını, Türkçede hangilerinin karşıladığı konusunun ve bunun tersinin araştırılması daha önemlisi **benimsenme**sidir.

BASİT GEÇMİŞ ZAMANIN (PAST SIMPLE'IN) **TÜRKÇEYE AKTARILIŞI:** Basit geçmiş zaman Türkçeye en yaygın biçimiyle **-di'li geçmiş** fiil yapısı ile aktarılır. Ancak bu, tek çeviri biçimi değildir. Bu fiil yapısını **-miş/mişti/-diydi** ve **-yordu** olarak çevirme olasılıkları da vardır:

I saw him yesterday. : Onu dün gördüm/görmüştüm/gördüydüm.

DİKKAT: İleride geçmiş öncesi fiil yapısını (past perfect tense'i) de **-mişti** olarak çevireceğiz. Ancak basit geçmiş zamandaki **-miş**'in söylentilerde ya da kendimizi savunmada kullanılmasına karşın geçmiş öncesi yapısının çevirisi olan **-mişti**'nin (adı üstünde) **geçmişten önce** ile ilişkili olduğunu unutmamalıyız.

GEÇMİŞTE SÜREKLİLİK YAPISININ (PAST CONTINUOUS'UN) **TÜRKÇEYE AKTARILMASI:** Bunu, fazla uğraşmadan **-yordu** olarak dilimze çevirmek olasılığının bulunduğunu belirtelim. Ancak, dilimize **-yordu** ile aktarılan tek fiil yapısının bu olmadığını da hemen belirtmek zorundayız. İleride göreceğimiz gibi şimdi öncesi fiil yapısını (present perfect tense'i) bazı durumlarda ve şimdi öncesinden gelen süreklilik fiil yapısını da her zaman **-yordu** ile çevirdiğimize dikkat ediniz.

We **were studying** when they arrived. : Onlar geldiği zaman biz **ders çalışıyorduk.**

ŞİMDİ ÖNCESİ YAPISININ (PRESENT PERFECT'İN) **TÜRKÇEYE AKTARILMASI:** Konuşma dilindeki cümleler Türkçeye, duruma göre **-di** (bazen **-miş**) veya **-yor** ile çevrilir:

He **has finished** his work. : İşini **bitirdi.** / (Aaa), bitirmiş!
He **has lived** here for two years. : İki yıldır burada **oturuyor.**

Son örnekteki cümleyi **oturdu** olarak çevirmek, hem Ingilizce, hem de Türkçe açısından önemli bir yanlışlık olacaktır. Çünkü **oturdu** dersek artık burada oturmadığını belirtiriz, ki bu İngilizcede basit geçmiş zamanla belirtilir.
İngilizce öğrenmekte olan öğrencilerin bu fiil yapısında çok yanlışlık yaptıkları bilinmektedir. Bunun temel nedeni, dilimizde **geçmiş** ile **şimdi öncesi** arasında bir ayırım yapılmamasıdır. Şimdiden önceyse GEÇMİŞ sayılır dilimizde. Oysa İngilizcede olayın **şimdiyle ilişkisi** önemli bir etkendir. Bu ilişki varsa **şimdi öncesi**, yoksa **basit geçmiş** fiil yapısı kullanılır.

GEÇMİŞ ÖNCESİ YAPISININ (PAST PERFECT'İN) **TÜRKÇEYE AKTARILMASI:** Bu fiil yapısını en iyi biçimde, **-mişti** ile çevirmek gerekir. Eylemin **geçmişten önce** olduğunu belirten başka öğeler bulunuyorsa bu fiil yapısını **-di** ile çevirmenin de büyük sakıncası olmaz:

He **had finished** when I got there. : Geldiğim zaman (işini) **bitirmişti.**

Burada benim gelmemden önce işini bitirmiş olduğunu vurgulamak zorundayız. Buna karşılık:

He **had finished** when I came. : Ben gelmeden önce **bitirmişti/bitirdi.**

Kuşkusuz burada **bitirmişti**'yi kullanmak çok daha güvencelidir.

GEÇMİŞ ÖNCESİNDEN GELEN SÜREKLİLİK (PAST PERFECT CONTINUOUS TENSE) **YAPISININ TÜRKÇEYE AKTARILMASI:** Türkçeye çevirme açısından geçmiş zamandaki süreklilik (past continuous) ile bu fiil yapısı arasındaki ilişki, şimdiki zamanda süreklilik (present continuous) ile şimdi öncesinden gelen süreklilik (present perfect continuous) arasındaki ilişkinin aynıdır:

He **was reading** when I got there. : Geldiğim zaman **okuyordu.**
He **had been reading for two hours** when I got there. : Ben geldiğim zaman **iki saatten beri okumaktaydı.**

Bunların arasındaki ayrımı daha iyi anlayabilmeniz için şimdi öncesinden gelen süreklilik yapısının aktarılması bölümüne yeniden bakabilirsiniz.

ŞİMDİ ÖNCESİNDEN GELEN SÜREKLİLİK FİİL YAPISININ (PRESENT PERFECT CONTINUOUS'UN) **TÜRKÇEYE AKTARILMASI:** Türkçe açısından bakılırsa şimdiki zamanda süreklilik, şimdi öncesi ve şimdi öncesinden gelen süreklilik durumları arasında bir ayırım yoktur. Bu nedenle bu üçü çoğu kez Türkçeye **-yor** ile çevrilebilmekte ve bir sorun ortaya çıkmamaktadır.

He is living in Istanbul. : Istanbul'da oturuyor.
He has lived in İstanbul for two years. : İki yıldır İstanbul'da oturuyor.
He has been living in İstanbul for two years. : İki yıldır İstanbul'da oturuyor.

Bazen şimdi öncesi ile şimdi öncesinden gelen süreklilik (present perfect ile present perfect continuous) arasında İngilizcede de büyük bir fark olmamaktadır.

He **has lived** here for two years = **He has been living** here for two years. : İki yıldır burada oturuyor.

Ancak bu iki fiil yapısının kullanımı İngilizcede ayrılınca ciddi biçimde ayrılır. Öte yandan şimdiki zamanda süreklilik (present continuous) ile şimdi öncesinden gelen süreklilik arasında önemli bir ayrım yapılmalıdır: Birincisi, yalnız şu an neler yapılmakta olduğu ile ilgilenir; bu işin **ne zamandan beri** yapıldığı bu fiil yapısının görevi dışında kalır. Bunu şimdi öncesinden gelen süreklilik (present perfect continuous) fiil yapısı belirtir:

He is reading NOW. : ŞU ANDA okuyor.

Fakat:

He has been reading FOR TWO HOURS. : İKİ SAATTİR okuyor.

Biçimsel (resmi) dilde bu fiil yapısını, **-miş bulunuyor/-miş bulunmaktadır** olarak çevirebiliriz. Aynı biçimde **-yor**'lu kalıplar da **-mekte** olarak dilimize aktarılabilir.

19 Gelecek (The future)

198 Gelecek zaman biçimleri

Geleceği ifade etmenin birkaç yolu vardır. Bu biçimler aşağıda gösterilmiş olup verildikleri sırayla ele alınacaklardır. Öğrenciler bunları bu sırayla çalışmalıdır, zira bunu yapmazlarsa aralarındaki ilişki belirgin olmayacaktır.

1 geniş zaman (the simple present tense) 199
2 **will** + mastar (karar anındaki niyeti belirtmek için kullanılır) 201
3 şimdiki zamanda süreklilik (present continuous) 202
4 **be going to** yapısı 203-206
5 **will/shall** + mastar ile kurulan gelecek zaman yapısı 207-10
6 gelecekte süreklilik yapısı (future continuous tense) 211-14
7 gelecek öncesi yapısı (future perfect tense) 216 A
8 gelecek öncesinden süreklilik yapısı (future perfect continuous tense) 216 B

be + mastar'ın gelecekle ilgili tasarıları ifade etmede kullanılışları için 114'e bakınız. **be about** + mastar ve **be on the point of** + isimfiil yapısı için ise 114 C'ye bakınız.

NOT: Yardımcı fiillerin çoğu 11-16'ıncı bölümlerde ele alınmış bulunmaktadır. Ancak '**will** + mastar' geleceğin zorunlu bir bölümünü oluşturduğu için bu yapıyı burada aldık. Bunun gelecek zaman fiil yapısından ayrı ele alınması yadırganabilir, fakat mantıksal olarak bunu şimdiki zamanda süreklilik yapısının ve **be going to** kalıbının önüne alınması uygun görülmektedir.

199 Geniş zamanın (present simple) gelecek zaman için kullanılması

Bu fiil yapısı, bir zaman ifadesi ile birlikte gelecekle ilgili kesin bir düzenlemeyi belirtmek için kullanılır:

> *The boys start school on Monday.* : Oğlanlar Pazartesi günü okula başlayacaklardır.
> *I leave tonight.* : Bu gece ayrılıyorum.

Bunlarda, daha yaygın olan şimdiki zamanda süreklilik yapısının (present continuous) yerine geniş zaman kullanılmıştır:

> *The boys are starting school on Monday. I'm leaving tonight.*

İkisi arasındaki ayrım:

(a) Geniş zaman, süreklilik yapısına oranla birinci şahsı daha uzakta tutan bir ifade biçimidir: *'I'm leaving tonight* (Bu gece ayrılıyorum)', ayrılma kararını herhalde benim vermiş olduğumu, *'I leave tonight* (Çevirisi aynı)' ise, bu kararın belki de benim dışımda alınmış olduğunu gösterir.

(b) Geniş zaman, ayrıca, süreklilik yapısından daha biçimseldir (resmî). Yeni bir dalda satışa başlamayı tasarlayan büyük bir mağaza, *'Our new branch is opening next week* (Yeni reyonumuz gelecek hafta açılıyor)' yerine, daha çok *'Our new branch opens next week* (Yeni reyonumuz gelecek hafta açılmaktadır)' der.

(c) Geniş zaman, bazen, süreklilik yapısının biraz belirsizlik yarattığı durumlarda kullanılır. Örneğin, bir gezi planı gibi, geleceğe yönelik olarak önceden yapılmış bir dizi eylem planını anlatırken:

We are leaving at six, arriving in Dublin at ten and taking the plane on . . . : Saat altıda yola çıkıyoruz, Dublin'e saat onda varıyoruz, uçağa . . . yerine
We leave at six, arrive in Dublin at ten and take the plane on . . . : Saat altıda yola çıkacak, saat onda Dublin'e varacak, uçağa . . . deriz.

Ancak, *'My train leaves at six.* (Trenin altında kalıyor.)' gibi bir cümlede geniş zamanı düzenli bir eylem için kullanmaktayız. Dolayısıyla burada geniş zamanın yerine süreklilik yapısı kullanamayız.

200 'Niyet ifade eden gelecek zaman'ın anlamına ilişkin bir not:

Bir yapının 'niyet ifade eden gelecek zaman'ı belirttiğini söylerken, bu yapının, konuşucu tarafından, dilekleri doğrultusunda gerçekleştirilecek olan bir eylemi ifade ettiğini belirtmekteyiz. **will** + mastar ve **be going to** kalıpları bu yönde kullanılabilir.

Bir yapının 'niyet ifade etmeyen gelecek zaman'ı gösterdiğini söylerken, yalnızca, o eylemin gerçekleşeceğini belirtmiş oluyoruz. Bunun konuşucu tarafından mı, yoksa başkası tarafından mı tasarlandığını ve öznenin bu konuda ne düşündüğünü bilmiyoruz. Geçmiş zaman (present tense) ve gelecekte süreklilik (future continuous) yapıları da burada kullanılabilir. Şimdiki zamanda süreklilik (present continuous) yapısı ikinci ve üçüncü şahıslarla kullanıldığında herhangi bir niyet anlamı taşımaz, fakat birinci şahısla kullanıldığında bir niyetin varlığını anıştırır.

201, 205'de kullanıldığı biçimiyle **will** dışında gelecek zaman (future simple) normal olarak herhangi bir niyeti göstermez, fakat **shall** için 202 B, 234'e bakınız.

201 will + mastar'ın karar anındaki niyeti göstermek için kullanılışı (Ayrıca 205 E2 ve E3'e bakınız.)

(a) *The phone is ringing. ~ I'll answer it.* : Telefon çalıyor. ~ Ben açayım/açarım.
BILL (garsona): *I'll have a steak, please.* : Biftek alayım/alırım/istiyorum.) (**would like** de kullanılabilir.) (Bak: 210 B.)

(c) ANN: *I'd better order a taxi for tonight.*
TOM: *Don't bother. I'll drive you.* :
ANN: Bu geceye bir taksi ayarlayayım.
TOM: Boş ver. Ben seni arabamla götürürüm.

(d) MARY: (bir mektup yığınına bakarak): *I'll answer them tonight.* : Onları bu gece yanıtlarım.

(e) PAUL: (şişmanlamakta ve park cezası ödemekten bıkmış durumdadır): *I know what to do. I'll sell my car and buy a bike.* : Ne yapacağımı biliyorum. Arabamı satıp sepetli bisiklet alacağım.

(f) ALAN (babasının hasta olduğunu bildiren bir tel almıştır): *I'll go home tonight/I'll leave tonight.* : Bu gece eve gideyim (giderim)/Bu gece yola çıkayım (çıkarım).

Yukarıdakiler gibi, önceden tasarlanmamış eylemler için, normal olarak **'ll** biçiminde kaynaştırılan **will** kullanılır. Ancak bu karardan sonra konuşmacı eylemden bir kez daha söz ederse **will** değil, **be going to**'yu ya da şimdiki zamanda sürekliliği kullanır. (**be going to** her zaman kullanılabilir; şimdiki zamanda süreklilik yapısının daha sınırlı kullanım alanı vardır. 202'ye bakınız.) Örneğin yukarıda b numaralı örnekte Bill'in bir arkadaşı Tom, ısmarlanan yemek gelmeden Bill'in masasına oturdu diyelim:

TOM: *What are you having/going to have?*
BILL: *I'm having/going to have a steak.* : Ne yiyorsun/yiyeceksin? Biftek yiyorum/yiyeceğim.

Aynı biçimde, daha sonra c'de Ann, şöyle diyebilir:

Tom is driving me/going to drive me to the airport tonight. : Tom bu gece beni arabasıyla havaalanına götürüyor/götürecek.

Ancak e'de Mary şöyle der:

I'm going to answer these letters tonight. : Mektupları bu gece yanıtlayacağım. (Herhangi bir kişiyle bir program yapmamıştır.)

Ancak biçimde e'de Paul şöyle diyebilir:
I'm going to sell the car. : Arabayı satacağım.

Fakat bir alıcı bulursa:
I'm selling the car. : Arabayı satıyorum.

Buna karşılık f'de Alan, şöyle der:
I'm going home tonight. : Bu gece eve gidiyorum.

Oysa bu, hâlâ, yalnızca bir karardır (birisiyle yapılmış bir düzenleme değildir. / Ç.N.) (202 B ve D'ye bakınız.)
(**will** ile **going to**'nun karşılaştırması için 205'e bakınız.)

202 Şimdiki zamanda süreklilik yapısının (pres. cont.) gelecek zamanda kullanılışı

Zamanın belirtilmesine ya da önceden belirtilmiş olmasına dikkat ediniz. Yoksa şimdi ile gelecek birbirine karıştırılabilir.

A Şimdiki zamanda süreklilik (pres. cont.), yakın gelecekteki kesin bir tasarıyı ifade edebilir:
I'm taking an exam in October. : Ekim'de bir sınava giriyorum.

başvurumu yapmış olduğumu;
Bob and Bill are meeting tonight. : Bob ile Bill bu gece buluşuyor.

ise ikisinin bu buluşmayı ayarlamış olduklarını gösterir. 201 (d) ve (e)'de olduğu gibi yalnızca niyet bildiriyorse **be going to** yapısını kullanırız.

B Ancak bir yerden bir yere gidişi belirten fiiller, [örneğin: *arrive* (varmak, gelmek), *come* (gelmek), *drive* (kendi arabasıyla gitmek/gelmek), *fly* (uçmak: uçakla gitmek/gelmek), *go* (gitmek), *leave* (ayrılmak, yola çıkmak), *start* (yola çıkmak: hareket etmek), *travel* (gezmek: seyahat etmek)]; durum gösteren fiiller [ör.: *stay, remain* (kalmak)] ve *do* ile yiyecek/içecek için kullanılan *have* fiil söz konusu olduğunda, şimdiki zamanda süreklilik (pres. cont) yapısı daha yaygındır. Belirli bir düzenleme yapılmadan verilmiş bir kararı ya da hazırlanmış bir planı ifade eder. Dolayısıyla 201 f'de Alan, yolculuğuyla ilgili düzenlemeleri yapmadan da *'I'm leaving tonight.* (Bu gece yola çıkıyorum)' diyebilir.

Ayrıca, şuna dikkat ediniz:
What are you doing next Saturday? : Gelecek Cumartesi ne yapıyorsun?
(Bu, başkalarının tasarılarını öğrenmenin yaygın yoludur.)

Verilebilecek yanıtlar şunlardır:

I'm going to the seaside. : Deniz kıyısına gidiyorum.
The neighbours are coming in to watch television. : Komşular televizyon izlemeye geliyorlar.

I'm not doing anything. I'm staying at home. I'm goint to write letters. (*I'm writing . . .* kullanılmaz.) : Birşey yapmıyorum. Evde oturacağım. [Birkaç] mektup yazacağım.

C Geleceği ifade etmenin bu yolu, normal olarak süreklilik yapısında kullanılamayan (**ing** alamayan / Ç.N.) fiillerle kullanılamaz (bakınız: 168). Bu fiiller, gelecek zaman yapısında (**will/shall**) söylenmelidir:

I'm meeting him tonight. : Onunla yarın buluşuyoruz. Fakat:
I will/shall know tonight. : Bu gece anlayacağım.
They will be there tomorrow. : Yarın orada olacaklar.
We'll think it over. : Bunu bir daha gözden geçiririz.

Fakat bilinçli olarak yapılan işler için kullanıldığında **see**'nin (**see to/about, see someone out/off/home**, vb; 'görüşmek' anlamında **see**) süreklilik yapısına girebileceğine dikkat ediniz. (bakınız: 170)

I'm seeing him tomorrow. (I have an appointment with him.) : Onunla yarın görüşüyorum (Onunla randevüm var.)

to be, edilgen bir fiilin bir bölümünü oluşturduğu zaman **ing** alabilir:
He is being met at the station. : İstasyonda karşılanıyor.
Our new piano is being delivered this afternoon. : Yeni piyanomuz bugün öğleden sonra getiriliyor.

D **will** + mastar'ın karar anında kullanılışı (Bak: 201) ile şimdiki zamanda süreklilik yapısının gelecek zamanı belirtmekte kullanılışını bir arada gösteren örnekler:

TRAVEL AGENT: *Now, how do vou want to go to Rome, sir? By air or by train?* : SEYAHAT ACENTASI MEMURU: Eveet, Roma'ya nasıl gitmek istiyorsunuz, efendim? Uçakla mı yoksa trenle mi?
TRAVELLER (making up his mind): *The trains are too slow. I'll fly.* : GEZGİN (karar vererek [o anda / Ç.N.]): Trenler çok yavaş. Uçakla gideyim.

Fakat daha sonra, yolculuğuna ilişkin tasarılarını ifade ederken bu gezgin, şöyle der:

I'm flying to Rome next week. : Önümüzdeki hafta Roma'ya uçuyorum.
ANN: *I'll have to pay £150 rent at the end of this month and I don't know where to find the money.* : Bu ayın sonunda 150 sterlin kira ödemem gerekecek. Parayı nereden bulacağımı bilmiyorum.
TOM: *Don't worry. I'll lend you £150.* : Canını sıkma. Ben sana 150 sterlin ödünç veririm.

İleride, daha Tom parayı ödemeden Ann, şöyle der:

Tom is lending me £150. : Tom bana 150 sterlin ödünç veriyor.
TOM: *Would you like to come to the opera tonight?* : Bu gece operaya gelmek ister miydin?
ANN: *I'd love to. Shall I meet you there?* : Çok isterim. Seninle orada mı buluşalım?
TOM: *No, I'll call for you. About seven?* : Yok, ben sana uğrarım. Yedi civarı (nasıl)?
ANN: *O.K.* : Tamam.

Daha sonra Ann, bu ayarlamayla ilgili olarak şöyle der:

Tom is taking me to the opera tonight. He's calling for me at seven. : Tom bu gece beni operaya götürüyor. Bana yedide uğrayacak.

(Yukarıdaki cümlelerde **be going to** yerine şimdiki zamanda süreklilik yapısı kullanılabilir.)

203 **be going to** kalıbı

A Biçim

go fiilinin şimdiki zamanda süreklilik (pres. cont.) yapısı + **to**'suz mastar.

I'm going to buy a bicycle. : Bir bisiklet alacağım.
She is not going to be there. : Orada bulunmayacak.
Is he going to lecture in English? : Konferansı İngilizce mi verecek?

B Bu yapı, şu durumlarda kullanılır:

(a) Niyet belirtmek (204)
(b) Tahmin belirtmek için (206)

204 **be going to**'nin niyet belirtmek için kullanılması

be going to yapısı, öznenin belli bir eylemi gerçekleştirme konusundaki niyetini ifade eder. Bu niyet, her zaman önceden saptanmış olup bu eylemi gerçekleştirme yönünde bir hazırlığın da yapılmış olduğunu gösterir. Bu nedenle, **be going to** yapısıyla ifade edilen eylemin gerçekleşme olasılığının çok büyük olduğu kabul edilir, fakat şimdiki zamanda süreklilik yapısının bize verdiği, geleceğe ilişkin kesin bir programın varlığı izlenimini vermez. Şu noktalara dikkati çekmek gerekir.

1 Daha önce de belirtildiği gibi, **be going to**, zaman gösteren bir ifade ile birlikte, yakın gelecek için, şimdiki zamanda süreklilik (pres. cont.) yapısına karşı bir seçenek olarak kullanılabilir. Dolayısıyla, şöyle diyebiliriz:

I'm/I am meeting Tom at the station at six. : Tom'u saat altıda istasyonda karşılıyorum.
I'm/I am going to meet Tom at the station at six. : Tom'u saat altıda istasyonda karşılayacağım.

Fakat *'I'm meeting Tom'*un, Tom'la bir anlaşmamız olduğu izlenimi verdiğine dikkat ediniz. *'I'm going to meet Tom'*, böyle bir izlenim vermez. Belki de bu, Tom için bir sürpriz olacak!

2 **be going to**, öznenin niyetini vurgulamak için, zaman cümlecikleri ile kullanılabilir:

He is going to be a dentist when he grows up. : Büyüdüğü zaman dişçi olacak.
What are you going to do when you get your degree? : (Akademik) ünvanını alınca (üniversiteyi bitirince) ne yapacaksın?

Ancak normal olarak zaman cümlecikleriyle gelecek zaman (future tense: **will/shall**) kullanılır. (Bak: 342)

3 **be going to**, bir zaman ifadesi olmadan kullanılabilir:

I'm going to play you a Bach fugue. : Sana bir Bach fügü çalacağım.
He is going to lend me his bicycle. : Bana bisikletini (ödünç) verecek.

O zaman, genellikle, az sonraki ya da yakın bir gelecekteki eyleme gönderme yapar.

4 Yukarıda, 2'de görüldüğü gibi, **be going to, 'to be'** fiiliyle kullanılabilir. Aynı zamanda, normal olarak süreklilik biçiminde bulunmayan (**ing** almayan / Ç.N.) öteki fiilerle de kullanılabilir:

I'm going to think about it. : O konuda düşüneceğim.
I'm sure I'm going to like it. : Eminim ondan hoşlanacağım.

Fakat genelde, burada gelecek zaman (future tense) kullanmak güvencelidir.

5 **go** ve **come** fiillerini **be going to** kalıbına sokmak pek yaygın değildir. Bunun yerine, genellikle şimdiki zamanda süreklilik (pres. cont.) kullanırız. Dolayısıyla: *'I'm going to go* (Gideceğim)' yerine *'I'm going'*; *'I'm going to come* (Geleceğim)' yerine de *'I'm coming'*, deriz.

Niyeti, **will** + mastarla ifade edebildiğimize dikkat ediniz. Bu yapının **be going to** ile karşılaştırılması 202'de yapılmıştır.

205 **be going to** ile **will** + mastar'ın niyet bildirmek için kullanılışındaki ayrımlar

Çoğu kez hem **be going to**'yu, hem de **will** + mastar'ı kullanabiliriz, ancak bunlar arasında ayrımlar vardır ve bu ayrımlar sonucu bazı durumlarda bunlardan yalnız bir tanesi kullanılabilir.

En önemli ayrım şudur:

A **be going to** biçimi, her zaman önceden tasarlanmış bir niyeti ve çoğu kez niyet + plan'ı ifade eder. **will** + mastar, yalnızca niyeti gösterir ve bu niyet genellikle (ancak her zaman olmayabilir), önceden tasarlanmamıştır. Dolayısıyla eylem için hazırlık yapılmışsa **be going to** kullanmalıyız:

I have bought some bricks and I am going to build a garage. : Bir miktar tuğla aldım; bir garaj yapacağım.

Eğer niyet önceden tasarlanmamışsa **will** kullanmalıyız:

There is somebody at the hall door. : Salon kapısında biri var. ~ *I'll go and open it.* : Gidip kapıyı açayım/Ben gidip kapıyı açarım/Kapıyı gidip ben açarım.

(Örnekler için E bölümüne bakınız.)

Niyetin önceden tasarlanıp tasarlanmadığı açık-seçik bilinmiyorsa, ister **be going to**, ister **will** + mastar kullanılabilir:

I will/am going to climb that mountain one day. : Bir gün şu dağa tırmanayım/tırmanacağım.
I won't/am not going to tell you my age. : Sana yaşımı söylemem/söylemeyeceğim.

Ancak, kararlılığın en güzel ifadesi **will** iledir:

I 'will help you (vurgu *will*'de) = I definitely intend to help you. : Sana yardım et'çem/Söz, sana yardım edeceğim = Sana yardım etmek konusunda kesin niyetim var.

Öteki ayrımlar:

B Daha önce de belirtildiği gibi, **will** + mastar, olumluda, hemen hemen yalnızca birinci şahıs için kullanılır. İkinci ve üçüncü şahıslarla ilgili niyetler, bu nedenle, normal olarak **be going to** ile ifade edilir:

He is going to resign. : İstifa edecek.
Are you going to leave without paying? : Para ödemeden mi gideceksin?

C Ancak olumsuzda **won't**, bütün şahıslar için kullanılabilir. Dolayısıyla şunların ikisi de söylenebilir:

He isn't going to resign/He won't resign. : İstifa etmeyecek.

Fakat olumsuz yönden bir niyet için **won't**'un kullanılışında genellikle '*refuse* (yanaşmamak)' anlamı bulunduğuna dikkat ediniz:

He won't resign = He refuses to resign. : İstifa etmeyecek = İstifa etmeye hiç niyeti yok.

Normal olarak '*He isn't going to resign* (Istifa etmeyecek)', '*He doesn't intend to resign* (İstifa etmeye niyeti yok/İstifayı düşünmüyor)' anlamına gelir.

D Daha önce de belirtildiği gibi, **be going to** genellikle, çok yakın bir geleceğe gönderme yapar. **will,** çok yakın ya da daha uzak bir geleceğe gönderme yapabilir.

E **be going to** ve **will**'e ilişkin birkaç örnek daha:

1 **be going to**'nun niyet ifade etmek için kullanılışı:

What are you doing with that spade? ~ I am going to plant some apple trees. : O kürekle ne yapıyorsun? ~ Birkaç elma ağacı dikeceğim.
She has bought some wool; she is going to knit a jumper. : Biraz yün aldı; kazak örecek.
Why are you taking down all the pictures? ~ I am going to repaper the room. : Bütün o resimleri ne diye indiriyorsun? ~ Duvarlara yeniden duvar kâğıdı yapıştıracağım.
Some workmen arrived today with a roller. I think they are going to repair the road. : Bugün birkaç işçi bir silindirle geldi. Galiba yolu onaracaklar.
Why is he carrying his guitar? ~ He is going to play it in the Underground. : Neden gitarını taşıyor? ~ Metroda çalacak(mış).

Yukarıdaki örneklerden hiç birinde **be going to** yerine **will** kullanılmayacağına dikkat ediniz. Bunun nedeni, bu cümlelerin hepsinde, eylemlerin önceden tasarlanmış olduğu açıktır.

2 **will** + mastar'a örnekler:

This is a terribly heavy box. : Bu korkunç ağır bir kutu/sandık. ~ *I'll help you carry it.* : Taşımana yardım ederim/edeyim.

I've left my watch upstairs. : Saatimi yukarıda unutmuşum. ~ *I'll go and get it for you.* : Gidip sana getiririm/getireyim.
Who will post this letter for me? : Kim bu mektubu (benim için) postaya verir? ~ *I will.* : Ben veririm/vereyim.
Will you lend me £100? : Bana 100 sterlin ödünç verir misiniz? ~ *No, I won't.* : Hayır, vermem.

3 **be going to** ile **will**'in karşılaştırıldığı birkaç örnek

Tom'un, '*There aren't any matches in the house* (Evde hiç kibrit yok)' gibi bir cümlesine karşılık ya *'I'm going to get some today* (Bugün birkaç tane alacağım)' (önceden tasarlanmış), ya da *'I'll get some today.* (Bugün birkaç tane alırım/alayım)' (önceden tasarlanmamış [O anda karar veriliyor / Ç.N.]) diyebilir. Bu iki yanıttan ilki, bu konuşmadan bir süre önce Ann'in kibrit kalmadığını görerek birkaç kutu almaya karar verdiğini gösterir. İkincisi, daha önceden kibrit almaya karar vermemiş olduğunu, kararı o anda, Tom'un sözü üzerine aldığını belirtir.

Aynı biçimde, Ann, '*Where is the telephone book?* (Telefon rehberi nerede?)' der ve Tom, *'I'll get it for you* (Sana onu getireyim)' yanıtını verirse bu yanıt, Tom'un, Ann'in sorusunun hemen ardından aldığı kararı bildirir. '*I'm going to get it* (Onu sana getireceğim)' dese bu, Tom'un Ann'in konuşmasından önce (belki de Ann'e rehberin gerekli olacağını önceden tahmin ettiği ya da rehber bizzat kendisine gerektiği için) rehberi getirmeye karar vermiş olduğunu gösterir.

4 Bu arada şu noktaya dikkat ediniz: **will/won't,** 209 A-E'de gösterildiği gibi, yani gelecek zamanın (future tense) **will/shall**'i olarak kullanılırsa herhangi bir niyet anlamı taşımaz. Dolayısıyla, *'He won't resign'*, hemen '*He refuses to resign* (İstifa etmeye yanaşmıyor/hiç niyeti yok)' hem de '*I don't expect that he will resign* (İstifa etmez/edeceğini sanmıyorum)' anlamına gelebilir. Öte yandan, '*If he hurries he'll catch up with her* (Acele ederse ona yetişir)' cümlesinde **will** niyet değil, basit bir gerçeği ifade eder.

206 **be going to** kalıbının tahmin için kullanılışı

A **be going to** kalıbı, konuşanın bir konuda emin olduğunu gösterebilir. Zaman genellikle belirtilmez, ancak eylemin yakın ya da çok yakın bir gelecekte gerçekleşmesinin beklendiğini ifade eder:

Look at those clouds! It's going to rain. : Şu bulutlara bak! Yağmur yağacak.
Listen to the wind. We're going to have a rough crossing. : Rüzgârı dinle. Karşıya geçiş zor olacak.

Bu anlamda, *be sure/afraid* (emin olmak/korkmak), *believe, think* (sanmak, kanısında olmak) gibi fiilerle kullanılabilir:

How pale that girl is! I am sure/I believe/I think she is going to faint. : Şu kızın yüzü ne kadar solgun! Eminim/Galiba bayılacak.

B **be going to** (tahmin için kullanılan) ile **will** (olası bir gelecek olayın ifadesinde kullanılan) karşılaştırılması

will, konuşan kişinin olacağını sandığı, umduğu, varsaydığı, olmasından korktuğu, vb. şeyleri belirtmenin yaygın bir yoludur (209 A'ya bakınız):

It will probably be cold/I expect it will be cold. : Herhalde hava soğuyacak/Hava soğuyacak, sanırım.
Tomatoes will be expensive this year/I'm sure tomatoes will be expensive. : Domates bu yıl pahalı olur/Eminim domates bu yıl pahalı olur.

Dolayısıyla **will** ve **going to**, birbirlerine benzer yapılardır ve çoğu kez her ikisi de kullanılabilir:

It will take a long time to photocopy all the documents. =
It is going to take a long time to photocopy all the documents. : Tüm belgelerin fotokopisini çıkarmak zaman alacak.

Ancak aralarında iki ayrım vardır:

1 **be going to,** birşeyin olacağına ilişkin belirtiler bulunduğunu, **will** konuşmacının, bu olayın ortaya çıkacağı kanısında olduğunu belirtir.

2 **be going to,** normal olarak, çok kısa/epey kısa bir süre sonraki geleceği ifade eder; **will** belirli bir zamanı göstermez, uzak bir geleceğe de gönderme yapabilir. Örneğin: '*The lift is going to break down* (Asansör bozulacak)', asansörün garip sesler çıkarmakta olduğunu ya da gerip şeyler yaptığını belirtir. Bir sonraki katta insek iyi olacaktır. Oysa '*The lift will break down* (Asansör bozulur/bozulacak)', bunun (asansörlerimizi aşırı yüklediğimiz ya da XYZ firmasının ürünü olduğu ve bunlar çok dayanmadığı için) ergeç bunun olacağını söyler.

Aynı biçimde hasta bir kişiye ilişkin '*He is going to get better* (İyileşecek)' sözü, iyileşme belirtilerinin bulunduğunu belirtir. Belki ateşi düşmektedir. '*He will get better* (İyileşir/İyileşecek)' ise doktora ya da hastalığın normal gidişine gösterilen güveni ifade eder ve ani değil, yavaş bir düzelmenin olacağına söz verir.

will'in resmi duyurularda kullanıldığına dikkat ediniz. Resmi bir hava tahmini.

207 Gelecek zaman
(The future tense)

Biçim
Modern İngilizcede gelecek zaman fiil yapısı bulunmaz, fakat kolaylık açısından **will/shall** + çıplak mastar'ı basit gelecek (future simple) olarak betimleyeceğiz.

Olumlu	Olumsuz	Soru
I will/I'll work veya	*I will not/won't work* veya	
I shall work	*I shall not/shan't work*	*shall I work?*
you will you'll work	*you will not/won't work*	*will you work?*
he will/he'll work vb.	*he will not/won't work* vb.	*will he work?*
we will/we'll work veya	*we will not/won't work* veya	
we shall work	*we shall not/shan't work*	*shall we work?*
you will/you'll work	*you will not/won't work*	*will you work?*
they will/they'll work	*they will not/won't work*	*will they work?*

Sorudaki kaynaşmalar için, 104'e bakınız.
Olumsuz soru: *will he not/won't he work?* vb.

208 Birinci şahısta **will** ve **shall**

A Eskiden **will**, yalnızca niyet belirtmek için;

I will wait for you = I intend to wait for you. : Seni bekleyeceğim.

shall ise, bir niyet bulunmadığı zaman, yani öznenin dileği söz konusu olmadığı zaman kullanılırdı:

I shall be 25 next week. : Gelecek hafta 25'e basıyorum.
We shall know the result next week. : Sonucu önümüzdeki hafta öğreneceğiz/öğreniriz. (Çünkü gazetelerde yazacak).

Unless the taxi comes soon we shall miss our plane. : Taksi kısa zamanda gelmezse uçağımızı kaçıracağız/kaçırırız.
I'm sure I shan't lose my way. : Eminim yolumu kaybetmem.
I shall see Tom tomorrow. : Tom'u yarın göreceğim/görürüm. (Belki aynı trenle işe gidiyoruz).

Yukarıda kullanıldığı biçimiyle **shall**, hâlâ, biçimsel İngilizcede kullanılır, fakat konuşma dilinde artık yaygın değildir. Bunun yerine normal olarak **will** kullanırız:

I will be 25 next week. We'll know the result tomorrow. Unless the taxi comes soon we'll miss the plane. I'm sure I won't lose my way. : Anlamları aynı.

Ancak bazen **will**, cümlenin anlamını değiştirebilir. '*I shall see Tom tomorrow* (Tom'la yarın görüşürüm)' cümlesinde **shall** yerine **will** kullanırsak '*I will see Tom tomorow* (Tom'la yarın görüşeceğim)' cümlesi ortaya çıkar, ki burada bir niyet ifadesi vardır. Bu tür anlam karışıklığını önlemek için gelecekte süreklilik (future continuous) yapısını kullanırız. (211-14'e bakınız).

I'll be seeing Tom tomorrow. : (Nasıl olsa / Ç.N.) Tom'u yarın görürüm.

Fakat **shall**, soruda hâlâ kullanılmaktadır:

let's'den sonra, pekiştirme sorularında: *Let's go, shall we?* : Gidelim, değil mi?

Önerilerde: *Shall we take a taxi?* : Taksi tutalım mı/Taksiye binelim mi?

Emir ya da talimat isterken: *What shall I do with your mail?* : Postadan size çıkanları ne yapayım?
Gelecekle ilgili tahminlerde bulunurken: *Where shall we be this time next year?* : Gelecek yıl bu zamanlar nerelerde oluruz (acaba)?

B **shall**'in kararlılık göstermesi

Daha önce (201, 205'e bakınız), kararlılığın **will** ile ifade edildiğini bildirmiştik. Fakat bazen insan kararlılığı başka bir sözcükle, 'daha ağır' pek kullanılmayan bir sözcükle ifade etmek ister; bu nedenle de **shall** kullanır:

(Bir söylevde): *We shall fight and we shall win.* : Savacağız ve kazanacağız.

Burada, *We will fight and we shall win* diyebiliriz.

Böyle kullanılan **shall** bazen, ikinci şahısla kullanıldığında, söz verme anlamı içerebilir:

You shall have a sweet. = *I promise you a sweet.* : Bir tatlı alacaksın. = Sana, bir tatlı vaad ediyorum.
(234'e bakınız.)

'*We shall win* (Kazanacağız)' da söylevi veren, utku (zafer) sözü vermektedir:

I shall be there, I promise you. : Orada olacağım, sana söz veriyorum.

Fakat **will** de aynı ölçüde geçerlidir ve öğrenci için daha az sorun yaratır. Kuşku varsa, **will** kullanılır.

209 Gelecek zamanın kullanışları

A Konuşan kişinin gelecekle ilgili görüş, varsayım, tahminlerini ifade etmek için kullanılır. Bunlar, *assume,* (sanmak), *be afraid* (korkmak), *be/feel sure* (emin olmak), *believe, daresay* (şunu söyleyebilirim ki) *doubt* (emin olmamak, kuşkulu olmak), *expect, hope* (ümid etmek), *know* (bilmek), *suppose, think, wonder* (merak etmek) gibi fiiller ie sunulurlar, ya da *perhaps* (belki), *possibly* (bir olasılıkla), *probably* (belki de), *surely* (kuşkusuz) gibi zarflarla birlikte bulunurlar. Ancak bunlar olmadan da söylenebilirler:

(I'm sure) he'll come back. : (Eminim) gelir/gelecek.
(I suppose) they'll sell the house. : (Sanırım) evi satarlar.
(Perhaps) we'll find him at the hotel. : (Belki) onu otelde buluruz.
They'll (probably) wait for us. : Bizi (herhalde) beklerler.

Gelecek zaman, bir zaman ifadesi olsa da olmasa da kullanılabilir. Burada **be going to** da kullanılabilir, fakat eylemi daha olası ve (zaman belirten bir ifade yoksa) daha yakın bir gelecekteymiş gibi gösterir: '*He'll build a house* (Bir ev inşa eder)', yalnızca 'this is my opinion (Bu benim görüşüm)' demektir; evi yapma işinin ne zaman başlayacağını söylemez. Fakat '*He's going to build a house* (Bir ev inşa edecek)', onun bu kararı almış olduğunu ve her halde yakında işe başlayacağını gösterir.

B Gelecek zaman, gelecekte yineleneceğini varsaydığımız ve düzenli olarak yinelenen eylemler için de kullanılır;

Spring will come again. : Sonbahar yine gelecek.
Birds will build nests. : Kuşlar yuva yapacak.
People will make plans. : İnsanlar planlar yapacak.
Other men will climb these stairs and sit at my desk. : Başka adamlar bu basamakları geçip makamıma oturacak.

(Burada *will be coming/building/making/climbing/sitting* de kullanılabilir.)

C Gelecek zaman; şart, zaman ve bazen amaç cümleciklerinde kullanılır:

If I drop this glass it will break. : Bu bardağı bırakırsam kırılır. (221'e bakınız.)
When it gets warmer the snow will start to melt. : Havalar ısındığında karlar erimeye başlar. (342'ye bakınız.)
I'm putting this letter on top of the pile so that he'll read it first. : Bu mektubu yığının en üstüne koyuyorum ki önce onu okusun/Önce bu mektubu okusun diye onu . . . (336'ya bakınız.)

Anlam gelecek zamanda olsa bile **if**'li cümlecikte ya da zaman cümleciğinde gelecek zaman kullanmadığımıza dikkat ediniz. Örneğin:

He will probably be late. : Her halde geç kalır. Fakat *If he is late . . .* : (Gecikirse . . .) ve
It will get warmer soon. : Hava yakında ısınır. Fakat
When it gets warmer . . . : Hava ısındığında . . .

D Duygu, duyu, düşünce, iyelik, vb. gösteren fiiller örneğin yardımcı fiiller, duyu, duygu, düşünme, iyelik fiilleri, vb. (Bak: 168) geleceği normal olarak gelecek zamanla gösterirler, ancak bazen **be going to** da kullanılabilir:

He'll be here at six. : Saat altıda burada olur.
She'll wonder where you are. : Senin nerede olduğunu merak eder.
You'll have time for tea. : Çaya zamanın olur.
They'll know tonight. : Bu gece haberleri olur.

E Basit gelecek zaman özellikle gazetelerde ve haber yayınlarında, gelecekle ilgili planların ve hava tahminlerinin biçimsel duyuruları için kullanılır. Konuşmada bu tür ifadeler genellikle şimdiki zamanda süreklilik (present continuous) ya da **going to** biçimiyle (yalnızca planlar için) veya şimdiki zamanda süreklilik yapısıyla ifade edilir:

NEWSPAPER: *The President will open the new heliport tomorrow.* : GAZETE: Başkan yeni helikopter alanını yarın açacak.
The fog will persist. : Sis kalkmayacak.

Fakat ortalama bir okuyucu/dinleyici:

The President is going to open/is opening . . . : . . . açacak/açıyor.
The fog is going to persist/continue . . . : . . . kalmayacak/sürecek.

der.

F **won't**, olumsuz bir niyeti ifade etmek için bütün kişiler iç in kullanılabilir. Dolayısıyla, *He won't pay* (Ödemiyor/Ödemez), ya *He refuses to pay* (Ödemeye yanaşmıyor) ya da *I don't think he'll pay* (Ödeyeceğini sanmıyorum) anlamındadır.

I/we will, olumlu niyeti ifade edebilir, (Bak: 201) fakat **he/you/they will** normal olarak niyet belirtmez. Bazen *My son/brother/husband* vb. *will help you* (Oğlum/erkek kardeşim/kocam vb. size yardım eder) gibi cümlelerde böyle bir iş görüyor gibi görünebilir, fakat niyet özneden çok konuşana ait olabilir.

210 will'in want (istemek)/wish (dilemek), would like (istemek)'ten ayrılan yanları

A **will; want/wish/would like** ile karıştırılmamalıdır.

will, 'bir niyet + bunu yerine getirme kararı'nı ifade eder;

I will buy it = I intend to buy it/I'm going to buy it. : Onu alırım/Onu alayım = Onu almaya niyetliyim/Onu alacağım.

want/wish/would like, yalnızca bir dileği ifade ederer. Bir niyete dayanan eylemlere ilişkin herhangi bir bilgi vermezler. (Ayrıca bak: 296, 299.)

B Ancak, **I'd like**'ın çoğu kez *I'll have/take* (istiyorum: yiyeceğim/içeceğim, vb.) ifadelerine karşı bir seçenek olduğuna dikkat ediniz:

CUSTOMER (in a shop): *I'd like/I'll have a pound of peas, please.* : MÜŞTERİ (bir dükkânda): Bir libre bezelye istiyorum/alacağım.)
DINER (in a restaurant): *I'd like/I'll have the soup, please.* : YEMEK YİYECEK KİŞİ (bir lokantada): Çorbayı istiyorum lütfen.

Her ikisi de çağrılarda (davetlerde) kullanılabilir:

I'd like/I'll have a sherry, please. : Bir şeri istiyorum/alırım lütfen.

Ancak olumsuzda bu iki biçim birbirlerinin yerine kullanılamaz, onun için bir çağrıya katılamıyorsak:

I won't have anything, thanks. : Herhangi birşey almam, teşekkürler.
ya da
I don't want anything, thanks. : Herhangi birşey istemiyorum, teşekkürler.

deriz. **wouldn't like,** 'would dislike (hoşlanmam)' anlamına gelir ve burada kullanılamaz.

211 Gelecekte süreklilik yapısı

A Biçim

Bu fiil yapısı, **to be**'nin gelecek zaman biçimi + şimdiki zaman ortacından oluşur. Birinci şahısta **will,** soru dışında **shall**'den daha yaygındır.

Olumlu : *I/we will/shall be working*
he/she/it/you/they will be working
Olumsuz : *I/we will/shall not be working*
he/she/it/you/they will not be working
Soru: *shall/will I/we be working?*
will he/she/it/you/they be working?

Kaynaşmalar, 207'de gösterildiği gibidir.

Olumsuz soru: *won't he/you/they be working?* etc.
shan't I/we be working? ya da *won't I/we be working?*

B Kullanımı

Bu fiilin iki kullanımı vardır:

Sıradan bir süreklilik (continuous) yapısı olarak
Bir niyetin söz konusu olmadığı, gelecek zaman eyleminde

212 Sıradan bir süreklilik yapısı olarak gelecekte süreklilik (Fut. Cont.) yapısının kullanılışı

Öteki süreklilik yapıları gibi bu da belli zaman belirtilerek kullanılır ve bu zamandan önce başlayıp büyük bir olasılıkla bundan sonra da süren bir eylemi ifade eder. Bu kullanım en iyi biçimde, örneklerle görülebilir. Bir sınıfta öğrencilerin bulunduğunu ve saatin sabah 9.30 olduğunu varsayalım. Şöyle diyebiliriz:

Now they are sitting in their classroom. They are listening to a tape. This time tomorrow they will be sitting in the cinema. They will be watching a film. On Saturday there is no class. So on Saturday they will not be sitting in the classroom. They will be doing other things. Bill will be playing tennis. Ann will be shopping. George will still be having breakfast. : Şimdi sınıflarda oturuyorlar. Bir band dinliyorlar. Yarın bu zamanlarda sinemada oturuyorlar. Bir film izliyor olacaklar. Cumartesi günü ders yok. Onun için Cumartesi günü sınıfta oturuyor olmayacaklar. Başka şeyler yapıyor olacaklar. Bill tenis oynuyor olacak. Ann alış-veriş yapıyor olacak. George hâlâ kahvaltı ediyor olacak. (Kuşkusuz çeviri bundan iyi olabilirdi. Yazarlarının amaçlarını sergileyebilmek için bu çeviri dili seçilmiştir / Ç.N.)

Süreklilik yapısı, basit (simple) yapıdaki bir fiille birlikte de kullanılabilir:

Peter has been invited to dinner with Ann and Tom. He was asked to come at eight but tells another friend that he intends to arrive at seven. The friend tries to dissuade him: 'When you arrive they'll still be cooking the meal!' : Peter, Ann ve Tom'la birlikte akşam yemeğine çağrılmışlardır. Ondan, saat sekizde gelmesi istenmiştir, fakat o, bir başka bir arkadaşına, saat yedide orada olmayı tasarladığını söyler. Arkadaşı onu şöyle söyleyerek bundan caydırmaya çalışır: 'Oraya vardığında onlar hâlâ yemeği pişiriyor olacaklar!'

213 Gelecekte süreklilik (fut. cont.) yapısının, bir niyetin bulunmadığı, gelecekteki bir eylemi ifade etmekte kullanılışı

Örnek: *I will be helping Mary tomorrow.* : Yarın Mary'ye yardım ediyorum. Bu, konuşmacının Mary'yle, ona yardım etme konusunda bir düzenleme yapmış olduğunu, ya da ona yardım etmek istediğini bildirmez. Yalnızca, bu eylemin gerçekleşeceğini ifade eder. Böyle kullanılan gelecekte süreklilik yapısı, biraz, şimdiki zamanda süreklilik (pres. cont.) yapısını andırır, fakat ondan, şu yönlerden ayrılır:

Şimdiki zamanda süreklilik yapısı, gelecekteki, tasarlanmış bir eylemi gösterir. Gelecekte süreklilik yapısı genellikle, olayların doğal akışı içinde oluşacak bir eylemi belirtir. Dolayısıyla öteki kadar kesin olmayıp ona oranla daha sıradan eylemler için kullanılır:

I am seeing Tom tomorrow. : Yarın Tom'la görüşüyorum.
I'll be seeing Tom tomorrow. : Yarın Tom'la görüşeceğim.

Birincisi, Tom ya da konuşmacının, bu görüşmeyi özellikle ayarladığı anlamını içerir; ancak ikincisi Tom ile konuşmacının, olayların doğal akışı içinde karşılaşacakları (belki aynı yerde çalışıyorlardır) izlenimini verir. Fakat bu ayrım her zaman önemli değildir ve çoğu kez ikisi birbirlerinin yerine kullanılabilir.

He'll be taking his exam next week/He is taking his exam next week. : Sınava gelecek hafta girecek/giriyor.
He won't be coming to the party/He isn't coming to the party. : Partiye gelmeyecek/gelmiyor.
diyebiliriz.

Şimdiki zamanda süreklilik yapısı yakın gelecek için, yalnızca zaman gösteren bir ifade bulunduğu zaman kullanılabilir. Buna karşılık gelecekte süreklilik yapısı yakın ya da uzak gelecek için, zaman belirten bir ifade varken de yokken de kullanılabilir.

I am meeting him tomorrow. : Onunla yarın görüşüyorum.

diyebiliriz. Buna karşılık:

I'll be meeting him tomorrow/next year/some time. (hiçbir zaman belirteci olmayabilir de) : Onunla yarın/gelecek yıl/bir zaman gelecek karşılaşacağım.

214 Gelecekte süreklilik (future cont.) ile **will** + mastar'ın karşılaştırılması

A **will** + mastar' ile gelecekte süreklilik yapısı arasındaki ayrım, **will** + mastar' ile şimdiki zamanda süreklilik arasındaki ayrımın hemen hemen aynısıdır. **will**

+ mastar , gelecekteki, niyet içeren bir eylemi ifade eder. Gelecekte süreklilik yapısı bir niyetin söz konusu olmadığı, gelecek zaman eylemini gösterir.

*I'll **write** to Mr Pitt and tell him about Tom's new house.* : Mr Pitt'e bir mektup yazıp ona Tom'un yeni evini anlatayım/anlatırım.

cümlesinde **açık** yazılmış olan bölüm bir niyeti gösterir. Konuşucu, istekleri doğrultusunda gerçekleştirmeyi tasarladığı bir eylemi anlatmaktadır. Buna karşılık:

***I'll be writing** to Mr Pitt and I'll tell him about Tom's new house:* Mr Pitt'e bir mektup yazıp ona Tom'un yeni evini anlatacağım.

cümlesinde **açık** yazılmış olan bölüm herhangi bir niyet belirtmez. Yalnızca bir gerçeğin ifadesidir. Mr Pitt'e yazılacak olan bu mektup, ona düzenli olarak yazılan mektuplardan biri olabileceği gibi özellikle Tom'un evini anlatmak için yazılmamış sıradan bir mektup da olabilir. Aynı biçimde:

Tom won't cut the grass. : Tom çimi biçmiyor.

cümlesi Tom'un çimi biçmeye yanaşmadığını gösterir. Buna karşılık:

Tom won't be cutting the grass. : Tom çimi biçmeyecek.

cümlesi, Tom'un duygularına ilişkin hiçbir bilgi vermeyen, yalnızca bir gerçeği ifade eden bir cümledir. Belki Tom kent dışındadır, hastadır ya da başka bir iş yapacaktır.

B **will** + mastar çağrı (davet), nazik bir rica ya da bir emir ifade edebilir:

Will you have a cigarette? : Bir sigara alır mısınız? (210'a bakınız.)
Will you help me to lift the piano? : Piyanoyu kaldırmama yardım eder misiniz? (284'e bakınız.)
You will work in this room. : Sen bu odada çalışacaksın (282'ye bakınız.)

Gelecekte süreklilik yapısı, bu anlamların hiçbirine sahip değildir:
Will you bring the piano in here? : Piyanoyu buraya getirir misiniz? ~ (Nazik bir rica.) ~ *Yes, sir/OK.* : Olur, efendim.

Buna karşılık:

Will you be bringing the piano in here? : Piyanoyu buraya mı getireceksiniz? (Geleceğe ilişkin bir soru.) ~ *Yes, I think I will.* : Evet, herhalde öyle yapacağım.

ya da:

No, I think I'll put it upstairs. : Hayır, herhalde onu yukarıya koyacağım.
You will work in this office under Mr Pitt. : Bu büroda, Mr Pitt'in emrinde çalışacaksın. (Emir)

Buna karşılık:

You will be working here. : Burada çalışacaksın/çalışacakmışsın. (Yalnızca bir ifade.)

Daha önce olduğu gibi burada da şimdiki zamanda süreklilik yapısı, bir zaman belirteci konmak koşuluyla gelecekte süreklilik yapısı yerine kullanılabilir.

215 Değişik gelecek zaman yapılarına örnekler

A Beş kişiye, bir sonraki Cumartesi gününe ilişkin planlarını sorduğumuzu düşünelim. Şöyle deriz:

What are you doing/going to do on Saturday? : Cumartesi günü ne yapıyorsun/yapacaksın?

(a) Peter, George'la golf oynamayı ayarlamıştır; şöyle der:
I'm playing/going to play golf with George. : George'la golf oynuyorum/oynayacağım.

(b) Mary evde oturup reçel yapmaya karar vermiştir. Onun için, şöyle der:
I'm staying/going to stay at home. I'm going to make jam. : Evde oturuyorum/oturacağım. Reçel yapacağım.

(c) Andrew'in planları havaya bağlıdır; onun için şöyle der:
If it's fine I'll work/I'm going to work in the garden. : Hava güzel olursa, bahçede çalışırım/çalışacağım [çalışayım.]

(d) Ann bir plan yapmamıştır, fakat şöyle diyebilir:
Perhaps I'll take/I expect I'll take/I'll probably take/I suppose I'll take my children for a walk. : Belki/sanırım/herhalde/zannederim çocuklarımı yürüyüşe çıkarırım.

(e) Bill'in hep, Cumartesi günleri çalışması gerekmektedir; onun için şöyle der:
Oh, I'll be working as usual. : Hıh, her zamanki gibi çalışacağım. (Başka hiçbir fiil yapısı tam olarak aynı anlamı veremez.)

B Niyetlere ilişkin sorular

Bunlar genellikle şimdiki zamanda süreklilik yapısıyla, **be going to** kalıbı ya da gelecekte süreklilik yapısıyla ifade edilir. Özellikle bu son fiil yapısı, soru için yararlı bir yapıdır, zira ötekilerden daha naziktir. Dolayısıyla yukarıdaki beş kişiye soru sormayı sürdürürsek şöyle diyebiliriz:

(a) *Where are you playing/are you going to play/will you be playing?* : Nerede oynuyorsun [son ikisi] oynayacaksın?

(b) *What kind of jam are you going to make/will you be making?* : Ne reçeli yapacaksın?

will you + mastar öteki biçimler kadar yaygın değildir ve bir cümlenin başında pek bulunmaz. (Amaç, karışıklığı önlemektir, çünkü '**will you** + mastar'ın cümle başında bulunması genellikle bir rica başlangıcında olur.) Ancak bu yapı şart cümlelerinde, konuşucu bir öneride bulunurken ya da başka bir kişiden karar vermesini isterken kullanılabilir:

What will you do if he is not on the plane? : O uçakta değilse ne yaparsın?
Will you have a drink? : Bir içki alır mısın?
Will you have your dinner now or later? : Akşam yemeğinizi şimdi mi, sonra mı yersiniz?

Yukarıda, A'yı temel alan öteki sorular:

(c) Andrew'a sorarsak şöyle deriz:
What are you going to do/What will you be doing in the garden? : Bahçede ne yapacaksın? (*What will you do* [Ne yapacaksın]? da denebilir.)
Are you going to cut/Will you be cutting the grass? : Çimi mi biçeceksin? (*Will you cut the grass?* [Çimi biçer misin?] daha çok bir rica anlamı taşır.)
(d) Mary'ye şöyle deriz:
If you take them where will you go? : Onları götürürsen nereye gideceksiniz? (*Where will you be going?* [Nereye gideceksiniz?] de denilebilir.)
(e) Bill'e ise şöyle deriz:
Will you be working all day? : Bütün gün çalışacak mısın?

Bill'in Cumartesi günü çalışmasının bir seçme işi değil, her zaman yinelenen bir eylem olduğu izlenimini vermek istiyorsak, bundan başka bir seçenek yoktur.

Kuşkusuz, *What will you be doing this time next week?* Önümüzdeki hafta bu sıralarda ne yapıyor olacaksın/ne yapmakta olacaksın/ne yapacaksın? gibi cümlelerde eylemde niyet söz konusu olsa da, olmasa da gelecekte süreklilik yapısı kullanılacaktır. (212'ye bakınız).

216 Gelecek öncesi (fut. perf.) ve gelecek öncesinden gelen süreklilik (fut. perf. cont.) yapıları

A Gelecek öncesi
Biçim

Birinci şahıslar için **will/shall** + miş'li mastar (perf. infinitive); öteki şahıslarda **will** + miş'li mastar :
Kullanımı
Normal olarak **by** ile başlayan bir zaman ifadesiyle kullanılır: *by then, by that time, by the 24th* (o zamana dek, 24'üne dek):

By the end of next month he will have been here for ten years. : (Gelecek ayın sonuna kadar burada on yıldır bulunuyor olacak) Gelecek ayın sonunda burada onuncu yılı dolacak.

Bu fiil yapısı, gelecekteki belli bir zaman geldiğinde artık geçmişte kalmış olacak ya da az önce tamamlanmış olacak bir eylem için kullanılır. Bugün günlerden 3 Aralık diyelim; David 13 Aralıkta gireceği sınavın telâşı içindedir. Bir parti vermeyi düşünen birisi şöyle der:

We'd better wait till 14 December. David will have had his exam by then, so he'll be able to enjoy himself. : Ayın 14'üne kadar bekleyelim. David o zamana dek sınavına girmiş olacak ve (partide) eğlenebilecek.

Ayrıca:

I save £50 a month and I started in January. So by the end of the year I will/shall have saved £600. : Ayda 50 sterlin biriktiriyorum. Ocak'ta başladım. Onun için yıl sonuna dek 600 sterlin biriktirmiş olacağım.
BILL (Tom'un bodrumuna bakarak): *You've got over 400 bottles. How long will that last you? Two years?*
TOM: *Not a hope. I drink eight bottles a week. I'll have drunk all these by the end of this year.*
BILL: 400 şişeden çok var. Bu sana ne kadar dayanır? İki yıl mı?
TOM: Hiç sanmam. Haftada sekiz şişe içiyorum. Yıl sonuna kadar bütün bunları içmiş olurum.

B Gelecek öncesinden gelen süreklilik (fut. perf. cont.)

Biçim
Birinci şahıslarla **will/shall have been** + şimdiki zaman ortacı ; öteki kişilerle **will have been** + şimdiki zaman ortacı .

Kullanımı

Gelecek öncesi fiil yapısı gibi bu da normal olarak **by**'la başlayan zaman ifadeleri ile birlikte kullanılır:

By the end of this year he'll have been acting for thirty years. : Ayın sonuna kadar otuz yıldır aktörlük yapıyor olacak = Ay sonunda aktörlüğünün otuzuncu yılı dolacak.

Gelecek öncesinden gelen süreklilik yapısının gelecek öncesi (fut. perf.) ile ilişkisi; şimdi öncesinden gelen sürekliliğin (pres. perf. cont.) şimdi öncesiyle olan ilişkisine benzer. Yani gelecek öncesinden gelen süreklilik, şu durumlarda, gelecekte süreklilik (fut. cont.) yapısının yerine kullanılabilir:

1 Eylem sürekli ise:

By the end of the month he will have been living/working/studying here for ten years. : Ayın sonuna geldiğimizde burada oturuşunun/çalışmaya başlamasının/eğitiminin onuncu yılını bitirmiş olacak.

2 Eylem, sürekli bir eylem olarak ifade ediliyorsa:

By the end of the month he will have been training horses/climbing mountains for twenty years. : Bu ayın sonuna kadar yirmi yıldır at eğitiyor/dağlara tırmanıyor olacak = Bu ayın sonunda, at eğitişinin/dağcılığa başlayışının yirminci yılını bitirmiş olacak.

Ancak atların ya da dağların sayısını verirsek ya da eylemi herhangi bir biçimde parçalarsak gelecek öncesini kullanmalıyız:

By the end of the month he will have trained 600 horses/climbed 50 mountains. : Bu ayın sonunda, 600 at eğitmiş/50 dağa tırmanmış olacak.

ÇEVİRİCİNİN NOTU: Değişik gelecek zaman yapılarını dilimize şöyle çeviririz:

a. Geniş zamanın gelecek zaman için kullanılması
Dilimizde geniş zamanın bu tür kullanımı yoktur. Burada "-ecek" ekini kullanabilirsek "-ecektir" ekinin, İngilizcede istenen resmiliği karşılayacağı kanısındayız:
They start at 9.00 tomorrow and finish at 17.00. (Saat 9.00'da başlayacaklar ve 17.00'de ayrılacaklar.)

b. Şimdiki zamanda süreklilik yapısının (present continuous tense'in) gelecek için kullanılması (199-197)
Bu yapıyı, şimdiki zamanda süreklilik yapısının normal çevirisi ile karşılaştırmaktayız: "-yor" ekiyle.
They are starting at 9.0. (Saat 9.00'da baslıyorlar.)

c. **will** + mastar'ın niyet göstermede kullanımı
Bunu geniş zaman gibi "-ir" ekiyle ya da "-eyim" ekiyle çevirebiliriz:
A: The phone's ringing. (Telefon çalıyor.)
B: I'll answer it. (Ben bakayım/Ben bakarım.)

d. **be going to**" ile **will/shal**" arasındaki ayrım öğrencilerin sorun saydıkları bir konudur (199). Biz bu ayrımı şöyle yapmak istiyoruz: **be going to** + mastar, dilimizdeki "-ecek"in, **will/shall** + mastar ise "-ir"in karşılığıdır:
I'm going to leave tomorrow. (Yarın ayrılıyorum.)
I'll talk to him tomorrow. Don't worry. (Onunla yarın görüşürüm. Merak etme.)

Olumsuzda da **am not/isn't/aren't going to** + mastar'ı normal olarak "-meyecek", **won't/shan't** + mastar'ı da "-mez" olarak çeviririz:
I'm not going to see him tomorrow. (Onunla yarın görüşmeyeceğim.)
I won't see him tomorrow. (Onu yarın görmem.)

Ancak **will/shall** + mastar, gerek aşağıda göreceğimiz özel kalıplarda, gerekse normal iletişim içinde "-ecek" olarak çevrilebilir. Dolayısıyla bu iki kalıp arasındaki ayrıntılı kullanım ayrımını 198-203 açıklamalarından öğreniniz.

e. **shall**'in kararlılık içinde kullanımı
Burada **shall** + mastar'ı "-ecek" olarak çeviririz:
You shall find out tomorrow. (Yarın haberiniz.)

f. **will** + mastar'ın şart, zaman ve amaç cümleciklerinde kullanışı
Genellikle bilim dilinde kullanılan bu fiil yapısı, bir anlamda, geniş zamanın benzeridir. Gerçekten de bu durumda bu yapıyı geniş zaman gibi çevirmekteyiz:
If you boil water, it will evaporate. (Suyu kaynatırsanız buharlaşır.)

g. Konuşmanın görüşlerini, vb. belirtmek için kullanılan **will** + mastar
Bu durumda **will** + mastar'ı "-ecek" ile çevirmek daha iyi olacaktır:
I'm sure they'll know in time. (Eminim zamanında haberleri olacak."

h. Gelecekteki süreklilik (future continuous) yapısının çevirisi, Türkçede pek yaygın olmayan bir biçimdir:

He'll be flying to London this time tomorrow. (Yarın bu zamanlar Londra'ya uçuyor olacak.)

Ancak niyet belirtmek için kullanılmadığında bu fiil yapısını "-ecek" gibi kestirme bir ekle çevirebiliriz.

i. Gelecek öncesi (future perfect) yapısı
Bu yapıyı "-miş olacak" olarak çeviririz:
They will have found it. (Onu bulmuş olacaklar.)

20 Fiil yapılarının uyumu (Sequence of tenses)

217 Yan cümlecikler

Bir cümlede bir ana fiil ve bir ya da daha çok yan cümlecik bulunabilir. Yan cümlecik, bir özne ve fiili içeren ve bir cümlenin bir parçasını oluşturan sözcükler topluluğudur:

*We knew **that the bridge was unsafe.*** : **Köprünün sağlam olmadığını** biliyorduk.
*He gave it to me **because he trusted me.*** : Onu bana verdi, **çünkü bana güveniyordu.** / **Bana güvendiği için** onu bana verdi.
He ran **faster than we did.** : **Bizim koştuğumuzdan daha hızlı** koştu.
*This is the picture **that I bought in Rome.*** : **Roma'da satın aldığım** resim bu.

(Yukarıdaki örneklerin herbirinde yan cümlecik siyah baskıyla yazılmıştır.) Başka örnekler için şart cümleleri, ilgi zamirleri ve amaç, karşılaştırma, zaman, sonuç ve ayrıcalık cümlecikleri başlıkları altındaki açıklamalara bakınız. Cümlecikleri ayrıntılı olarak çalışmak, hatta ayrı cümlecik türlerini tanımak öğrenci için önemli değildir, fakat, yukarıda verilen önemli kural nedeniyle ana fiilin hangisi olduğunu anlaması gereklidir.

218 Fiil yapılarının uyumu

Bir cümlenin ana fiili bir geçmiş zaman yapısında ise yan cümleciklerdeki fiillerin de geçmiş zaman yapısında olması gerekmektedir:

Ana cümlecikteki fiilin yapısı		Yan cümlecikteki fiilin yapısı
Şimdiki Zaman	*He thinks **that it will rain.***	Gelecek Zaman
Geçmiş Zaman	*He thought **that it would rain.****	Şart Yapısı
Şimdiki Zaman	*He saw **that he has made a mistake.***	Şimdi Öncesi
Geçmiş Zaman	*He sees **that he has made a mistake.***	Geçmiş Öncesi
Şimdiki Zaman	*I work so hard **that I am always tired.***	Şimdiki Zaman
Geçmiş Zaman	*I worked so hard **that I was always tired.****	Geçmiş Zaman

Şimdiki Zaman	***He has done all that is necessary.****	Şimdiki Zaman
Geçmiş Öncesi	***He had done all that was necessary.***	Geçmiş Zaman
Şimdiki Zaman	***He says that he is going to eat it.***	Şimdiki Zamanda Sürekli
Geçmiş Zaman	***He said that he was going to eat it.****	Geçmiş Zamanda Sürekli

(Yukarıdaki cümlelerin sırasıyla Türkçesi: Yağmur yağacağı kanısında./Yağmur yağacağı kanısındaydı./Bir hata yapmış olduğunu anlıyor./Bir hata yapmış olduğunu anladı./O kadar çok çalışırım ki, her zaman yorgunumdur./O kadar çok çalışırdım ki, her zaman yorgundum./Gerekli olan herşeyi yaptı-yapmış durumda-./Gerekli olan herşeyi yapmıştı./Ona yiyiceğini söylüyor./Onu yiyeceğini söylüyordu-söyledi-./Ç.N.)

Mastarların ve isimfiillerin yukarıdaki kuraldan etkilenmediğine dikkat ediniz:

He wants to go to Lyons. : Lyons'a gitmek istiyor.
He wanted to go to Lyons. : Lyons'a gitmek istedi.
He likes riding. : Ata binmeyi sever.
He liked riding. : Ata binmeyi severdi.

Fiil yapılarının uyumu ile ilgili kural, giriş fiili geçmiş zaman fiil yapısında da bulunduğu zaman dolaylı aktarımda da geçerlidir. (31'inci bölümde aktarılmış cümlelerle ilgili bölüme bakınız.)

21 Şart (The conditional)

Şart fiil yapıları

219 Şimdiki zaman şart fiil yapısı

A Bu, birinci şahıs için **would/should** + mastar; öteki şahıslar için **would** + mastar'dan oluşur.

Olumlu	: *I would/I'd work* ya da *I should work* *you would/you'd work* vb. *he would/he'd work*
Olumsuz	: *I would not/wouldn't work* ya da *I should not/shouldn't work* *you would not/wouldn't work,* vb.
Soru	: *would/should I work?* *would you work?* vb.
Olumsuz soru	: *should I not/shouldn't I work?* *would you not/wouldn't you work,* vb.

B Bu yapı, şu durumlarda kullanılır:

1 Şart cümlelerinde (221-9'a bakınız.)
2 **would** ve **should**'un özel kullanımlarında (22'inci bölüme bakınız.)
3 Gelecek zamanın geçmişteki karşılığı olarak. Cümlenin ana fiili geçmiş zamanda olduğu zaman **will/shall** yerine **would/should** kullanılmalıdır:

I hope (that) I will/shall succeed. : Umarım başarırım.
I hoped (that) I would/should succeed. : Başaracağımı umuyordum.
I know (that) he will be in time. : Zamanında (orada) olacağını biliyorum.
I knew (that) he would be in time.: Zamanında (orada) olacağını biliyordum.
He thinks (that) they will give him a visa. : Ona bir vize vereceklerini sanıyor.
He thought (that) they would give him a visa. : Ona bir vize vereceklerini sanıyordu.
I expect (that) the plane will be diverted. : Uçağın yön değiştirmesini bekliyorum/değiştireceğini sanıyorum.
I expected (that) the plane would be diverted. : Uçağın yön değiştirmesini bekliyorum/değiştireceğini sanıyorum.

(Dolaylı aktarımda **will/shall, would/should** için 31'inci derse bakınız.)

220 -miş'li şart fiil yapısı

A Bu fiil yapısı, **would/should** + miş'li mastar'dan oluşur:

Olumlu	: *I would/should have worked* *you would have worked,* vb.
Olumsuz	: *I would/should not have worked* ya da *I wouldn't/shouldn't have worked,* vb.
Soru	: *would/should I have worked?* vb.
Olumsuz soru	: *should I not/shouldn't I have worked?* *would you not/wouldn't you have worked,* vb.

Öteki kaynaşmalar 219'da olduğu gibidir.

B Bu yapı, şu durumlarda kullanılır:

1 Şart cümlelerinde (221-9).
2 **would** ve **should**'un (230-7) özel kullanımlarında.
3 Gelecek öncesi (fut. perf.) yapısının geçmiş zamandaki karşılığı olarak:

I hope he will have finished before we get back. : Biz geri dönmeden işini bitirmiş olacağını umuyorum.
I hoped he would have finished before we got back. : Biz geri dönmeden onun işini bitireceğini umuyordum.

Şart cümleleri

Şart cümlelerinin iki bölümü vardır: **if** (eğer) cümleceği ve ana cümlecik.
If it rains I shall stay at home. : Yağmur yağarsa evde kalırım.
cümlesinde 'if it rains (yağmur yağarsa)' **if** cümleciği, 'I shall stay at home (evde kalırım)' ana cümleciktir.

Üç tür şart cümleciği vardır. Her bir tür, değişik yapıda, bir çift fiile sahiptir. Her türde belirli değişkenlikler bulunabilir, fakat şart cümleciklerini ilk kez öğrenmekte olan öğrencilere, bu tür değişkenlikleri gözönüne almadan dikkatlerini ana yapılar üzerinde yoğunlaştırmaları öğütlenir.

221 Şart cümleleri 1'inci tür: olası

A **if** cümleciğindeki fiil geniş zamandadır. (present tense); ana cümlecikteki fiil ise gelecek zamandadır (future tense). Önce hangisinin geleceği önemli değildir.

If he runs he'll get there in time. : Koşarsa oraya zamanında varır.
The cat will scratch you if you pull her tail.: Kuyruğunu çekersen kedi seni tırmalar.

Bu tip cümle, **if** cümleciğindeki eylemin gerçekleşme olasılığının oldukça büyük olduğunu belirtir.

Burada şimdiki ya da gelecek zamanın söz konusu olmasına karşılık fiilin gelecek değil, şimdiki zamanda olduğuna dikkat ediniz. **if + will/would** yalnızca, özel bazı anlamlar verilmek istendiğinde kullanılır. (218'e bakınız.)

B Temel yapıdaki olası değişkenlikler:

1 Ana cümlecikteki değişkenlikler:

(a) **if** + şimdiki zaman + [ana cümlecikteki / Ç.N.] gelecek zaman yerine **if** + şimdiki zaman + [ana cümlecikteki / Ç.N.] **may/might** (olasılık) bulunabilir:
If the fog gets thicker the plane may/might be diverted. : Sis daha da yoğunlaşırsa uçak yön değiştirebilir. (Belki de uçak yön değiştirir.)

(b) **if** + şimiki zaman + [ana cümlecikteki / Ç.N.] **may** (izin) ya da **can** (izin veya yetenek):
If your documents are in order you may/can leave at once. : Belgelerinizde bir eksiklik yoksa hemen yola çıkabilirsiniz. (İzin)
If it stops snowing we can go out. : Kar yağışı durursa dışarı çıkabiliriz. (izin ya da yetenek)

(c) **if** + şimdiki zaman + **must/should** ya da emir, rica, öğüt bildiren herhangi bir ifade:
If you want to lose weight you must/should eat less bread. : Kilo vermek istiyorsan daha az ekmek yemelisin/yemen gerekir.
If you want to lose weight you had better eat less bread. : Kilo vermek istiyorsan daha az ekmek yesen iyi olur.
If you want to lose weight eat less bread. : Kilo vermek istiyorsan daha az ekmek ye.
If you see Tom tomorrow could you ask him to ring me? : Tom'u yarın görürsen bana telefon etmesini söyler misin?

(d) **if** + şimdiki zaman + bir başka şimdiki zaman
İki tane geniş zaman arka arkaya kullanılırsa bu, kendiliğinden ya da alışılmış davranışlardan ortaya çıkan sonuçları gösterir:
If you heat ice it turns to water. : Buzu ısıtırsanız suya dönüşür. (*will turn* de kullanılabilir.)

If there is a shortage of any product prices of that product go up. : Herhangi bir ürünün sıkıntısı çekiliyorsa o ürünün fiyatları yükselir.

(e) **if; since/as** anlamında kullanılırsa ana cümlede değişik fiil yapıları kullanılabilir:
Ann hates London. : Ann Londra'yı hiç sevmiyor. ~ *If she hates it why does she live there?/she ought to move out.* : Madem/Eğer hiç sevmiyor[sa] neden orada oturuyor?/oradan taşınması gerek/(Burada *if she hates it* yerine *if so* kullanılabilir.)

Kuşkusuz bu, gerçek anlamda bir şart cümleciği değildir.

2 **if** cümleciğindeki değişkenlikler:

if + şimdiki zaman yerine şunlar bulunabilir:

(a) **if** + şimdiki zamanda süreklilik (pres. cont.). Bu, şimdiki zamandaki bir eylemi ya da geleceğe yönelik bir ayarlamayı ifade eder:

If you are waiting for a bus you'd better join the queue. : Otobüs bekliyorsanız kuyruğa girseniz iyi olur. (şimdiki zamandaki eylem)
If you are looking for Peter you'll find him upstairs. : Peter'ı arıyorsanız onu yukarıda bulabilirsiniz. (şimdiki zamandaki eylem)
If you are staying for another night I'll ask the manager to give you a better room. : Bir gece daha kalıyorsanız, müdüre, size daha iyi bir oda vermesini söyleyim/söylerim/söyleyeceğim. (geleceğe yönelik düzenleme)

(b) **if** + şimdi öncesi (pres. perf.)

If you have finished dinner I'll ask the waiter for the bill. : Yemeği bitirdiyseniz garsondan hesabı isteyim/isteyeceğim.
If he has written the letter I'll post it. : Mektubu yazdıysa postalayım/postalarım/postalayacağım.
If they haven't seen the museum we'd better go there today. : Müzeyi görmedilerse bugün oraya gitsek iyi olur.

222 Şart cümleleri 2'inci tür

A **if** cümleciğindeki fiil geçmiş zamanda; ana cümlecikteki fiil şart yapısındadır (conditional tense).

If I had a map I would lend it to you. : Bir haritam olsa onu sana ödünç veririm/ . . . olsaydı . . . verirdim. (Fakat haritam yok. Burada şimdiki zaman anlamı vardır.)

If someone tried to blackmail me I would tell the police. : Biri bana şantaj yapmaya kalksa polise bildiririm. (Ancak birinin bana şantaj yapmaya kalkışacağını sanmıyorum.) (Buradaki anlam gelecek zamandır.)

Zaman açısından birinci ve ikinci tür şart cümleleri arasında bir ayrım yoktur. 2'inci tür de, 1'inci tür gibi, şimdi ya da geleceğe gönderme yapar; **if** cümleciğindeki geçmiş zaman, gerçek bir geçmiş zaman değil, dilek kipidir (subjunctive). Bu kip durumun (yukarıda birinci örnekte olduğu gibi) gerçek olmadığını ya da (ikinci örnekte olduğu gibi) olası [muhtemel] olmadığını gösterir.

B 2'inci tür şu durumlarda kullanılır:

1 Varsayım bilinen gerçeklere aykırı olduğu zaman:

If I lived near my office I'd be in time for work. : Büroma yakın otursam işe zamanında varırım. (Ama büroma yakın oturmuyorum.)

If I were you I'd plant some trees round the house. : Senin yerinde olsam evin çevresine ağaç dikerim. (Ama senin yerinde değilim).

2 **if** cümleciğindeki eylemin gerçekleşmesini ummuyorsak:

If a burglar came into my room at night I'd throw something at him. : Gece odama bir hırsız girse ona birşey atarım. (Fakat bir hırsızın gireceğini sanmıyorum.)

If I dyed my hair blue everyone would laugh at me. : Saçımı maviye boyasam herkes bana güler. (Ama boyamaya niyetli değilim.)

Bazı **if** cümlecikleri, yukarıdaki anlamlardan ikisine de sahip olabilir:

If he left his bicycle outside someone would steal it. : Bisikletini dışarı bıraksa birisi onu çalar.

cümlesinde *if he left his bicycle* (bisikletini bıraksa) bölümü, '*but he doesn't* (ama bırakmaz)' anlamını vereceği gibi (yukarıda, 1 numarada olduğu gibi şimdiki/geniş zaman), '*but he doesn't intend to* (ama öyle bir niyeti yok)' anlamını da (2'de olduğu gibi gelecek zaman) verebilir. Fakat doğru anlam, metinden çıkarılabilir.

Bu tür anlam karışıklığı 2 (2) türü cümlelerdeki geçmiş zaman yerine **were/was** + mastar kullanılarak giderilebilir.

if he/she/it was yerine **if he/she/it were** kullanılabilir; bu doğru biçim kabul edilmektedir:

If he were to resign . . . = *If he resigned . . .* : İstifa etse . . .
If I were to succeed . . . = *If I succeeded . . .* : Başarsam . . .

were'lü bu yapı, oldukça resmi olan cümlelerde görülür. Konuşma dilinde **if he/she/it was** da kullanılabilir. Fakat yukarıdaki örneklerde olduğu gibi geçmiş zaman daha yaygındır.

3 Bazen, biraz akıl karıştırsa da, 2'inci tür, gerçekleşmesi pek olası plan ya da öneriler için, 1'inci türe karşı bir seçenek olarak da kullanılmaktadır:

Will Mary be in time if she gets the ten o'clock bus? : On otobüsüne binerse Mary zamanında varır mı? ~ *No, but she'd be in time if she got the nine-thirty bus.* : Hayır, ama dokuz-otuz otobüsüne binerse zamanında varır. Ya da
No, but she'll be in time if she got the nine-thirty bus. (Çeviri aynı.)
ANN: *We'll never save £100!* : Hiçbir zaman 100 sterlin biriktiremeyeceğiz. ~ TOM: *If we each saved £10 a week we'd do it in ten weeks.*

ya da:

If we each save £10 a week we'll do it in ten weeks. : Her ikimiz de haftada 10 peni biriktirsek bu işi on haftada hallederiz.

Nasıl **would you, will you**'dan daha nazik bir rica biçimiyse, 2'inci türle yapılan öneriler 1'inci türden daha naziktir. Ancak öğrencinin, 2'inci türün bu kullanımıyla zihnini fazla meşgul etmesi gerekmez.

C Temel yapıdaki olasılık değişkenlikler

1 Ana cümlecikteki değişkenlikler

(a) **would** yerine **might** ya da **could** kullanılabilir:

If you tried again you would succeed. : Bir daha denesen başarırsın (kesin sonuç).
If you tried again you might succeed. : Bir daha denesen [belki] başarırsın (olası sonuç).
If I knew her number I could ring her up. : Numarasını bilsem olan telefon edebilirim (yetenek).
If he had a permit he could get a job. : [Çalışma] izni olsa, bir iş bulabilir (yetenek ya da izin).

(b) Basit şart (simple conditional) yerine süreklilik şart yapısı continuous conditional) kullanılabilir:

Peter is on holiday; he is touring Italy. : Peter tatilde; İtalya'yı geziyor. ~ *If I were on holiday I would/might be touring Italy too.* : Tatilde olsam ben de İtalya'yı geziyor olurum.

(c) Kendiliğinden ya da alışılmış davranışlardan, geçmişte ortaya çıkan eylemleri ifade etmek istediğimizde, **if** + geçmiş zamandan sonra bir başka geçmiş zaman (past tense) gelebilir. Arka arkaya gelen iki geniş zaman yapısını [221 B1(d)] bununla karşılaştırınız. Buradaki geçmiş zaman yapılarının geçmiş zaman anlamı taşıdığına dikkat ediniz:

If anyone interrupted him he got angry. : Biri ona müdahale etti mi sinirlenirdi. (Ne zaman bir müdahale olsa . . .)
If there was a scarcity of anything, prices of that thing went up. : Herhangi bir şeyin sıkıntısı duyuldu mu o şeyin fiyatı artardı.

(d) **if, as** ya da **since** (madem ki) anlamında kullanıldığı zaman ana cümlecikte değişik fiil yapıları kullanılabilir. Buradaki **if** + geçmiş zaman'ın geçmiş zaman anlamı vardır. Bu tür cümleler gerçek şart cümleleri değildir:

The pills made him dizzy. All the same he bought/has bought/is buying some more, etc. : İlaçlar onu sersemletti. Gene biraz satın aldı/almış bulunuyor/alıyor, vb. ~ *If they made him dizzy why did he buy/has he bought/is he buying more?* : Madem onu sersemletiyor, neden daha da satın aldı/(almış durumda)/alıyor?

I knew she was short of money. : Parasının azaldığını/para sıkıntısı çektiğini biliyordum. ~ *If you knew she was short of money you should have lent her some./why didn't you lend her some?* : Madem parasının azaldığını biliyordun ona biraz ödünç para vermeliydin/neden biraz ödünç para vermedin?

2 **if** cümleciğindeki değişkenlikler

if + geçmiş zaman yerine şunları kullanabiliriz:

(a) **if** + geçmişte süreklilik (past continuous)

(We are going by air and) I hate flying. If we were going by boat I'd feel much happier. : (Uçakla gidiyoruz ve) ben uçaktan hiç hoşlanmıyorum. Gemiyle gitsek/gitseydik çok daha memnun olurum/olurdum.
If my car was working I would/could drive you to the station. : Arabam çalışıyor olsaydı seni istasyona götürürdüm.

(b) **if** + geçmiş öncesi (past perfect)

If he had taken my advice he would be a rich man now. : Öğüdümü tutsaydı/tutmuş olsaydı, şimdi zengin bir adam olurdu.
Bu, 2 ve 3'ün karışımıdır. Daha başka örnekler için 223'e bakınız. (**if** + **would** için 224'e bakınız.)

223 Şart cümleleri 3'üncü tür

A **if** cümleciğindeki fiil geçmiş öncesi (past perfect) yapısında; ana cümlecikteki fiil ise miş'li şart (perfect conditional) yapısındadır. Zaman geçmiş'tir; koşul gerçekleşemez, çünkü **if** cümleciğindeki eylem oluşmamıştır.

If I had known that you were coming I would have met you at the airport.: Geleceğini bilseydim seni havaalanında karşılardım. (fakat bilmiyordum ve gelmedim.)
If he had tried to leave the country he would have been stopped at the frontier. : Ülkeden ayrılmaya yeltenseydi/yeltenmiş olsaydı sınırda durdurulurdu. (fakat denemedi.)

B Temel yapıdaki olası değişkenlikler

1 **would** yerine **could** ya da **might** kullanılabilir:

If we had found him earlier we could have saved his life. : Onu daha önce bulmuş olsaydık/bulsaydık yaşamını kurtarabilirdik. (yetenek)
If we had found him earlier we might have saved his life. : Onu daha önce bulsaydık/bulmuş olsaydık yaşamını kurtarabilirdik/kurtarma olanağımız olurdu. (olasılık)
If our documents had been in order we could have left at once. : Belgelerimiz düzgün olsaydı hemen ayrılabilirdik. (yetenek ya da izin)

2 miş'li şart (perfect conditional) yapısının süreklilik (continuous) biçimi kullanılabilir:

At the time of the accident I was sitting in the back of the car, because Tom's little boy was sitting beside him in front. If Tom's boy had not been there I would have been sitting in front. : Kaza anında ben arabanın arka tarafından oturuyordum, çünkü Tom'un küçük oğlu önde, Tom'un yanında oturuyordu. Tom'un oğlu orada olsaydı (oturmasaydı), önde ben oturuyor olacaktım.

3 **if** cümleciğinde geçmiş öncesinden gelen süreklilik (past perfect continuous) yapısı kullanabiliriz:

Luckily I was wearing a seat belt. If I hadn't been wearing one I would have been seriously injured. : Allahtan emniyet kemeri takmıştım. Takmasaymışım çok kötü yaralanacakmışım.

4 2'inci ve 3'üncü türlerin bileşimi kullanılabilir:

The plane I intended to catch crashed and everyone was killed. If I had caught that plane I would be dead now/I would have been killed. (3'üncü tür): Yetişmeye çalıştığım uçak yere çakılmış. O uçağa yetişseymişim şimdi yaşamıyor olacakmışım/ölecekmişim.

If I had worked harder at school I would be sitting in a comfortable office now. I wouldn't be sweeping the streets. : Okuldayken daha çok çalışsaydım, şimdi rahat bir büroda oturuyor olurdum; caddeleri süpürüyor olmazdım. (Fakat okulda çok çalışmadım ve şimdi caddeleri süpürüyorum.)

5 **had** baştarafa konup **if** atılabilir:

If you had obeyed orders this disaster would not have happened. : Emirlere uysaydın o felâket ortaya çıkmazdı. =
Had you obeyed orders this disaster would not have happened. : Çeviri aynı.

224 **will/would** ve **should**'un **if** cümleciklerindeki özel kullanımları

Normal olarak bu yardımcılar şart cümleciklerinde **if**'den sonra kullanılmazlar. Ancak bu kuralın dışında kalan bazı durumlar vardır.

A **if you will/would,** nazik ricalarda çok kullanılır. **would,** daha nazik biçimidir:

If you will/would wait a moment I'll see if Mr Jones is free. : Lütfen bir dakika beklerseniz Mr Jones'un boş olup olmadığına bakarım. (please wait: lütfen bekleyiniz)
I would be very grateful if you would make the arrangements for me. : Düzenlemeleri benim için yaparsanız çok minnettar olurum.

O andaki koşullar içinde normal olarak bulunulacak bir rica söz konusu olduğu zaman **if you would** + mastar kullanılır. Konuşmacı, karşısındaki kişinin bu ricaya kendiliğinden uyacağını varsaymaktadır.

If you'd fill up this form. : Bu formu doldurur musunuz?
(Otelde) *If you'd just sign the register.* : Kayıt defterini imzalar mısınız?
(Dükkânda) *If you'd put your address on the back of the cheque.* : Çekin arkasına adresinizi yazar mısınız?
(Sınıfta) *If you'd open your books.* : Kitaplarınızı açar mısınız?

B **if + will/would,** bütün şahıslarla, isteklilik göstermek için kullanılabilir:

If he'll listen to me I'll be able to help him = If he is willing to listen.: Beni dinleyecekse [Beni dinlemeye niyeti varsa] ona yardım edebilirim.
If Tom would tell me what he wants for his dinner I'd cook it for him.: Tom akşam yemeğinde ne istediğini bana söyleyecek olsa, ona onu pişiririm. (Konuşan, Tom'un bunu söylemeye pek istekli olmadığını belirtmek istemektedir.)

Bu durumda **won't** da, . . .meye yanaşmamak (refuse) anlamında kullanılabilir:

If he won't listen to me I can't help him = If he is unwilling to listen/If he refuses to listen . . . : Tom beni dinlemeyecekse/ille de dinlemezse/bir türlü dinlemezse, ona yardım edemem [Beni dinlemek istemiyorsa/Beni dinlemeye yanaşmıyorsa . . .]

If they won't accept a cheque we'll have to pay by cash = If they refuse to accept . . . : Çek kabul etmeyeceklerse/İlle de çek olmaz derlerse, nakit ödemek zorunda kalacağız. [Çek kabul etmeye yanaşmıyorlarsa . . .]

C **will,** bir konudaki diretmeyi de ifade edebilir:

If you will play the drums all night no wonder the neighbours complain = If you insist on playing . . . : Tüm gece davul çalıp durursan [çalmakta diretirsen] komşular tabii yakınır.

D **if + would like/care, if + want/wish**'in yerine kullanılabilir:

If you would like to come I'll get a ticket for you. : Gelmek istersen sana bir bilet alırım.

If you'd care to see the photographs I'll bring them round some evening.: Fotoğrafları görmek istersen bir akşam sana onları getiririm.

If he'd like to park his car here he can. : Arabasını buraya park etmek istiyorsa edebilir.

Ancak bu cümleleri, **would like**'ı tümleçsiz bırakacak biçimde yeniden düzenlersek **would**'u atabiliriz:

If you like I'll get a ticket for you. : İstersen sana bir bilet alırım.

Buna karşılık:

If you'd like a ticket I'll get one for you. : Bir bilet istersen sana [bir tane] alırım.
If he likes he can park his car here. : İsterse arabasını buraya park edebilir.

Buna karşılık:

If he'd like to park his car here he can/He can park it here if he'd like to. : Arabasını buraya park etmek istiyorsa edebilir/İsterse arabasını buraya park debilir.
He can leave it there if he'd like to. : İsterse burada tutabilir.

E **if + should,** eylemin gerçekleşme olanağının bulunduğunu, fakat bunun pek olası olmadığını belirtmek için 1'inci türde kullanılabilir. Bu yapı genellikle bir emir yapısıysa birleştirilir ve özellikle yazılı talimatta kullanılır:

If you should have any difficulty in getting spare parts, ring this number.: Yedek parça bulmakta zorluk çekerseniz bu numaraya telefon ediniz.
If these biscuits should arrive in a damaged condition, please inform the factory at once. : Eğer bisküviler zedelenmiş olarak elinize geçerse lütfen fabrikayı hemen haberdar edin.

should'u başa alıp *if*'i atabiliriz:

Should these biscuits arrive . . . (Bak: 225 B)

225 if + were ve özne ile yardımcının yer değiştirmesi

A **if + were, if + was** yerine kullanılabilir.

1 Genellikle her iki biçimde kullanılabilir; **were** daha çok biçimsel İngilizcede görülür:

If she was/were offered the job she'd take it. : İş ona önerilse kabul eder.
If Tom was/were here he'd know what to do. : Burada olsa ne yapacağını bilir.

2 Fakat *If I were/was you I would/should*'dan oluşan öğüt biçiminde **was**'a **were**'den daha çok rastlanır:

'If I were you I'd wait a bit', he said. : Senin yerinde olsam biraz beklerim. (Bak: 287 C.)

were'e mastar yapılarında daha çok rastlanır:

If Peter were/was to apply for the post he'd get it. : Peter bu iş için başvursa alır. (Bak: 222 B.)

3 Yardımcı öne geliyorsa **was** değil, **were** kullanılır:

Were I Tom I would refuse. : Tom'un yerinde olsam reddederim. (Bak: Aşağıdaki B bölmü)

if 'since' (madem ki) anlamına geliyorsa (Bak: 222 C) **was**'ın yerine **were** kullanılamaz. *if only* (Bak: 228) ya da *wish*'den (Bak: 300) sonra **was**'ın yerine **were** kullanılabilir.

B Biçimsel İngilizcede **if** + özne + yardımcı'nın yerine **if**'in atıldığı devrik cümle yapısı (soru gibi / Ç.N.) kullanılabilir:

If I were in his shoes . . . : Onun yerinde olsam . . . =
Were I in his shoes . . .
If you should require anything . . . : Bir gereksiniminiz olursa . . . =
Should you require anything . . .
If he had known . . . : Haberi olsaydı . . . = *Had he known . . .*

226 if, even if, whether, unless, but for, otherwise, provided, suppose

A **even if = even though**

Şunları karşılaştırınız:

You must go tomorrow if you are ready. : Hazırsan yarın gitmelisin ve
You must go tomorrow even if you aren't ready. : Hazır olmasan bile yarın gitmelisin.

B **whether . . . or = if . . . or**

You must go tomorrow whether you are ready or not. : Hazır olsan da olmasan da gitmelisin.

C **unless** + olumlu fiil = **if** + olumsuz

Unless you start at once you'll be late =
If you don't start at once you'll be late. : Hemen yola çıkmazsan geç kalırsın.
Unless you had a permit you couldn't get a job =
If you hadn't a permit you couldn't get a job. : İzniniz yoksa çalışamıyordunuz.

Şunların arasındaki ayrıma dikkat ediniz:

(a) *Don't call me if you need help.* : Yardıma gereksinim duyarsan beni arama.
(b) *Don't call me unless you need help.* : Yardıma gereksinimin olmadıkça beni arama.

(a)'da yardıma gereksinimi olsa da ona yardım etmeyecektir. (b)'de ona yalnızca gereksinim duyduğu zaman yardım edecektir, fakat acil olmayan durumlar dışında çağrılmak istememektedir.

unless + **he'd/you'd like/prefer** vb. normal olarak **if he/you wouldn't like** vb'nin yerini alır:

I'll ask Tom, unless you'd prefer me to ask/unless you'd rather I asked Bill. : Tom'a soracağım, eğer Bill'e sormamı yeğlemiyorsan, (kuşkusuz).

D **but for** = 'if it were not for/if it hadn't been for (. . . olmasa/olsaydı)

My father pays my fees. But for that I wouldn't be here. : Babam ücretlerimi öder. Yoksa ben burada olamam/olamazdım.
The car broke down. But for that we would have been in time. : Arabam bozuldu. Yoksa zamanında gelirdik.

E **otherwise** = if this doesn't happen/didn't happen/hadn't happened (yoksa, aksi takdirde)

We must be back before midnight; otherwise we'll be locked out. : Gece yarısı olmadan geri dönmeliyiz. Yoksa dışarıda kalırız. =
If we are not back by midnight we'll be locked out. : Gece yarısından önce geri dönmezsek dışarıda kalırız.

Her father pays her fees; otherwise she wouldn't be here. : Ücretlerini babası öder; yoksa burada olamaz/dı. =
If her father didn't pay her fees she wouldn't be here. : Ücretlerini babası ödemezse burada olamaz.

I used my calculator; otherwise I'd have taken much longer. : Hesap makinemi kullandım; yoksa çok daha fazla zaman harcardım. =
If I hadn't used my calculator I'd have taken much longer. : Hesap makinemi kullanmasaydım çok daha fazla zaman harcardım.

F Teklifsiz İngilizcede **or (+ else), otherwise**'ın yerine kullanılır:

We must be early or (else) we won't get a seat. : Erken gitmeliyiz yoksa yer bulamayız.

G **provided (that),** güçlü bir sınırlama ya da kısıtlama izlenimi varsa **if**'in yerine kullanılabilir. Bu özellikle, izin vermede kullanılır.

You can camp in my field provided you leave no mess. : Çerçöp bırakmamak koşuluyla/kaydıyla tarlamda kamp yapabilirsiniz.

H **suppose/supposing . . . ? = what if . . . ?**

Suppose the plane is late? : Ya uçak geç kalırsa? =
What if/What will happen if the plane is late? : Ya uçak geç kalırsa [ne olur]?

Suppose no one had been there? : Ya orada kimse bulunmasaydı? =
What if no one had been there? : Anlam aynı ya da: Orada birisi olmasaydı [ne olurdu]?

suppose, ayrıca, öneri cümlelerini sunarken de kullanılabilir:

Suppose you ask him/Why don't you ask him? : Ona sorsan ya/Neden ona sormuyorsun?

227 if ve in case

in case'i, şimdiki ya da geçmiş zaman yapısı ya da **should** izler. **if**'e benzer ve onunla sık sık karıştırılır. Ancak bu ikisi tümüyle ayrıdır. İçinde **in case** bulunan bir cümlecik, ana cümlecikteki eylemin nedenini verir:

Some cyclists carry repair outfits in case they have a puncture =
Some cyclists carry repair outfits because they may have/because it is possible they will have a puncture. : Tekerleklerinin patlaması olasılığına karşı/Bakarsın tekerlekleri patlar diye bazı bisikletçiler yanlarında onarım takımlarını taşırlar = Bazı bisikletçiler yanlarında onarım takımları taşırlar, çünkü tekerlekleri patlayabilir/patlama olasılığı bulunmaktadır.

I always slept by the phone in case he rang during the night = *I always slept by the phone because (I knew) he might ring,* vb. : Onun gece yarısı telefon etme olasılığına karşı/Bakarsın gece yarısı telefon eder diye telefonun yanıbaşında uyudum = Telefonun yanıbaşında uyudum, çünkü onun geceyarısı telefon edebileceğini [biliyordum].

Bir **in case** cümleciği, cümlenin anlamını bozmadan atılabilir, fakat bir şart cümlesinde ana cümlecikteki eylem, **if** cümleciğindeki eyleme bağımlıdır ve **if** cümleciği atıldığında cümleciğin anlamı değişir. Şu iki cümleyi karşılaştırınız:

(a) BILL: *I'll come tomorrow in case Ann wants me.* : Ann'in beni istemesi olasılığına karşı/Bakarsın Ann'in bana gereksinimi olur diye yarın geleceğim.
(b) TOM: *I'll come tomorrow if Ann wants me.* : Ann beni isterse yarın gelirim. ('gelmek' fiilinin iki cümledeki ayrı çevirilerine dikkat ediniz. / Ç.N.)

(a)'da Ann Bill'i belki isteyecektir, belki istemeyecektir. Fakat Bill durum ne olursa olsun gelecektir. Onun eylemi Ann'inkine bağımlı değildr. Anafiilin anlamını değiştirmeden *'in case Ann wants me'* atılabilir. Bir şart cümleciği olan (b)'de Tom, ancak Ann onu isterse gelecek. **'if Ann wants me'**yi, ana fiilin anlamını değiştirmeden atamayız.

B Ayrıca **in case**'li cümlecik normal olarak ana cümlecikten önce değil, sonra kullanılır.

Ancak **in case of** + isim = if there is a/an + isim olduğuna dikkat ediniz:

In case of accident phone 999 = *If there is an accident phone 999.* : Kaza durumunda 999'a telefon ediniz = Kaza olursa 999'a telefon ediniz.

(**if** cümlecikleriyle **in case** cümlecikleri arasındaki karışıklığa bu neden olmuş olabilir.)

228 if only

only, if'den sonra kullanılarak bununla birlikte kullanılan fiilin yapısına göre ümit, bir dilek ya da pişmanlık belirtebilir.

A **if only** + şimdiki zaman/**will** ümit ifade eder:

If only he comes in time = *We hope he will come in time.* : Keşke zamanında gelse = Onun zamanında gelmesini ümit ediyoruz.
If only he will listen to her = *We hope he will be willing to listen to her.*: Onu bir dinlese = Onun onu dinlemesini istiyoruz.

B **if only** + geçmiş/geçmiş öncesi, pişmanlık ifade eder (**wish** + geçmiş/geçmiş öncesi ile aynı anlama sahiptir.)

If only he didn't smoke! = *We wish he didn't smoke* ya da *We are sorry he smokes.* : Sigara içmese! = Sigara içmesinden dolayı üzülüyoruz.
If only (= I/We wish) Tom were here! : Keşke Tom burada olsa.
If only you hadn't said 'Liar' = *We wish you hadn't said, 'Liar'/We are sorry you said, 'Liar'.* : Keşke 'Yalancı' demeseydin = 'Yalancı' dememiş olmanı isterdik/'Yalancı' demene üzüldük.

C **if only** + **would,** şimdiki zamandaki bir eyleme ilişkin üzüntüyü ifade eder; **if only** + geçmiş zamana karşı bir seçenek oluşturur. (**wish** + **would** ile aynı anlama sahiptir):

If only he would drive more slowly! = *We are sorry that he isn't willing to drive more slowly.* : Ne olur biraz daha yavaş sürse. [Biraz daha yavaş sürmediği için üzgünüz].

Bu yapı, ayrıca, geleceğe ilişkin, pek güçlü olmayan bir umudu da yansıtır:

If only (= I/We wish) the rain would stop! : Yağmur bir/keşke kesilse! (Aslında yağmurun kesilmesini ummuyoruz.)
(Ayrıca 300-1'de **wish**'e bakınız.)

if only cümlecikleri, yukarıdaki gibi tek başlarına da durabilir, tam bir şart cümleciğinin bir parçasını da oluşturabilir.

229 Dolaylı aktarımda şart cümleleri

A Tip 1, temel biçim. Buradaki fiil yapıları normal yollarla değişir:

He said, 'If I catch the plane I'll be home by five'. : 'Uçağa yetişirsem saat beşe kadar evde olurum', dedi =
He said that if he caught the plane he would be home by five. : Uçağa yetişirse saat beşe kadar evde olacağını söyledi.

Tip 2, temel biçim. Fiil yapısı değişmez:

'If I had a permit I could get a job', he said. : İznim olsa iş bulabilirim', dedi. =

He said that if he had a permit he could get a job. : İzni olsa iş bulabileceğini söyledi.

Tip 3, temel biçim. Fiil yapısı değişmez:

'If she had loved Tom', he said, 'she wouldn't have left him.' : 'Tom'u sevseydi', dedi, 'onu terketmezdi.'
He said that if she had loved Tom she wouldn't have left him. : Tom'u sevse, onu terketmeyeceğini söyledi.

B Dolaylı aktarımdaki **if** cümlecikleri + emir ve ricalara örnekler (ayrıca bak: 320-21):

He said, 'If you have time wash the floor' veya *He said, 'If you have time would you wash the floor?'* : 'Zamanın varsa yeri yıka,' dedi veya 'Zamanın varsa yeri yıkar mısın?' dedi=
He told/asked me to wash the floor if I had time. : Yeri yıkamamı söyledi/rica etti (dizilişteki değişmeye dikkat ediniz)

veya

He said that if I had time I was to wash the door. : Zamanın olursa yeri yıkamamı söyledi.
'If you see Ann ask her to ring me,' he said. : 'Ann'i görürsen bana telefon etmesini söyle,' dedi. =
He said that if I saw Ann I was to ask her to ring him. : Ann'i görürsem onu aramamı söyledi.

(Mastar yapısı burada karmaşık olur ve anlamı net olmaz.)

PETER (on phone): *If you miss the last bus get a taxi.* : PETER (telefonda): Son otobüsü kaçırırsan taksi tutun. =
Peter says that if we miss the last bus we are to get a taxi. : Peter, son otobüsü kaçırırsak taksi tutmamızı söyledi.

(Mastar yapısına burada çok daha seyrek rastlanır.)

(**if you would . . .** 'lu ricalar için bak: 284 F.)

C Dolaylı aktarımda **if**'li cümlecikler + öğüt ifadeleri:

'If you feel ill,' she said, 'why don't you go to bed?' ya da . . *.you'd better go to bed.* : 'Kendini hasta hissediyorsan,' dedi, 'neden yatmıyorsun?' ya da yatsan iyi olur. =
She said that if I felt ill I'd better/I should go to bed. : Kendimi iyi hissetmiyorsam yatmamın iyi olacağını/yatmam gerektiğini söyledi.

'If I were you I'd stop taking pills,' she said. : Senin yerinde olsam ilaç almayı keserim' dedi. =
She advised me to stop taking pills. : İlaç almayı kesmemi öğütledi.

D **if'li** cümlecikler + sorular, genellikle **if'li** cümleciği sona alınarak aktarılır:

If the baby is a girl what will they call her? : Bebek kız olursa ona ne ad verecekler? =
He wondered what they would call the baby if it was a girl. : Kız olursa bebeğe ne ad vereceklerini merak ediyordu.

'If the door is locked what shall I do?' she asked. : 'Kapı kilitliyse ne yaparım' dedi. =
She asked me what she would do if the door was locked. : Kapı kilitli olursa ne yapacağını sordu.

ÇEVİRİCİNİN NOTU: Değişik şart yapılarını şöyle çevirebiliriz:

a) 1'inci Tür Şart Cümleleri

aa) **if** + geniş zaman + gelecek zaman : '...irse ...ir'
If you try you will succeed. (Uğraşırsan başarırsın.)

ab) **if** + geniş zaman + **may/might** : '...irse ...ebilir.'
If you say that he may/might become angry. (Öyle söylersen kızabilir.)

ac) **if** + geniş zaman + **may** (izin)/**can** (izin/yetenek): '...irse ...ebilir'
If you come early you can usually find some. (Erken gelirsen genellikle birkaç tane bulabilirsin.) (olasılık)
If you come early you may get some. (Erken gelirsen birkaç tane alabilirsin.) (izin)

ad) **if** + geniş zaman + başka bir geniş zaman yapısı: '...irse ...ir'
I you push this button the lights come on. (Bu düğmeye basarsan ışıklar yanar.)

ae) **if** = **since**
Bu yapıyı normal şart cümleleri gibi çevirebiliriz:
If you are tired why don't you go to bed early? (Yorgunsan neden erkenden yatmıyorsun?)
Ar,cak 'madem (ki)' de kullanılabilir:
Yukarıdaki İngilizce cümle: Madem yorgunsun...

af) **if** + şimdiki zamanda süreklilik (present continuous) : '...yorsa...'
If he is willing to take the risk, I have nothing to say. (Bir riske girmek istiyorsa söyleyecek sözüm yok.)

ag) **if** + şimdi öncesi (present perfect) : '...mişse...'
If you've said that... (Eğer bunu söylemişsen...)

b) 2'inci Tür Şart Cümleleri

ba) **if** + basit geçmiş (past simple) + şart yapısı' '...se ...ir(di)'
Şart yapısı ile kastedilen, '**would** + **to**'suz mastar'dır. Yukarıda verilen ana yapının Türkçe çevirisi, normal olarak yukarıda verdiğimiz '...se ...ir'dir. Bu, 1'inci tür şart cümlelerinin çevirisine yakındır. 1'inci türü '...irse ...ir' olarak çeviriyoruz:
If you study you'll pass. (Çalışırsan geçersin.)
Buna karşılık 2'inci türü '...se ...ir' olarak çeviririz:
If you studied you'd pass. (Çalışsan geçersin.)
Ancak bu yapıyı '...saydın ...ardın' olarak söylediğimiz olmaktadır. Böylece ikinci ve üçüncü türler dilimize aynı biçimde çevrilmektedir (bakınız: c):

If you studied you'd pass. ([Şimdi] çalışsan/çalışsaydın geçersin/geçerdin.)
If you had studied you would have passed. (Çalışsaydın [artık zaman geçti]/Çalışmış olsaydın geçerdin.)

bb) **if** + basit geçmiş + **might/could** + mastar : ...se ...ebilir
If you found it you could use it now. (Onu bulsan şimdi kullanabilirsin.)
If he came now we might talk it over. (Şimdi gelse konu üzerinde konuşabiliriz.)

bc) **if** + basit geçmiş + **would/might/could be...ing** : ...se ...yor olur/olabilir.
If he were here they might be talking it over. (O burada olsa konu üzerinde konuşuyor olabilirler/olabilirlerdi.)

bd) **if** + basit geçmiş + basit geçmiş : (216 C1.3)
Burada koşul değil gerçek bir geçmiş zamandan söz edildiğini bir kez de biz anımsatmak isteriz:
If he came home late, his wife shouted at him. (Geç gelirse karısı ona bağırırdı.)

be) **if** = **since**
Burad ada **if**'i eğer ya da **madem (ki)** olarak çevirebiliriz:
If you found it, why didn't you give it to me? (Onu bulduysan/madem buldun, neden onu bana vermedin?)
Ancak bu tür cümlelerde **if**'li cümleciğin şart gösermediğine, arkasından ya da basit geçmiş (past simple) yapısı, ya da **should/must have** + geçmiş zaman ortacı (fiilin üçüncü gövdesi)'nin kullanıldığına dikkat ediniz:
If you found it you should have give it to me. (Onu bulduysan bana vermeliydin.)
If he found it he must have given it to the police. (Onu bulduysa polise teslim etmiş olmalı.)

bf) **if** + geçmişte süreklilik (past continuous)': ...yor olsa ...irdi
Burada, ...ir değil ...irdi'yi yeğ tuttuğumuza dikkat ediniz:
If you were studying we would keep quiet. (Çalışıyor olsan susardık/ses çıkarmazdık.)

bg) **if** + geçmiş öncesi : ...seydi ...miş olsaydı...)
Burada 2'inci ve 3'üncü türlerin karma kullanımına tanık olmaktayız. Geçmişteki koşul gerçekleşmiş olsaydı, şimdi durum, ana cümlecikte belirttiğimiz gibi olurdu.
If he had come on time. ...(Zamanından gelmiş olsaydı...)
1. ...he would be able to go now. (...şimdi gidebilirdi.)
2. ...he would not be waiting now. (...şimdi bekliyor olmazdı.)
3. ...he could go now. (...şimdi gidebilirdi.)

c) 3'üncü Tür Şart Cümleleri

ca) **if** + geçmiş öncesi (past perfect) + **would have** + geçmiş zaman ortacı (fiilin üçüncü gövdesi)': '...seydi/miş olsaydı, ...irdi'
If he had come early we would have had time to talk. (Erken gelseydi/gelmiş olsaydı konuşacak zamanımız olurdu.)

cb) **if** + geçmiş öncesi + **could/might have** + 3': ...seydi/miş olsaydı ...ebilirdi
If he had come early we could have talked it over. (Erken gelseydi/gelmiş olsaydı konu üzerinde konuşabilirdik.)

cc) **if** + geçmiş öncesi + **would/could/might have been + ...ing** : ...seydi/miş olsaydı ...yor olurduk/olabilirdik.
If he had bought the tickets in advance we would have been sitting at the front. (Biletleri zamanında alsaydı/almış olsaydı önde oturuyor olurduk.)

cd) **if** + geçmiş öncesinde süreklilik (past perfect continuous) : ...yor olsaydı.
If he had been watching us we could have been caught stealing. (Bizi izliyor olsaydı hırsızlık ederken yakalanabilirdik.)

d) **If you will/would**'u **...cek olursanız** ya da **lütfen ...ar mısınız?** olarak çevirebiliriz:

If you will/would help me I can carry the piano to the corner. (Bana yardım edecek olursanız piyanoyu köşeye taşıyabilirim.)

Bazen, özellikle alaycı konuşma sırasında **if you will/would**'u **lütfedip ...arsanız** olarak da çeviririz:

If you will/would (please) help me I can carry the piano to the corner. (Lütfedip bana yardım ederseniz piyanoyu köşeye taşıyabilirim.)

e) Diretme gösteren **will** ve **won't**'u **...diye tutturmak** olarak çevirme olanağı vardır:

If he will cry he shall get a good beating. (Ağlayacağım die tutturursa/Durmadan ağlarsa iyi bir dayak yiyecek.)
If he wont' give up smoking his health will suffer. (Sigarayı bırakmam diye tutturursa/İlle de sigarayı bırakmamakta diretirse sağlığını yitirecek.)

f) **if** + should'u, **...cek olursa** olarak çevirebiliriz:

If it should begin to rain... (Yağmur yağmaya başlayacak olursa...)

22 **will, would, shall, should**'un öteki kullanımları

will/shall'ın emirlerde kullanımı için bak: 282.
will/would'un ricalarda kullanımı için bak: 284.
will/would'un çağrılarda (davet) kullanımı için bak: 286.
would/should'un **like, prefer, wish** vb. ile kullanımı için bak: Bölüm 29.

230 **will** ve **would**'un bir alışkanlığı göstermesi

A Alışkanlıklar normal olarak basit şimdiki zamanla (simple present) ifade edilir. Fakat **will** + mastar yapılan eylem yerine bu işi yapmanın özelliklerini vurgulamak istediğimiz zaman, bu fiil yapısının yerine kullanılır: Bu yapı, özellikle genel ifadelerde kullanılır:

An Englishman will usually show you the way in the street. : Bir İngiliz normal olarak sokakta size yolu gösterir. (Bir İngilizin böyle davranması normaldir.)

Bu, **will**'in pek önemli bir kullanımı değildir. Fakat bunun geçmiş zaman biçimi olan **would**'un çok daha geniş bir kullanımı vardır. Çoğu kez, birbirini izleyen eylemler varken **used to**'nun yerini alır:

On Sundays he used to/would get up early and go fishing. He used to/would spend the whole day by the river and in the evening used to/would come home with marvellous stories of the fish he had nearly caught. : Pazarları erkenden kalkıp balık tutmaya giderdi. Bütün gününü nehir kıyısında geçirir ve akşamleyin, az kalsın yakalayacak olduğu balıklara ilişkin olağanüstü öyküleriyle eve dönerdi/. . .ve akşam ballandıra anlatırdı.

Ancak **used to**, artık sürdürülmeyen bir alışkanlığı ifade ederse bunun yerine **would** kullanılmadığına dikkat ediniz. (Bak: 162.) Yukarıdaki gibi kullanıldıklarında hem **will** hem de **would** kaynaştırılabilir.

B **will** ayrıca, genellikle alışkanlık niteliğindeki inat türünden bir diretmeyi de ifade edebilir:

If you 'will keep your watch half an hour slow it is hardly surprising that you are late for your appointments. : Saatini yarım saat geri tutmakta diretirsen randevularına geç kalman pek şaşırtıcı olmaz.

Geçmiş zamanda **would** kullanılır:

We all tried to stop him smoking in bed but he 'would do it. : Hepimiz ona sigarayı bıraktırmaya çalıştık ama bırakmadı/bırakmamakta diretti.

Burada **will** ve **would** kaynaştırılamaz ve kuvvetle vurgulanır.

C would, genellikle konuşanın hoşuna gitmeyen karakteristik bir eylemi anlatabilir.

Bill objects/objected. ~ He 'would! He 'would object! : Bill itiraz ediyor/etti. ~ E'der o!/itiraz e'der! (Öyledir o.)

231 should/would think + that-cümleciği ya da so/not

(Cümleciklerin yerini alan **so/not** için bak: 347.)

A *Will it be expensive? ~ I should/would think so./I should think it would.* (= probably 'Yes') : Pahalı olur mu? ~ Sanırım/Sanırım olur. (= herhalde 'Evet') ya da

I shouldn't think it would./I shouldn't/wouldn't think so. (probably no): Sanmam ki olsun./Sanmam. (= herhalde 'Hayır')

Bu tür yanıtla konuşan, tam bilmediğini, fakat izleniminin bu olduğunu belirtmek ister. Bu nedenle *I should/would think, I think* kadar kesinlik ifade etmez.

should/would think bir yorumu sunduğu zaman **so/not**'ı kullanmak olanağı normal olarak bulunmaz. Bu nedenle bir **that**'li cümlecik kullanılması gerekmektedir:

He's an astrologer, looking for work. ~ I shouldn't/wouldn't think that he'd find it easy to get work. : O bir astrolog; iş arıyor. ~ Sanmam ki iş bulması kolay olsun.

B Geçmişteki bir eylemle ilgili bir yorumda bulunuyorsak **should/would have thought**'un kullanırız:

He actually got a job as an astrologer. ~ I shouldn't/wouldn't have thought that it was possible to do that. : Astrolog olarak iş buldu aslında. ~ Bunu yapmak olanağının bulunmadığını sanıyordum. (Bence bunun olanağı yoktu.)

C **should/would have expected** + mastar yapısı ya da bir **that** cümleciği kullanmak olanağı da vardır. Bazen **I** yerine belli bir kişiyi belirlemeyen **you** da kullanılabilir:

She has emigrated. ~ Has she? You'd/I'd have expected her to stay in this country. : Göç etti. ~ Öyle mi? İnsan onun bu ülkede kalmasını beklerdi/ . . . beklerdim.

232 Geçmişteki bir niyet için **would**'un kullanılması

Daha önce belirtildiği gibi, **will**, normal gelecek belirtmek için kullanıldığında **would, will**'in geçmiş zaman biçimidir:

He knows he will be late. : Geç kalacağını biliyor.
He knew he would be late. : Geç kalacağını biliyordu.

Aynı biçimde **would**, niyet bildirmek için kullanılan **will**'in de geçmiş zaman biçimidir:

I said, 'I will help him.' : 'Ona yardım edeyim', dedim.
I said that I would help him. : Ona yardım edeceğimi söyledim.
He said, 'I won't lend you a penny.'. : 'Sana bir kuruş ödünç vermem', dedi.
He said that he wouldn't lend me a penny. : Bana bir kuruş ödünç vermeyeceğini söyledi.

Ancak gelecek zaman ya da niyet belirten **would**, yukarıdaki örneklerde olduğu gibi yalnız yan cümleciklerde kullanılabilirken olumsuz yöndeki bir niyeti ifade eden **wouldn't**, tek başına kullanılabilmektedir:

He won't help me today. : Bana bugün yardım etmiyor (yardım etmeye yanaşmıyor).
He wouldn't help me yesterday. : Bana dün yardım etmeye niyetli değildi (yardıma yanaşmadı).

would böyle kullanılamaz. Dolayısıyla,

I will help him today. : Ona bugün yardım ederim.

gibi bir cümleyi geçmiş zamana aktarmak için **will**'in yerin başka bir fiil kullanmamız gerekmektedir.

I wanted/intended/offered to help him yesterday. : Dün ona yardım etmek istedim/etmeye niyetim vardı/etmeyi önerdim.

Shall

Gelecek zamandaki kullanılışı dışında **shall** şu durumlarda kullanılabilir:

233 Emir veya öğüt, öneri ve düşünce sormak için **shall I?/shall we?**:

A Emir sormada:
How shall I cook it? Where shall we put this? : Bunu nasıl pişireyim? Bunu nereye koyayım?

B Yalnızca öğüt soruluyorsa, yalnız **shall** veya **should** kullanılabilir:
Which one shall I buy? : Hangisini alayım?
Which one should I buy? : Hangisini alsam/alayım?

C Önerilerde:
Shall I wait for you? Shall I help you to pack? : Seni bekleyim mi? Valizini yerleştirmene yardım edeyim mi?

D Düşünce sormada:

Shall we meet at the theatre? Let's meet at the theatre, shall we? : Tiyatroda buluşalım mı? (Aktarılmış cümlelerdeki **shall I/we?** için 318'e bakınız.)

234 2'nci ve 3'üncü şahıslarla **shall**

A Öznenin, belirli bir eylemi yerine getirmeye veya yerine getirilmesini sağlamaya niyetli olduğunu ifade etmek için.

B Emir iletmek için.
Bu iki kullanımın her ikisi de modası geçmiş ve biçimsel olup normal olarak konuşma dilinde kullanılmamaya çalışılır.

A **shall**'in, konuşanın niyetini ifade etmek için kullanılışına örnekler:

You shall have a sweet = *I'll give you a sweet.* veya *I'll see that you get a sweet.* : Bir tatlı yiyeceksin. = Sana bir tatlı vereceğim veya Senin bir tatlı yemeni sağlayacağım.

He shan't come here. = *I won't let him come here.* : O buraya gelmeyecek. = Onun buraya gelmesine izin vermeyeceğim.

They shall not pass. = *We won't let them pass.* : Geçmeyecekler. = Geçmelerine izin vermeyeceğiz.

Geçmişte, yani aktarılmış cümlede, sözleri değiştirmek genellikle zorunludur:

He said, 'You shall have a sweet.' = He promised me a sweet. : 'Bir tatlı yiyeceksin', dedi. = Bana bir tatlı vaad etti.

B **shall**'in emir iletmek için kullanılmasına örnekler:

Yachts shall go round the course, passing the marks in the correct order. : Yatlar, işaretlerden belirtilen sırayla geçerek yarış alanını dolaşacaklardır. (Yat yarışları kurallarından).

Members shall enter the names of their guests in the book provided. : Üyeler, konuklarının adlarını -kendilerine- sağlanan deftere kaydedeceklerdir. (klüp kurallarından)

Bu yapı, en çok tüzüklerde veya yasal belgelerde kullanılır. Daha az biçimsel olan İngilizcede yukarıdaki cümlelerde **shall** yerine **must** veya **are to** kullanılır. (Ayrıca bak: 282)

C **shall you?**, modası geçmiş ve herhalde, gelecekte süreklilik (future continuous) yapısından daha kısa ve ayrıntısız olduğu için yalnızca ciddi romanlarda kullanılan bir yapıdır.

Shall you go? = Will you be going? : Gidecek misin?

235 Bazı fiillerden sonra **that . . . should**

Bazı fiillerin ardından, bir isim-fiil ya da mastar yapısına karşı bir seçenek olarak **that** + özne + **should** kullanılabilir.

that . . . should, bir isim-fiil ya da mastar yapısından daha biçimsel olup genellikle öğüt verenler/öğütleyenler vb. ile eylemi gerçekleştirenler arasında daha az doğrudan ilişki bulunduğu anlamını içerir.

that . . . should'la birlikte kullanılabilecek fiiller arasında şunlar bulunmaktadır:

advise (öğütlemek)	*agree* ([görüşe] katılmak)	*arrange* (ayarlamak)
ask (rica etmek)	*beg* (yalvarmak)	*command* (emretmek)
decide (karar vermek)	*demand* (talep etmek)	*determine* (belirlemek)
insist (ısrar etmek)	*order* (emretmek)	*propose* (önermek)

recommend (salık vermek)	*request* (rica etmek)	*stipulate* (öngörmek)
suggest (salık vermek)	*urge* (. . .meye itm.)	

Ayrıca *be anxious* (. . .konusunda endişeli olmak) ve *be determined* (konusunda kararlı olmak) da vardır.

She advised that we should keep the gate locked. : Kapıyı kilitli tutmamızı öğütledi.

She advised that the gate should be kept locked. : Anlam aynı.
She advised keeping the gate locked/advised us to keep it locked. : Anlam aynı. (Bak: 267.)

recommend (salık vermek), yukarıda *advise*'ın yerine kullanılabilir ve daha biçimsel bir ton taşır.

They agreed/decided that the roof should be repaired. : Çatının onarılması gerektiğini kabul ettiler/gerektiğine karar verdiler.
They agreed/decided to repair the roof. : Çatıyı onarmaya razı oldular/karar verdiler.
He arranged that I should go abroad. : Yurt dışına çıkmamı ayarladı.
He arranged for me to go. : Gitmemi ayarladı.
They arranged that the minister should be met at the airport. : Bakanın havaalanında karşılanmasını düzenlediler. (Yaptıkları düzenlemeye göre bakan havaalanında karşılanacaktı.)
They arranged for the minister to be met at the airport. : Anlam aynı.

be anxious (= wish: dilemek; bak: 27 C), *arrange*'le aynı yapıya girer:

He is anxious that classes should start/should be started at once. : Derslerin hemen başlamasını/başlatılmasını çok istiyordu.
He is anxious for classes to start/to be started at once. : Anlam aynı.

They asked/begged/urged that the relief work should be given priority. : Kurtarma çalışmalarına öncelik verilmesini rica ettiler/verilsin diye yalvardılar/verilmesini talep ettiler.
They asked/begged/urged the authorities to give relief work priority. : Yetkililerden, kurtarma çalışmalarına öncelik vermelerini rica ettiler/Yetkililere . . . verilsin diye yalvardılar/Yetkililerden . . . verilmesini talep ettiler. (Bak: 243.)

He commanded that the army should advance. : Ordunun ilerlemesini emretti. (Emreden kişi, orduda bulunmayabilir.)
He commanded the army to advance. : Ordunun ilerlemesini emretti. (Herhalde ordudaydı.)

She determined/was determined that he should study music. : (Kadın) Onun (adamın) müzik eğitimi yapması konusunda kararlıydı.
She determined/was determined to let him/make him study music. : Onun müzik eğitimini yapmasına izin vermekte/ . . .eğitimini yaptırmakta kararlıydı.

She insisted that he should study music/insisted on his studying music.: Müzik eğitimi yapması konusunda diretti. (Bak: 262.)
He ordered that Ann should go. : Ann'in gitmesini emretti. (Herhalde bir başkasına, bunu ona iletmesini söyledi.)

He ordered Ann to go. : Ann'e gitmesini emretti. (Bunu her halde kendisi söyledi. (Bak: 320.)
He ordered that the goods should be sent by air. : Malların hava yoluyla gönderilmesini emretti.
He ordered the goods to be sent by air. : Anlam aynı.

He proposed/suggested that we should try homeopathic remedies. : Homepatik tedavi yöntemlerini denememizi önerdi/salık verdi.
He proposed/suggested that homeopathic remedies should be tried. : Homoepatik tedavi yöntemlerinin denenmesini önerdi/salık verdi.

He proposed/suggested (our) trying homoepathic remedies. : Homoepatik tedavi yöntemlerinin denenmesini/denememizi önerdi/salık verdi.
They stipulated that the best materials should be used. : En iyi malzemelerin kullanılmasını öngördüler.
They stipulated for the best materials to be used. : Anlam aynı.

should bazen **be**'den önce atılır. (Bak: 291 C.)

236 it is/was + sıfat + that . . . should

A **that . . . should** kalıbı, *it is/was* (. . .mek), *advisable* (önerilir), *better* (daha iyidir), *desirable* (istenen bir durumdur), *essential* (gereklidir), *imperative* (zorunludur), *important* (önemlidir), *natural* (doğaldır), *necessary* (gereklidir)'den, *fair* (just) (adil olur), *just* (adil olur), *right* (doğru olur)'dan (bunlardan önce genellikle *only* gelir), *reasonable* (akla yatkın)'dan önce, **for** + mastar yapısına karşı bir seçenek olarak kullanılabilir:

It is advisable that everyone should have a map. : Herkesin bir haritasının olması, öğütlenir bir durumdur.
It is better for him to hear it from you. : Bunu senden duyması daha iyi.
It is better that he should hear it from you. : Anlam aynı.

It is essential for him to be prepared for this. : Buna hazırlıklı olması gerekli.
It is essential that he should be prepared for this. : Anlam aynı.
It is only right that she should have a share. : Onun bir payı olması hakça olur.

should bazen **be**'den önce atılır:
It is essential that he be prepared. : Hazırlıklı olması gerekli.

B **that . . . should** kalıbı, *it is/was* (. . .mek . . .dır/olur), *absurd* (saçma), *amazing* (şaşırtıcı), *annoying* (sinir bozucu), *ludicrous* (gülünç), *odd* (tuhaf), *ridiculous* (gülünç), *strange* (garip), *surprising* (şaşırtıcı) ve benzeri sıfatlarla birlikte, **that** + şimdiki/geçmiş zaman kalıbına karşı bir seçenek olarak kullanılabilir:

It is ridiculous that we should be (= that we are) *short of water in a country where it is always raining.* : Her zaman yağmur yağdığı bir ülkede susuz kalmamız gülünç.

-miş'li mastar bazen, geçmiş eylemlere gönderme yaparken kullanılır:
It is amazing that she should have said (= that she said) *nothing about the murder.* : Cinayete ilişkin hiçbir şey söylememiş olması şaşırtıcı.

237 **should**'un öteki kullanılışları

A *can't think why/don't know why/see no reason why* vb.'den sonra: konuşucu, bir varsayımın akla yatkınlığını veya haklılığını kurcaladığı zaman:

I don't know why you should think that I did it. : Bunu neden benim yaptığımı düşündüğümü bilmiyorum./Neden bunu benim yaptığını düşünecekmişsin, bilmiyorum.

I see no reason why you should interfere in their quarrel. : Onların dalaşına neden karıştığını anlamıyorum.

Varsayım geçmişte olduğu zaman -miş'li mastar (perfect infinitive) kullanmak yaygındır:
I can't think why he should have said that it was my fault. : Bunun neden benim hatam olduğunu söylediğini düşünemiyorum/anlayamıyorum; söyledin, anlayamıyorum.

B Yaygın kullanımda **who, where, what** ile birlikte, şaşırmanın dramatik ifadesinde:
What should I find but a spider! : Bir de ne göreyim? Bir örümcek!

Çoğu kez bu sürpriz, can sıkıcı olabilir:

Who should come in but his first wife! : İçeri kim girdi dersin/girse iyi? İlk karısı!

C **lest**'ten ve bazen **in case**'den sonra:

1 **lest . . . should**, bazen korku ve endişe ifadelerinden sonra biçimsel İngilizcede kullanılabilir:

He was terrified lest he should slip on the icy rocks. : Buzlu kayaların üzerinde kayacağım diye ödü kopuyordu.

Endişe geçmişle ilgili bir eylemle ilgili ise -miş'li mastar (perfect infinitive) kullanılır:

She began to be worried lest he should have met with some accident. : Başına bir kaza gelmiş olmasından endişelenmeye başladı.

2 **lest** ayrıca, 'for fear that: bakarsın . . .' anlamında amaç cümleciklerinde kullanılabilir:

He dared not spend the money lest someone should ask where he had got it. : Parayı, birisi onu nereden elde ettiğini sorar korkusuyla harcamaya cesaret edemedi.

Yukarıdaki gibi bu da biçimsel bir ifadedir.
Bu durumda **lest**'ten daha yaygın **in case**'in ardından **should** veya sıradan bir fiil gelebilir:

in case someone should ask/someone asked (her ikisi de) : Biri sorar diye/korkusuyla (Ayrıca 227, 337'ye bakınız.)

D **should** bazen, **would/could**'a karşı bir seçenek olarak amaç cümleciklerinde kullanılabilir:

He wore a mask so that no one should recognize him. : Kimse onu tanımasın diye bir maske taktı. (336'ya bakınız.)

E Şart cümlelerinde, şimdiki zaman yerine:

If the pain should return take another of these pills. : Acı yeniden nüksedecek olursa bu haplardan bir tane daha alın.
(Bak: 224.)

F Aktarılmış ve bir hayli biçimsel emirlerde, emrin hedefiyle doğrudan konuşulmuyorsa:

He ordered that Tom should leave the house. : Tom'un evden ayrılmasını emretti.

Bunu, bu kişinin bizzat Tom'la konuştuğu anlamını içeren *He ordered Tom to leave*'le (Tom'a ayrılmasını emretti) ile karşılaştırınız.

23 Mastar (The infinitive)

238 Biçim

A Mastar biçimlerine örnekler

Şimdiki zaman mastarı	*to work, to do*
Şimdiki zamanda süreklilik mastarı	*to be working* *to be doing*
-miş'li mastar	*to have worked, to have done*
Şimdi öncesinden süreklilik mastarı	*to have been working* *to have been doing*
Şimdiki zaman edilgen mastar	*to be done*
-miş'li edilgen mastar	*to have been done*

B Tam mastar, yukarıda gösterildiği gibi iki sözcükten oluşur: **to** + fiil. Fakat bazı fiil ve ifadelerden sonra **to**'suz biçimi, yani 'çıplak mastar'ı kullanırız (Bak: 246):

You had better say nothing. : Bir şey söylemesen iyi olur. (Bak: 120)

C Normal olarak **to** ile mastar arasına sözcük konması doğru değildir, fakat bölünen mastarlar içi 248'e bakınız.

D Yinelemeyi önlemek için bazen mastarı **to** temsil eder:
Do you smoke? ~ No, but I used to (smoke). : Sigara içer misin? ~ Hayır, ama eskiden içerdim. (Bak: 247)

239 Mastarın kullanımları

A Mastar, yalnız başına (*We began to walk:* Yürümeye başladık) ya da bir mastar takımının bir parçası olarak (*We began to walk down the road.* : Yoldan aşağı yürümeye başladık.) kullanılabilir.

B Mastar, bir cümlenin öznesi olabilir (Bak: 240).

C Mastar, bir fiilin tamlayıcısı olabilir:
His plan is to keep the affair secret. : Onun planı, bu ilişkiyi gizli tutmak.

D Mastar, bir fiilin tümleci ya da tümelcin bir parçası olarak kullanılabilir. Fiilin hemen arkasından da gelebilir. (*He wants to pay* : Ödemek istiyor [Bak:

241, 243]), ya da fiil + **how, what** vb.'den sonra gelebilir (bak: 242); fiil + tümleci de izleyebilir (*He wants me to pay* : Benim ödememi istiyor [Bak: 243, 244]).

E **be** + mastar emir ya da talimatı bildirir (Bak: 114).

F Mastar, amaç bildirebilir (Bak: 334).

G Mastar, belirli sıfatlardan sonra kullanılabilir:

angry	*glad*	*happy*	*sorry*	(Bak: 26)
(kızgın)	(memnun)	(mutlu)	(üzgün)	
fortunate	*likely*	*lucky*		(Bak: 27)
(şanslı)	(olası)	(şanslı)		

H Mastar, iki cümleciği birleştiremez (Bak: 249).

I Mastar, bazen ilgi cümleciklerinin yerini alabilir (Bak: 77, 250).

J Mastar, bazı isimlerden sonra kullanılabilir (Bak: 251).

K Mastar, **too/enough** ve bazı sıfat/zarflarla kullanılabilir (Bak: 252).

L *to tell the truth* (doğruyu söylemek), *to cut a long story short* gibi bir mastar takımı cümlenin başına ya da sonuna ekleneblir.

240 Mastarın özne olarak kullanılması

A Bir mastar ya da mastar takımı **appear, be, seem** fiillerinin öznesi olabilir. Mastar en başa konabilir:

The compromise appears advisable. : Bağdaşmak akla yatkın görünüyor.
To lean out of the window is dangerous. : Pencereden dışarı sarkmak tehlikelidir.

To save money now seems impossible. : Şimdi para biriktirmek olanaksız görünüyor.

B Fakat öne **it** zamirini koyup mastar ya da mastar takımını cümlenin sonuna koymak, daha yaygındır:

It appears advisable to compromise. : Bağdaşmak akla yatkın görünüyor.
It is dangerous to lean out of the window. : Pencereden dışarı sarkmak tehlikelidir.
It seemed impossible to save money. : Para biriktirmek şimdi olanaksız görünüyordu.

Buradaki **it**, sunan **it** olarak bilinir. Bu zamirin sorularda kullanımına dikkat ediniz:

Would it be safe to camp here? : Burada kamp yapmak güvenceli olur mu?
Wouldn't it be better to go on? : Devam etmek daha iyi olmaz mı?

Burada **it** yapısı gereklidir. *Would* + *to camp* ve *Wouldn't* + *to go on* kullanılamaz.

C Genellikle bu tür mastarlı yapılar **it** + **be** + sıfat + mastar'dan oluşur. (Bak: 26-27.)

Fakat bazen sıfat yerine bir isim kullanılabilir:
It would be a crime/a mistake/a pity to cut down any more trees. : Daha fazla ağaç kesmek cürüm/hata/yazık olur.
It is an offence to drop litter in the street. : Yola çöp atmak suçtur.

D **cost/take** + mastar da kullanılabilir:
It would cost millions/take years to rebuild the castle. : Şatoyu yeniden inşa etmek milyonlar tutar/yıllar alır.

E Eylem daha geniş anlamda ele alındığında mastar yerine isimfiil kullanılabilir. Fakat her zaman mastar kullanmak güvencelidir. Bir tek eyleme gönderme yapıldığında mastar kullanmalıyız:

He said, 'Do come.' It was impossible to refuse. : 'Mutlaka gel', dedi. Reddetmek olanağı yoktu.

Ancak *It is not always easy to refuse invitations* (Çağrıları reddetmek her zaman kolay olmuyor) yerine *Refusing invitations is not always easy* (anlam aynı / Ç.N.) denebilir. Burada eylem genel anlamda ele alınmaktadır; mastar da, isimfiil de kullanılabilir. (Ayrıca bak: 258).

F **it** + mastar yapısı, **believe/consider/discover/expect/find/think (that)** ve **wonder (if)** ile birlikte kulanılabilir. (. . .kanısında olmak/göz önüne almak/ummak/öğrenmek/ . . .kanısında olmak ve merak etmek):

He thought (that) it would be safer to go by train. : Trenle gitmenin daha güvenceli olduğu kanısındaydı.

Bu anlamda kullanılan **find**'dan sora **that** + **be** fiili yapısı atılabilr. Dolayısıyla şöyle diyebiliriz:

He found (that) it was easy to earn extra money. : Fazladan para kazanmanın kolay olduğunu anladı. Ya da
He found it easy to earn extra money. : Fazladan para kazanmayı kolay buldu.
He will find (that) it is hard to make friends. : Arkadaş edinmenin zor olduğunu anlayacak. Ya da
He will find it hard to make friends. : Arkadaş edinmeyi zor bulacak.

Bu bazen **think**'le de yapılabilir:

He thought it safer to go. : Gitmeyi daha güvenceli buldu.

Ancak, öteki fiillerden sonra **be**'nin atılması salık verilmez. (Buna benzer isimfii yapıları için bak: 258.)

G -miş'li mastar, cümlenin öznesi olarak da kullanılabilir.
To have made the same mistake twice was unforgivable. : Aynı hatayı iki kez yapmak bağışlanmaz (bir davranış)tı.

Aynı biçimde **it** başta da bulunabilir:
It is better to have loved and lost than never to have loved at all. : Sevip yitirmiş olmak, hiç sevmemiş olmaktan iyidir.

241 Fiilin tümleci ya da tamlayıcısı olarak mastar

A Hemen arkalarından mastar alabilen fiillerden en yararlıları şunlardır:

1. *agree***
2. *aim*
3. *appear**
4. *arrange***
5. *ask***
6. *attempt*
7. *bother*
8. *care* (olumsuz)
9. *choose*
10. *claim***
11. *condescend*
12. *consent*
13. *decide***
14. *decline*
15. *demand***
16. *determine***
17. *be determined***
18. *endeavour*
19. *fail*
20. *forget**
21. *guarantee**
22. *happen**
23. *hesitate*
24. *hope*
25. *learn**
26. *long*
27. *manage*
28. *neglect*
29. *offer*
30. *plan*
31. *prepare*
32. *be prepared*
33. *pretend**
34. *proceed*
35. *promise**
36. *prove**
37. *refuse*
38. *remember**
39. *resolve***
40. *seem**
41. *swear**
42. *tend*
43. *threaten**
44. *trouble* (olumsuz)
45. *try* (= attempt)
46. *undertake**
47. *volunteer*
48. *vow*

ÇEVİRİCİNİN NOTU: Fillerin anlamları:

1. razı ol	17. kararlı ol	33. . . .gibi davran.
2. hedefle	18. giriş	34. . . .meye geç
3. görün	19. başarma	35. söz ver
4. ayarla	20. unut, ihmal et	36. . . .diği ortaya çıkm.
5. rica et	21. garanti et	37. yanaşma
6. teşebbüs et	22. tesadüfen . . .	38. anımsa
7. zahmet et	23. tereddüt et	39. kararlı ol
8. hevesli ol(ma)	24. um	40. görün
9. yeğ tut	25. öğren	41. yemin et
10. iddia et	26. arzula	42. eğilimi ol
11. tenezzül et	27. başar	43. tehdit et
12. razı olmak	28. ihmal et	44. zahmet et(me)
13. karar ver	29. öner	45. . . .meye çalış
14. yanaşma	30. planla	46. üstlen
15. talep et	31. hazırlan	47. gönüllü ol
16. kararlı ol	32. istekli ol	48. yemin et

*Bak: D **Bak: F

Yardımcı fiiller

be	*dare*	*have*	*must*
ought	*will*	*can*	*do*
may	*need*	*shall*	*used*

(Tümleç + mastar alan fiiller için Bak: 244. Mastar ya da isimfiil alan fiiller için bak: Bölüm 25.)

B Aşağıdaki sözcük takımlarından sonra da mastar gelebilir:

be about	*make up one's mind** (= decide)
be able + *afford*	*occur** + *to* + tümleç
do oneś best/	*set out*
do what one can	*take the trouble*
make an/every effort	*turn out** (= prove to be)

*Bak: D

C A ve B'ye örnekler:

She agreed to pay £50. : 50 sterlin ödemeye razı oldu.
Two men failed to return from the expedition. : İki adam araştırma gezisinden dönmeyi başaramadı/dönemedi.
I managed to put the fire out. : Yangını söndürmeyi başardım/söndürebildim.
They are preparing (= getting ready) *to evacuate the area.* : Bölgeyi boşaltmaya hazırlanıyorlar.

We are not prepared (= willing) *to wait any longer.* : Daha fazla beklemeye niyetimiz yok.
The tenants refused to leave. : Kiracılar çıkmaya yanaşmadılar.
Prices always tend to go up. : Fiyatlar hep yükselme eğilimi gösterir.
She volunteered to help with Meals on Wheels. : Meals on Wheels'e yardım (kampanyasına) gönüllü olarak katıldı. (Meals and Wheels, ev ev yoksullara yemek dağıtma kampanyasının adıdır. / Ç.N.)

He is just about to leave. : Tam çıkmak üzere. (on the point of leaving)
We can't afford to live in the centre. : (Şehir) merkez(in)de oturmaya (maddi) gücümüz yetmez.
He didn't bother/trouble to answer personally. : Bizzat yanıt vermek zahmetine katlanmadı

Yukarıdakinin tersi:

He took the trouble to answer personally. : Zahmet edip bizzat yanıt verdi/Bizzat yanıt verme zahmetinde bulundu.

D Yıldızlı fiil ya da ifadeler, bir **that**'lı cümlecikle de kullanılabilirler (Bak: 346):

It promise to wait = I promise that I will wait. : Beklemeye söz veriyorum = Bekleyeceğime dair söz veriyorum.
He pretended to be angry = He pretended that he was angry. : (Her ikisi de) Kızmış gibi göründü.

(Genellikle soru ve olumsuzda kullanılan) **occur** sözcüğü, hem **it**'li hem de **that**'li yapıda sunucu **it** ister:

It didn't occur to me to ask him for proof of his identity. (I didn't think of doing this) : Ondan kimliğini kanıtlamasını istemek aklıma gelmedi. (Bunu yapmayı düşünemedim.)

It occured to me that he was trying to conceal something. (The idea come to me): Bir şeyler sakladığını düşündüm birden. (Bu düşünce aklıma geldi.)

that'li yapıyla kullanıldıklarında da **appear, happen, seem, turn out** fiilleri sunucu **it**'i isterler:

It turned out that his 'country cottage' was an enormous bungalow. : Onun 'kır kulübesi'nin görkemli bir bugalo olduğu ortaya çıktı. Fakat:
His 'country cottage' turned out to be an enormous bungalow. : (Mastar yapısı) Çeviri yaklaşık aynı.

E Ancak fiil + mastar her zaman, aynı fiilin **that**'li yapıdaki kullanışıyla aynı anlama gelmeyebilir. *learn, forget* ve *remember* fiillerinde anlam farklı olur:

He learned to look after himself. : Kedisine bakmayı öğrendi.
He learned (= was told) *that it would cost £100.* : Onun 100 sterlin olduğunu öğrendi (= kendisine söylendi).

He forgot to leave the car keys on the table. (He didn't leave them.) : Arabanın anahtarlarını masanın üstünde bırakmayı unuttu. (Bırakmadı.)
He forgot that his brother wanted to use the car. : Kardeşinin arabayı kullanmak istediğini unuttu.

Ters anlamda **remember** da aynı biçimde kullanılabilir.
agree/decide + mastar, eylemde bulunma niyetini belirtir.
agree that . . . bir düşünceyi ifade eder.
decide that . . . varılan bir sonucu ya da özelliği gereği bir eylemi gerektiren bir kararı ifade eder.

F İki yıldızlı fiiller bir mastar ya da **that . . . should** yapısını alır. **that . . . should,** özellikle edilgende yararlıdır (Bak: 302).

They decided/agreed to divide the profits equally. : Kârları eşit biçimde paylaşmayı kararlaştırdılar/paylaşma konusunda anlaştılar.

They decided that the profits should be divided equally. : Kârları eşit biçimde paylaşılmasına karar verdiler.

I arranged to meet/for Tom to meet them. : Onları karşılamayı/Tom'un karşılamasını ayarladım.

I arranged that Tom should meet them. : Onları Tom'un karşılamasını ayarladım.

I arranged that they should be met. : Karşılanmaları konusunu ayarladım.

G Süreklilik mastarı genellikle **appear, happen, pretend, seem** fiillerinden sonra kullanılır:

I happened to be looking out of the window when they arrived. : Geldikleri zaman tesadüfen pencereden dışarı bakıyordum.
He seems to be following us. : Bizi izliyor görünüyor.

agree, arrange, decide, determine, hope, manage, plan ve yardımcı fiillerden sonra da bu mastar biçimi kullanılabilir (Bak: 254).

H **appear, hope, pretend, seem** ve yardımcı fiillerden sonra -miş'li mastar kullanılabilir (Bak: 255).

242 Fiil + **how/what/when/where/which/why** + mastar

A Bu biçimde en sık kullanılan fiiller şunlardır:

ask (rica etmek)	*know* (bilmek)	*think* (aklına gelmek)
decide (karar vermek)	*learn* (öğrenmek)	*understand* (anlamak)
discover (keşfetmek)	*remember* (anımsamak)	*want to know* (bilmek, istemek)
find out ((öğrenmek)	*see* (= understand/ perceive) (anlamak)	*wonder* (merak etmek)
forget (unutmak)	*show* + tümleç (. . .e göster)	

He discovered how to open the case. : Kasayı nasıl açacağını keşfetti.
I found out where to buy fruit cheaply. : Nereden ucuz meyve alacağımı öğrendim.
I didn't know when to switch the machine off. : Makineyi ne zaman kapatacağımı bilmiyordum.
I showed her which button to press. : Hangi düğmeye basacağını gösterdim.
She couldn't think what to say. : Ne diyeceğini bilemedi.

(Bu yapının, geniş zaman ya da basit geçmiş zamandan sonra pek yaygın olmayıp **think**'in öteki fiil yapılarında ya da yukarıdaki örnekte olduğu gibi ikinci fiil durumundaki **think**'den sonra kullanılabileceğine dikkat ediniz.)

B **whether** + mastar; **want to know, wonder**'dan sonra:

I wonder/wondered whether to write or phone. : Mektup mu yazsam, telefon mu etsem diye merak ediyorum (karar veremiyorum.)

olumsuz ve sorudaki bir fiili izlediklerinde **decide, know, remember, think**'den sonra da aynı biçimde kullanılabilir:

You needn't decide yet whether to study arts or science. : Resim mi fen mi okuyacağına henüz karar vermek zorunda değilsin.
He couldn't remember whether to turn left or right. : Sola mı, sağa mı döneceğini anımsayamadı.

C **ask, decide, forget, learn, remember**'dan hemen sonra da mastar gelebilir (Bak: 241). Ancak anlam her zaman aynı olmayabilir.

learn how + mastar = 'acquire a skill' (. . .meyi öğrenmek = bir beceri kazanmak):

She learned how to make lace. : Ayakkabısını bağlamayı öğrendi.

Ancak kazanılan beceri sıradan bir beceriyse **how** normal olarak atılır:

She learned to drive a car. : Arabayı sürmeyi öğrendi.

learn + mastar'ın (**how**'sız) farklı bir anlamı olabilir:

She learned to trust nobody. : Kimseye güvenmemeyi öğrendi. = *She found from experience that it was better to trust nobody.* : Deneyimle, kimseye güvenmemenin daha iyi olduğunu anladı.

Ayrıca, şu cümlelere dikkat ediniz:

I decided to do it = I said to myself, 'I'll do it.' : Onu yapmaya karar verdim = Kendi kendime, 'Onu yapacağım,' dedim.

I remembered where to get a ticket. : Nereden bir bilet bulacağımı anımsadım. (Biletlerin Festival Bürosu'nda bulunabileceğini anımsadım.)

243 Fiil ya da fiil + tümleçten sonra mastar

A Bu iki biçimden biriyle kullanılabilen fiiller şunlardır:

ask (rica et)	*help* (yardım et)	*mean* (demek iste)
beg (yalvar)	*intend* (niyetlen)	*prefer* (yeğ tut)
expect (um)	*like* (= think wise or *right)* (doğru bul)	*want* (iste)
would hate (hiç hoşlanma)	*would like* (= enjoy) (iste)	*wish* (dile)
	would love (can at)	

He likes to eat well. : İyi yemeyi sever (ister).

He likes his staff to eat well. : Kadrosunun iyi yemesini sever (ister).

I want to ride. I want you to ride too. : (Ata) binmek istiyorum. Senin de binmeni istiyorum.

B **ask** ve **beg**

ask + mastar'ın, **ask** + tümleç + mastar'dan ayrı bir anlamı vardır:

I asked to speak to Mrs Jones =
I said, 'Could I speak to Mrs Jones?' : Mrs Jones'la konuşmak istedim = 'Mrs Jones'la konuşabilir miyim?' dedim.

I asked Bill to speak to her. =
I said, 'Bill, could you speak to her?' : Bill'in onunla konuşmasını istedim = 'Bill, onunla konuşur musun?' dedim.

beg'de de buna benzer bir ayrım varsa da hemen arkasından mastar pek gelmez:

I begged (to be allowed) to go = *I said, 'Please let me go?* : Gitmek (Gitmeme izin verilmesi) için yalvardım = 'Lütfen bırakın gideyim', dedim.

ask ve **beg**'in ardından **that . . . should** gelebilir (Bak: 235).

C **expect** + mastar ve **expect** + tümleç + mastar'ın anlamları aynı olabilir:

I expect to arrive tomorrow =
I think it is likely that I will arrive tomorrow. : Yarın varmayı umuyorum = Yarın varmamın olası olduğu kanısındayım.

I expect him to arrive tomorrow =
I think it is likely that he will arrive tomorrow. : Yarın varmasını umuyorum = Yarın varmasının olası olduğu kanısındayım.

Ancak çoğu kez **expect** + tümleç + mastar, bir görev kavramını iletir:

He expects his wife to bring him breakfast in bed at weekends. : Hafta sonlarında karısının kahvaltıyı yatağına getirmesini bekler. (Bunu yapmanın onun görevi olduğunu düşünür.)

expect'ten sonra **that** + özne + fiil gelebilir. Burada bir görev kavramı bulunmaz.

D Mastar ya da isimfiillerle kullanılan **care, hate, like, love** ve **prefer** için 294-8'e bakınız.

intend, mean, want'u isimfiil izleyebilir (Bak: 266).

244 Fiil + tümleç'ten sonra mastar

A Bunlardan en önemlileri şunlardır:

advise (öğütle)	*forbid* (yasakla)	*make* (ç) (yap)	show how (. . .meyi göster)
allow (izin ver)	*force* (zorla)	*oblige* (mecbur et)	*teach/teach how* (öğret/. . .meyi öğret)
bribe (rüşvet ver)	*hear* (ç) (duy)	*order* (emret)	*tell/tell how* (söyle/nasıl . . .ceğini söyle)
command (emret)	*implore* (yalvar)	*permit* (izin ver)	*tempt* (tahrik et)
compel (mecbur et)	*induce* (yönlendir)	*persuade* (ikna et)	*train* (eğit)
enable (. . .mesini sağla)	*instruct* (göster/öğret)	*remind* (anımsat)	*urge* (tahrik et)
encourage (cesaretlendir)	*invite* (devam et)	*request* (rica et)	*warn* (uyar)
entitle (yetkili kıl)	*let* (ç) (izin ver)	*see* (ç) (gör)	*watch* (ç) (izle)

Burada ç, çıplak mastar demektir. (Bak: 246)

advise, allow ve **permit,** isimfiillerle de kullanılabilir. (Bilme ve düşünme fiilleri için bak: 245).

B Fiil + tümleç + mastar:

These glasses will enable you to see in the dark. : Bu gözlükler, karanlıkta görmenizi sağlayacaktır.
She encouraged me to try again. : Beni yeniden denemeye teşvik etti.
They forbade her to leave the house ya da
She was forbidden to leave the house (daha yaygın) : Evden ayrılmasını yasakladılar ya da Evden ayrılması yasaklandı.
Nothing would induce me to do business with them. : Hiç bir şey beni onlarla iş yapmaya yönlendiremez.
They persuaded us to go with them. : Bizi onlarla gitmeye ikna ettiler.
They are training these dogs to sniff out drugs. : Bu köpekleri, kokuyla uyuşturucu bulmak için eğitiyorlar.

C **show/teach/tell + how**

Mastarla birlikte kullanılan **show, how** ister:
He showed me how to change a fuse. : Sigortayı değiştirmeyi/Sigortanın nasıl değiştirileceğini bana gösterdi.

tell how + mastar = 'instruct' (öğretmek):
He told me how to replace a fuse. : Sigortanın nasıl değiştirildiğini anlattı. (Bana gerekli bilgi ya da talimatı verdi.)

Ancak **tell** + tümleç + mastar = 'order' (emretmek)
He told me to change the fuse = He said, 'Change the fuse'. : Sigortayı değiştirmemi söyledi = Bana, 'Sigortayı değiştir', dedi.

teach how
Birisine yüzmeyi, dans etmeyi, daktiloda, yazmayı, ata binmeyi, vb. öğretmek anlamında *teach how to swim, dance, type, ride,* vb. kullanırız:

He taught me how to light a fire without matches. : Kibrit kullanmadan ateş yakmayı bana öğretti.

how kullanılabilir, ancak beceri sıkça rastlanan türdense **how** normal olarak kaldırılır: *He taught me to ride.* : Bana ata binmeyi öğretti.

teach + tümleç + mastar (**how**'sız) birisine belli bir yönde davranmayı öğretmek ya da bu yönde eğitmek anlamına da gelebilir:
He taught me to obey all commands without asking questions. : Bütün komutlara sorgusuz sualsiz uymayı bana öğretti.

D **remind, show, teach, tell**'den sonra **that** de gelebilir:
He reminded me that the road was dangerous. : Bana yolun tehlikeli olduğunu anımsattı.
He showed me that it was quite easy. : Bana onun çok kolay olduğunu gösterdi.

tell + **that**'in **tell** + mastar'la aynı anlama sahip olmadığına dikkat ediniz:
He told (= ordered) *me to go.* : Bana gitmemi söyledi (emretti).
He told (= informed) *me that I was late.* : Bana geç kaldığımı söyledi (= bildirdi).

E **request**'ten sonra **that** + **should** da gelebilir. Bu yapı daha çok edilgen yapıda kullanılır:
He requested that the matter should be kept secret. : Konunun gizli tutulmasını rica etti.

245 Bilme, düşünme, vb. fiillerinden sonra mastar

A **assume, believe, consider, feel, know, suppose, understand**'den (varsay, inan, say, kanısında ol, bil, tut (ki), anla) sonra tümleç + mastar gelebilir:
I consider him to be the best candidate. : Onu en iyi aday sayıyorum.

Fakat **that** + sıradan bir fiil yapısı kullanmak çok daha yaygındır:
I consider that he is the best candidate. : Onun en iyi aday olduğu kanısındayım.

think, estimate, presume (kanısında olmak, tahmin etmek, varsaymak) fiillerinden sonra tümleç + mastar'a çok ender rastlanır; onun yerine bu durumda **that**'li cümlecik kullanılır.

I think that he is the best player. : Bence o, en iyi oyuncu.
They estimate that this vase is 2,000 years old. : Bu vazonun 2000 yıllık olduğunu tahmin ediyorlar.

B Ancak bu fiiller edilgen olarak kullanıldıklarında arkalarından **that**'ten çok mastar gelir:

He is known to be honest = It is known that he is honest. : Dürüst biliniyor = Dürüst olduğu biliniyor.
He is thought to be the best player = It is thought that he is . . . : En iyi oyuncu kabul ediliyor = Kabul ediliyor ki o . . .
This vase is estimated to be 2,000 years old. : Bu vazonun 2000 yıllık olduğu tahmin ediliyor.

C Ancak edilgende kullanıldığı zaman **suppose**'un, bir görev kavramını verdiğine dikkat ediniz:

You are supposed to know the laws of your own country =
It is your duty to know/You are expected to know . . . : Kendi ülkenin yasalarını bilmen gerekiyor = Bilmek görevindir/Bilmen bekleniyor.

D Süreklilik mastarı da kullanılabilir:
He is thought to be hiding in the woods. (People think he is hiding.) : Koruda gizlendiği sanılıyor. (Saklandığını sanıyorlar.)
He is supposed to be washing the car. (He should be washing.) : Arabayı yıkıyor olması gerekir.

E Düşünce, geçmişle ilgili bir eyleme ilişkinse -miş'li mastarı kullanırız:
They are believed to have landed in America. (It is believed that he landed.) (Her iki cümle de) : Amerika'ya çıkmış olduklarına inanılıyor.

suppose + -miş'li mastar görev kavramını iletebilir de iletmeyebilir de. *They are supposed to have discovered America* cümlesi, 'It is thought that they did' (Amerika'yı keşfettikleri sanılıyor = Bunu yaptıklarına inanılıyor) anlamına gelir. Fakat *You are supposed to have read the instructions,* normal olarak 'You should have read them' (Her ikisi de: Talimatı okumuş olman gerekirdi) demektir.

(Edilgen fiillerden sonra gelen mastar yapıları için ayrıca bak: 306.)

246 Fiil ve ifadelerden sonra çıplak mastar

A **can, do, may, must, shall, will:**

They could do it today. : Onu bugün yapabilirler.
I may as well start at once. : Hemen başlayabilirim de.
He will probably object. : Herhalde itiraz eder.

B **do/did** ya da **will/would**'la çekilmeleri durumu dışında **need** ve **dare:**

You needn't say anything ama *You don't/won't need to say anything.* : Bir şey söylemen gerekmez/gerekmeyecek.
I dared not wake him ama *I didn't/wouldn't dare (to) wake him.* : Onu uyandırmaya cesaret edemedim/edememem.

Kuramda, son örnekte **to** gereklidir, fakat uygulamada genellikle atılır. Kuram şöyledir: **dare** ve **used** yardımcı olarak kullanılırsa, birçok yardımcı gibi çıplak mastarı alırlar. Sıradan fiil olarak **do/did** vb. ile kullanılırlarsa sıradan fiiller gibi tam mastar alırlar.

C **feel, hear, see** ve **watch**

I heard him lock the door. : Kapıyı kilitlediğini duydum.
I saw/watched him drive off. : Arabasıyla uzaklaştığını gördüm/uzaklaşışını izledim.

Fakat edilgen çatıda **see** ve **hear** tam mastarı alırlar:

He was seen to enter the office. : Büroya girdiği görüldü/görülmüş.
He was heard to say that . . . : . . . dediği duyuldu/duyulmuş.

Ancak **feel, hear, see** ve **watch,** şimdiki zama ortacıyla daha çok kullanılır:

I heard them shouting. : Onların bağırdığını duydum. (Bak: 273.)

D **let,** hem etkende hem edilgende çıplak mastarı alır. Fakat edilgendeki **let**'in yerine genellikle başka bir fiil konur: *They let me know . . .* 'un (Bana . . . haber verdiler) yerine edilgende *I was told . . .* (bana . . . haber verildi); *They let him see the documents*'in (Belgeleri görmesine izin verdiler) yerine *He was allowed to see them* (Onları görmesine izin verildi) denir.
let'ten sonraki mastar/mastar takımı bazen, yinelemeyi engellemek için atılır:

She wants to go out to work but he won't let her (go out to work). : İşe girmek istiyor ama [adam] ona (çalışmak için) izin vermiyor.

let, aşağıdaki ibarede tümleçsiz olarak kullanılır:

Live and let live. : Yaşa ve yaşanmasına izin ver.

(Emirlerde ve önerilerde kullanılan **let us/let's** için bak: 281, 289).

E **make**

Etkende **make,** çıplak mastar alır:
He made me move my car. : Arabamı bana (oradan) aldırttı.

Fakat edilgende tam mastarı alır:
I was made to move my car. : Arabamı oradan almam sağlandı/emredildi.

ÇEVİRİCİNİN NOTU: Bu edilgen cümlenin tam çevirisi, **Bana arabam oradan aldırtıldı**'dır.

Bazen **make**'ten (etken) sonraki mastar, yinelemeyi önlemek için atılır.
Why did you tell him? ~ He made me (tell him)! : Neden ona söyledin? ~ O söyletti!

make'den (edilgen) sonraki mastar, **to**'yla temsil edilebilir:
I was made to (tell him). : Bana söylettirildi.

F **would rather/sooner, rather/sooner than** (Bak: 297-8)
Shall we go today? ~ I'd rather wait till tomorrow. : Bugün gidelim mi? ~ Yarına kadar beklemeyi yeğ tutarım.
Rather/Sooner than risk a bad crossing, he postponed his journey. : Kötü bir geçiş rizikosuna girmektense gezisini ertelemeyi yeğ tuttu.

G **had better** (Bak: 120)
'You had better start at once,' he said. : Hemen yola çıksan iyi olur,' dedi.

H **help**'ten sonra tam ya da çıplak bir mastar gelebilir:
He helped me (to) push it. : Onu itmeme yardım etti.

I İki mastar **and**'le birleştirilirse ikinci mastarın **to**'su normal olarak atılır:

I intend to sit in the garden and write letters. : Bahçede oturup mektup yazmayı tasarlıyorum.
I want you to stand beside me and hold the torch. : Yanımda durup elfenerini tutmanı istiyorum.

J Arkalarından **do + anything/nothing/everything** geldiği zaman **but** ve **expect** çıplak mastar alır:

He does nothing to but complain. : Yakınmaktan başka bir iş yaptığı yok.
Can't you do anything but ask silly questions? : Aptalca sorular sormaktan başka bir şey yapamaz mısın?

There's nothing to do but wait. : Beklemekten başka yapılacak bir şey yok.

K Şu tür cümlelerde **to** kullanmak isteğe bağlıdır:

The only thing to do/we can do is (to) write to him. : Yapılacak/yapabileceğimiz tek şey ona mektup yazmak. Ya da
All we can do is (to) write to him. : Bütün yapabileceğimiz ona mektup yazmak.

247 **to**'yla temsil edilen mastar

Yinelemeyi önlemek için mastar, yalnızca **to** ile temsil edilebilir. Bu, daha çok **hate, hope, intend, would like/love, make** (edilgen), **mean, plan, try, want** (nefret et, ümit et, niyetlen, bayılır / hiç hoşlanmaz, . . .tır, kastet, tasarla, çalış/gayret et, iste) gibi fiiller ve **have, need, ought** yardımcı fiilleri ile **used to, be able to** ile **be going to** biçimi ile yapılır:

Would you like to come with me?. ~ Yes, I'd love to. : Benimle gelmek ister misin? ~ Evet, seve seve.
Did you get a ticket? ~ No, I tried to, but there weren't any left. : Bilet aldın mı? ~ Hayır. İstedim ama hiç kalmamıştı.
Why did you take a taxi? ~ I had to (take one). I was late. : Neden taksiye bindin? ~ Binmek zorundaydım. Geç kalmıştım.
Do you ride? ~ Not now but I used to. : Ata biner misin? ~ *Şimdi binmiyorum ama eskiden binerdim.*
He wanted to go but he wasn't able to. : Gitmek istiyordu ama gidemedi.
Have you fed the dog? ~ No, but I'm just going to. : Köpeği besledin mi? ~ Hayır, ama şimdi besleyeceğim.

248 Bölünen mastar

Eskiden bir mastarı bölmek (yani **to**'yla fiil arasına sözcük koymak kötü bir alışkanlık sayılıyordu, fakat bu konuda artık daha hoşgörülü bir yaklaşım vardır.

Konuşma dilinde **really** genellikle **to**'dan sonra gelir:
It would take ages to really master this subject. : Bu konuyu tam olarak avcunuzun içine almak çağlar alır.

Burada, bir hayli biçimsel olan . . .*really to mastar* yeğ tutulmaz. *completely, entirely, (un)duly* (bütünüyle, tümüyle, gereği gibi/gereksiz yere) gibi derecelendirme zarflarına da aynı işlem yapılabilir. Dolayısıyla şöyle diyebiliriz:

(a) *to cover the floor completely* yerine
(b) **to completely cover the floor:** döşemeyi bütünüyle kaplamak
(a) *to alarm people unduly* yerine
(b) *to unduly alarm people:* (halkı gereksiz yere ayağa kaldırmak)

Fakat yukarıda (a)'da gösterildiği gibi geleneksel sıralamaya uymak daha güvencelidir.

249 Bağlayıcı olarak kullanılan mastar

A Arkadan gelen ve düş kırıklığı yaratan bir olayı anlatmak için mastar, **only** ile birlikte kullanılır.

> *He hurried to the house only to find that it was empty.* : Hızla eve gitti, bir de baktı ki ev tamtakır.
> *He hurried to the house and was disappointed when he found that it was empty.* : Hızla eve gitti ve evi boş bulunca düş kırıklığına uğradı.
> *He survived the crash only to die in the desert.* : Kazayı atlattı ya gitti çölde öldü =
> *He survived the crash but died in the desert.* : Kazadan kurtuldu ama çölde öldü.

B Mastar **only** ve bir talihsizlik durumu olmadan da bağlayıcı olarak kullanılabilir:

> *He returned home to learn that his daughter had just become engaged.*: Eve dönünce bir de ne görsün! Kızı az önce nişanlanmış . . .

Fakat bu, daha çok **find, hear, learn, see, be told,** vb. gibi fiillerle sınırlıdır. Çünkü bunun dışında bağlayıcı olarak kullanılan mastarla amaç için kullanılan mastar birbirine karışır.

250 İlgi cümleciğinin yerini alan mastar

A Mastar, **the first, the second** vb. **the last, the only** ve bazen enüstünlük derecelerinden (Bak: 77) sonra kullanılabilir:

> *He loves parties; he is always the first to come and the last to leave.* : Partileri sever; hep ilk gelen ve en son giden odur. (the first who comes and the last who leaves: anlam aynı / Ç. N.)
> *She was the only one to survive the crash.* : O, kazadan kurtulan tek kişi. (the only one survived: anlam aynı / Ç.N.)

Bu biçimde kullanılan mastar, özne durumundaki özne + fiil'in yerini alır. Bunu, yukarıda B'deki tümleç durumundaki mastar + fiil'le karşılaştırınız. Burada mastarın etken anlamı olduğuna dikkat ediniz. Edilgen anlam gerektiğinde edilgen mastar kullanılır:

He is the second man to be killed in this way. : O, böyle öldürülen ikinci kişi. (the second man who was killed: anlam aynı)
the best play to be performed that year : o yıl yorumlanan en iyi oyun (the best play that was performed that year: anlam aynı / Ç.N.)

Bunu, aşağıdaki örnekle karşılaştırınız:

the best play to perform : yorumlanacak en iyi oyun (the best play for you to perform / the play you should perform: yorumlayacağınız en iyi oyun / yorumlamanız gereken en iyi oyun)

B 1 Mastar, isim/zamirlerden sonra, bunların nasıl kullanıldığını ya da bunlarla ne yapıldığını göstermek, bazen de öznenin dileklerini belirtmek için kullanılabilir (Bak 77):

I have letters to write. : Yazılacak mektuplarım var. (that I must write: yazmam gereken)
Does he get enough to eat? : Yeterince yiyeceği var mı?
Have you anything to say? : Söyleyecek bir şeyin var mı? (that you want to say: söylemek istediğin)

AT THE CUSTOMS: *I have nothing to declare.* : GÜMRÜKTE: Beyan edeceğim bir şey yok. (that I need to declare: beyan etmem gereken)
a house to let : kiralanacak (kiralık) bir ev (a house that the owner wants to let: sahibinin kiraya vermek istediği)

Aynı biçimde mastar + edat:

someone to talk to : konuşacak biri
a case to keep my records in : kayıtlarımı tutacağım bir kutu
cushions to sit on : üzerine oturulacak bir yastık
a glass to drink out of : içmek için kullanılacak bir bardak
a tool to open it with : onu açacak bir araç
a table to write on : üzerinde yazılacak bir masa

ÇEVİRİCİNİN NOTU: Türkçede çoğu kez bu durumda bir edat kullanılmamasına karşın İngilizcede bunun zorunlu olduğuna dikkat ediniz:

birlikte çalışılacak bir adam: a man to work **with**

Buna karşılık:

konuşulacak bir adam: a man to talk **to**

Bu son örnekte İngilizcede **to** edatını kullanmazsak, tamlama gene bir anlam verir fakat çok değişik bir anlamdır bu: **konuşacak** bir adam, yani konuşma yeteneği olan bir adam.
Aynı biçimde:
a men to eat **with**: birlikte yemek yenecek bir adam
Fakat:
a man to eat: **yenecek adam**
cümlesini ancak bir yamyam söyler.

2 Edilgen mastarın kullanılışı

(a) plenty of things we can do: yapabileceğimiz çok şey (eğlenmek için)
(b) plenty of work we must do: yapmamız gereken çok şey

there + **be** + isim/zamir + mastar yapısında, yukarıda (b)'de olduğu gibi bir görev kavramı söz konusuysa edilgen bir mastar kullanılabilir:

There is a lot to be done. : Yapılacak çok iş var.

Fakat etken mastar daha yaygındır.

251 Belirli isimlerden sonra mastar

Bazı isimlerden hemen sonra mastar gelebilir. Bunların en yararlılarından bazıları şunlardır:

ability (yetenek)	*demand* (talep)	*failure* (başarısızlık)	*request* (rica)
ambition (hırs)	*desire* (arzu)	*offer* (öneri)	*scheme* (plan)
anxiety (endişe)	*determination* (kararlılık)	*plan* (plan)	*willingness* (isteklilik)
attempt (girişim)	*eagerness* (isteklilik)	*promise* (söz = vaad)	*wish* (dilek)
decision (karar)	*effort* (çaba)	*refusal* (reddediş)	

His ability to get on with people is hes chief asset. : Insanlarla geçinme yeteneği, onun en değerli özelliği.
He made an attempt/effort to stand up. : Ayağa kalkmak için bir çaba gösterdi.
Failure to obey the regulations may result in disqualification. : (Yönetmeliklere uymadaki başarısızlık) Yönetmeliklere uymama, diskalifiye olmakla sonuçlanabilir.

Their offer/plan/promise to rebuild the town was not taken seriously. : Kenti yeniden kurma önerileri/planları/vaadleri ciddiye alınmadı.

She was annoyed by his unwillingness to do his share of the work. : İşten kendisine düşen payı yapmak istemeyişinden (adamın) dolayı o (kadın) öfkelendi.

252 too, enough ve so . . . as'den sonra mastar

A **too** + sıfat/zarf + mastar

1 **too** + sıfat + mastar

(a) Mastar, cümlenin öznesine gönderme yapabilir. Etken bir anlamı vardır:
You are too young to understand. : Anlayamayacak kadar gençsin. (You are so young that you cannot understand.: Öyle geçnsin ki anlayamazsın.)
He was too drunk to drive home. : Eve arabasıyla gidemeyecek kadar sarhoştu. (He was so drunk that he couldn't drive home: O kadar sarhoştu ki eve arabasıyla gidemedi.)

(b) Mastar, fiilin tümlecine de gönderme yapabilir. O zaman edilgen bir anlama sahiptir:
The plate was so hot that we couldn't touch it. : Tabak o kadar sıcaktı ki ona dokunamadık.

cümlesi,

The plate was too hot to touch. : Tabak dokunulamayacak kadar sıcaktı. (too hot to be touched: dokunulamayacak kadar sıcak)

olarak da ifade edilebilir.

Birinci cümledeki *touch*'ın tümleci olan *it*'in mastar yapısında kullanılmadığına dikkat ediniz. Bunun nedeni, biçiminin etken olmasına karşın mastarın anlamca edilgen olmasıdır.

Bazen etken mastar da edilgen mastar da kullanılabilir:
The case was too heavy (for a child) to carry. : Valiz, (çocuğun taşıyamayacağı) taşınamayacak kadar ağırdı.
The case was too heavy to be carried by a child. : Valiz, bir çocuk tarafından taşınamayacak kadar ağırdı.

(c) Mastar, aynı biçimde, bir edatın tümlecine de gönderme yapabilir:
The grass was so wet that we couldn't sit on it. : Çimen o kadar ıslaktı ki üstüne oturamadık.
The grass was too wet (for us) to sit on. : Çimen, üstünde oturamayacağımız/oturulamayacak kadar ıslaktı.

The light is so weak that we can't read by it. : Işık o kadar zayıf ki onunla okuyamayız.
The light is too weak to read by. : Işık, onunla okunamayacak kadar zayıf.

2 **too** + sıfat + ad + isim + mastar
He was too shrewd a businessman to accept the first offer. : İlk öneriyi kabul etmeyecek kadar açık gözlü bir işadamıydı. =
As a businessman he was too shrewd to accept the first offer. : Bir işadamı olarak, ilk öneriyi kabul etmeyecek kadar açık gözlüydü.

He is too experienced a conductor to mind what the critics say. : Eleştirmenlerin ne dediklerine aldırmayacak kadar deneyimli bir orkestra şefi. =
As a conductor he is too experienced to mind what the critics say. : Orkestra şefi olarak eleştirmenlerin dediklerine aldırmayacak kadar deneyimli.

Burada mastar her zaman, yukarıda 1'de olduğu gibi cümlenin öznesine gönderme yapar. Edilgen mastar da kullanılabilir:

He was too experienced a conductor to be worried by what the critics said. : Eleştirmenlerin söylediklerini dert edinmeyecek kadar deneyimli bir orkestra şefiydi.

3 **too** + zarf + mastar

It is too soon (for me) to say whether the scheme will succeed or not. : Planın başarıya ulaşıp ulaşmayacağını söylemem/söylemek için çok erken.
He spoke too quickly for me to understand. : Anlayamayacağım kadar hızlı konuştu. (Burada *for me* gereklidir.)
She works too slowly to be much use to me. : Bana pek yararı olamayacak kadar yavaş çalışıyor.

B Sıfat/zarf + **enough** + mastar

1 Sıfat + **enough** + mastar

(a) **too** yapısında olduğu gibi burada da mastar, fiilin öznesine:
She is old enough to travel by herself. : Kendi başına yolculuk edecek yaşta.

He was tall enough to see over the heads of the other people. : Ötekilerin tepesinden görecek kadar uzun boyluydu.

(b) ya da fiilin tümlecine gönderme yapabilir:
The case is light enough for me to carry. : Valiz, taşıyabileceğim kadar hafif. =
The case is so light that I can carry it. : Valiz öyle hafif ki onu taşıyabilirim.
After a few minutes the coffee was cool enough (for us) to drink. : Birkaç dakika sonra kahve içilebilecek/içebileceğimiz kadar soğuktu.

(c) Bir edatın tümlecine de gönderme yapılabilir:
The ice was thick enough to walk on. : Buz, üzerinde yürünebilecek kadar kalındı.
The light was strong enough to read by. : Işık, onunla okunacak kadar güçlüydü.

2 **enough,** zamir ya da sıfat olarak kullanılabilir:

He doesn't earn enough (money) to live on. : Geçinebileceği kadar (para) kazanmıyor.
We haven't enough time to do it properly. : Onu gereğince yapacak kadar zamanımız yok.
She had enough sense to turn off the gas. : Gazı kapatacak kadar sağduyusu vardı.

have + **enough** + soyut ismin yerine burada **have** + **the** + isim kullanılabilir:

She has the sense to turn off the gas. : Gazı kapatacak sağduyusu vardı.
He had the courage to admit his mistake. : Hatasını kabul edecek yüreklilişi vardı.
I hadn't the patience to listen to him any more. : Onu daha fazla dinleyecek sabrım yoktu.

Fakat burada **time**'dan önce **the**'yı kullanmak şart değildir:
We haven't (the) time to do it properly. : Onu gereğince yapacak zamanımız yok.

3 Zarf + **enough** + mastar

He didn't jump high enough to win a prize. : Ödül kazanacak kadar yüksek atlamadı.
He spoke slowly enough for everyone to understand. : Herkesin anlayacağı kadar yavaş konuştu.

C **so** + sıfat + **as** + mastar
He was so foolish as to leave his car unlocked. : Arabasını kilitlemeden bırakacak kadar ahmaktı/ahmaklık etti.

Bu, yukarıda B1'deki **enough**'lı yapıya karşı bir seçenek oluşturmaktadır. Ancak *He was foolish enough to leave his car unlocked* (Arabasını kilitlemeden bırakacak kadar ahmaktı) cümlesi, bunu gerçekten yaptığını ya da bunu yapacak türden olduğunu gösterir. Fakat *He was so foolish as to leave . . .* (. . .bırakma ahmaklığını gösterdi), bunu gerçekten yaptığını belirtir.

so . . . as yapısı, yukarıda gösterildiği biçimiyle pek sık kullanılamaz, fakat bir rica biçimi olarak oldukça yaygındır:

Would you be so good as to forward my letters? : Mektuplarımı bana iletmek lütfunda bulunur musunuz?
Would you be good enough to forward my letters? : (Çeviri yaklaşık aynı. / Ç.N.)

Burada bu iki yapı arasında bir ayrım yoktur. **as**'i unutmamak önemlidir. (Öteki sıfat + mastar yapıları için bak: 26-7)

253 Girişteki ya da sondaki mastar takımları

Bazı mastar takımları bir cümlenin başına ve bazen sonuna konurlar ve o zaman cümle zarflarına benzerler:

To be perfectly frank, you're a bad driver. : Çok açıkyürekli olmak gerekirse, kötü bir sürücüsün.
To be honest, I just don't like him. : Dürüst olmak gerekirse ondan hoşlanmıyorum işte.
To be fair (to him), he wasn't entirely to blame. : (Ona) adil davranmak gerekirse, suç tümüyle onun değil.
To cut a long story short, we said 'No!'. : Uzun lafın kısası, 'Hayır!' dedik.
To tell you the truth, I've never met him ya da
I've never met him, to tell you the truth. : Doğrusunu söylemek gerekirse onunla daha önce hiç tanışmamıştım.

254 Süreklilik mastarı

A Biçim

to be + şimdiki zaman ortacı: *He seems to be following us.* : Bizi izliyor gibi görünüyor.

B Kullanımı

ÇEVİRİCİNİN NOTU: Bu dersin sonuna kadar vereceğimiz örneklerin çevirisinde düzgün Türkçeden çok İngilizce yapıyı Türkçeye yansıtmaya önem verilmiştir. Bu nedenle, Türkçede pek rastlanmayan çevirilerle sık sık karşılaşma olasılığınız vardır.

Süreklilik mastarı şu durumlarda kullanılabilir:

1 Yardımcı fiillerden sonra:

They'll be wondering where you are. : Nerede olduğunu merak ediyor olacaklar.
He may/might be watching TV. ~ He can't couldn't be watching TV. There are no programmes today because of the strike. : TV izliyor olabilir. ~ TV izliyor olamaz. Grev nedeniyle hiç TV programı yok. (olumsuz sonuç çıkarma)
He must be coming by bus. : Otobüsle geliyor olmalı. (sonuç çıkarma)
You shouldn't be reading a novel. You should be reading a textbook. : Bir roman okuyor olmamalısın. Bir ders kitabı okuyor olmalısın.

2 **appear, happen, pretend, seem**'den sonra:

He appears/seems to be living in the area. : Öyle görünüyor ki bu bölgede oturuyor.
He appeared/seemed to be living in the area. : Bu bölgede oturuyor gibi görünüyordu. =
It appeared/seemed that he was living in the area. : Öyle görünüyordu ki bu bölgede oturuyordu.
I happened to be standing next to him when he collapsed. : Yere yıkıldığı zaman tesadüfen yanındaydım. =
It happened that I was standing next to him when he collapsed. : Tesadüfe bak ki yere yıkıldığı zaman yanındaydım.
He pretended to be looking for a book. : Bir kitap arıyormuş gibi yaptı. =
He pretended that he was looking for a book. : (Anlam yaklaşık aynı. / Ç.N.)

3 **hope** ve **promise**'den (ummak, söz vermek) sonra; daha seyrek olarak da **agree, arrange, decide, determine / be determined, plan undertake**'den (razı olmak, [bir işi] ayarlamak, kararlı olmak/kararlı olmak, tasarlamak, üstlenmek) sonra:

I hope/hoped to be earning my living in a year's time. : Bir yıl içinde yaşamımı kazanmayı umuyor(d)um. =
I hope/hoped that I would be earning . . . : . . .kazanacağımı umuyor(d)um.

Yukarıdaki cümlede fazla bir anlam ayrmı olmadan **hope**'un yerine **determine /be determined, plan** de kullanılabilir:

I promised to be waiting at the door when he came out. : Dışarı çıktığında kapıda bekliyor olmaya söz verdim.

Yukarıdaki cümlede fazla bir anlam ayrımı olmadan **promise**'in yerine **agree, arrange, decide, determine/be determined, plan, undertake** de kullanılabilir.

4 **believe, consider, suppose, think**'ten sonra, edilgende:
He is believed to be living in Mexico. : Meksika'da yaşıyor olduğuna inanılıyor. (Bak: 306.)

255 -miş'li mastar

A Biçim
to have + geçmiş zaman ortacı: *to have worked, to have spoken:*

B Yardımcılarla birlikte kullanımı

1 Gerçekleştirilmemiş bir tasarı ya da düzenlemeyi ifade etmek için **was/were**'le birlikte (Bak: 114):
The house was to have been ready today. : Ev bugün hazır olacaktı. (ama değil)

2 -miş'li şart yapısını oluşturmak için **should, would, might**'le (Bak: 223):
If I had seen her I should have invited her. : Görseydim onu çağırırdım.

3 Gerçekleşmemiş bir zorunluk ya da olumsuzda yanlış veya ahmakça bir eylem için, **should** ya da **ought** ile birlikte (Bak: 143):
He should have helped her. : Ona yardım etmeliydi. (ama etmedi)
I shouldn't/oughtn't to have lied to him. : Ona yalan söylememeliydim. (ama söyledim)

4 Gerçekleşmemiş bir dilek için **should/would like** ile (Bak: 296 D):
He would like to have seen it. : Görmüş olmayı istiyordu. (Ama bu olanağı bulamadı) Ya da
He would have liked to see it. : (Anlam aynı / Ç.N.)

Dolayısıyla her iki fiili de, bir anlam ayrımına yol açmadan -miş'li mastar biçimine sokabiliriz.

5 Kullanılmamış bir yetenek ya da geçmişteki bir olasılık için **could**'la:

I could have made a lot of money. : Çok para kazanabilirdim. (ama kazanmadım)
He could/might have phoned her. : Ona telefon etmiş olabilir.

(Ayrıca bak: 134, 138).

6 Bir eylemin yapılmamış olmasından dolayı konuşanın hoşnutsuzluğunu ya da öfkesini ifade etmek için **might/could**'la:

He might/could have told me! : Bana söyleyebilirdi! =
I am annoyed that he didn't tell me. : Bana söylemediği için sinirlendim. (Bak: 285 D.)

7 Geçmişteki eylemlerle ilgili tahminlerde **may/might**'la:
He may have left =
It is possible that he (has) left. : Ayrılmış olabilir = Ayrılmış olma olasılığı var. (Bak: 133.)
You might/could have been killed! : Yaşamını yitirebilirdin!

8 Çıkarılan olumsuz sonuçlar için **can't/couldn't**'la (Bak: 159):
He can't/couldn't have moved the piano himself. : Piyanoyu kendi başına taşımış olamaz.
We know he couldn't have paid for it, because he had no money. : Bunun parasını vermiş olamayacağını biliyorduk, çünkü hiç parası yoktu.

9 Çıkarılan olumlu bir sonucun ifadesi için **must**'la (Bak: 156):
He must have come this way; here are his footprints. : Bu taraftan gelmiş olmalı. İşte ayak izleri.

10 Geçmiş zamandaki gereksiz bir eylemi ifade etmek için **needn't**'la (Bak: 152-3):
You needn't have hurried. Now we are too early. : Acele etmen gerekmiyordu/gerekmiyormuş. Şimdi de çok erken geldik.
You needn't have cooked it. We could have eaten it raw. : Pişirmen gerekmezdi. Onu çiğ de yiyebilirdik.

C Bazı başka fiillerle birlikte

1 **appear, happen, pretend, seem**'le birlikte
Burada şimdiki zaman ve -miş'li mastarlar arasındaki ayrımlara dikkat ediniz:

Şimdiki zaman mastarı:
He seems to be a great athlete = *It seems that he is . . .* : Büyük bir sporcuya benziyor = Öyle görünüyor ki . . .sporcu.

-miş'li mastar:
He seems to have been . . . = *It seems that he was . . .* : Eskiden . . sporcuymuş gibi görünüyor = Öyle görünüyor ki . . .sporcuymuş.
He seemed to have been . . . = *It seemed that he had been . . .* : Eskiden . . .sporcuymuş gibi görünüyordu = Öyle görünüyordu ki . . . sporcuymuş.

Dolayısıyla -miş'li mastarla belirtilen eylem daha önceki eylemdir; ana fiilin zamanından önce gerçekleşmiştir. Öteki örnekler:

I happened to have driven that kina of car before. : Tesadüfen o tür arabayı daha önce kullanmıştım. =
It happened that I had driven that kind of car. : Tesarüfe bak ki o tür arabayı daha önce kullanmıştım.

He pretended to have read the book. : Kitabı okumuş gibi davrandı. = *He pretended that he had read it.* : Öyle davrandı ki sanki daha önce kitabı okumuştu.

2 Şu fiillerle edilgen çatıda: **acknowledge, believe, consider, find, know, report, say, suppose, think, understand** (kabul etmek, inanmak, kabul etmek, anlamak, bilmek, haber vermek, söylemek, varsaymak, kanısında olmak, anlamak):

He is understood to have left the country. : Ülkeden ayrılmış olduğu anlaşıldı. (Bak: 306).

3 -miş'li mastar **claim, expect, hope, promise**'le kullanılabilir fakat bu pek yaygın değildir:

He expects/hopes to have finished by June. : Hazirana kadar bitirmiş olmayı umuyor/ümit ediyor.
He expects/hopes that he will have finished by June. : Umuyor/Ümit ediyor ki Hazirana kadar bitirmiş olacak.

24 İsimfiil (The gerund)

257 Biçim ve kullanılışı

İsimfiillerin yapısı, aynen ortaçların yapısı gibidir:
running, speaking, working vb.

İsimfiil şu durumlarda kullanılır:
(a) Bir cümlenin öznesi olarak: *Dancing bored him.* : Dans etmek onu sıktı. (Bak: 258.)
(b) Bir fiilin tamalayıcısı olarak: *His hobby is painting.* : Hobisi (yağlı/sulu boya) resim yapmak.
(c) Edatlardan sonra: *He was accused of smuggling.* : Kaçakçılıkla suçlandı. (259)
(d) Bazı fiillerden sonra (261, 266).
(e) Birleşik isimlerde: *a 'diving board* (a board for diving off). : tramplen. Burada temel vurgu isimfiildedir. (Bak 16.)

258 İsimfiilin özne olarak kullanılması

Daha önceden de görüldüğü gibi (240 E), eylem genel anlamda bir eylem sayıldığı zaman mastar da, isimfiil de cümlenin öznesi olabilir.

> *It is easier to read French than to speak it*
> *Reading French is easier than speaking it.* : (Her ikisi de) 'Fransızcayı okumak, onu konuşmaktan kolaydır' diyebiliriz.

Mastar gibi isimfiil de (240 E) **believe, consider, discover, expect, find, think, wonder** vb.'den sonra gelen bir isim cümleciğinin öznesi olabilir. **Find**'dan sonra **that** ve **be** fiilini atarak şöyle diyebiliriz:

> *He found that parking was difficult.* : Park etmenin zor olduğunu gördü. Ya da:
> *He found parking difficult.* : Park etmeyi zor buldu.

Ancak öteki fiillerden sonra **be**'yi atmak güvenceli değildir.

Burada, isimfiil ile mastar arasında ortaya çıkabilecek ayrıma dikkat ediniz: '*He found parking difficult:* Park etmeyi zor buldu', onun bunu genellikle/her zaman zor bulduğunu belirtir. '*He found it difficult to park:* Park etmek ona zor geldi' ise bir tek olaya gönderme yapabilir. Bu ikinci cümle onun bunu her zaman zor bulduğu anlamına da gelebilir, fakat bu durumu bir isimfiille ifade etmek daha yaygındır.

İsimfiil, kısaca ifade edilen yasaklarda kullanılır:

No smoking. : Sigara içilmez.
No waiting. : Burada beklenmez.
No fishing. : Balık tutulmaz

Ancak bunları bir tümleç izleyemez. Bu nedenle, bir tümleci gerekli kılan yasalar, genellikle emir kipiyle ifade edilir:

Do not touch these wires. : Bu tellere dokunmayınız.
Do not feed the lions. : Aslanlara yiyecek vermeyiniz.

İsimfiil, '*Seeing is believing:* Görmek inanmaktır' deyişinde kullanılabilir.

ÇEVİRİCİNİN NOTU: İsimfiiller ile mastarın Türkçe çevirisi çoğu kez aynıdır ve ya **-mek** mastar ekiyle, ya da **-me** ekiyle yapılır. Bazı durumlarda Türkçede fiilden isim türetmek için kullanılan **-iş** eki de yararlı olabilir: coming: geliş. Ancak, İngilizcede bunlar arasında ayrım var diye Türkçede yapmacık ayrımlar yaratmaya çalışmamalıdır. Dikkat edilirse, bunların arasında İngilizcedeki ayrım, temelde değil, görev dağılımındadır. Yani aralarında, anlam ayrımından çok kullanıldıkları yerler bakımından ayrım vardır.

259 Edatlardan sonra isimfiiller (ayrıca bak: 98)

A Bir fiil, bir edatın hemen arkasında kullanılmışsa, isimfiil kullanılmalıdır:

What can you do besides typing? : Daktilo kullanmanın yanında ne yapabilirsin?
I have no objection to hearing your story again. : Başından geçenleri (hikâyeni) yeniden dinlemeye bir itirazım yok.
Touch your toes without bending your kness! : Dizlerini kırmadan ayak parmaklarına dokun.
He is good at diving. : İyi bir dalgıçtır.
She is fond of climbing. : (Dağa) tırmanmaktan hoşlanır.
I'm not keen on gambling. : Kumar oynamakta pek hevesim yok.
I'm not afraid of losing. : Yitirmekten korkmuyorum.
He was fined for being drunk in charge of a car. : Direksiyon başındayken içkili bulunmaktan cezaya çarptırıldı.
I am against saying anything/I'm for saying nothing. : Bir şey söylemeye karşıyım/Bir şey söylememekten yanayım.
I'm tired of arguing. : Tartışmaktan bıktım.
I'm fed up waiting. : Beklemekten usandım. (Konuşma dili)
This is a tool for opening tins. : Bu, kutu açmakta kullanılan bir alettir.
Do you feel like going out? : Dışarı çıkmayı canın çekiyor mu?

After swimming I felt cold. : Yüzdükten sonra üşüdüm.
She disapproves of jogging. : Joggingi onaylamıyor.
What about leaving it here and collecting it later?. : Bunu burada bırakıp dönüşte almaya ne dersin?
He is thinking of emigrating. : Göç etmeyi düşünüyor.
I'm sorry for keeping you waiting. : Sizi beklettiğim için özür dilerim.
They escaped by sliding down a rope. : Bir iple aşağı kayarak kaçtılar.
We had difficulty in finding a parking place. : Bir park yeri bulmakta güçlük çektik.
You should be ashamed of yourself for behaving so badly. : Böyle kötü davrandığın için kendinden utanmalısın.
In spite of starting late, he arrived in time. : Yola geç çıkmış olmasına karşın zamanında (gideceği yere) vardı.
Aren't you interested in making money? : Para kazanmak seni ilgilendirmiyor mu?
There's no point in waiting. : Beklemenin bir anlamı yok

B Birkaç fiil + edat/zarf bileşim (fiil takımları) isimfiil alır:

Bunların en yaygınları: *be for/against* (lehinde/aleyhinde olmak), **care for** (umursamak), **give up** (vazgeçmek, bırakmak), **keep on** (durmadan... mek), **leave off** (...i kesmek), **look forward to** (dört gözle beklemek, iple çekmek), **put off** (ertelemek), **see about** (icabına bakmak), **take to** (...meye başlamak, ...meyi alışkanlık haline getirmek)'tir (**go on** için 363'e bakınız):

I don't care for standing in queues. : Kuyrukta beklemekten sıkılmam.
Eventually the dogs left off barking. : Giderek köpekler havlamayı kestiler.
I am looking forward to meeting her. : Onunla tanışmayı dört gözle bekliyorum.
He put off making a decision till he had more information. : Daha çok bilgi elde edinceye kadar karar almayı erteledi/Daha çok bilgi edinmeden bir karar vermeyecek.

260 **to** sözcüğü

Bu sözcük çoğu kez karışıklığa yol açmaktadır. Çünkü hem (A) mastarın bir parçasını oluşturabilir, hem de, (B) edat olarak kullanılabilir:

A **to; be, have, ought, used** yardımcı fiillerinden ve **be going to** biçimi gibi ifadelerde) **going**'den sonra kullanıldığında, kendisini izleyen fiilin mastar biçiminin bir parçası olup yalnızca, öğrencilere, öndeki fiilin tam bir mastar, yani **to**'lu mastar aldığını anımsatmak için fiile eklenir.

to parçacığı, daha önce geçmiş bir mastarın yenilenmesini önlemek için **hate, hope, intend, would like/love, mean, plan, try, want** ve başka bazı fiilden sonra (Bak: 247) kullanılır:

Did you buy cheese? ~ No, I meant to (buy some) but the shop was shut.: Peynir aldın mı? ~ (Almak) istedim ama dükkân kapalıydı.

B Bunların dışında bir fiilden sonra kullanılan, **to**, herhalde bir edattır ve bunu bir isim/zamir veya isimfiil izler. Özellikle şu ifadelere dikkat ediniz: **look forward to, take to, be accustomed to, be used to** (son ikisi: ...meye alışkın olmak; diğerlerinin anlamları için 255 B'ye bakınız/Ç.N.)

I am looking forward to my holidays/to next week/to it. : Tatilimi/gelecek haftayı/onu iple çekiyorum.
I am looking forward to seeing you. : Seni görmeyi dört gözle bekliyorum/görmeye can atıyorum.
I am used to heat/hard work/bad food/noise/dust. : Sıcağa/sıkı çalışmaya/kötü yiyeceğe/gürültüye/toza/ona alışkınım.
I am used to standing in queues/to it. : Kuyruklarda beklemeye/Ona alışkınım.

Geçmişteki bir alışkanlık ya da rutini anlatan **I used to/he used to,** vb. *(They used to burn coal, now they burn fuel oil only.* : Eskiden kömür yakarlardı; şimdi yalnız akaryakıt kullanıyorlar) ile 'I am/he is accustomed to/familiar with' (alışkınım/alışkın)'ı karıştırmamaya dikkat ediniz.

...ğa alışkınım. (Beni rahatsız etmiyor.)
... : Gece çalışmaya alışkın! (Onca bir sakın-

...mastarın parçası mı olduğunu anlamanın
.../zamir kullanmanın mümkün olup olma-
...**customed to**'dan sonra bir isim/zamir kul-

...*rk.* : Ona/karanlığa alışkınım.

...ndan sonra kullanılan fiiller isimfiil olma-

...iller

...r:

4. *avoid*
5. *consider**
6. *defer*
7. *delay*
8. *deny**

Çorba kaşığı doğal
zeytin yağı
Çorba kaşığı susam yağı
ufak baş sarımsak
karıştırıp saçlara sürün
15 günde 1

Kuş dili çayı

9. detest
10. dislike
11. dread
12. enjoy
13. escape
14. excuse
*15. fancy** (= imagine)
16. finish
17. forgive
*18. imagine**
19. involve
20. keep (= continue)
21. loathe
*22. mean** (= involve)
23. mind (= object)
24. miss
25. pardon
26. postpone
27. practise
28. prevent
*29. propose** (= suggest)
*30. recollect**
*31. remember** (= recollect)
32. resent
33. resist
34. risk
35. save (somebody the trouble of)
36. stop (= cease)
*37. suggest**
*38. understand**

**B'ye bakınız.*

ÇEVİRİCİNİN NOTU: Bunların Türkçeleri şöyledir:
1. itiraf etmek, **2.** sezinlemek, **3.** değerini bilmek/...için çok teşekkür etmek, **4.** kaçınmak, **5.** üzerinde düşünmek/göz önüne almak, **6.** ertelemek, tecil etmek, **7.** geciktirmek, **8.** inkâr etmek, **9.** iğrenmek, **10.** hoşlanmamak, **11.** korkmak, **12.** hoşlanmak, **13.** kaçınmak, **14.** bağışlamak, **15.** gözünün önüne getirmek/tahayyül etmek, **16.** bitirmek, **17.** bağışlamak, **18.** (15 gibi), **19.** gerektirmek, ilgili olmak, **20.** durmadan...mek, **21.** hiç sevmemek, **22.** kastetmek, **23.** itirazı olmak, **24.** kaçırmak, **25.** bağışlamak, **26.** ertelemek, **27.** pratik yapmak, **28.** engellemek, **29.** önermek, **30-31.** anımsamak, **32.** içerlemek, **33.** direnmek, **34.** tehlikeye atılmak/tehlikeye sokmak, **35.** gerekliliğini ortadan kaldırmak/zahmetinden kurtulmak, **36.** kesmek/son vermek, **37.** önermek, **38.** anlamak.

İsimfiil ayrıca, *can't stand* (...meye dayanmak), *can't help* (...meden edememek), *it's no use/good* (bir işe yaramamak) ve *worth* (**be** ile birlikte / Ç. N. - ...meye değmek) sıfatından sonra kullanılır:

B Yukarıdaki fiillerle kullanılan başka yapılar.

Yıldızlı fiiller **that**'li cümlecikler de alabilir (Bak: 346).
suggest ve **propose** (= suggest) için bak: 289.
mean/propose (= intend) mastar alır (Bak: 269).
hate, like, love, prefer için bak: 295.
İsimfiil ya da mastar alan fiiller için bak: Ders 25.

dread + mastar, 'dread to think' (düşünmekten korkmak)'ta kullanılır:

I dread to think what this will cost. : Bunun neye mal olacağını düşünmekten (bile) korkuyorum.

C fiil + isimfiil'li cümlelere örnekler:

He admitted taking the money. : Parayı aldığını itiraf etti.
Avoid over-eating. : Aşırı yemekten kaçın.
Would you consider selling the property? : Mülkü satmayı düşünür müsünüz?
He detests writing letters. : Mektup yazmaktan hiç mi hiç hoşlanmıyor.
She dreads getting old. : Yaşlanmaktan korkuyor.
Do you enjoy teaching? : Öğretmenlikten zevk alıyor musun?
He narrowly escaped being run over. : Kıl payıyla çarpılmaktan kurtuldu.
Fancy metting you! : Ne güzel rastlantı seninle karşılaşmak!
Putting in a new window will involve cutting away part of the roof. : Yeni bir pencere açmak, çatının bir bölümünü kesip almayı gerektiriyor.
He kept complaining. : Durmadan yakındı.
He didn't want to risk getting wet. : Islanma tehlikesini göze almak istemiyordu.
If we buy plenty of food now it will save shopping later in the week.: Şimdi bol yiyecek alırsak haftanın daha sonraki günlerinde alışveriş etmemiz gerekmez.
I can't understand his/him leaving his wife. : Karısını terketmesini anlayamıyorum.
I couldn't help laughing. : Kendimi gülmekten alıkoyamadım.
It's no good/use arguing. : Tartışmanın bir yararı yok.
Is there anything here worth buying? : Burada satın almaya değer birşey var mı?

262 Fiil + iyelik sıfatı/zamirden oluşan tümleç + isimfiil

A Eğer fiil ya da fiil + edat'ı doğrudan doğruya bir isimfiil izliyorsa bu isimfiilin öznesine gönderme yapar:

Tom insisted on reading the letter. (Tom read it) : Tom, mektubu görmek konusunda diretti. (Tom onu okudu.)

İsimfiilden önce iyelik sıfatı ya da zamir koyarsak isimfiil, iyelik sıfatı/zamirin gösterdiği kişiye gönderme yapar:

He insisted on my/me reading it. : Onu benim okumam konusunda diretti. (Ben okumak zorunda kaldım).

B Bu iki yapıyı alabilen fiil ve ifadeler arasında şu yararlı örnekler bulunmaktadır:

dislike, dread, fancy, involve, like (olumsuz), *recollect, remember, resent, save, stop, suggest, understand, approve/disapprove of* (doğru bul(ma)mak), *insist on* (. . .konusunda diretmek), *it's no good/use* (yararı yok), *object to* (. . .e itirazı bulunmak), *there's no point in* (. . .mekte bir anlam/yarar yok), *what's the point of* (. . .menin yararı ne?).

He disliked working late. : Geç vakitlere kadar çalışmaktan hoşlanmadı.
He disliked me/my working late. : Benim geç vakitlere kadar çalışmamdan hoşlanmadı.
I object to paying twice for the same thing. : Aynı şey için iki kez para ödemeye itirazım var.
I object to his/him making private calls on the office phone. : Onun büro telefonundan özel konuşmalar yapmasına karşıyım.
He resented being passed over for promotion. : Terfi sırasında kendisinin atlanmasına fena kızdı.
He resented my/me being promoted before him. : Benim kendisinden önce terfi ettirilmeme fena kızdı.

(**mind** için 263, **suggest** ve **propose** için ise 289'a bakınız.)

C **excuse, forgive, pardon, prevent** fiilleri doğrudan doğruya isimfiil almazlar fakat bunları iyelik sıfatı/zamir + isimfiil ya da zamir + edat + isimfiil izleyebilir:

Forgive my/me ringing you up so early. : Size bu kadar erken bir saatte telefon etmemi bağışlayın.
Forgive me for ringing you up so early. : Size bu kadar erken bir saatte telefon ettiğim için beni bağışlayın.
You can't prevent his/him spending his own money. : Kendi parasını harcamasına engel olamazsın.
You can't prevent him from spending his own money. : Onu kendi parasını harcamaktan alıkoyamazsın.

appreciate genellikle bir iyelik sıfatı ya da edilgen bir isimfiil alır:

I appreciate your giving me so much of your time. : Bu kadar çok zamanını bana ayırmanı şükranla karşılıyorum.
I appreciate being given this opportunity. : Bu fırsatın bana verilmesini şükranla karşılıyorum.

D İyelik sıfatı ile zamirin karşılaştırılması

Biçimsel İngilizcede iyelik sıfatı isimfiille birlikte kullanılır. Ancak konuşma dilinde ve daha az biçimsel İngilizcede çoğu kez zamiri kullanırız. Dolayısıyla öğrencilerin seçim hakları varsa da zamiri kullanmaları salık verilir.

stop fiilinde (önlemek anlamında) zamir, iyelik sıfatından daha yaygındır:
I can't stop him writing to the papers. : Onun gazetelere mektup yazmasını engelleyemem.

E İsimfiillerle birlikte kullanılan isimler

Çok biçimsel İngilizcede bu durumda iyelik biçimi kullanılır:
I do not remember my mother's complaining about it. : Annemin ondan yakındığını anımsamıyorum.

Fakat 's'i atmak için daha yaygın bir kullanımdır:
I don't remember my mother complaining. (Çeviri aynı.)

263 **mind** fiili

A Bu fiil çoğunlukla soruda ve olumsuzda kullanılır:

Would you mind waiting a moment? : Biraz beklemenin sizce bir sakıncası var mı? / Biraz bekler misiniz?
I don't mind walking. : Yürümeye bir itirazım yok.

B Bunu doğrudan doğruya bir isimfiil izleyebilir; isim/zamir ya da iyelik zamiri + isimfiil de izleyebilir:

I don't mind living here. (I live here and I don't object to it.) : Burada yaşamaya bir diyeceğim yok. (Burada yaşıyorum ve buna bir itirazım yok).
I don't mind his/him living here. : Onun burada oturmasına aldırmıyorum. (He lives here and I don't object to this./I don't object to his/him living here.: O burada oturuyor ve benim buna bir itirazım yok./Onun burada oturmasına bir itirazım yok.)
He didn't mind leaving home. (He left home quite happily.) : Evden ayrılmak ona koymadı. (Evden hayli memnun ayrıldı./Evden ayrılırken üzülmedi.)
He didn't mind Ann leaving home. (Ann left and he was quite happy about this.) : Ann'in evden ayrılmasına aldırmadı. (Ann evden ayrıldı ve o bundan hayli memnundu.)

(İsim olması durumu için 262 E'ye bakınız.)

C **would you mind?**, bir ricada bulunmanın en yaygın biçimlerinden biridir:
Would you mind not smoking? (Please do not smoke.) : Lütfen sigara içmeyiniz.

Would you mind moving your car? (Please move you car.) : Arabanızı -biraz ileri- alır mısınız? (Lütfen ileri alın.)
İsimfiilden önce iyelik sıfatı geldiği zaman anlamın değiştiğine dikkat ediniz.

Would you mind my moving your car? =
Would you object if I moved your car? : Arabanızı -biraz ileri- almama bir itirazınız olur mu? = Arabanızı -biraz ileri- alırsam bir itirazınız olur mu? (Bu bir rica değil, nazik bir sorudur.)
Do you mind if I move it? : Arabanızı -biraz ileri- almanın bir sakıncası var mı?,
Would you mind my moving your car? : (Anlam yaklaşık aynı. / Ç.N.) İlk cümle, ikincisine karşı bir seçenek olabilir. Fakat:
Do you mind my moving your car? : Arabanızı -biraz ileri- almama kızdınız mı/almam bir sakınca yaratıyor mu?, eylemin daha önce başlamış olduğunu belirtebilir.

D **mind**'ı hiçbir zaman bir mastar izleyemez.

E Bir iyelik sıfatı yerine isimfiillerle birlikte şahıs zamirinden oluşan tümleç de kullanılabilir. (262 D).

264 -miş'li isimfiil (**having worked, having spoken,** vb.)

Geçmiş bir eyleme gönderme yapıyorsak bu yapı, isimfiilin şimdiki zaman biçiminde (working, speaking) yerine kullanılabilir:

He was accused of deserting his ship. : Gemisini terketmekle suçlanıyordu. Ya da:
He was accused of having deserted his ship. : Gemisini terketmiş olmakla suçlanıyordu.

-miş'li mastar, **deny**'dan (inkâr etmek) sonra oldukça çok kullanılır:
He denied having been there. : Orada olduğunu inkâr etti.

Bunun dışında şimdiki zaman isimfiili çok daha yaygındır.

265 Edilgen isimfiil

Şimdiki zaman: *being written*
Geçmiş zaman: *having been written*

He was punished by being sent to bed without any supper. : Akşam yemeği (yemeden) yatırılarak cezalandırıldı.
I remember being taken to Paris as a small child. : Küçük bir çocukken Paris'e götürülüşümü anımsıyorum.
The safe showed no signs of having been touched. : Kasa, dokunulmuş olduğuna ilişkin hiçbir belirti göstermiyordu.

25 Mastar ve isimfiil yapıları (Infinitive/gerund)

266 Hem mastar hem de isimfiil alabilen fiiller

1. *advise* (Bak: 267)
2. *agree* (269)
3. *allow* (267)
4. *begin* (267)
5. *can/could bear* (267)
6. *cease* (267)
7. *continue* (267)
8. *forget* (268)
9. *hate* (295)
10. *intend* (267)
11. *like* (265)
12. *love* (295)
13. *mean* (269)
14. *need* (267)
15. *permit* (267)
16. *prefer* (295)
17. *propose* (269)
18. *recommend* (267)
19. *regret* (268)
20. *remember* (268)
21. *require* (267)
22. *start* (267)
23. *stop* (270 B)
24. *try* (270 C)
25. *used to* (270 D)
26. *want* (267)

Ayrıca bak: *be ashamed (of)/afraid (of)/sorry (for),* 271; *care (for),* 294, 295; *go on,* 270.

ÇEVİRİCİNİN NOTU: Fiillerin anlamları:
1. öğütle
2. razı ol
3. izin ver
4. başla
5. dayan
6. . . .meyi kes
7. . . .meyi sürdür
8. unut
9. hiç sevme
10. niyetlen
11. hoşlan
12. sev
13. kastet
14. gereksinim duy
15. izin ver
16. yeğle
17. öner
18. salık ver
19. pişman ol
20. anımsa
21. gerektir
22. başla
23. . . .meyi kes
24. gayret et
25. eskiden . . .di alış
26. iste

267 Hem mastar hem isimfiili, anlam değişmeden alabilen fiiller

A **begin, start, continue, cease**

B **can't bear**

C **intend**

to, -ing/267 376

D **advise, allow, permit, recommend**

E **it needs/requires/wants**

A **begin, start, continue, cease** ile birlikte, bir anlam ayrımı ortaya çıkmadan mastar da isimfiil de kullanılabilir; ancak bilme ve anlama fiilleri ile **matter** (önemi bulunmak/ırgalamak/umursamak) bulunduğu zaman mastar daha yaygındır:

I began working./I began to work. : Çalışmaya başladım.
He continued living/to live above the shop. : Dükkânın üstünde oturmayı sürdürdü.

fakat

I am beginning to understand/see/realize why he acted as he did. : Neden öyle davrandığını anlamaya başlıyorum.
It ceased to matter whether or not he sold his work. : İşyerini satıp satmadığı önemli olmaktan çıktı.
She never ceased complaining/to complain about the prices. : Fiyatlardan yakınmayı hiç kesmedi.

B (Daha çok olumsuzda kullanılan) **can/could bear**'den sonra mastar ya da isimfiil kullanılabilir: *I can't bear waiting/to wait* (Beklemeye dayanamam/tahammülüm yok). Fakat mastar istemli bir eylemi gösteriyorsa ifadede, öznenin duygularının, onun bu eylemi gerçekleştirmesine engel olduğu anlamı gizlidir:

I couldn't bear to tell him. : Ona söylemeye yüreğim dayanmadı. (Onun için de söylemedim.)

C **intend**'den sonra bir mastar:
I intend to sell it. : Onu satmaya niyetliyim.

bir isimfiilden daha yaygındır:
I intend selling it. : Anlam aynı (Ç.N.)

intend + tümleç durumunda mastar gereklidir. Buna yalnız biçimsel İngilizcede rastlanır:
I intend him to take over the department. : Bölümü devralmasını tasarlıyorum.

D **advise, allow, permit, recommend** ile birlikte
Kişi belirtiyorsa mastar kullanırız:

He advised me to apply at once. : Hemen başvurmamı öğütledi.

She recommends housewives to buy the big tins. : Ev hanımlarına büyük (teneke) kutulardan satın almalarını salık veriyor.
They don't allow us to park here. : Burada part etmemize izin vermiyorlar.

Ancak kişi belirtilmiyorsa isimfiil kullanılır:

He advised applying at once. : Hemen başvurulmasını öğütledi.
She recommends buying the big tins. : Büyük (teneke) kutulardan alınmasını salık veriyor.
They don't allow parking here. : Burada park etmeye izin vermiyorlar.

allow ve **permit**'ten sonraki isimfiil tümleç alamaz; dolayısıyla, **allow/permit** + fiil + tümleç yapısını istiyorsak mastarı kullanıp ilgili kişiyi belirtmeliyiz:

They allowed their tenants to use the garage. : Kiracılarının garajı kullanmalarına izin verdiler.

E **it needs/requires/wants**'tan sonra isimfiil ya da edilgen mastar gelebilir; isimfiil daha yaygındır:

The grass wants cutting ya da *The grass needs to be cut.* : Çimin kesilmesi gerekiyor.

268 regret, remember, forget

A İsimfiille ifade edilen eylem daha önce ise **regret, remember, forget** isimfiille kullanılır:

I regret spending so much money = *I'm sorry I spent so much money.*: Bu kadar çok para harcadığıma pişmanım = harcadığım için üzüntü duyuyorum. (**harcamak** birinci, **üzüntü duymak** ikinci eylemdir.)
I remember reading about the earthquakes in the papers. : Yer sarsıntısına ilişkin haberleri gazetelerde okuduğumu anımsıyorum. (**okumak** birinci, **anımsamak** ikinci eylemdir.)

remember'dan sonra iyelik sıfatı/tümleç + isimfiil gelebilir:

I remember his/him telling me about it. : Onun bundan bana söz ettiğini anımsıyorum.
I remember my father('s) telling me about it. : Babamın bundan bana söz ettiğini anımsıyorum.

forget + isimfiil olanağı, yalnız **forget** olumsuz olduğu zaman vardır. Bu yapı, daha çok **will never forget**'ten sonra kullanılır:

I'll never forget waiting for bombs to fall. : Bombaların düşmesini bekleyişimi hiç unutmayacağım. =
I'll always remember waiting for the bombs to fall. : Bombaların düşmesini bekleyişimi hep anımsayacağım.

B **regret, remember, forget**'in bizzat kendileri ilk eylemi anlatıyorlarsa arkalarından mastar gelir:

I regret to say that you have failed your exam. : Sınavda başaramadığınızı üzüntüyle bildiririm. (*regret* birinci, *say* ikinci eylemdir.) (*regret* burada 'üzülmek' anlamındadır. / Ç.N.)

Bu anlamdaki **regret**'ten sonra normal olarak **say, inform, tell** (söylemek, bildirmek, söylemek) gibi bir fiil gelir. Normal olarak yalnızca şimdiki zamanda kullanılır.

remember, her hangi bir fiil yapısında kullanılabilir:

I'll remember to tell Bill. : Bill'e söylemeyi unutmam. (*rememmber* [anımsamak, unutmamak], ilk eylemdir.

forget de benzer biçimde kullanılır.

I often forget to sign my cheques. : Çoğu kez çekimlerimi imzalamayı unuturum.
I remembered to lock/I didn't forget to lock the door. (I locked it.) : Kapıyı kilitlemeyi unutmadım. (Kilitledim.)

Tersi:

I didn't remember/I forgot to lock it. (I didn't lock it.) : Kapıyı kilitlemeyi unuttum. (Kilitlemedim.)

C **regret, remember, forget**'ten sonra bir isim/zamir ya da bir **that** cümleciği gelebilir.

remember ve **forget**'ten sonra *how, why, when, who,* vb. ile başlayan isim cümlecikleri de gelebilir:

I can't remember when I saw him last. : Onu en son ne zaman gördüğümü anımsamıyorum.
I've forgotten where I put it. : Onu nereye koyduğumu unuttum.

269 agree/agree to, mean, propose

A **agree** ve **agree to** (edat)

agree, mastar alır. **refuse** + mastar'ın tersidir:
When I asked them to wait, Tom agreed to wait a week but Bill refused

to wait another day. : Beklemelerini rica ettiğim zaman Tom bir hafta beklemeye razı oldu; Bill ise bir gün bile beklemeye yanaşmadı.

agree, isim/zamirden oluşan bir tümleç almaz. **refuse** + tümlecin tersi **accept** + tümleç'tir.

He refused any reward. : Her türlü ödülü reddetti.
She accepted the post. : Makamı (Önerilen işi) kabul etti.

agree to'dan (edat) sonra iyelik sıfatı + isimfiil gelebilir:

He agreed to my leaving early on Friday. : Cuma günü erken ayrılmamı kabul etti. (Cuma günü erken ayrılıp ayrılamayacağımı sordum; olur dedi. Bunun tersi, *He wouldn't agree to my leaving early.* : Erken ayrılmama razı olmadı vb. olur.)

agree to'dan sonra isim/zamirden oluşan bir tümleç gelebilir:

He agreed to the change of plan/to this/to that. : Plan değişikliğine/buna/ona razı oldu.

B 'intend' (niyetlenmek, tasarlamak) anlamındaki **mean** mastar alır:

I mean to get to the top by sunrise. : Güneş doğmadan tepeye varmayı tasarlıyorum.

Yalnızca belirli bir kişiye gönderme yapmayan bir özneyle kullanılabilen ve 'involve' (demek, gerektirmek, anlamına gelmek) anlamındaki **mean** isimfiil alır:

He is determined to get a seat even if it means standing in a queue all night. : Bütün gece kuyrukta beklemek gerekse bile bir koltuk (bilet) elde etmeye (almaya) kararlı.

C 'intend' (niyetlenmek) anlamındaki **propose** genellikle mastar alır:

I propose to start tomorrow. : Yarın yola çıkmayı/başlamayı tasarlıyorum.

'suggest' (önermek) anlamındaki **propose** isimfiil alır:

I propose waiting till the police get here. : Polis buraya gelinceye dek beklemeyi öneriyorum.

(**propose** + **that. . .should** için bak: 289.)

270 go on, stop, try, used (to)

A **go on,** 'continue' (. . .meyi sürdürmek) anlamına gelir ve isimfiil alır. Ancak aynı konuda konuşan kişi bu konunun yeni bir yönünü ortaya attığı zaman **explain, talk, tell** (açıklamak, konuşmak, anlatmak) gibi bir fiilin mastarını alır:

He began by showing us where the island was and went on to tell us about its climate. : Bize adanın nerede olduğunu gösterek (söze) başladı ve adanın iklimini anlatarak (sözünü) sürdürdü.

Şu iki cümleyi karşılaştırınız:

He went on talking about his accident. : Geçirdiği kazayı anlatmaya devam etti.

Bu, onun kazadan daha önce de söz etmekte olduğu anlamını taşır.

He went on to talk about his accident. : Konuşmasını sürdürerek geçirdiği kazayı anlat(maya başla)dı.

Bu cümle ise konuşan kişinin belki kendinden ya da yolculuğundan söz etmekte olduğunu, fakat kazadan ilk kez söz edilmekte olduğunu gösterir.

B **stop**'tan (= cease: . . .meyi kesmek) sonra isimfiil gelir: *Stop talking.* : Konuşmayı kes.

Bu fiilden sonra tümleç + isimfiil gelebilir:

I can't stop him talking to the press. : Basınla konuşmasını önleyemiyorum.

Burada bir iyelik sıfatı kullanılabilir, fakat bu pek seyrektir:
'halt' (ara vermek, eylemi askıya almak) anlamındaki **stop**'tan sonra amaç gösteren bir mastar gelir:

I stopped to ask the way. : Yolu sormak için durdum. (Yolu sorayım diye durdum.)

C **try** genellikle 'attempt' (. . .meye çalışmak, gayret etmek) anlamındadır ve arkasından mastar alır:

They tried to put wire netting all round the garden. : Bahçenin tüm çevresine tel örgü koymaya çalıştılar. (Bu yönde çaba harcadılar.)

Cümle, onların başarılı olup olmadıklarını belirtmez.
try, 'make an experiment' (denemek) anlamına da gelebilir ve o zaman arkasından isimfiil alır:

They tried putting wire netting all round the garden. : Bahçenin tüm çevresine tel örgü koymayı denediler.

Bu cümle, tel örgü koymanın sorunlarını (herhalde tavşan ve tilkilerin içeri girmesini engellemek istiyorlardı) çözüp çözmeyeceğini anlamaya çalıştıklarını gösterir. Ana eylemin gerçekleştiğini biliyoruz. Bilmediğimiz, bu eylemin istenen etkiyi yaratıp yaratmadığı, yani tilkilerin girmesini engelleyip engellemediğidir.

D Özne + **used** + mastar, eski bir alışkanlık ya da rutini gösterir:

I used to swim all year round. : Bütün yıl boyunca yüzerdim. (Bir zamanlar bütün yıl boyunca yüzerdim.) (Bak: 162.)

Ancak özne + **be/become/get** + **used** + **to** (edat)'tan sonra bir isim, zamir ya da isimfiil gelir ve 'be/become/get + accustomed + to' (alışmak/alışkın olmak) anlamını taşır:

I am used to heat/to living in a hot climate. : Sıcaklığa/Sıcak iklimde yaşamaya alışkınım. (Bir süre sıcak iklimde yaşadım, onun için umursamıyorum.) (Bak: 163.)

271 be afraid (of), be sorry (for), be ashamed (of)

A **be afraid of** + isimfiil ya da isimfiil + isim/zamir
Burada isimfiil genellikle, öznenin gerçekleşmesinden korktuğu bir eylemi ifade eder. Bu, genellikle istem dışı bir eylemdir:

He never swam far out. He was afraid of getting cramp. : Hiç açılmamıştı (yüzerken). Kramp girmesinden korkuyordu.
She avoids lonely streets. She was afraid of getting mugged. : Issız caddelerden uzak durur. Saldırıya uğramaktan korkuyor.
She didn't tell him because she was afraid of upsetting him. : Ona söylemedi çünkü onu kızdırmaktan korkuyordu.

be afraid + mastar, öznenin eylemi gerçekleştirmekten korktuğunu belirtir. Kuşkusuz bu, istemli bir eylemdir:

He was afraid to jump. : Atlamaya korkuyordu. (Onun için atlamadı.)
She was afraid to protest. : Protesto etmeye korkuyordu.

ÇEVİRİCİNİN NOTU: Normal olarak:
be afraid of + isimfiil '. . .mekten korkmak',
be afraid + mastar '. . .meye korkmak' olarak çevrilebilir.

be afraid'den sonra bir **that**'lı cümlecik de gelebilir. Bu, bir korku gösterebilir:

I'm afraid (that) he'll blame me for this. : Bundan dolayı beni suçlayacağından korkuyorum.

Fakat özellikle birinci şahısta (oldukça hafif) bir üzüntüyü belırtır:

I'm afraid (that) we haven't any tickets left. : Korkarım/Maalesef/Ne yazık ki hiç biletimiz kalmadı.

(**I'm afraid so/not** için bak: 347.)

B **be sorry for** + isimfiil, 'apologize/regret' (özür dilemek/üzülmek) anlamındadır. İsimfiil genellikle daha önceki bir eyleme gönderme yapar, fakat hemen arkadan gelen bir eyleme de gönderme yapabilir:

I'm sorry for making such a noise last night. : Dün gece o kadar gürültü ettiğim için özür dilerim.

I'm sorry for disturbing you. : Sizi rahatsız ettiğim için özür dilerim. (Şimdi)

Ancak burada *I'm sorry to disturb you* daha uygun olur.

be sorry + mastar üzülme ya da üzüntü belirtebilir:

I'm sorry to hear that you've been ill. : Hastalanmana üzüldüm. (Ayrıca bak: 26 F.)

Mastarla belirtilen eylem istemli değilse iki eylem hemen hemen eşzamanlıdır:

I was sorry to see him looking so ill. : Onun bu denli hasta göründüğünü görmek bana üzüntü verdi. (Onu...görünce üzüldüm.)

Mastar istemli bir fiile gönderme yaparsa **be sorry**, iki eylemden ilki olur ve o zaman **regret**'e bir hayli yakınlaşır. (Bak: 268 B):

I'm sorry to inform you that there has been an accident. : Üzülerek belirtiyorum ki bir kaza olmuştur.

be sorry that. . . te kullanılabilir. *I'm sorry that*'in genellikle gerçek bir üzüntüyü gösterdiğine, fakat *I'm sorry to say that* ya da *I'm afraid that*'te üzüntünün çok hafif, hatta göstermelik olduğuna dikkat ediniz.

C **be ashamed of** + isimfiil ya da **be ashamed of yourself** vb. **for** + isimfiil. Burada isimfiil daha önceki bir eyleme gönderme yapar:

You should be ashamed of lying to him. : Ona yalan söylemiş olmandan utanç duymalısın.

You should be ashamed of yourself for lying to him. : Ona yalan söylediğin için kendinden utanç duymalısın.

ashamed + mastar'dan mastar genellikle arkadan gelen bir eyleme gönderme yapar:

I'm ashamed to tell you what this carpet cost. : Bu halının kaça mal olduğunu söylemekten utanç duyuyorum.

would be ashamed + mastar (utanç duyarım), çoğu kez öznenin duygularının eylemi gerçekleştirmesine engel olduğu/olacağı anlamına gelir: *I'd be ashamed to ask for help.* : Yardım istemekte utanırım. (Dolayısıyla istemem [herhalde]).

26 Ortaçlar (The participles)

272 Şimdiki (veya etken) ortaç

A Biçim

Mastar + **ing,** örneğin *working, loving, sitting*

B Kullanım

1 Süreklilik yapılarını oluşturmak için (Bak: 164, 178 vb):

He is working. : Çalışıyor.
You've been dreaming. : Düş görüyorsun.

2 Sıfat olarak (Bak: 17):

running water
akan su (musluk suyu)
dripping taps
damlayan musluklar
floating wreckage
su üstünde yüzen gemi kalıntıları
leaking pipes
sızdıran borular

Burada ortaç ve isim üzerinde eşit vurgu vardır. Bunu isimfiil + isim bileşimleriyle karşılaştırınız (Bak: 16).

3 **have** + tümleç'ten sonra (Bak: 121):

He had me swimming in a week. : Beni bir haftada yüzdürdü.
We have people standing on our steps all day. : Bütün gün millet merdivenlerimizde oturuyor.
I won't have him cleaning his bike in the kitchen. : Bisikletini mutfakta yıkatmam.

4 Bir şimdiki zaman ortacı, bir ilgi zamiri + fiilin yerini tutabilir (Bak: 77):

a map that marks/marked political boundaries=
a map marking political boundaries : siyasal sınırları belirten/belirtmiş olan bir harita
people who wish/wished to visit the caves=
people wishing to visit the caves : mağaraları ziyaret etmek isteyen/istemiş olan insanlar
children who need/needed medical attention=
children needing medical attention : tıbbi bakım isteyen/istemiş olan çocuklar

5 **adding/pointing out/reminding/warning** (ekleyerek/işaret ederek/anımsatarak/uyararak) gibi şimdiki zaman ortaçları/ortaç takımları dolaylı aktarımda düz cümleleri sunabilirler:

He told me to start early, reminding me that the roads would be crowded. : Erken yola çıkmamı söyleyerek yolların kalabalık olacağını anımsattı. (Bak: 324 C.)

Yukarıdaki kullanımlar daha önce ele alınmıştı. Şimdiki zaman ortacı şu durumlarda da kullanılabilir:

6 Duygu fiilleriyle (bak 273).

7 **catch/find/leave/** + tümleç'le (Bak: 274).

8 **go, come, spend, waste, be busy** ile (Bak: 275).

9 Şimdiki zaman ortaçları bazen, yukarıda belirtilenler dışında ana ve yan cümleciklerde özne + fiil'in yerini de alabilir (Bak: 276-7).

273 Duyu fillerinden sonra şimdiki zaman ortacı

A Temel duyu fiilleri olan **see, hear, feel, smell** ve **listen (to), notice** ve **watch**'tan sonra tümleç + şimdiki zaman ortacı gelebilir:

I see him passing my house every day. : Onun her gün evimin önünden geçtiğini/geçişini/onu. . .geçerken görüyorum.
Didn't you hear the clock striking? : Saatin vurduğunu duymadın mı?
I felt the car skidding. : Arabanın kaydığını/kayışını hissettim.
She smelt something burning and saw smoke rising. : Burnuna bir yanık kokusu geldi ve dumanın yükseldiğini gördü.
I watched them rehearsing the play. : Oyunu prova edişlerini izledim.

Şimdiki zaman ortacındaki eylem tamamlanmış ya da tamamlanmamış olabilir: *I saw him changing the wheel.* (Tekerleği değiştirişini izledim) cümlesi bütün eylemi ya da eylemin bir bölümünü izlediğimi gösterebilir.

B **see, hear, feel** ve bazen *listen (to), notice* ile *watch*'tan sonra da tümleç + çıplak mastar gelebilir:

We saw him leave the house. : Onun evden çıktığını gördüm.
I heard him make arrangements for the journey. : Onun yolculuk için düzenlemeler yaptığını duydum.

Mastar, eylemin tamamlanmış olduğunu gösterir. *I saw him change the wheel.* (Onun tekerleği değiştirdiğini gördüm) cümlesi, bütün eylemi gördüğümü belirtir.

C Şu iki biçimi karşılaştırınız:

Hem tamamlanmış hem de tamamlanmamış eylemi göstermesi nedeniyle şimdiki zaman ortacı daha yararlıdır. Fakat eylemin tamamlanmış olduğunu belirmek istiyorsak mastar yararlı olur. Ayrıca bir dizi eylem anlatıldığı zaman mastar daha derli-topludur:

I saw him enter the room, unlock a drawer, take out a document, photograph it and put it back. : Onun odaya girip çekmeceyi açtığını, bir belgeyi çıkarıp resmini çektiğini ve belgeyi yerine koyduğunu gördüm.

D Edilgende, duyu fiillerinden sonra tam mastar kullanılır:
He was heard to say that the minister had been bribed. : Bakana rüşvet verildiğini söylerken duyulmuş/söylediği duyulmuş.

274 **catch, find, leave** + tümleç + şimdiki zaman ortacı

A **catch/find:**

I caught them stealing my apples. : Onları, elmalarımı çalarken yakaladım. (Onları, bunu yapar buldum).
If she catches you reading her diary, she'll be furious. : Seni, günlüğünü okurken yakalarsa deliye döner.

Ortaçla belirtilen eylem her zaman özneyi rahatsız eden türden bir eylemdir.

find fiilinde bir hoşnutsuzluk duygusu bulunmaz:

I found him standing at the door. : Onu kapıda bekler buldum = *I saw him standing/He was standing at the door when I arrived.* : Onu ayakta dururken gördüm/Geldiğimde o ayakta duruyordu.

find'da tümleç cansız olabilir:

He found a tree lying across the road. : Yol üzerinde duran bir ağaç buldu.

B **leave** bir ortaçla kullanılabilir:

I left him talking to Bob = He was talking to Bob when I left. : Onu Bob'la konuşurken bıraktım = Ayrıldığımda o Bob'la konuşuyordu.

275 go, come, spend, waste, be busy

A **go** ve **come**

go ve **come**'dan sonra fizisel etkinlik belirten fiillerin ve **shop** fiilinin ortaçları gelebilir:

They are going riding/skiing/sailing. : At gezintisine/kayak yapmaya/yelkenle dolaşmaya gidiyorlar.
Come dancing. : Dansa gel.
I'm going shopping this afternoon. : Bugün öğleden sonra alışverişe gidiyorum.

(Arkalarından amaç mastarı alan **go** ve **come** için bak: 335)

B **spend/waste** + bir zaman ya da para ifadesi + şimdiki zaman ortacı:

He spends two hours (a day) travelling. : (Günde) iki saati gezmekle (yolda) geçirir.
He doesn't spend much time preparing his lessons. : Derslerini hazırlamakla (hazırlamaya) pek zaman harcamaz.
We wasted a whole afternoon trying to repair the car. : Koca bir öğleden sonrayı arabayı onarmakla yok yere harcadık.

(**waste:** ziyan etmek, boşa geçirmek / Ç.N.)

He spent a lot of money modernizing the house. : Bir sürü parayı, evi modernleştirmeye harcadı.

C **be busy** + şimdiki zaman ortacı (. . .mekle meşgul olmak):
She is/was busy packing. : Valiz hazırlamakla meşgul/dü.

276 Şimdiki zaman ortacının bir ana cümleciğin yerini alması

Aşağıda, A ve B'deki ortaç yapıları en çok yazılı İngilizcede kullanılır.

A Aynı öznenin iki eylemi aynı anda gerçekleşirse, genellikle bunlardan birini şimdiki zaman ortacı ile ifade etme olanağı vardır. Ortaç, çekimli fiilden önce ya da sonra gelebilir:

He rode away. He whistled as he went = He rode away whistling. : Islık çalarak atıyla çekti gitti.

He holds the rope with one hand and stretches out the other to the boy in the water = Holding the rope with one hand, he stretches . . . : Bir eliyle ipi tutar, ötekini oğlana uzatır = Bir eliyle ipi tutarken . . . uzatır.

B Bir eylemden hemen sonra aynı özneye ait ikinci bir eylem geliyorsa birinci eylem şimdiki zaman ortacı ile ifade edilebilir. Şimdiki zaman ortacının başta bulunması gerekir:

He opened the drawer and took out a revolver = Opening the drawer he took out a revolver. : Çekmeceyi açtı ve bir tabanca çıkardı = Çekmeceyi açarak bir tabanca çıkardı.
She raised the trapdoor and pointed to a flight of steps = Raising the trapdoor she pointed to a flight of steps. : Döşemede bir kapak açtı ve bir merdiven gösterdi = Döşemede bir kapak açarak bir merdiven gösterdi.
We take off our shoes and creep cautiously along the passage = Taking off our shoes we creep cautiously along the passage. : Ayakkabılarımızı çıkarırız ve geçit boyunca dikkatle sürünürüz = Ayakkabılarımızı çıkararak geçit boyunca dikkatle sürünürüz.

Burada -miş'li mastar kullanarak *Having opened, Having raised, Having taken off* (açıp, kaldırıp, çıkarıp) demek daha mantıklı görünmektedir. Ancak, şimdiki zaman ortacının kullanılmasının belirsizlik yaratması durumu dışında buna gerek yoktur. *Eating his dinner he rushed out of the house* (Akşam yemeği yiyerek hızla evden dışarı çıktı) cümlesi, onun evden, elinde tabakla çıktığı izlenimini verir. Dolayısıyla burada *Having eaten his dinner*. . . (Akşam yemeğini yiyip . . .) demek daha iyidir.

C İkinci eylem birincinin bir bölümünü oluşturması ya da onun sonucu olması durumunda ikinci eylemi şimdiki zaman ortacı ile ifade edebiliriz:

She went out, slamming the door. : Kapıyı çarparak çıktı.
He fired, wounding one of the bandits. : Ateş ederek haydutlardan birini vurdu.
I fell, striking my head against the door and cutting it. : Düşüp başımı kapıya çarptım ve yardım. (Burada üç eylem vardır: İkisi ortaçla ifade edilmektedir.

ÇEVİRİCİNİN NOTU: Zarf olarak kullanılan bu ortacın İngilizcede ikinci cümlecikte kullanılmasına karşın Türkçede birinci cümlecikte kullanıldığına dikkat ediniz.
He took everything with him, **leaving** us nothing to read. : Her şeyi beraberinde **götürerek** bize okuyacak bir şey bırakmadı.

Ortacın ilk fiille aynı özneye sahip olması gerekmez:

The plane crashed, its bombs exploding as it hit the ground. : Uçak çakıldı ve yere çarptığında bombaları patladı.

277 Şimdiki zaman ortacının bir yan cümleciğin yerini alması

Bu yapılara en çok yazılı İngilizcede rastlanır.
Şimdiki zaman ortacı **as/since/because** + özne + fiil'in yerini alabilir. Dolayısıyla arkadan gelen eylemin açılanmasına yardım eder:

Knowing that he wouldn't be able to buy food on his journey he took large supplies with him = *As he knew* . . . : Yolculuğu sırasında yiyecek satın alamayacağını bildiğinden beraberinde bol miktarda yiyecek götürdü = . . .bildiği için . . .

Fearing that the police would recognize him he never went out in the daylight = *As he feared* . . . : Polisin onu tanımasından korktuğundan gündüz hiç çıkmadı = . . .korktuğu için . . .

Cümlenin başındaki **being**'in normal olarak 'as he is/as he was' (. . .diği için) anlamına geldiğine dikkat ediniz:

Being a student he was naturally interested in museums = *Because/As he was a student* . . . : Öğrenci olduğundan, doğal olarak müzelerle ilgileniyordu = Öğrenci olduğu için . . .

Bu, 'while he was a student' (o öğrenciyken) anlamına gelmez.

Ortacın öznesinin, arkadan gelen fiilin öznesiyle aynı olması gerekmez:
The day being fine, we decided to go swimming. : Hava güzel olduğundan yüzmeye gitmeye karar verdik.

Böyle durumlarda ortaç, kendisine ait olan isim/zamirden sonra gelmelidir. *Being fine the day, we decided* . . . yanlıştır. Fakat *Being athletic, Tom found the climb quite easy* (Atletik olduğundan, tırmanmak Tom'a kolay geldi) cümlesinde bir sorun yoktur. Çünkü Tom, hem ortacın, hem de arkadan gelen fiilin öznesidir.

İki ya da daha fazla ortacın birbirinin ardından kullanmak olanağı vardır:
Realizing that he hadn't enough money and not wanting to borrow from his father, he decided to pawn his watch. : Yeterince parası olmaması ve babasından ödünç para almak istememesi nedeniyle saatini rehine verdi.
Not knowing the language and having no friends in the town, he found it hard to get work. : Dili bilmediği ve kentte arkadaşının bulunmaması nedeniyle iş bulmak ona zor geldi.

278 -miş'li ortaç (etken)

A Biçim
having + geçmiş zaman ortacı. Örneğin: *having done, having seen*

B Kullanım

276 B'de gösterilen; bir eylemin, aynı özneye ait bir başka eylemin hemen arkasından geldiğini cümle türlerinde -miş'li ortaç, şimdiki zaman ortacının yerine kullanılabilir:

Tying one end of the rope to his bed, he threw the other end out of the window. : İpin bir ucunu pencereye bağlayarak öteki ucunu pencereden dışarı attı. =
Having tied one end of the rope to his bed, he threw the other end out of the window. : İpin bir ucunu pencereye bağlayıp öteki ucunu pencereden dışarı attı.

-miş'li ortaç, ikinci eylemin, birincisi tamamlandıktan sonra başladığını vurgular, fakat şimdiki zaman ortacı karışıklığa yol açmadıkça -miş'li ortaç bu tür bileşimde zorunlu değildir. *Reading the instructions, he snatched up the fire extinguisher* (Talimatı okuyarak yangın söndürücüsünü kaptı) cümlesi iki eylemin eş-zamanlı olduğu izlenimini verir. Dolayısıyla burada -miş'li ortaç kullanmak daha iyi olur:

Having read the instructions, he snatched up the fire extinguisher. : Talimatı okuyup yangın söndürücüsünü kaptı.

Ancak iki eylem arasında bir aralık varsa -miş'li ortaç kullanmak zorunlu olur:
Having failed twice, he didn't want to try again. : İki kez başarısızlığa uğradıktan sonra yeniden denemek istemedi.

Birinci eylem bir zaman süresine yayıldığı zaman da -miş'li ortaç kullanılır:
Having been his own boss for such a long time, he found it hard to accept orders from another. : O kadar (uzun) süre kendi kendinin patronu olduktan sonra başkalarından emir almak ona zor geldi.

279 Geçmiş zaman ortacı (edilgen) ve -miş'li ortaç (edilgen)

A Biçim
Kurallı fiillerin geçmiş zaman ortacı, mastara **ed** ya da **d** eklenerek oluşturulur. Örneğin: *worked, loved.*
Kuralsız fiillerin geçmiş zaman ortaç biçimi için 39'uncu derse bakınız.

B Kullanım

1 Sıfat olarak:

stolen money (çalınmış para)	*a written report* (yazılı bir rapor)	*fallen tress* (yıkık ağaçlar)
broken glass (kırık cam)	*tired drivers* (yorgun sürücüler)	*blocked roads* (kapanmış yollar)

2 -miş'li fiil yapılarını/mastarları/ortaçları ve edilgen çatıyı oluşturmak için:

he has seen	*to have loved*	*it was broken*
(görmüş bulunuyor)	(sevilmek)	(kırıldı)

3 Tıpkı şimdiki zaman ortacının özne + etken fiil'in yerini aldığı gibi geçmiş zaman ortacı da özne + edilgen fiil'in yerini alabilir:

She enters. She is accompanied by her mother =
She enters, accompained by her mother. :
İçeri girer. Annesi ona eşlik etmektedir. =
Annesinin eşliğinde içeri girer.

He was aroused by the crash and leapt to his feet =
Aroused by the crash, he leapt to his feet. :
Çarpma sesiyle irkildi ve ayağa fırladı =
Çarpma sesiyle irkilerek ayağa fırladı.

The bridge had been weakened by successive storms and was no longer safe = Weakened by successive stroms, the bridge was no longer safe ya da *Having been weakened . . .* (Aşağıya bakınız.)

Köprü, birbiri ardından gelen fırtınalar nedeniyle zayıflamıştı ve artık güvenceli değildi = Birbiri ardından gelen fırtınalar nedeniyle zayıflamış olan köprü artık güvenceli değildi.

As he was convinced that they were trying to poison him, he refused to eat anything = Convinced that they were trying to poison him, he refused to eat anything. : Onların kendisini zehirlemeye çalıştığına iyice inandığı için hiçbir şey yemek istemedi = Onların kendisini zehirlemeye çalıştığına iyice inanarak hiçbir şey yemek istemedi.

C Edilgen -miş'li ortaç (**having been** + geçmiş zaman ortacı), ortaçla ifade edilen eylemin kendisini izleyen fiille ifade edilen eylemden daha önce oluştuğunu vurgulamak gerektiğinde kullanılır.

Having been warned about the bandits, he left his valuables at home.: Haydutlar konusunda uyarılmış olduğundan değerli eşyalarını evde bıraktı. (*He had been warned* . . . : . . .uyarılmıştı.)

Having been bitten twice, the postman refused to deliver our letters unless we chained our dog up. : İki kez ısırılmış olduğundan postacı, köpeğimizi zincire vurmadıkça mektuplarımızı getirmeyeceğini söyledi. (*He had been bitten* . . . : . . . ısırılmıştı.

280 Bağlantısı yanlış kurulmuş ortaçlar

Bir ortacın, keninden önce gelen isim/zamire ait olduğu kabul edilir:

Tom, horrified at what he had done, could at first say nothing. : Yaptığından dehşete düşen Tom, başta hiçbir şey söylemedi.
Romeo, believing that Juliet was dead, decided to kill himself. : Juliet'in öldüğünü sanan Romeo, kendini öldürmeye karar verdi.
A man carrying a large parcel got out of the bus. : Büyük bir paket taşıyan bir adam otobüsten indi.

Ortacın, bir fiille ait olduğu isim/zamirden ayrılabileceğine dikkat ediniz:

Jones and Smith came in, followed by their wives. : Jones ve Smith, arkalarında eşleri olduğu halde içeri girdiler.
She rushed past the policeman, hoping he wouldn't ask what she had in her suitcase. : (Kız), valizinde ne olduğunu sormamasını dileyerek hızla polisin yanından geçti.

Bu durumda isim/zamir yoksa ortacın, ana fiilin öznesine ait olduğu kabul edilir:

Stunned by the blow, Peter fell heavily. : Peter darbenin etkisiyle sersemleşerek sert bir biçimde yere yıkıldı.

Believing that he is alone, the villain expresses his thoughts aloud. : Yalnız olduğunu sanarak alçak adam düşüncelerini sesli söyler.

Bu ilkeye dikkat edilmezse karışıklık doğar. *Waiting for a bus a brick fell on my head* (Otobüs beklerken bir tuğla başıma düştü) cümlesi, tuğlanın otobüs beklemekte olduğu izlenimini verir, ki bu da saçmadır. Böyle yanlış isim/zamire bağlanmış olan ortaca 'bağlantısı yanlış kurulmuş' (misrelated) denir. Yukarıdaki cümlenin yeniden, şu biçimde yazılması gerekir: *As I was waiting for a bus a brick fell on my head* ([Ben] otobüs beklerken bir tuğla başıma düştü.)

Bağlantısı yanlış kurulmuş ortaçlara başka örnekler:

When using this machine it must be remembered . . . : Bu makineyi kullanırken şu anımsanmalıdır ki . . .

Doğrusu:

When using this machine you must remember . . . : Bu makineyi kullanırken şunu anımsamalısınız ki . . .

Believing that I was the only person who knew about this beach, the sight of someone else on it annoyed me very much. : Bu plajı bilen tek kişi olduğuma inanarak bir başkasını görmek beni çok sinirlendirdi.

Doğrusu:

As I believed I was the only person . . . : (. . .tek kişi olduğuma inandığımdan . . .)

Believing that I was the only person on the beach, I was annoyed by the sight of someone else. : Plajdaki tek kişi olduğuma inandığım için bir başkasını görmek beni kızdırdı.

27 Emir, rica, ikram, öğüt, öneri

281 Emir kipiyle belirtilen emir

A İkinci şahıs emir kipi

1 Çıplak mastarla aynı biçime sahip olabilir:

Hurry!	*Wait!*	*Stop!*
Çabuk ol(un)!	Bekle(yin)!	Dur(un)!

Olumsuzluk için fiilden önce **do not (don't)** koyarız:
Don't hurry! : Acele etme(yin)!

2 Konuşulan kişi çoğu kez belirtilmezse de fiil takımının sonuna konan bir isimle ifade edilebilir:

Eat your dinner, boys. : Yemeğinizi yiyin, çocuklar.
Be quiet, Tom. : Sus, Tom.

Bu isimler fiilden önceye de getirilebilir, ama bu daha az yaygındır. Konuşan kişi kaba davranmak veya aşağıdaki gibi bir ayırım yapmak istemiyorsa **you** zamiri pek kullanılmaz.

You go on; I'll wait. : Siz devam edin; ben beklerim.

3 Olumlu emirden önce **do** konabilir:
Do hurry. : Acele edin (ama)!
Do be quiet. : Susun (ama)!

Bu **do** zorlayıcı olabilir, fakat rahatsızlık da belirtebilir.

B Birinci şahıs emir kipi

Biçim

let us (let's) + çıplak mastar (. . .lim):
Let us stand together in this emergency. : Bu acil (zor) durumda birbirimize yakın duralım (safları sıklaştıralım).

Olumsuzluk için normal olarak mastardan önce **not** koyarız:
Let us not be alarmed by rumours. : Dedikodulardan etkilenmeyelim.

Fakat konuşma İngilizcesinde **let's**'den önce **don't** koymak olanağı vardır:
Don't let's be alarmed by rumours. : Dedikodulardan etkilenmeyelim.

let us (let's ile konuşan kişi, dinleyenlerini belli bir yönde davranmaya itebilir, onların kabul etmeleri beklenen bir kararı veya bir öneriyi kabul edebilir. (Bak: 289).

C Üçüncü şahıs emir kipi

Biçim

let him/her/it/them + çıplak mastar (ayrıca bak: 322):
Let them go by train. : Trenle gitsinler.

Bu, modern İngilizcede pek yaygın bir yapı değildir. Şöyle demek daha doğal olur:
They are to go/must go by train. : Trenle gidecekler/gitmeliler.

Olumsuz emir biçimi olan *let him/her/them* + olumsuz mastar modern İngilizcede kullanılmaz. Bunun yerine **must not** ya da **is/are not to** kullanılır:
They must not/they are not to go by air. : Uçakla gitmemeliler/gitmeyecekler.

282 Emir ifade etmenin öteki yolları

A (Yazılı İngilizcede) üçüncü şahıs emirleri için özne + **shall**

shall, normal olarak bir süre geçerliğini koruyacak olan çok biçimsel yazılı yönetmeliklerde kullanılabilir. Bunlar çoğu kez edilgendir (ayrıca bak: 234):

The Chairman, Secretary, and Treasurer shall be elected annually. : Başkan, Sekreter ve Sayman yılda bir seçilecektir. (Klüp yönetmeliği)

A record shall be kept of the number of students attending each class.: Her sınıfa giden öğrencilerin sayısıyla ilgili bir kayıt tutulacaktır. (Kolej yönetmeliği)

B Özellikle üçüncü şahıs emirlerinde özne + **will:**

When the alarm rings passengers and crew will assemble at their boat stations. : Alarm çaldığında yolucu ve tayfalar ait oldukları flika noktalarında toplanacaklardır. (Gemideki uyarı)

Bu, biçimsel, kişiler dışı, otoriter bir emir türüdür; buyruğu veren kişinin kendisine uyulacağından oldukça emin olduğu izlenimi verir. Özellikle belli bir otoriteye sahip kişilerin (örneğin; gemi kaptanlarının, hizmet amirlerinin, okul müdürlerinin, spor takım çalıştırıcılarının, vb.) yazılı talimatında kullanılır:

The team will report to the gymnasium for weight-lifting training. : Takım, halter çalışmaları için spor salonunda hazır bulunacaktır.

will'i kaldırıp öznenin önüne getirirsek emri ricaya dönüştüreceğimize dikkat ediniz.

you will'i konuşma dilindeki buyruklarda kullanmak olanağı vardır:

You will not mention this meeting to anyone. : Bu buluşmadan kimseye söz etmeyeceksiniz.

Fakat **must** kullanmak daha yaygın ve naziktir:

You must not mention this meeting to anyone. : Bu buluşmadan kimseye söz etmemelisiniz.

C Buyruklar çoğu kez **must**'la gereklilik biçiminde ifade edilir:

You must not smoke in the petrol store. : Petrol deposunda sigara içmemelisiniz.
Passengers must cross the line by the footbridge. : Yolcular hattı yaya geçidinden geçmelidir.
Dogs must be kept on leads in this area. : Köpekler, bu bölgede serbest dolaşmamalıdır.

D Talimat ya da buyruklar **be** + mastar yapısıyla ifade edilebilir:

You are to report for duty immediately. : Hemen nöbet yerine gideceksin.
The switchboard is to be manned at all times. : Kontrol panosunda sürekli olarak bir kişi bulunacaktır.

E Yasaklar yazılı talimatlarda **may not** ile ifade edilebilir:

Candidates may not bring textbooks into the examination room. : Adaylar sınav odasına ders kitabı getiremezler.

283 can/could/may/might I/we ile ricalar

A **can/could/may/might I/we** + **have** + isim/zamir

can son derece biçimseldir:

(a) *'Can I have a sweet?' said the little boy.* : 'Bir tatlı alabilir miyim?' dedi küçük çocuk.

Yetişkinler tarafından kullanıldığında **can I/we**'de, **could I/we**'den daha fazla bir kendine güven vardır.

could I/we en işe yarayan biçimdir:
(b) *Could I have a cup of tea?* : Bir bardak çay alabilir miyim?
Could I have two tickets, please? : İki bilet rica edebilir miyim?

may ve **might, could**'dan daha biçimsel olmakla birlikte hem konuşma hem de yazı dilinde bunları kullanmak olanağı vardır:
(c) *May/Might I have a copy of the letter?* : O mektubun bir nüshasını rica edebilir miyim?

Bu ricalar genellikle **ask** + (dolaylı tümleç) + **for** + tümleç ile aktarılırlar:
The little boy asked (me) for a sweet. : Küçük çocuk (benden) bir tatlı istedi.
He asked for a copy of the letter. : Mektubun bir nüshasını istedi.

Ancak yukarıdaki (c) şöyle de aktarılabilir:
He asked if he might have a copy of the letter. : Mektubun bir nüshasını alıp alamayacağını sordu.

B **can/could/may/might I/we** + fiil

Bunların arasındaki ayrım için yukarıda, A'ya bakınız.
Bunlar izin isteği olabilir (bak: 131), fakat, *see, speak (to), talk (to)* (görmek, konuşmak, konuşmak) gibi fiillerle normal ricalar olabilir:
May/Could I see Mr Jones? = I would like to see Mr Jones. : Mr Jones'u görebilir miyim? = Mr Jones'u görmek istiyordum.

Bu tür rica **ask to see/to speak to** vb. ile aktarılır:
I asked to see Mr Jones. : Mr Jones'u görmek istedi.

ask'tan sonra bir isim/zamir koymayın, çünkü bu, anlamı değiştirir (bak: 243 B).

Halk İngilizcesinde **ask for** + isim de, özellikle bir telefon konuşması aktarılırken kullanılabilir:

CALLER: *Could I speak to the secretary, please?* =
She asked for the secretary/to speak to the secretary. :
ARAYAN: Sekreterle konuşabilir miyim, lütfen? =
Sekreteri/Sekreterle konuşmak istedi.

C **could/might I/we**'li ricalardan önce **do you think/I wonder(ed)/was wondering if** gelebilir. Bu ön eklemler ricaları daha ince yapar:

I wonder/was wondering if I could have tomorrow off. : Acaba yarın izinli sayılabilir miyim?

Do you think I could speak to the secretary? : Sekreterle konuşabilir miyim acaba?

Soru yapısından düz cümle yapısına dönüşüme dikkat ediniz (bak: 104).

284 could/will/would you vb.

Yıldızla gösterilen biçimler için aşağıda K'ya bakınız.

A **could you*** çok yararlı bir rica biçimidir:

Could you please show me the way? : Lütfen bana yolu gösterebilir miydiniz?

Konuşmanın fazladan bir şey istediğini göstermek için **possibly** eklenebilir.

Could you possibly lend me £500? : Bana 500 sterlin ödünç verebilir miydiniz acaba?

couldn't, konuşmacının, az önce belirtilenden daha fazla bir iyilik beklediğini ifade eder:

I can't wait. ~ Couldn't you wait five minutes? : Bekleyemem. ~ Beş dakika bekleyemez miydiniz?

you couldn't . . . could you?, pek umutla söylenmeyen bir ricayı ifade eder:

You couldn't give me a hand with this, could you? : Bunda bana yardım edemezsiniz, değil mi?

(Konuşan kişi her iki halde de olumlu bir yanıt beklemiyor.)

B **will/would you* (please):**

Will/Would you please count your change? : Paranızın üstünü sayar mısınız, lütfen?

would you (please), could you ile aynı anlama sahiptir.
will you daha otoriter, dolayısıyla da daha az naziktir.

will/would you, cümlenin sonuna da konabilir:

Shut the door, will you? : Kapıyı kapasana.

Ancak bu biçim yalnız dostça, rahat ilişkilerde kullanılabilir. Başka durumlarda kullanılırsa çok kaba görünür.

will/would üçüncü kişilere yapılan ricalarda da kullanılabilir:

Would Mrs Jones, passenger to Leeds, please come to the Enquiry Desk?: Leeds yolcusu Mrs Jones, lütfen Danışma Bürosuna gelir mi (gelir misiniz)?

Will anyone who saw the accident please phone this number . . . ? : Kazayı gören herkes lütfen şu numaraya telefon eder mi? (Kazayı görenlerin şu numarayı aramaları rica olunur.) (Polis duyurusu)

C **you'll . . . won't you?**, en çok arkadaşlar arasında kullanılan, ısrarlı bir ifade biçimidir:

You'll write to me, won't you? : Bana yazacaksın, değil mi?

D **would you mind*** + isimfiil (bak: 263):

Would you mind moving your car? : Arabanızı çeker misiniz?

E **perhaps you would,** karşıdaki kişinin bu hizmeti yerine getireceğinden emin olunduğunu gösterir. Bir konuşma ya da mektubun başında bulunmaz, fakat daha sonra kullanılabilir:

Perhaps you would let me know when your new stock arrives = *Please let me know when your new stock arrives.* : Yeni stoğunuz geldiğinde bana haber verirsiniz = Yeni stoğunuz geldiğinde lütfen bana haber verin.

F **if you would** yararlı bir rica biçimidir. Konuşma dilinde, konuşanın uyacağından oldukça emin olduğu rutin tipindeki ricalarda kullanılır:

If you'd fill up this from/take a seat/wait a few minutes. : Şu formu doldurur/oturur/beş dakika bekler misiniz?
If you'd sign the register/follow the porter. : Kayıt defterini doldurur/komiyi izler misiniz? (bir otelde)

Yapılacak işin basit olduğunu göstermek için **just** (. . .doldurverir misiniz, vb. / Ç.N.) eklenir.

If you'd just put your address on the back of the cheque. : Çekin arkasına adresinizi yazıverir misiniz?

G **would you like to. . . ?** da bir rica biçimi olabilir:

Would you like to take a seat? = *Please take a seat.* : Oturmak ister miydiniz? = Lütfen oturunuz.

H **I should/would be very grateful if you would** (. . .seniz çok minnettar olurum), daha çok mektuplarda kullanılan fakat konuşma dilinde de rastlanabilen biçimsel bir rica belirtme yoludur:

I should be very grateful if you would let me know if you have any vacancies. : Boş bir iş bulunup bulunmadığını bana bildirirseniz size minnettar olurum.

I **Would you be good/kind enough** *to keep me informed?* : Lütfedip beni sürekli olarak haberdar edebilir miydiniz?
Would you be so kind as *to keep me informed?* : Anlam yaklaşık aynı. / Ç. N.

J **I wish you would** bir rica biçimi olabilir. Bazen öteki kişinin yardım ediyor olması gerektiği ya da bunu önermiş olduğu anlamını taşır (bak: 300):
I wish you'd give me a hand. : Bana yardım etsen. . .

K Yıldızlı **would** ve **should** biçimleri, **do you think?, I wonder(ed) if, I was wondering if** gibi bir ifadelerle sunulabilir (bak: 104):
Do you think you could lend me £500? : Bana 500 sterlin ödünç verebilir misiniz (dersiniz)?

285 might'le ricalar

A **you might,** vurgulamasız bir ricayı ifade eder:
You might post these for me. : Bunları postalayıver.

Ancak bu, dostça, rahat ortamlarda kullanılır; yoksa kaba kaçar.

B Belli bir tonlama ve önemli sözcük üzerindeki güçlü vurguyla **might,** kınayıcı bir rica ifade edebilir: Vurgu *help*'te olmak üzere *You might 'help me* (Bana yardım etsene!), 'Why aren't you helping me?/You should be helping me'. (Bana neden yardım etmiyorsun/bana yardım ediyor olman gerekir.) anlamına gelir.

C **might,** bu tür rahatsızlığı belirtmek için başka kişilerle de kullanılabilir: *He might 'pay us!* (Bize (borcunu) ödese ya!), 'We are annoyed that he doesn't pay/hasn't paid us.' ([Borcunu] ödmediğine kızdık/kızıyoruz.) anlamındadır.

D **might** + -miş'li mastar, geçmişte yerine getirilmemiş bir eylemden duyulan yakınma ya da bu ihmalin kınanmasını ifade edebilir: *You might have 'told us* (Bize söylemen gerekirdi) anlamına gelir.

286 Çağrılar (davetler)/ikramlar

A **will you have/would you like** + isim:

Will you have a drink? : Bir içki alır mısın(ız)? (Bazen *Have a drink* (Bir içki al) olarak kısaltılır.)

Would you like a coffee? : Bir kahve ister miydin(iz)?

do you want'ın bir çağrı olmadığına dikkat ediniz.
(**want** ve **would like** için bak: 296).

Dolaylı aktarımda **offer** + dolaylı tümleç (= konuşulan kişi) + isim ile aktarılır:

She offered me a drink/a coffee. : Bana bir içki/bir kahve ikram etti.

B **will/would/could you? would you like to?**

Will you have lunch with me tomorrow? (Yarın benimle öğlen yemeği yer misin[iz]?), teklifsizdir. *Would/Could you have lunch with me?* (Benimle öğlen yemeği yer miydin[iz]?) ya da *Would you like to have lunch with me?* (Benimle öğle yemeği yemek ister miydinı[iz]?) hem biçimsel, hem de teklifsiz konuşmalarda kullanılabilir.

Bu çağrılar **invite/ask** + düz tümleç + **to** + isim ya da **invite/ask** + düz tümleç + mastar ile aktarılır:

He invited me to lunch/to have lunch with him. : Beni yemeğe/onunla yemek yemeye çağırdı.

C Çağrılara yanıtlar

İçki/sigara, vb. ikramları genellikle:

Yes, please ya da *No, thank you.* : Evet, lütfen/Hayır, teşekkür ederim.

olarak yanıtlanır.

would you/could you/would you like ile yapılan ikramlar genellikle:

I'd like to very much/I'd love to. (Çok isterim) ya da
I'd like to very much but I'm afraid I can't. : Çok isterim ama korkarım gelemem (vb.) ile yanıtlanır.

Kuşkusuz, **wouldn't like** denemez.

Bir çağrı ve yanıt şöyle aktarılabilir.

He invited us to dinner/to a party/to spend the weekend with him and we accepted/but we refused/but we had to refuse because. . . : Bizi akşam yemeğine/partiye/hafta sonunu onunla geçirmeye davet etti biz de kabul ettik/ama biz kabul etmedik/ama biz reddetmek zorunda kaldık çünkü. . .

D Konuşan, öneri/ikramının kabul edilmesini pek beklemiyorsa şöyle diyebilir:

You wouldn't like another drink, would you? : Bir içki daha istemezsin, değil mi? (Belki konuşan, kendisi bir içki daha istiyordur da bahane aramaktadır. Ancak arkadaşının ikramı kabul edeceğini pek ummamaktadır.)

You wouldn't like to come with me, would you? : Benimle gelmek istemezsin, değil mi? (Burada da kabul umulmamaktadır.)

287 Öğüt ifadeleri

A **must, ought to** ve **should** öğüt için kullanılabilir:

You must read this book. It's marvellous. : Bu kitabı okumalısın. Harika.

You should grow your own vegetables. : Kendi sebzelerinin yetiştirmen gerekir.

You ought to plant some trees. : Bir kaç ağaç dikmen gerekir.

Dolaylı aktarımda **must, ought to** ve **should,** bu durumda değişmeden de kalabilir, **advise** + tümleçle de aktarılabilir:

He advised me to plant trees. : Ağaç dikmemi öğütledi.

B **you had better** + çıplak mastar (bak: 120):

You'd better take off your wet shoes. : Islak ayakkabılarını çıkarsan iyi olur.

You'd better not wait any longer. : Daha fazla beklemeseniz iyi olur.

had better üçüncü şahısla kullanılabilir:

He'd better stop taking those pills. : Bu hapları almayı kesse iyi olur.

C **if I were you I should/would:**

If I were you I'd buy a car. : Senin yerinde olsam bir araba alırım.

Genellikle bu, **I**'a vurgu verilerek **I should/would** olarak kısaltılır:

'I'd buy a car. : Ben, araba alırdım.

Dolaylı aktarımda *If I were you I should/would . . .*, **advise** + tümleç ile aktarılır:

He advised me to buy a car. : Bana araba almamı öğütledi.

D **I advise/would advise you** + mastar:

I (would) advise you to apply at once. : Hemen başvurmanı öğütlerim.

ya da **I advise/would advise** + isimfiil:

I'd advise applying at once. : Hemen başvurmayı öğütlerim.

E **why don't you . . . ?** öğüt ya da öneri olabilir:

Why don't you learn to play your guitar? : Neden gitarını çalmayı öğrenmiyorsun?

Why don't you take a holiday? : Neden tatile çıkmıyorsun?

Bu öğüt olduğunda **advise** + tümleç'le aktarılır:

He advised me to take a holiday. : Tatile çıkmamı öğütledi.

F **it is time you** + geçmiş zaman:

It is time you bought a new coat. : Yeni araba alma zamanı geldi.

Bu,

He said it was time I bought a new coat. : Yeni bir araba almanın zamanı geldiğini söyledi.

olarak aktarılır.

288 **may/might as well** + mastar ile öğüt

Bu kalıp, çok vurgusuz bir öğütü ifade edebilir:

You may/might as well ask him = *It would do no harm to ask him.* : Ondan istesene = Ondan istemenin bir sakıncası yok.

She said I might as well ask him. : Ondan isteyebileceğimi söyledi.

Bu biçim üçüncü şahısla kullanılabilir:

He may as well come with me. : Benimle gelse ya.

ya da konuşan kişi kendisiyle ilgili olarak kullanabilir:

As there isn't anything more to do, I may as well go home early. : Yapacak işim olmadığına göre eve gidebilirim pekâla.

289 Öneriler

A **let's** ve **shall I/we** ile birinci şahısta öneriler

let's + mastar:

Let's paint it ourselves. : Onu kendimiz boyayalım.

Bazen **shall we** eklenir:

Let's get the paint today, shall we? : Boyayı bugün alalım, ha?

shall I/we + mastar:

Shall we invite Bill? : Bill'i çağıralım mı?

let's ya da **shall we**'li öneriler olumluda **yes, let's**'le yanıtlanabilir.

Olumsuz yanıt olarak **let's not** şaka yollu söylenebliir:

Let's take the tent. ~ *Let's not!* : Çadırı alalım. ~ Almayalım!

Olumsuz bir öneriyi sunarken de kullanılabilir:

Let's not start too early. : Fazla erken yola çıkmayalım.

Burada **don't let's** de kullanılabilir:

Don't let's not start too early. : Fazla erken yola çıkmayalım.

B Birinci ve ikinci şahıslara öneriler

why don't we/you + mastar ya da **why not** + mastar/zaman ya da yer ifadesi:

Why don't we meet and discuss it? : Neden toplanıp bu konuyu görüşmüyoruz?
Why not meet and discuss it? : Neden toplanıp tartışmayalım?
Where shall we meet? ~ Why not here?/Why not at the hotel? : Nerede buluşalım? ~ Neden burada olmasın?/Neden otelde olmasın?

Halk İngilizcesinde **want's wrong with/what's the matter with** + isim de kullanılabilir:

What's wrong with the hotel? : Otelin nesi var?

what/how about + isimfiil/isim:
Where shall we sleep? : Nerede yatacağız?
What about renting a caravan? : Karavan kiralamaya ne dersin?
What about a bed and breakfast place? : Yatakcak ve kahvaltı edecek bir yere ne dersin?

suppose I/we/you + şimdiki ya da geçmiş zaman:
Suppose you offer/offered to pay him? : Ona ödemeyi önersen?

C **suggest** ya da **propose**'la (önermek) birinci, ikinci ve üçüncü şahısa öneriler **suggest** (+ iyelik sıfatı) + isimfiil veya **suggest that** + özne + şimdiki zaman/**should.**

propose da aynı biçimde kullanılabilir fakat **suggest**'ten biraz daha biçimseldir.

suggest + şimdi ya da geçmiş zaman:

I suggest (your) selling it. : Onu satmanı öneririm.
We suggest that you should sell it. : Satmanı öneririm.
I propose that the secretary sends in/should send in a report. : Sekreterin bir rapor göndermesini öneriyorum. (biçimsel)
I propose that a report (should) be sent in. : Bir rapor gönderilmesini öneriyorum. (biçimsel)

Edilgende **that . . . should** gereklidir.
should be'li yapı kullanıldığında biçimsel İngilizcede, yukarıda olduğu gibi, **should**'u atıp **be**'yi yalnız bırakmak olanağı vardır.

D Dolaylı aktarımda öneriler

Öneriler şu yollarla aktarılabilirler:
suggest/suggested (+ iyelik sıfatı) + isimfiil,
suggest that + özne + şimdiki zaman/**should,**
suggested that + özne + geçmiş zaman/**should** veya

suggest + her hangi bir fiil yapısı + isim/zamir:

Tom suggests/suggested (our) having a meeting. : Tom, bir toplantı (yapmamızı) yapılmasını öneriyor/önerdi.
Ann suggests that he sells/should sell his house. : Ann, onun evini satmasını önerdi.
Mr Jones suggested a meeting. : Mr Jones bir toplantı önerdi.

(**let's** ile yapılan öneriler için ayrıca bak: 322.)

28 Dilek kipi (Subjuntive)

290 Biçim

A Şimdiki zaman dilek kipinin yapısı, mastarla aynıdır. Dolayısıyla **to be** fiilinin şimdiki zaman dilek kipi **be,** diğer bütün fiillerin dilek kipi de geniş zaman biçimleriyle aynıdır. Yalnız üçüncü tekil şahısta s eklenmez:

The queen lives here. : Kraliçe burada oturur. (geniş zaman)
Long live the queen! : Çok yaşa(sın) kraliçe! (dilek kipi)

B Geçmiş zaman dilek kipi basit geçmiş zaman yapısının aynıdır. Yalnız **be** fiilinin geçmiş zaman dilek biçimi **I/he/she/it was** ya da **I/he/she/it were**'dür. Kuşku ifadelerinde ya da gerçek olmayan durumlarda **were, was**'dan daha yaygındır:

He behaves as though he were the owner. : Sanki (oranın) sahibiymiş gibi davranıyor. (Ama sahibi değil.)

Ancak konuşmalarda çoğu kez **were** yerine **was** kullanılır (ayrıca bak: 225). Geçmiş zaman dilek biçimleri gerçek olmayan geçmiş olarak bilinir.

291 Şimdiki zaman dilek kipinin kullanımı

A Şimdiki zaman dilek kipi, bir dilek ya da umudu ifade etmek için daha çok doğa üstü güçlerin söz konusu edildiği ünlemlerde kullanılır:

(God) bless you! : Tanrı seni kutsasın! (Çok yaşa!)
God save the queen! : Tanrı kraliçeyi korusun!
Heaven help us! : Tanrı yardımcımız olsun!
Curse this fog! : Laet olsun şu sise!
Come what may, we'll stand by you! : Ne olura olsun, senin yanında olacağız!

Ayrıca, 'if it is necessary' (gerekirse) anlamındaki **if need be** ifadesine de dikkat ediniz.

If need be we can always bring another car. : Gerekirse bir araba daha getiririz.

B Şimdiki zaman dilek kipi bazen şiirde, bir dileği ifade etmek için ya da koşul ve ayrıcalık cümlelerinde kullanılır:

STEVENSON: *Fair the day shine as it shone in my childhood.* : Pırıl pırıl olsun gün, çocukluğumda olduğu gibi. (May the day shine/I hope it will shine. : Parlasın/dilerim parlar.)

SHAKESPEARE: *If this be error, and upon me proved* . . . : Eğer hata ise bu ve benim yaptığım kanıtlanmışsa . . . (if this is error: bu hataysa)
BYRON: *Though the heart be still as loving* . . . : Gönül hâlâ o kadar sevse de . . . (though the heart is)

C 235'te görüldüğü gibi bazı fiilleri **should** + mastar kalıpları izler. Mastar **be** olduğu zaman **should** bazen atılır:
He suggested that a petition (should) be drawn up. : Bir dilekçe hazırlanmasını önerdi.

Böylece yalnız kalan mastar dilek kipine girmiş olur.

292 **as if/as though** + geçmiş zaman dilek kipi

Geçmiş zaman dilek kipi, şimdiki zamandaki gerçek dışı, olası olmayan veya kuşkulu bir durumu belirtmek için **as if/as though**'dan sonra kullanılır (**as if** ile **as though** arasında bir ayrım yoktur):

He behaves as if he owned the place. : Sanki oranın sahibiymiş gibi davranıyor. (Fakat ya oranın sahibi değil, ya herhalde sahibi değil, ya da sahibi olup olmadığını bilmiyoruz.)
He talks as though he knew where she was. : Sanki onun nerede olduğunu biliyormuş gibi konuşuyor. (Fakat ya bilmiyor, ya herhalde bilmiyor, ya da bilip bilmediğini bilmiyoruz.)
He orders me about as if I were his wife. : Karısıymışım gibi bana emirler yağdırıyordu. (ama değilim)

as if/as though'dan önce gelen fiil, dilek kipinin zamanını değiştirmeden geçmiş zamana alınabilir:
He talks/talked as though he knew where she was. : Onun nerede olduğunu biliyormuş gibi konuşuyor/konuştu.

as if/as though'dan sonra, geçmişteki gerçek ve hayali bir eyleme gönderme yapmak için geçmiş öncesi fiil yapısı kullanılır:
He talks about Rome as though he had been there himself. : Roma'dan, sanki orada bizzat bulunmuş gibi söz ediyor. (Fakat orada bulunmadı, her halde bulunmadı ya da bulunup bulunmadığını bilmiyoruz.)

Aynı biçimde, **as if/though**'dan önce gelen fiil, dilek kipinin zamanını değiştirmeden geçmiş zamana alınabilir:

He looks/looked as though he hadn't had a decent meal for a month.: Sanki bir aydır adam gibi bir yemek yememiş gibi görünüyor/du.

293 it is time + geçmiş zaman (gerçek olmayan geçmiş)

it is time'dan sonra bir mastar:
It's time to start. : Başlamak zamanı/Başlamanın zamanı.

for + tümleç + mastar:
It's time for us to go. : Gitme zamanımız geldi.

ya da özne + geçmiş zaman dilek kipi gelebilir:
It's time we went. : Gitme zamanımız geldi.
It's time we were leaving. : Ayrılıyor olmamızın zamanı geldi. (Ayrılma zamanı geldi.)

Bu biçimler arasında hafif bir anlam ayrımı bulunmaktadır.

it is time + mastar, yalnız, doğru zamanın geldiğini gösterir.
it is time + özne + geçmiş zaman dilek kipi ise biraz geç kalındığını gösterir.

Bu olguyu vurgulamak için **high** de eklenebilir:
It's high time we left. : Gitme zamanı geldi de geçiyor bile.

it is time + **I/he/she/it**'den sonra **were** gelemez:
It's time I was going. : Gitmenin zamanı geldi.

(Geçmiş zaman dilek kipi/şart cümlelerindeki gerçek olmayan geçmiş için 222, **would rather/sooner**'dan sonra kullanımı için 297, **wish** + özne'de kullanımı için 300, dolaylı aktarımdaki kullanımı için de 310'a bakınız.)

29 care, like, love, hate, prefer, wish

294 care ve like

care en çok olumsuz ve soruda kullanılır.

A **care for** + isim/isimfiil, **like** + isim/isimfiil'e çok benzemektedir

(a) *Does/Did Tom care for living in the country?* ya da *Does/Did Tom like living in the country?* : Tom köyde yaşamaktan hoşlanır mı(ydı)?

(b) *You don't care for science fiction, do you?* ya da *You don't like science fiction, do you?* : Bilim kurgudan hoşlanmazsın, değil mi?

diyebiliriz. (b)'ye şu yanıt verilebilir:

I don't care for it veya *I don't like it much* ya da *Oh yes I like it.* (Burada **care** kullanılmaz.) : Sevmem/Pek sevmem/A tabii, severim ya.

Sorudaki **care** bazen bir kuşku belirtisi içerir:
Does Ann care for horror movies? : Ann korku filmlerinden hoşlanıyor mu (yoksa)? (Konuşan kişi onun bu tür filmlerden pek hoşlanmadığını düşünmekte ya da hoşlandığını görünce şaşırmaktadır.)

Kuşku kavramı **would you care for?**'da daha belirgin olur.

B **would care** ve **would like**

would care for + isim ve **would care** + mastar, **would like** + isim/mastar'a yakındır. Fakat **would care (for)** normal olarak düz cümlede kullanılmaz. Öte yandan **would you care (for) . . . ?** diyen, **would you like . . . ?** diyen kadar olumlu yanıttan emin değildir:

(a) TOM: *Would you care for a lift, Ann?* : Seni götürmemi ister misin, Ann? (Belki arabası rahat değil ve Ann rahattan hoşlanmaktadır.

(b) TOM: *Would you care to see my photos, Ann?* : Fotoğraflarımı görmek ister misin, Ann? (Kızın onları görmek isteyeceğinden pek emin değil.

(b)'ye verilebilecek olumlu yanıtlardan biri:
I'd like to see them very much. : Onları görmeyi çok isterim.

olabilir. Olumluda olduğu gibi **would like, would care**'in yerini almaktadır. Aynı biçimde, olumsuz düz cümlelerde:

I wouldn't care to live on the 35th floor ~ Oh, I'd rather like it. : 35'inci katta yaşamak isterim. ~ Yo, ben severim.

would care for/would like bazen isimfiillerle kullanılabilir. (Bak: 295 B.)

C **would have cared (for)** ve **would have liked**
Bunların her ikisi de gerçekleşmeyen eylemlere gönderme yapar.

ANN: *I'd have liked to go with Tom.* : Tom'la gitmek isterdim. (Tom'la gitmek isterdim ama dileğim gerçekleşmedi.) Ayrıca bak: 296 D. Burada **care** kullanılamaz.
BILL: *But he walked all the way! You wouldn't have cared for/have liked that, would you?* ya da*Would you have cared for/have liked that?* : Ama o bütün yolu yürüdü! Böyle bir şeyi istemezdin, değil mi?

D Yukarıdaki kullanıldığı biçimiyle **care** ile **care for** (= look after) (bakmak, bakımını sağlamak) ve **care (about)**'u karıştırmayınız:

1 **care for** (= look after) genellikle edilgen çatıda kullanılır:
The old people were cared for by their families. : Yaşlıların bakımı ailelerince yapılıyordu.

2 **care (about)** (= feel concerned) (umursamak) genellikle olumsuzda ve soruda kullanılır.

I don't care (about), I don't mind'a benzer ve çoğu kez ikincisi, birincisinin yerini alabilir:

It will be very expensive. ~ I don't care/mind. : Bana ne?/Bence hava hoş.
I don't care about/mind the expense. : Masraf umurumda değil.
I don't care/mind what it costs. : Kaça çıkacağı umurumda değil.

Fakat şuna dikkat ediniz: **I don't care (about)** = 'I am indifferent to' (kayıtsızım). Buna karşılık **I don't mind** = 'I don't object (to)'; dolayısıyla da 'He/It doesn't worry/upset/annoy me' (itirazım yok; O beni düşündürmüyor/rahatsız etmiyor/kızdırmıyor.)

I don't mind, çoğu kez küstah ve bencil görünen **I don't care**'den daha naziktir. Olumsuz soruda her ikisi de kullanılabilir:

Don't you care/mind what happens to him? : Ona ne olduğu senin umurunda değil mi?

Didn't you care/mind what happened? : Ne olup bittiği senin umurunda değil miydi?

Fakat normal soruda ikisi arasında bir ayrım vardır:

Do you care? = Are you concerned?/Do you feel concern? : Seni ilgilendiriyor mu? = Kaygılı mısın?/İlgi duyuyor musun?

Buna karşılık *Do you mind?* (Fark eder mi?), *Do you object?* (Bir itirazın var mı?) anlamındadır. (Ayrıca bak: 263).

295 care, like, love, hate, prefer

A Şart yapısında kullanıldıklarında bu fiillerden sonra genellikle mastar gelir:

Would you care/like to/come with me? : Benimle gelmek ister misin(iz)/gelir misin(iz)?
I'd like to (come) very much veya *I'd love to (come).* : (Gelmeyi) çok isitemezdim.
I'd hate to spend Christmas alone. : Noel'i yalnız başına geçirmek hiç ter(d)im.

Burada, gelecekte belli bir eylemi düşünmekteyiz.

B Fakat belirli bir eylemi düşünmeyip de öznenin zevklerini genel anlamda ele alıyorsak **would care for** ve **would like**'tan sonra isimfiil geliyor. Ayrıca burada **would care for/would like**'ın yerine **would enjoy** kullanılabildiğine de dikkat ediniz:

She would like/would enjoy riding if she could ride better. : Ata daha iyi binebilse ata binmekten hoşlanırdı.
I wonder if Tom would care for/would enjoy hang-gliding. : Acaba Tom takma kanatla uçmaktan hoşlanıyor mu?

hate ve **prefer** de aynı biçimde kullanılabilir, fakat o denli yaygın değildir.

C Şimdiki ya da geçmiş zamanlarda kullanıldıklarında **care for, like** (= enjoy) **love, hate** ve **prefer**'i genellikle isimfiil izler:

He doesn't/didn't care for dancing. : Dans etmekten hoşlanmaz/dı.
They love/loved wind-surfing. : Rüzgâr sörfünü çok seviyorlar/dı.
He prefers/preferred walking to cycling. : Yürümeyi bisiklete binmeye yeğ tutuyor/du.

Ancak mastar kullanmak olanağı da yok değildir ve özellikle Amerikan İngilizcesinde yaygındır:

They love/loved to run on the sands. : Kumlarda koşmayı severler/di.

D Ancak **like**'ın 'think wise or right' (akıllıca veya doğru bulmak) anlamına da gelebileceğine dikkat ediniz. O zaman hep mastar alır:

She likes them to play in the garden. : Onların bahçede oynamalarını ister.
I like to go to the dentist twice a year. : Yılda iki kez dişçiye gitmek isterim. (Gitmenin doğru olduğuna inanırım.)

Bunu, *I like going to the dentist* (Dişçiye gitmeyi severim) ile karşılaştırınız. Bu, dişçi ziyaretlerini sevdiğimi gösterir. Aynı biçimde: *I don't like to go* (= 'I don't think it right to go) (Gitmeyi doğru bulmuyorum). Buna karşılık: *I don't like going* (= I don't enjoy going) (Gitmekten hoşlanmıyorum.)

Bu iki olumsuzluk biçimi arasındaki bir ayrıma daha dikkat ediniz: *I don't like to go,* 'Gitmem' (çünkü bunu doğru bulmuyorum) demektir. *I don't like going,* genellikle 'Sevmesem de giderim' demektir. Aynı biçimde *I didn't like to open the letter,* 'Mektubu açmadım çünkü bunu doğru bulmadım' demektir. *I didn't like opening the letter,* 'İstemeye istemeye onu açtım' anlamına gelir.

E **enjoy** ve **dislike**'tan sonra her zaman isim/zamir ya da isimfiil gelir.

296 would like ve want

A Bazen **would like** da **want** da kullanılabilir:

1 İsteklerde ve isteklerle ilgili sorularda (ancak burada **would not like** kullanılmaz. Ayrıca aşağıda, B1'e bakınız.):

CUSTOMER: *I'd like some raspberries, please.* ya da
I want some raspberries, please.
MÜŞTERİ: Biraz ahududu istiyorum, lütfen.
GREENGROCER: *I'm afraid I haven't any. Would you like some strawberries?*
MANAV: Ne yazık ki bende yok. Çilek ister miydiniz?
CUSTOMER: *No, I don't want any strawberries.*
MÜŞTERİ: Hayır, çilek istemiyorum. (*wouldn't like* kullanılamaz.)

I would like, genellikle **I want**'tan daha naziktir.
would you like?, do you want'tan daha nazik ve yararlıdır.
would you like? öteki kişinin dileklerini yerine getirme niyetini gösterir. **do you want**'ta böyle bir çağrışım yoktur. Bu nedenle bir müşteri, müvekkil, hasta, vb. ile konuşmakta olan bir kişi normal olarak **would you like**'ı kullanır:

CALLER: *I'd like to/I want to speak to Mr X, please.*
TELEPHONIST: *Mr X is out. Would you like to speak to Mr Y?* :
ARAYAN: Mr X'le konuşmak istiyordum/istiyorum, lütfen.
TELEFONA BAKAN: Mr X dışarıda. Mr Y ile görüşmek ister miydiniz?

2 Ricada bulunmayıp da yalnızca dileklerimizden söz ediyorsak olumlu, soru ve olumsuzda **would like**'ı da, **want**'u da kullanabiliriz. *I want* biraz daha kararlı görünmekteyse de anlam bakımından aralarında bir ayrım yoktur. Ancak gerçekleşemeyecek dileklerde *I want* kullanılmaz:

I would like to live on Mars. : Mars'ta yaşamak isterdim.

B **would like** ve **want**, şu durumlarda birbirlerinin yerine kullanılamaz:

1 İkramlarda/çağrılarda **do you want?** değil, **would you like?** kullanırız:

Would you like a cup of coffee? : Bir fincan kahve ister miydin(iz)?
Would you like to come to the theatre? : Tiyatroya gitmek ister miydin(iz)?

Bu durumda kullanılacak **do you want?**, bir ikram/çağrı değil, yalnızca bir soru olur.

2 **wouldn't like** ve **don't want** birbirinden ayrıdır.

don't want = 'have no wish for' (istememek) fakat **wouldn't like** = 'would dislike' (hoşlanmamak).
Bu nedenle **wouldn't like**, ikramlara/çağrılara yanıt verirken kullanılamaz, çünkü kaba kaçar. Bunun yerine **don't want** ya da başka bir yapı kullanılır:

Would you like some more coffee? ~ *No, I don't want any more, thanks* ya da *No, thanks.* : Biraz daha kahve alır mıydınız? ~ Hayır daha istemiyorum, sağol(un) ya da Hayır, teşekkür ederim.

C Geçmiş zamanda bu iki yapı farklı etkiler gösterirler. Dolaylı aktarımda **want**, **wanted** olur fakat **would like** değişmez:

Tom said, 'I would like to/want to see it.' =
Tom said he would like/wanted to see it. :
Tom, 'Onu görmek isterdim/istiyorum', dedi = Tom, onu görmeyi arzuladığını söyledi.

Fakat dolaylı aktarım yapısı kullanmıyorsak *Tom wanted to see it* (Tom onu görmek istedi) dememiz gerekir. (Burada **would like** kullanamayız çünkü *Tom would like to see it* şimdiki zamana ya da geleceği gönderme yapar.

D **would like**'ın iki geçmiş zaman biçimi vardır: **would like** + -miş'li mastar ya da **would have liked** + mastar/isim/zamir. Bu yapılar yalnızca gerçekleşmemiş dilekleri ifade eder:

I'd like to have gone skiing ya da
I'd have liked a day's skiing. :
Kayağa gitmeyi isterdim ya da Bir günlük kayak (yapmak) isterdim.

297 would rather/sooner ve prefer/would prefer

would rather ile **would sooner** arasında bir ayrım bulunmaz, fakat **would rather**'a daha sık rastlanır.

A **would rather/sooner**'ın öznesi ile arkadan gelen eylemin öznesi aynı olduğu zaman **would rather/sooner**'ı çıplak mastar izler:

Tom would rather read than talk. : Tom, konuşacağına okur.

1 Şimdiki zaman eylemleri için **prefer** + isimfiil yerine **would rather/sooner** kullanılabilir.

Tom prefers reading to talk. : Tom okumayı konuşmaya yeğ tutar.

prefer'den sonra isim de gelebilir, fakat **would rather** her zaman fiil ister:

He prefers wine to beer =
He would rather drink wine than beer. :
Şarabı biraya yeğ tutar =
Bira içmektense şarap içer.

I prefer tennis to golf =
I'd rather play tennis than golf. :
Tenisi golfe yeğ tutarım =
Golf oynayacağıma tenis oynarım.

prefer + isim'li bazı ifadelerin tam bir **would rather** karşılığı yoktur: *He prefers dogs to cats* (Köpekleri kedilere yeğ tutar) ile *He would rather have dogs than cats* (Kedisi olacağına köpeği olmasını yeğler) aynı şey değildir.

2 **would rather** + mastar, geçmişteki yeğlemeleri ifade etmez; dolayısıyla *Tom would rather read than talk* (Tom konuşacağına okur) cümlesinin geçmiş zamandaki karşılığı *Tom preferred reading to talking/liked reading better than talking* (Tom, okumayı konuşmaya yeğ tutardı/Tom okumayı konuşmaktan daha çok severdi) olur. (Ancak aşağıda, 4'e bakınız.)

3 **would rather** + mastar da **would prefer** + mastar yerine kullanılabilir:

I'd rather fly than go by sea/I'd prefer to fly. : Deniz yoluyla gitmektense uçarım (uçakla giderim)/Uçakla gitmeyi yeğlerim.

would prefer ile yalnızca yeğlenen eylemin ifade edilebileceğine dikkat ediniz (yukarıya bakınız). Dolayısıyla her iki eylemden söz etmek istiyorsak **would rather** kullanmalıyız. İsimlerde de durum aynıdır:

Would you like some gin? ~ I'd prefer a coffee ya da
I'd rather have coffee than gin. : Biraz cin ister miydin(iz)? ~ Kahveyi yeğlerim.
Cin yerine kahveyi yeğlerim.

4 Hem **would rather/sooner** hem de **would prefer**'dan sonra -miş'li mastar gelebilir:

We went by sea but I'd rather have gone by air/I'd prefer to have gone by air. : Deniz yoluyla gittik ama hava yoluyla gitmiş olmayı yeğlerdim (Gemiyle gittik ama uçakla gitmeyi yeğ tutardım). (Uçakla gitmek istiyordum ama olmadı.)

Bu, biraz gerçekleşmemiş dileği ifade eden **would like** + -miş'li mastar'ı anımsatmaktadır. (Bak: 296 D.)

B İki özne farklı ise özne + **would rather/sooner**'dan sonra özne + geçmiş zaman(dilek kipi) gelir:

Shall I give you a cheque? ~ I'd rather you paid cash. : Sana çek vereyim mi? ~ Nakit ödemeni yeğlerim.

Olumsuz bır yeğleme için **would rather** + özne + **didn't** kullanıldığına dikkat ediniz:

Would you like him to paint it? ~ No, I'd rather he didn't (paint it). : Onu boyamasını ister misin? Hayır, bunu yapmasını (boyamamasını) yeğlerim.
Ann wants to tell Tom, but I'd rather she didn't (tell him). : Ann Tom'a söylemek istiyor ama öyle yapmamasını (söylememesini) yeğlerim.

Ancak **like** gibi **prefer** de tümleç + mastar alabilir:

I'd prefer you to pay cash. : Nakit ödemeni yeğlerim.
I'd prefer him not to paint it. : Onu boyamamasını yeğlerim.
I'd prefer her not to tell Tom. : Tom'a söylememesini yeğlerim.

298 Birkaç yeğleme örneği daha

A *I like hot weather better than cold.* : Sıcak havayı soğuk havadan daha çok severim. =
I prefer hot weather to cold. : Sıcak havayı soğuk havaya yeğlerim. =
I'd rather/sooner have hot weather than cold. : Soğuk havadansa sıcak havayı yeğlerim.
I like skiing better than skating. : Kayak yapmayı kızakla kaymaktan daha çok severim. =
I prefer skiing to skating. : Kayak yapmayı kızakla kaymaya yeğ tutarım. =
I'd rather/sooner ski than skate. : Paten yapmaktansa kayak yapmayı yeğlerim.

B *I liked playing in matches better than watching them.* : Maçlarda oynamayı, onları izlemekten daha çok severdim.
I preferred playing matches to watching them. : Maçlarda oynamayı onları izlemeye yeğ tutardım.
(**would rather/sooner** burada kullanılamaz.)

C *Would you like to start today or would you rather wait/would you prefer to wait till tomorrow? ~ I'd rather go today (than wait till tomorrow.) I'd rather not wait.* : Bugün yola çıkmak mı istersiniz, yoksa yarına dek bekler misiniz/beklemeyi mi yeğlersiniz? ~ (Yarına dek beklemektense) bugün giderim. Beklemeyim, daha iyi.

veya

I'd prefer to start today. I'd prefer not to wait. : Bugün yola çıkmayı yeğlerdim. Beklememeyi yeğlerim.

ya da

I'd rather deliver it by hand than post it. : Onu postalamaktansa elden veririm.
He says he'd rather go to prison than pay the fine. : Cezayı ödemektense hapse girerim, diyor.
I'd rather pay his fine for him than let him go to prison. : Onun hapse girmesine izin vermektense cezasını onun yerine öderim.

rather than . . . would + mastar, biçimsel İngilizcede kullanılabilir:
Rather than let him go to prison I would pay his fine myself. : Onun hapse girmesine izin vermektense cezasını kendim öderim.

D *Do you want Ann to repair it herself? I'd prefer her to ring/I'd rather she rang the electrician* veya *I'd rather she didn't try to repair it herself.*: Onu bizzat Ann'in onarmasını ister misin? Elektrikçiye telefon etmesini yeğlerim/bence elektrikçiye telefon etsin.

veya

Onu bizzat onarmaya çalışmasın, derim.
They want to camp in my garden but I'd rather they didn't. I'd rather they camped by the river. : Benim bahçede kamp yapmak istiyorlar ama (orada kamp) yapmamalarını yeğlerim. Irmağın kenarında kamp yapsalar daha iyi bence.

He usually has a pub lunch, but she'd prefer him to come home for a meal/she'd rather he came home for lunch. She'de rather he didn't spend money in pubs. : Genellikle pabda öğle yemeği yer, ama (karısı) onun yemek yemek için eve gelmesini yeğliyor/öğle yemeği için eve gelmesini yeğ tutuyor. Pablarda para harcamasa, diyor.

299 wish, want ve would like

wish, want ve **would like,** üçü de 'desire' (arzulamak) demektir.
wish en biçimseldir. **want** ve **would like** için bak: 296.

A **wish**'ten hemen sonra bir mastar ya da tümleç + mastar gelebilir:

Why do/did you wish to see the manager? ~ I wish/wished to make a complaint. : Müdürü görmeyi neden diliyorsunuz/diliyordunuz (istiyorsunuz/istediniz)? ~ Bir şikayette bulunmayı diliyorum/diliyordum (istiyorum/istiyordum).

The government does not wish Dr Jekyll Hyde to accept a professorship at a foreign university. : Hükümet Dr Jekyll Hyde'ın yabancı bir üniversitede profesörlük kabul etmesini dilemiyor (istemiyor). ('Dilemek' Türkçede bu durumda pek yaygın olmadığı için 'istemek' seçenekleri verilmiştir. / Ç.N.)

Daha az biçimsel dilde **want** ve **would like** kulanırız:

I would like/want to speak to Ann. : Ann'le görüşmek istiyorum.
I wanted to speak to Ann. : Onunla konuşmak istedim.
She doesn't/didn't want the children to stay up late. : Çocukların geç vakitlere kadar oturmasını istemiyor/istemiyordu.

(Burada **want** yerine **like** kullansak çocukların geç vakitlere kadar oturmasını uygun görmediği/görmemiş olduğu anlamı ortaya çıkar.

B **want** ve **would like**'tan hemen sonra isimler gelebilir:

I want/would like a single room. : Tek kişilik bir oda istiyor(d)um (şimdi / Ç.N.).
He wanted a single room. : Tek kişilik bir oda istedi/istiyordu

wish'in daha kısıtlı bir kullanımı vardır:
'wish someone luck/success/a happy Christmas' denebilir (birine şans/başarı/mutlu bir Noel vb. dilenebilir):

He said, 'Good luck!' : 'İyi şanslar!' dedi =
He wished me luck. : Bana şans diledi.

Ayrıca birine 'iyi/en iyi dilekler' ('good/best wishes') gönderebiliriz:

With all good wishes, yours, Bill. : (Bir mektubun sonunda) Tüm iyi dileklerimle selamlar, Bill.
Best wishes for the New Year. : (Bir Yeni Yıl kartında) Yeni yıl için en iyi dileklerimle.

Bu tür kutlamalar dışında **wish**'ten sonra normal olarak isimden oluşan bir tümleç gelir.

wish + for'dan sonra isim/zamir gelebilir ancak bu, öznenin, dileğinin yerine gelmesini pek ummadığını gösterir. Bu yapı daha çok ünlemlerle kullanılır:

How he wished for a drink! : Canı nasıl içki çekti! (Herhalde içki bulma umudu yoktu.)

What he chiefly wished for was a chance to explain. : Asıl istediği, açıklama fırsatının verilmesiydi. (Öyle görünüyor ki böyle bir şansı pek bulamayacaktı.)

300 wish + özne + gerçek olamayan geçmiş

A **wish (that)** + özne + bir geçmiş zaman yapısı (dilep kipi; bak: 290 B) şimdiki durumdan duyulan üzüntüyü belirtir:

I wish I knew his address. : Keşke onun adresini bilsem. =
I'm sorry I don't know his address. : Adresini bilmediğime üzülüyorum.
I wish you could drive a car. : Keşke araba sürebilsen. =
I'm sorry you can't drive a car. : Araba süremediğine üzülüyorum.
I wish he was coming with us. : Keşke bizimle geliyor olsa/gelse. =
I'm sorry he isn't coming with us. : Bizimle geliyor olmamasına (gelmemesine) üzülüyorum.

Dilek anlamını değiştirmeden **wish,** geçmiş zamana dönüştürülebilir:

He wished he knew the address. : Adresi bilmeyi dilerdi. =
He was sorry he didn't know the address. : Adresi bilmediğine üzülüyordu.

B **wish (that)** + özne + geçmiş zaman ortacı (dilek), geçmiş zamandaki durumdan duyulan üzüntüyü bildirir:

I wish (that) I hadn't spent so much money. : Keşke o kadar çok para harcamasaydım. =
I'm sorry I spent so much money. : O kadar çok para harcadığıma üzülüyorum.
I wish you had written to him. : Keşke ona yazsaydın. =
I am sorry you didn't write to him. : Ona yazmadığına üzülüyorum.

Dilek anlamını değiştirmeden **wish** yerine **wished** kullanılabilir:

I wished I hadn't spent so much money. : O kadar çok para harcamamış olmayı dilerdim. =
I was sorry I spent so much money. : O kadar çok para harcadığıma üzülüyordum.

Bu fiiller, aktarılırken değişmezler:

'I wished I had taken his advise,' she said. : 'Keşke öğüdünü tutsaydım,' dedi.
She (said she) wished she had taken his advise. : Onun öğüdünü dinlemiş olmayı diledi(ğini söyledi).

C **if only** aynı biçimde kullanılabilir. **wish**'le aynı anlama sahiptir, ancak daha dramatiktir:

If only we knew where to look for him! : Onu nerede arayacağımızı bir bilsek!
If only she he asked someone's advice! : Keşke birinden öğüt alsaydı!

301 wish (that) + özne + would

A **wish** + özne + geçmiş zaman, yukarıda 300'de olduğu gibi, şimdiki zamandaki bir durumdan duyulan rahatsızlığı ifade edebilir:

I wish that he wrote more regularly. : Keşke daha düzenli biçimde yazsa. =
I'm sorry he doesn't write more regularly. : Daha düzenli biçimde yazmamasına üzülüyorum.

B **wish** + özne + **would**'da, yalnızca öznenin denetim altında tutabildiği, yani dilerse değiştirebildiği eylemlerle aynı biçimde kullanılabilir.

Burada **wish,** öznenin şimdiki zamandaki bir eylemi yapmaya istekli olup olmadığı konusuna gösterilen ilgiyi ifade edebilir. Bu, genellikle alışkanlık türünden bir eylemdir.

I wish he would write more often. : Keşke daha sık yazsa. =
I'm sorry he isn't willing to write more often. : Daha sık yazmak istemeyişine üzülüyorum.
I wish he would wear a coat. : Keşke bir ceket giyse. =
I'm sorry he refuses to wear a coat. : Ceket giymeye yanaşmamasına üzülüyorum.

wish'in öznesi **would**'un öznesiyle aynı olamaz çünkü bu mantıksız olur. Dolayısıyla **I wish + I would** denemez.

C **wish** + özne + **would** ayrıca, şimdiki durumdan duyulan rahatsızlığı ve gelecekteki değişiklik isteğini belirtir:

I wish he would answer my letter. : Keşke mektubumu yanıtlasa. (Uzun süredir yanıt bekliyorum.)
I wish they would change the menu. : Keşke menüyü değiştirseler. (Sosis yemekten bıktım.)
I wish they would stop making bombs. : Keşke bomba yapmayı kesseler.

Ancak konuşan kişi, yukarıda son örnekte olduğu gibi, normal olarak değişikliğin yapılacağından pek umutlu değildir; çoğu kez de hiç umudu yoktur.

Yukarıda B'de olduğu gibi buradaki **wish** + özne + **would,** değişiklik olasılığının bulunduğu durumlarda kullanılır ve **wish** ile **would**'un öznesi aynı olamaz.

Kişiden oluşan bir özne olursa eylem öznenin denetimindedir; istekli olup olmama konusu gene söz konusudur. Ancak **wish** + özne + **would**'un bazen cansız özneleri de olabilir:

I wish it would stop raining. : Yağmur dinse.
I wish the sun would come out. : Güneş çıksa.
I wish prices would come down. : Fiyatlar inse.
I wish the train would come. : Tren gelse.

Buradaki **wish** + özne + **would,** daha çok **would like** gibidir; ancak **would like** değişiklik olanağının bulunduğu eylemlerle sınırlı değildir ve şimdiki durumdan duyulan rahatsızlığı ifade etmez. Ayrıca **would like** yapısı umutsuzluğu belirtmez:

I would like Jack to study art. : Jack'in resim öğrenimi görmesini isterim. (I want him to study art/I hope he will study art. : Resim öğrenimi görmesini istiyorum/Umarım resim öğrenimi görür.)
I wish Jack would study art. : Keşke Jack resim öğrenimi görse. (Peter herhalde buna yanaşmamaktadır.)

D **I wish you would** bir rica biçimi olarak kullanılabilir. Burada konuşulan kişinin ricayı yerine getirmeyeceği anlamı bulunmaz, fakat bu kişinin, konuşan kişiyi şu ya da bu biçimde taciz ettiğini ya da düş kırıklığına uğrattığı anlamı vardır. *I wish you would help me* (Bana yardım etsen) cümlesi, 'bana yardım önermeliydin' anlamını verir. *I wish you would stop humming/interrupting/asking silly questions* (Mırıldamayı/sözümü kesmeyi/saçma sapan sorular sormayı kessen) cümlesi ise konuşan kişinin gürültüden/sözünün sık sık kesilmesinden/saçma sapan sorulardan taciz olduğu anlamını verir.
Ancak **I wish you would** ifadesi, yardım isteğine bir yanıt olarak da kullanılabilir. O zaman rahatsızlık belirtmez:

Shall I help you check the accounts? ~ I wish you would. : Hesapların kontrolünde sana yardım edeyim mi? ~ Keşke etsen (iyi olur).

E Yukarıdaki B ve C'de **if only + would, wish + would**'un yerine kullanılabilir. D'de olduğu gibi ricalara yanıt verilirken kullanılamaz: **if only, wish**'den daha dramatiktir:

If only he would join our party! : Ah partimize katılsa!

30 Edilgen çatı (The passive voice)

302 Biçim

A Etken bir fiilin edilgen biçimi, **to be** fiilini etken fiilin yapısına sokup buna, etken fiilin geçmiş zaman ortacını ekleyerek oluşturulur. Etken fiilin öznesi, edilgen fiilin yapıcı öğesi (agent) olur. Yapıcı öğe genellikle belirtilmez; belirtildiğinde de **by**'dan sonra getirilir ve cümleciğin sonuna konur:

This tree was planted by my grandfather. : Bu ağaç, büyükbabam tarafından dikilmişti.

B Şimdiki, geçmiş ve şimdi öncesi zaman yapılarına örnekler:

Etken *We keep the butter here.* : Yağı burada tutarız.
Edilgen *The butter is kept here.* : Yağ burada tutulur.
Etken *They broke the window.* : Camı kırdılar.
Edilgen *The window was broken.* : Cam kırıldı.
Etken *People have seen wolves in the streets.* : Halk caddelerde/yolda kurtlar görmüş.
Edilgen *Wolves have been seen in the streets.* : Caddelerde kurtlar görülmüş.

C Edilgen süreklilik yapılar **to be** fiilinin süreklilik biçimlerini alırlar. Bunun dışında da bu yapılar pek kullanılmaz:

Etken *They are repairing the bridge.* : Köprüyü onarıyorlar.
Edilgen *The bridge is being repaired.* : Köprü onarılıyor.
Etken *They were carrying the injured player off the field.* : Sakatlanan oyuncuyu alanın dışına taşıyorlardı.
Edilgen *The injured player was being carried off the field.* : Sakatlanan oyuncu alanın dışına taşınıyordu.

Öteki süreklilik yapıları edilgende son derece ender kullanılır; Dolayısıyla:

They have/had been repairing the road. : Yolu onarıyorlar(dı).
They will would be repairing the road. : Yolu onaracaklar/onarıyor olabilirlerdi.

gibi cümleler normal olarak edilgene çevrilmezler.

D Yardımcı + mastar bileşimleri edilgen mastar kullanılarak edilgene çevrilirler:

Etken *You must/should shut these doors.* : Bu kapıları kapamalısınız/kapamanız gerekir.
Edilgen *These doors must/should be shut.* : Bu kapılar kapanmalı/kapanması gerekir.
Etken *They should/ought to have told him.* : Ona söylemeliydiler. (Etken -miş'li mastar)
Edilgen *He should/ought to have been told.* : Ona söylenmeliydi. (Edilgen -miş'li mastar)

E Öteki edilgen bileşimleri

Beğenme/sevme/isteme/dileme, vb. fiilleri + tümleç + mastar, edilgen biçimlerini edilgen mastarla oluştururlar:

Etken *He wants someone to take photographs.* : Birinin resim çekmesini istiyor.
Edilgen *He wants photographs to be taken.* : Fotoğraf çekilmesii istiyor.

Emir/rica/öğüt/çağrı-ikram fiilleri + dolaylı tümleç + mastar'da edilgen biçimini, ana fiilin edilgen yapısıyla oluştururuz:
Etken *He invited me to go.* : Beni gitmeye çağırdı. (Bana, 'Lütfen git', dedi. / Ç.N.)
Edilgen *I was invited to go.* : Gitmeye çağrıldım (Gitmem istendi.)

Ancak, **advise/beg/order/recommend/urge** + dolaylı tümleç + mastar'da edilgen yapısını iki yoldan oluşturabiliriz: Yukarıda olduğu gibi ana fiilin edilgen yaparak ya da **advise** vb. + **that . . . should** + edilgen mastar kullanarak:

Etken *He urged the Council to reduce the rates.* : Israrla, Konseyin oranları düşürmesini istedi.
Edilgen *The Council was/were urged to reduce the rates.* : Konseyin oranları düşürmesi ısrarla istendi.
He urged that the rates should be reduced. : Israrla oranların düşürülmesini istedi.

agree/be anxious/arrange/be determined/determine/decide/demand + mastar + tümleç edilgende genellikle **that . . . should** ile ifade edilir:

Etken *He decided to sell the house.* : Evi satmaya karar verdi.
Edilgen *He decided that the house should be sold.* : Evin satılmasına karar verdi.
(Ayrıca bak: 235.)

F İsimfiil bileşimleri

advise/insist/propose/recommend/suggest + isimfiil + tümleç, edilgende genellikle, yukarıda olduğu **that . . . should**'la ifade edilir:

Etken *He recommended using bullet-proof glass.* : Kurşun geçirmez cam kullanmayı önerdi.
Edilgen *He recommended that bullet-proof glass should be used.* : Kurşun geçirmez cam kullanmasını önerdi.
(Bak: 235.)

it/they + **need** + isimfiil aynı zamanda **it/they** + **need** + edilgen mastarla da ifade edilebilir. Her iki yapının da edilgen anlamı vardır. Öteki isimfiil bileşimleri edilgende, edilgen isimfiille ifade edilir:

Etken *I remember them taking me to the Zoo.* : Beni Hayvanat Bahçesine götürdüklerini anımsıyorum.
Edilgen *I remember being taken to the Zoo.* : Hayvanat Bahçesine götürüldüğümü anımsıyorum.

303 Etken fiiller ve edilgen karşılıkları

Fiil yapısı/Fiil biçimi	Etken	Edilgen
Geniş zaman	*keeps*	*is kept*
Şimdiki zamanda süreklilik	*is keeping*	*is being kept*
Basit geçmiş	*kept*	*was kept*
Geç. zamanda süreklilik	*was keeping*	*was being kept*
Şimdi öncesi	*has kept*	*has been kept*
Geçmiş öncesi	*had kept*	*had been kept*
Gelecek	*will keep*	*will be kept*
Koşul	*would keep*	*would be kept*
-miş'li koşul	*would have kept*	*would have been kept*
Şim. zam. mastar	*to keep*	*to be kept*
-miş'li mastar	*to have kept*	*to have been kept*
Şim. zam. ortaç/i. fiil	*keeping*	*being kept*
-miş'li ortaç	*having kept*	*having been kept*

B Halk dilinde bazen **be** yerine **get** kullanılabilir:

The eggs got (= were) *broken.* : Yumurtalar kırıldı.
You'll get (= be) *sacked if you take any more time off.* : Daha çok izin alırsan kovulursun.

C *Someone gave her a bulldog* (Biri ona bir buldog verdi) gibi, düz ve dolaylı tümleç içeren bir cümlenin kuramda iki edilgen biçime sahip olduğuna dikkat ediniz:

She was given a bulldog. : Ona bir buldog verildi.
A bulldog was given to her. : Bir buldog ona verildi.

Bunlardan birincisi çok daha yaygındır. Dolayısıyla dolaylı tümleç genellikle edilgen fiilin öznesi olur.
(Ayrıca ba: 320 E, F.)

D Etken bir fiilin öznesinin kimliği ile ilgili sorular genellikle düz cümle yapısıyla ifade edilir (Bak: 55):

What delayed you? : Seni ne geciktirdi? (Neden geciktin?)
Which team won? : Hangi takım kazandı?

Edilgen bir fiilin öznesinin kimliğine ilişkin sorular da düz cümle yapısıyla ifade edilir:

Something was done. ~ What was done? : Bir şey yapıldı. ~ Ne yapıldı?
One of them was sold. ~ Which one was sold? : Biri satıldı ~ Hangisi satıldı?

Etken yapıdaki soru dizilişi edilgende düz cümle dizilişine dönüşebilir:

What did they steal? : Ne çaldılar? (Soru dizilişi)
What was stolen? : Ne çalındı? (Düz cümle dizilişi)

Ancak soru, yapıcı öğeye gönderme yapıyorsa soru dizilişinin gerektiğine dikkat ediniz:

Who painted it? : O resmi kim yapmış? (düz cümle dizilişi)
Who was it painted by? : O resim kimin tarafından yapılmış? (Soru dizilişi)

304 Edilgenin kullanımları

Edilgen şu durumlarda kullanılır:

A Kim olduğu belirgin olduğu için eylemin sahibinin belirtilmesi gerekmediği zaman:

The rubbish hasn't been collected. : Çerçöp toplanmadı.
The streets are swept every day. : Caddeler her gün temizlenir.
Your hand will be X-rayed. : Elinin röntgeni alınacak.

B Eylemi kimin yaptığını bilmiyorsak, tam olarak bilinmiyorsak ya da unutmuşsak:

The minister was murdered. : Bakan öldürüldü.
My car has been moved! : Arabam oynatılmış!
You'll be met at the station. : İstasyonda karşılanacaksınız.
I've been told that . . . : Bana dendi ki . . .

C Etken fiilin öznesi 'people' olacaksa:

He is suspected of receiving stolen goods. : Çalınmış mal kabul ettiğinden kuşkulanılıyor. (People suspect him of . . . : Halk . . . kuşkulanıyor.)
They are supposed to be living in New York. : New York'ta oturdukları sanılıyor. (People supposed that they are living . . . : Halk . . . oturduklarını sanıyor.)
(Edilgen fiillerle kurulan masar yapıları için bak: 245, 306.)

D Etken cümlenin öznesi, **one** belgisiz zamiri olacaksa: *One sees this sort of advertisement everywhere* (İnsan bu tür reklamı her yerde görür) cümlesi genellikle şöyle ifade edilir:

This sort of advertisement is seen everywhere. : Bu tür reklam her yerde görülür.

Halk dilinde **you** (bak: 68) belgisiz zamiri ve etken fiil kullanabiliriz:
You see this sort of advertisement everywhere. : Bu tür reklamı her yerde görürsün.

Ancak daha biçimsel İngilizce **one** + etken ya da daha yaygın olan edilgen biçimini gerektirir.

E Eylemi gerçekleştiren kişiden çok eylemin kendisiyle ilgileniyorsak:

The house next door has been bought (by a Mr Jones). : Yandaki ev (Mr Jones diye biri tarafından) satın alındı. (Bu durumda Türkçede 'Yandaki ev satıldı'yı yeğleriz. / Ç.N.)

Ancak Mr Jones'u biliyorsak etkeni kullanırız:
Your father's friend, Mr Jones, has bought the house next door. : Yandaki evi babanın arkadaşı Mr Jones satın aldı.

Aynı biçimde:
A new public library is being built (by our local council). : (Bölge konseyince) yeni bir halk kütüphanesi kuruluyor.

Ancak daha teklifsiz İngilizcede **they** belgisiz zamiri (bak: 68) ile etken fiil kullanırız:

They are building a new public library. : Yeni bir halk kütüphanesi kuruyorlar.

Kuşkusuz, Konsey üyelerinden biri şöyle der:

We are/The Council is building . . . : Biz/Konsey . . . kuruyor(uz).

F Edilgen, açık olmayan ya da dilbilgisine aykırı bir cümle kurmamak için de kullanılabilir. Bu, genellikle, özne değişiminden kaçınarak yapılır:

When he arrived home a detective arrested him. : Bir dedektif, eve gelince onu tutukladı.

cümlesinin daha iyi ifadesi:

When he arrived home he was arrested (by a detective). : Eve gelince (bir dedektif tarafından) tutuklandı.

olur.

When their mother was ill their neighbours looked after the children. : Komşuları, annelerinin rahatsızlığı sırasında çocuklara bıraktılar.

da:

When their mother was ill the children were looked after by neighbours.: Çocuklar rahatsızlandığında onlara komşularca bakıldı.

G Edilgen bazen psikolojik nedenlerle yeğ tutulabilir. Konuşan kişi hoşa gitmeyen duyuruların sorumluluğunu üzerinden atmak için bunu kullanabilir:

EMPLOYER: *Overtime rates are being reduced/will have to be reduced.* : İŞVEREN: Fazla mesai ücretleri düşürülmektedir/. . .ücretlerinin düşürülmesi gerekecektir.

Hoşa giden duyurular için, kuşkusuz etken kullanılır:

I/We are going to increase overtime rates. : Fazla mesai ücretlerini artırıyorum/artırıyoruz.

Konuşan kişi eylemi kimin gerçekleştirdiğini bilip adını vermek istemeyebilir. Bill'in, kendisine ait mektupları açtığından kuşkulanan Tom,

You've opened this letter! : Bu mektubu açtın!

yerine diplomatik bir ifadeyle:

This letter has been opened! : Bu mektup açılmış!

diyebilir.

H **have** + tümleç + geçmiş zaman ortacı yapısı ([*I had the car resprayed.* : Arabayı onarttım.] için bak: 119.)

305 Edilgen fiillerle edatlar

A Daha önce açıklandığı gibi, yapıcı öğe belirtildiğinde bu öğe **by**'dan sonra konur:

Etken *Dufy painted this picture.* : Bu resmi Dufy yaptı.
Edilgen *This picture was painted by Dufy.* : Bu resim Dufy tarafından yapıldı.
Etken *What makes these holes?* : Bu delikleri ne yapıyor? (Bu delikleri açan ne?)
Edilgen *What are these holes made by?* : Bu delikler neyle açılıyor?

Ancak
Smoke filled the room. : Odayı duman doldurdu.
Paint covered the lock. : Boya kilidi kapladı.

gibi cümlelerin edilgen biçimi
The room was filled with smoke. : Oda dumanla doldu.
The lock was covered with paint. : Kilit boyayla kaplandı.
olur.

Burada yapıcı öğelerle değil, kullanılan gereçle ilgilenmekteyiz.

B Fiil + edat + tümleç bileşimleri edilgene çevrildiklerinde edat fiilden hemen sonraki yerinde kalır:

Etken *We must write to him.* : Ona (mektup) yazmalıyız.
Edilgen *He must be written to.* : Ona (mektup) yazılmalı.
Etken *You can play with these cubs quite safely.* : Bu arslan yavrularıyla tehlikesizce oynayabilirsin.
Edilgen *These cubs can be played with quite safely.* : Bu aslan yavrularıyla tehlikesizce oynanabilir.

Fiil + edat/zarf bileşimleri de aynı biçimde edilgene çevrilir.
Etken *They threw away the old newspapers.* : Eski gazeteleri attılar.
Edilgen *The old newspapers were thrown away.* : Eski gazeteler atıldı.
Etken *He looked after the children well.* : Çocuklara iyi baktı.
Edilgen *The children were well looked after.* : Çocuklara iyi bakıldı.

306 Edilgen fiillerden sonra mastar yapıları

A **acknowledge, assume, believe, claim, consider, estimate, feel, find, know, presume, report, say, think understand** vb'den sonra (Ayrıca bak: 245)

People consider/know/think vb. that he is . . . : (Halk onun . . . olduğunu kabul ediyor/biliyor/düşünüyor vb.) gibi cümlelerin iki olası edilgen biçimi vardır:

It is considered/known/thought vb. *that he is* . . . : Şu kabul ediliyor/biliniyor/düşünülüyor ki o . . . dir.
He is considered/known/thought vb. *to be* . . . : Onun . . . olduğu kabul ediliyor/biliniyor/düşünülüyor.

Aynı biçimde:
People said that he was jealous of her. : Halk, onun (adamın) onu (kadını) kıskandığını söyledi.
It was said that he was veya *He was said to be jealous of her.* : Dendi ki o (adam) onu (kadını) kıskanıyormuş. Ya da: Onun (adamın) onu (kadını) kıskandığı söylendi.

Bunlardan ikincisi daha sadedir. Bu yapı özellikle **to be** ile kullanılırsa da başka mastarlar da bazen kullanılabilir:

People believed that he was . . . : Halk onun . . . diğine inanıyordu. =
It was believed that he was . . . veya *He was believed to have been* . . . : Öyle inanılıyordu ki . . . / Onun . . . miş olduğuna inanılıyordu.
People know that he was. : Halk onun . . . diğini (geçmişte / Ç. N.) biliyor (şimdi / Ç. N.) =
It is known that he was ya da *He is known to have been.* : Biliniyor ki (şimdi / Ç.N.) . . .idi. / . . .miş olduğu biliniyor.

Bu yapı herhangi bir fiilin -miş'li mastarıyla kullanılabilir.

B **suppose**'dan sonra

1 Edilgende **suppose**'dan sonra herhangi bir fiilin şimdiki zaman mastarı gelebilir ancak bu yapı genellikle bir görev kavramı iletir; dolayısıyla etkendeki **suppose**'un normal dengi değildir:

You are supposed to know how to drive. : Araba kullanmasını bilmen gerekir. =
It is your duty to know/You should know how to drive. : Araba kullanmayı bilmek görevin/bilmen gerekir.

Ama *He is supposed to be in Paris* (Paris'te olsa gerek) cümlesi ya 'He ought to be there' ('Orada olsa gerek') ya da 'People suppose he is there' (Halk onun orada olduğunu sanıyor) anlamındadır.

2 Edilgendeki **suppose**'dan sonra aynı biçimde herhangi bir fiilin edilgen mastarı gelebilir. Bu yapı bir görev kavramı verebilirse de genellikle bu anlamı vermez:

You are supposed to have finished. : Bitirmiş olman gerekirdi. =
You should have finished. : Bitirmeliydin.

Fakat:

He is supposed to have escaped disguised as a woman. : Kadın kılığında kaçtığı sanılıyor. =
People suppose that he escaped . . . : Halk onun . . . diğini sanıyor.

C Edilgen fiillerden sonra gelen fiiller normal olarak tam mastarlardır (**to**'su atılmamış mastarlar / Ç. N.):

Etken *We saw them go out.* : Onların çıktığını gördük.
He made us work. : Bizi çalıştırdı.
Edilgen *They were seen to go out.* : Dışarı çıktıkları görüldü.
We were made to work. : Çalıştırıldık.

Ancak **let, to**'suz olarak kullanılır:
Etken *They let us go.* : Gitmemize izin verdiler.
Edilgen *We were let go.* : Gitmemize izin verildi.

D **believe, know, report, say, suppose, think, understand**'ın edilgenlerinden sonra süreklilik mastarı kullanılabilir:

He is believed/known/said/supposed/thought to be living abroad. : Yurt dışında yaşamakta olduğuna inanılıyor/olduğu biliniyor/söyleniyor/sanılıyor/düşünülüyor. =
People believe/know/say/suppose/think that he is living abroad. : Halk onun yurt dışında oturduğuna inanıyor/oturduğunu biliyor/söylüyor/sanıyor/düşünüyor.
You are supposed to be working. = *You should be working.* : Çalışıyor olman gerekir.

Süreklilik mastarının -miş'li biçimi de kullanılabilir:

He is believed to have been waiting for a message. : Bir mesaj beklemekte olduğuna (bir süredir / Ç.N.) inanılıyor. =
People believed that he was waiting for a message. : Halk onun bir mesaj beklemekte (bir süredir / Ç. N.) inanıyor.
You are supposed have been working. : (Bir süredir / Ç.N.) çalışıyor olman gerekir.
You should have been working. : Çalışıyor olmalıydın.

31 Dolaylı aktarım (Indirect speech)

307 Düz ve dolaylı aktarım (direct and indirect [reported] speech)

Bir kişinin söylediklerini aktarmanın iki yolu vardır: düz ve dolaylı. Düz anlatımda ilk konuşucunun sözlerini aynen yineleriz:

He said, 'I have lost my umbrella.' : 'Şemsiyemi yitirdim', dedi.

Böyle aktarılan konuşmalar tırnak içine alınırlar ve aktarılan konuşmadan hemen önce bir virgül ya da iki nokta üst üste konur.
Düz aktarım, kitaplardaki, oyunlardaki ve önemli sözlerin aktarılışında kullanılır.
Dolaylı aktarımda belirtilen bir görüş ya da söylenen bir sözün tam anlamını, ille de bunları söyleyen kişinin kullandığı sözcükleri kullanmadan aktarırız:

He said (that) he had lost his umbrella. : Şemsiyesini yitirdiğini/yitirmiş olduğunu söyledi.

Dolaylı aktarımda **say**'den sonra virgül bulunmaz. **say** ve **tell** + tümleç'ten sonraki **that** genellikle atılabilir. Ancak öteki fiillerden sonra tutulmalıdır: **complain, explain, object, point out, protest** (yakınmak, açıklamak, karşı çıkmak, işaret etmek, vb). Bir konuşma sözlü olarak başkasına iletildiği zaman normal olarak dolaylı aktarım kullanılır. Ancak bu durumda, dramatik bir etki yaratmak için düz aktarım da bazen kullanılır.
Düz aktarımı dolaylıya çevirirken bazı değişmeler genellikle gerekli olmaktadır. Bunları, düz cümleleri, soruları ve emirleri ayrı ayrı ele alarak daha kolay gösterebiliriz.

308 Dolaylı aktarımda düz ifadeler: fiil yapılarında değişiklikler gereklidir.

A Dolaylı aktarım şimdiki zamandaki (geniş zamanda) bir fiille sunulabilir. *He says that . . .* : (. . . diğini söylüyor.) Bu, şu şekilde yaygındır:

(a) hâlâ sürmekte olan bir konuşmayı aktarırken
(b) bir mektubu okuyup aynı anda içeriğini aktarırken
(c) talimatı okuyup aktarırken
(d) bir kişinin sık sık yinelediği bir sözü aktarırken. Ör.: *Tom says that be'll never get married.* : Tom hiç evlenmeyeceğini söyler/söylüyor.

Giriş fiili geniş (present), şimdi öncesi (present perfect), ya da gelecek zaman (future) fiil yapılarından birindeyse söylenenleri herhangi bir fiil değişikliği yapmadan aktarabiliriz:

PAUL (İstasyondan telefon etmektedir) *I'm trying to get a taxi.* : Bir taksi bulmaya çalışıyorum.
ANN (Yanında beklemekte olan Mary'ye). *Paul says he is trying to get a taxi.* : Paul, bir taksi bulmaya çalıştığını söylüyor.

B Ancak genel olarak dolaylı aktarım, geçmiş zamandaki bir fiille sunulur. O zaman düz aktarımdaki fiiller, karşılığı olan bir geçmiş zaman yapısına çevrilir. Değişiklikler, aşağıdaki tabloda gösterilmiştir:

Düz Aktarım		Dolaylı Aktarım
Geniş zaman		Basit geçmiş
'I never eat meat,' he explained.	=	*He explained that he never ate meat.*:
'Hiç et yememem,' diye açıkladı	=	Hiç et yemediğini açıkladı.
Şimdiki zaman		Geçmişte süreklilik
'I'm waiting for Ann,' he said.	=	*He said (that) he was waiting for Ann.*:
'Ann'i bekliyorum,' dedi.	=	Ann'i beklediğini söyledi.
Şimdi öncesi		Geçmiş öncesi
'I have found a flat,' he said.	=	*He said (that) he had found a flat.*:
'Bir daire buldum,' dedi.	=	Bir daire bulduğunu söyledi.
Basit geçmiş		Geçmiş öncesi
'I took it home with me,' she said.	=	*She said she had taken it home with her.*:
'Onu yanımda eve götürdüm,' dedi	=	Onu yanında eve götürdüğünü söyledi.
Gelecek		Koşul
He said, 'I will/shall be in Paris on Monday.'	=	*He said he would be in Paris on Monday.*:
'Pazartesi günü Paris'te olurum,' dedi.	=	Pazartesi günü Paris'te olacağını söyledi.
Gelecekte süreklilik		Sürekli koşul
She said, 'I will/shall be using the car myself on the 24th,' she said. :	=	*She said she'd be using the car herself on the 24th.*
'Ayın 24'inde arabayı kendim kullanacağım,' dedi.	=	Ayın 24'ünde arabayı kendisinin kullanacağını söyledi.
Ancak şuna dikkat ediniz: Koşul		Koşul
I said, 'I would/should like to see it.'	=	*I said I would/should like to see it.*:
'Onu görmek isterim,' dedi.	=	Onu görmek istediğini söyledim.

(Fiil yapısı değişmiyor. Ayrıca bak: 227.)

C **I/we shall/should**'a ilişkin bir not

I/we shall/should, dolaylı aktarımda normal olarak **he/she/they would** olur:

'I shall be 21 tomorrow,' said Bill. : 'Yarın 21'ime basacağım,' dedi Bill = *Bill said he would be 21 the following day.* : Bill, ertesi gün 21'ine basacağını söyledi.

Fakat cümle, bizzat cümlenin sahibince aktarılırsa, **I/we shall** genellikle ya **I/we should,** ya da **I/we would** olabilir. **would** daha yaygın olanıdır.
Aynı biçimde **I/we should** dolaylı aktarımda genel olarak **he/she/they would** olur:

'If I had the instruction manual I should/would know what to do,' said Bill. : Talimat kitapçığı bende olsaydı (şimdi / Ç.N.) ne yapacağımı bilirdim. =
Bill said that if he had the instructions he would know what to do. : Bill, talimat elinde olsaydı ne yapacağını bileceğini söyledi/ne yapacağımı bilirdim, dedi.

Ancak cümleyi bizzat konuşan kişi aktarıyorsa **I/we should** ya değiştirmeden kalır ya da **would**'la aktarılır. Yukarıda, B'deki son örneği bakınız.

309 Geçmiş zaman yapıları bazen değişmez

A Kuramda, basit geçmiş zaman (past tense), geçmiş öncesine (past perfect) çevrilir, fakat konuşma İngilizcesinde bu fiil yapısı genellikle olduğu gibi kalır. Ne var ki, eylemlerin birbirlerine göre zaman ilişkileri konusunda bir karışıklığın ortaya çıkmaması da gerekir:

He said, 'I loved her'. : ('Onu sevdim', dedi) cümlesinin kesinlikle
He said that he had loved her. : Onu sevmiş olduğunu söyledi.

olarak aktarılması gerekir. Yoksa anlamda bir değişiklik olacaktır. Buna karşılık:

He said, 'Ann arrived on Monday'. : 'Ann Pazartesi günü geldi', dedi.
cümlesi,
He said that Ann arrived/had arrived on Monday. : Ann'in Pazartesi günü geldiğini (gelmiş olduğunu) söyledi olarak aktarılabilir.

B Kuramda geniş zamanda süreklilik yapısı (past continuous tense) geçmiş öncesinden süreklilik (past continuous tense) yapısına çevrilir, fakat uygulamada, tamamlanmış bir eylemin ifadesi dışında, olduğu gibi kalır:

She said, 'We were thinking of selling the house but we have decided not to.' : 'Evi satmayı düşünüyorduk, fakat satmamaya karar verdik', dedi. =

She said that they had been thinking of selling the house but had decided not to. : Evi satmayı düşünmekte olduklarını, fakat satmaya karar verdiklerini söyledi.

Buna karşılık:
He said, 'When I saw them they were playing tennis.' : 'Onları gördüğüm zaman tenis oynuyorlardı', dedi.

cümlesi normal olarak şöyle aktarılır:
He said that when he saw them they were playing tennis. : Onları gördüklerinde onların tenis oynamakta olduklarını söyledi.

C Yazı dilinde geçmiş zaman fiil yapıları normal olarak geçmiş öncesi yapısına (past perfect) dönüşürler, fakat şu istisnalar da bulunmaktadır.

1 Zaman cümleciklerinde kullanılan basit geçmiş/geçmişte süreklilik (past/past continuous) yapıları normal olarak değişmezler:

He said, 'When we were living/lived in Paris . . .' : 'Biz Paris'te otururken . . .' dedi. =
He said, that when they were living/lived in Paris . . .' : Paris'te otururlarken, . . . diklerini söyledi.

Bu tür cümlelerin ana cümleciklerindeki fiiler genellikle ya oldukları gibi kalırlar, ya da geçmiş öncesine (past perfect) dönüşürler:

He said, 'When we were living/lived in Paris we often saw Paul'. : 'Biz Paris'te otururken sık sık Paul'ü görürdük.' =
He said that when they were living/lived in Paris they often saw Paul/they had often seen Paul. : Paris'te oturdukları sık sık Paul'ü gördüklerini/görmüş olduklarını söyledi.

2 Konuşmanın aktarıldığı sırada hâlâ geçerliğini korumakta olan bir durumun anlatımında kullanılan geçmiş zaman (past simple) olduğu gibi kalır:

She said, 'I decided not to buy the house because it was on a main road.': 'Evi satın almamaya karar verdim, çünkü bir ana yol üzerindeydi.' dedi.

She said that she had decided not to buy the house because it was on a main road. : Bir ana yol üzerinde bulunduğu için evi almamaya karar verdiğini söyledi.

310 Dolaylı aktarımda gerçek olmayan geçmiş zaman fiil (dilek) yapıları

A **wish, would rather/sooner** ve **it is time**'dan sonraki gerçek olmayan geçmiş zaman fiil yapıları değişmez:

'We wish we didn't have to take exams,' said the children. : Çocuklar, 'Keşke sınava girmek zorunda olmasak,' dediler. =
The children said they wished they didn't have to take exams. : Çocuklar, sınav olmamalarını dilediklerini söyledi. (Böyle bir cümle Türkçede doğal olmaz. / Ç.N.)

'Bill wants to go alone,' said Ann, 'but I'd rather he went with a group.': 'Bill yalnız gitmek istiyor,' dedi Ann, 'ama bir grupla gitmesini yeğlerdim. =
Ann said that Bill wanted to go alone but that she'd rather he went with a group. : Ann, Bill'in yalnız başına gitmek istediğini, fakat kendisinin, onun bir grupla birlikte gitmesini yeğlediğini söyledi.

'It's time we began planning our holidays,' he said. : 'Tatilimizi planlamaya başlamanın zamanı geldi,' dedi. =
He said that it was time they began planning their holidays. : Tatillerini planlamaya başlamalarının zamanının geldiğini söyledi.

B **I/he/she/we/they had better** değişmeden kalır. **You had better** ise ya değişmeden kalır ya da **'advise** + tümleç + mastar' ile aktarılır (301'e bakınız):

'The children had better go to bed early,' said Tom. : 'Çocuklar erken yatsalar iyi olur' dedi Tom.
Tom said that the children had better go to bed early. : Tom, çocuklar erken yatsalar iyi olur, dedi.

'You'd better not drink the water,' she said. : 'Suyu içmeseniz iyi olur', dedi. =
She advised/warned us not to drink the water. : Suyu içmememizi salık verdi/içmememiz konusunda bizi uyardı.

C 2 ve 3'üncü tür şart cümleleri değişmezler (223 B ve C):
'If my children were older I would emigrate,' he said. : 'Çocuklarım daha büyük olsalardı göç ederdim', dedi =
He said that if his children were older he would emigrate. : O, çocukları daha büyük olsaydı göç edeceğini söyledi.

Ancak şu noktalara dikkat ediniz:

1. Birinci şahıs şart cümlelerinde **should** ya da **would** kullanabiliriz. Düz cümlede bu anlamda kullanılan **should,** normal olarak **would** olarak aktarılır:

'If I had the instruction manual,' said Bill, 'I should know what to do.': 'Talimat broşürü elimde olsa', dedi Bill, 'ne yapacağımı bilirim.'

311 **might, ought to, should, would, used to**'nun dolaylı iadelerde kullanılması

A Rica biçimi olarak kullanılması dışında **might** değişmeden kalır:

He said, 'Ann might ring today.' : 'Ann bugün telefon edebilir,' dedi. =
He said that Ann might ring (that day). : Ann'in (o gün) telefon edebileceğini söyledi.

Fakat *'You might post these for me,' he said.* : 'Şunları benim için postalayıversene,' dedi =
He asked me to post them for him. : Onları onun için postalamamı rica etti.
(Ricalar için bak: 285.)

B Zorunluk ya da sanı gösteren **ought to/should** değişmez:

'They ought to/should widen this road,' I said. : 'Bu yolu genişletmeleri gerek,' dedim. =
I said that they ought to/should widen the road. : Yolu genişletmeleri gerektiğini söyledim.
I said, 'I should be back by six'. : 'Altıya kadar dönmem gerekir,' dedim. (Sanırım...) =
I said I should be back by six. : Altıya kadar dönmem gerektiğini söyledim.

C Ancak zorunluk değil de öğüt bildiriyorsa **you ought to/you should advise** + tümleç + mastar'la aktarılabilir. **You must** da öğüt bildirebilir ve aynı biçimde aktarılabilir:

'You ought to/should/must read the instructions,' said Ann. : 'Talimatı okuman gerekir/okumalısın,' dedi Ann. =
Ann advised/urged/warned me to read the instructions. : Ann, talimatı okumamı öğütledi/Israrla talimatı okumamı istedi/okumam konusunda beni uyardı.

D **'If I were you I should/would . . .'** öğüt verme yapısı, normal olarak **'advise** + tümleç + mastar' ile aktarılır:

'If I were you I'd wait,' I said. : 'Senin yerinde olsam beklerim' dedim. = *I advised him to wait.* : Ona beklemesini salık verdim.

'I should/would be (very) grateful if you would . . .' rica yapısı normal olarak **ask** + tümleç + mastar ile aktarılır:

'I'd be very grateful if you'd keep me informed,' he said. : 'Beni sürekli olarak haberdar ederseniz çok minnettar olurum', dedi. =
He asked me to keep him informed. : Ona sürekli haber vermemi rica etti.

F Düz cümlelerdeki **would** değişmez. Ancak, ricalar, vb'de kullanılan **would** için bak: 284.

G **used to** değişmez:

'I know the place well because I used to live here,' explained. : 'Buraları iyi bilirim çünkü eskiden burada otururdum,' diye açıkladı. =
He explained that he knew the place well because he used to live there. : Daha önce orada oturduğu için oraları iyi bildiğini açıkladı.

(**would** için bak: 312; **must** için bak: 325.)

312 Dolaylı ifadelerde **could**

Sorudaki **could** için bak: 283-4.

A Yetenek gösteren **could.**

1 Şimdiki zamandaki yetenekte kullanılan **could** aynı kalır:

'I can't/couldn't stand on my head,' he said. : Başımın üzerinde duramam/duramam herhalde. =
He said he couldn't stand on his head. : Başının üzerinde duramayacağını/herhalde duramayacağını söyledi.

2 Gelecek zamandaki yetenekte kullanılan **could** aynı da kalabilir **would be able** ile de aktarılabilir:

He said, 'I could do it tomorrow.' : 'Onu yarın yapabilirim herhalde.' =
He said he could do it/would be able to do it the nex day. : Onu herhalde ertesi gün yapabileceğini söyledi.

3 2'nci tip koşul cümleleri de aynı biçimde aktarılabilir:
'If I had the tools I could mend it,' he said. : 'Araçlarım olsa onu onarabilirim,' dedi. =
He said that if he had the tools he could/would be able to mend it. : Burada **would be able**, düşünülenin yapılabileceği anlamını içerir. (Belki araç ödünç alabilecek.)

4 3'üncü tip koşul cümleleri, **could** değişmeden aktarılır.

5 Geçmişteki yeteneği gösteren **could** aynı da kalabilir **had been able** ile de aktarılabilir:

'I could read when I was three,' she boasted. : 'Üç yaşındayken okuyabiliyordum,' diye övündü. =
She boasted that she could/had been able to read when she was three.: Üç yaşındayken okuyabilmesiyle övündü.

B İzin gösteren **could**

1 2'nci tip koşul cümlelerinde **could** aynı da kalabilir **would be allowed to** ile de aktarılabilir:

'If I paid my fine I could walk out of prison today,' he said. : 'Para cezamı ödesem bugün elimi kolumu sallaya sallaya hapisaneden çıkabilirim,' dedi. =
He said that if he paid his fine he could/would be allowed to walk . . . : Cezasını ödese . . . çıkabileceğini/çıkmasına izin verileceğini söyledi.

2 Geçmişteki **could** aynı da kalabilir **was/were allowed to** ya da **had been allowed to**'yla da aktarılabilir:

He said, 'When I was a boy I could stay up as long as I liked.' : 'Çocukken istediğim saate kadar oturabilirdim,' dedi. =
He said that when he was a boy he could/was allowed to stay up
veya:
He said that as a boy/when he was a boy he was/had been allowed . . . : Çocukken geç zamanlara kadar oturabildiğini/oturmasına izin verildiğini/izin verilmiş olduğunu söyledi.

313 Dolaylı aktarım: zamir ve sıfat

A Konuşan kişinin kendi sözlerini aktarması dışında zamirler ve iyelik zamirleri normal olarak birinci ya da ikinci kişiden üçüncü kişiye dönüşür:

He said, 'I've forgotten the combination of my safe.' : 'Kasamın şifresini unuttum', dedi. =
He said that he had forgotten the combination of his safe. : Kasasının şifresini unutmuş olduğunu söyledi.

I said, 'I like my new house.' : 'Yeni evimi seviyorum' dedim. =
I said that I liked my new house.: Yeni evimi sevdiğimi söyledim. (Konuşan, kendi konuşmasını aktarmaktadır.)

Ancak bazen, anlam belirsizliğini önlemek için cümleye bir isimin sokulmasının gerekli olabileceğine dikkat ediniz.

Tom said 'He came in through the window.' : Tom, 'O pencereden girdi', dedi.

cümlesi normal olarak:
Tom said that he had come in through the window. : Tom pencereden girdiğini söyledi.

olarak aktarılmaz. Bu, bizzat Tom'un bu biçimde girmiş olduğu izlenimini verebilir. Fakat burada bir isim kullanırsak bir karışıklık olmaz:
Tom said that the man/the burglar/the cat, vb. *had come in* . . . : Tom, adamın/hırsızın/kendinin . . . girdiğini söyledi.

Zamir değişimleri fiili etkileyebilir:
He says, 'I know her.' : 'Onu tanıyorum,' diyor. =
He says he knows her. : Onu tanıdığını söylüyor.
He says, 'I shall be there.' : Orada olacağım, diyor.
He says that he will be there. : Orada olacağını söylüyor.

B **this** ve **these**

Zaman gösteren ifadelerdeki **this** genellikle **that** olur:

He said, 'She is coming this week.' : 'O, bu hafta geliyor', dedi. =
He said that she was coming that week. : Onun o hafta geleceğini söyledi.

Bunun dışında sıfat olarak kullanılan **this** ve **that** genel olarak **the**'ya dönüşürler:

He said, 'I bought this pearl/these pearls for my mother.' : 'Bu inciyi/bu incileri anneme aldım', dedi. =
He said that he had bought the pearls for his mother. : İncileri annesine almış olduğunu söyledi.

Zamir olarak kullanılan **this/these; it, they/them**'e dönüşebilir.

He showed me two bullets. 'I found these embedded in the panelling,' he said. : Bana iki kurşun gösterdi. 'Bunları tahta kaplamada gömülü buldum', dedi. =
He said he had found them embedded in the panelling. : Onları tahta kaplamada gömülü bulduğunu söyledi.

He said, 'We will discuss this tomorrow.' : 'Bunu yarın tartışırız', dedi. =
He said that they would discuss it/the matter the next day. : Onu (konuyu) ertesi gün tartışacaklarını söyledi.

Sıfat olarak, ya da bir seçimi göstermek veya bazı nesneleri ötekilerden ayırmak için kullanılan **this** ve **these**, genellikle **the one(s) near him** (yanındaki) gibi bir ifadeyle aktarılır.

'I'll have this (one),' he said to me. : 'Ben bunu alayım,' dedi. =
He said he would have the one near him. : Yakınındakini alacağını söyledi.

Ya da:

He pointed to/touched/showed me the one he wanted. : Hangisini istiyorsa ona işaret etti/dokundu/onu gösterdi.

314 Dolaylı aktarımda zaman ve yer ifadeleri

A Zaman zarfları ve zarf takımları şöyle değişir:

Düz Akarım	Dolaylı Aktarım
today	*that day*
(bugün)	(o gün)
yesterday	*the day before*
(dün)	(bir önceki gün)
the day before yesterday	*two days before*
(dün değil evvelki gün)	(iki gün önce)
tomorrow	*the next day/the following day*
(yarın)	(ertesi gün)
the day after tomorrow	*in two days' time*
(yarın değil öbür gün)	(iki gün sonra/içinde)
next week/year, vb.	*the following week/year,* vb.
(gelecek hafta/yıl, vb.)	(ertesi hafta/yıl, vb.)
last week/year, vb.	*the previous week/year,* vb.
(geçen hafta/yıl, vb.)	(bir önceki hafta/yıl, vb.)
a year vb. *ago*	*a year before/the previous year*
(bir yıl önce, vb.)	(bir yıl önce/bir önceki yıl)

'I saw her the day before yesterday', he said. : 'Onu dün değil evvelki gün gördüm', dedi. =
He said he had seen her two days before. : Onu iki gün önce gördüğünü söyledi.

'I'll do it tomorrow', he promised. : 'Onu yarın yaparım', diye söz verdi. =
He promised that he would do it the next day. : Onu ertesi gün yapacağına söz verdi.

'I'm starting the day after tomorrow, mother', he said. : 'Yarından sonraki gün yola çıkıyorum anne', dedi. =
He told his mother that he was starting in two days' time. : Annesine, iki gün sonra/içinde yola çıkacağını söyledi.

She said, 'My father died a year ago'. : 'Babam bir yıl önce öldü' dedi. =
She said that her father had died a year before/the previous year. : Annesinin bir yıl önce/bir önceki yıl ölmüş olduğunu söyledi.

B Ancak eğer konuşma, aynı günde yapılmış ve aktarılmışsa bu zaman değişiklikleri gerekli değildir:

At breakfast this morning he said, 'I'll be very busy today'. : Bu sabah kahvaltıda, 'Bugün çok meşgul olacağım', dedi. =
At breakfast this morning he said that he would be very busy today. : Bu sabah kahvaltıda bugün çok meşgul olacağını söyledi.

C Bir konuşma, yapıldığından bir/iki gün sonra aktarılıyorsa, kuşkusuz, mantığın gerektirdiği bazı değişiklikler yapılmaktadır. Pazartesi günü Jack, Tom'a,

I'm leaving the day after tomorrow. : Yarın değil öbür gün yola çıkıyorum.

demiştir. Eğer Tom, bu konuşmayı ertesi gün (Salı) aktarıyorsa büyük bir olasılıkla şöyle söyleyecektir:

Jack said he was leaving tomorrow. : Jack, yarın yola çıkacağını söyledi.

Bunu Çarşamba günü aktarıyorsa herhalde şöyle der:

Jack said he was leaving today. : Jack, bugün yola çıkacağını söyledi.

D **here,** yalnız hangi yerin amaçlandığı belirli ise, **there** olabilir:

At the station he said, 'I'll be here again tomorrow'. : İstasyonda, 'Yarın gene burada olurum', dedi. =
He said that he'd be there again the next day. : Ertesi gün gene orada olacağını söyledi.

Genellikle **here**'in (burada), bir kelime takımıyla değiştirilmesi gerekiyor:
She said, 'You can sit here, Tom'. : 'Burada oturabilirsin, Tom', dedi.
She told Tom that she could sit beside her etc. : Tom'a yanına halının üstüne, vb. oturabileceğini söyledi.)

Buna karşılık:
He said, 'Come here, boys'. : 'Buraya gelin, çocuklar' dedi.

normal olarak şöyle aktarılır:
He called the boys. : Çocukları çağırdı.

315 Mastar ve isimfiil yapılarının aktarılmış cümlelerde kullanılışı

A **agree, refuse, offer, promise, threaten** + mastar, bazen **say (that)** yerine kullanılabilir.

ANN: *Would you wait half an hour?*
TOM: *All right.* =
ANN: Yarım saat bekler miydin?
TOM: Olur. =
Tom agreed to wait ya da *Tom said he would wait.* : Tom beklemeye razı oldu ya da Tom bekleyeceğini söyledi.

ANN: *Would you lend me another £50?*
TOM: *No, I won't lend you any more money.*
ANN: Baŋa 50 sterlin daha ödünç verir misin?
TOM: Hayır, sana daha ödünç para veremem. =
Tom refused to lend her any more money. : Tom ona daha fazla ödünç para vermeye yanaşmadı. Ya da

Tom said that he wouldn't lend . . . : Tom, artık . . . ödüç para vermeyeceğini söyledi.
PAUL: *I'll help you if you like, Ann.* : İstersen sana yardım ederim, Ann.
= *Paul offered to help her* ya da *Paul said that he'd help her.* : Paul ona yardım etmeyi önerdi, ya da Paul ona yardım edeceğini söyledi. (Ayrıca **shall I?** için 318'e bakınız.)

ANN: *I'll pay you back next week. Really I will.* :
ANN: Sana önümüzdeki hafta öderim. Gerçekten öderim. =
Ann promised to pay him back the following week. Ya da:
Ann said that she would pay him back. Ya da:

Ann assured him that she would pay him back. :
Ann ona/bana, vb. bir sonraki hafta ödemeye söz verdi./Ann bir sonraki hafta ödeyeceğini söyledi./Ann ona, geri ödeyeceği yolunda garanti verdi.

KIDNAPPERS: *If you don't pay the ransom at once we'll kill your daughter.* : ÇOCUĞU KAÇIRANLAR: Fidyeyi hemen ödemezseniz kızınızı öldürürüz. =
The kidnappers threatened to kill his daughter if he didn't pay the ransom at once. : Çocuğu kaçıranlar, fidyeyi hemen ödemezse kızını öldürecekleri tehdidini savurdular. Ya da:

The kidnappers said that they would kill. . . : Çocuğu kaçıranlar, . . . öldüreceklerini söylediler.
(Tümleç + mastar yapıları için 320'ye bakınız.)

B **accuse . . . of/admit/apologize for/deny/insist on** (birini . . . ile suçlamak/itiraf etmek/ . . .den dolayı özür dilemek/ . . .Konusunda ısrar etmek) + isim-fiil bazen **say (that)**'in yerine kullanılabilir:

'You took the money!' : 'Parayı sen aldın!'
cümlesi:
He accused me of taking the money. : Beni, parayı almakla suçladı.
olarak;
'I stole/didn't steal it'. : 'Onu çaldım/çalmadım'.
cümlesi:
I admitted/denied stealing it. : Onu çaldığımı itiraf ettim/yadsıdım.
olarak;
'I'm sorry I'm late,' he said. : 'Geciktiğim için özür dilerim.'
cümlesi:
He apologized for being late. : Geç kaldığı için özür diledi. Ya da:
Hes said he was sorry he was late. :
olarak;
BILL: *Let me pay for myself.* : Kendim ödeyeyim.
TOM: *Certainly not! I'll pay!* : Kesinlikle olmaz. Ben öderim!
de:
Tom insisted on paying. : Tom ödemekte ısrar etti.
olarak aktarılabilir.

316 **say, tell** ve giriş fiil seçenekleri

A Dolaysız aktarımda **say** ve **tell**

1 **say** bir ifadeyi ya sunar ya da ondan sonra gelir;

Tom said, 'I've just heard the news.' Ya da:
'I've just heard the news', Tom said. : Tom, 'Haberi şimdi aldım', dedi. Ya da 'Haberi şimdi aldım', dedi Tom.

say aktarılan ifadeyi izlediği zaman **say** ile isimden oluşan özne yer değiştirebilir:

'I've just heard the news', said Tom.

say + **to** + konuşulan kişi kalıbını kullanmak olanağı vardır, fakat bu takım, dolaysız ifadeyi izlemelidir; onu sunamaz:

'I'm leaving at once', Tom said to me. : Tom, 'Hemen gidiyorum', dedi.

Bu durumda özne ile **say** yer değiştiremez.

2 **tell,** konuşulan kişinin belirtilmesini gerektirir:

Tel me. : Söyle bana.
He told us. : Bize söyledi.
I'll tell Tom. : Tom'a söylerim.

Ancak **tell lies/stories/the truth** (yalan/doğruyu söylemek, öykü anlatmak) ifadelerinde konuşulan kişinin belirtilmesi gerekmemektedir:

He told (me) lies. : (Bana) yalan söyledi.
I'll tell (you) a story. : (Sana) bir öykü anlatacağım.

Düz aktarımda kullanılan **tell,** dolaysız ifadeden sonra kullanılmalıdır:

'I'm leaving at once,' Tom told me.

tell ile, özne-**tell** yer değiştirmesi yapılamaz. (**'said Tom'** gibi / Ç.N.)

B Dolaylı aktarımda **say** ve **tell**

Dolaylı ifadeler normal olarak **say** ya da **tell** + tümleç ile aktarılırlar. **say** + **to** + tümleç de kullanılabilir, ancak bu, **tell** + tümleç'den daha az kullanılmaktadır:

He said he'd just heard the news. : Haberi az önce duymuş olduğunu söyledi.
He told me that he'd just heard the news. : Haberi az önce duymuş olduğunu söyledi bana.

Ayrıca **tell . . . how/about** vardır:

He told us how he had crossed the mountains. : Bize dağları nasıl aştığını/nasıl dağları aştığını söyledi.
He told us about crossing the mountains. : Bize dağları aşmaktan söz etti/Dağları aştığını söyledi/aşışını anlattı.
He told us about his journeys. : Bize yolculuklarından söz etti.

(Aktarılmış emirlerde **say** ve **tell** için 320-1'e bakınız.)

C Öteki yararlı fiiller şunlardır:

add, admit*, answer*, argue*, assure* + tümleç, *boast*, complain*, deny*, explain*, grumble*, object, observe, protest, point out, promise, remark*, remind* + tümleç, *reply** (eklemek, itiraf etmek, yanıtlamak, . . .diye karşı çıkmak, . . .e. . .konusunda güvence vermek, . . . diye övünmek, . . . konusunda yakınmak, inkâr etmek, . . .diye açıklamak, . . .diye homurdanmak, itiraz etmek, . . .görüşünü belirtmek, işaret etmek/değinmek, söz vermek, protesto etmek, belirtmek, . . .e. . .diğini anımsatmak, . . .yanıtını vermek). Bunlar dolaysız ya da aktarılmış konuşmalar için kullanılabilir.

Dolaysız konuşmada bunlar, dolaysız cümlelerin kurallarına uyar:

'It won't cost more,' Tom assured us. : Tom 'Daha fazlaya mal olmaz,' diye güvence verdi.

Üzerlerinde yıldız bulunan fiiller, öznenin isim olması koşuluyla özneyle yer değiştirebilir:

'But it will take longer,' Bill objected/objected Bill. : 'Ama daha uzun zaman alır,' diye Bil karşı çıktı/karşı çıktı Bill.
'It'll cost too much,' Jack grumbled/grumbled Jack. : 'Çok pahalıya mal olacak,' diye Jack mırıldandı/mırıldandı Jack.

Bunlar dolaylı ifadeleri sunabilirler. Fiilden sonra **that** konmalıdır:

Tom assured us that it wouldn't cost more. But Bill objected/pointed out that it would take longer. : Tom bize onun daha fazlaya mal olmayacağına ilişkin güvence verdi, fakat Bill, bunun daha uzun zaman alacağı itirazında bulundu/alacağını belirtti/alacağına işaret etti.

D **murmur, mutter, shout, stammer, whisper** (mırıldanmak, homurdanmak, bağırmak, kekelemek, fısıldamak) dolaysız ifade ya da sorulardan önce ve sonra gelebilir. İsimden oluşan özneler, yukarıda gösterildiği gibi bu fiillerle yer değiştirebilirler:

'You're late,' whispered Tom/Tom whispered. : Tom, 'Geç kaldın,' diye fısıldadı/'Geç kaldın,' diye fısıldadı Tom.

Bunlar aktarılmış ifadeleri sunabilirler. **that** genellikle gereklidir.

Tom whispered that we were late. : Tom, geç kaldığımızı fısıldadı.

Kuşkusuz sesi ya da sesin tonunu tanımlayan daha birçok fiil vardır. Ör.: *bark* (havlar gibi söylemek), *growl* (hırlamak, homurdanmak), *roar* (kükremek), **scream** (çığlık atmak), *shriek* (çığlık atmak) *snarl* (hırlamak), *yell* (bağırmak). Ancak bunlar aktarılmıştan çok dolaysız cümlelerde yaygındır.

317 Dolaylı aktarımda sorular

Düz bir soru örneği: *He said, 'Where is she going?'* : Nereye gidiyor?, dedi. Dolaylı aktarım örneği: *He asked where she was going.* : Nereye gittiğini sordu.

A Düz soruyu dolaylı soruya aktarırken şu değişiklikler gereklidir:
Fiil yapıları, zamirler ve iyelik sıfatları ile yer zarfları ve zaman zarfları, düz cümlelerde olduğu gibi değişir.

Fiilin soru yapısı, düz cümle yapısına dönüşür. Bu nedenle aktarılmış sorularda soru işareti (?) kalkar:

He said, 'Where does she live?' : 'O nerede oturur?', dedi.
He asked where she lived. : Onun nerede oturduğunu sordu.

Olumlu fiillerin kullanıldığı cümlelerde kuşkusuz bu değişim gerekmez:

'Who lives next door?' he said. : 'Yanda kim oturuyor?' dedi. =
He asked who lived next door. : Yanda kimin oturduğunu sordu.
'What happened?' she said. : 'Ne oldu?' dedi. =
She asked what had happened. : Ne olduğunu sordu.

B Eğer giriş fiili **say** ise, **ask** (sormak), **inquire** (soruşturmak), **wonder** (merak etmek), **want to know** (bilmek istemek) gibi sorma ile ilgili fiillere dönüştürülmelidir:

He said, 'Where is the station?' : 'İstasyon nerede', diye sordu.
He asked where the station was. : İstasyonun nerede olduğu sordu.

ask, inquire, wonder düz aktarımda da kullanılıyor olabilir. Bunlar bu durumda cümlenin sonuna konurlar:
'Where is the station?' he inquired. : 'İstasyon nerede?' diye sordu.

C **ask,** bir dolaylı tümleç ile birlikte kullanılabilir:
He said, 'What have you got in your bag?' : 'Çantanda ne var?' dedi. =
He asked (me) what I had got in my bag. : Çantamda ne bulunduğunu sordu.

Fakat **inquire, wonder, want to know,** bir dolaylı tümleç alamazlar. Bu nedenle, hitap edilen kişinin adı geçmekteyse, **ask** kullanmayız:

He said, 'Mary, when is the next train?' : 'Mary, bir sonraki tren ne zaman?' dedi. =
He asked Mary when the next train was. : Mary'ye bir sonraki trenin ne zaman olduğunu sordu. **(inquire, wonder** ya da **want to know** kullanmak istiyorsak Mary'yı atmalıyız.)

D Eğer düz aktarılan soru bir soru sözcüğü ile başlıyorsa **(when, where, who, how, why,** vb.) soru sözcüğü, dolaylı aktarımda yinelenir:

He said, 'Why didn't you put on the brake?' : 'Neden frene basmadın?', dedi. =
He asked (her) why she hadn't put on the brake. : Ona neden frene basmadığını sordu.
She said, 'What do you want?' : 'Ne istiyorsunuz?', dedi.
She asked (them) what they wanted. : Onlara ne istediklerini sordu.

E Eğer bir soru sözcüğü bulunmuyorsa, giriş fiilinden sonra **if** ya da **whether** konur:

'Is anyone there?' he asked. : 'Orada kimse var mı', diye sordu. =
He asked if/whether anyone was there. : Orada kimsenin bulunup bulunmadığını sordu.

1 Normal olarak **if** de **whether** da kullanabiliriz. **If,** daha yaygındır:

'Do you know Bill?' he said. : 'Bil'i tanır mısın?' dedi. =
He asked if/whether I knew Bill. : Bill'i tanıyıp tanımadığımı sordu.
'Did you see the accident?' the policeman asked. : Polis, 'Kazayı gördünüz mü?' diye sordu. =
The policeman asked if/whether I had seen the accident. : Polis kazayı görüp görmediğimi sordu.

2 **whether,** bir seçimin yapılması gerektiğini vurgular:

'Do you want to go by air or sea?' the travel agent said. : 'Hava yoluyla mı, deniz yoluyla mı gitmek istiyorsunuz?' dedi gezi acentası. =
The travel agent asked whether I wanted to go by air or by sea. : Gezi acentası hava yoluyla mı, yoksa deniz yoluyla mı gitmek istediğimi sordu.

whether or not:

'Do you want to insure your luggage or not?' he asked. : Eşyalarınızı sigorta ettirmek istiyor musunuz, istemiyor musunuz?' diye sordu. =
He asked me whether or not I wanted to insure my luggage./He asked if I wanted to insure my luggage or not. : Eşyalarımı sigorta ettirmek isteyip istemediğimi sordu.

3 **whether** + mastar da **wonder, want to know**'dan sonra (merak etmek, bilmek, istemek) kullanılabilir:

'Shall/Should I wait for them or go on?' he asked. : 'Onları beklemem mi, devam etmem mi gerekir?' diye sordu. =
He wondered whether to wait for them or to go on/He wondered whether he should wait for them or go on. : Onları beklesin mi, devam mı etsin, merak ediyordu/Onları beklemesi mi yoksa devam mı etmesi gerektiğini merak ediyordu.

inquire + whether + mastar da kullanılabilir, ancak bu o kadar yaygın değildir. (**whether** + mastar için ayrıca 242 B'ye bakınız.)

4 Soru bir şart cümleciği içeriyorsa **whether** daha temiz bir ifade sağlar; yoksa cümlede iki tane **if** bulunacaktır:

'If you get the job will you move to York?' Bill asked. : Bill, 'İşe alınırsan York'a taşınır mısın?' diye sordu. =
Bill asked whether, if I got the job, I'd move to York. : Bill, işe alınırsam York'a taşınıp taşınmayacağımı sordu.

318 Dolaylı aktarımda **shall I/we?** ile başlayan sorular

shall I/we ile başlayan sorular dört türlüdür:

A Gelecekteki bir olay üzerinde spekülasyonda bulunmak ya da bilgi istemekte:

'Shall I ever see them again?' he wondered. : 'Onları bir daha görürmüyüm ki?' diye merak ediyordu/ . . .diyordu.
'When shall I know the result of the test?' : 'Sınavın sonucunu ne zaman öğrenirim?'

Bunlar, **shall/will** ile ilgili normal kurala uyarlar. Spekülasyonlar ilgili sorular genellikle **wonder** ile sunulurlar:

He wondered if he would ever see them again. : Onları bir daha görüp görmeyeceğimi merak ediyordu.
She asked when she would know the result of the test. : Sınavın sonucunu en zaman öğreneceğini sordu.

B Talimat ya da tavsiye sormada:

'What shall I do with it?' (= Tell me what to do with it.) : 'Bunu ne yapayım?' (= Bana bununla ne yapılabileceğini söyle.)

Bunlar dolaylı aktarımda, **should** veya **be** + mastar kalıbı ile **ask, inquire,** vb. fiillerinin kullanılmasıyla ifade edilirler; tavsiye sorma cümleleri normal olarak **should** ile aktarılır.

'Shall we post it sir?', he said. : 'Bunu dairenize gönderelim mi, Efendim?' dedi. =

He asked the customer if they were to post/if they should post it. : Müşteriye, onu dairesine göndermeleri gerekip gerekmediğini/onu dairesine mi göndersinler diye sordular.
'What shall I say, mother?' she said. : 'Ne deyim, anne?' dedi. =
She asked her mother what she should say. : Annesine, ne söylemesi gerektiğini sordu. (Tavsiye istenmekte).

Bir seçim yapmak gerektiği zaman aktarılmış cümlelerde normal olarak **whether** kullanırız. Bazen **whether** + mastar kullanılabilir.

'Shall I lock the car or leave it unlocked?' he said. : 'Arabayı kilitleyeyim mi yoksa açık mı bırakayım?' dedi. =
He asked whether he should/was to lock the car or leave it unlocked.: Arabayı kilitlemesi mi yoksa açık bırakması mı gerektiğini sordu. Ya da:
He asked whether to lock the car . . .

C İkramlar:
'Shall I bring you some tea?' : 'Sana çay getireyim mi?'
cümlesi:
He offered to bring me some tea. : Bana çay getirmeyi önerdi.

olarak aktarılabilir. Şu cümlelerin de **offer** ile aktarılabileceğine dikkat ediniz:
'Would you like me to bring you some tea?' : 'Sana biraz çay getirmemi işter misin?'
'I'll bring you some tea if you like'. : 'İstersen sana çay getireyim.'

D Öneriler:
'Shall we meet at the theatre?' : 'Tiyatroda buluşalım mı?'
cümlesi:
He suggested meeting at the theatre. : Tiyatroda buluşmayı önerdi.

319 **will you/would you/could you?** ile aktarılan sorular

Bunlar sıradan sorular olabilir; ancak rica, ikram, hatta ender de olsa emir olabilir (bak: 284, 286, 320):

He said, 'Will you be there tomorrow?' : 'Yarın burada olur musun?' dedi. (sıradan fiil) =
He asked if she would be there the following day. : Ertesi gün orada olup olmayacağını sordu.
'Will you stand still!' he shouted. : 'Kıpırdamasana!' diye bağırdı.
He shouted at me to stand still. : Bağırarak kıpırdamamamı söyledi. Ya da:
He told/ordered me to stand still. : Bana kıpırdamamamı söyledi/emretti.
'Would you like to live in New York?' he asked. : 'New York'ta oturmak ister misin?' diye sordu. =
He asked if I would like to live in New York. : New York'ta oturmak isteyip istemediğimi sordu.

'Will/Would you file these letters, please?' he said. : Şu mektupları dosyalar mısın, lütfen?' dedi. =
He asked/told me to file the letters. : Mektupları dosyalamamı rica etti/söyledi.
'Would you like a lift?' said Ann. : 'Seni arabayla götüreyim mi?' dedi Ann. =
Ann offered me a lift. : Ann götürmeyi önerdi.
'Would you like to come round?/Could you come round for a drink?' he said. : 'Bir uğrayıp bir şeyler içer misin/Bir şeyler içmek için uğrayabilir misin?' dedi. =
He invited me (to come) round for a drink. : (Gelip) Bir içki içmeye çağırdı beni.

'Could you live on £25 a week?' he asked. : 'Haftada 25 sterlinle yaşayabilir misin?' dedi. =
He asked if I could live on £25 a week. : Haftada 25 sterlinle yaşayıp yaşayamayacağımı sordu.
'Could/Would you give me a hand?' she said. : 'Bana yardımcı olabilir misiniz?' dedi. =
She asked me to show her the photos. : Fotoğrafları kendisine göstermemi rica etti. Ya da:
She asked to see the photos. : Fotoğrafları görmek istedi.

(**can/could/may/might** + **I/we?** için bak: 283.
İzin ricaların aktarılması için bak: 131.)

320 Dolaylı aktarımda emirler, ricalar, öğüt

Dolaysız emir: *He said, 'Lie down, Tom.'* : 'Yat, Tom' dedi.
Aktarılmış emir: *He told Tom to lie down.* : Tom'a yatmasını söyledi.

Aktarılmış emirler, ricalar ve öğüt genellikle bir emir/rica/öğüt fiili + tümleç + mastar ile (yani tümleç + mastar yapısıyla) ifade edilir.

A Şu fiiller kullanılabilir: **advise** (öğütlemek), **ask** (rica etmek), **beg** (yalvarmak), **command** (emretmek), **encourage** (teşvik etmek), **entreat**(yalvarmak, istirham etmek), **invite** (çağırmak, davet etmek), **order** (emretmek), **recommend** (önermek), **remind** (anımsatmak, hatırlatmak), **request** (rica etmek), **tell** (söylemek), **urge** (tahrik etmek, . . .meye zorlamak), **warn** (uyarmak).

(**say** [söylemek]'in bu listeye alınmamış olduğuna dikkat ediniz. Aktarılmış emir ve ricalarda **say** ile aktarılışı için 321'e bakınız.)

He said, 'Get your coat, Tom!' = He told Tom to get his coat. : 'Ceketini giy, Tom!' dedi = Tom'a ceketini giymesini söyledi.

'You had better hurry, Bill!' she said = She advised Bill to hurry. : 'Acele etsen iyi olur, Bill!' dedi = Bill'e acele etmesini öğütledi.

B Olumsuz emirler, ricalar, vb., genellikle **not** + mastar ile aktarılır:

'Don't swim out too far, boys,' I said. = I warned/told the boys not to swim out too far. : 'Çok fazla açılmayın, çocuklar' dedim = Çocuklara çok fazla açılmamalarını söyledim/Çocukları çok fazla açılmamaları konusunda uyardım.

Yasaklar içi **forbid** (yasaklamak) da kullanılabilir, fakat edilgende, etkende olduğundan daha yaygındır.

C Yukarıda, A'da verilen fiiller tümleç + mastar isterler; dolayısıyla edat kullanılmaksızın, bunların hemen ardından, kendisiyle konuşulan kişi geirilmelidir. (Ayrıca 89'a bakınız). Kendisiyle konuşulan kişi dolaysız emir, rica, vb.'de genellikle belirtilmez:

He said, 'Go away!' : 'Defol!' dedi.

Bu tür emir/ricaları aktarırken bir isim ya da zamir eklemeliyiz.
He told me/him/her/us/them/the children to go away. : Bana/ona/bize/onlara/çocuklara çekip gitmelerini söyledi.

ask, A'daki öteki fiillerden ayrılır, çünkü bunu, doğrudan doğruya, bazı fiillerin mastar biçimleri izleyebilir: **see** (görmek), **speak to** (. . .ile konuşmak), **talk to** (aynı):

He said, 'Could I see Tom, please?' = He asked to see Tom. : 'Tom'la görüşebilir miyim, lütfen?' dedi = Tom'la görüşmeyi rica etti.
(Ayrıca 283'e bakınız.)

Ancak bu, **ask** + tümleç + mastar türü ricalardan oldukça farklıdır. Hem **ask** hem de **beg** edilgen mastarı olabilir.

'Do, please, send me to a warm climate,' he asked/begged = He asked/begged us to send him to a warm climate ya da *He asked/begged to be sent to a warm climate.* : 'Ne olur, beni sıcak bir (iklime) yere gönderin', diye rica etti/yalvardı. = Kendisini sıcak bir yere göndermemizi istedi bizden/göndermemiz konusunda bize yalvardı ya da sıcak bir yere gönderilmesi konusunda ricada/yalvarmada bulundu.

D Aktarılmış emirlere, ricalara ve öğütlere örnekler.
Dolaysız emirlerin genellikle emir kipiyle aktarıldığına dikkat ediniz. Ancak ricalar ve öğütler değişik biçimlerde aktarılabilir. (Bak: 283-7)

'If I were you, I'd stop taking tranquilizers,' I said. : 'Senin yerinde olsam trankilizan (yatıştırıcı) almayı keserdim', dedim. =
I advised him to stop taking tranquilizers. : Ona trankilizan almayı kesmesini öğütledim. (311 D'ye bakanız.)

'Why don't you take off your coat?' he said. : 'Ceketini neden çıkarmıyorsun?', dedi. =
He advised me to take off my coat. : Ceketimi çıkarmamı bana öğütledi. (Ayrıca bak: 287)

'Would/Could you show me your passport, please?' he said. : 'Lütfen bana pasaportunuzu gösterir misiniz?' dedi. =
He asked me to show him my passport/He asked me for/He asked to see my passport. : Benden, pasaportumu göstermemi istedi/Pasaportumu rica etti/Pasaportumu görmeyi istedi.

'You might post some letters for me,' said my boss. : 'Benim için birkaç mektup postalayıver', dedi patronum. =
My boss asked me to post some letters for him. : Patronum onun için birkaç mektup postalamamı rica etti.

'Do sit down,' said my hostess. : Evsahibem, 'Buyrun, oturun lütfen', dedi. =
My hostess asked/invited me to sit down. : Evsahibem oturmamı rica etti/beni oturmaya çağırdı/davet etti.

'Would you like to come for a drive with me?' said Andrew. : 'Benimle bir araba gezintisine gelir misin?' dedi Andrew.
Andrew asked/invited her to come for a drive with him. (He asked/invited her to go for a drive da olabilir.) : Andrew, kendisiyle birlikte bir araba gezintisine gelmesini rica etti/onu bir araba gezintisine çıkmaya çağırdı. (Onu bir araba gezintisine çıkmaya çağırdı.)

'If you'd just sign the register,' said the receptionist. : 'Kayıt (defterini) imzalayıverir misiniz?' dedi resepsiyon memuru. =
The receptionist asked him to sign the register. : Resepsiyon memuru kayıt (defterini) imzalamasını rica etti.

'Please, please don't take any risks,' said his wife. : 'Lütfen, lütfen hiç riske girme', dedi karısı. =
His wife begged/implored him not to take any risks. : Karısı, hiç bir riske girmemesi için ona yalvardı/ondan istirham etti.

'Forget all about this young man,' said her parents. 'Don't see him again or answer his letters.: 'Bu delikanlıyı aklından çıkar', dedi ailesi. 'Onu bir daha görme ve mektuplarını yanıtlama'. =
Her parents ordered her to forget all about the young man and told her

not to answer his letters. : Ailesi o delikanlıyı aklından çıkarmasını emrederek onu görmemesini ve mektuplarını yanıtlamamasını söyledi. (Edilgen çatıda şöyle de diyebiliriz:) =
She was ordered to forget all about the young man and forbidden to see him again or answer him letters. : Ona, delikanlıyı aklından çıkarması emredilerek onu bir daha görmesi ya da mektuplarını yanıtlaması yasaklandı.

'Don't forget to order the wine,' said Mrs Pitt. : 'Şarabı ısmarlamayı unutma', dedi Mrs Pitt. = •
Mrs Pitt reminded her husband to order the wine. : Mrs Pitt kocasına şarabı ısmarlamasını hatırlattı.

'Try again,' said Ann's friends encouragingly. : Ann'in arkadaşları, 'Yeniden dene', dediler yüreklendirircesine. =
Ann's friends encouraged her to try again. : Ann'in arkadaşları onu yeniden denemeye teşvik ettiler.

'Go on, apply for the job,' said Jack. : 'Haydi, işe başvur', dedi Jack. =
Jack urged/encouraged me to apply for the job. : Jak beni, işe başvurmaya teşvik etti/yöneltti.

'You had better not leave your car unlocked', said my friends, 'There's been a lot of stealing form cars.' : 'Arabanı kilitlemeden bırakmasan iyi olur', dedi arkadaşlarım. 'Arabalardan bir hayli şey çalınıyor.' =
My friends warned me not to leave my car unlocked as there had been a lot of stealing from cars. : Arkadaşlarım, arabamı kilitlemeden bırakmamam konusunda beni uyardılar; zira arabalardan bir hayli şey çalınmaktaymış.

will you . . . ?'lu cümleler, normal olarak rica işlemi görür ve **ask** ile aktarılır:
'Will all persons not travelling please go ashore,' he said. : 'Yolcu olmayan herkes lütfen kıyıya insin', dedi. =
He asked all persons not travelling to go ashore. : Yolcu olmayan herkesin kıyıya inmesini rica etti.

Ancak **will you**'lu bir cümle keskin ve sinirli bir biçimde söylenirse ve **please** atılırsa cümle **tell** ya da **order** ile aktarılır:

'Will you be quiet!' he said ya da *'Be quiet, will you!' he said.* : 'Susar mısınız siz!' ya da 'Susun, tamam mı!' =
He told/ordered us to be quiet. : Bize susmamızı söyledi/emretti.

321 Dolaylı emirleri ifade etmenin öteki yolları

A **say** ile **tell** ile birlikte **be** + mastar kalıbı:
He said/told me that I was to wait. : Beklemem gerektiğini söyledi.

Bu, **tell** + tümleç + mastar kalıbına karşı bir seçenektir. Bu durumda:
He said, 'Don't open the door.' : 'Kapıyı açma', dedi.

cümlesi şu iki biçimde aktarılabilir:
He told me not to open the door. : Kapıyı açmamamı söyledi.
He said that I wasn't to open the door. : Kapıyı açmamam gerektiğini söyledi.

be + mastar yapısı, özellikle şu durumlarda yararlıdır:

1 Emir, şimdiki zamandaki bir fiille sunulduğu zaman:
He says, 'Meet me at the station.' : 'Beni istasyonda karşıla', diyor.

cümlesi normal olarak:
He says that we are to meet him at the station. : Onu istasyonda karşılamamız gerektiğini söylüyor.
olur.
He tells us to meet him . . .
cümlesi de olabilir, fakat bu daha az rastlanabilecek bir ifade biçimidir.

2 Emirden önce bir cümlecik (özellikle bir zaman veya şart cümleciği) geliyorsa:

He said, 'If she leaves the house follow her.' : 'Evden çıkarsa onu izle', dedi.
He said that if she left the house I was to follow her. : O -kız- evden çıktığı zaman onu izlemem gerektiğini söyledi.
He told me to follow her if she left the house. : Evden ayrılırsa onu izlememi söyledi.

cümlesi de söylenebilir, fakat **tell** + mastar yapısını kullanırsak cümlenin sıralamasını değiştirerek emri başa almamız gerekir. Bazen bunun sonucunda çok girift bir cümle ortaya çıkabilir. Örneğin, *'If you see Ann tell her to ring me',* cümlesi *'He told me to tell Ann to ring him if I saw her* (Ann'i görürsem ona, onu aramasını söylememi bana söyledi) olur. Bu tür cümleler yalnız, **be** + mastar yapısıyla aktarılabilir:

He said that if I saw Ann I was to tell her to ring him. Onu görürsem, ona, telefon etmesini söyleyecekmişim; öyle dedi.

ÇEVİRİCİNİN NOTU: İkinci seçeneği de Türkçeye olduğu gibi geçirmenin sakıncalı olacağına dikkat ediniz.

B **say/tell (+ that)** + özne + **should**

1 **should**'lu bir **say** ya da **tell** yapısı normal olarak emirden çok öğüt ifade eder:

He said, 'If your brakes are bad don't drive so fast.' : 'Frenlerin bozuksa o kadar hızlı sürme', dedi. =
He said/told me that if my brakes were bad I shouldn't drive so fast. : Bana, frenlerim bozuksa o kadar hızlı sürmemem gerektiğini söyledi. Ya da:
He advised me not to drive so fast if my brakes were bad. : Frenlerim bozuksa o kadar hızlı sürmememi öğütledi.

(Burada, yukarıdaki **tell** + mastar'da olduğu gibi diziliş değişimine dikkat ediniz.)

2 Öğüt ayrıca, **advise, recommend** ve **urge** + **that . . . should** ile de ifade edilebilir. Bu, özellikle edilgende yararlıdır (bak: 302 E):

'I advise cancelling the meeting,' he said. : 'Toplantıyı iptal etmeyi öneriyorum,' dedi. =
He advised that the meeting should be cancelled. : Toplantının iptal edilmesini önerdi.

3 **command** ve **order** da **should** veya edilgen mastar'la kullanılabilir:

'Evacuate the area!' ordered the superintendent. : 'Bölgeyi boşaltın!' diye emretti amir. =
The superintendent ordered that everyone should leave the area. : Amir, herkesin bölgeyi terketmesini emretti. Ya da:
ordered that the area should be evacuated. : bölgenin boşaltılmasını emretti. Ya da:
ordered the area to be evacuated. : bölgenin boşaltılmasını emretti.

He said, 'If your brakes are bad don't drive so fast.' : 'Frenlerin bozuksa o kadar hızlı araba sürme', dedi. =
He said/told me that if my brakes were bad I shouldn't drive so fast. : Frenlerim sağlam değilse o kadar hızlı sürmememi söyledi. Veya:
He advised me not to drive so fast if my brakes were bad. : Frenlerim bozuksa bu kadar hızlı sürmememi öğütledi.

(Yukarıda, **tell** + mastar'da olduğu gibi burada da sıralanıştaki değişmeye dikkat ediniz.)

2 Öğüt, ayrıca, **advise** (tavsiye etmek), **recommend** (salık vermek, önermek) ve **urge** + **should** ile de ifade edilebilir. Bu, özellikle edilgen mastarla birlikte yararlıdır. (Bak: 302 E)

He advised/recommended/urged that the law should be changed. : Yasanın değiştirilmesini öğütledi/salık verdi/değiştirilmesi konusunda ısrarla durdu. (236 E'ye bakınız)

3 **command** ve **order** da **should** ile birlikte kullanılabilir, ancak bunlar B'de olduğu gibi öğüt değil, emir bildirir (236'ya bakınız):

He ordered that the porter should lock the doors. (etken) : Kapıcının kapıları kilitlemesini emretti.
He ordered the porter to lock the doors. : Kapıcıya, kapıları kilitlemesini emretti.
He ordered that the doors should be locked. (edilgen) : Kapıların kilitlenmesini emretti.
He ordered the doors to be locked. : Kapıların kilitlenmesini emretti.

4 Dolaylı aktarılmış bir emir yukarıda 320'de olduğu gibi tümleç + mastar ile ifade edildiği zaman normal olarak emri yerine getirmesi gereken kişiyle doğrudan konuşulduğu izleniminin bulunduğuna dikkat ediniz. Fakat emir, yukarıda A'da olduğu gibi **be** + mastar kalıbıyla ya da, yukarıda B ve B3'te olduğu gibi **should** ile ifade edilirse, emri ilgilendiren kişiyle yüzyüze konuşulmamış olabileceği izlenimi vardır. Emir bu kişiye, üçüncü bir kişi aracılığı ile aktarılabilmektedir.

322 Dolaylı aktarımda **let's, let us, let him/them**

A **let's**

1 **let's,** genellikle bir öneri anlamı taşır ve dolaylı aktarım sırasında **suggest** olur. Böylece:

He said, 'Let's leave the case at the station.' : 'Valizi istasyonda bırakalım', dedi. Şöyle aktarılabilir:
He suggested leaving the case at the station. : Valizin istasyonda bırakılmasını önerdi. Ya da

He suggested that they/we should leave the case at the station. : Valizi istasyonda bırakmalarını/bırakmamızı önerdi. (**suggest** ile yapılan kuruluşlar için 289'a bakınız.)

Ayrıca:

He said, 'Let's stop now and finish it later.' : 'Şimdi kesip daha sonra devam edelim' cümlesi şöyle aktarılabilir:
He suggested stopping then and finishing it later. : O sırada kesip daha sonra devam edilmesini önerdi. Ya da

He suggested that we/they should stop then and finish it later. : O zaman kesip daha sonra devam etmemizi önerdi.

Aynı biçimde olumsuzda:

He said, 'Let's not say anything about it till we hear the facts. : 'Daha fazla bilgiler elde edinceye kadar onun hakkında hiçbir şey söylemeyelim', dedi. =
He suggested not saying anything/saying nothing about it till they/we heard . . . : . . .ceye kadar bu konuda hiçbir şey söylenmemesini önerdi.
Ya da
He suggested that they/we shouldn't say anything till they/we heard . . . : . . .ceye kadar birşey söylememelerini/söylemememizi önerdi.

Fakat olumlu bir öneriye karşı yanıt olarak tek başına kullanılan **let's not,** genellikle, şu tür bir sözcük takımıyla aktarılır: *opposed to the idea* (bu düşünceye karşı çıktı) / *was against it* (ona karşıydı) / *objected* (itiraz etti). Böylece:

'Let's sell the house', said Tom. : 'Evi satalım', dedi Tom.
'Let's not,' said Ann. : 'Satmayalım', dedi Ann.

Bu şöyle aktarılabilir:
Tom suggested selling the house but Ann was against it. : Tom evin satılmasını önerdi, fakat Ann buna karşı çıktı.

2 **let's/let us,** bazen bir eylem çağrısı ifade edebilir. O zaman **urge/advise** + tümleç + mastar ile aktarılır. (Ayrıca 320'ye bakınız):

The strike leader said, 'Let's show the bosses that we are united. : Grev lideri, 'Patronlara, birlik içinde olduğumuzu gösterelim', dedi.

The strike leader urged the workers to show the bosses that they were united. : Grev lideri işçileri, patronlara; birlik içinde olduklarını göstermeye çağırdı/yöneltti.

B **let him/let them**

1 Kuramda **let him/them** emir ifade eder. Fakat çoğu kez konuşucunun, emri yerine getirecek kişi üzerinde yetkisi yoktur:

'It's not my business', said the postman. 'Let the government do something about it. : 'Beni ilgilendirmez', dedi postacı, 'Bu konuda hükümet birşeyler yapsın.'

Burada konuşucu ortaya bir emir koymamakta, bir zorunluğu ifade etmektedir. Bu nedenle bu tür cümleler **ought/should** ile aktarılmalıdır:

He said that it wasn't his business and the government should/ought to do something about it. : Bunun onu ilgilendirmediğini, hükümetin bu konuda birşeyler yapması gerektiğini söyledi.

2 Ancak bazen **let him/them** gerçekten bir emir ifade eder. O zaman genellikle **say** + **be** + mastar veya **command/order** ve **should** ile aktarılır (Bak: 321).

'Let the boys clear up this mess,' said the headmaster. : Müdür, 'Çocuklar bu hengamyi düzeltsin,' dedi. =
The headmaster said that the boys were to clear up the mess. : Müdür, çocukların hengameyi ortadan kaldırmalarını söyledi.

'Let the guards be armed,' he ordered. : 'Muhafızlar silahlansın,' diye emretti. =
He ordered that the guards should be armed. : Muhafızların silahlanmasını emretti.

3 Bazen **let him/them** bir emirden çok bir öneri ifade eder. Bu durumlarda genellikle **suggest** veya **say** + **should** ile aktarılır. (Bak. 289).

She said 'Let them go to their consul. He'll be able to help them'. : 'Konsoloslarına gitsinler. Onlara yardım edebilir' dedi. =
She suggested their/them going to their consul. : Konsoloslarına gitmelerini önerdi. Ya da
She suggested that they should go to their consul. : Konsoloslarına gitmeleri gerektiğini belirtti. Veya
She said that they should go to their consul. : Konsoloslarına gitmeleri gerektiğini söyledi.

4 **let him/them,** konuşan kişinin ilgisizliğini de gösterebilir:

'The neighbours will complain,' said Ann.
'Let them (complain),' said Tom. :
'Komşular yakınacaklar,' dedi Ann.
'Bırak yakınsınlar,' dedi Tom. =
Tom expressed indifference. : Tom, ilgisizliğini ifade etti. Ya da
Tom said he didn't mind (if they complained). : Tom, (yakınmalara) aldırmadığını söyledi.

C **let there be**

Burada konuşan kişi emir veriyor, öğüt veriyor, ısrarla istiyor ya da yalvarıyor olabilir:

'Let there be no reprisals,' said the widow of the murdered man. : Öldürülen adamın dul karısı, 'Misilleme olmasın,' dedi. =
The widow urged/begged that there should be no reprisals. : Dul kadın misilleme olmamasını ısrarla istedi/olmasın diye yalvardı.

D **let, allow/permit** (izin vermek) anlamında sıradan bir fiildir:

'Let him come with us, mother, I'll take care of him,' I said. : 'Bırak bizimle gelsin, anne. Ona ben bakarım', dedim. =
I asked my mother to let him come with us and promised to take care of him. : Annemden, onun bizimle gelmesine izin vermesini isteyerek ona bakmaya söz verdim.

323 Ünlemler; **yes** ve **no**

A Ünlemler dolaylı aktarımda genellikle düz cümle olur. Ünlem işareti kalkar.

1 **What (a) . . .** ya da **How . . .**'la başlayan ünlemler üç türlü aktarılabilir: (a) **exclaim/say that** ile:

He said, 'What a dreadful idea!' ya da *'How dreadful!'* : 'Ne korkunç bir fikir!' ya da 'Ne korkunç!' dedi =
He exclaimed that it was a dreadful idea/was dreadful. : Bu ne korkunç bir fikir/korkunç, diye bağırdı.

(b) **give an exclamation of** delight/disgust + **he/she** vb. + fiil (zevkten/tiksintiyle vb. bir çığlık atarak + **he/she** vb. + fiil)'dir.

Ya da (c) **with an exclamation of delight/disgust** vb. + **he/she** vb. + fiil (zevk/tiksinme çığılığıyla vb. + **he/she** vb. + fiil).

2 **Good! Marvellous! Splendid! Heavens! Oh! Ugh!** (İyi! Harika! Harikulade! Aman Tanrım! A! Öf!) gibi öteki ünlem tipleri, yukarıdaki (a) veya (b) biçimlerinde aktarılabilir:

'Good!' he exclaimed. : 'Iyi!' diye bağırdı. =
He gave an exclamation of pleasure/satisfaction. : Hoşnut/Tatmin olduğunu gösteren bir çığlık attı.
'Ugh!' she exclaimed, and turned the programme off. : 'Öf!' dedi ve (radyodaki vb. / Ç.N.) programı kapattı. =
With an exclamation of disgust she turned the programme off. : Tiksinti çığlığıyla (Bu durumda Türkçede yüzünü buruşturarak gibi bir ifade kullanırız) programı kapattı.

3 Ayrıca şunları inceleyiniz:

He said, 'Thank you!' = *He thanked me.* :
'Teşekkür ederim', dedi. = Bana teşekkür etti.

He said, 'Curse this fog.' = He cursed the fog. :
'Lânet olsun şu rüzgâra', dedi. = Rüzgâra lânet okudu.
He said, 'Good luck!' = He wished me good luck. :
'İyi şanslar', dedi. = İyi şanslar diledi.
He said, 'Happy Christmas' = He wished me a happy Christmas. :
'İyi Noeller', dedi. = Bana iyi Noeller diledi.
He said, 'Congratulations!' = He congratulated me. :
'Tebrikler!', dedi. = Beni kutladı.
He said, 'Liar!' = He called me a liar. :
'Yalancı!' dedi. = Bana yalancı dedi.
He said 'Damn!' = He swore. :
'Kahrolsun!', dedi. = Küfretti.

B **yes** ve **no,** özne + uygun yardımcı ile ifade edilir:

He said, 'Can you swim?' and I said, 'No.' : 'Yüzebiliyor musun', dedi, ben de 'Hayır' dedim. =
He asked (me) if I could swim and I said I'couldn't. : (Bana) yüzebiliyor musun, dedi, ben de yüzemediğimi söyledim.
He said, 'Will you have time to do it?' and I said, 'Yes.' : 'Bunu yapacak zamanın olacak mı?', dedi, ben de 'Evet', dedim.
He asked if I would have time and I said that I would. : Bitirmeye zamanın olur mu, dedi, ben de olur, dedim.

324 Aktarılmış cümleler: karışık türler

Dolaysız aktarım düz cümle + soru, soru + emir, emir + düz cümleden ya da bunların tümünün karışımından oluşabilir.

A Normal olarak her biri kendi sunuş fiilini ister:

'I don't know the way. Do you?' he asked. : 'Ben yolu bilmiyorum. Sen (biliyor musun)?' diye sordu. =
He said that he didn't know the way and asked her if she did/if she knew it. : Kendisinin yolu bilmediğini söyleyerek ona, bilip bilmediğini sordu.

'Someone's coming,' he said. 'Get behind the screen.' : 'Biri geliyor', dedi. 'Perdenin arkasına git'. =
He said that someone was coming and told me to get behind the screen. : Birinin geldiğini söyleyerek bana perdenin arkasına gitmemi söyledi.

'I'm going shopping. Can I get you anything?' she said. : 'Alışverişe çıkıyorum. Size birşey alabilir miyim?' dedi. =
She said she was going shopping and asked if she could get me anything. : Alışverişe çıktığını söyleyerek bana birşey alıp alamayacağını sordu.

'I can hardly hear the radio,' he said. 'Could you turn it up?' : 'Radyoyu çok az duyuyorum', dedi. 'Sesini açabilir misin?' =
He said he could hardly hear the radio and asked her to turn it up. : Radyoyu çok az duyduğunu söyleyerek sesini açmasını rica etti.

B Fakat bazen, son cümlecik birincinin açıklamasına yardım ederse ikinci sunuş fiil yerine **as** kullanabiliriz:

'You'd better wear a coat. İt's very cold out,' he said. : 'Bir ceket giysen iyi olur. Dışarısı çok soğuk,' dedi. =
He advised me to wear a coat as it was very cold out. : Dışarısı çok soğuk olduğu için bir ceket giymemi salık verdi.

'You'd better not walk across the park alone. People have been mugged there,' he said. : 'Parkta yalnız başına dolaşmasan iyi olur. Orada insanların soyulduğu oldu,' dedi. =
He warned her not to walk across the park alone as people had been mugged there. : İnsanlar soyulduğu için parkta yalnız başına dolaşmamasını salık verdi.

C Bazen ikinci sunuş fiili bir ortaç olabilir:

'Please, please, don't drink too much! Remember that you'll have to drive home,' she said. : 'Lütfen, lütfen çok içme. Unutma ki eve kadar arabayı sen süreceksin,' dedi. =
She begged him not to drink too much, reminding him that he'd have to drive home. : Çok içmemesi için ona yalvararak eve kadar arabayı onun süreceğini hatırlattı.

'Let's shop on Friday. The supermarket will be crowded on Saturday,' she said. : 'Alışverişi Cuma günü yapalım. Cumartesi günü süpermarket kalabalık olur', dedi. =
She suggested shopping on Friday, pointing out that the supermarket would be very crowded on Saturday. : Alışverişi Cuma günü yapmayı önerek Cumartesi günü süpermarketin kalabalık olacağına dikkati çekti.

(Her iki örnekte de **as** kullanılabilir.)

325 must ve needn't

A Sonuca varmalarda (tüme varmada / Ç.N.), sürekli geçerliği olan emirlerde/yasaklarda kullanılan ya da niyet bildiren **must**, değişmeden kalır. (Öğüt bildiren **must** için bak: 287 A.)

1 Sonuç çıkarmalarda:

She said, 'I'm always running into him; he must live near here!' : 'Hep ona rastlıyorum; buraya yakın bir yerde oturuyor olmalı!' dedi. = *She said that . . . he must live in the area.* : . . . buralarda oturması gerektiğini söyledi (oturduğunu tahmin ediyordu).

2 Kalıcı emir:
He said, 'This door must be kept locked.' : 'Kapı kilitli tutulmalıdır,' dedi. = *He said that the door must be kept locked.* : Kapının kilitli tutulması gerektiğini söyledi.

3 Vurgusuz bir biçimde niyet gösteren **must:**
He said, 'We must have a party to celebrate this.' : 'Bunu kutlamak (ıslatmak) için bir parti düzenlemeliyiz,' dedi. =
He said that they must have a party to celebrate it. : Onu kutlamak için bir parti düzenlemesi gerektiğini söyledi.

B Zorunluk için kullanılan **must** aynen tutulabilir. Bir seçenek de **would have to** ya da **had to**'dur.

1 **I/we must**'ın, **would have to** ile aktarılması
would have to, zorunluğun, gelecekteki bir eyleme bağlı olduğu ya da zorunluğun yerine getirilmesinin çok uzak ya da belirsiz kaldığı durumlarda (yani **must,** kesinlikle **will have to** ile yer değiştirebileceği zaman) kullanılır:

'If the floods get worse we must (will have to) leave the house,' he said. : 'Eğer seller daha azarsa, evi terketmeliyiz /terketmemiz gerekecek,' dedi.
=
He said that if the floods got worse they would have to leave. : Eğer seller daha da azarsa evi terketmek zorunda kalacaklarını söyledi.

'When it stops snowing we must start digging ourselves out,' I said. : 'Kar durunca dışarı çıkabilmek için kazarak yolumuzu açmaya başlamamız gerekir', dedim.
I said that when it stopped snowing we would have to start digging ourselves out. : Kar durunca kazarak yolumuzu açmamız gerekeceğini söyledim.

'We must mend the roof properly next year,' he said. : 'Damı gelecek yıl adamakıllı onarmalıyız', dedi.
He said that they would have to mend the roof properly the following year. : Ertesi yıl çatıyı adamakıllı onarmaları gerekeceğini söyledi.

'I have just received a letter,' he said; 'I must go home.' : 'Şimdi bir mektup aldım', dedi; 'Hemen memlekete gitmem gerekiyor.' =
He said that he had just received a letter and would have to go home.: Az önce bir mektup aldığını ve hemen memlekete gitmek zorunda kalacağını söyledi.

Ancak, gerçekten hemen gittiyse burada **had to** daha uygun olur. Dolayısıyla **had to,** hemen gitmiş olduğunu gösterir.

ÇEVİRİCİNİN NOTU: **would have to**'nun tam çevirisi '. . .mek zorunda kalacaktı'; **had to**'nun karşılığı ise '. . .mek zorunda kaldı'dır.

2 **I/we must**'ın **had to** olarak aktarılması.

Zorunluğun yerine getirilmesi zamanı saptanmış, planlar yapılmış, ya da zorunluk hemen hemen veya hiç olmazsa konuşma aktarılıncaya kadar yerine getirilmişse **had to,** zorunluğu aktarmanın normal biçimidir:

He said, 'I must wash my hands' (and presumably did so) : 'Ellerimi yıkamalıyım', dedi [ve herhalde bu işi yapmak için dışarı çıktı.] =
He said that he had to wash his hands. : Ellerini yıkamak zorunda olduğunu söyledi.

Tom said, 'I must be there by nine tomorrow.' : Tom 'Yarın dokuza kadar orada bulunmalıyım', dedi. =
Tom said that he had to be there by nine the next day. : Tom, ertesi gün saat dokuza kadar orada olması gerektiğini söyledi.

Burada, **would have to** da olabilir, fakat bu, zorunluğun, kişinin kendisinden geldiğini ve dışarıdan bir zorlamanın söz konusu olmadığını gösterir. **had to,** ya dışarıdan gelen bir zorlamayı, ya da kişinin kendi kendisine koyduğu zorluğu gösterir. Kuşkusuz, **had to** ile **would have to** arasında seçim yapma zorluğu, **must**'ı değiştirmeden bırakarak çözümlenebilir. Yukarıdaki tüm örneklerde **had to/would have to** yerine **must** kullanılabilirdi.

3 **you/he/they must,** her zaman değişmeden kalabilir. Buna karşı bir seçenek olarak, aynen **I/we must**'ın değiştiği gibi **must, had to/would have to**'ya dönüştürülebilir:

He said, 'You must start at once.' : 'Hemen yola çıkmalısın', dedi. =
He said that she must/had to/would have to start at once. : Hemen yola çıkması gerektiğini söyledi.

Fakat şu cümlede **would have to** daha az kullanılır, çünkü, cümleyi söyleyen kişinin otoritesini ortadan kaldırmaktadır:

Tom said, 'If you want to stay on here you must work harder.' : 'Burada kalmak istiyorsan daha sıkı çalışmalısın', dedi. =
Tom said that if she wanted to stay on she must/would have to work harder.: Tom, onun orada kalmak istiyorsa daha sıkı çalışması gerektiğini/çalışmak zorunda kalacağını söyledi.

must, kızın daha fazla çalışması gerektiği konusunda bizzat Tom'un ısrar ettiğini ifade eder. **Would have to,** bunun gerekli olduğunu gösterir.

4 **must I/you/he?** de genellikle aynı biçimde değişir, ancak soru biçimindeki **must** genellikle şimdi ya da yakın geleceği gösterdiği için genellikle **must** aktarılmış cümlelerde **had to** olur:

'Must you go soon?' I said. : 'Yakında gitmek zorunda mısın?' diye sordum.
I asked him if he had to go so soon. : Yakında gitmek zorunda olup olmadığını sordum.

5 **must not**

I must not, genellikle aynı kalır.
you/he must not ya değişmeden kalır, ya da olumsuz bir emir olarak ifade edilir. (320-321'e bakınız):

He said, 'You mustn't tell anyone.' : 'Kimseye söylememelisin', dedi. =
He said that she mustn't tell/wasn't to tell anyone. : Kimseye söylememesi gerektiğini belirtti. Ya da
He told her not to tell anyone. : Kimseye söylememesini söyledi.

C **needn't**

needn't, değişmeden kalabilir ve nitekim kalır da. Bunun yanında tıpkı **must**'ın **had to/would have to**'ya dönüştüğü gibi **needn't** da **didn't have to/wouldn't have to**'ya da dönüştürülebilir:

He said, 'You needn't wait.' : 'Beklemek zorunda değilsin', dedi. =
He said that I needn't wait. : Beklemek zorunda olmadığımı söyledi.

I said, 'If you can lend me the money I needn't go to the bank.' : 'Bana o parayı ödünç verebilirsen bankaya gitmek zorunda kalmam', dedi. =
I said that if he could lend me the money I needn't/wouldn't have to go to the bank. : Bana o parayı ödünç verebilirse bankaya gitmek zorunda olmayacağımı söyledim.

He said, 'I needn't be in the office till ten tomorrow morning.' : Yarın sabah saat ona kadar büroda bulunmam gerekmiyor', dedi. =
He said that he needn't/didn't have to go to the office till ten the next morning. : Ertesi sabah saat ona kadar daireye gitmek zorunda olmadığını/zorunda kalmayacağını söyledi.

need I/you/he? aynen **must I/you/he?** gibi işlem görür; yani normal olarak **had to** olur.

'Need I finish my pudding?' asked the small boy. : 'Puddingimi bitirmek zorunda mıyım', diye sordu küçük çocuk. =
The small boy asked if he had to finish his pudding. : Çocuk, pudding'i'ni bitirmek zorunda olup olmadığını sordu.

32 Bağlaçlar (Conjunctions)

326 and, but, both . . . and, or, either . . . or, neither . . . nor, not only . . . but also eş-düzey bağlaçları

Bunlar isim/sıfat/zarf/fiil/takım/cümlecik çiftlerini birbirlerine bağlar:

He plays squash and rugby. : Squash (duvar tenisi) ve Amerikan futbolu oynar.
I make the payments and keep the accounts. : Ödemeleri yapıp hesapları tutarım.
He works quickly and/but accurately. : Çabuk ve/fakat hatasız çalışır.
He is small but strong. : Ufak-tefek ama güçlü.
She is intelligent but lazy. : Zeki ama tembel.
We came in first but (we) didn't win the race. : Birinci olarak girdik ama yarışı kazanamadık.
Both men and women were drafted in the army. : Hem kadınlar hem erkekler orduya celbedildiler.
Ring Tom or Bill. : Tom'a ya da Bill'e telefon et.
She doesn't smoke or drink. : Sigara ya da içki içmez.
He can't (either) read or write. : Yazamaz da okuyamaz da. (Yazıp okuyamaz.)
You can (either) walk up or take the cable car. : (Ya) Yukarı doğru yürüyebilirsiniz ya da tramvaya binebilirsiniz.
He can neither read nor write. : Ne okuyabilir ne yazabilir.
Not only men but also women were chosen. : Yalnız erkekler değil, kadınlar da seçildiler.

327 besides, however, nevertheless, otherwise, so, therefore, still, yet, though

Bu zarf/bağlaçlar takım veya cümlecikleri bağlayabilirler; o zaman bunlara genellikle bağlayıcılar (conjuncts) denir. Ancak bunlar, **nevertheless** ve **therefore** dışında (bağlaç) başka biçimlerde de, (genellikle başka sözcük türü olarak) kullanılabilirler. Konumları, kullanışlı biçimlerine göre değişebilir.

A **besides** (yanında) (edat), 'in addition to' (-e ek olarak) anlamındadır. Bir isim/zamir/isimfiilden önce gelir:

Besides doing the cooking I look after the garden. : Yemek pişirmek yanında bahçeye de bakarım.

besides (üstelik) (zarf), 'in addition' (ek olarak) anlamındadır. Genellikle sunduğ cümlecikten önce gelir. Ancak bunun arkasından da gelebilir:

I can't go now; I'm too busy. Besides, my passport is out of date. : Şimdi gidemem; fazla meşgulüm. Üstelik, pasaportumun da günü geçti.

Daha biçimsel İngilizcede bu durumda **moreover** (üstelik) de kullanılabilir. Daha teklifsiz İngilizcede **any way** ya da **in any case** (zaten) burada kullanılabilir:

Anyway, my passport's out of date. : Zaten (Hoş) pasaportumun da günü geçti (ya).

B **however** (ne kadar . . . olursa olsun/ancak) (derece zarfı, bak: 41), sıfat/zarftan önce gelir:

I'll offer it to Tom. However, he may not want it. : Onu Tom'a önereceğim. Ancak istemeyebilir.

ya da:

He may not want it, however./Tom, however, may not want it. : (Anlam aynı).

ya da:

If, however, he doesn't want it . . . : Ancak onu istemezse . . .

Ancak birbirleriyle çelişen sözler söyleniyorsa **however,** 'but/nevertheless/all the same' anlamına gelir (tümü de ancak/fakat/lakin demektir; 'al the same'i 'gene de' olarak çevirmek daha iyi olur / Ç.N.):

They hadn't trained hard, but/however/nevertheless/all the same they won. :

ya da:

. . . they won however/nevertheles/all the same. : Pek antrenman yapmamışlardı ama (gene de) yendiler.

(Ayrıca bak: 329.)

C **otherwise** (başka türlü) (zarf), genellikle fiilden sonra gelir:

It must be used in a well-ventilated room. Used otherwise it could be harmful. : (Bu alet, / Ç.N.) iyi vantile edilen (havalandırılan) bir odada kullanılmalıdır. Başka türlü kullanıldığında zararlı olabilir.

otherwise (yoksa/aksi takdirde) (bağlaç), 'if not/or else' (yoksa) anlamına gelir:

We must be early; otherwise we won't get a seat. : Erken olmalıyız (yola çıkmalıyız); yoksa yer bulamayız.

Bu durumda, konuşma İngilizcesinde **or** kullanılabilir:
We must be early or (else) we won't get a seat. : (Anlam aynı.)

D **so** (o denli) (derece zarfı), sıfat/zarftan önce gelir:

It was so hot that . . . : Öyle sıcaktı ki . . .
They ran so fast that . . . : Öyle hızlı koştular ki . . .

so (dolayısıyla, öyleyse, bu nedenle, onun için) (bağlaç), ait olduğu cümlecikten önce gelir:

Our cases were heavy, so we took a taxi. : Valizlerimiz ağırdı, onun için taksi tuttuk.

E **therefore** (dolayısıyla, vb.) (bağlaç), biçimsel İngilizcede **so**'nun yerine kullanılabilir. Cümleciğin başında, ilk sözcük veya takımından sonra ya da ana fiilden önce bulunabilir:

There is fog at Heathrow; the plane, therefore, has been diverted/the plane has therefore been diverted/therefore the plane has been diverted. : Heathrow'da sis var; dolayısıyla uçak yön değiştirmiş bulunuyor.

F **still** ve **yet** (hâlâ, henüz) zaman zarfı olabilir (bak: 37):

The children are still up. They haven't had supper yet. : Çocuklar hâlâ yatmadı. Henüz akşam yemeklerini yemediler.

still ve **yet** (gene de) (bağlaç), sundukları cümleciğin başına gelirler.
still (bağlaç) 'admitting that/nevertheless' (öyle olsa bile, gene de anlamındadır.
yet (bağlaç) 'in spite of that/ all the same/nevertheless' (gene de, lakin, maamafih, ancak) (buna karşın/gene de) anlamına gelir.

You aren't rich; still, you could do something to help him. : Zengin değilsin ama gene de ona yardım etmek üzere birşeyler yapabilirsin.
They are ugly and expensive; yet people buy them. : Onlar çirkin ve pahalı, ama gene de millet onu alıyor.

G **though/although** normal olarak ayrıcalık cümleciklerini sunarlar (ayrıca bak: 340):

Though/Although they're expensive, people buy them. : Pahalı olmalarına karşın millet onları alıyor.

though, (**although** değil) iki ana cümleciği bağlamakta da kullanılabilir. Bu anlamda kullanılan **though,** 'but' ya da 'yet' anlamına gelir; bazen başa konur, fakat cümleciğin sonuna da gelebilir.

He says he'll pay, though I don't think he will.
ya da:
He says he'll pay; I don't think he will, though. : Ödeyeceğini söylüyor ama sanmıyorum ödesin.

328 Yan cümlecik sunan bağlaçlar: **if, that, though/although, unless, when,** vb.

Yan cümlecik sunan bağlaçlar (subortinating conjunctions), zarf ya da isim yan cümleciklerini sunarlar. Bunlar, bu kitabın değişik cümleciklerle ilgili bölümlerinde ele alınmaktadır.

Koşul cümlecikleri için 21'nci, amaç cümlecikleri için 33'üncü, neden, sonuç, ayrıcalık, karşılaştırma ve zaman cümlecikleri için 34'üncü, isim cümlecikleri için 35'inci bölümlere bakınız.

Bazı bağlaçların birden çok anlamı vardır; birden çok cümlecik türünü sunabilirler.
Birbirleriyle ya da başka sözcük türleriyle karıştırılan bağlaç çiftleri aşağıda ele alınmıştır.

329 **though/although** ve **in spite of** (edat takımı, **despite** (edat)

A Yukarıda, 327'de gösterildiği gibi, **but, however ya da nevertheless** ile: *He had no qualifications* ve *He got to job* gibi birbirlerine ters olan ya da birbirleriyle çelişen iki ifade, şöyle bağlanabilir:

He had no qualifications but he got the job. : Kalifiye değildi ama işi aldı.
He had no qualifications; however he got the job/he got the job, however.: Kalifiye değildi ama işi aldı.
He had no qualifications; nevertheless he got the job. : Kalifiye değildi; ama gene de işi aldı.

B **though/although** ile:

He got the job although he had no qualifications.
Although he had no qualifications he got the job. : Kalifiye olmamasına karşın işi aldı.

C **in spite of/despite** + isim/zamir/isimfiil ile:

In spite of having no qualifications he got the job. He got the job in spite of having no qualifications. : Kalifiye olmasına karşın işi aldı.

despite = **in spite of.** Bu, genellikle gazetelerde ve biçimsel İngilizcede kullanılır:

Despite the severe weather conditions all the cars completed the course. : Sert hava koşullarına karşın bütün arabalar etabı tamamladı.

D **though/although**'nun özne + fiil istediğine:

Although it was windy . . . : Rüzgârlı olmasına karşın . . .

ve **in spite of/despite**'ın isim/zamir/isimfiil aldığına dikkat ediniz:
In spite of the wind . . . : Rüzgâra kırşın . . .

Birkaç örnek daha:
Although it smelt horrible . . . = *In spite of the horrible smell . . .* : Berbat kokmasına karşın . . . = Berbat kokuya karşın . . . *Althouh it was dangerous . . .* = *In spite of the danger . . .* : Tehlikeli olmasına karşın . . . = Tehlikeye karşın . . .

Though he ws inexperienced . . . = *In spite of his inexperience/his being inexperienced . . .* : Deneyimsiz olmasına karşın . . . = Deneyimsizliğine/deneyimsiz oluşuna karşın . . .

330 for ve because

Bu bağlaçların anlamları hemen hemen aynı olup çoğu kez ikisi de kullanılabilir. Ancak because kullanmak daha güvencelidir, zira **for**'la başlayan bir cümlecik (ki buna **for** cümleciği diyoruz), **because**'la başlayanından daha sınırlı bir anlama sahiptir.

1 **for**'lu bir cümlecik açıklandığı fiilden önce gelemez:
Because it was wet he took a taxi. : Hava yagışlı olduğu için taksi tuttu. (**for** kullanılamaz.)

2 **for**'dan önce **not, but** ya da herhangi bir bağlaç gelemez:
He stole, not because he wanted the money but because he liked stealing. : Çaldı; parayı istediğinden değil, çalmaktan hoşlandığı için. (**for** kullanılamaz.)

3 **for** cümleciği bir soruya yanıt olarak kullanılamaz:
Why did you do it? ~ I did it because I was angry. : Bunu neden yaptın? ~ Bunu yaptım çünkü öfkeliydim.

4 **for** cümleciği daha önce söylenenlerin yinelenmesi olamaz, her zaman yeni bir bilgi içerir:

He spoke in French. She was angry because he had spoken in French. : (Adam) Fransızca konuşuyordu. (Kadın) kızıyordu çünkü o Fransızca konuşuyordu/konuştuğu için kızıyordu. (**for** kullanılamaz.)

Fakat *She was angry, for she didn't know French.* ([Kadın] kızdı, zira Fransızca bilmiyordu.) (Burada **for** doğrudur; **because** da kullanılabilir.
Bu kısıtlamaların nedeni, **for** cümleciğinin, belirli bir eylemin neden gerçekleştirildiğini anlatmaz, bunun açıklanmasına yardımcı olacak ek bir bilgi verir.

for cümleciklerine örnekler:

The days were short, for it was now December. : Günler kısaydı, zira aylardan Aralık'tı.
He took the food eagerly, for he had eaten nothing since dawn. : Yiyeceği büyük bir istekle aldı, zira gündoğumundan bu yana hiçbir şey yememişti.
When I saw her in the river I was frightened. For at that point the currents were dangerous. : Onu nehirde görünce korktum. Zira o noktada akıntılar tehlikeliydi.

Konuşmada **for** cümleceğinden önce genellikle kısa bir duraklama verilir. Yazılı İngilizcede de bu nokta genellikle virgülle; bazen de, yukarıdaki son örnekte olduğu gibi, noktayla belirtilir.
Yukarıdaki cümlelerde **because** da kullanılabilirse de **for** daha iyidir.

331 Zaman göstermede **when, while, as**

A **when,** şu durumlarda, basit fiil yapılarıyla kullanılır:

1 Bir eylem bir başkasıyla aynı zamanda ya da onun geçtiği zaman aralığı sırasında gerçekleşirse:

When it is wet the buses are crowded. : Hava yağışlıyken otobüsler kalabalık olur.
When we lived in town we often went to the theatre. : Kentte otururken sık sık tiyatroya giderdik.

2 Bir eylemi bir ikincisi izlerse:

When she pressed the button the lift stopped. : Düğmeye basınca asansör durdu.

B **as,** şu durumlarda kullanılır:

1 İkinci eylem, birinci bitmeden başlarsa:

As I left the house I remembered the key. : Evden çıkarken anahtar aklıma geldi.

Bu, evden ayrılma eylemini tamamlamadan önce anahtarın aklıma geldiğini gösterir. Herhalde hâlâ kapı aralığındaydım. *While I was leaving* de burada aynı anlamı verir, fakat *When I left* (çıkınca), çıkma eyleminin tamamlanmış olduğunu ve kapının arkamdan kapandığını gösterir.

2 Birbirine koşut eylemlerle: *He sang as he walked.* (Yürürken şarkı söylüyordu.)

3 Koşut gelişmeler için:

As the sun rose the fog dispersed. : Güneş yükselirken sis dağıldı.
As it grew darker it became colder. : Hava kararırken ortalık giderek soğuyordu.
The darker it grew, the colder it became. : Hava ne kadar karardıysa ortalık da o kadar soğuyordu.
As she came to know him better she relied on him more. : Onu daha iyi tanıdıkça ona daha çok güvendi.
As he became more competent he was given more interesting work. : Ustalaştıkça kendisine daha ilginç işler veriliyordu.

Burada **when** kullansak ilerleme ve gelişme izlenimini tümüyle yitiririz.

4 **while (= during the time that)** (. . .ken) anlamında:

As he stood there he saw two men enter the bar. : Orada dururken iki adamın bara girdiğini gördü.

Ancak burada **as** kullanmanın belirgin bir üstünlüğü yoktur; **where** daha güvencelidir.

332 when/while ya da because/since anlamındaki as

A **as (= when/while)**'in kısıtlı kullanımı

Burada **as** özellikle eylem ya da gelişme gösteren fiillerle kullanılır. Yukarıda, B'de olduğu gibi bir gelişme kavramı bulunmuyorsa 168'de listesi verilen türden fiillerle normal olarak kullanılmaz. **live, stay, remain** gibi fiillerle de kullanılmaz.

B Yukarıdaki fiiller/fiil tipleri ile kullanılan **as** normal olarak **because/since** (çünkü, zira) anlamına gelir:

As he was tired . . . = Because has was tired . . . : Yorgun olduğundan (olduğu için) . . .
As he knew her well . . . = Because he knew her well . . . : Onu iyi tanıdığından (tanıdığı için) . . .
As it contains alcohol . . . = Since/Because it contains alcohol . . . : Alkol içerdiğinden (içerdiği için) . . .
As he lives near here . . . = Since/because he lives . . . : Buraya yakın bir yerde oturduğundan (oturduğu için) . . .

C Birçok fiille her iki anlama da gelir:

As/While he shaved he thought about the coming interview. : Sakal traşı olurken az sonraki görüşmeyi düşünüyordu.
As he was shaving with a blunt razor he didn't make a very good job of it. : Kör jiletle traş olduğu için bu işi pek beceremedi.

Böyle bir durumda kuşkuya düşerseniz **while** ya da **because** kullanmanız gerekmektedir.

D **as** + isim, hem **when/while,** hem de **because/since** anlamına gelebilir:

As a student he had known great poverty. : Öğrenciliği sırasında büyük bir yoksulluk yaşadı. =
When he was a student he had known great poverty. : Öğrenciyken büyük bir yoksulluk yaşadı.

As a student he gets/got in for half price. : Öğrenci olarak yarı ücretle içeri girer/girdi. =
Because he is/was a student he gets/got . . . : Öğrenci olduğu için . . . girer/girerdi.

As a married man, he has to think of his family. : Evli bir adam olarak ailesini düşünmek zorunda. =
Because/since he is a married man . . .: Evli bir adam olduğu için . . .

Buradaki, **when/while** anlamına gelen **as**'den sonra genellikle miş-li bir fiil gelir. **Because/since** anlamındaki **as**'dan sonra herhangi bir fiil yapısı gelebilir.

333 **although, but, seeing that** anlamındaki **as, when/while**

A **as,** yalnızca sıfat + **as** + özne + **to be/to seem/to appear** kalıbı ile, **though/although** anlamına gelebilir:

Tired as he was he offered to carry her. : Yorgun olmasına karşın onu taşımayı önerdi. =
Though he was tired he offered to carry her. : Yorgun olmasına karşın onu taşımayı önerdi.
Strong as he was, he couldn't lift it. : Güçlü olmasına karşın onu kaldıramadı.

B **while,** bir zıtlığı vurgulamak için **but** anlamına gelebilir:

'At sea' means 'on a ship', while 'at the sea' means 'at the seaside'. : 'At sea' 'gemide' anlamına gelirken 'at the sea' 'deniz kenarında' anlamına gelir.

Some people waste food while others haven't enough. : Bazı insanların yeterince yiyeceği yokken bazıları da yiyeceği israf eder.

while, although anlamına da gelebilir fakat o zaman bir cümlenin başına gelir:

While I sympathize with your point of view I cannot accept it. : Bakış açını anlayışla karşılıyorum ama buna katılamam.

C **when, seing that/although** anlamına gelebilir. Dolayısıyla **while**'a çok benzemektedir. Fakat **when,** bir başka eylemi mantıksız gösterecek bir ifadeyi sunarken kullanılır. Genellikle soruyla kullanılırsa da soru şart değildir:

How can you expect your children to be truthful when you yourself tell lies? : Sen kendin yalan söylerken çocuklarının dürüst olmasını nasıl beklersin?

It's not fair to expect her to do all the cooking when she has had not training or experience? : Eğitimi ya da deneyimi yokken onun bütün yemek pişirme işini yapmasını nasıl beklersin?

D **when** ile **if**'i karıştırmayınız:

When he comes (Gelince), onun geleceğinden emin olduğumuzu gösterir. *If he comes* (Gelirse), onun gelip gelmeyeceğini bilmediğimiz anlamını verir. (Koşul cümlelerindeki **if** için bak: Bölüm 21.)

33 Amaç

334 Amaç normal olarak mastarla ifade edilir

Amaç şu yapılarla ifade edilir:

A Yalnızca mastar:

He went to France to learn French. : Fransa'ya Fransızca öğrenmek için gitti./Fransızca öğrenmek için Fransa'ya gitti.
They stopped to ask the way. : Yolu sormak için durdular.

Ana fiilin tümleci kişiyse mastar, özneye değil, buna gönderme yapar:

He sent Tom to the shop to buy beard. : Tom'u, ekmek alması için bakkala gönderdi./Tom'u bakkala, ekmek . . . /Ekmek alması için Tom'u . . . /Tom'u bakkala ekmek alsın diye . . . vb.

B **in order** veya **so as** + mastar

in order + mastar, ya öznenin eylemi gerçekleştirmek istediğini, ya da bunun olmasını istediğini belirtir.

so as + mastar, yalnızca, öznenin eylemin gerçekleştirilmesini istediğini gösterir. Dolayısıyla **in order** daha geniş kullanıma sahiptir. **in order** ve **so as** şöyle kullanılır:

1 Olumsuz bir mastarla, olumsuz bir amacı ifade etmek için:

He left his gun outside in order/so as not to frighten us. : Bizi korkutmamak için tüfeğini dışarıda bıraktı.

2 **to be** ve **to have**'le:

She left work early in order/so as to be at home when he arrived. : O geldiğinde evde bulunsun diye evden erken ayrıldı.
She gave up work in order/so as to have more time with the children. : Çocuklarla daha çok bir arada bulunabilmek için işten ayrıldı.

3 Amaç hemen gerçekleşmek durumundaysa:

He is studying mathematics in order/so as to qualify for a better job. : Daha iyi bir iş için gerekli özelliklere sahip olabilmek için matematik okuyor.
She learnt typing in order to help her husband with his work. : Kocasına işinde yardımcı olabilmek için daktilo öğrendi.

4 Bazen, daha uzun cümlelerde mastarın amaç gösterdiğini vurgulamak için;

He was accused of misrepresenting the facts in order/so as to make the scheme seem feasible. : Tasarının fizibil olduğu izlenimini vermek için gerçekleri yanlış biçimde aktarmakla suçlanıyor.

He took much more trouble over the figures than he usually did in order/so as to show his new boss what a careful worker he was. : Yeni patronuna ne kadar dikkatli bir işgören olduğunu göstermek için rakamlarla her zamankinden daha fazla uğraştı.

(Ancak **in order/so as** gerekli olmayıp genellikle atılır.)

Amaç mastarı ana fiilden önce gelirse en başa **in order/so as** eklenebilir:
In order/so as to show his boss what a careful worker he was, he took extra trouble over the figures. : Patronuna ne kadar dikkatli bir işgören olduğunu göstermek için rakamlarla fazladan uğraştı.

(Fakat burada da **in order/so as** atılabilir.)

5 Kişiden oluşan bir tümleç var da biz mastarın açık bir biçimde tümlece gönderme yapmasını istiyorsak:

He sent his sons to a boarding school in order/so as to have some peace. : Başını dinleyebilmek için oğullarını yatılı okula verdi. (Oğulları değil kendisi başını dinleyecek.)

Bunu, aşağıdaki cümleyle karşılaştırınız:
He sent his sons to a boarding school to learn to live in a community. : Bir toplulukta yaşamayı öğrensinler diye oğullarını yatılı okula verdi. (Kendi değil, oğulları toplulukta yaşamayı öğrenecekler.)

Fakat bu **in order/so as** yapısı pek yaygın olmayıp söyleşi daha yaygındır:
He sent his sons to a boarding school because he wanted to have some peace. : Başını dinlemek istediği için oğullarını yatılı okula verdi.

C **in order** (**so as** değil), öznenin aklında gerçekten bu amacın bulunduğunu vurgulamak için kullanılır:

He bought diamonds when he was in Amsterdam! ~ That wasn't surprising. He went to Amsterdam in order to buy diamonds. : Amsterdam'dayken elmas satın almış! ~ Bu şaşırtıcı değil ki. Amsterdam'a elmas almaya gitmişti (zaten).

Ancak bu düşünceyi, birinci fiile vurgu verip **in order**'ı kaldırarak da ifade edebiliriz: *He 'went to Amsterdam to buy diamonds.* (Anlam aynı / Ç.N.)

D mastar + isim + edat:

I want a case to keep my records in. : Plaklarımı (içinde) koruyacak bir kutu istiyorum.
I need a corkscrew to open this bottle with. : Bu şişeyi (onunla) açacak bir tirbişon istiyorum.

Burada belirli bir amaçtan söz ettiğimize dikkat ediniz. Daha genel amaç için **for** + isimfiil kullanırız:

This is a case for keeping records in. : Bu, içinde plak korumak için (yapılmış) bir kutudur.
A corkscrew is a tool for opening bottles. : Tirbişon, şişe açmak için (kullanılan) bir araçtır.

335 **go** ve **come**'dan sonra amaç mastarı

go ve **come**'in emir biçiminden sonra amaç mastarı kullanmak normal değildir. *Go to find Bill* (Bill'i bulmak için git) yerine normal olarak *Go and find Bill* (Git, Bill'i bul); *Come and talk to Ann* (Gel Ann'le konuş) deriz. Dolayısıyla emir + amaç mastarı yerine **and**'le bağlanan iki emir kullanırız.

I must go to help my mother ve
I'll come to check the accounts

yerine de normal olarak:
I must go and help my mother. : Gidip anneme yardım etmeliyim.
ve:
I'll come and check the accounts. : Gelip hesapları kontrol edeyim.
deriz.

Dolayısıyla mastar + amaç mastarı yerine **and** ile bağlanmış iki mastar kullanırız (Bak: 246 I).

Ancak **go** ve **come** isimfiil olarak kullanıldıında ya da herhangi bir şimdiki ya da geçmiş zaman yapısında bulunduğunda normal amaç mastarını alır:
I'm thinking of going to look for mushrooms. : Mantar aramaya çıkmayı düşünüyorum.
I went to help my mother. : Anneme yardım etmeye gittim.
I've come to check the accounts. : Hesapları kontrol etmeye geldim.
I didn't come to talk to Bill. I came to talk to you. : Bill'le konuşmaya gelmedim. Seninle konuşmaya geldim.

336 Amaç cümlecikleri

Amacın gönderme yaptığı kişi ana cümleciğin öznesinden ayrıysa veya ilk özne yeniden belirtilirse:

Ships carry lifeboats so that the crew can escape if the ship sinks. : Gemi battığında tayfa kaçabilsin diye gemiler flika bulundurur.
This knife has a cork handle so that it will float if it falls overboard. : Güverteden düştüğünde su üstünde kalsın diye bu bıçağın mantardan sapı var.

A Amaç cümlecikleri genellikle **so that** + **will/would** veya **can/could** + mastarla ifade edilir.

can/could burada, **will/would be able to** anlamında kullanılmaktadır:

They make £10 notes a different size from £5 notes so that blind people can (= will be able to) *tell the difference between them.* : 10 sterlinlik banknotları 5 sterlinlik banknotlardan farklı bir boyda yapıyorlar, ki körler bunları birbirlerinden ayırd edebilsin/ . . . ayırd edebilsinler diye . . . yapıyorlar.

They wrote the notices in several languages so that foreign tourist could (= would be able to) *understand them.* : Duyuruları birkaç dilden yazdılar, ki yabancı turistler bnları anlayabilsin/ . . . anlasınlar diye . . . yazdılar.

can ve **will,** ana fiil şimdiki, şimdi öncesi ya da gelecek zamanda olduğu zaman kullanılır. Yukarıdaki örnekler yanında şu örneklere de bakınız:

I light/am lighting/have lit/will light the fire so that the house will be warm when they return. : Ateşi yakarım/yakıyorum/yaktım/yakacağım, ki döndüklerinde oda sıcak olsun./ . . . olsun diye . . . yakacağım.

I have given/will give him a key so that he can get into the house whenever he likes. : İstediği zaman eve girebilsin diye anahtarı ona verdim/vereceğim.

I pinned the note to his pillow so that he would be sure to see it. : Onu görmesini sağlama almak için notu yastığına iğneledi.

There were telephone points every kilometre so that drivers whose cars had broken down would be able to/could summon help. : Arabaları bozulan sürücüler yardım çağırabilsinler diye her kilometrede telefon noktaları vardır.

can/could'lu amaç cümleciklerinde **that** kaldırılırsa amaç kavramı ortadan kalkabilir. *He took my shoes so that I couldn't leave the house* normal olarak, ' . . . çıkmama engel olmak için ayakkabımı aldı' demektir. Fakat *He took my shoes, so I couldn't leave the house,* 'ayakkabımı aldığı için çıkamadım' demektir.

B Amaç cümleçikleri **so that/in order that/that + may/might** veya **shall/should** + mastar'la da ifade edilebilir. Bunlar yalnızca, yukarıda, A'da gösterilen yapılardan daha biçimseldir. Anlamca bir ayrım yoktur.

so that'ten sonra **will/can/my/shall** ve bunların geçmiş zaman biçimlerinin gelebilmesine karşılık **in order that** ya da **that**'in **may/shall** ve bunların geçmiş zaman biçimleriyle sınırlı olduğuna dikkat ediniz.

Yalnız başına kullanılan **that,** çok dramatik konuşma ve yazıda, veya şiir dışında pek kullanılmaz.

Fiillerin uyumu ile ilgili kurallar, yukarıda gösterilenlerle aynıdır. Şunlar biçimseldir:

> *We carved their names on the stone so that/in order that future generations should/might know what they had done.* : Gelecek kuşakların onların ne yaptıklarını bilmesi için adlarını taşa kazıdık.
> *These men risk their lives so that/in order that we may live more safely.* : Bu adamlar, biz daha güvenceli yaşayalım diye yaşamlarını tehlikeye sokuyorlar.

Şimdiki zamanda **may,** pek seyrek olarak kullanılan **shall**'den çok daha yaygındır. Geçmişte hem **might** hem de **should** kullanılabilir. Öğrencilerin bu biçimleri bilmeleri gerekir ama normal olarak bunları pek kullanmak zorunda kalmazlar, çünkü sıradan amaçlar **so that + can/could** ya da **will/would** normal olarak yeterlidir.

C Olumsuz amaç cümlecikleri yardımcı fiili (genellikle **will/would** ya da **should**) olumsuz yaparak oluşturulur:

> *He wrote his diary in code so that his wife wouldn't be able to read it.* : Karısı okuyamasın diye anı defterini şifreli olarak yazdı.
> *He changed his name so that his new friends wouldn't/shouldn't know that he had once been accused of murder.* : Bir zamanlar cinayetle suçlandığını yeni arkadaşları öğrenmesinler diye adını değiştirdi.
> *Criminals usually telephone from public telephone boxes so that the police won't be able to trace the call.* : Suçlular, polisin konuşmanın izini süremesinler diye konuşmalarını genel telefon kulübelerinden yaparlar.

Ancak olumsuz amaç cümleleri yerine genellikle **to prevent** + isim/zamir + isimfiil ya da **to avoid** + isimfiil kullanılabilir:

> *He dyed his beard so that we shouldn't recognize him/to prevent us recognizing him/to avoid being recognized.* (edilgen isimfiil). : Onu tanımayalım diye/onu tanımamıza engel olmak için/tanınmayı önlemek için sakalını boyadı.

She always shopped in another village so that she wouldn't meet her own neighbours/to avoid meeting her own neighbours. : Kendi komşularıyla karşılaşmasın diye/karşılaşmasını önlemek için alışverişini bir başka kentte yapıyordu.

Bu mastar takımları olumsuz amaç cümleciklerine yeğ tutulur.

337 **in case** ve **lest**

A **in case**

1 **in case** + özne + fiil bir düz cümle ya da emirden sonra gelebilir:

I don't let him climb trees in case he tears his trousers. : Pantolonunu yırtar diye ağaçlara tırmanmasına izin vermiyorum.

Bu birinci eylem genellikle, **if** cümleceğindeki, gelecekte gerçekleşme olasılığı bulunan eyleme bir hazırlık veya bu eyleme karşı bir önlemdir.

in case + şimdiki zaman normal olarak 'çünkü bu olabilir/çünkü bu belki olur' ya da 'bu olur korkusuyla' anlamına sahiptir.

in case + geçmiş zaman normal olarak 'çünkü bu olabilirdi/olurdu' veya 'bu olurdu korkusuyla' anlamına gelir.

Hem şimdiki, hem de geçmiş zamandaki fiilin yerine **should** + mastar gelebilir. Buradaki **should** olasılığın daha zayıf olduğunu gösterir, fakat bu yapı pek yaygın değildir.

2 **in case** ile fiil yapıları

Ana fiil Gelecek Şimdi Geçmiş Şimdi öncesi	+ **in case** +	şimdiki zaman ya da **should** + masar
Koşul Geçmiş zaman Geçmiş öncesi	+ **in case** +	geçmiş zaman ya da **should** + mastar

I'll make a cake in case someone drops in at the weekned. : Hafta sonunda biri bastırır diye pasta yapacağım.

I carry a spare wheel in case I have/I should have a puncture. : Lastiğim patlar diye yedek bir tekerlek taşırım.

I always keep candles in the house in case there is a power cut. : Elektrik kesilir diye evde hep mum bulundururum

I always kept candles in the house in case there was a power cut. : Elektrik kesilir diye evde mum bulundururdum.

(Ayrıca bak: 227).

B **lest** 'for fear that' (korkusuyla) anlamındadır ve arkasından **should** gelir:

He doesn't/didn't dare to leave the house lest someone should recognize him. : Birisi onu tanır korkusuyla evden çıkmaya cesaret edemiyor/edemiyordu.

lest, biçimsel yazılı İngilizce dışında ender olarak kullanılır.

34 Neden, sonuç, ayrıcalık, karşılaştırma, zaman cümlecikleri

338 Neden ve sonuç/neden cümlecikleri

Aşağıda A2 ve A3'de gösterilenler dışında bu cümleciklerin her ikisi de **as** ve **because** ile sunulabilirler. Ancak neden cümleciklerinde **as** (bak: Aşağıdaki A bölümü); sonuç/neden cümleciklerinde de **because** (bak: B) daha güvencelidir.

A Neden cümlecikleri

1 **as/because/since** ile sunulanlar:

We camped there as/because/since it was too dark to go on. : Orada kamp yaptık (Üçü de / Ç.N.) çünkü/zira hava, devam edemeyeceğimiz kadar kararmıştı.

As/Because/Since it was too dark to go on, we camped there. : (Üçü de / Ç.N.) Hava, devam edemeyeceğimiz kadar kararmış olduğundan orada kamp yaptık.

2 'in view of the fact that' (. . .in diğini göz önünde tutarak), **as/since/seeing that** (madem ki/. . .diğine göre) ile ifade edilebilir, ancak burada **because** kullanılamaz:

As/Since/Seeing that you are here, you may as well give me a hand. : Madem buradasın/Burada olduğuna göre bana yardım edebilirsin.

As/Since/Seeing that Tom knows French, he'd better do the talking. : Tom Fransızca bildiğine göre/Madem ki Tom Fransızca biliyor, konuşma işini onun yapması iyi olur.

3 **as/since/seeing that**'in daha önce söylenen bir söze gönderme yaptığı durumlarda bunların yerine **if** kullanılabilir:

As/Since/Seeing that/If you don't like Bill, why did you invite him?: Madem Bill'den hoşlanmıyorsun/Bill'den hoşlanmadığına göre/Bill'den hoşlanmıyorsan neden onu çağırdın (davet ettin / Ç.N.)?

Ayrıca **if so** da kullanılabilir:

I hope Bill won't come. ~ If so (= If you hope he won't come), *why did you invite him?* : İnşallah Bill gelmez. ~ Öyleyse (Bill'in gelmemesini diliyorsan) onu neden çağırdın?

if + **so/not** için bak: 347.

B Sonuç/neden cümlecikleri (ayrıca bak: 339), **because** ve **as** ile sunulurlar:

The fuse blew because we had overloaded the circuit. : Sigorta attı, çünkü devreyi aşırı yüklemiştik.
He was angry because we were late. : Kızdı çünkü biz geç kalmıştık.
As it froze hard that night there was ice everywhere next day. : O gece sert bir don olduğu için ertesi gün her yerde buz vardı.
As the soup was very salty we were thirsty afterwards. : Çorba çok tuzlu olduğu için sonradan susadık.

C Bu bileşimler, **so** ile bağlanan iki ana cümlecikle de ifade edilebilirler:

It was too dark to go on, so we camped there. : Hava, devam edemeyeceğimiz kadar kararmıştı, dolayısıyla/onun için orada kamp yaptık.
You are here, so you may as well give me a hand. : Buradasın, öyleyse/dolayısıyla/onun için bana yardım edebilirsin.
It froze that night, so there was ice everywhere next day. : O gece sert bir don vardı, dolayısıyla/onun için ertesi gün her yerde buz vardı.

therefore da kullanılabilir, fakat bu yalnız, oldukça biçimsel cümlelerde normal sayılır:

The Finnish delegate has not yet arrived. We are therefore postponing/We have therefore decided to postpone/Therefore we are postponing the meeting. : Fin delegesi henüz gelmedi. Onun için/Dolayısıyla toplantıyı erteliyoruz/ertelemeye karar verdik/erteliyoruz. (**therefore**'un olası konumlarına dikkat ediniz.)

339 **such/so . . . that** ile sonuç cümlecikleri

A **such** bir sıfat olup sıfat + isim'den önce kullanılır:

They had such a fierce dog that no one dared to go near their house. : Öyle azgın bir köpekleri vardı ki, kimse onların evine yaklaşmaya cesaret edemiyordu.
He spoke for such a long time that people began to fall asleep. : Öyle uzun konuştu ki, millet uyuklamaya başladı.

B **so** zarf olup zarflar ve arkalarından isim gelmeyen sıfatlardan önce kullanılır:

The snow fell so fast that our footsteps were soon covered up. : Kar öyle hızlı yağıyordu ki, ayak izlerimizin üstü az sonra kapanıyordu.
His speech went on for so long that people began to fall asleep. : Konuşması öyle uzun sürdü ki, millet uyuklamaya başladı.
Their dog was so fierce that no one dared come near it. : Köpekleri öyle azgındı ki, kimse ona yaklaşmaya cesaret edemiyordu.

Ancak **such,** hiçbir zaman **many** ve **much**'dan önce kullanılamaz. Dolayısıyla **many** ve **much**'dan sonra isim gelse de **so** kullanılır:

There was so much dust that we couldn't see what was happening. : Öylesine çok toz vardı ki, ne olup bittiğini göremiyorduk.
So many people complained that they took the programme off. : O kadar çok yakınma oldu ki, programı geri çektiler.

C **such** + **a** + sıfat + isim'in yerine **so** + sıfat + **a** + isim kullanılabileceğine; dolayısıyla 'such a good man' yerine 'so good a man' (öyle iyi adam) denebileceğine dikkat ediniz. Yalnız isimden önce **a/an** geldiği zaman bu olanaklı - dır. Bu pek sık rastlanan bir biçim değildir, ancak edebiyatta buna rastlanabilir.

Bazen vurgulama amacıyla **so,** cümlenin başına konabilir. O zaman bu sözcükten sonra fiilin devrik (soru / Ç.N.) yapısı kullanılır (bak: 45):
So terrible was the storm that whole roofs were ripped off. : Öyle berbattı ki rüzgâr, çatılar tümüyle uçuyordu.

340 Ayrıcalık cümlecikleri

Bunlar **although, though** (bak: 327, 329), **even though, even if, no matter, however** (bak: 85) ve bazen de **whatever** ile sunulurlar. **as** de, yalnızca sıfat **as** + **be** yapısıyla sınırlı kalmak koşuluyla kullanılabilir:

ÇEVİRİCİNİN NOTU: **though, although, even though,** '. . .se de, gerçi . . . ama, her ne kadar . . . ise de' anlamındadır. **even if** ise '. . .se bile' olarak çevrilir. Örneklerde bunlar bir arada verilmiştir. Bunları çeviride '. . .se de/. . .se bile' olarak yansıttık. Bu ikisi arasındaki anlam ayrımını göz önünde bulundurunuz.

Although/Though/Even though/Even if you don't like him you can still be polite. : Onu sevmesen de/sevmesen bile gene de nazik olabilirsin.

No matter what you do, don't touch this switch. : Ne yaparsan yap, bu düğmeye basma.

However rich people are, they often seem anxious to make more money. : İnsanlar ne denli zengin olurlarsa olsunlar, öyle görünüyor ki daha fazla para kazanmaya can atıyorlar.

However carefully you drive, you will probably have an accident eventually. : Ne denli dikkatli sürersen sür, herhalde sonunda bir kaza yaparsın.

Whatever you do, don't tell him that I told you this. : Ne yaparsan yap, sana bunu söylediğimi ona söyleme.

Patient as he was, he had no intention of waiting for three hours. : Sabırlı da olsa, üç saat beklemeye niyeti yoktu.

Kuramsal cümlelerde **may** + mastar kullanılabilir:

However frightened you may be yourself, you must remain outwardly calm. : İçten ne denli korkarsan kork, dıştan sakin olmalısın (görünmelisin).

may ayrıca, ' . . .gerçeğini kabul ediyorum' anlamına gelebilir:

But he's your brother! ~ He may be my brother but I don't trust him. : Ama o senin kardeşin! ~ Kardeşim olabilir ama ona güvenmiyorum.

Ancak bu biçimde kullanılan **may**, ayrıcalık cümleciğinin değil, bir başka ana cümleciğin parcasıdır.

should + mastar, mastarla gösterilen eylemin gerçekleşme olasılığının pek fazla olmadığını belirtmek için koşul cümleciklerinde **if**'den sonra kullanıldığı gibi **even if**'den sonra da kullanılabilir:

Even if he should find out he won't do anything about it. : Anlasa bile bu konuda bir şey yapmaz.

341 Karşılaştırma cümlecikleri

A Sıfatlar ve çekimli fiillerle karşılaştırmalar (ayrıca bak: 20-2):

It's darker today than it was yesterday. : Hava bugün, dün olduğundan daha karanlık.

He doesn't pay as much tax as we do/as us. : Bizim ödediğimiz kadar/bizim kadar vergi ödemiyor.

He spends more than he earns. : Kazandığından fazlasını harcıyor.

Halk dilindeki **that** + sıfat yapısına da dikkat ediniz:

Will it cost £100? ~ No, it won't cost as much as (all) that). It won't be (all) that expensive. : Yüz sterlin tutar mı? ~ Hayır, o kadar tutmaz/O kadar pahalı olmaz. (It won't be as expensive as that: O kadar pahalı olmaz.)

that + sıfat halk dilinde bazen, **very** (çok) anlamında kullanılır.

B Zarflar ve çekimli fiillerle yapılan karşılaştırmalar (ayrıca bak: 31-4):

He didn't play as well as we expected/as well as you (did). : Umduğumuz kadar/senin (oynadığın) kadar iyi oynamadı.
He sings more loudly than anyone I've eer heard/than anyone else (does).: Şimdiye dek duyduğum herkesten/Herhangi bir kimsenin (söylediğinden) daha yüksek sesle şarkı söylüyor.
You work harder than he does/than him/than I did at your age. : Onun (çalıştığından/Ondan)benim, senin yaşındayken çalıştığımdan daha çok çalışıyorsun.

C Sıfatlar ile mastar/isimfiillerle yapılan karşılaştırmalar

Çoğu kez ikisi de kullanılablir, ancak belirli bir eylem söz konusu olduğunda mastar, daha genel ifadelerde de isimfiil dahil yaygındır (ayrıca aşağıda B'ye bakınız.):

It's sometimes as cheap to buy a new one as (it is) (to) repair the old one. : Bazen yenisini almak, eskisini onarmak kadar ucuzdur.
Buying a new one is sometimes as cheap as repairing the old one. : Yenisini almak bazen eskisini onarmak kadar ucuzdur.
He found that lying on the beach was just as boring as sitting in his office. : Plajda uzanmanın büroda oturmak kadar sıkıcı olduğunu gördü.

ya da:

He found lying on the beach just as boring as sitting. vb. : Plajda uzanmayı, . . .oturmak kadar sıkıcı buldu. (Bu durumda mastar, çok daha az kullanılır.)
He thinks it (is) safer to drive himself than (to) let me drive. : Arabayı benim kullanmamdansa kendi kullanmasının daha güvenceli olduğu kanısında.
He thinks that driving himself is safer than letting me drive. : (Türkçesi yukarıdakinin aynı. / Ç.N.)
It will soon be more difficult to get a visa than it is now. : Kısa bir zaman sonra vize almak, şimdi olduğundan daha zor olacak.
Getting a visa will soon be more difficult than it is now. : (Türkçesi yukarıdakinin aynı. / Ç.N.)

C Yukarıda, C'de gösterilen türden karşılaştırmalarda **as/than**'dan önce bir mastar varsa bunlardan sonra da genellikle isimfiil değil, mastar bulunur. Aynı biçimde **as/than**'den önce isimfiil varsa bunlardan sonra da mastar değil, isimfiil bulunur. Yukarıdaki örneklere bakınız.

Fakat **as/than**'den önce çekimli bir fiil + **this/that/which** varsa arkada isim-fiil kullanabiliriz. Mastar da kullanılabilir. Ancak buna çok daha seyrek rastlanır:

I'll deliver it by hand; this will be cheaper than posting. : Onu elden vereceğim; bu, onu postalamaktan daha ucuz olur.
He cleaned his shoes, which was better than doing nothing. : Ayakkabılarını temizledi; bu da hiçbir şey yapmamasından daha iyiydi.

E **would rather/sooner** ile mastar kullanılır (bak: 297-8):

Most people would rather work than starve. : Çoğu kişi aç kalmaktansa çalışmayı yeğliyor.
I would resign rather than accept him as a partner. : Ortağımın o olmasındansa istifa ederim daha iyi.

342 Zaman cümlecikleri

A Bunları genellikle şu tür zaman bağlaçları sunar:

after (. . .dikten sonra)	*immediately* (. . .er. . . mez)	*till/until* (. . .ceye dek)
as (. . .ken)	*no sooner . . . than* (daha . . .memişti ki)	*when* (. . .ince)
as soon as (. . .er. . .mez)	*since* (. . .diğinden beri)	*whenever* (her ne zaman . . .se)
before (. . .meden önce)	*the sooner* (ne kadar önce . . .se)	*while* (. . .ken)
hardly . . . when (tam . . .mişti ki. . .)		

Zaman cümleciklerini **the minute, the moment** (. . .diği dakikada/anda da) sunabilir.

when, as, while'a örnekler için bak: 331-3
before'a örnekler için bak: 195 B.

B Bir zaman cümleciğinde gelecek zaman ya da koşul yapısı kullanmadığımıza dikkat ediniz.

1 Şu gelecek zaman biçimlerinin herbiri, zaman cümleciklerine konduklarında şimdiki zaman olur:

Basit gelecek:

You'll be back soon. I'll stay till then. = I'll stay till you get back. : Az sonra geri dönersin. O zamana dek seni beklerim. = Sen dönene dek beklerim.

be going to:

The parachutist is going to jump. Soon after he jumps his parachute will open. : Paraşütçü atlayacak. O atladıktan hemen sonra paraşütü açılacak.

Gelecek zaman biçimi olarak kullanılan şimdiki zamanda süreklilik ve gelecek zamandaki süreklilik:

He's arriving/He'll be arriving at six. : Saat altıda geliyor/gelecek.

ama:

When he arrives he'll tell us about the match. : Geldiğinde bize maçı anlatır.

ya da:

Before he arrives I'll give the children their tea. : O gelmeden çocuklara çaylarını veririm.

Ancak sürekli bir eylemi gösterdiğinde şimdiki zaman süreklilik yapısı, zaman cümleciklerinde kullanılabilir:

Peter and John will be playing/are playing/are going to play tennis. While they are playing we'll go to the beach. : Peter ile John tenis oynuyor olacaklar/oynuyorlar/oynayacaklar. Onlar oynarlarken biz plaja gideriz.

2 Gelecek öncesi fiil yapısı şimdi öncesine, gelecek öncesinden süreklilik yapısı da şimdi öncesinden süreklilik yapısına dönüşür:

I'll have finished in the bathroom in a few minutes. The moment/As soon as I have finished I'll give you a call. : Az sonra banyoda işim bitecek. İşim biter bitmez seni ararım.

3 Koşul yapısı geçmiş zamana dönüşür:

We knew that he would arrive/would be arriving about six. : Saat altıda döneceğini/dönüyor olacağını biliyorduk.

We knew that till he arrived nothing would be done. : O gelene dek hiç bir şey yapılmayacağını biliyorduk.

Ancak **when** bir isim cümleciğini sunarsa arkasından gelecek ya da koşul yapısını alabilir.

He said, 'When will the train get in?' =
He asked when the train would get in. : 'Tren ne zaman (gara) girer?' dedi = Trenin ne zaman gara gireceğini sordu.

C **since**'li cümlecikler (ayrıca bak: 187-8).

Cümleciklerde **since**'den sonra genellikle -miş'li (perfect) fiil yapıları gelir:

They've moved house twice since they got married ya da
Since they got married, they've moved house twice. : Evlendiklerinden bu yana iki kez ev taşıdılar.
He said he'd lived in a tent since his house burnt down. : Evi yanıp kül olduğundan bu yana bir çadırda oturduğunu söylüyor.
It's ages since I sailed/have sailed a boat. : Kayıkla dolaşmayalı çağlar oluyor.
I haven't sailed a boat since I left college. : Kolejden çıktığımdan bu yana kayıkla dolaşmadım.

D **after**'li cümlecikler

Cümleciklerde **after**'dan sonra çoğu kez -miş'li (perfect) fiil yapıları gelir:
After/When he had rung off I remembered . . . : Telefonu kapadıktan sonra/kapayınca anımsadım ki . . .
After/When you have finished with it, hang it up. : İşin bittikten sonra/bitince (telefonu) kapat.

E **hardly/scarcely . . . when, no sooner . . . than** (ayrıca bak: 45)
The performance had hardly begun when the lights went out veya
Hardly had the performance begun when the lights went out. : Gösteri yeni başlamıştı ki ışıklar söndü.

hardly'in yerine **scarcely** kullanılabilir, fakat bu pek yaygın değildir.
He had no sooner drunk the coffee than he began to feel drowsy
ya da:
No sooner had he drunk the coffee than he began to feel drowsy. : Kahveyi içmişti ki kendinden geçmeye başladı.
He no sooner earns any money than he spends it veya
Immediately he earns any money he spends it. : Parayı kazanır kazanmaz harcar.

Ayrıca **the sooner . . . the sooner**'a bakınız:
The sooner we start, the sooner we'll be there. : Ne kadar erken yola çıksak o kadar erken orada oluruz.

35 İsim cümlecikleri (Noun Clauses)

İsim cümleciklerini genellikle **that** sunar; dolayısıyla bunlara genellikle **that** cümleciği denir. Ancak bütün isim cümlecikleri **that** cümleciği değildir.

343 İsim (that) cümleciklerinin özne olarak kullanılması

A İçinde isim cümleciği bulunan cümleler genellikle **it**'le başlar (bak: 67 D):
It is disappointing that Tom can't come. : Tom'un gelememesi düş kırıcı.
'that Tom can't come', öznedir.

B Olağan yapı, **it** + **be/seem** + sıfat + isim cümleciğidir (bak: 236):
It's splendid that you passed your exam. : Sınavını vermen harika.
It's strange that there are no lights on. : Işıkların yanmaması tuhaf.

Bazı sıfatlar **that . . . should**'u alabilirler ya da gerektirirler (bak 236):
It is essential that everybody knows/should know what to do. : Herkesin ne yapacağını bilmesi gerekli.

C Bir seçenek de **it** + **be/seem** + **a** + isim + isim cümleciği'dir. Burada kullanılabilecek isimler arasında **mercy, miracle, nuisance, pity, shame, relief, wonder** (iyi ki, bir mucizedir, sıkıcı bir durum, ne yazık ki, ayıptır, rahatlatıcı, şaşılası bir şey) vardır. **a good thing** de (iyi [bir şey]) kullanılabilir.

It's a great pity (that) they didn't get married. : Ne yazık ki evlenmediler/Evlenmemeleri çok kötü.
It's a wonder (that) you weren't killed. : Ölmemen bir mucize.
It's a good thing (that) you were insured. : Sigortalı olman iyi (bir şey).

344 Bazı sıfat/ortaçlardan sonra (that) cümlecikleri

Buradaki yapı, özne + **be** + sıfat/geçmiş zaman ortacı + isim cümleciğidir:
I'm delighted that you passed your exam. : Sınavını vermene sevindim.

Bu yapı şunlarla kullanılabilir:
(a) **glad, pleased, relieved, sorry** (memnun, hoşnut, rahatlamış, üzgün) ile (bak: 26 F)

(b) endişe, güven, vb. gösteren sıfatlar: **afraid, anxious, aware, certain, confident, conscious, convinced** (korkarım, endişeliyim, ayrımındayım, eminim, eminim, ayrımındayım, inandım) ile (bak: 27).

anxious, that . . . should ister.

I'm afraid that I can't come till next week. : Korkarım gelecek haftaya dek gelemeyeceğim.
Are you certain that this is the right road? : Bunun doğru yol olduğundan emin misin?

345 Bazı isimlerden sonra (**that**) cümlecikleri

Birçok soyut isimden sonra **that** cümleciği konabilir.

Bunların en yararlıları şunlardır: **allegation, announcement, belief, discovery, fact, fear, guarantee, hope, knowledge, promise, proposal, report, rumour, suggestion, suspicion** (sav, duyuru, inanç, keşif, olgu, korku, güvence, umut, bilgi, vaad, öneri, rapor, söylenti, öneri, kuşku [şüphe]).

proposal ve **suggestion, that . . . should** ister.

ÇEVİRİCİNİN NOTU: Bu yapılar genellikle 'yönündeki/yolunda' gibi eklemelerle çevrilmek zorundadır:
The report that the sales were going down changed their decision. : Satışların düştüğü yönündeki rapor, kararlarını değiştirdi.

The announcement that a new airport was to be built nearby aroused immediate opposition. : Yakın bir yerde yeni bir havaalanı yapılacağı yolundaki duyuru üzerine hemen karşı çıkışlar başladı.

The proposal/suggestion that shops should open on Sundays led to a heated discussion. : Dükkânların Pazar günü açılması yönündeki öneri, hararetli bir tartışmaya yol açtı.

A report that the area was dangerous was ignored by the residents. : Bölgenin tehlikeli olduğu yönündeki rapor (orada) oturanlarca kaale alınmadı.

346 Fiil tümleci olarak isim cümleciği

A Birçok fiilden sonra **that** cümleciği kullanılabilir. Bunlardan en yararlıları arasında şu fiiller bulunmaktadır:

1 *acknowledge*
2 *admit*
3 *advise*
4 *agree*
5 *allege*
6 *announce*
7 *appear*
8 *arrange* (wh)
9 *ask* (wh)
10 *assume*
11 *assure*
12 *beg*
13 *believe* (wh)
14 *command*
15 *confess*
16 *consider* (wh)
17 *declare*
18 *decide* (wh)
19 *demand*
20 *demonstrate*
21 *determine*
22 *discover*
23 *doubt*
24 *estimate* (wh)
25 *expect*
26 *fear*
27 *feel*
28 *find* (wh)
29 *forget* (wh)
30 *guarantee*
31 *happen*
32 *hear* (wh)
33 *hope*
34 *imagine* (wh)
35 *imply*
36 *indicate*
37 *inform*
38 *insist*
39 *know* (wh)
40 *learn*
41 *make out* = state
42 *mean*
43 *notice* (wh)
44 *observe*
45 *occur to* + tüml.
46 *order*
47 *perceive*
48 *presume*
49 *pretend*
50 *promise*
51 *propose*
52 *prove* (wh)
53 *realize* (wh)
54 *recognize*
55 *recommend*
56 *remark*
57 *remember* (wh)
58 *remind*
59 *request*
60 *resolve*
61 *reveal* (wh)
62 *say* (wh)
63 *see* (wh)
64 *seem*
65 *show* (wh)
66 *state* (wh)
67 *stipulate*
68 *suggest* (wh)
69 *suppose*
70 *teach*
71 *tell* (wh)
72 *think* (wh)
73 *threaten*
74 *turn out*
75 *understand* (wh)
76 *urge*
77 *vow*
78 *warn*
79 *wish*
80 *wonder* (wh)

wh: aşağıda, E'ye bakınız.

ÇEVİRİCİNİN NOTU:

1 kabul et
2 itiraf et
3 öğütle
4 kabul et
5 savında bulun
6 duy
7 görün
8 ayarla
9 rica et/sor
10 varsay
11 güvence ver
12 yalvar
13 inan
14 emret
15 itiraf et
16 göz önünde tut
17 duyur
18 karar ver
19 talep et
20 göster
21 kararlı ol
22 keşfet
23 kuşku duy
24 tahmin et
25 um
26 kork
27 hisset
28 keşfet
29 unut
30 günvence ver
31 tesadüfen . . .
32 işit
33 um

34 düşle/hayal et	50 söz ver	66 belirt/ifade et
35 ima et	51 öner	67 gerektir
36 göster/belirt	52 kanıtla	68 öner/akla getir
37 bildir	53 farkına var	69 varsay/tut
38 ısrar et	54 kabul et/tanı	70 öğret
39 bil	55 salık ver	71 söyle/anlat
40 öğren	56 işaret et	72 düşün
41 ifade te	57 anımsa	73 korkut
42 demek iste	58 anımsat	74 . . .diği ortaya çık.
43 farket	59 rica et	75 anla
44 gözle/belirt	60 kararlı ol	76 ısrarla . . . iste
45 içine doğ	61 ele ver	77 yemin et
46 emret	62 de	78 uyar
47 algıla	63 gör/anla	79 dile
48 varsay/tut	64 görün	80 merak et/şaşır
49 . . .gibi davran	65 göster	

Örnekler:

They alleged/made out that they had been unjustly dismissed. : Haksız olarak atıldıklarını iddia ettiler/ifade ettiler.

He assumes that we agree with him.: Ona katıldığımızı varsayıyor/sanıyor.

I can prove that she did it. : Bunu onun yaptığını kanıtlayabilirim.

B Yukarıdaki fiillerden çoğu bir başka yapı alabilirler (bak: 23-6). Ancak fiil + **that** cümleciğinin her zaman fiil + mastar/isimfiil/şimdiki zaman ortacı ile aynı anlama gelmediğine dikkat ediniz: *He saw her answering the letters* (Onun mektupları yanıtladığını gördü) cümlesi onun kızın yazışını izlediği anlamını verir. Oysa *He saw that she answered the letters* (Mektubu yazdığını gördü/Mektubu kesinlikle yazmasını sağladı) cümlesi onun, bunu farkettiğini ya da başında durup yazmasını sağladığını gösterir.

C **appear, happen, occur, seem, turn out,** özne olarak **it** ister:

It appears/seems that we have come on the wrong day. : Öyle görünüyor ki yanlış yoldan gelmişiz.

It occurred to me that he might be lying. : Birden yalan söylemekte olabileceğini düşündüm.

It turned out that nobody remembered his address. : Sonradan, kimsenin onun adresini bilmediği ortaya çıktı.

D **agree, arrange, be anxious, beg, command, decide, demand, determine, be determined, order, resolve ve urge**'dan sonra **that** + özne + **should** gelebilir:

They agreed/decided that a statue should be put up. : Bir anıt dikilmesine razı oldular/karar verdiler.

He urged that the matter should go to arbitration. : Konunun hakem görüşüne götürülmesi konusunda ısrar etti.
He suggested that a reward should be offered. : Bir ödül konmasını önerdi.
(Bak: 235, 302 E.)

E A bölümündeki, yanlarında (wh) bulunan fiillerden sonra **wh**'li sözcüklerle başlayan isim cümlecikleri de gelebilir: **what, when, where, who, why** ya da **how:**

He asked where he was to go. : Nereye gitmesi gerektiğini sordu.
They'll believe whatever you tell them. : Onlara her söylediğine inanırlar.
I forget who told me this. : Bunu bana kimin söylediğini anımsamıyorum.
Have you heard how he is getting on? : İşlerinin nasıl gittiğini öğrendin mi?
I can't think why he left his wife. : Karısını neden terkettiğini düşünemiyorum (anlayamıyorum).
I wonder when he will pay me back. : Ne zaman (borcunu) geri ödeyeceğini bilmiyorum.

347 Bir **that** cümleciğini temsil eden **so** ve **not**

A **believe, expect, suppose, think** ve **it appears/seems**'den sonra:

Will Tom be at the party? ~ I expect so/suppose so/think so. : Sence Plan başarılı olur mu? ~ İnanmıyorum (ki olsun)/(olacağını) ummuyorum/sanmıyorum/sanmam.
Are they making good progress?/ ~ It doesn't seem so. : İlerleme gösteriyorlar mı? ~ Öyle görünmüyor.

2 Ya da olumlu bir fiil ve **not**'la:

It won't take long, will it? ~ No, I suppose not ya da *I don't suppose so.* : Uzun sürmez, değil mi? ~ Sanmam.
The plane didn't land in Calcutta, did it? ~ I believe not veya *I don't believe so.* : Uçak Kaltüta'ya inmedi, değil mi? ~ Sanmam.

B **so** ve **not,** aynı biçimde, **hope** ve **be afraid** (= be sorry to say)'den (umarım, korkarım) sonra da kullanılabilir:

Is Peter coming with us? ~ I hope so. : Peter bizimle geliyor mu? ~ Umarım (İnşallah).

Will you have to pay duty on this? ~ *I'm afraid so.* : Buna gümrük ödemek zorunda kalacak mısın? ~ Korkarım öyle.

Bu durumda olumsuz, olumlu fiil + **not**'la ifade edilir:
Have you got a work permit? ~ *I'm afraid not.* : Çalışma iznin var mı? ~ Korkarım hayır.

C **say** ve **tell** + tümleç'ten sonra da **so** ve **not** kullanılabilir:

How do you know there is going to be a demonstratin? / ~ *Jack said so/told me so.* : Gösteri olacağını nereden biliyorsun? ~ Jack öyle dedi/Jack söyledi.

I told you so!, 'sana söylemiştim' anlamına gelebilir. Bu genellikle, konuşulan kişinin canını sıkar.

tell için tek olumsuz biçimi olumsuz fiil + **so**'dur.
Tom didn't tell me so. : Tom bana öyle söylemedi/demedi.

say için iki olumsuz biçim vardır, fakat anlam aynı değildir:
Tom didn't say so. : Tom öyle söylemedi. =
Tom didn't say that there would be a demonstration. : Tom, gösteri olacağını söylemedi.

Tom said not. : Tom, olmayacağını söyledi. =
Tom said there wouldn't be a demonstration. : Tom, gösteri olmayacağını söyledi.

D **if + so/not**

if'ten sonraki **so/not,** daha önce belirtilen/anlaşılan özne + fiilin yerine kullanılabilir:

Will you be staying another night? If so (= if you are), *we can give you a better room. If not* (= if you aren't), *could you be out of your room by 12.00?* : Bir gece daha kalacak mısınız? Kalırsanız size daha iyi bir oda verebiliriz. Yoksa saat 12'ye kadar odanızı boşaltabilir misiniz?

Burada **if so/not** genellikle, yukarıda gösterildiği gibi bir koşul cümleciğinin yerini tutar. Ancak **if so** için ayrıca 338 A'ya bakınız.

36 Sayılar, tarihler, ağırlık ve ölçümler

348 Ana sayılar (sıfat ve zamir)

1	*one*	11	*eleven*	21	*twenty-one*	31	*thirty one* vb.
2	*two*	12	*twelve*	22	*twenty-two*	40	*forty*
3	*three*	13	*thirteen*	23	*twenty-three*	50	*fifty*
4	*four*	14	*fourteen*	24	*twenty-four*	60	*sixty*
5	*five*	15	*fifteen*	25	*twenty-five*	70	*seventy*
6	*six*	16	*sixteen*	26	*twenty-six*	80	*eighty*
7	*seven*	17	*seventeen*	27	*twenty-seven*	90	*ninety*
8	*eight*	18	*eighteen*	28	*twenty-eight*	100	*a hundred*
9	*nine*	19	*nineteen*	29	*twenty-nine*	1,000	*a thousand*
10	*ten*	20	*twenty*	30	*thirty*	1,000,000	*a million*

400 *four hundred*
140 *a/one hundred and forty*
1,006 *a/one thousand and six*
5,000 *five thousand*
260,127 *two hundred and sixty thousand, one hundred and twenty-seven*

349 Ana sayılarda dikkat edilecek noktalar

A Üç ya da daha fazla rakamdan oluşan bir sayı sözcük olarak yazılırken ya da okunurken onları ya da birleri gösteren sözcükten önce **and** koyarız:

713 *seven hundred and thirteen*
5,102 *five thousand one hundred and two*
6,100 *six thousand and one hundred* (onluk ya da birlik yok)

and aynı biçimde yüzler ve binler için:
320,410 *there hundred and twenty thousand, four hundred and ten*
ve yüz milyon için de kullanılır:
303,000,000 *three hundred and three million*

B **hundred, thousand, million,** vb. tek başlarına duruyorlar ya da bir ifadenin başında bulunuyorsa bunlardan önce, **a, one**'dan daha yaygındır:

100 *a hundred* 1,000 *a thousand*
100,000 *a hundred thousand*

Ayrıca *a hundred and ninety-nine*'a kadar *a hundred and one, a hundred and two; a thousand and ninety-nine*'a kadar da *a thousand and one* vb. diyebiliriz. Bunun dışında **a** değil **one** deriz (yukarıya bakınız). Dolayısıyla:

1,040 *a/one thousand and forty* fakat
1,140 *one thousand, one hundred and forty*

C **hundred, thousand, million** ve **dozen,** belirli bir sayıyı gösterdiklerinde kesinlikle çoğul yapılmaz:

six hundred men : altıyüz adam
ten thousand pounds : on bin sterlin/libre
two dozen eggs : iki düzine yumurta

Ancak bu sözcükler gevşek olarak, yalnız büyük bir sayı kavramını vermek için kullanılıyorsa çoğul yapılmalıdırlar:

hundreds of people : yüzlerce insan
thousands of birds : binlerce kuş
dozens of times : düzinelerce kez (Bu durumda Türkçede 'yüz kere' deriz)

Ayrıca *hundreds, thousands* vb'den sonra **of** kullanılıyorsa bu kural geçerlidir.

the/them/these/those'dan öncekiler dışındaki kesin rakamlarla **of** kullanılmaz:

six of the blue ones : mavilerinden altı tane
ten of these : bunların onu
four of Tom's brothers : Tom'un erkek kardeşlerinden dördü.

D Dört ya da daha fazla rakamdan oluşan sayılar, yukarıda gösterildiği gibi üçlü gruplara ayrılırlar. Ondalıklar, **point** (nokta) olarak okunan ' . ' ile gösterilir:

10.92 *ten point nine two*

Ondalık noktasından sonraki sıfır genellikle **nought** olarak okunur:
8.04 *eight point nought four*

Fakat 'o' /oʊ/ ve 'zero' denebilir:

350 Sıra sayıları (sıfat ve zamir)

first	*eleventh*	*twenty first*	*thirty first*
second	*twelfth*	*twenty second*	*fortieth*
third	*thireenth*	*twenty third*	*fiftieth*
fourth	*fourteenth*	*twenty fourth*	*sixtieth*
fifth	*fifteenth*	*twenty fifth*	*seventieth*
sixth	*sixteenth*	*twenty sixth*	*eightieth*
seventh	*seventeenth*	*twenty seventh*	*ninetieth*
eighth	*eighteenth*	*twenty eighth*	*hundredth*
ninth	*nineteenth*	*twenty nineth*	*thousandth*
tenth	*twentieth*	*thirtieth*	*millionth*

(Birinci, vb. Bak: 348 / Ç.N.)

$\frac{1}{2}$ *(a half)* ve $\frac{1}{4}$ *(a quarter)* dışındaki kesirleri sözcük olarak yazarken veya okurken ana ve sıra sayıların birleşimini kullanırız:

$\frac{1}{5}$ *a/one fifth* $\frac{1}{10}$ *a/one tenth*

(a, one'dan daha yaygındır.)

$\frac{3}{5}$ *three fifths* $\frac{7}{10}$ *seven tenths*

Tam sayı + kesirden sonra doğrudan çoğul bir isim gelebilir:

2 ½ miles = two and a half miles: 2½ *mil*

$\frac{1}{2}$ *(half)*'tan hemen sonra doğrudan bir isim gelebilir, fakat öteki kesirler, isimden önce **of** isterler:

half a second (yarım saniye) fakat *a quarter of a second* (çeyrek saniye). (Ayrıca bak: 2 E.)

half + **of** da kullanılabilir, ancak **of** şart değildir:

Half (of) my earnings go in tax. : Kazancımın yarısı vergiye gidiyor.

351 Sıra sayılarında dikkat edilecek noktalar

A *fifth, eighth, ninth* ve *twelfth*'in kuralsız yazımlarına dikkat ediniz.

B Sıra sayıları rakamlarla gösterildiğinde yazılan sözcüğün son iki harfi (tarihler dışında) eklenmelidir:

first = 1st	*twenty-first = 21st*
second = 2nd	*forty-second = 42nd*
third = 3rd	*sixty-third = 63rd*
fourth = 4th	*eightieth = 80 th*

C Birleşik sıra sayılarında **and** ile ilgili kural, bileşik ana sayılarda olduğu gibidir: *101st = the hundred and first.*

Sıra sayılarından önce normal olarak **the** tanıtıcısı kullanılır:
the sixtieth day : altmışıncı gün
the fourtieth visitor : 40'ıncı konuk

Kralların, vb. ünvanları Romen rakamlarıyla yazılır:
Charles V *James III* *Elizabet II*

Fakat konuşma dilinde sıra sayılarından once **the** gelir:
Charles the Fifth : Beşinci Charles
James the Third : Üçüncü James
Elizabeth the Second : İkinci Elizabeth

352 Tarihler

A

Haftanın günleri	Yılın ayları	
Sunday (Sun.)	*January (Jan.)*	*July*
Monday (Mon.)	*February (Feb.)*	*August (Aug.)*
Tuesday (Tues.)	*March (Mar.)*	*September (Sept.)*
Wednesday (Wed.)	*April (Apr.)*	*October (Oct.)*
Thursday (Thurs.)	*May*	*November (Nov.)*
Friday (Fri.)	*June*	*December (Dec.)*
Saturday (Sat.)		

Günler ve aylar her zaman büyük harfle başlar.

Tarihler ana sayılarla belirtilir. Dolayısıyla konuşurken:
March the tenth, July the fourteenth etc. : Martın onu, Temmuzun ondördü, vb.
ya da
the tenth of March

Ancak bunlar değişik biçimlerde yazılabilir; örneğin *March the tenth* şöyle yazılabilir:

March 10	*10 March*	*10th of March*
March 10 th	*10th March*	*March the 10th*

B Yıl

Okurken ya da konuşurken **thousand** değil, **hundred** deyimi kullanırız. 1987 yılı *nineteen hundred and eighty-seven* ya da *nineteen eighty-seven* olarak okunur.

Milattan önceki yıllardan önce BC harfleri (= Before Christ: İsa'dan önce), Milattan sonraki yıllar da seyrek olarak AD (= Anno Domini: Lord'un (İsa'nın) yılları; İsa'dan sonra) harfleri okunur. Birincisini her iki biçimde de okuyabiliriz. *1500 BC, one thousand and five hundred BC* ya da *fifteen hundred BC* olarak okunabilir. (BC, biy, siy olarak okunur / Ç.N.)

353 Ağırlıklar, uzunluk ve sıvı ölçümü

A Ağırlıklar

İngiliz ağırlık tablosu şöyledir:

16 ounces (oz.)	= *1 pound (lb.)*
14 pounds	= *1 stone (st.)*
8 stone	= *1 hundredweight (cwt.)*
20 hundredweight	= *1 ton*
1 pound	= *0.454 kilogram (kg.)*
2.2 pounds	= *1 kilogram*
2,204.6 lbs	= *1.609 metric tonne*

Çoğullar

ounce (ons), **pound** (libre) ve **ton,** isim olarak kullanıldıklarında çoğulda s alabilirler. **stone** ve **hundredweight** alamaz. Örneğin *six pound of sugar* ya da *six pounds of sugar* diyebiliriz ama *ten hundredweight of coal*'un seçeneği yoktur.

Birleşik sıfatlarda kullanıldığı zaman bu terimler hiç **s** almaz:
a ten-ton lorry : on tonluk bir kamyon

kilo ya da **kilogram** isim olarak kullanıldığında **s** alır:
two kilos of apples : iki kilo elma

B Uzunluk

İngiliz uzunluk tablosu şöyledir:

12 inches (in).	= *1 foot (ft.):* pus ayak
3 feet	= *1 yard (yd.):* yarda
1,760 yards	= *1 mile (m.):* mil
1 inch	= *2.54 centimetres (cm.)*
1 yard	= *0.914 metre (m.)*
1 mile	= *1.609 kilometres (km.)*

Çoğullar

Bir pus/mil/santimetreden fazlasından söz edersek genellikle bu sözcüklerin çoğulları kullanılır:

one inch, ten inches *one mile, four miles*
one centimetre, five centimetres

Birden çok ayaktan (foot) söz ediyorsak hem **foot** hem **feet** diyebiliriz. Yükseklik ölçerken **feet** daha yaygındır. Şöyle diyebiliriz :

six foot tall ya da *six feet tall* : boyu altı ayak olan

ya da

two foot long ya da *two feet long* : iki ayak uzunluğunda

Bileşik sıfatlarla kullanıldığında yukarıdaki biçimler hiç bir zaman çoğul biçimini almazlar: *a two-mile walk, a six inch ruler* (iki millik bir yürüyüş, altı pusluk bir cetvel).

C Sıvı ölçümü

2 pints (pt.)	*= 1 quart (qt.)*	*1 pint*	*= 0.568 litre (l)*
4 quarts	*= 1 gallon (gal.)*	*1 gallon*	*= 4.55 litres*

D **Geleneksel olarak Britanya ölçümleri onslar, puslar, pint'lerle yapılmaktaysa da metrik sisteme doğru aşamalı bir geçiş vardır.**

37 Yazım kuralları

İsimlerin çoğulları için ayrıca bak: 12.
Fiil biçimleri için ayrıca bak: 165, 172, 175.

354 Giriş

Ünlüler: **a e i o u**
Ünsüzler: **b c d f g h j k l m n p q r s t v w x y z**

Sonek, bir sözcüğün sonuna eklenen harf topluluğudur:
beauty, beautiful : güzel, güzellik (*ful,* sonektir).

355 Ünsüzün çift yazılması

A İçinde tek ünlü bulunan ve tek bir ünsüzle biten tek heceli sözcüklerde, ünlüyle başlayan bir sonekten önce ünsüz çift yazılır:

hit + ing = hitting ama *keep, keeping* (çift ünlü)
knit + ed = knitted *help, helped* (çift ünsüz)
run + er = runner *love, lover* (ünlüyle bitiyor)

Burada *qu* tek bir ünsüz olarak kabul edilir: *quit, quitting.*

Son ünsüz **w, x** ya da **y** ise çift yazılmaz:

row + ed = rowed *box + ing = boxing*

B Tek bir ünlüden sonraki tek bir ünsüzle biten iki ya da üç heceli sözcüklerde vurgu son heceye geldiği zaman son ünsüz çift yazılır. (vurgulu hece siyahtır.)

*acq**uit** + ed = acquitted* fakat ***mur**mur + ed = murmured*
*be**gin** + er = beginner* ***an**swer + er = answerer*
*de**ter** + ed = dettered* **or***bit + ing = orbiting*
*re**cur*** + ing = recurring

Ancak *focus + ed, focused* olarak da *focussed* olarak da yazılabilir.
***bi**as* ise *biased* ya da *biassed* olarak yazılabilir.

C *handicap, kidnap, worship*'in sonundaki ünsüz de çift yazılır:

handicap, handicapped *worship, worshipped*
kidnap, kidnapped

D Tek bir ünlü ya da ayrı ayrı okunan çift ünlüden sonra gelen **l** ile biten sözcüklerde **l** çift yazılır:

appal, appalled *duel, duellist* *repel, repellent*
cruel, cruelly *model, modelling* *quarrel, quarrelling*
dial, dialled *refuel, refuelled* *signal, signalled*
distil, distiller

356 Sondaki e'nin atılması

A Bir ünsüzden sonraki **e** ile biten sözcüklere ünlüyle başlayan bir sonek gelirse **e** düşer:

believe + er = believer
love + ing = loving
move + able = movable

Ancak *die* ve *sing*'le karşılaştırılmaması için *dye* ve *singe* fiilleri sondaki **e**'yi tutarlar:
dye, dyeing *singe, singeing*

Amerikan Ingilizcesi dışında *age,* **ing**'den önce, sondaki *e*'yi tutar:
age, ageing.
likable, likeable olarak da yazılabilir.

ce ve **ge** ile biten sözcükler bazen sondaki **e**'yi tutarlar. Bak: 357.

B Sondaki **e**, ünsüzle başlayan bir sonekten önce tutulur:

engage, engagement *fortunate, fortunately*
hope, hopeful *immediate, immediately*
sincere, sincerely

Ancak **able/ible**'deki **e**, zarf biçiminde düşer:

comfortable, comfortably *incredible, incredibly*

Aşağıdaki sözcüklerde de sondaki **e** düşer:

argue, argument *due, duly*
judge, judgement/judgment *true, truly*
whole, wholly (buradaki çift **l**'ye dikkat ediniz.)

C **ee** ile biten sözcüklerde sonekten önce, sondaki **e** düşmez:
agree, agreed, agreeing, agreement
foresee, foreseeing, foreseeable

357 **ce** ve **ge** ile biten sözcükler

A **ce** ve **ge** ile biten sözcüklerde **a, o** ya da **u** ile başlayan eklerden önce **e** kalır:

courage, courageous
manage, manageable
outrage, outrageous
peace, peaceful
replace, replaceable
trace, traceable

Bu, telaffuzdaki değişiklikleri önlemek için yapılır, çünkü **c** ve **g** genellikle **e** ve **i**'den önce yumuşak, **a, o** ya da **u**'dan önce de sert olarak telaffuz edilir.

B **ce** ile biten sözcüklerde, **e**, **ous**'dan önce **i**'ye dönüşür:

grace, gracious
malice, malicious
space, spacious
vice, vicious

358 **ful** soneki

Bir sözcüğe **full** eklendiğinde, ikinci **l** düşer:
beauty + full = beautiful (ancak *beautifully* zarfına dikkat ediniz.)
use + full = useful (ancak *usefully* zarf biçimine dikkat ediniz.

Sonekin eklendiği sözcük **ll** ile biterse ikinci **l** de burada düşer:
skill + full = skilful
full + fill = fulfil'e dikkat ediniz.

359 **y** ile biten sözcükler

Bir ünsüzden sonra gelen **y, ing** dışındaki herhangi bi sonekten önce **i**'ye dönüşür:

carry + ed = carried
happy + ly = happily
sunny + er = sunnier

fakat *carry + ing = carrying*
hurry + ing = hurrying

Bir ünlüden sonraki **y** değişmz:
obey + ed = obeyed
play + er = player

İsimlerin çoğul biçimleri için bak: 12.

360 ie ve ei

Normal kural, **c**'den sonra gelmiyorsa, **i, e**'den önce gelir:
believe, sieve fakat *deceive, receipt.*

Ancak şu istisnalar da vardır:

beige	*feint*	*heir*	*reign*	*their*
counterfeit	*foreign*	*inveigh*	*rein*	*veil*
deign	*forfeit*	*inveigle*	*seize*	*vein*
eiderdown	*freight*	*leisure*	*skein*	*weigh*
eight	*heifer*	*neigh*	*sleigh*	*weight*
either	*height*	*neighbour*	*sleight*	*weir*
feign	*heinous*	*neither*	*surfeit*	*weird*

38 Fiil + edatlar/zarflar

362 Giriş

A Modern İngilizcede bazı fiillerden sonra edat ya da zarflar koyarak değişik anlamlar elde etmek, çok sık başvurulan bir yöntemdir.

give away = give to someone/anyone (parasız vermek)
give up = abadon (a habit or attemps) (-bir alışkanlığı ya da girişimi-bırakmak, vazgeçmek)
look after = take care of (-çocuğa/hastaya- bakmak)
look for = seach, seek (aramak)
look out = beware (dikkat etmek)

Bileşimin fiil + edat mı, yoksa fiil + zarf mı olduğunu öğrenci bulmak zorunda değildir; bileşimi bir bütün olarak düşünmelidir. Ayrıca bileşimin geçişli mi (bir tümleci gerektirir mi) yoksa geçimsiz mi (tümleç alamaz mı) olduğunu öğrenmek de önemlidir:

look for, aramak (geçişli): *I am looking for my passport.* : Pasaportumu arıyorum.
look out, dikkat etmek (geçişsiz): *Look out! This ice isn't safe!* : Dikkat et! Bu buz güvenilir değil!

Bundan sonraki sayfalarda verilecek olan bileşimlerde 'tr' (transitive = geçişli) vevya 'intr' (intransitive = geçişsiz) işaretleri konacaktır. Her birinin kullanılışına ilişkin verilen örnekler de bu ayırımın vurgulanmasında yardımcı olacaktır.

Bir bileşimin birden çok anlamı olabileceğine; bunlardan bir ya da birkaçının geçişli, ötekilerin geçişsiz olabileceğine dikkat ediniz. Örneğin:
take off, 'remove (çıkarmak)' anlamına gelebilir. O zaman geçişli bir ifadedir.

He took off his hat. : Şapkasını çıkardı.

take off, 'rise from the ground : havalanmak' anlamına da gelebilir. Bu durumda geçişsizdir:

The plane took off at ten o'clock. : Uçak saat onda kalktı./havalandı.)

B Geçişli ifadeler: Tümlecin konumu

İsimden oluşan tümleçler genellikle bu ifadelerin sonuna konur:

I am looking for my glasses. : **Gözlüklerimi** arıyorum.

Fakat bazı ifadelerde bu tür tümleçler başa ya da fiilden hemen sonra (yani kısa olan sözcükten önce) kullanılabilir. Şunların her ikisini de söyleyebiliriz.
*He took off **his coat**/He took **his coat** off.* : **Ceketini** çıkardı.

Zamirden oluşan tümleçler bazen, ifadenin sonunda bulunabilir:
I am looking for them. : **Onları** arıyorum.

Fakat bu tür tümleçler daha çok, fiilden hemen sonra gelirler:
*He took **it** off.* : **Onu** çıkardı.

Tümlecin böyle kullanılışı, şu kısa sözcüklerden önce oldkça yaygındır: **up, down, in, out, away, off** ve (**call on** = visit = ziyaret etmek ifadesindeki kullanılışı dışında) **on.** İfadelerin kullanılışına ilişkin verilen örnekler, isim ve zamirden oluşan tümleçlerin nerelere gelebileceğini gösterecektir.
*I'll give **this old coat** away. (I'll give away **this old coat**/I'll give **it** away).* : **Bu eski ceketi/Onu** birine vereceğim.)

Yukarıdaki örnek, isimden oluşan tümlecin *away*'den önce ya da sonra kullanılabileceğini; zamirden oluşan tümlecin **away**'den önce gelmesi gerektiğini göstermektedir. Yalnız bir örnek verildiğinde öğrencinin, zamirden oluşan tümlecin, isimden oluşan ile aynı yerde bulunduğunu varsayması gerekir.

C Bu ifadeleri, fiilden oluşan bir tümleç izlerse fiilin isim-fiil biçimi (ing'lı biçimi / Ç.N.) kullanılır.
He kept on blowing his horn. : Durmadan kornasını çaldı.

Isim-fiil kullanılması yaygın yöntemse bu, örneklerde gösterilecektir. Bazı bileşimlerin ardından mastar gelebileceğine dikkat ediniz:
***It is up to you to decide** this for yourself.* : Bu konuda **karar vermek, sana düşer.**

*Some of the younger members **called on the minister to resign.*** : Bazı genç üyeler, **bakanı istifaya çağırdı.**
*The lecturer **set out to show** that most illnesses were avoidable.* : Konuşmacı, birçok hastalığın önlenebileceğini **kanıtlamaya koyuldu.**

go on'dan sonra hem bir mastar, hem de bir isim-fiil gelebilir. Ancak bunların arasında oldukça büyük bir ayrım bulunmaktadır.

363 Fiil + edat/zarf bileşimleri

account

account for (tr) = give a good reason for, explain satisfactorily (some action or expenditure): hesabını vermek, açıklamasını yapmak, doyurucu bir açıklamasını vermek.

A treasurer must account for the money he spends. : Bir haznedar, harcadığı paranın hesabını verebilmelidir.

He has behaved in the most extraordinary way; I can't account for his actions at all/I can't accuount for his behaving like that. : Çok tuhaf davrandı; davranışlarının/öyle davranmasının açıklamasını yapamıyorum/neden böyle davrandığını anlayamıyorum.

allow

allow for (tr) = make provision in advance for, take into account (usually some additional requirement, expenditure, delay etc.): hesaba katmak (önceden tahmin edip gerekli önlemleri almak)

It is 800 kilometres and I drive at 100 k.p.h. so I'll be there in eight hours.: Yol 80 kilometre ve ben saatte 100 kilometre hızla gidiyorum. O zaman, sekiz saatte orada olurum. ~

But you'll have to allow for delays, going through towns and for stops for refuelling. : İyi ama, kent içinden geçişlerden ya da benzin almak için duruşlardan ortaya çıkacak gecikmeleri de hesaba katman gerekir.

Allowing for depreciation your car should be worth £2000 pounds this time next year. : Yıpranmaları da hesaba katarsan, senin araban gelecek yıl bu zamanlar 2000 sterlin eder herhalde.

answer

answer back (intr), **answer** somebody **back** = answer a reproof impudently: (terbiyesizce) cevap vermek

Father: Why were you so late last night? You weren't in till 2 a.m. : Baba: Dün gece neden o kadar geç kaldın? Saat 2'ye kadar dışarlardaydın.
Son: You should have been asleep. : Oğul: Senin (o saatte) uykuda olman gerekirdi.
Father: Don't answer me back. Answer my question. : Baba: Cevap verme! Sorumu yanıtla.

ask

ask after/for somebody = ask for news of: (birisini) sormak

I met Tom at the party; he asked for you (asked how you were/how you were getting on). : Tom'la partide karşılaştım; seni sordu (nasıl olduğunu/işlerinin nasıl gittiğini sordu).

ask for =
(a) ask to speak to: görüşmek istemek
Go to the office and ask for my secretary. : Büroya gidip sekreterimle görüşmek istediğini söyle.
(b) request, demand: istemek, talep etmek
The men asked for more pay and shorter hours. : Adamlar daha çok ücret ve daha kısa çalışma süresi istediler.

ask someone **in** (tümleç **in**'den önce) = invite someone to enter the house: (içeri çağırmak)

He didn't ask me in; he kept me waiting at the door while reading the message. : Beni içeri çağırmadı; mesajı okuduğu süre içinde beni kapıda bekletti.

ask someone **out** (tümleç **out**'tan önce) = invite someone to an entertainment or to a meal (usually in a public place): (genellikle kalabalığın bulunduğu bir yerde) eglenceye ya da yemeğe çağırmak

She had a lot of friends and was usually asked out in the evenings, so she very seldom spent an evening at home. : Birçok arkadaşı vardı ve genellikle akşamları yemeğe götürülürdü, onun için pek seyrek olarak evde bir akşam geçirdiği olurdu.

back

back away (intr) = step of move back slowly (because confronted by some danger or unpleasantness): yavaşça geri çekilmek (genellikle tehlike ya da hoş olmayan bir durumdan dolayı)

When he took a gun out everyone backed away nervously. : (Adam) bir silâh çıkarınca herkes gerildi.

back out (intr) = withdraw (from some join action previously agreed on), discontinue or refuse to provide previously promised help or support: (birlikte girişilmiş bir ortak eylemden) çekilmek, (daha önce sözü verilen yardım ya da desteği) çekmek.

He agreed to help us, but backed out when de found how difficult it was. : Bize yardım edeceğine söz verdi, fakat bunun ne denli zor olduğunu görünce çekildi.

back somebody **up** = support morally or verbally: (sözle/manevî olarak) desteklemek.

*The headmaster never backed up **his staff** (backed **them** up). If a parent complained about a master he assumed that the master was in the wrong.*: Müdür, **öğretmenleri (onları)** hiç desteklemiyordu. Bir veli bir öğretmenden şikâyetçi olduğu zaman bu öğretmenin haksız olduğu kanısına varıyordu.

be

be against (tr) = be opposed to (çoğu ez bir isim-fiille birlikte kullanılır: . . .meye karşı olmak.

I'm for doing nothing till the police arrive/I'm against doing anything till the police arrive. : Polisler gelinceye kadar hiçbir şey yapmamaktan yanayım/Polisler gelinceye kadar herhangi bir şeyin yapılmasına karşıyım.

be away (intr) = be away from home/from this place at least a night: (en az bir geceliğine) orada bulunmamak.

be back (intr) = have returned after a long or short absence: geri dönmek.
I want to see Mrs Pitt. Is he in? : Mrs Pitt ile görüşmek istiyorum. Burada mı?
No, I'm afraid she's out at the moment. : Hayır, ne yazık ki şu anda dışarda. Ya da
No, I'm afraid she is away for the weekend. : Hayır, ne yazık ki hafta sonu boyunca burada bulunmayacak.
When will she be back? : Ne zaman döner?
She'll be back in half an hour/next week. : Yarım saatte gelecek hafta döner.

be for (tr) = be in favour of (çoğu kez bir isim-fiille birlike kullanılır): . . .den yana olmak.

be in (intr) = be at home/in this building: içeride olmak.

be in for (tr) = be about to encounter (usually something unpleasat): (genellikle tadsız bir durumla) karşılaşmak üzere olmak.
Did you listen to the weather forecast? I'm afraid we're in for a bumpy flight. : Hava tahminini dinledin mi? Korkarım inişli-çıkışlı bir uçuşumuz olacak.
If you think that the work is going to be easy you're in for a shock. : İşin kolay olacağını sanıyorsan bir şoka hazırlan.

be over (intr) = be finished: bitmek, geçmek
The storm is over; we can go on. : Fırtına dindi; devam edebiliriz.

be out (intr) = be away from home/from this building for a short time - not overnight: (kısa süre için/bir gün sonrasına kadar olmamak kaydıyla) dışarıda olmak; orada bulunmamak.

be up (intr) = be out of bed: kalkmak (yataktan); uyanık olmak.
Don't expect her to answer the door bell at eight o'clock on Sunday morning. She won't be up. : Kapıyı pazar sabahı saat sekizde çalarsan açmasını bekleme. Kalkmış olmaz.

be up to (tr) = be physically or intellectually strong enough (to perform a certain action): (Zihnen ya da maddeten) gücü yetmek (Tümleç genellikle **it**'dir, fakat bir isim-fiil kullanmak olanağı da bulunmaktadır.)
After his illness the minister continued in office though he was no longer up to the work/up to doing the work. : Hastalığından sonra bakan işe devam etti ama artık işe gücü yetmiyordu/işi yapacak gücü kalmamıştı.

be up to something/some mischief/**some** trick/no good = be occupied or busy with some mischievous act: bir işler karıştırmak; bir numara/hile hazırlamak; bir işe yaramamak.

Don't trust him; he is up to something/some trick. : Ona güvenme. Bir işler karıştırıyor/bir numara hazırlıyor.
The boys are very quiet. I wonder what they are up to? : Çocukların hiç sesleri çıkmıyor. Acaba gene ne hınzırlıklar tasarlıyorlar?

Burada, **up to**'nun tümlecinin, daima yukarıdakiler gibi çok belirsiz bir ifade olduğuna dikkat ediniz. **up to,** belirli bir eylemle birlikte hiçbir zaman kullanılmaz.

it is up to someone (çoğu kez ardından bir mastar gelir) = **It** is his responesibility or duty: (birinin) görevidir; ona düşer; ona kalmış.

It is up to the government to take action on violence. : Şiddete karşı eyleme geçmek hükümete düşer.
I have helped you as much as I can. Now it is up you. : Sana elimden geldiğince yardım ettim; artık gerisi sana kalmış.

bear

bear out (tr) = confirm: doğrulamak
This report bears out ***my theory*** *(bears* ***my theory*** *out/bears* ***it*** *out).* : Bu rapor benim teorimi/onu doğruluyor.

bear up (intr) = support bad news bravely; hide feelings of grief: metin olmak, metanetle karşılamak
The news of her death was a great shock to him but he bore up bravely and none of us realized how much he felt it. : Onun (kadının) ölüm haberi onun (adam) için büyük bir şoktu, ama o bunu metanetle karşıladı ve hiçbirimiz onun bu acıyı ne kadar derinden duyduğunu anlayamadık.

blow

blow out (tr) = estinguish (a flame) by blowing: üfleyerek söndürek
The wind blew out ***the candle*** *(blew* ***the candle*** *out/blew* ***it*** *out.)* : Rüzgâr mumu/onu söndürdü.

blow up (tr veya intr) =

(a) destory by explosion, explode, be destroyed: havaya uçmak, yıkılmak; havaya uçurmak, yıkmak
They blew up ***the bridges*** *so that the enemy couldn't follow them (blew* ***the bridges*** *up/blew* ***them*** *up.)* : Düşman onları izlemesin diye köprüleri/onları havaya uçurdular.
Just as we got to the bridge it blew up. : Tam biz köprüyc yaklaşmışken köprü havaya uçtu.

(b) fill with air, inflate: şişirmek
the children blew up ***their balloons*** *and threw them into the air (blew* ***the baloons*** *up/blew them up.)* : Çocuklar balonlarını/onları şişirip havaya attılar.

boil

boil away (intr) = be boiled until all (the liquid) is evaporated: (tükeninceye kadar) kaynamak

I put the kettle on the gas ring and then went away and forgot about it. When I returned, the water had all boiled away and the flame had burned a hole in the kettle. : Çaydanlığı ocağı koyup çekip gittim; onu orada unutmuşum. Geri döndüğümde su kaynayıp tükenmiş; alev, çaydanlığı yakıp bir delik açmış.

boil over (intr) = to rise and flow over the sides of the container: taşmak (yalnız sıcak sıvılar için kullanılır.)

The milk boiled over and there was a horrible smell of burning. : Süt taştı, ortalıkta berbat bir yanık kokusu vardı.

break

break down figures = take a total and sub-divide it under various headings so as to give additional information: (bir toplam sayıyı, bir bilgi sunmak üzere yeniden) alt bölümlere ayırmak, (bu anlamda) bölmek, (. . .gruplarına) ayırmak.

You say that 10,000 people use this library. Could you break that down into age-groups? : Bu kütüphaneden 10,000 kişinin yararlandığını söylüyorsunuz. Bunu yaş gruplarına ayırır mısınız? (Ör.: Bunlardan kaçı 25'in altında, 50'nin üstünde vb.)

break down a door etc. = cause to collapse by using force: kırmak, devirmek (bir kapıyı, vb.)

*The firemen had to break down **the door** to get into the burning house (break **the door** down/break **it** down).* : İtfaiyeciler, yanan eve girebilmek için kapıyı kırmak zorunda kaldılar.

break down (intr) = collapse, cease to function properly, owing to some fault or weakness: yıkılmak, bozulmak.

(a) insanlar için (sinir) kriz(i) geçirmek

He broke down when telling me abouit his son's death (i.e. he was overcome by his sorrow, he wept.) : Oğlunun acıklı ölümünden bana söz ederken sinir krizi geçirdi (yani üzüntüsüne yenildi, ağladı).

(b) direnmekten vazgeçmek

At first he refused to admit his quilt, but when he was shown the evidence he broke down and confessed. : Önce suçunu kabule yanaşmadı, ama kanıtlar ona gösterildiğinde direnci kırıldı ve itirafta bulundu.

(c) (sağlık) (ciddi biçimde) bozulmak

After years of overwork his health broke down and he had to retire **: Yıllarca süren aşırı çalışmadan sonra sağlığı ciddi biçimde bozuldu ve çekilmek zorunda kaldı.**

(d) (makine) bozulmak

The car broke down when we were driving through the desert and it took us two days to repair it. : Araba, biz çölden geçerken bozuldu ve onu onarmak iki günümüzü aldı.

(e) (görüşmeler) kesilmek
The negotiations broke down (were discontinued) *because neither side would comprimise.* : Her iki taraf da ödün vermediği için görüşmeler kesildi.

break in (intr), **break into** (tr) =

(a) enter by force: (zorla) girmek
Thieves broke in and stole the silver. : Hırsızlar eve girip gömüşleri çalmış.
The house was broken into when the owner was on holiday. : Sahibi tatildeyken eve (hırsızlar) girdi/girmiş.

(b) interrupt someone by some sudden remark: lafa karışmak, lafı kesmek
I was telling them about my travels when he broke in with a story of his own. : Onlara gezilerimi anlatıyordum, ki lafımı kesip kendi anısını anlatmaya başladı.

break in (a young horse/pony, vd. (tr) = train him for use: (bir atı/tayı, vb.) uysallaştırmak, evcilleştirmek, terbiye etmek
You can not ride or drive a young horse safely before he has been broken in. : Genç bir atı terbiye etmeden ona binmek ya da arabaya koşmak sağlıklı bir iş değil.

break off (tr ya da intr) = deatch or become deatched: kopmak, koparmak
He took a bar of chocolate and broke off ***a bit.*** *(broke* ***a bit*** *off/broke it off.)* : Bir kalıp çukulata alıp bir parça/onu kopardı.
A piece of rock broke off and fell into the pool at the foot of the ***clif.***: Bir kaya parçası koptu ve uçurumun dibindeki havuza düştü.

break off (tr) = terminate: (bir anlaşma ya da görüşmeler) kesmek, bitirmek
Ann has broken off ***her engagement*** *to Tom (broke her* ***engagement*** off/broke ***it off.)*** : Ann Tom'la nişanını/onu bozdu.

break off (intr) = stop talking suddenly, interrupt oneself: birden susmak

They were in the middle of an argument but broke off when someone came into the room. : Bir tartışmanın ortasındaydılar ama birisi içeri girince konuşmayı kestiler.

breat out (intir) =

(a) begin: başlamak (savaş, salgın hastalık, yangın gibi kötü olaylar için kullanılır)
War broke out on August 4. : Savaş, 4 Ağustos'ta başladı.

(b) escape by using force from a prison etc.: (hapishane, vb.'den) zor kullanarak kaçmak.
They locked him up in a room but he broke out. : Onu bir odaya kilitlediler, fakat o -kapıyı kırıp- kaçtı.

The police are looking for two men who broke out of prison last ***night***.: Polisler, dün gece hapishaneden kaçan iki kişiyi arıyor.

break up (tr **ya da** intr) = disintegrate, cause to disentegrate: parçalamak, parçalanmak

If that ship stays there she will break up/she will be broken up by the waves. **: O gemi orada kalırsa parçalanacak/dalgalar onu parçalayacaklar.**

The old ship was towed away to be broken up and sold as a scrap. : Gemi, parçalanıp hurda olarak satılmak üzere yedekte götürüldü.

Divorce breaks up a lot of families (breaks ***families*** *up/breaks* ***them up****).*: Boşanma birkaç aileyi parçalar/onları parçalar.

break up (intr) = terminate (Okul yarıyılları, toplantılar, partiler vb. için) bitmek, son bulmak, tatile girmek

The school broke up on July 20 and all the boys went home for the holidays. : Okul 30 Temmuz'da tatile girdi ve bütün oğlanlar evlerine tatile gittiler.

The meeting broke up in confusion. : Toplantı, bir karar alınmadan dağıldı.

bring

bring someone **round** (tr) (tümleç çoğu kez **round**'dan önce gelir.) =

(a) persuade someone to accept a previously opposed suggestion. (birisini daha önce reddettiği konuda) ikna etmek.

After a lot of argument I brought him round to my point of view. : Bir sürü tartışmadan sonra onu benim görüşüme getirdim.

(b) restore to conciousness: kendine getirmek

She fainted when she heard the news but a little brandy brought her ***round***.: Haberi duyunca bayıldı, fakat biraz kanyak onu kendine getirdi.

bring (a person or thing) **round** (tr) (tümleç genellikle **round**'dan önce gelir) = bring him/it to my (your/his) house: (birisini benim/onun evine) getirmek

*I have finished that book you lent me; I'll bring it round (*yani *to your house) tonight.* : Bana ödünç verdiğin kitabı bitirdim; onun bu gece (evine) getiririm.

bring up (tr) =

(a) educate and train children: (çocuk) yetiştirmek

She brought up ***her children*** *to be truthful (brought* ***her children*** *up/ brought* ***them*** *up).* : Çocuklarını doğru sözlü yetiştirdi/onları yetiştirdi.

(b) mention: sözünü etmek, (gündeme) getirmek

At the last committee meeting the treasurer brought up ***the question*** *of raising the annual subcription (brought* ***the question*** *up/brought* ***it*** *up.)*: Son komisyon toplantısında maliyeci yıllık aidatların toplanması sorununu/onu gündeme getirdi.

burn

burn down (tr **ya da** intr) = destroy or be destroyed, completely by fire: (binayı) yakıp kül etmek/kül olmak

*The mob burnt down **the embassy** (burned **the embassy** down/burned **it** down.)* : **Kalabalık, elçiliği yakıp kül etti/onu yakıp kül etti.**

The hotel burned down before help came. : Yardım gelene kadar otel yanıp kül oldu.

call

1. **call**'un 'visit: uğramak, ziyaret etmek' anlamı (kısa bir süre için)

call at a place = uğramak

I called at the bank and arranged to transfer some money. : Bankaya uğrayıp bir miktar para transferi yaptırdım/transfer ettirdim.

call for = visit a place to collect a person or thing: (bir kişiyi ya da şeyi almak için) uğramak

I am going to a pop concert with Tom. He is calling for me at eight so I must be ready then. : Tom'la bir pop konserine gideceğim. Saat sekizde bana uğrayacak, onun için o saatte hazır olmalıyım.

Let's have our suitcases in the left luggage office and call for them later on when we have the car. : Valizlerimizi emanete bırakıp daha sonra arabamız varken uğrar alırız.

call in, (geçişsiz bir fiildir; **look in,** ya da günlük dilde kullanılan **drop in** ile aynı anlamdadır): (habersiz) uğramak

Call in/look in on your way home and tell me how the interview went. : Eve giderken (bana) uğra da görüşmenin nasıl gittiğini anlat.

call on a person: uğramak, ziyaret etmek

He called on all the housewives in the area and asked them to sign the petition. : O bölgedeki bütün ev hanımlarını dolaşıp dilekçeyi imzalanmalarını istedi.

2. **call on, in, for**'un diğer anlamları

call for (tr) = require, demand: gerektirmek. (Buradaki özne genellikle, 'the situation: durum; this sort of work: bu tür bir iş; this: bu' gibi kişiler dışında **bir sözcük ya da takımdır. Tümleç ise 'courage: cesaret; patience: sabır; a steady hand: titremeyen el' gibi bir özelliktir.)**

The situation calls for tact. : **Durum, duyarlı davranmayı gerektiriyor.**

You've got the job! This calls for a celebration. : İşe alındın! Bu, kutlamayı gerektirir (Bunu uslatmak gerek).

Ancak bu bileşim, kişiden oluşan bir özneyi de alabilir:

The workers are calling for strike action. : İşçiler, grev eylemi istiyorlar.

The relations of the dead men are calling for an inquiry. : Ölülerin yakınları bir soruşturma istiyorlar.

call in a person/call him in = send for him/ask him to come to the house to perform some service: (bir görevliyi) çağırmak. **(send for: istetmek/çağırt-**

mak fiili **call in**'den daha büyük bir yetkiyi gösterir, onun için de **call in** daha nazik bir ifade biçimidir.)

It was too late to call in ***an electrician*** *(call* ***an electrician*** *in/call* ***him*** **in).**: Bir elektrikçi/onu çağırmak için zaman çok geçti.

There is some mystery in his death; the police have been called in. : Ölümünde karanlık bir taraf var; polis çağrıldı.

call on somebody (çoğu kez arkadan bir mastar gelir) = ask him to do something/ask him to help: (yardım için) çağrıda bulunmak. (Bu, oldukça biçimsel bir isteme biçimidir; biçimsel dilin kullanılması gereken yerlerde veya söylevlerde, vb. kullanılır. Genellikle çağrıda bulunulan kişinin buna uymayı bir görev sayacağı ve buna uyacağı anlamını taşır.)

The president called upon his people to make sacrifices for the good of their country. **: Devlet başkanı, ülkelerinin yararı için halktan özveride bulunması çağrısında bulundu.**

The chairman called on the secretary to read the minutes of the last meeting. : Başkan, sekreterden, geçen toplantının tutanaklarını okumasını istedi.

3. **call'un diğer bileşimleri**

call off (tr) = cancel something not yet started, or abandon something already in progres (Başlamadan önce) iptal etmek; yarıda bırakmak.

They had to call off ***the match*** *(call* ***the match*** *off/call* ***it*** *off) as the ground was too wet to play on.* (iptal etmek) : Zemin, oyunun devamını engelleyecek ölçüde ıslak olduğu için maçı/onu iptal etmek zorunda kaldılar.

When the fog got thicker the search was called off (yarıda bırakmak.): Sis daha da yoğunlaşınca arama yarıda bırakıldı.

call out (tr) = summon someone to leave his house to deal with a situation outside: çağırmak. (Bu bileşim daha çok, halk arasındaki büyük bir sorunun ortaya çıkması durumunda birliklerin koğuşlarından çıkarılması anlamında kullanılır.)

The police couldn't control the mob so troops were called out. : Polis kalabalığı denetim altına almadı; onun için (askeri) birlikler çağrıldı.

The Fire Brigade was called out several time on the night of November 5 to put out fires started by fireworks. : İtfaiye, 5 Kasım gecesi havai fişeklerin başlattığı/yol açtığı yangınları söndürmesi için birkaç kez çağrıldı.

Doctors don't much like being called out at night. : Doktorlar, geceleri çağrılmaktan pek hoşlanmazlar.

call up (tr) =

(a) summon for military service: askere çağırmak

In countries where there is conscription ***men*** *are called up at the age of eighteen (call up* ***men****/all* ***men*** *up/call* ***them*** *up.)* : Zorunlu askerliğin bulunduğu ülkelerde erkekler onsekiz yaşında askere alınırlar.

(b) telephone: telefon etmek
I called Tom up and told him the news (called up Tom/called him up.) : Tom'a telefon edip ona haberleri verdim.

care

not to care about (tr) = to be indifferent to: karışmamak
The professor said that he was interested only in research; he didn't care about students. : Profesör, yalnız araştırmalarla ilgili olduğunu ve öğrencilere karışmadığını söyledi.

care for (tr) =
(a) like (hoşlanmak) (olumlu cümlede pek kullanılmaz).
He doesn't care for films about war. : Savaş filmlerini pek sevmez.
(b) look after: (birisine) bakmak, bakım göstermek (edilgen çatı [passive] dışında pek kullanılmaz.)
The house looked well cared for (had been well looked after/was in good condition). : Ev çok bakımlıydı (Eve iyi bakım gösterilmişti/İyi durumdaydı.)

carry

carry on (intr) = continue: devam etmek (özellikle bir iş ya da göreve)
I can't carry on alone any longer. I'll have to get help. : Artık yalnız başına devam edemiyorum; yardım alman gerekecek.

carry on with (tr): yukarıdaki gibi kullanılır.
The doctor told her to carry on with the treatment. : Doktor tedaviye devam etmesini söyledi.

carry out (tr) = perform (duties), obey (orders, instructions, fulfil (threats): (görevi) yerine getirmek, (kurallara, emirlere) uymak, (bir tehditi) uygulamak.
You are not meant to think for yourself; you are here to carry out my orders. : Kendi düşünme yetkin yok. (Kendi bildiğin gibi davranamazsın); benim emirlerimi yerine getireceksin burada.
He carried out his threat to cut our water supply. : Tehdidini yerine getirip suyumuzu kesti. ('Suyunuzu keserim', dedi; kesti de. . .)
He read the instructions but he didn't carry them out. : Talimatı okudu, ama ona uymadı. Emirleri yerine getirmedi.

catch

catch up with (tr), **catch up** (tr **ya da** intr) = overtake, but not pass : yetişmek.
I started last in the race but I soon caught up with the others (caught them up/caught up). : Yarışa sonuncu olarak başladım.(Yarışın başlarında sonuncu durumdaydım), fakat az sonra ötekilere yetiştim.
You've missed a whole term; you'll have to work hard to catch up with the rest of the class (catch them up/catch up). : Bütün bir yarıyılı kaçırdın; sınıfa yetişmen için çok çalışman gerekecek.

clean

clean out a room/cupboard/drawer, vb. = clean and tidy it thoroughly: (adamakıllı) temizlemek.

I must clean out the ***spare room*** *out/clean* ***it*** *out.)* : **Boş odayı adamakıllı** temizlemeliyim.

clean up (tr) a mess (bir pisliği, örneğin dökülmüş bir şeyi) temizlemek.

Clean up ***any spilt paint (clean the split paint*** *up/clean* ***it*** *up).* : Dökülen her türlü boyayı/onu temizle.

clean up (intr) da aynı biçimde kullanılabilir.

These painters clean up when they have finished. (= Leave the place clean): Bu boyacılar hep işleri bittiği zaman ortalığı temizlerler. (= ortalığı temiz bırakırlar)

clear

clear away (tr) = remove articles, usually in order to make space: özellikle yer açmak için, (masadakileri, vb.) kaldırmak

Could you clear away ***these papers*** *(clear* ***these papers*** *away/clear* ***them*** *away)?* : Şu kâğıtları (onları) kaldırır mısın?

clear away = disperse: dağıtmak

The clouds soon cleared away and it became quite warm. : Az sonra bulutlar dağıldı ve hava epey sıcak oldu.

clear off (intr) form an open space, **clear out** (intr) of a room, building =go away: (halk dilinde kullanılır; emir olarak kullanıldığında kesinlikle kabadır) defolmak, toz olmak, çekip gitmek. (**clear off:** açıktaki bir yerden, ***clear out:*** kapalı bir yerden gitmek)

'You clear off', said the farmer angrily, 'You've no right to put your caravans in my field without even asking permission.' : 'Defolun!', dedi çiftçi öfkeyle, 'İznimi bile almadan karavanlarınızı tarlama koymaya hiçbir hakkınız yok.'

Clear out! If I find you in this building again, I'll report you to the police. : Defol! Seni bir daha bu binada görürsem seni polise bildiririm.

clear out (tr) a room/cupboard/drawer, vb. = empty it, usually to make room for something else: (daha çok, başka bir şey için yer açmak üzere) boşaltmak.

I'll clear out ***this drawer*** *and you can put your things in it (clear* ***this drawer*** *out/clear* ***it*** *out).* : Bu dolabı boşaltırım, sen de eşyalarını içine koyarsın.

clear up (intr) = become fine after coulds or rain: (bulut ve yağmurdan sonra hava) açılmak

The sky looks a bit cloudy but now I think it will clear up. : Gökyüzü biraz bulutlu görünüyor, fakat sanırım az sonra hava açılır.

clear up (tr ya da intr) = make tidy and clean: derleyip toparlamak

When you are cooking it's best to clear up as you go instead of leaving everything to the end and having a terrible pile of things to deal with.: Yemek pişirirken, herşeyi sona bırakıp da arkaya bir yığın temizlenecek şey bırakmaktansa işini görürken herşeyi derleyip toparlamak çok iyi olur.

Clear up ***this mess*** *(clear* ***this mess*** *up/clear* ***it*** *up.)* : Şu pisliği ortadan kaldır.

clear up (tr) =

(a) finish (some work which still remains to be done): aradan çıkarmak

I have some letters which I must clear up before I leave tonight. : Bu gece yola çıkmadan önce aradan çıkarmam gereken birkaç mektup var.

(b) solve (a mystery): (bir esrarı) çözmek

*In a great many detective stories when the police are baffled an amature detective comes along and clears up **the mystery** (clears **it** up.)* : Birçok dedektif öyküsünde polislerin işin içinden çıkamadıkları bir sırada amatör bir dedektif ortaya çıkar ve esrarı çözer.

close

close down (tr **ya da** intr) = shut permanently (of a shop or business): (bir dükkân/iş yeri için: bir daha açmamak üzere) kepenk kapatmak: kapanmak

*Trade was so bad that many small shops closed down and big shops closed some of **their branches** down (closed down **some branches**/closed **them** down.* : Ticari hayat öyle bozuktu ki bazı küçük dükkânlar kepenk indirdi, bazı büyük mağazalar da bazı bölümlerini kapattılar.

close in (intr) = come nearer, approach from all sides: (sis, karanlık, düşman, vb. için) giderek yaklaşmak, basmak

As the mist was closing in we decided to stay where we were. : Sis basmakta olduğu için olduğumuz yerde kalmaya karar verdik.

close up (intr) = come nearer together: (bir saftaki kişiler için) sıkışmak, birbirine yanaşmak

If you children closed up a bit there'd be room for another one on this seat. : Siz çocuklar biraz sıkışsanız bu koltukta bir kişiye daha yer açılır.

come

come across/upon (tr) = find by chance: rastlamak, karşılaşmak

*When I was looking for my passport I came across these old **photographs**.*: Pasaportumu ararken bu eski resimleri buldum.

come along/on (intr) = come with me, accompany me: Haydi, haydi yürüsene, haydi gelsene (kararsız yad da geciken kişilere söylenir.)

Come on, or we'll be late. : Haydi, çabuk ol/gel; yoksa gecikeceğiz.

'come on' (haydi), daha çok kararsız durmada ya da gecikmekte olan bir kişiye söylenir.

come away = leave (with me): (benimle bilikte) çıkmak

Come away now. It's time to go home. : Haydi, benimle çık. Eve gitme zamanı geldi.

come away/off (intr) = detach itself: çıkmak, elinde kalmak

When I picked up the teapot the handle came away in may hand. : Çaydanlığı elime alınca sap elimde kaldı.

come in (intr), **come into** (tr) = enter: girmek

Someone knocked at my door and I said, 'Come in'. : Biri kapımı vurdu, ben de, 'Girin', dedim.

Come into the garden and I'll show you my roses. : Bahçeyey girin de size güllerimi göstereyim.

come off (intr) =

(a) succeed, of a plan or scheme: (bir plan için) başarıya ulaşmak (olumsuzda kullanılır ve bu durumda 'yatmak' olarak çevrilir); suya düşmek.

I'm afraid that scheme of yours won't come off. It needs more capital than you have available. : Korkarım senin o plan suya düşer. Elindekinden daha fazla anapara gerektiriyor.

(b) take place; happen as arranged: (planlanan bir iş) olmak, planlandığı gibi olmak, gerçekleşmek
'When is the wedding coming off?' ~ 'Next June'. : 'Nikâh ne zaman oluyor?' ~ 'Gelecek Haziran'.
If we say 'The duchess was to have opened the bazaar' we imply that this plan was made but didn't ***come off.*** *(She arranged to open it but later had to cancel this arrangement).* : 'Düşes pazarı/çarşıyı açacaktı', dersek, böyle bir planın yapılmış olduğunu, fakat **bunun gerçekleşmediğini** söylemiş oluruz. (Pazarı açmayı planlamıştı, fakat bu planı iptal etmek zorunda kaldı.)

(c) **end its run:** (bir oyun, sergi, vb.'nin) sona ermesi, kapanması
*'**Lady Windermere's Fan**' is coming off next week. You'd better hurry if you want to see it.* : 'Lady Windermere'in Yelpazesi' gelecek hafta sona eriyor. Görmek istiyorsan acele etsen iyi olur.

come out (intr) =
(a) be revealed, exposed: **(Burada konu the truth/the facts/the whole story** [gerçek/olgular/bütün olup bitenler], vb.'dir ve genellikle ilgili kişilerin bunu gizlemeye çalıştıkları anlamını vermektedir.) ortaya çıkmak (skandal, vb. için)
They deceived everybody till they quarrelled among themselves; then one publicly denounced the others and the whole truth came out. : Herkesi kandırdılar, fakat sonunda kendi aralarında anlaşmazlığa düştüler; o zaman bunlardan biri ötekilerinin yaptıklarını herkese anlattı ve bütün gerçek ortaya çıktı.
(b) be published: (kitap) yayınlanmak, çıkmak
Her new novel will be coming out in time for the Christmas sales. : Yeni romanı Noel satışlarına yetişecek biçimde çıkacak.
(c) disappear: (leke) çıkmak
Tomato stains don't usually come out. : **Domates lekeleri genellikle çıkmaz.**

come round (intr) =
(a) finally accept a previously opposed suggestion: sonunda kabul etmek, dönüp dolaşıp kabul etmek, razı olmak
Her father at first refused to let her study abroad but he came round (to it) in the end. : Babası önce onun dışarıda okumasına karşı çıktı, fakat sonunda razı oldu

(b) come to my (your, his vb.) house: uğramak (birinin evine)
I can't come to dinner but I could come round after dinner and tell you the plan. : Akşam yemeğine gelemiyorum ama yemekten sonra (sana) uğrar planı anlatırım.

come round/to (intr; vurgu **to** üzerinde) = recover consciousness; kendine gelmek
When we found him he was unconscious but he came round/to in half an hour and explained that he had been attacked and robbed. : Onu bulduğumuz zaman kendinden geçmişti, fakat yarım saat sonra kendine geldi ve saldırıya uğrayıp soyulduğunu anlattı.

come up (intr) =
(a) rise to the surface: (yüzeye) çıkmak
A diver with an aqualung doesn't have to keep coming up for air; he can stay underwater for quite a long time. : Su ciğeri (skuba) kullanan bir dalgıcın durmadan su yüzüne çıkması gerekmez; uzun zaman su altında kalabilir.
Weeds are coming up everywhere. : Her yerde ayrık otları bitiyor.
(b) be mentioned: söz konusu olmak
The question of the caretaker's wages came up at the last meeting. : Bina yöneticisinin ücretleri konusu son toplantıda söz konusu edildi.

come up (intr), **come up to** (tr) = approach, come close enough to talk: yanına gelmek (konuşmak üzere)
A policeman was standing a few yards away. He came up to me and said, 'You can't park here'. : Bir polis birkaç yarda ötede duruyordu. Yanıma gelip, 'Burada park edemezsiniz', dedi.

crop

crop up (intr) = appear, arrive unexpectedly or by accident (umulmadık bir biçimde) ortaya çıkmak. [Konu, genellikle zorluk (difficulties), the subject (konu), vb. ya da bir zamirdir.]
At first all sorts of difficulties cropped up and delayed us. Later we learnt how to anticipate these. : Önceleri her türlü zorluk ortaya çıkıp bizi geciktirdi. Daha sonra bunları önceden tahmin etmeyi öğrendik.

cut

cut down a tree = fell it: (ağaç) kesmek
If you cut down all the tress you will ruin the land (cut the tress down/cut them down). : Ağaçları kesersen araziyi tahrip edersin.
cut down (tr) = reduce in size or amount: azaltmak
We must cut down expenses or we'll be getting into debt. : Masrafları azaltmalıyız. Yoksa borca gireriz.
'This article is too long', said the editor. 'Could you cut it down to 2000 words?' : 'Bu makale çok uzun', dedi editör. '2000 sözcüğe indirebilir misiniz?''

cut in (intr) = pass one car when there isn't room to do this safely : (otomobiller için) tehlikeli şekilde dalmak.

Accidents are often caused by drivers cutting in. : Kazalar, çoğu kez, tehlikeli biçimde dalan sürücüler yüzünden ortaya çıkıyor.

cut off (tr) = disconnect, discontinue supply: (gaz, su, elektrik, vb. için) kesilmek, kesmek. Tümleç mal ya da sorunu yaşayan kişi olabilir.

*The Company has cut off our **electric supply** (cut **our electric supply** off/cut **it** off) because we haven't paid our bill.* : Şirket, faturamızı/borcumuzu ödemediğimiz için elektriğimizi kesti.

They've cut off the water (our water supply) temporarily because they are repairing one of the main pipes. : Ana borulardan birini onardıkları için geçici olarak suyumuzu kestiler.

We were cut off in the middle of our (telephone) conversation. : (Telefon konuşmamızın ortasında bağlantımız kesildi. (Bu bir aksaklık sonucu, ya da telefon memuresi tarafından bilerek ortaya çıkabilir.)

cut someone **off** = from a barrier between him and safety: (özellikle gel-git olayı için ve edilgen çatıda kullanılır) mahsur kalmak

We were cut off by the tide and had to be rescued by boat. : Sular yükselince mahsur kaldık; bir sandal bizi kurtarmak zorunda kaldı. (Tam çevirisi: bir sandal tarafından kurtarılmak zorunda kaldık.)

be cut off (intr) = be incoveniently isolated: mahsur kalmak (burada özne ya bir yerdir ya da belli bir yerde oturan kişilerdir).

You will be completely cut off if you go to live in that village because there is a bus only once a week. : O köyde oturmaya gidersen çevrenle bağlantın tümüyle kesilir, çünkü yalnız haftada bir kez otobüs bulunur.

cut out (tr) =

(a) cut from a piece of cloth/paper, etc. a smaller piece of a desired shape: (istenen biçimde bir kumaş/kâğıt, vb.'den) kesmek

*When I am making a dress I mark the cloth with chalk and then cut **it** out (cut out **the dress/cut the dress** out).* : Bir elbise yaparken kumaşı tebeşirle işaretleyip sonra da keserim.

Young people often cut out photographs of their favourite films stars and stick them to the walls. : Gençler çoğu kez sevdikleri film yıldızlarının resimlerini kesip duvarlara yapıştırırlar.

(b) omit, leave out: (bir yiyeceği, sigarayı, vb.) bırakmak

*If you want to get thin you must cut out **sugar** (cut **it** out).* : İncelmek (kilo vermek) istiyorsan şeker almamalısın/şekeri bırakmalısın.

be cut out for (tr) = be fitted or suited for: . . .e uygun gelmemek (genellikle kişiler için ve olumsuz olarak kullanılır.)

His father got him a job in a bank but it became clear that he was not cut out for that kind of work. (= He wasn't happy and not good at the work.) : Babası ona bir bankada iş buldu, akat onun bu tür işe göre olmadığı ortaya çıktı. (İşinde mutlu ve başarılı değildi.)

cut up (tr) = cut into small pieces: parçalara ayırmak, parçalamak
*They cut down the tree and cut **it up for firewood (cut the tree up/cut up the tree).*** : Ağacı kesip yakacak odun olarak parçaladılar.

die

die away (intr) = become gradually fainter till inaudible: (ses için) giderek azalıp kaybolmak
The prisoners waited till the sound of the guard's footsteps died away. : Mahkumlar gardiyanın ayak sesleri duyulmaz oluncaya kadar beklediler.
penklerini açıp dükkânlarını yeniden açtılar.

die down (intr) = become gradually calmer and finally disappear: (başkaldıranlar, yangın, heyecan, vb. için giderek) azalıp dinmek, kesilmek, yatışmak
When the excitement died down the shopkeepers took down their shutters and reopened their shops. : Olaylar yatışınca dükkân sahipleri kepenklerini açıp dükkânlarını açtılar.

die out (intr) = become extinct: nesli tükenmek (gelenekler, ırklar, hayvan türleri)
Elephants would die out if men were allowed to shoot as many as they wished. : İnsanların istedikleri kadar alvanmalarına izin verilse fiillerin soyu tükenir.

do

do away with (tr) = abolish: kaldırmak
The government should do away with the regulations restricting drinking hours. : Hükümet, içki içme saatlerini kısıtlayan yönetmeliği kaldırmalı(dır).

do up (tr) = redecorate: yeniden düzenlemek/süslemek
When I do this room up I'll paint the walls cream (do upthis room/do it up). : Bu odayı derleyip toplayınca/yeniden düzenleyince duvarları krem rengine boyayacağım.

do without (tr) = manage in the absence of a person or thing: (bir kişi veya nesne olmadan da) işi yürütmek, . . .siz idare etmek
We had to do without petrol during the fuel crisis. : Yakıt bunalımı sırasında işlerimizi petrol olmadan yürütmek zorunda kaldık.
Nesne bazen söylenmeden de anlaşılabilir:
If there isn't any milk we'll have to do without (it). : Süt yoksa, onsuz idare ederiz.

draw

draw back (intr) = retire, recoil: geri çekilmek, işi bırakmak
It's too late to draw back now; the plans are all made. : Artık işten çekilmek için zaman çok geç; tüm planlar yapıldı.

draw up (tr) = make a written plan or agreement: (bir anlaşma ya da planı) kaleme almak
*My solicitor drew up **the lease** and we both signed it. (drew **it** up).* : Dava vekilim kira kontratını kaleme aldı, biz ikimiz de imzaladık.

draw up (intr) = stop: (bir araç) durmak, . . .çekmek

The car drew up at the kerb and the driver got out. : Araba yaya kaldırımının kenarında durdu ve şoför indi/şoför arabayı kenara çekip indi.

drop

drop in (intr) = pay a short unannounced visit: (önceden haber vermeden) ziyarete gelmek, uğramak; damlamak; çıkıp gelmek

He dropped in for a few minutes to ask if he could borrow your car. ('Drop in', 'call in'den daha az biçimseldir.) : Arabanı alıp alamayacağını sormak için birkaç dakikalığına (damladı) uğradı.

drop out (intr) = withdraw, retire from a scheme or plan: vazgeçmek, çekilmek, planlanmış bir atılımdan) ayrılmak, çıkmak

We planned to hire a bus for the excursion but now so many people have dropped out that it will not be needed. : Gezi için bir otobüs kiralamayı düşündük ama (sonradan) o kadar kişi vazgeçti ki, bu gerekli olmayacak.

enter

enter for (tr) = become a candidade: (bir yarışma, sınav, vb.'ne aday olarak) katılmak

Twelve thousand competitors have entered for the next London Marathon.: Gelecek Londra Maratonuna on iki bin yarışmacı başvurdu.

fade

fade away (intr) = disappear, become gradually fainter: (genellikle ses için) azalıp duyulmaz olmak, giderek kaybolmak

The band moved on and the music faded away. : Bando uzaklaştı ve müzik giderek duyulmaz oldu.

fall

fall back (intr) = withdraw, retreat: geri çekilmek (bu bilinçli bir davranıştır ve istemsiz bir davranışı gösteren **fall behind**'dan oldukça farklıdır)

As the enemy advanced we fell back. : Düşman ilerledikçe biz geri çekildik.

fall back on (tr) = use in the absence of something better: (daha iyisi olmayınca) . . .ile yetinmek zorunda kalmak

We had to fall back on dried milk as fresh milk wasn't available. : Taze süt bulunmadığı için süt tozuyla yetinmek zorunda kaldık.

He feel back on the old argument that if you educate women they won't be such good wives and mothers. : Kadınlar okursa o kadar iyi eş ve anne olamayacakları yolundaki o eski görüşü sunmaktan başka bir yolu kalmadı.

fall behind (intr) = slip into the rear through inability to keep up with others, fail to keep up an agreed rate of payments: geride kalmak; ödemeyecek duruma gelmek (önceden saptanmış ücreti)

At the beginning the whole party kept together but by the end of the day those who were less fit had fallen behind. : Başta bütün kafile birlikte gidiyordu, fakat günün sonuna doğru formda olmayanlar geride kalmış bulunuyorlardı.

He fell behind with his rent and the landlord began to become impatient. : Kirasını ödeyemeyecek duruma geldi ve evsahibi sabırsızlanmaya başladı.

fall in with someone's plans = accept them and the agree to co-operate: (birinin planlarına katılmak

We'd better fall in with his suggestion for the sake of peace. : Barış adına önerisine katılsak/önerisini kabul etsek iyi olur.

fall in (intr) = (of troops etc) get into line: (askeri birlikte, vb. için) saf olmak, hizaya gelmek, dizilmek.

fall out (intr) (of troops etc) = leave the lines: (askeri birlikler, vb. için) safları bozmak, dağılmak

The troops fell in and were inspected. After the parade they fell out and went back to their barracks. : Birlikler dizildi ve teftiş edildi. Geçit resminden sonra dağılıp barakalarına gittiler.

fall off (intr) = decrease: (sayı ya da dikkat vb. için) azalmak, düşmek

Orders have been falling off lately; we need a new advertising campaign.: Siparişler azalıyor; yeni bir reklam kampanyasına gereksinimimiz var.

If the price of seats goes up much more theatre attendances will begin to fall off. : Koltuk(ların) fiyatı yükselirse çok daha fazla sayıda tiyatro izleyicisi (tam çevirisi: tiyatro izleme olayı) azalmaya başlayacak/tiyatro izleyenlerin sayısında daha büyük düşüşler olacak.

fall on (tr) = attack violently: üzerine atılmak (üzerine atılan kişi/nesnenin normal olarak kendilerini savunma şansı yoktur, çünkü saldıranlar çok güçlüdür. Bu bileşim ayrıca, karnı aç olan kişilerin buldukları yiyeceğe saldırmaları için de kullanılır.)

The mob fell on the killers and clubbed them to death. : Halk katillerin üzerine çullanıp onları sopalarla linç ettiler.

The starving men fell on the food (= devoured it). : Aç kalmış adamlar yiyeceğe saldırdılar. (= ihtirasla yediler).

fall out (intr) = quarrel: birbirine düşmek

When thieves fall out honest men get their own (proverb). : Hırsızlar birbirlerine düşünce namuslu insanlar kendi paylarını alırlar (atasözü).

fall through (intr) = fail to materialize: (plan) suya düşmek

My plans to go to Greece fell through because the journey turned out to be much more expensive than I had expected. : Yunanistan'a gitme planlarım suya düştü, çünkü yolculuğun daha önce tahmin edildiğinden daha pahalıya malolacağı ortaya çıktı.

feed

be fed up (intr), **be fed up with** (tr) = be completely bored (argo): bıkmak, burasına gelmek.

I'm fed up with this wet weather. : Bu yağmurlu hava da burama geldi (artık).

I'm fed up with waiting. I'm going home. : Beklemekten bıktım; eve gidiyorum.

feel

feel up to (tr) = feel strong enough (to do something): (bir işi yapacak kadar) güçlü hissetmek/. . .halde olmak.

I don't feel up to tidying the kitchen now. : Mutfağı şimdi düzeltecek halim yok.

I don't feel up to it. : Şimdi halim yok; (onu yapamam).

fill

fill in/up forms, vb. = complete them: (formlar, belgeler, vb.) doldurmak

*I had to fill in **three forms** to get my new passport (fill **three forms** in/fill **them** in).* : Yeni pasaportumu almak için üç form doldurmam gerekti.

find

find out (tr) = discover as a result of conscious effort (arayıp) bulmak

In the end I found out what was wrong with my hi-fi. : Sounda hifi'mdeki arızayı buldum.

*The dog found out **the way** to open the door (found **it** out).* : Köpek kapıyı açmanın yolunu buldu/nasıl açılacağını öğrendi (**buldu** anlamında / Ç.N.)

find someone **out** = discover that he has been doing something wrong: birinin suçunu yakalamak

After robbing the till for months the cashier was found out. : Kasayı aylarca soyduktan sonra (Aylarca kasadan para tırtıkladıkan sonra) kasiyer yakayı ele verdi.

(NOT: yakalanan kişi güvenilir biri olduğu için bu ifade hayret ifade eder.)

fix

fix up (tr) = arrange: düzenlemek, (bir işin yapılmasını) ayarlamak; şike yapmak

*The club has already fixed up **several matches** for next season (fixed **several matches** up/fixed **them** up).* : Kulüp daha şimdiden, gelecek mevsim için birkaç maç ayarladı. (Birkaç maçta şike olacak.)

get

get about (intr) = circulate; move or travel in a general sense: (haber, vb.) yayılmak, duyulmak, kulaklarda dolaşmak, dolaşmak

The news got about that he had won the first prize in the state lottery and everybody began asking him for money. : Devlet piyangosunun (milli piyangonun birinci ikramiyesini) en büyük ikramiyesini kazandığı haberi yayıldı ve herkes ondan para istemeye başladı.

He is a semi-invalid now and can't get about as well as he used to. : Artık felçli durumda; eskisi gibi gezip dolaşamıyor.

get away(intr) = escape: kaçmak, elinden kurtulmak

Don't ask him how he is because if he starts talking about his health you'll never get away from him. : Sağlığını sorma, çünkü bir kez sağlık durumunu anlatmaya başlarsa elinden kurtulamazsın.

I had a lot to do in the office and didn't get away till eight. : Büroda yapacak çok (işim) vardı; saat sekizden önce serbest kalamadım.

get away with (tr) = perform some illegal or wrong act without being punished; usually even being caught: (ceza görmeden) atlatmak

He began forging cheques and at first he got away with it but in the end he was caught and sent to prison. : Sahte çek sürmeye başladı ve önceleri sıyrıldı, ama sonunda yakalandı ve hapse atıldı.

get back (tr) = recover possession of: geri almak

*If you lend him a book he'll lend it to someone else and you'll never get it back (get back **your book**/get **your book** back).* : Ona bir kitap (ödünç) verirsen o onu bir başkasına verir ve kitabı bir daha hiç geri alamazsın.

get back = reach home again: yuvaya dönmek

We spent the whole day in the hills and didn't get back till dark. : Tüm günü dağlarda geçirdik ve karanlık basmadan eve dönemedik.

get off (intr) = be acquitted or receive no punishment: paçayı kurtarmak (Bunun **get away with**'den farkına dikkat ediniz. İkinci ifadede suçlu yakalanmamaşıtır bile).

He was tried for theft but got off because there wasn't sufficient evidence against him. (was acquitted) : Hırsızlık suçundan yargılandı, fakat aleyhinde yeterli kanıt bulunmadığı için paçayı kurtardı (suçsuz bulundu, beraat etti.)

The boy, had to appear before a magistrate but he got off (received no punishment) as it was his first offence. : Çocuk sulh yargıcının huzuruna çıkarıldı, fakat paçayı kurtardı (ceza almadı) çünkü bu, onun ilk suçuydu.

get on (intr), **get on with (tr)** =

(a) make progress, be successful: aşama yapmak, ilerleme kaydetmek

How is he getting on at school? : Okuldaki başarı durumu nasıl?

He is getting on very well with his English. : İngilizcede epey bir aşama yapıyor.

(b) live, work, vb. amicably with someone: (insanlarla) geçinmek)

He is a pleasant friendly man who gets on well with nearly everybody.: Hemen herkesle iyi geçinen hoş, arkadaş canlısı bir adam.

How are you and Mr Pitt getting on? : Mr Pitt'le aranız nasıl?

get out (intr) = escape from, leave (an enclosed place): (kapalı bir yerden) kaçmak, dışarı çıkmak

Don't worry about the snake. It's in a box. It can't get out. : Sen yılanı merak etme/endişelenme. Onu kutuya koydum. Kaçamaz/Dışarı çıkamaz.
*News of the **Budget** got out before it was officially announced.* : Bütçeye ilişkin haberler, bütçe resmen açıklanmadan dışarı sızdı.
I'm so busy that I don't very often go out. (out of the house) : Öyle meşgulüm ki pek sık dışarı çıkmam (evden).

'Bir arabadan inmek' (descend-from a vehicle) anlamında kullanılışı dışında, emir biçimindeki 'Get out'un (Çık dışarı!) çok kaba olduğuna dikkat ediniz.

get out of (tr) = free oneself from an **obligation** or habit: (bir sorumluluktan, görevden, alışkanlıktan) kendini sıyırmak, kurtulmak

I said that I'd help him. Now I don't want to but I can't get out of it (= free myself from my promise). : Ona yardım edeceğime söz verdim. Şimdi (yardım etmek) istemiyorum, ama kendimi bundan sayıramıyorum (= verdiğim sözden kaçamıyorum).
He knows that he smokes too much but says that he can't get out of the habit. : Çok fazla sigara içtiğini biliyor, fakat kendini bu alışkanlıktan kurtaramadığını söylüyor.
Some people live abroad to get out of paying heavy taxes. : Bazı kimseler ağır vergiler ödemekten kurtulmak için yurt dışına çıkıyorlar.

get over (tr) = recover from (illness, distress, or mental weakness) : (bir hastalık, ruhsal bozukluk ya da bir akıl hastalığından) kurtulmak, iyileşmek

He is just getting over a bad heart attack. : Şiddetli bir kalp krizi geçirdi; şimdi iyileşiyor.
I can't get over her leaving her husband like that (= I haven't recovered from the surprise; I am astonished). . . : Onun kocasını böyle terkedişinin etkisindeyim hâlâ. (= Bu şaşkınlıktan kurtulamadım; hâlâ hayret içindeyim.)
He used to be afraid of heights but he has got over that now. : Eskiden yüksek yerlerden korkardı; fakat artık bu korkudan kurtuldu.

get it over = deal with it and be finished with it: işini bitirmek, halletmek. (nesne genellikle **it**'dir, ki bu normal olarak hoş olmayan bir işi gösterir.)

If you have to go to the dentist why not go at once and get it over? : Eğer dişçiye gitmek zorundaysan neden hemen gidip de bu işi bitirmiyorsun?

(Bu ifadeyi anlamı oldukça farlı olan **get over it** ile karıştırmayınız.)

get round a person = coax him into letting you do what you want: tatlılıkla razı etmek

Girls can usually get round their fathers. : Kızlar genellikle babalarını tatlılıkla razı ederler.

get round a difficulty/a regulation = find some solution to it/evade it: bir icabına bakmak, (bir zorluk ya da engelleyici bir yönetmeliğin) açık yanını bulmak. (minayere kılıf bulmak)

If we charge people for admission we will have to pay entertainment tax on our receipts; but we can get round this regulation by saying that we are charging not for admission but for refreshments. Money paid for refreshments is not taxed. : Eğer müşterilerden giriş parası alırsak makbuzlarımız üzerinden vergi vermek zorunda kalırız. Fakat parayı giriş için değil içeceklerden aldığımızı söylersek bu yönetmeliğe uymuş oluruz. İçeceklere ödenen paradan vergi alınmıyor.

get through (tr **ya da** intr) = finish a piece of work, finish successfully: başarıyla bitirmek, başarılı olacak biçimde yapmak

He got through his exam all right (= passed it). : Sınavını iyi yaptı (= geçti).

get through (intr) = get into telephone communication: (telefonda) görüşmek)

I am trying to call London but I can't get through; I think all the lines are engaged. : Londra'yı aramaya çalışıyorum, ama b ir türlü görüşemiyorum. Sanırım tüm hatlar meşgul.

get up (tr) = organize, arrange, (Genellikle amatör bir eğlence türü ya da bir hayır girişimini) düzenlemek

*We got up **a subscription** for his widow (got **a subcription** up).* : Dul karısına aylık bağlanmasını sağladık.

*They got up **a concert** in aid of cancer research (they got **it** up).* : Kanser araştırması yararına bir konser düzenlediler.

get up (intr) = rise from bed, rise to one's feet, mount: (yataktan) kalkmak, ayağa kalkmak, (ata, vb.) binmek

I get up at seven o'clock every morning. : Her sabah saat yedide kalkarım.

(Arabalara inmek/binmek anlamında get'in kullanılışı için 93 D'ye bakınız.)

give

give something **away** = give it to someone: (birşeyi) birine vermek. (Tümlecin bildirilmesi gerekmez.) (Türkçede bunun gerekli olduğuna dikkat ediniz. / Ç.N.)

*I'll give **this old coat** away. (give away **this old coat away/give it away**).*: Bu eski ceketi birine vereceğim.

give someone **away** (tümleç **away**'den öncedir) = betray him: (birini) ele vermek

He said that he was not an American but his accent gave him away (yani: told us that he was an American.) : Amerikalı olmadığını söyledi, ama aksanı onu ele verdi. (yani: Bize Amerikalı olduğunu bildirdi.)

give back (tr) = restore (a thing) to its owner: sahibine iade etmek, geri vermek

I must call at the library to give back ***this book*** *(to give* ***this book*** *back/to give* ***it*** *back).* : Bu kitabı geri vermek için kütüphaneye uğramalıyım.

give in (intr) = yield, cease to resist: direnci kırılmak, yenilgiyi kabul etmek

At first he wouldn't let her drive the car but she was so persuasive that he eventually gave in. : Başta onun arabayı kullanmasına izin vermiyordu ama o öylesine bastırdı ki, sonunda bunun direnci kırıldı.

give out (tr) =

(a) announce verbally: sözle açıklamak, okumak

They gave out ***the names of the winners*** *(gave* ***the names*** *out/gave* ***them*** *out).* : Yenenlerin (galip gelenlerin) adlarını okudular.

(b) distribute, issue: dağıtmak

The teacher gave out ***the books.*** (i.e. gave ***one/some*** to each pupil). : Öğretmen kitapları dağıttı. (Yani her öğrenciye bir/birkaç tane verdi.)

give out (intr) = become exhausted (of supplies, etc.): tükenmek

The champagne gave out long before the end of the reception. : Şampanya, kabul töreninin bitiminden çok önce tükendi.

His patience gave out and he slapped the child hard. : Sabrı tükendi ve çocuğa kuvvetlice bir tokat attı.

give up (tr **ya da** intr) = abandon an attempt, cease trying to do something: mücadeleyi bırakmak, vazgeçmek

I tried to climb the wall but after I had failed three times I gave up/gave up ***the attempt****/gave* ***the attempt*** *up/gave* ***it*** *up.* : Duvara tırmanmaya çalıştım, ama üç kez başarısızlığa uğradıktan sonra vazgeçtiğim/uğraşımdan vazgeçtim.

A really determined person never gives up/never gives up trying. : Gerçekten kararlı bir insan hiçbir zaman vazgeçmez/çabayı bırakmaz.

give up (tr) = abandon or discontinue a habit, sport, study, occupation: (bir alışkanlık, spor dalı, çalışma, mesleği) bırakmak

Have you given up drinking whisky before breakfast? : Kahvaltıdan önce viski içmeyi bıraktın mı?

He gave up ***cigarettes****/gave* ***them*** *up.* : Sigarayı bıraktı.

He tried to learn Greek but soon got tired of it and gave it up. : Yunanca öğrenmeye çalıştı fakat kısa bir süre sonra bıkıp bıraktı.

give oneself **up** (tümleç **up**'dan öncedir.) = surrender: teslim olmak

He gave himself up to despair. : Kendini umutsuzluğa bıraktı.

He was cold and hungry after a week on the run so he gave himself up to the police. **: Bir haftalık kovalamacadan sonra üşüyüp aç kaldı, onun için polise teslim oldu.**

go

go ahead (intr) = proceed, continue, lead the way: önden gitmek, devam etmek, sürdürmek, yürümek (= devam etmek anlamında / Ç.N.)

While she was away he went ahead with the work and got a lot done.: O (bayan) evde yokken (adam) işine devam edip epey iş çıkardı.
You go ahead and I'll follow; I'm not quite ready. : Sen yürü (= devam et), ben arkadan gelirim. Tam hazır değilim.

go away (intr) = leave, leave me, leave this place: git, bırak beni, burdan gitmek.
Are you going away for your holiday? ~ No, I'm goin to stay at home. : Tatile çıkıyor musun? ~ Hayır evde kalacağım.
Please go away; I can't work unless I'm alone. : Lütfen git; yalnız kalmadıkça çalışamıyorum.

go back (intr) = return, retire, retreat: geri gitmek/dönmek

I'm never going back to that hotel. It is most uncomfortable. : Bir daha o otele hiç dönmeyeceğim. Son derece rahatsız (bir yer).

go back on (tr) = withdraw or break (a promise): (sözünden/girişimden) dönmek

He went back on his promise to tell nobody about this. (i.e. he told people about it, contrary to his promise.) : Bundan kimseye söz etmeyeceği konusunda verdiği sözden döndü (yani: verdiği söze karşın herkese anlattı).

go down (intr) =

(a) be received with approval: (genellikle bir düşünce için) destek görmek
I suggested that she should look for a job but this suggestion did not go down at all well. : Bir iş araması gerektiğini söyledim, fakat bu öneri hiç de destek bulmadı.

(b) become less, be reduced (of wind, sea, weight, prices, etc.): (rüzgâr, deniz, ağırlık, fiyatlar, vb.) azalmak, düşmek
During her illness her weight went down from 50 kilos to 40. : Hastalığı sırasında ağırlığı 50 kilodan 40'a düştü.
The wind went down and the sea became quite calm. : Rüzgâr azaldı ve deniz epey sakinleşti.

go for (tr) = attack: saldırmak
The cat went for the dog and chased him out of the hall. : Köpek kediye saldırıp onu salondan dışarı kadar kovaladı.

go in for (tr) = be especially interested in, practice; enter for a competition: (belli bir konuya) özel önem vermek; yarışa girmek
This restaurant goes in for vegeterian dishes (specializes in them). : Bu lokanta vejeteryanlara özgü yemeklere (etyemezlere) özel önem verir (bu konuda uzmanlaşır).
She plays a lot of golf and goes in for all competitions. : Çok golf oynar ve tüm yarışlara katılır.

go into (tr) = investigate thoroughly: iyice araştırmak; didik didik etmek, yakından eğilmek·
'We shall have to go into this very carefully', said the detective. : 'Bu konuya yakından eğilmeliyiz', dedi dedektif.

go off (intr) =
(a) explode: (cephane ya da havai fişekleri) parlamak, (ateşli silah için, genellikle kaza ile) ateş almak
As he was cleaning his gun it went off and killed him. : Tüfeğini temizlerken kazayla ateş alıp onu öldürdü.
(b) be successful: (toplumsal olayları için) başarıya ulaşmak, iyi gitmek, fiyaskosuz bitmek
The party went off very well (i.e. everyone enjoyed it). : Parti iyi gitti. (yani: herkesin hoşuna gitti.)
(c) start a journey, leave: (yolculuğa) çıkmak
He went off in a great hurry. : Büyük bir telaşla çıktı (gitti).

go on (intr) = continue a journey: (bir yolculuğa) devam etmek, yürümek
Go on till you come to the cross-roads. : Kavşağa gelinceye kadar yürü (= devam et).

go on (intr), **go on with** (tr), **go on** + isim fiil = bir işe devam etmek
Please go on playing; I like it. : Lütfen çalmaya devam edin; hoşuma gidiyor.
Go on with the treatment. It is doing you good. : Tedaviye devam edin; size yararı oluyor.

go on + mastar: devamla . . .mek
He began by describing the route and went on to tell us what the trip would probably cost (= he continued his speech and told us, etc.). : Güzergâhı/yolu anlattı ve devamla bize yolculuğun kaça çıkabileceğini söyledi (= devam ederek [konuşmasına] bize. . .)

go out (intr) =

(a) leave the house: (evden) çıkmak
She is always indoors; she doesn't go out enough. : Hep evde oturuyor; yeterince çıkmıyor.

(b) join in social life, leave one's house for entertainmants, etc.: Toplumsal etkinliklere katılmak; bu tür etkinliklere katılmak için evden çıkmak
She is very pretty and gay and she goes out a lot. : Çok güzel ve neşeli; çok da etkinliği var/evde de durmaz.
(c) disappear, be discontinued: (bir moda için) geçmek
Crinolines went out about the middle of last century. : Kabarık eteklerin modası geçen yüzyılın ortalarında geçti.
(d) be extinquished: (ışık, ateş için) geçmek, sönmek, kesilmek
The light went out and we were left in the dark. : Işık söndü ve karanlıkta kaldık.

go over (tr) = examine, study or repeat carefully: dikkatle gözden geçirmek
He went over the plans again and discovered two very serious mistakes. : Planları yeniden gözden geçirdi ve çok ciddi iki hata buldu.

go round (intr) =
(a) suffice: (birkaç kişiye) yetmek
Will there be enough wine to go round? : Herkese yetecek kadar şarap var mı?
(b) go to his/her/your, etc. house: birinin evine gitmek, uğramak
I said that I'd go round and see her during the weekend. : Hafta sonunda uğrayıp onunla görüşeceğini söyledim.

go through (tr) = examine carefully: gözden geçirmek (genellikle birkaç şeyi, **go through, look through** gibidir; yalnız biraz daha titiz bir denetim gösterir.)
There is a mistake somewhere; we'll have to go through the accounts and see where it is. : Bir yerde bir yanlışlık var; hesapları gözden geçirip bunun nerede olduğunu bulmak zorunda kalacağız.

The police went through their files to see if they could fine any fingerprints to match those that they had found on the handle of the weapon. : Polisler kayıtlarını gözden geçirip herhangi bir parmak izinin, silâhın üzerinde bulunduklarına uyup uymadığını anlamaya/bulmaya çalıştılar.

go through (tr) = suffer, endure: (acı, sıkıntı) çekmek, geçirmek
No one knows what I went through while I was waiting for the verdict. (i.e. how much I suffered). : Yargıyı (hükmü) beklerken neler çektiğimi kimse bilemez (yani: nasıl sıkıntı çektiğimi)

go through with (tr) = finish, bring to a conclusion: (bir direnme ya da zorluğa karşın) bitirmek, sonuçlandırmak
He went through with his plans although all his friends advised him to abandon it. : Bütün arkadaşları ona vazgeçmesini öğütlemesine karşın planını başarıya ulaştırdı.

go up (intr) =
(a) rise: (fiyatlar için) artmak
The price of strawberries went up towards the end of the season. : Çilek fiyatları, mevsim sonuna doğru arttı.

(b) burst into flames (and be destroyed), explode (used of whole buildings, ships, etc.): havaya uçmak, alev, almak, (alev) sarmak)
When the fire reached the cargo of chemicals the whole ship went up (= blew up) : Yangın kimyasal madde ambarına ulaşınca bütün gemi havaya uçtu.
Someone dropped a cigarette end into a can of petrol and the whole garage went up in flames. : Birisi bir petrol tenekesinin içine bir izmarit düşürmüş; bütün graj alev aldı/her yanını alevler sardı.

go without (tr) = do without: . . .sız idare etmek. (Ancak **go without,** nesneler için (cansızlar için) kullanılır. 'Go without a person'ın mecazi anlamı yoktur; 'o olmadan/onsuz yola çıkmak' anlamındadır.)

grow

grow out of (tr) = abandon, on becoming older, a childish (and often bad) habit: (büyüyüp -daha çok kötü olan- çocukça bir davranışı) bırakmak

He used to tell a lot of lies as a young boy but he grew out of that later on. : Delikanlılığında çok yalan söylerdi, fakat sonradan bunu bıraktı.

grow up (intr) = become adult: büyümek

'I'm going to be a pop star when I grow up', said the boy. : Çocuk, "Büyüyünce bir pop yıldızı olacağım', dedi.

hand

hand down (tr) = bequeath or pass on: (gelenekleri/bilgiyi/mülkleri) daha sonraki kuşaklara bırakmak, aktarmak

This legend has been handed down from father to son. : Bu efsane babadan oğula geçmiştir.

hand in (tr) = give by hand: (elden) vermek (Burada verileni alan kişinin belirtilmesi gerekmez, çünkü cümleyi dinleyen kişice bu bilinmektedir.)

*I handed in **my resignation** (I gave it to my employer).* : İstifamı verdim (onu işverenime verdim).

*Someone handed **this parcel** in yesterday (handed **it** in).* : Birisi bu paketi dün verdi.

hand out (tr) = distribute: dağıtmak

*He was standing at the door handing out **leaflets** (handing **leaflets** out /handing **them** out).* : Tiyatronun kapısında duruyor ve el ilânları dağıtıyordu.

hand over (tr **ya da** intr) = surrender authority or responsibility to another: yetki ya da sorumluluğu) devretmek

*The outgoing Minister handed over **his department** to his successor (handed **his department** over/handed **it** over).* : Giden bakan mevkiini halefine devretti.

hand round (tr) = give or show to each person present: (bulunanlara teker teker) göstermek ya da vermek

*The hostess handed round coffee and cakes. (handed **them*** **round).** : Ev sahibesi kahveyle çay verdi (tüm konuklarına / Ç.N.).

hang

hang about/around (tr **ya da** intr) = loiter or wait (near): . . .civarında beklemek ya da dolaşıp durmak

He hung about the entrance all day, hoping for a chance to speak to the director. : Bütün gün, müdürle konuşma fırsatını bulma ümidiyle girişte dolaştı durdu.

hang back (intr) = show unwillingness to act: (belli bir) davranışta bulunmaya istekli görünmemek; ipe un sermek

Everyone approved of the scheme but when we asked for volunteers they all hung back. : Herkes planı onayladı, ama gönüllüler istediğimiz zaman hepsi ipe un serdi.

hang on to(tr) = retain, keep in one's possession **(halk dili)**: elinde tutmak, vermemek

I'd hang on to that old coat if I were you. It might be useful. : Senin yerinde olsam o eski ceketi elimde tutarım. Bir işe yarayabilir.

hold

hold off (intr) = keep a distance, stay away (yağmur için): yağmamak, uzakta durmak

The rain fortunately held off till after the school sports day. : Allahtan okul spor günü bitinceye kadar yağmur yağmadı.

hold on (intr) = wait: (özellikle telefonda) beklemek, (telefonu) kapamamak

Yes, Mr Pitt is in. If you hold on for a moment I'll get him for you. : Evet, Mr Pitt burada. Bir dakika beklerseniz (telefonu kapamazsanız) sizi ona bağlarım/çağırırım.

hold on/out (intr) = persist in spite of, endure hardship or danger: (bir güçlüğe, tehlikeye karşı) dayanmak

The survivors on the rock signalled that they were out of water but could hold out for another day. : Kazadan kurtulanlar kayalardan işaret verip sularının azaldığını, fakat bir gün daha dayanabileceklerini bildirdiler.

The strikers held out for six weeks before agreeing to arbitration. : Hakem kuruluna gitmeye razı oluncaya dek grevciler kasabayı kuşatı, ama altı hafta dayandı.

hold up (tr) =

(a) stop by threats or violence: (soygun amacıyla tehdit ya da kaba kuvvetle) durdurmak

The terrorists held up the train and kept the passangers as hostages. : Teröristler treni durdurup/alıkoyup yolcuları rehin tuttular.

Masked men held up ***the cashier*** *and robbed the bank (held* ***him*** *up).* : Maskeli adamlar kasiyere kıpırdamamasını söyleyip bankayı soydular.

(b) stop, delay: bekletmek (özellikle edilgen çatıda kullanılır)

The bus was held up because a tree had fallen across the road. : Otobüs bekletildi, çünkü bir ağaç yola devrilmişti.

join

join up (intr) = enlist in one of the armed services: askere gitmek, orduya yazılmak

When war was declared he joined up at once. : Savaş ilan edilince hemen orduya yazıldı.

jump

jump at (tr) = accept with enthusiasm: (bir teklif ya da fırsatı) düşürmeden kabul etmek, canla başla kabul etmek

He was offered a place in the Himalayan expedition and jumped at the chance. : Himalayalara yapılacak (iş/bilimsel) gezide kendisine bir görev teklif edildi; o da bu fırsatı canla başla kabul etti.

keep

keep somebody **back** (tümleç **back**'ten önce gelir) = restrain, hinder, prevent from advancing: alıkoymak

Frequent illnesses kept him back (i.e. prevented him from making normal progress). : Arka arkaya gelen hastalıklar onu alıkoydu (yani: normal ilerlemeleri kaydetmesini engelledi).

keep down (tr) = repress, control: denetim altında tutmak, zararsız halde tutmak, başetmek

What is the best way to keep down ***rats*** *(keep* ***them*** *down)?* : Farelerle başetmenin en iyi yolu nedir?
Try to remember to turn off the light when you leave the room. I am trying to keep down ***expenses*** *(keep* ***expenses*** *down).* : Odadan çıkarken ışığı söndürmeyi unutma, olur mu? Masrafları düşük tutmaya/denetim altına almaya çalışıyorum.

keep off (tr **ya da** intr) = refrain from walking on, or from coming too close: . . .den uzakta durmak, . . .e yaklaşmamak

'Keep off the grass' (park notice). : 'Çimlere yaklaşmayın' (Parkta uyarı).

keep on = continue: sürdürmek, devam etmek, durmadan . . .mek

I wanted to explain but he kept on talking and didn't give me a chance to say anything. : Açıklamak istedim, ama o durmadan konuştu ve bana birşey söyleme fırsatı vermedi.

keep out (tr) = prevent from entering: dışarıda tutmak, içeri almamak

My shoes are very old and don't keep out ***the water*** *(keep* ***the water*** *out/ keep* ***it*** *out).* : Ayakkabılarım çok eski; suyu dışarıda tutmuyor (su geçiriyor).

keep out (intr) = stay outside: dışarıda kalmak; içeri girmemek

'Private. Keep out.' (notice at the door): 'Özeldir. İçeri girmeyiniz' (Kapıdaki uyarı).

keep up (tr) = maintain (an elfort): (bir çabayı) bir düzeyde tutmak

He began walking at six miles an hour but he couldn't keep up ***that speed*** *and soon began to walk more slowly (he couldn't keep* ***it*** *up).* : Yürüyüşe, saatte altı mil hız yaparak 'başladı, fakat bu hızda kalamadı ve az sonra daha yavaş yürümeye başladı.

It is difficult to keep up a conversation with a person who only says 'Yes' and 'No'. : Yalnız 'Evet' - 'Hayır' diyen biriyle konuşmayı sürdürebilmek zor.

keep up (intr), **keep up with** (tr) = remain abreast of someone who is advancing; advance at the same pace as: (ilerlemekte olan birisiyle) yan yana gidebilmek; . . .in gerisinde kalmamak, at başı beraber olmak

A runner can't keep up with a cyclist. : Bir koşucu, bir bisikletçiyle at başı beraber olamaz.

*The work the class is doing is too difficult for me. I won't be able to keep up (**ya da** keep up with them).* : Sınıfta yapılan çalışma bana çok zor geliyor. Onlarla aynı tempoda gidemiyorum.

*It is impossible to keep up with the news unless you read the **newspapers**.*: Gazeteleri okumadıkça haberleri günü gününe izlemek olanaksız.

knock

knock off (tr **ya da** intr) = stop work for the day: (argomsu) günlük çalışmayı bitirmek, işe tamam demek, paydos etmek

English workmen usually knock off at 5.30 or 6.0 p.m. : İngiliz işçileri akşam saat 5.30 ya da 6.00'da paydos ederler.

We knock off work in time for tea. : Çay saatine yetişecek biçimde paydos ediyoruz.

knock out (tr) = hit someone so hard that he falls unconscious: nakavt etmek, vurup bayıltmak

*In the finals of the boxing championship he knocked out **his opponent**, who was carried out of the ring (knocked **his opponent** out/knocked **him** out).* : Boks birinciliği finallerinde rakibini nakavt etti; rakibi ringden dışarı taşındı.

lay

lay in (tr) = provide oneself with a sufficient quantity (of stores, etc.) to last for some time: depolamak, istif etmek, tedarikli bulunmak

She expected a shortage of dried fruit so she laid in a large supply. : Kuru meyva darlığının başgöstereceğini umduğu/göstermesini beklediği için çok miktarda (kuru meyva) istif etti/yedekte tuttu.

lay out (tr) = plan gardens, building sites, etc.: (bahçeleri, binaların yerlerini, vb.) düzenlemek

*Le Nôtre laid out **the gardens** at Versailles (laid **the gardens** out/laid **them** out).* : Versay'daki bahçeleri Le Nôtre düzenledi.

lay up (tr) = store carefully till needed again (used of ships, cars, etc.): (ileride yeniden kullanılacağı zaman çıkarmak üzere) bir yere kaldırmak (özenle)

*Before he went to Brazil for a year, he laid up **his car**, as he didn't want to sell it (laid **it** up).* : Brezilya'ya bir yıllığına gitmeden önce arabasını garaja çekti, çünkü onu satmak istemiyordu.

be laid up (of a person) = be confined to bed through illness: (hastalık nedeniyle) yataktan çıkmamak

She was laid up for weeks with a slipped disk. : Disk kayması yüzünden altı hafta yataktan çıkamadı.

lead

lead up to (tr) = prepare the way for, introduce: (mecazi anlamda) (bir işi yaptırmak için) yol yapmak; konuya girmek.

He wanted to borrow my binoculars but he didn't say so at once. He led up to it by talking about his holidays. : Dürbünümü (ödünç) almak istiyordu, ama bunu hemen söylemedi. Tatilinden söz ederek konuya girdi. (Yolunu yapıyordu / Ç.N.)

leave

leave of (genellikle intr) = stop (doing something): (bir işi) bırakmak, artık yapmamak

He was playing his trumpet but I told him to leave off because the neighbours were complaining about the noise. : Trompetini çalıyordu, fakat ona bırakmasını söyledim, çünkü komşular gürültüden yakınıyordu.

leave out (tr) = omit: dışarıda bırakmak, almamak

We'll sing our school song leaving out the last ten verses. : Okul marşımızı, son on dizeyi dışarıda bırakarak (söylemeden) okuyacağız.

They gave each competitor a number; but they left out **No. 13** *as no one wanted to have it (left* **No. 13** *out/left* **it** *out).* : Her yarışmacıya bir numara verdiler, fakat 13 numarayı dışarıda bıraktılar (kimseye vermediler), çünkü kimse onu almak istemiyordu.

let

let down (tr) = lower: indirmek, (aşağı) bırakmak, salmak

When she lets **her hair** *down it reaches her waist (lets down* **her hair***/lets* **it** down). : Saçlarını bıraktığı zaman beline iniyor.

You can let a coat down (i.e. lengthen it) *by using the hem.* : Baskıyı kullanarak (açarak) bir ceketi uzatabilirsiniz.

let someone **down** (tümleç **down**'dan öncedir) = disappoint him by failing to act as well as expected, or by failing to fulfil an agreement: (umulanı yapmayarak ya da bir anlaşmayı yerine getirmeyerek) düş kırıklığına uğratmak, boşa bekletmek, ortada bırakmak.

I promised him that you would do the work well. Why did you let me down by doing so little? : Ona senin iyi çalışacağını söylemiştim. Neden bu denli az iş yaparak beni yalancı çıkardın?

He said he'd come to help me; but he let me down. He never turned up.: Bana yardım edeceğini söyledi, fakat beni ortada bıraktı. Hiç gelmedi.

let in (tr) = allow to enter, admit: içeri almak, sokmak, içeri kabul etmek

They let in the **ticket-holders** *(let the* **ticket-holders** *in/let* **them** *in).* : Ellerinde biletleri olanları içeri aldılar.

If you mention my name the door-keeper will let you in. : Benim adımı verirsen kapıcı seni içeri alır.

let someone **off** (tümleç **off**'dan önce) = refrain from punishing: cezalandırmamak, serbest bırakmak

I thought the magistrate was going to fine me but he let me off (**get off**'a bakınız). : Sulh yargıcının bana para cezası vereceğini sandım, ama beni serbest bıraktı (serbest kaldım).

let out (tr) =
(a) make wider: (elbiseler için) genişletmek
*That boy is getting fatter. You'll have to let out **his clothes** (let **his clothes** out/let **them** out).* : O çocuk şişmanlıyor. Elbiselerini genişletmek zorunda kalacaksınız.
(b) allow to leave, release: salmak, serbest bırakmak
*He opened the door and let out **the dog** (let the **dog out**/let **it** out).* : Kapıyı açtı ve köpeği saldı.

live

live down a bad reputation = live in such a manner that people will forget it: (hakkındaki kötü izlenimleri) silmek, silecek biçimde yaşamak
*He has never quite been able to live down **a reputation** for drinking too much which he got when he was a young man (live **it** down).* : Delikanlılığı sırasında kazandığı, çok içki içtiğine ilişkin ününü (sarhoş adını) hiçbir zaman tam silemedi.

live in (intr) = live in one's place of work: (özellikle ev işlerinde çalışanlar için) (çalıştığı yerde) yaşamak, oturmak
ADVERTISEMENT: Cook wanted. £140 a week. Live in. : İŞ İLANI: Aşçı aranıyor. Haftada 140 sterlin (ücret). (Geceleri de evde kalacaktır.)

live on (tr) = use as staple food: ana yiyecek olarak kullanmak, ile yaşamak
It is said that for a certain period of his life Byron lived on vinegar and potatoes in order to keep thin. : Söylendiğine göre Byron, kilo almamak için, yaşamının bir döneminde (yalnız) sirke ve patatesle yaşamış. (Başka birşey yememiş).

live up to (tr) = maintain a certain standard moral, economic or behavioural. (Ahlâkî, ekonomik ya da davranışlara ilişkin) yaşam biçimini sürdürmek
He had high ideals and tried to live up to them (i.e. he tried to act in accordance wit his ideals). : Yüksek ülküleri vardı ve o ülkülerine bağlı kaldı. (yani: ülkülerine uygun biçimde davranmaya çalışıyordu.)

lock

lock up a house (try **ya da** intr; **genellikle** intr) = lock all the doors: (evin tüm kapılarını) kilitlemek
People usually lock up before they go to bed at night. : İnsanlar gece yatmadan önce genellikle her yanı kilitlerler.

lock up a person or thing = put in a locked place i.e. box, safe, prison: (bir kişiyi ya da nesneyi) kilit altına almak
*She locked up **her diamonds** every night (locked **her diamonds** up/ locked **them** up).* : Her gece elmaslarını kilit altına alıyordu.

look

look after (tr) = take care of: (bir çocuğa, hastaya, vb.) bakmak
Will you look after my parrot when I am away? : Ben yokken papağanıma bakar mısın?

look ahead (intr) = consider the future so as to make provision for it: (önlemler alacak biçimde) ileriyi görmek
It's time you looked ahead and make plans for retirement. : Geleceğini düşünüp emekliliğin için plan yapma zamanın geldi.

look at (tr) = regard: bakıp ciddiye almak
He looked at the clock and said, 'It is midnight'. : (Duvardaki) saate bakıp, 'Gece yarısı olmuş!' dedi.

ÇEVİRİCİNİN NOTU: **'Loo at'** bileşimi, herhangi bir deyimsel (mecazi) anlam taşımadan da, sadece 'bir şeye bakmak' anlamında kullanılabilir. Bu açıdan bakıldığında, yukarıdaki örnek cümleyi, özel bir vurgulamaya gerek görmeden, 'Duvardaki saate baktı ve 'Gece yarısı oldu' dedi' olarak çevirebiliriz. Ancak bu bileşimin deyimsel kullanılışında 'yorum yaparak bakmak / bakıp bir sonuç çıkarmak' anlamı vardır. Burada saate bakan kişi gece yarısına kadar oturmuş olmaktan rahatsızlık duymuştur. Bu bileşimin özünü daha iyi anlayabilmek için **'regard'** sözcüğüne bakmanızı öğütleriz.

look back (intr), **look back on** (tr) = consider the past: geçmişe dönüp bakmak
Looking back, I don't suppose we are any worse now than people were a hundred years ago. : Geçmişe (şöyle bir) bakıyorum da, diyorum ki biz bugün, insanların bundan yüzyıl önce olduklarından hiç de daha kötü durumda değiliz.
Perhaps some day it will be pleasant to look back on these things. : Belki bir gün geçmişe dönüp bunları (anımsamak) hoş olacak.

look back/around (intr) = look behind: arkaya dönüp bakmak (mecazi değil)
Don't look around now, but the woman behind us is wearing the most extraordinary hat. : Şimdi dönüp bakma ama, arkamızdaki kadın çok olağanüstü (komik) bir şapka takmış başına.

look for (tr) = search for, seek: aramak
I have lost my watch. Will you help me to look for it? : Saatimi yitirdim. Aramama yardım eder misin?

look forward to (tr) = expect wih pleasure: (çoğu kez bir isimfiille [**-ing** eki almış isim / Ç.N.] birlikte kullanılır.) iple çekmek, dört gözle beklemek
I am looking forward to her arrival/to seeing her. : Onun gelmesini/Onu görmeyi dört gözle bekliyorum/iple çekiyorum.

look in (intr) = pay a short (often unannounced) visit = call in: (çoğu kez habersiz) uğramak [**call in**'e bakınız]
I'll look in this evening to see how she is. : Sağlık durumunu öğrenmek için bugün ona uğrarım/uğrayım.

look into (tr) = investigate: soruşturmak

There is a mystery about his death and the police are looking into it. : Onun ölümünde bir esrar (perdesi) var, polis bu konuda soruşturma yapıyor/bu konuyu soruşturuyor.

look on. . .as (tr) = consider . . .e, . . .gözüyle bakmak; . . .i . . .kabul etmek

Most people look on a television set as an essential set of furniture. : Birçok insan televizyon alıcısını gerekli bir ev eşyası sayıyor.

These children seem to look on their teachers as their enemies. : Bu çocuklar sanki öğretmenlerine düşman gözüyle bakıyorlar.

look on (intr) = be a spectator only, not a participator: karşımdan yalnız izlemek

Two men were fighting. The rest were looking on. : İki adam dövüşüyordu. Ötekiler oturmuş seyrediyordu.

look on (tr) **look out on** (tr): (pencereler ve evler için) = be facing: bakmak

His house looks (out) on to the sea (i.e. from his house you can see the sea). : Evi denizi görüyor (yani: evinden denizi görebilirsiniz).

look out (intr) = be watchful, beware: dikkat etmek

(to someone who is about to cross the road) *'Look out! There's a lorry coming!* : (Yolu geçmek üzere olan birine) 'Dikkat et! Bir kamyon geliyor!'

look out for (tr) ≐ keep one's eyes open so as to see something (usually fairly conspicuous) if it presents itself: (genellikle görülmesi zor olmayan bir şeyi görebilmek için) etrafa bakınmak; etrafı kolaçan etmek (birisini/bir şeyi görmek için)

I am going to the party too, so look out for me. : Ben de partiye gidiyorum. Beni bul

look over (tr) = inspect critically, read again, revise quickly: (eleştirel açıdan) gözden geçirmek, yeniden okumak, alelacele göz atmak (**look over**, anlam bakımından **go over**'a benzer, fakat bu fiilin verdiği dikkat kavramı **look over**[1] da yoktur)

Look over what you have written before handing it to the examiner. : Sınav sorumlusuna vermeden önce yazdıklarını bir kez daha gözden geçir.

I'm going to look over a house that I am thinking of buying. : Satın almayı düşündüğüm bir eve yeniden gidip bakacağım.

look through (tr) = examine a number of things, often in order to select some of them; turn over the pages of a book or newspaper, looking for information: elden geçirmek; (bir kitap ya da gazeteyi, bir bilgi bulmak amacıyla) gözden geçirmek, sayfalarını çevirmek

Look through your old clothes and see if you have anything to give away.: Eski elbiselerini bir gözden geçir de bak bakalım aralarında birine verebileceklerin var mı?

I'd like you to look through these photographs and try to pick out the man you saw. : Şu fotoğraflara bir bakıp gördüğün adamı bulmaya çalışmanı istiyorum.

He looked through the books and decided he wouldn't like them. : Kitaplara şöyle baştan sona baktı; hoşlanmayacağına karar verdi.

look through someone = look at him without appearing to see him, as a deliberate act of rudeness: görmezlikten gelmek (birini)

She has to be polite to me in the office but when we meet outside she always looks through me. : Bana büroda nazik davranmak zorunda, ama dışarıda karşılaştığımız zaman beni hep görmezlikten geliyor.

look up an address/a name/a word/train time/telephone number, etc. = look for it in the appropriate book or paper i.e. address book/directory/dictionary/time-table, etc.: (bir adres/isim/sözcük/tren kalkış saati/telefon numarası gibi şeyleri, adres defteri/rehber/sözlük/tarife gibi uygun bir kitap ya da listede) bulmak, aramak

If you don't know the meaning of the word look ***it*** *up/look up* ***the word****/look* ***the word*** *up).* : Sözcüğün anlamını bilmiyorsan, [Sözlükten] bak.

I must look up the time of your train (look for it in the time-table). : Senin trenin saatine bakayım (Tarifede bulayım).

look somebody **up,** 'visit = ziyaret etmek' anlamına gelebilir. Ziyaret edilen kişi genellikle uzakta oturmaktadır ve pek sık görülmemektedir. Bu nedenle **look up, look in**'den farklıdır. **Look in,** ziyaret edilen kişinin yakınlarda oturduğu anlamını taşır. [Türkçede **aramak** sözcüğünü de bu durumda kullanabiliriz / Ç.N.]

Any time you come to London do look me up (come and see me). : Londra'ya ne zaman gelirsen (gel) mutlaka beni ara (gel de beni gör/ gel de görüşelim).

I haven't seen Tom for ages. I must find out where he lives and look ***him*** *up/look* ***Tom*** *up/look up* ***Tom****).* : Tom'u asırlardır görmüyorum. Nerede oturduğunu bulup ona uğramalıyım.

look up (intr) = improve (özne genellikle **işler/iş hayatı-ticaret kolu/dünya olayları/hava** gibi pek belirli olmayan birşeydir): ilerlemek, iyiye gitmek

Business has been very bad lately but things are beginning to look up now. : Son sıralarda iş hayatı çok kötü gitti, fakat işler şimdi iyi gitmeye başladı.

look someone **up and down** = look at contemptuously, letting your eyes wander from his head to his feet and back again: (aşağılayıcı biçimde tepeden tırnağa) süzmek

The policeman looked the drunk man up and down very deliberately before replying to his question. : Polis, sarhoşun sorusunu yanıtlamadan onu aşağılayıcı biçimde süzdü.

look up to = respect: saygı duymak

School boys usually look up to great athletes. : Öğrenciler genellikle büyük sporculara saygı duyarlar.

look down on (tr) = despise: tepeden bakmak, küçük görmek, küçümsemek, hakir görmek

Small boys usually look down on little girls and refuse to play with ***them.***: Küçük çocuklar genellikle küçük kızlara tepeden bakarlar ve onlarla oyun oynamaya yanaşmazlar.

She thinks her neighbours look down on her a bit because she's never been abroad. : Hiç yurtdışına çıkmamış olduğu için komşularının onu küçümsediklerini sanıyor.

make

make for (tr) = travel towards: . . .e doğru gitmek, yolunu doğrultup . . .e gitmek, . . .e yönelmek

The escaped prisoner was making for the coast. : Kaçak mahkûm kıyıya doğru gidiyordu/kıyıya doğru yolunu tutturmuştu.

make off (intr) = run away (hırsızlar, vb. için) kaçmak, (tüymek)

The boys made off when they saw the policemen. : Çocuklar polisleri görünce kaçtılar.

make out (tr) =

(a) discover the meaning of, understand, see, hear, etc. clearly: (net olarak) çıkarmak/anlamak/görmek/ duymak, vb.

I can't make out ***the address,*** *he has written it so badly (make* ***the address*** **out/make** ***it out).*** : Adresi okuyamıyorum; öyle kötü yazmış ki. . .

Can you hear what the man with the loud-hailer is saying? I can't make *it out at all.* : Megafonla (konuşan) adamın ne söylediğini duyabiliyor musun? Ben katiyen anlayamıyorum.

I can't make out why he isn't here yet. : Onun neden hâlâ burada olmadığını (neden hâlâ gelmediğini) anlayamıyorum.

(b) state (probably falsely): (yanlış) bildirmek, söylemek, atmak

He made out that he was a student looking for a job. We later learnt that this wasn't true at all. : Bir iş arayan bir öğrenci olduğu yalanını uydurdu. Sonradan bunun hiç de doğru olmadığını öğrendik.

The English climate isn't so bad as some English people make out. : İngiltere'nin iklimi bazı İngilizlerin (yanlış olarak) söyledikleri kadar kötü değildir.

(c) write a cheque: çek doldurmak, yazmak

Customer: *Who shall I make it out to?* : **Müşteri:** (Çeki) Kimin adına yazayım?

Shopkeeper: *Make it out to Jones and Company.* : **Dükkân sahibi:** *'John and Company' ('John ve Ortakları') adına yazın.*

make up one's mind = come to a decision: kararını vermek

In the end he made up his mind to go by train. : Sonunda trenle gitmeye karar verdi.

make up a quarrel/make it up = end it: (tartışmaya) son vermek; işi tatlıya bağlamak

Isn't it time you and Ann made up ***your quarrel****/made* ***it*** *up.* : Ann'le senin tartışmanıza son vermenizin zamanı geldi mi?/İşi tatlıya bağlamanızın . .

make up a story/excuse/explanation = invent it: (bir öykü/bahane/açıklama) uydurmak

I don't believe your story at all. I think you are just making it up. : Anlattığın masala kesinlikle inanmıyorum. Bence sen bunu bayağı uyduruyorsun

make up (tr **ya da** intr) = use cosmetics: makyaj yapmak

Most women make up/make up ***their faces****/make* ***their faces*** *up.* : Birçok kadın makyaj yapar/yüzlerine makyaj yapar.

Actors have to be made up before they appear on the stage. : Aktörlere, sahneye çıkmadan önce makyaj yapılması gerekir.

make up (tr) put together, compound, compose: (bir araya getirerek) yapmak

Take this prescription to the chemist's. They will make it up for you there. Make up ***the prescription****/make* ***the prescription*** *up.* : Bu reçeteyi eczaneye götür. Orada sana (ilâcı) yaparlar.

NOTICE (in tailor's window): Customer's own materials made up.: Terzi vitrinindeki duyuru: Müşterilerin kendi malzemelerinden (elbise) yapılır.

The audiance was made up of very young children. : Dinleyiciler, çok küçük çocuklardan oluşuyordu.

make up for (tr) = compensate for: telâfi etmek, (zararı) gidermek (özne genellikle **it**'dir)

You'll have to work very hard today to make up for the time you wasted yesterday **ya da** *to make up for being late yesterday.* : Dün kaybettiğin zamanı **ya da** dünkü geç kalmanı telâfi etmek için bugün çok sıkı çalışmak zorunda kalacaksın.

We aren't allowed to drink when we are in training but we intend to make up for it after the race is over. (i.e. to drink more than usual then). : Antrenman sırasında (birşey) içmemize izin verilmiyor, fakat bunu yarış bittikten sonra telâfi etmeye niyetliyiz (yani: O zaman, normalden çok içmeye).

miss

miss out (tr) = leave out (**leave out** daha yaygındır) (Bak: **leave out**)

mix

mix up (tr) = confuse: (yanlışlık yapacak biçimde) karıştırmak

The new postman mixed up ***the addresses*** *so that no one got the right letters (mixed* ***them*** *up).* : Yeni postacı adresleri karıştırmış; sonunda hiç kimse doğru mektubu (kendine ait olanı) alamadı.

be/get mixed up with = be involved (usually some rather disreputable person or business): (pis bir kişiye ya da işe) bulaşmak; girmek

I don't want to get mixed up with any illegal organization. : Herhangi bir illegal örgüte bulaşmak/girmek istemiyorum.

move

move in (intr) = move self and possessions into new house, flat, rooms, etc.: (yeni bir eve, daireye, pansiyona, vb.) taşınmak

move out (intr) = leave house/flat etc., with one's possessions, vacate accommodation: (evden, vb.) çıkmak; boşaltmak
I have found a new flat. The present tenant is moving out this weekend and I am moving in on Wednesday. : Yeni bir daire buldum. Şimdiki kiracı hafta sonunda çıkıyor, bende Çarşamba günü taşınıyorum.

move on ya da **up** = advance, go higher: ilerlemek, yükselmek
Normally in schools boys move up every year. : Normal olarak okullarda çocuklar her yıl yükselirler (sınıflarını geçerler).

order

order somebody **about** (tümleç **about**'dan önce) = give him a lot of orders (often regardless of his convenience or feelings): birine emirler yağdırmak
He is a retired admiral and still has the habit of ordering people about. : Kendisi emekli amiral ve hâlâ insanlara emirler yağdırma huyunda.

pay

pay back (tr), **pay someone back** (tr **ya da** intr) = repay: geri ödemek
I must pay back ***the money*** *that I borrowed (pay* ***the money*** *back/pay* ***it*** *back).* : Ödünç aldığım parayı geri ödemeliyim.
I must pay back ***Mr Pitt*** *(pay* ***Mr Pitt*** *back/pay* ***him*** *back).* : Mr Pitt'e (borcumu) geri vermeliyim.
I must pay Mr Pitt back ***the money*** *he lent me.* : Mr Pitt'e, bana ödünç verdiği parayı geri vermeliyim.
I must pay him back ***the money.*** *I must pay* ***it*** *back to him.* : Parayı ona geri vermeliyim. Onu ona geri vermeliyim.

pay someone **back/out** = revenge oneself: öcünü almak, ödetmek
I'll pay you out for this (i.e. for the harm you have done me). : Bunu sana ödeteceğim (yani: bana yaptığın zararı).

pay up = pay money owed in full: (borcu bütünüyle ödemek; temizlemek
Unless you pay up I shall tell my solicitor to write to you. : (Borcunuzu) temizlemezseniz dava vekilime, size yazı göndermesini söyleyeceğim.

pick

pick out (tr) = choose, select, distinguish from a group: seçmek, tanıyıp ayırdetmek
Here are six diamonds. Pick out ***the one you like best*** *(pick* ***it*** *up).* Buyurun altı tane elmas. En beğendiğinizi seçin.
In an identity parade the witness has to try to pick out ***the criminal*** *from a group of about eight men (pick* ***the criminal*** *out/pick* ***him*** *out).* : Sanıklar önünden geçerken tanığın suçluyu yaklaşık sekiz kişilik bir topluluğun arasından tanımaya çalışması gerekiyor.

I know that you are in this photograph but I can't pick ***you*** *out.* : Senin bu fotoğrafta olduğunu biliyorum, fakat hangisinin sen olduğunu çıkaramıyorum.

pick up (tr) =

(a) raise or lift a person or thing, usually from the ground or from a table or chair: (yerden, sandalyeden/masadan) almak, kaldırmak, toplamak
He picked up ***the child*** *and carried him into the house/picked* ***the child*** *up.* : Çocuğu kaldırıp eve taşıdı.
She scatters toys all over the floor and I have to ***pick them*** *up.* : O oyuncakları yere dağıtır, ben de onları kaldırmak (yerden almak/toplamak) zorunda kalırım.

(b) call for, take with one (in a vehicle): (bir taşıta) almak
I won't have time to come to your house but I could pick you up at the end of your road. : Evine gelecek zamanım yok, ama seni, sizin yolun sonundan alabilirim.
The coach stops at the principal hotels to pick up ***tourists,*** *but only if they arrange this in advance (pick* ***tourists*** *up/pick* ***them*** *up).* : Otobüs, turistleri almak için büyük otellerde durur, fakat yalnızca (oteller) bunu önceden ayarlarlarsa.
The crew of the wrecked yacht were picked up by helicopter. : Kaza geçiren yatın tayfaları helikopterle (denizden) alındılar.

(c) receive (by chance) wireless signals: (rastlantı sonucu telsiz sinyali) yakalamak/almak
Their SOS was picked up by another ship which informed the lifeboat headquarters. : Onların (verdiği) SOS (sinyali), başka bir gemi tarafından (rastlantı sonucu) alındı. O da (durumu) can kurtarma merkezine bildirdi.

(d) acquire cheaply, learn without effort: ucuza elde etmek, çaba göstermeden öğrenmek; kapmak; (ucuza) düşürmek = satın almak
Sometimes you pick up wonderful bargains in these markets. : Bazen bu pazarlarda çok ucuz mallar düşürürsün.
Children usually pick up foreign languages very quickly. : Çocuklar genellikle yabancı dilleri çabuk (kolay) kaparlar.

point

point out (tr) = indicate, show: belirtmek, göstermek
As we drove through the city the guide pointed out ***the most important buildings*** *(pointed* ***the buildings*** *out/pointed* ***them*** *out).* : Şehrin içinden arabayla geçerken rehber, en önemli binaları gösterdi.

pull

pull down (tr) = demolish: (binaları) yıkmak
Everywhere elegant old buildings are pulled down and mediocre modern erections are being put up (pull down ***houses/pull them down).*** Her yerde eski zarif binalar yıkılıp (yerlerine) sıradan modern yapılar dikiliyor.

pull off (tr) = succeed (tümleç genellikle **it**'dir): (başarmak anlamında) kıvırmak

*Much to our surprise he pulled off **the deal** (pulled **it** off) (= sold the goods/got the contract).* : Hiç ummuyorduk ama işi kıvırdı (malları sattı/anlaşmayı imzaladı).

pull through (intr **ya da** tr) = recover from illness/couse someone to recover: hastalıktan kurtulmak, kefeni yırtmak, hastalıktan kurtarmak, iyileşmek, iyileştirmek

We thought that she was going to die but her own will-power pulled her through (tr). : Onu ölecek sanıyorduk ama kendi istenci/iradesi sayesinde kefeni yırttı. (tam çeviri: kendi istenci onun yaşamını kurtardı.)

He is very ill but he'll pull through if we look after him carefully (intr).: Çok hasta, ama ona iyi bakarsak kurtulur/paçayı kurtarır.

pull up (intr) = stip (of vehicles): (araçlar için) durmak; çekmek (bir yana)

A lay-by is a space at the side of a main road, where drivers can pull up if they want a rest. : 'Lay-by: yan yol/yol kenarındaki park yeri', ana yolun kenarında, şoförlerin dinlenmek istedikleri zaman park edecekleri/arabalarını çekecekleri bir boşluktur.

put

put aside/by (tr) = save for future use (usually money). (genellikle parayı) bir yana koymak = biriktirmek. (**put aside,** genellikle paranın belli bir amaç için biriktirildiği anlamını taşımaktadır.)

*He puts aside **£50 a month** to pay for his summer holiday (puts **it** aside.)* : Yaz tatili masraflarını karşılamak üzere her ay bir yana 50 sterlin koyuyor.

*Don't depend on your salary. Try to put **something** by each month.* : Maaşına güvenme. Her ay bir yana birkaç kuruş koy.

put away (tr) = put tidily out of sight: (genellikle çekmeceye, dolaba, vb.) kaldırmak (ortalığı düzeltirken)

*Put **your toys** away, children; it's bedtime (put away **the toys**/put **them** away).* : Oyuncaklarınızı kaldırın çocuklar. Yatma zamanı geldi.

put something **back** = replace it where you found it/where it belongs: (bulmuş olduğunuz ya da ait olduğu yere) geri koymak.

When you have finished with the book put it back on the shelf. : Kitapla işin bitince onu rafa geri koy.

put back a clock/watch = retard the hands: saati geri almak *put the clock* back, bazen mecazî olarak, *'to return to the customs of the past:* geçmişin geleneklerine dönmek' anlamında kullanılır:

MOTHER: You father and I will arrange a marriage for you when the time comes. : ANNE: Zamanı gelince babanla ben sana bir evlilik ayarlarız.

*DAUGHTER: You're trying to put **the clock** back, mother. Parents don't arrange marriages these days! (put back **the clock**/put **it** back).* : KIZ: (Tam çevirisi: Eski geleneklere dönmek istiyorsun) Hangi günlerde yaşıyoruz, anne? Anne-babalar bugünlerde (artık) evlilikleri ayarlamıyorlar.

put down (tr) =

(a) **pick up**'un zıttı (yani: [yere] bırakmak)
*He picked up the saucepan and put it down at once because the handle was almost red-hot (put **the saucepan** down/put **it** down).* : Tavayı eline aldı ve hemen bıraktı, çünkü sapı neredeyse akkor haline gelmişti.

(b) crush rebellions, movements (başkaldırı [isyan] ya da hareketleri) bastırmak
*Troops were used to put down **the rebellion** (put **the rebellion** down/put **it** down).* : Başkaldırıyı bastırmak için askeri) birlikler kullanıldı.

(c) write: yazmak
*Put down **his phone number** before you forget it (put **the number** down/put **it** down).* : Telefon numarasını unutmadan yaz.
CUSTOMER (to shop assistant): I'll take that one. Please put it down to me/to my account (= enter it in my account). : Müşteri tezgahtara: Şunu alıyorum. Lütfen onu bana yazın/hesabıma yazın (= hesabıma kaydedin).

put something **down to** (tr) = attribute it to: . . .e bağlamak, . . .e vermek, . . .ile açıklamak
The children wouldn't answer him, but he wasn't annoyed as he put it down to shyness. : Çocuklar ona yanıt vermediler; fakat o sinirlenmedi, çünkü bunu onların utangaçlığına verdi.
She hasn't been well since she came to this country; I put it down to the climate. : Bu ülkeye geldiğinden beri kendini iyi hissetmiyor. Ben bunu iklime bağlıyorum.

put forward a suggestion/proposal, etc. = offer it for consideration: (bir öneri/teklifi) öne sürmek
*The older members of the committee are inclined to veto any suggestions put forward by the younger ones (put **a suggestion** forward/put **it** forward).*: Komisyonun daha yaşlı üyelerinde daha genç üyelerin öne sürdüğü her öneriyi veto etme eğilimi var.

put forward/on clocks and watches = advance the hands: saatleri ileri almak. (**put forward, put back**'in zıttıdır).
*In March people in England put **their clocks** forward/on an hour. When summer time ends they put them back an hour.* : Martta İngilizler saatlerini ileri alırlar/bir saat ileri alırlar. Yaz dönemi bittiğinde bir saat geri alırlar.

put in a claim = make a claim: bir hak iddiasında bulunmak, tazminat talep etmek

He put in a claim for compensation because he had ***lost*** *his luggage in the train crash.* : Tren kazasında eşyalarını yitirdiği için (eşyaları bütünüyle hasara uğradığı için) tazminat talebinde bulundu.

put in for a job/post = apply for it: (bir işe) talip olmak
They are looking for a lecturer in geography. Why don't you put in for it? : Bir coğrafya okutmanı arıyorlar. Sen başvursana.

put off an action = postpone it: (bir işi) ertelemek
Some people put off making their wills till it is too late. : Bazı insanlar vakit çok geç oluncaya kadar vasiyetnamelerini yazma (işini) ertelerler.
I'll put of ***my visit*** *to Scotland till the weather is warmer (put* ***my visit*** *off/put* ***it*** *off).* : İskoçya ziyaretini (gezimi) havalar daha çok ısınıncaya kadar erteleyeceğim.

put a person **off** =

(a) tell him to postpone his visit to you: (bir kişinin size yapacağı ziyareti) ertelemek
I had invited some guests to dinner but I had to put them off because a power cut prevented me from cooking anything. : Birkaç konuğu akşam yemeğine çağırmıştım, fakat ziyaretlerini ertelemelerini istemek zorunda kaldım, çünkü elektrik kesintisi, herhangi bir yemek pişirmemi engelledi (elektrik kesintisi yüzünden herhangi birşey pişiremedim).

(b) repel, deter him: (bir kişiyi -mecaz anlamında-) geri itmek; vazgeçirmek
I wanted to see the exhibition but the queue put me off. : Sergiyi görmek istiyordum, fakat kuyruk beni vazgeçirdi (kuyruk yüzünden vazgeçtim).
Many people who want to come to England are put off by the stories they hear about English weather. : İngiltere'ye gelmek isteyen birçok kimseyi İngiltere'nin havası hakkında duydukları söylentiler vazgeçiriyor. (. . .birçok kimse. . . söylentiler yüzünden vazgeçiyor).

put on clothes/glasses/jewellery = dress oneself, etc.: (elbise, vb.) giymek; (gözlük/takı, vb.) takmak. Tersi **take off: çıkarmak'tır**

ÇEVİRİCİNİN NOTU: Birçok öğrencimiz **put on** ile **wear**'i karıştırmaktadır. **Put on,** 'üzerinde yokken birşeyi giymek' anlamındadır. Buna karşılık **wear,** 'giymiş olarak üzerinde bulundurmak' demektir.)

He put on ***a black coat*** *so that he would be inconspicuous (put* ***a coat*** *on/put* ***it*** *on).* : Farkedilmesin diye siyah bir ceket giydi.
She put on her glasses and took the letter from my hand. : Gözlüklerini takıp mektubu elimden aldı.

put on an expression = assume it: (bir ifade) takınmak, (havasına) bürünmek
He put on an air of indifference, which didn't deceive anybody for a

moment. : İlgisiz görünmeye çalıştı ve bu da bir an olsun kimseyi kandırmadı. . . (. . .ve bunu da kimse yutmadı).

put on a play = produce/perform: (bir oyunu) sahneye koymak, oynamak
The students usually put on a play at the end of the year. : Öğrenciler genellikle, yıl sonunda bir oyun koyarlar.

put on a light/gas or electric fire/radio = switch it on: (düğmeyi çevirip ya da basıp ışık, radyo, teyp, vb.) açmak.
Put on ***the light.*** **(put** ***the light*** *on/put* ***it*** *on)* : Işığı yak.

put out any kind of light or fire = estinguish it: (her tür ışık, yangın ya da ateşi) söndürmek
Put out ***that light.*** *(put* ***the light*** *out/put* ***it*** *out). : Söndür şu ışığı.*

put someone out = inconvenience him: (rahatını bozmak)
He is very selfish. He wouldn't put himself out for anyone. : Çok bencildir. Kimse için rahatını bozmaz.

be put out = be annoyed: bozulmak, kızmak
She was very put out when I said that her new summer dress didn't suit her. : Yeni yazlık giysisinin ona yakışmadığını söyleyince çok bozuldu.

put up (tr) =
(a) erect (a building, monument, statue, etc.): (bir bina, anıt, heykel, vb.) dikmek
He put up ***a shed*** *in the garden (he put* ***a shed*** *up/he put* ***it*** *up).* : Bahçeye bir baraka yaptı.
(b) raise (prices): (fiyatları) yükseltmek
When the importation of foreign tomatoes was forbidden, home growers put up ***their prices*** *(they put* ***their prices*** *up/put* ***them*** *up).* : Yabancı (ülkelerden) domates dışalımı yasaklanınca yerli yetiştiriciler fiyatlarını yükselttiler.

put someone **up** (tümleç genellikle **up**'dan önce) = give him temporary hospitality: (bir kişiyi geçici olarak) barındırmak
If you come to Paris I will put you up. You needn't look for an hotel.: Paris'e gelirsen ben seni barındırırım (bende kalırsın). Otel aramana gerek yok.

put someone **up to** something (usually trick) = give him the idea of doing it/tell him how to do it: (genellikle hileli bir işi) kafasına sokmak
He couldn't have thought of that trick by himself. Someone must have put him up to it. : Bu numarayı tek başına düşünmüş olamaz. Biri bunu onun kafasına sokmuş olmalı.

put up with (tr) = bear patiently: dayanmak, tahammül etmek, çekmek, katlanmak

We had to put up with a lot of noise when the children were at home. : Çocuklar evdeyken büyük bir gürültüye dayanmak/gürültüyü çekmek zorunda kaldık/zorundaydık.

ring

ring up (tr **ya da** intr) = telephone: telefon etmek

I rang up ***the theatre*** *to book seats for tonight (I rang* ***the theatre*** *up/rang it up).* : Tiyatroya, bu geceye yer ayırmaları için telefon ettim.

If you can't come ring up and let me know. : Gelemezsen telefon et de bana haber ver

ring off (intr) = end a telephone call by putting down the receiver: (telefonu) kapatmak.

He rang off before I could ask his name. : Daha adını sorma fırsatını bulamadan telefonu kapattı.

round

round up (tr) = drive or bring together: bir araya getirmek, toplamak

The sheepdog rounded up the sheep (= collected them into a group) *and drove them through the gate.* : Çoban köpeği koyunları toparlayıp (= onları bir grup halinde topladı) kapıdan içeri soktu.

On the day after the riots the police rounded up ***all suspects****/rounded* ***them*** *up)* (= arrested them). : Başkaldırı olaylarının ertesi günü polis bütün kuşku duyulan kişileri topladı (= onları tutukladı).

rub

rub out (tr) = erase pencil or ink marks with an india-rubber: (kurşunkalem ya da mürekkep lekesini/yazıları lastikle) silmek

The child wrote down the wrong word and the rubbed ***it*** *out. (He rubbed* ***the word*** *out/rubbed out* ***the word****).* : Çocuk yanlış kelime yazıp sonra da onu sildi.

rub up (tr) = revise one's knowledge of a subject: (bir konudaki bilgisini) yeniden gözden geçirmek/yeniden ortaya çıkmak

I am going to France next month; I must rub up ***my French****/rub* ***it*** *up).* : Önümüzdeki ay Fransa'ya gidiyorum. Fransızcamı yeniden gözden geçirmeliyim.

run

run after (tr) = pursue: kovalamak (aşağıdaki örneğe bakınız)

run away (intr) = flee, desert, one's home/school, etc., elope: kaçmak, evden kaçmak, kocaya kaçmak

The thief ran away and the policeman ran after him. : Hırsız kaçtı, polis onu kovaladı.

He ran away from home and got a job in a garage. : Evden kaçıp bir garajda iş buldu.

run away with (tr) = become uncontrollable, gallop off out of rider's control: (duygular için) kontrolden çıkmak

Don't let your emotions run away with you. : Duygularınıza kapılmayın (kapılıp da anlamsız işler yapmayın).

His horse ran away with him and he had a bad fall. : Atı gemi azıya aldı ve kötü düştü.

run away with the idea = accept an idea too hastily: (bir düşünceyi) hemen kabul etmek

Don't run away with the idea that I am unsociable. I just haven't time to go out much. : Benim fazla toplum içine giren biri olmadığım kanısına varma hemen. Yalnızca dısarı çıkacak zamanım yok (o kadar).

run down (tr) = disparage, speak ill off: aleyhinde konuşmak, kötülemek

*He is always running down **his neighbours** (running **his neighbours** down/funning **them** down).* : Komşularını hep kötülüyor.

run down (intr) = become unwound/discharged: (saat) boşalmak/durmak; (pil) tükenmek, vb.

This torch is useless; the battery has run down. : Bu fener işe yaramaz, pili bitmiş.

be run down (intr) = be in poor health after illness, overwork, etc.: bitkın olmak

He is still run down after his illness and unfit for work. : Hastalığından sonra hâlâ bitkin; çalışacak durumda değil.

run into (tr) collide with: (araçlar için) çarpmak, bindirmek

The car skidded and ran into a lamp-post (= struck the lamp-post). : Araba kayıp lamba direğine bindirdi (= çarptı)

run into/across someone = meet him accidentally: birine rastlamak

I ran into my cousin in Harrods recently (I met him). : Yakınlarda, Harrods'da kuzenime rastladım (Onunla karşılaştım).

run out of (tr) = have none left, having consumed all the supply: . . .i tükenmek, bitmek

I have run out of milk. Put some lemon in your tea instead. : Sütüm kalmadı/kalmamış. Onun yerine çayına liman koy.

run over (tr) = drive over accıdentally (in a vehicle): (rabayla) ezmek, çarpmak

The drunk man stepped into the road right in front of the oncoming car. The driver couldn't stop in time and ran over him. : Sarhoş adam tam, gelmekte olan arabanın önüne doğru yürüdü. Sürücü zamanında duramadı ve adamı ezdi.

run over (ya **ya da** intr) = overlow: taşmak

*He turned on both taps and left the bathroom. When he came back he found that the water was running over (runing over the edge of the **bath**).*: Her iki musluğu da açıp banyodan çıktı. Geri döndüğünde suyun taşmakta olduğunu (küvetin kenarından taşmakta olduğunu) gördü.

run over/through (tr) = rehearse, check or revise quickly: alelacele (oyunu) prova etmek; gözden geçirmek, baştan bakmak

We've got a few minutes before the train goes, so I'll just run through your istructions again. : Trenin kalkmasına birkaç dakika var; talimatınızı kısaca bir kez daha anımsatayım.

run through (tr) = consume extravagantly, waste (used of supplies or money): (stokları ya da parayı) sorumsuzca harcayıp tüketmek

He inherited a fortune and ran through it in a year. : Ona büyük bir miras kaldı ama o bunu bir yılda tüketti.

run up bills = incur them and increase them by continuing to buy things and put them down to one's account: (faturalarla hesabı) kabartmak
Her husband said that she must pay for things at once and not run up bills. : Kocası ona, satın aldıklarını hemen ödeyip faturaları kabartmamasını söyledi.

run up against difficulties/opposition = encounter them/it: karşılaşmak (zorluk)
If he tries to change the rules of the club he will run up against a lot of opposition. : Klübün kurallarını değiştirmeye uğraşırsa büyük dirençle karşılaşır.

see

see about (tr) = make inquiries or arrangements: gerekeni yapmak, ayarlamak

I must see about getting a room ready for him. : Ona hazır bir oda ayarlamam gerek. (Ona bir oda hazırlatmam gerek.)

see somebody **off** = accompany an intending traveller to his train/boat/plane, etc.: uğurlamak
The station was crowded with boys going back to school and parents who were seeing them off. : İstasyonda, okula dönen çocuklar ve onları uğurlayan anne-babalardan oluşan bir kalabalık vardı.

see somebody **out** (tr) = accompany a departing guest to the door of the house: (bir konuğu) geçirmek
When guests leave the host usually sees them out. : Konuklar giderken ev sahibi genellikle onları geçirir.
Don't bother to come to the door with me. I can see myself out. : Benimle kapıya kadar zahmet etme. Kendim çıkarım.

see over a house/a building = go into every room, examine it often with a view to buying or renting: (kiralık ya da satılık bir evi/binayı) gezmek

I'm definitely interested in the house. I'd like to see over it. : Ev beni kesinlikle ilgilendirmiyor. Onu gezmek istiyorum.

see through (tr) = discover a hidden attempt to deceive: gerçek amacı anlamak
She pretended that she loved him but he saw through her, and realized

that she was only after his money. (= he wasn't taken in by her/by her pretence). (**take in**'e bakınız.): Onu sever görünüyordu ama adam onun gerçek amacını anladı; kızın, onun parasının peşinde olduğunu gördü (ona aldanmadı/numarasını yutmadı).

see to (tr) = make arrangements, put right, repair: icabına bakmak, (bozuk, vb. olan birşeye) bakmak, ayarlamak

If you can provide the wine, I'll see to the food. : Sen şarabı ayarlarsan ben yiyecek işini hallederim.

That electric fire isn't safe, you should have it seen to. : Bu elektrik ocağı pek tekin değil; ona bir baktırmalısın.

sell

sell off (tr) = sell cheaply (what is left of the stock): (maldan arta kalanı) elden çıkarmak, ucuza satmak.

ASSISTANT: This line is being discontinued so we are selling off ***the remainder*** *of our stock; that's why they are so cheap (selling* ***the rest*** *off/sell* ***it*** *off).* : TEZGAHTAR: Bu türün satışını artık yapamayacağız, onun için arta kalan malları elden çıkarıyoruz. İşte bu yüzden bunlar bu denli ucuz. (gerisini/onu ucuza satmak)

sell out (intr) = sell all that you have of a certain type of article: (belli bir malın bütününü) satmış olmak

When all the seats for a certain performance have been booked, theatres put a notice saying 'Sold out' outside the booking office. : Belli bir oyunun bütün koltukları satılmışsa tiyatrolar gişenin dış yanına 'Bilet kalmamıştır' yazısını koyar.

send

be sent down (intr) = be expelled from a university for misconduct: (disiplinsiz davranışlar nedeniyle üniversiteden) kovulmak

He behaved so bady in college that he was sent down and never got his degree. : Yüksek okulda öyle kötü davranışlarda bulundu ki, okuldan kovuldu ve hiçbir zaman diplomasını alamadı.

send for (tr) = summon: çağırtmak (çağrılan kişi zaten aynı binada bulunabilir.)

One of our water pipes has burst. We must send for the plumber. : Bizim su borularından biri patladı. Muslukçuyu çağrıtmalıyız.

The director sent for me and asked for an explanation. : Müdür beni çağırtıp açıklama istedi.

send in (tr) = send to someone: (birisine) göndermek. (Gönderilen kişinin belirtilmesi gerekmez, çünkü konuşulan kişi bunu zaten bilmektedir.)

You must send in ***your application*** *for the job before Friday* (sent it to the authority concerned) *(send* ***your application*** *in/send* ***it*** *in).* : İş için başvurunu Cumadan önce yapmalısın. (ilgili yetkiliye göndermelisin)

send on (tr) = forward, send after a person: göndermek, (birisi) gittikten sonra (yeni adrese) göndermek.

If any letters come for you after you have gone I will send ***them*** *on (I'll send on* ***your letters****/send* ***your letters*** *on).* : Siz gittikten sonra size mektup gelirse onları size gönderirim.

set

set in (intr) = begin: (genellikle hoş olmayan bir dönem için) başlamak, bastırmak

Winter has set in early this year. : Kış bu yıl erken bastırdı.

set off (tr) = start: (bir olaylar dizisini) başlatmak

That strike set off ***a series of strikes*** *throughout the country (set* ***them*** *off).* : O grev, ülke çapında grevleri başlattı.

set off/out (intr) = start a journey: (yolculuğa) çıkmak

They set out/off at six and hoped to arrive before dark. : Saat altıda yola çıktılar ve karanlık (basmadan) oraya varmayı umuyorlardı.

Varılacak yer belirtildiğinde 'for' kullanılır:

They set out/off for Rome. : Roma'ya gitmek üzere yola çıktılar.

set out + mastar [genellikle **show** (göstermek)/**prove** (kanıtlamak)/**explain** (açıklamak) ya da benzeri bir fiil kullanılır] = begin this undertaking, aim: . . .meye koyulmak

In this book the author sets out to prove that the inhabitants of the islands came from South America. : Bu kitapta yazar, adalarda yaşayan halkın Güney Amerika'dan gelmiş olduklarını kanıtlamaya koyulmuştur.

set up (tr) = achieve, establish (a record): (bir rekor) tesis etmek

He set up ***a new record*** *for the 1,000 metres (he set* ***a new record*** *up/set* ***it*** *up).* : 1,000 metrede yeni bir rekor tesis etti.

set up (intr) = start a new business: iş kurmak

When he married he left his father's shop and set up on his own. (i.e. opened his own shop). : Evlenince babasının dükkânından ayrılıp kendi işini kurdu (yani: kendi dükkânını açtı).

settle

settle down (intr) = become accustomed to, and content in, a new place, job, etc.: (yeni bir yere, işe, vb.) alışmak, uyum sağlamak

He soon settled down in his new school. : Kısa zamanda yeni okuluna alıştı.

settle up (intr) = pay money owed: (borçlu olunan parayı) ödemek

Tell me what I owe you and I'll settle up. : Bana borcumu söyle; ödeyim.

shout

shout down (tr) = make a loud noise so as to prevent a speaker from being heard: (konuşucunun duyulmasını engellemek için) gürültü etmek/susturmak

Tom tried to make a speech defending himself but the crowd wouldn't listen to his explanation and shouted him down. : Kendini savunmak için Tom bir konuşma yapmaya çalıştı, ama kalabalık onun açıklamasını dinlemek istemiyordu; gürültü ederek onun sesini bastırdılar/onu susturdular.

The moderate speakers were shouted down. : Ilımlı konuşmacılar susturuldular.

show

show off (tr **ya da** intr) = display (skill, knowledge, etc.) purely in order to win notice or applause: sükse yapmak, fiyaka yapmak, hava atmak

Although Jules speaks English perfectly, my cousin spoke French to him all the time just to show off. (i.e. to impress us with her knowledge of French). : Jules İngilizceyi mükemmel konuştuğu halde kuzenim onunla, sırf hava atmak için, hep Fransızca konuştu (yani: Fransızcasını göstererek bizi etkilemek için).

He is always picking up very heavy things just to show off ***his strength*** *(show it off).* : Salt gücünü göstermek için hep ağır şeyler kaldırıyor.

shut

shut down (tr **ya da** intr) = close down (bakınız: **close down**) kapamak

sit

sit back (intr) = relax, take no action, do no more work: ('dinlenmek/girişimde bulunmamak/artık çalışmamak' anlamında) sırt üstü yatmak/uzanmak, öylece oturmak

I have worked hard all my life and now I'm going to sit back and watch other people working. : Tüm yaşamım boyunca çalıştım. Artık sırt üstü uzanıp ötekilerinin çalışmalarını izleyeceğim.

sit up (intr) = stay out of bed till later than usual: (genellikle kitap okumak/çalışmak/birini beklemek için [normal yatma zamanını geçirerek, yatmadan]) oturmak

I was very worried when he didn't come in and I sat up till 3 a.m. waiting for him. : Gelmeyince çok meraklandım ve saat 3'e (gece 3'e) kadar oturdum.

She sat up all night with the sick child. : Hasta çocukla birlikte sabaha kadar oturdu.

stand

stand by (someone) (tr) = continue to support and help him: ('yardım etmek' anlamında) yanında olmak

No matter what happens I'll stand by you, so don't be afraid. : Ne olursa olsun yanında olacağım. Onun için korkma.

stand for (tr) = represent: göstermek = temsil etmek, anlamında kullanılmak

The symbol 'x' usually stands for the unknown quantity in mathematics.: Matematikte 'x' simgesi genellikle bilinmeyen miktarı gösterir.

stand for Parliament = be a candidate for Parliament, offer yourself for election: (Parlamento seçiminde) adaylığını koymak

Mr Pitt stood for Parliament five years ago but he wasn't elected. : Mr Pitt beş yıl önce Parlamentoya adaylığını koydu, fakat seçilmedi.

stand up for (tr) = defend verbally: (sözle) desteklemek, destekleyici konuşmak

His father blamed him, but his mother stood for him and said that he had acted sensibly. : Babası onu suçladı, ama annesi ondan yana konuşarak onun makul davranmış olduğunu söyledi.

stand up to (tr) = resist, defend oneself against: karşı çıkmak (bir kişiye/güce)

This type of building stands up to the gales very well. : Bu tip bir yapı sert rüzgârlara iyi dayanır.

Your boss is a bully. If you don't stand up to him he'll lead you a dog's life. : Patronun angarya yaptıracak türden. Ona dikilmezseniz size köpek hayatı yaşatır (sizi köpek gibi çalıştırır).

stand out (intr) = be conspicuous, be easily seen: göze çarpmak

She stood out from the crowd because of her height and her flaming red hair. : Uzun boyu ve alev alev kızıl saçlarıyla kalabalığın arasında göze çarpıyordu.

stay

stay up (intr) = remain out of bed till later than usual, usually for pleasure: (genellikle keyf için normal yatma zamanını geçirerek, yatmadan) oturmak

Children never want to go to bed at the proper time; they always want ot stay up late. : Çocuklar hiçbir zaman zamanında yatmak istemez; hep geç vakte kadar oturmak isterler.

step

step up (tr) = increase rate of, increase speed of: (genellikle sanayi üretimi için kullanılır) hızını/temposunu artırmak, hızlanmak

This new machine will step up ***production (step it up).*** : Bu yeni makine üretim hızını artıracak

take

be taken aback (intr) = be surprised and disconcerted: hayretler içinde kalmak, şaşıp kalmak

I was taken aback when I saw the bill. : Hesabı görünce şaştım kaldım.

take after (tr) = resemble (one's parents/grandparents, etc.): (anne-babasına, büyükanne-babasına) çekmek; benzemek

He takes after his grandmother; she had red hair too. : Büyükannesine benziyor (ona çekmiş); onun da kızıl saçları vardı.

My father was forgetful and I take after him; I forget everything. : Babam unutkanmış; ben de ona çekmişim. Herşeyi unutuyorum.

take back (tr) = withdraw (remarks, accusations, etc.): (söylenen sözü, suçlamayı) geri almak

I blamed him bitterly at first but later, when I heard the whole story, I realized that he had been right and I went to him and took back ***my remarks*** *(took* ***them*** *back).* : Önce onu kötü biçimde suçladım, fakat sonradan bütün hikâyeyi (olup bitenleri) duyunca onun haklı olduğunu anladım ve ona gidip hakkında söylediğim sözleri geri aldım.

take down (tr) = write, usually from dictation: (genellikle dikte edilenleri) yazmak.

He read out the names and his secretary took ***them*** *down (she took down* ***the names*** *down).* : O isimleri okudu, sekreteri de bunları yazdı.

take for (tr) = attribute wrong identity or qualities to someone: (birini) . . .sanmak;

I took him for his brother. They are extremely alike : Onu kardeşi sandım. Birbirlerine tıpa tıp benziyorlar.

Do you take me for a fool?. : Beni aptal mı sanıyorsun?

take in (tr) =

(a) deceive: kandırmak

At first he took us in by his stories and we tried to help him; but later we learnt that his stories were all lies. : Önceleri bizi, (anlattığı) masallarla kandırdı ve ona yardım etmeye çalıştık, fakat sonradan anlattıklarının hep yalan olduğunu öğrendik.

(b) receive as guests/lodgers: barındırmak (konuk/pansiyoner), ağırlamak

When our car broke down I knocked on the door of the nearest house. The owner very kindly took us in and gave us a bed for the night. : Arabamız bozulunca en yakın evin kapısını çaldım. Evin sahibi büyük bir içtenlikle bizi ağırladı ve bizi gece yatırdı.

People who lived by the sea often take in paying guests *during the summer (take* ***paying guests*** *in/take* ***them*** *in).* : Deniz kenarında oturanlar genellikle yaz boyunca parayla konuk (pansiyonerler) ağırlar.

(c) understand, receive into the mind: anlayabilmek

I was thinking of something else while she was speaking and I didin't really take in what she was saying. : O konuşurken başka birşey düşünüyordum, ne söylediğini pek anlayamadım.

I couldn't take in ***the lecture*** *at all. It was too difficult for me (I couldn't take* ***it*** *in).* : Konferansı (üniversitedeki dersi) hiç anlayamadım. Bana çok zor geldi.

(d) make less wide: (giysileri) daraltmak
I'm getting much thinner; I'll have to take in ***my clothes*** *(take* ***my clothes*** *in/take* ***them*** *in).* : Çok zayıflıyorum. Giysilerimi daraltmam gerekecek.

take off (tr) = remove: çıkartmak (giysiler için kullanıldığında 'take off, 'put on'un tersidir.)
He took off ***his hat*** *when he entered the house and put it* ***on*** *again when he went out (He took* ***his hat*** *off/took* ***it*** *of).* : Eve girdiği zaman şapkasını çıkardı ve dışarı çıkarken yine giydi.

take off (intr) = leave the ground (of aeroplanes): (uçaklar için) kalkmak, havalanmak
There is often a spectators' balcony at airports, where people can watch the planes taking off and landing. : Havaalanlarında genellikle uçakların kalkıp konuşunu halkın izleyebildiği bir izleyici balkonu vardır.

take on (tr) =

(a) undertake work: (görevi/işi) üzerine almak
She wants someone to look after her children I shouldn't care to take on ***the job.*** *They are very spoilt (take* ***the job*** *on/take* ***it*** *on).* : Birinin çocuklarına bakmasını istiyor. Bu işi üzerime almak istemem. Çok şımarıklar.

(b) engage staff: eleman almak
They're taking on fifty new workers at the factory. : Fabrikaya elli yeni işçi alıyorlar.

(c) accept as an opponent: rakip olarak kabul etmek, oyun oynamayı kabul etmek
I'll take ***you*** *on at table tennis.* (= I'll play against you). : Seni masa tenisinde rakip kabul ediyorum. (= sana karşı oynuyorum).
I took on Mr Pitt *at draughts (took* ***Mr Pitt*** *on/took* ***him*** *on).* : Mr Pitt ile dama oynadım.

take out (tr) = remove, extract: çıkarmak, (diş) çekmek, yerinden çıkarmak
Petrol will take out ***that stain.*** *(take* ***the stain*** *out/take* ***it*** *out).* : Benzin o lekeyi çıkarır.
The dentist took out two of her teeth. : Dişçi, onun dişlerinden ikisini çekti.

take somebody **out** = entertain them (usually at some public place): ([genellikle halka açık yerlerde] eğlendirmek amacıyla) çıkarmak
Her small boy is at a boarding school quite near here. I take him out every month. (and give him a meal in a restaurant) : Onun küçük çocuğu buralara oldukça yakın bir yatılı okulda. Onu her ay dışarı çıkarırım/gezdiririm (ve bir lokantada yemek ısmarlarım).

take over (tr **ya da** intr) = assume responsibility for, or control, of, in succession to somebody else: (bir başkasından sorumluluğu ya da yönetimi) devralmak

We stop work at ten o'clock and the night shift takes over until the following morning. : Çalışmaya saat onda son veririz; gece vardiyası da (görevi) o saatte sabaha dek devralır.

Miss Smith is leaving to get married and Miss Jones will be taking over the class/Miss Jones will be taking over from Miss Smith. : Miss Smith evlenmek üzere (işi) bırakıyor; Miss Jones sınıfı devralacak/Miss Jones (görevi) Miss Smith'den devralacak. (**hand over**'a bakınız).

take to (tr) =

(a) begin a habit: (alışkanlık olarak) başlamak, huy edinmek (Genellikle, konuşan kişinin, bu alışkanlığın kötü ya da aptalca bir alışkanlık olduğu kanısında olduğu izlenimi bulunmaktaysa da, bunun her zaman böyle olması da gerekmez. Bu bileşim, genellikle bir isimfiille birlikte kullanılır.)

He took to drink (= began drinking too much). : İçkiye başladı (= çok fazla içki içmeye başladı).

He took to borrowing money from the petty cash. : Küçük kasadan ödünç para almayı huy edindi.

(b) find likeable or agreeable particularly at first meeting: (özellikle ilk tanışma sırasında) kanı kaynamak, ısınmak, sevmek

I was introduced to the new headmistress yesterday. I can't say I took to her. : Okul müdüresiyle dün tanıştırıldım. Ona kanımın kaynamadığını söyleyemem.

He went to sea (= became a sailor) *and took to the life like a duck to water.* : Denizci oldu ve (yeni) yaşamını, bir ördeğin suyu sevdiği gibi sevdi.

(c) seek refuge/safety in: (kurtulmak için) kendini . . .e atmak; güvence/kurtuluş için . . .e gitmek, başvurmak; sığınmak

When they saw that the ship was sinking the crew took to the boats. : Geminin batmakta olduğunu görünce tayfalar, kendilerini sandallara attılar.

After the failure of the coup many of the rebels took to the hills and became guerillos. : Darbenin başarısızlığa uğramasından sonra başkaldıranlar (asiler) tepelere sığınıp gerilla oldular.

take up (tr) =

(a) begin a hobby, sport or kind of study: (bir hobi, spor ya da çalışma alanına) başlamak. (Burada bir eleştiri ifadesi bulunmamaktadır.)

*He took up **golf** and became very keen on it (took **it** up).* : Golfe başladı ve bunda epey başarılı oldu.

(b) occupy (a position of time or space): (yer ya da zaman) almak, kaplamak.

He has a very small room and most of the space is taken up by a grand piano. : Çok küçük bir odası var ve yerin önemli bir bölümünü de büyük bir piyano kaplıyor.

A lot of an MP's time is taken up with answering letters from his constituents. : Bir Parlamento üyesinin zamanının çoğunu, seçmenlerinden gelen mektuplara yanıt yazmak alır.

talk

talk over (tr) = discuss: görüşmek

*Talk **it** over with your wife and give me your answer tomorrow (talk over **my suggestion**/talk **my suggestion** over).* : Bu konuyu karınla görüş de yanıtını yarın bana söyle.

think

think over (tr) = consider: üzerinde düşünmek

*I can't decide straight away but I'll think over **you idea** and let you know what I decide (I'll think **your idea** over/think **it** over).* : Hemen şu anda bir karar veremem, fakat önerinin üzerinde düşünüp ne karar verdiğimi sana haber veririm.

throw

throw away/out (tr) = jettison (rubbish, etc.): kaldırıp atmak

*Throw away **those old shoes.** Nobody could wear them now (throw **the shoes** away/throw **them** away).* : O eski ayakkabılarını kaldır at. Artık kimse onları giyemez.

throw up (tr) = abandon suddenly (some work or plan): (bir çalışma ya da tasarıyı yarıda) bırakmak

*He suddenly got tired of the job and threw **it** up (he threw up **the job**/threw **the job** up).* : Birden bire çalıştığı işten bıktı ve bıraktı.

tie

tie someone **up** = bind his hands and feet so that the cannot move: (kıpırdayamayacak biçimde el ve ayaklarını) bağlamak

*The thieves tied up **the night watchman** before opening the safe (they tied **the man** up/tied **him** up).* : Hırsızlar kasayı açmadan önce gece bekçisini bağlamışlar.

try

try on (tr) = put on (an article of clothing) to see if it fits: (bir giysiyi) üzerinde denemek

*CUSTOMER IN DRESS SHOP: I like this dress, could I try **it** on? (Could I try **this dress** on/try **on this dress**).* : GİYSİ DÜKKÂNINDAKİ MÜŞTERİ: Bu giysiyi beğendim. (Üzerimde) deneyebilir miyim?

try out (tr) = test: denemek

*We won't know how the plan works till we have tried **it** out.* : Planın nasıl sonuç vereceğini denemeden önce bilemeyiz.

*They are trying out **new ways of preventing noise in hospitals** (trying **them** out).* : Hastanelerdeki gürültüyü önlemenin yeni yollarını deniyorlar.

turn

turn away (tr) = refuse admittance to: kapıdan çevirmek, içeri almamak
The man at the door turned away ***anybody who hadn't an invitation card*** *(turned* ***them*** *away).* : Kapıdaki adam davetiyesi olmayan herkesi geri çevirdi.

turn down (tr) = refuse, reject an offer, application, applicant: (bir başvuruyu ya da başvurucuyu) reddetmek
I applied for the job but they turned ***me*** *down/turned down* ***my application*** *because I didn't know German.* : O iş için başvurdum, fakat Almanca bilmediğim için beni kabul etmediler.
He was offered £500 for the picture but he turned ***it*** *down (turned down* ***the offer****/turned* ***the offer*** *down).* : Resim için ona 500 sterlin teklif edildi, fakat o (teklifi) reddetti.

turn into (tr) = convert into: . . .e dönüştürmek
I am going to turn my garage into a playroom for the children. : Garajımı, çocuklar için oyun odasına dönüştüreceğim.
She turned the silver candlestick into a reading lamp. : Gümüş şamdanı masa lambasına dönüştürdü.

turn in (intr) = go to bed (used chiefly by sailors/campers, etc.): (genellikle denizciler, kamp yapanlar için) yatmak

The captain turned in, not realizing that the icebergs were so close. : Kaptan yattı; buzdağlarının bu denli yakında olduğunu bilmeden (bilmiyordu).

turn on (tr) (vurgu **turn** üzerindedir) = attack suddenly: birden/beklenmedik bir anda saldırmak (saldırgan normal olarak bir arkadaş ya da o zamana dek dostça davranmış olan bir hayvandır)

The tigress turned on the trainer and struck him to the ground. : (Dişi) kaplan, birden terbiyeciye saldırıp onu yere çaldı.

turn on/off (tr) = switch on/off (lights, gas or electric fires, radios, taps, etc.): (ışıkları, gaz ya da elektrik sobasını, radyoyu, musluğu) açmak/kapamak.

turn up/down (tr) = increase/decrease pressure, force, volume (of gas or oil, lights, fires or of radios): (ocağı, gaz ya da elektrik sobasını, radyoyu) kısmak/artırmak

Turn up the gas; it is much too low. : Gazı aç (arttır); çok kısık.

I wish the people living in the next flat would turn down ***their radio****. You can hear every word (turn* ***the radio*** *down/turn* ***it*** *down).* : Şu yan dairede oturanlar radyolarını kıssalar. . . Her sözcüğü duyuluyor (buradan).

turn out (tr) =

(a) produce: üretmek

*That creamery turns out **two hundred tons of butter** a week (turns it out).* : O süthane, haftada iki yüz ton yağ üretiyor.

(b) empty, evict: boşaltmak, tahliye ettirmek (hukuk)

1. turn a person out: evict him from his house/flat/room: (kiracıyı evinden/dairesinden/odasından) çıkartmak.

At one time, if tenants didn't pay their rent, the landlord could turn them out. : Bir zamanlar kiracılar kirayı ödeyemedikleri zaman ev sahibi onları çıkartabiliyordu.

2. turn out one's pockets/handbogs/drawers, etc.) = empty them usually when looking for something: (ceplerini/çantasını/çekmeceleri) boşaltmak (özellikle bir şey ararken)

'Turn out your pockets', said the detective. : Dedektif, 'Ceplerini boşalt', dedi.

3. 'turn out a room' usually means clean it thoroughly, first putting the furniture outside: Bu deyim genellikle, eşyaları dışarı çıkarttıktan sonra odayı baştan aşağı temizlemek anlamına gelir.

I try to turn out one room every month if I have time. :Zamanım olursa her ay bir odayı baştan aşağı temizlerim.

turn out (intr) =

(a) assemble, come out into the street (usually in order to welcome somebody): (genellikle birini karşılamak için) dışarı çıkmak; toplanmak; yollara dökülmek

The whole town turned out to welcome the winning football team when they came back with the Cup. : Tüm kasaba, Kupayla döndükleri zaman galip takımı karşılamak üzere yollara döküldü.

(b) develop: sonunda . . .durumuna gelmek

I've never made Yorkshire pudding before so I am not quite sure how it is going to turn out : Daha önce hiç 'Yorkshire pudding' (bir tür tatlı) yapmadım; onun için nasıl olacağını (sonunda nasıl birşey olacağını) bilmiyorum.

Marriages arranged by marriage bureaux often turn out very well. : Evlenme bürolarının (çöpçatan bürolarının) ayarladığı evlilikler sonunda genellikle çok iyi oluyor.

(c) be revealed: sonunda . . .olduğu ortaya çıktı. (İki ayrı cümle yapısında kullanılabildiğine dikkat ediniz: *it turned out that. . .* : sonunda şu ortaya çıktı ki. . .; *he turned out to be. . .* : onun . . .olduğu ortaya çıktı.

He told her that he was a bachelor but it turned out that he was married with six children (she learnt this later). : (Adam) ona bekâr olduğunu söyledi, ama sonundan ortaya çıktı ki adam evli ve altı çocuk babasıymış. (Bunu sonradan öğrendi).

Our car broke down half way through the journey but the hiker we had picked up turned out to be an expert mechanic and was able to put things right. : Arabamız yarıyolda bozuldu, fakat yoldan aldığımız adam araba onarımında uzman çıktı; işleri düzeltti (arabayı onarabildi).

turn out ile **come out** arasındaki ayrıma dikkat ediniz. **turn out**'da ortaya çıkan gerçek daima belirtilir. Ayrıca bu gerçeklerin onur kırıcı olduğuna ilişkin hiçbir belirti yoktur. **come out**'da ise yalnız, belirli ve genellikle onur kırıcı) gerçeklerin ne olduğu söylenmez.

turn over (tr) = turn something so that the side previously underneath is exposed: tersini çevirmek; alt yanını üste getirmek

*He turned over **the stone**/turned **the stone** over/turned **it** over.* : Taşın tersini çevirdi/alt yanını üste getirdi.

*The initials 'PTO' at the bottom of a page means **'Please turn over'**.* : Bir sayfanın sonundaki 'PTO' kısaltması (başharfleri), 'Please turn over: Lütfen (sayfayı) çeviriniz' demektir.

'Turn over a new leaf' = begin again, meaning to do better. : 'Yeni bir sayfa aç' = daha iyisini yapmak niyetiyle, baştan başla.

turn over (intr) =

(a) turn upside down, upset, capsize (used of vehicles or boats): tersyüz olmak, alt-üst olmak, alabora olmak/devrilmek (araçlar ya da gemiler için)!

The car struck the wall and turned over. : Araba duvara çarptı ve devrildi.

The canoe turned over, throwing the boys into the water. : Kano alabora oldu ve çocukları suya attı/çocuklar suya döküldüler).

(b) (of people) change position so as to lie on the other side: (yatarken) ters dönmek

It is difficult to turn over in a hammock. : Hamakta ters dönmek zor.

*When his alarm went off he just turned over and went to sleep **again**.*: Saatin zili çalınca şöyle bir döndü ve yeniden uykuya daldı.

turn up (intr) = arrive, appear (usually from the point of view of someone waiting or searching): (beklenen ya da aranan kişi için) ortaya çıkmak, gelmek, ortaya çıkmak

We arranged to meet at the station but she didn't turn up. : İstasyonda buluşmayı kararlaştırdık, fakat o gelmedi.

Don't bother to look for my umbrella; it will turn up some day. : Şemsiyemi bulacağım diye uğraşma; birgün ortaya çıkar.

walk

walk out (intr) = march out in disgust or indignation : öfkeyle çıkmak, çıkıp gitmek

Some people were so disgusted with the play that they walked out in the middle of the first act. : Bazıları oyunu öyle iğrenç buldular ki ilk perdenin ortasında çıkıp gittiler.

wait

wait on (tr) = attend, serve (at home or in restaurant): (evde ya da lokantada) servis yapmak, hizmet etmek

He expected his wife to wait on him hand foot. : Karısının, onun her işini görmesini umuyordu.

The man who was waiting on us seemed very inexperienced; he got all our orders mixed up. : Bize servis yapan adam çok acemi görünüyordu; bütün siparişlerimizi birbirine karıştırdı.

wash

wash up (tr **ya da** intr) = wash the plates etc., after a meal: (yemekten sonra) bulaşıkları yıkamak

When we have dinner very late we don't wash up till the next morning.: Çok geç vakitte yemek yediğimiz zaman, ertesi sabaha kadar bulaşıkları yıkamayız (bulaşıkları ancak ertesi sabah yıkarız.) ***(wash up the dishes/wash them up)***

watch

watch out (intr) = look out: dikkat etmek

watch out for (tr) = look out for (bakınız: look out for)

wear

wear away (intr) = gradually reduce; make smooth or flat; hollow out: aşınmak, düzleşmek, aşınarak içinde boşluk oluşmak. (Daha çok tahta ve taş için kullanılır. Özne genellikle hava koşulları ya da taşın üzerinde yürüyen, dokunan, vb. kişidir.)

It is almost impossible to read the inscription on the monument as most of the letters have been worn away (by the weather). : Anıtın üzerindeki yazıtı okumak neredeyse olanaksız, çünkü harflerden çoğu aşınmış (hava koşulları yüzünden).

wear off (intr) = disappear gradually: giderek ortadan kalkmak, geçmek (sözcük anlamında kullanılabilirse de daha çok zihinsel ya da bedensel duygular için kullanılır).

These glasses will seem uncomfortable at first but that feeling will soon wear off. : Bu gözlükler başta rahatsız gelebilir, fakat bu duygu kısa zamanda ortadan kalkar.

When the first feeling of shyness had worn off she started to enjoy herself. : Baştaki utangaçlığı geçince eğlenmeye başladı.

He began to try to sit up, which showed us that the effects of the drug were wearing off. : Dik oturmak için uğraşmaya başladı, ki bu bize, ilâcın etkilerinin geçmeye başladığını gösteriyordu.

wear out (tr **ya da** intr) =

(a) (tr) use till no longer serviceable; (intr) become unserviceable as a result of long use: (özellikle giyim eşyaları için) [Geçişli:] Kullanılmaz olana dek

yararlanmak, kullana kullana yararsız duruma getirmek. [Geçişsiz:] Çok kullanılma sonucu işe yaramaz duruma gelmek (eskitmek-eskimek)
*Children wear **out their shoes** very quickly (wear **their shoes** out/wear **them** out).* : Çocuklar ayakkabılarını çabuk eskitirler.
Cheap clothes wear out quickly. : Ucuz giysiler çabuk eskir.

(b) (tr) exhaust: (İnsanlar için daha çok edilgen çatıda) tüketmek
He worked all night and wanted to go on working the next day, but we saw that he was completely worn out and persuaded him to stop. : Tüm gece çalıştı ve ertesi gün çalışmaya devam etmek istedi, fakat onun bütünüyle tükenmiş olduğunu gördük ve bırakmasını söyledik.

wind

wind up (tr **ya da** intr) = bring or come to an end: (konuşmalar ya da işteki işlemler için kullanılır) bitmek, sona ermek; bitirmek, sona erdirmek; bağlamak

*The headmaster wound up **(the meeting)** by thanking the parents (wound **the meeting** up/wound **it** up).* : Müdür (toplantıyı), velilere teşekkür ederek bitirdi/bağladı.

wink

wink at (tr) = ignore purposefully, pretend not to notice (an error, breach of regulations): (bir hayata, kuralların çiğnenmesine) göz yummak.

People are not supposed to park here at all but the police seem to wink at it provided cars don't cause an obstruction. : İnsanların (sürücülerin) buraya normal olarak hiç park etmemesi gerekir, fakat arabalar bir engel oluşturmadıkça polisler buna göz yumuyor.

wipe

wipe out (tr) = destroy completely: silip süpürmek, yerle bir etmek
*The epidemic wiped out **whole families** (wiped **whole families** out/wiped **them** out).* : Salgın, bütün aileleri sildi süpürdü.

work

work out (tr) = find by calculation or study, the solution to some problem or a method of dealing with it; study and decide on, the details of a scheme: (hesap yaparak ya da inceleyerek bir sorunun çözümü ya da çözüm yolunu -bu sorunla nasıl başedebileceğini-) bulmak; (bir planın ayrıntılarını) incelemek ve sonunda (bunlar hakkında) karara varmak; çıkarmak.

*He used his pocket calculator to work out **the cost** (work **the cost** out).*: Masrafı çıkarmak için cep hesap makinesi kullandı.

*Tell me where you want to go and I'll work out **a route**.* : Bana nereye gitmek istediğini söyle; sana bir yol çizeyim (gidiş yolu saptayım.)

*This is the outline of the plan. We want the committee to work out **the details** (work **them** out).* : Bu planın anahtarları. Komisyonun ayrıntıları üzerinde karara varmasını istiyoruz.

39 Kuralsız fiiller listesi

Present and infinitive	Simple past	Past participle
abide	abode	abode
arise	*arose*	*arisen*
awake	*awoke/awaked*	*awoken/awaked*
be	*was*	*been*
bear	*bore*	*borne/born**
beat	*beat*	*beaten*
become	*became*	*become*
befall	befell	befallen
beget	begot	begotten
begin	*began*	*begun*
behold	beheld	beheld
bend	*bent*	*bent*
bereave	*bereaved*	*bereaved/bereft**
beseech	besought	besought
bet	*betted/bed*	*betted/bet*
bid (= command)	bade	bidden
bid (= offer)	*bid*	*bid*
bind	*bound*	*bound*
bite	*bit*	*bitten*

*Bu geçmiş zaman ortaçlarını rastgele kullanamazsınız. Anlamları ayrıdır. Bu ayrımlar için bir sözlüğe bakmanızı salık veririz.

Present and infinitive	Simple past	Past participle
bleed	*bled*	*bled*
blow	*blew*	*blown*
break	*broke*	*broken*
breed	*bred*	*bred*
bring	*brought*	*brought*
broadcast	*broadcast*	*broadcast*
build	*built*	*built*
burn	*burned/burnt*	*burned/burnt*
burst	*burst*	*burst*
buy	*bought*	*bought*
can†	*could*	*be able*
cast	*cast*	*cast*
catch	*caught*	*caught*
chide	chid	chidden
choose	*chose*	*chosen*
cleave	clove, cleft	cloven/cleft*
cling	*clung*	*clung*
clothe	*clothed/clad*	*clothed/clad*
come	*came*	*come*
cost	*cost*	*cost*
creep	*crept*	*crept*
crow	*crowed/crew*	*crowed*
cut	*cut*	*cut*
dare	*dared/durst*	*dared/durst*
deal /di:l/	*dealt* /delt/	*dealt* /delt/
dig	*dug*	*dug*
do	*did*	*done*
draw	*drew*	*drawn*
dream /dri:m/	*dreamed/dreamt* /dri:md, dremt/	*dreamed/dreamt* dri:md,/dremt
drink	*drank*	*drunk*
drive	*drove*	*driven*
dwell	dwelled/*dwelt*	dwelled/*dwelt*
eat	*ate*	*eaten*
fall	*fell*	*fallen*
feed	*fed*	*fed*
feel	*felt*	*felt*
fight	*fought*	*fought*
find	*found*	*found*
flee	*fled*	*fled*

*Sayfa 566'daki dipnota bakınız.   † Yalnızca şimdiki zaman

Present and infinitive	Simple past	Past participle
fling fırlatma	*flung*	*flung*
fly uçmak	*flew*	*flown*
forbear cekinmek	*forbore*	*forborne*
forbid yasaklamak	*forbade* /fəˈbʌd/	*forbidden*
forget unutmak	*forgot*	*forgotten*
forgive bağışlamak	*forgave*	*forgiven*
forsake vazgeçmek	*forsook*	*forsaken*
freeze donmak	*froze*	*frozen*
get almak, olmak, varmak	*got*	*got*
gild yaldızlamak	*gilded/gilt*	*gilded/gilt*
gird direk, kiriş	girded/girt	girded/girt
give vermek	*gave*	*given*
go gitmek	*went*	*gone*
grind öğütmek	*ground*	*ground*
grow büyümek	*grew*	*grown*
hang asmak	*hanged/hung*	*hanged/hung**
have olmak, yapmak	*had*	*had*
hear /hɪə(r)/ duymak	*heard* /hɜ:d/	*heard* /hɜ:d/
hew yarmak, kesmek	*hewed*	*hewed/hewn*
hide saklamak	*hid*	*hidden*
hit vurmak	*hit*	*hit*
hold tutmak	*held*	*held*
hurt ağrımak	*hurt*	*hurt*
keep saklamak, korumak	*kept*	*kept*
kneel diz çökmek	*knelt*	*knelt*
*knit*** örmek	*knit*	*knit*
know bilmek	*knew*	*known*
lay yaymak	*laid*	*laid*
lead ulaştırmak	*led*	*led*
lean yaslanmak	*leaned/leant*	*leaned/leant*
/li:n/	/li:nd, lent/	/li:nd, lent/
leap sıçramak, atlamak	*leaped/leapt*	*leaped/leapt*
/li:p/	/li:pt, lept/	/li:pt, lept/
learn öğrenmek	*learned/learnt*	*learned/learnt*
leave ayrılmak	*left*	*left*
lend borç vermek	*lent*	*lent*
let izin vermek	*let*	*let*
lie yatmak, uzanmak	*lay*	*lain*

Sayfa 566'daki dipnota bakınız.
** = unite/draw together.

Present and infinitive	Simple past	Past participle
light	*lighted/lit*	*lighted/lit*
lose	*lost*	*lost*
make	*made*	*made*
may†	*might*	—
mean /mi:n/	*meant* /ment/	*meant* /ment/
meet	*met*	*met*
mow	*mowed*	*mowed/mown*
must†	*had to*	—
ought†	—	—
pay	*paid*	*paid*
put	*put*	*put*
read /ri:d/	*read* /red/	*read* /red/
rend	rent	rent
rid	*rid*	*rid*
ride	*rode*	*ridden*
ring	*rang*	*rung*
rise	*rose*	*risen* /ˈrɪzn/
run	*ran*	*run*
saw	*sawed*	*sawed/sawn*
say /seɪ/	*said* /sed/	*said* /sed/
see	*saw*	*seen*
seek	*sought*	*sought*
sell	*sold*	*sold*
send	*sent*	*sent*
set	*set*	*set*
sew	*sewed*	*sewed/sewn*
shake	*shook*	*shaken*
shall†	*should*	—
shear	*sheared*/shore	*sheared/shorn*
shed	*shed*	*shed*
shine /ʃaɪn/	*shone* /ʃɒn/	*shone* /ʃɒn/
shoe	*shoed*/shod	*shode/shod*
shoot	*shot*	*shot*
show	*showed*	*showed/shown*
shrink	*shrank*	*shrunk*
shut	*shut*	*shut*
sing	*sang*	*sung*
sink	*sank*	*sunk*
si	*sat*	*sat*
slay	slew	slain
sleep	*slept*	*slept*

† Yalnız şimdiki zamanda.

Present and infinitive	Simple past	Past participle
slide	*slid*	*slid*
sling	*slung*	*slung*
slink	*slunk*	*slunk*
slit	*slit*	*slit*
smell	*smelled/smelt*	*smelled/smelt*
smite	smote	smitten
sow	*sowed*	*sowed/sown*
speak	*spoke*	*spoken*
speed	*speeded/sped*	*speeded/sped*
spell	*spelled/spelt*	*spelled/spelt*
spend	*spent*	*spent*
spill	*spillled/spilt/*	*spilled/spilt*
spin	*spun*	*spun*
spit	*spat*	*spat*
split	*split*	*split*
spread	*spread*	*spread*
spring	*sprang*	*sprung*
stand	*stood*	*stood*
steal	*stole*	*stolen*
stick	*stuck*	*stuck*
sting	*stung*	*stung*
stink	*stank*/stunk	*stung*
strew	*strewd*	*strewed/strewn*
stride	*struck*	*struck*
string	*strung*	*strung*
strive	*strove*	*striven*
swear	*swore*	*sworn*
sweep	*swept*	*swept*
swell	*swelled*	*swelled/swollen*
swim	*swam*	*swum*
swing	*swung*	*swung*
take	*took*	*taken*
teach	*taught*	*taught*
tear	*tore*	*torn*
tell	*told*	*told*
think	*thought*	*thought*
thrive	*thrived/throve*	*thrived/thriven*
throw	*threw*	*thrown*
thrust	*thrust*	*thrust*
tread	*trod*	*trodden/trod*

Yalnız şimdiki zamanda.

Present and infinitive	Simple past	Past participle
understand anlamak	*understood*	*understood*
undertake üstlenmek	*undertook*	*undertaken*
wake uyanmak	*waked/woke*	*waked/woken*
wear giymek	*wore*	*worn*
weave dokumak, sürmek	*wove*	*woven*
weep ağlamak	*wept*	*wept*
wet ıslak	*wetted/wet*	*wetted/wet*
will† -ecek, -acak	*would*	—
win kazanmak	*won*	*won*
wind rüzgar	*wound*	*wound*
wring bükmek, sıkmak	*wrung*	*wrung*
write yazmak	*wrote*	*written*

† Yalnız şimdiki zamanda.

Dizin

NOT: Göndermeler, sayfaya değil paragrafadır.